Verhandlungen

des

Dreiundzwanzigsten Deutschen Juristentages.

Herausgegeben

von

dem Schriftführer-Amt der ständigen Deputation.

Zweiter Band.

(Verhandlungen.)

Berlin SW. 48.
Wilhelmstraße 119/120.
Commissions-Verlag von J. Guttentag, Verlagsbuchhandlung.
1895.

Inhalts-Verzeichniß.

Statut
des
deutschen Juristentages.

---

§ 1.

Der Zweck des deutschen Juristentages ist: eine Vereinigung für den lebendigen Meinungsaustausch und den persönlichen Verkehr unter den deutschen Juristen zu bilden; auf den Gebieten des Privatrechts, des Processes und des Strafrechts den Forderungen nach einheitlicher Entwickelung immer größere Anerkennung zu verschaffen, die Hindernisse, welche dieser Entwickelung entgegenstehen, zu bezeichnen und sich über Vorschläge zu verständigen, welche geeignet sind, die Rechtseinheit zu fördern.

§ 2.

Der deutsche Juristentag tritt in der Regel alljährlich zusammen, doch ist die ständige Deputation ermächtigt, aus Gründen der Zweckmäßigkeit ausnahmsweise die Wiedereinberufung des Juristentages erst in dem auf dessen letzten Zusammentritt folgenden zweiten Kalenderjahre vorzunehmen.

§ 3.

Zur Mitgliedschaft berechtigt sind die deutschen Richter, Staatsanwälte, Advocaten und Notare, die Aspiranten des Richteramts, der Anwaltschaft und des Notariats, sowie jeder, der nach seinen Landesgesetzen zum Richteramte, zur Anwaltschaft oder zur Ausübung des Notariats für befähigt erkannt ist, ferner die Lehrer an den deutschen Hochschulen, die Mitglieder der gelehrten Academien, die Doctoren der Rechte und die rechtsgelehrten Mitglieder der Verwaltungsbehörden.

§ 4.

Die Mitgliedschaft beginnt mit dem Empfange der Mitgliedskarte. Sie berechtigt zur Theilnahme an den Verhandlungen und an der Abstimmung.

§ 5.

Der Beitrag der Gesellschaftsmitglieder beträgt Sechs Mark jährlich und ist innerhalb vier Wochen nach Beginn des neuen Jahres zu entrichten, widrigenfalls derselbe durch Postvorschuß eingezogen wird. Nimmt ein Mitglied den mit Postvorschuß beschwerten Brief nicht an, so wird dies einer ausdrücklichen Austrittserklärung gleich erachtet. — Für die am Orte des Juristentages selbst zu lösende Anmeldungskarte sind Drei Mark zu entrichten.

§ 6.

Den Plenarverhandlungen des deutschen Juristentages gehen der Regel nach Abtheilungsberathungen voraus. Zu diesem Zwecke werden durch freiwillige Einzeichnungen der Mitglieder folgende vier Abtheilungen gebildet:

1) Abtheilung für Privatrecht, insbesondere Obligationen- und Pfandrecht, juristisches Studium und praktische Ausbildung.
2) Abtheilung für Handels-, Wechsel-, See- und internationales Recht.
3) Abtheilung für Strafrecht, Strafproceß und Gefängnißwesen.
4) Abtheilung für Gerichtsverfassung und Civilproceß.

Die Abtheilungen wählen ihre Vorsitzenden, Schriftführer, Berichterstatter und benachrichtigen den Vorsitzenden der Plenarversammlung (§ 7), sobald ihre Berathungen über einzelne Gegenstände geschlossen sind; ihre Anträge sind schriftlich zu fassen. In jeder Abtheilung stimmen nur Diejenigen mit, welche sich in die betreffende Abtheilung bereits eingezeichnet haben.

Sämmtliche Beschlüsse der Abtheilungen werden in der Plenarversammlung mitgetheilt. Es findet jedoch eine Erörterung und Entscheidung im Plenum nur dann statt, wenn dieselbe von der betreffenden Abtheilung vorgeschlagen, oder wenn sie von mindestens zehn Mitgliedern beantragt und von der Plenarversammlung beschlossen wird. Ueber die Vorfrage, ob dem von mindestens zehn Mitgliedern gestellten Antrage auf Plenarentscheidung stattzugeben, wird nur einem der Antragsteller und dem Berichterstatter das Wort ertheilt.

§ 7.

Die Verhandlungen der Plenarversammlung leitet ein Vorsitzender, welcher für die Dauer eines jeden Juristentages in der ersten Plenarversammlung durch Stimmzettel oder Acclamation gewählt wird. Derselbe benennt zwei bis vier Stellvertreter und vier Schriftführer. Er bestimmt die Tagesordnung und kann einzelne Gegenstände, ohne Vorberathung in den Abtheilungen (§ 6), unmittelbar zur Plenarberathung stellen. Auch ist er befugt, Nichtmitglieder als Zuhörer zuzulassen.

§ 8.

Bei allen Beschlüssen der Plenarversammlung und der Abtheilungen entscheidet einfache Majorität der anwesenden Mitglieder, bei allen Wahlen relative Majorität und im Falle der Stimmengleichheit das Loos.

§ 9.

Wird Schluß der Debatte beantragt, so wird über diesen Antrag sofort abgestimmt. In der Plenarversammlung sind alle Anträge mit Ausnahme des Antrages auf Schluß der Debatte schriftlich zu stellen.

§ 10.

Vor dem Schlusse eines jeden Juristentages wird von der Plenarversammlung durch Acclamation oder in einem einzigen Scrutinium durch Stimmzettel eine aus neunzehn Mitgliedern und dem Präsidenten des letzten Juristentages als Ehrenpräsidenten bestehende ständige Deputation gewählt. Die Liste der zur Acclamation vorzuschlagenden Personen wird durch den Präsidenten der Plenarversammlung, seine Stellvertreter und je zehn von jeder Abtheilung gewählte Vertrauensmänner gemeinschaftlich festgestellt.

Die ständige Deputation hat folgende Befugnisse und Obliegenheiten:

1) sie sorgt für die Ausführung der von dem Juristentage gefaßten Beschlüsse, veranlaßt nach eigenem Ermessen den Druck der Protocolle und Vorlagen, bewirkt die Vertheilung der Drucksachen an die Mitglieder und verwahrt alle Acten und Schriftstücke des Juristentages;
2) sie bestimmt Zeit und Ort des nächsten Juristentages, trifft die für denselben nöthigen Vorbereitungen, erläßt die Einladungen, stellt die vorläufige Tagesordnung auf, wobei sie in der Regel nur die bis zum 31. Mai des laufenden Jahres eingegangenen Vorlagen zu berücksichtigen hat, und bereitet Abänderungsvorschläge in Betreff der Geschäftsordnung für die Plenarversammlung vor;
3) sie nimmt die Beitrittserklärungen neuer Mitglieder entgegen, fertigt die Mitgliedskarten aus, empfängt die Beiträge, bestreitet die Ausgaben und legt der folgenden Deputation Rechnung;

4) sie ergänzt sich selbst, falls eins oder mehrere Mitglieder während des Geschäftsjahres ausscheiden.

Die Deputation wählt aus ihrer Mitte einen Vorsitzenden, einen Schriftführer, welcher ein von der Deputation festzusetzendes Pauschquantum für baare Auslagen erhält, und einen Cassirer. Der Letztere ist verpflichtet, der ständigen Deputation bei ihrem jedesmaligen Zusammentritt einen Cassenabschluß vorzulegen. Die Deputation läßt durch eines oder mehrere ihrer Mitglieder die Rechnung prüfen und die Casse revidiren.

Die Deputation bestimmt Ort und Zeit ihrer Zusammenkunft. Zur Gültigkeit ihrer Beschlüsse ist die Einladung sämmtlicher Mitglieder, sowie die Mitwirkung von wenigstens fünf Mitgliedern erforderlich.

§ 11.

Abänderungen dieses Statuts können zwar von der Plenarversammlung durch einfache Stimmenmehrheit, jedoch nur auf schriftlichen Antrag, der vier Wochen vor dem Zusammentritt des Juristentages der ständigen Deputation (§ 10) überreicht worden, beschlossen werden.

Der

XXIII. Deutsche Juristentag

findet am

10., 11. und 12. September 1895 zu Bremen

statt.

Vorläufige Tagesordnung:

I. Erste Plenarsitzung:

Dienstag, den 10. September, Vormittags 10 Uhr,
im Saalbau des Doms (Künstlerverein).

1. Wahl des Vorsitzenden, seiner Stellvertreter und der Schriftführer.
2. Vertheilung der Berathungsgegenstände an die Abtheilungen.
3. Bericht des Schriftführers, Justizraths Wilke zu Berlin über die Rechtsentwickelung in Deutschland in den letzten zwei Jahren.
4. Geschäftliche Mittheilungen.

II. Sitzungen der Abtheilungen:

Berathungsgegenstände:

A. Für die erste Abtheilung:

1. Sind die Grundsätze des Entwurfs des Bürgerlichen Gesetzbuches II. Lesung über eingetragene Vereine zu billigen?
   Gutachten: des Professors Dr. Leonhard zu Marburg.
   Referenten: 1. Geheimer Justizrath Prof. Dr. Gierke zu Berlin;
   2. Justizrath M. Levy zu Berlin.
2. Sind Maßregeln zur Einführung des Anerbenrechts vorzuschlagen?
   Gutachten: des Bürgermeisters Dr. André zu Chemnitz.
   Referenten: 1. Professor Dr. Bernreiter zu Wien;
   2. Professor Dr. Fromholt zu Greifswald.
3. Inwiefern empfiehlt sich eine besondere Behandlung des kleinen Mobiliarbesitzes im Sinne des Heimstättenrechts?
   Gutachten: des Stadtraths Dr. Flesch zu Frankfurt a. M.
   Referenten: 1. Hofgerichts-Advocat Dr. Millanich zu Wien;
   2. Geheimer Justizrath Professor Dr. Dernburg in Berlin.

4. Empfiehlt sich die Verleihung der Wassernutzung nach Maßgabe des Entwurfs des Preußischen Wassergesetzes?

Gutachten: des Rechtsanwalts Dr. Baumert zu Spandau.

Referenten: 1. Geheimer Justizrath Professor Dr. Brunner zu Berlin;
2. Regierungsrath von Sybel daselbst.

B. Für die zweite Abtheilung.

5. Haben sich die durch die Actien-Novelle vom 18. Juli 1884 geschaffenen Cautelen gegen unsolide Gründungen von Actiengesellschaften bewährt, oder empfiehlt sich eine andere Gestaltung derselben?

Gutachten: 1. des Hofraths Dr. Felix Hecht zu Mannheim in den Verhandlungen des 22. Juristentages, Bd. I, S. 123;
2. des Justizraths M. Levy zu Berlin, ebendaselbst S. 196.

Referent: Justizrath Dr. Reatz zu Gießen.

6. Empfiehlt sich die gleichartige rechtliche Behandlung von Bergung und Hilfeleistung in Seenoth?

Gutachten: des Privatdocenten Dr. Burchard zu Berlin.

Referenten: 1. Justizrath Boyens zu Stettin;
2. Rechtsanwalt Dr. L. Fuld zu Mainz.

7. Empfiehlt es sich, einen gesetzlichen Lohnanspruch für Rettung von Menschenleben in Seenoth zu gewähren?

Gutachten: des Professors Dr. Pappenheim zu Kiel.

Referent: Privatdocent Dr. Burchard zu Berlin.

Correferent: Syndicus der Handelskammer Dr. Nebelthau zu Bremen.

8. Soll der Erfolg als gesetzliche Voraussetzung der gemeinschaftlichen Haverei beibehalten werden?

Referenten: 1. Professor Dr. Pappenheim in Kiel;
2. Professor Dr. Heck zu Halle a. S.

C. Für die dritte Abtheilung:

9. Empfiehlt sich die Einführung von Verschärfungen der Freiheitsstrafen im Sinne des österreichischen Entwurfs?

Gutachten: 1. des Landgerichtsraths Dr. Kronecker zu Berlin, Bd. III, S. 1 der Verhandlungen des 22. Juristentages;
2. des Landgerichtsraths Dr. Felisch zu Berlin, ebendaselbst S. 43.

Referenten: 1. Reichsgerichtsrath Dr. Stenglein zu Leipzig;
2. Landrichter Dove zu Frankfurt a. M.

10. Ist die Eideszuschiebung im Civilproceß durch Vernehmung der Parteien als Zeugen zu ersetzen?

Gutachten: 1. des Professors Freiherrn von Canstein zu Graz in den Verhandlungen des 22. Juristentages, Bd. II, S. 3;

2. des Privatdocenten Dr. Kleinfeller zu München, ebendas. S. 67.

Referenten: 1. Geheimer Justizrath Dr. von Wilmowski zu Berlin;

2. Oberstaatsanwalt Geheimer Ober-Justizrath Hamm zu Cöln.

11. Empfiehlt sich ein allgemeiner Rechtsschutz gegen unerlaubten Wettbewerb?

Gutachten: 1. des Rechtsanwalts Dr. Scherer zu Bremen;

2. des Rechtsanwalts Dr. Richard Alexander-Katz zu Berlin.

Referenten: 1. Professor Dr. Pfaff zu Wien;

2. Oberstaatsanwalt Geheimer Ober-Justizrath Hamm zu Cöln.

12. Empfiehlt sich hinsichtlich der Geldstrafe

a) die Zulassung und Begünstigung des freiwilligen Abverdienens derselben?

b) die Androhung des erzwungenen Abverdienens in einer Anstalt (Arbeitshaus) für den Fall, daß der Mangel guten Willens zur Tilgung der Strafe festgestellt ist?

Gutachten: des Landgerichtsraths Dr. Felisch zu Berlin.

Referenten: 1. Oberlandesgerichts-Senatspräsident Staatsrath Dr. von Köstlin zu Stuttgart;

2. Professor Dr. Merkel zu Straßburg.

Der Schriftführer Justizrath Richard Wilke.

Verzeichniß der Mitglieder

der

ständigen Deputation

für den **23. Juristentag 1895.**

Nr.	Name	Stand	Wohnort
1	Dr. Drechsler	Wirkl. Geh. Rath, Reichsgerichts-Senatspräsident	Leipzig. **(Vorsitzender.)**
2	Becker	Oberlandesgerichts-Präsident	Oldenburg.
3	Dr. Brunner	Geh. Justizrath, Professor	Berlin.
4	Dr. Enneccerus	Geh. Justizrath, Professor	Marburg.
5	Dr. Gierke	Geh. Justizrath, Professor	Berlin.
6	Hamm	Geh. Ober-Justizrath, Oberstaatsanwalt	Cöln.
7	Freiherr von Harsdorf-Enderndorf	Oberlandesgerichts-Präsident	Augsburg.
8	Dr. Jaques	Hof- u. Gerichts-Advocat	Wien.
9	Dr. von Koestlin	Oberlandesgerichts-Präsident	Stuttgart.
10	M. Levy	Justizrath	Berlin.
11	Makower	Justizrath	Berlin. **(Schatzmeister.)**
12	Dr. Merkel	Professor	Straßburg.
13	Dr. Stachow	Rechtsanwalt	Bremen.
14	Dr. Stenglein	Reichsgerichtsrath	Leipzig.
15	Dr. von Stößer	Oberlandesgerichts-Senats-Präsident	Karlsruhe.
16	Dr. Strohal	Professor	Leipzig.
17	Dr. Struckmann	Wirkl. Geh. Ober-Justizrath, Oberlandesgerichts-Präsident	Cöln.
18	Thomsen	Landgerichts-Präsident	Münster.
19	Wilke	Justizrath	Berlin. **(Schriftführer.)**
20	Dr. v. Wilmowski	Geh. Justizrath	Berlin.

Alphabetisches Verzeichniß

derjenigen

Mitglieder des deutschen Juristentages

welche

dem Verein im Jahre 1895 angehören.

Name.	Stand.	Wohnort.
Dr. Abegg	Rechtsanwalt	Bremen.
Abel	Justizrath	Hannover.
Abt, F.	Rechtsanwalt	Colmar (Elsaß).
Dr. Achelis	Staatsanwalt	Bremen.
Ackermann, Max	Justizrath	Berlin.
Ackermann, Fr.	Geheimer Ober-Justizrath	Dessau.
Ackermann, Gustav	Geheimer Hofrath	Dresden.
Adams	Notar	Aachen.
Adler	Rechtsanwalt	Stuttgart.
Dr. Aegidi	Geh. Legationsrath z. D., Prof.	Berlin.
Mosig v. Aehrenfeld	Justizrath	Löbau (Sachsen).
Ahn jun., Alb.	Referendar	Cöln a. Rhein.
Albers, Chr.	Referendar	Bremen.
Albert, C.	Rechtsanwalt	Hagenau (Elsaß).
Albrecht	Landgerichtsdirector	Potsdam.
Allonas	Notar	Straßburg (Elsaß).
Alster, G.	Justizrath	Cassel.
Dr. Althoff, Friedr.	Geh. Oberregierungsrath	Berlin.
Amann	Landgerichtspräsident	Offenburg (Baden).
Dr. André	Oberbürgermeister	Chemnitz (Sachsen).
Anhaeuser	Oberlandesgerichtsrath	Cöln a. Rhein.
Anschütz, E.	Justizrath	Leipzig.
Dr. Anschütz, Reinhold	Rechtsanwalt	Leipzig.
Antonetty	Rechtsanwalt	Cöln a. Rhein.
Dr. Apelt	Geheimer Regierungsrath	Dresden.

Name.	Stand.	Wohnort.
Dr. Appelius	Staatsanwalt	Celle.
Dr. Arndt, C.	Oberlandesgerichtsrath	Hamburg.
Arndts	Justizrath	Berlin.
Arndts	Geheimer Justizrath	Leipzig.
Dr. Arnold, G.	Richter	Bremen.
Aron, Erich	Amtsrichter	Straßburg (Elsaß).
Ascher	Präsident der Königlichen General-Kommission	Münster i. W.
Dr. Aschrott	Landrichter	Berlin.
Asemissen, Oscar	Rechtsanwalt	Detmold.
v. Auer	Justizrath	München.
Dr. Auerbach, E.	Rechtsanwalt	Frankfurt a. Main.
Dr. Baasch, Ernst	Bibliothekar	Hamburg. Commerz-Bibliothek. Börsen-Arkaden.
Dr. v. Bar	Geh. Justizrath, Professor	Göttingen.
Dr. Baer, M. H.	Rechtsanwalt	Frankfurt a. Main.
Barckhausen	Amtsgerichtsrath	Geestemünde.
Dr. Barkhausen	Senator	Bremen.
Dr. Barkhausen	Landgerichtsdirector	Bremen.
Dr. Barkhausen	Rechtsanwalt	Bremen.
Bartel	Accessist	Oldenburg (Großherzogth.).
Bärwinkel, O.	Justizrath	Arnstadt.
Bärwinkel, Emil	Justizrath	Leipzig.
Dr. de Bary	Justizrath	Frankfurt a. Main.
Bauer, Ludwig	Rechtsanwalt	Augsburg.
Bauer	Justizrath	Höchst a. Main.
Dr. Baumann	Rechtsanwalt	Berlin.
Dr. Baumert	Rechtsanwalt	Spandau.
Bechtel, Jacob	Landgerichtsrath	Frankenthal (Pfalz).
Beck, Ferd.	Rechtsanwalt	Baden-Baden.
Beck, Hugo	Rechtsanwalt	Leipzig.
Dr. Becker, Robert	Rechtsanwalt	Düsseldorf.
Becker	Accessist	Oldenburg (Großherzogth.).
Becker	Oberlandesgerichtspräsident	Oldenburg (Großherzogth.).
Dr. Beckh, Herm.	Rechtsanwalt	Nürnberg.
Dr. Beeck	Landgerichtsdirector	Hamburg.
Dr. Behagel	Geheimer Hofrath, Professor	Freiburg (Baden).
Beleites	Landgerichtspräsident	Nordhausen.
Bender, H.	Amtsrichter	Straßburg (Elsaß).
Dr. Benecke	Gerichtsassessor	Berlin.
Berendes	Oberlandesgerichtsrath	Frankfurt a. Main.
Berger, Julius	Justizrath	Leipzig.

Name.	Stand.	Wohnort.
Bering	Geheimer Regierungsrath	Erfurt.
Berlein	Rechtsanwalt	Rotenburg a. d. Fulda.
Dr. Berlin, Max	Landgerichtsrath	Nürnberg.
Bernhard	Amtsrichter	Lesum.
Dr. Berolzheimer	Justizrath	Nürnberg.
Dr. Beschütz	Oberlandesgerichtssecretair	Hamburg.
Dr. Beseler	Amtsgerichtspräsident	Berlin.
Beutler, Carl Emil	Rechtsanwalt	Reichenbach (Voigtland).
Dr. Bierling	Geh. Justizrath, Professor	Greifswald.
Dr. Biermann	Professor	Friedenau-Berlin
Bindewald	Justizrath	Magdeburg.
Dr. Bingner	Senatspräsident	Leipzig.
Birkenbihl	Amtsgerichtsrath	Wiesbaden.
Dr. Birkmeyer	Professor	München.
Dr. Bischoff	Bankprocurist	Bremen.
Bitiner	Justizrath	Verden (Hannover).
Blackert, E.	Referendar	Hanau.
Blase	Regierungsrath	Dresden.
Blome	Gerichtsassessor	Verden (Hannover).
Blume	Erster Staatsanwalt	Cöslin.
Dr. Blumenfeld	Rechtsanwalt	Hamburg.
Dr. Bockenheimer	Landgerichtsrath	Mainz.
Boecking	Landgerichtsdirector	Straßburg (Elsaß)
Dr. Bode, F.	Polizeiassessor	Bremen.
Böhm, Gustav	Justizrath	Augsburg.
Böhmer	Justizrath	Verden (Hannover).
Dr. Boiselier, Th.	Reichsgerichtsrath	Leipzig.
Dr. Boisselier	Rechtsanwalt	Bremen.
Bojunga	Justizrath	Hannover.
Dr. Boner, F. A.	Dispacheur	Bremen. Börs.-Nebengebäude.
v. Bonhöffer	Landgerichtspräsident	Ravensburg.
Dr. v. Bönninghausen	Rechtsanwalt	Hamburg.
Dr. Borchardt, Oscar	Assessor	Berlin.
Borchers, Ad.	Justizrath	Celle.
Dr. Bornhak	Amtsrichter, Privatdozent	Berlin.
Boschan	Amtsrichter	Werder a. d. Havel.
Bötzow	Gerichtsassessor	Stettin.
Bourwieg	Justizrath	Stettin.
Boyens	Justizrath	Stettin.
Boysen	Landgerichtsdirector	Hanau.
Bozi	Landrichter	Aurich.
Brachvogel	Landrichter	Zabern (Elsaß).

Name.	Stand.	Wohnort.
Dr. Brackenhoeft	Rechtsanwalt	Hamburg.
Dr. Brasseur, Xaver	Advocat	Luxemburg.
Braunbehrens	Reichsgerichtsrath	Leipzig.
Breitung	Rechtsanwalt	Schweinfurt.
Bremer, Heinrich	Rechtsanwalt	Dormagen (Rheinland).
Dr. Brink, L.	Notar	Kastellaun.
Broda, Gustav	Rechtsanwalt	Leipzig.
Broich	Notar	Kerpen (Bez. Cöln a. Rhein).
Browe	Landgerichtsrath	Berlin.
Dr. Bruch, Ludwig	Rechtsanwalt	Mainz.
v. Bruchhausen	Reichsgerichtsrath	Leipzig.
Dr. Brück	Justizrath	Wiesbaden.
Dr. Brüel	Rechtsanwalt	Geestemünde.
Dr. Brüger, Carl	Oberlandesgerichtspräsident	Jena.
Brühl	Landgerichtsdirector	Zwickau (Sachsen).
Brümmer, W.	Senator	Rostock i. Mecklenburg.
Brunnemann	Justizrath	Stettin.
Dr. Brunnemann	Referendar	Stettin.
Dr. Brunner	Geh. Justizrath, Professor	Berlin.
Brunner	Justizrath	Gudensberg.
Dr. Buchenau	Rechtsanwalt	Bremen.
Buddenberg	Rechtsanwalt	Nienburg a. d. Weser.
Bueren	Amtsrichter	Geestemünde.
Dr. Buff, Klement Karl	Senator	Bremen.
Bülau, Ernst	Rechtsanwalt	Zwickau (Sachsen).
Dr. Bulle	Rechtsanwalt	Bremen.
Dr. Bulling	Rechtsanwalt	Bremen.
v. Bülow	Oberlandesgerichtsrath	Celle.
Dr. Bulthaupt	Professor	Bremen.
Bunsen, Friedrich	Amtsrichter	Rostock (Mecklenburg).
Dr. Burchard, Johannes	Privatdocent	Berlin.
Burgheim, Paul	Rechtsanwalt	Minden (Westfalen).
Dr. Busch, Eduard	Justizrath	M.-Gladbach
Büsing	Landgerichtsrath	Metz.
Bussenius	Geheimer Justizrath	Leipzig.
Dr. Cadenbach	Landgerichtsdirector	Mannheim.
Dr. van Calker	Professor	Halle a. d. Saale.
Dr. Callmann	Rechtsanwalt	Cöln a. Rhein.
Callomon, Hugo	Rechtsanwalt	Breslau.
Canenbley II, W.	Referendar	Verden (Hannover).
Cappell	Landgerichtsdirector a. D.	Wiesbaden.
Dr. Carlebach	Notar	Remilly.

Name.	Stand.	Wohnort.
Carstens	Landgerichtsdirector	Bremen.
Caesar	Richter	Bremen.
Cäsar	Justizrath	Frankfurt a. Main.
Caspari, Albrecht	Justizrath	Cassel.
Dr. Caspari, F.	Justizrath	Frankfurt a. Main.
Dr. Chormann, R.	Rechtsanwalt	Mülhausen (Elsaß).
Dr. Cillis	Rechtsanwalt	Bonn.
Dr. Claußen	Rechtsanwalt	Bremerhaven.
Dr. Cohen, J.	Rechtsanwalt	Hamburg, Colonnaden 49.
Dr. Cohen, Max	Rechtsanwalt	Hamburg, gr. Bleichen 5.
Dr. Cohn	Rechtsanwalt	Bremen.
Dr. Cohn, Ludwig	Justizrath	Breslau.
Dr. Cohn, Georg	Professor	Zürich (Schweiz).
v. Coellen	Justizrath	Cöln a. Rhein.
Cordes	Richter	Bremen.
Dr. Cosack	Professor	Freiburg (Baden).
Courtin	Landgerichtsrath	Freiburg (Baden).
Cramer	Rechtsanwalt	Emden.
Creutzberger	Rechtsanwalt	Grünberg (Schlesien).
Dr. Crüsemann	Staatsanwalt	Bremen.
Dr. Crusen	Gerichtsassessor	Berlin.
Dalcke	Ober-Staatsanwalt	Stettin.
Dr. Dambach	Wirkl. Geh. Ober-Postrath, Professor	Berlin.
Danielcik	Landrichter	Berlin.
Daniels	Notar	Düren (Rheinland).
Dr. Danziger	Referendar	Bremen.
Daus, J.	Justizrath	Altona.
David, Cornelius	Justizrath	Frankenthal (Pfalz).
David, Hugo	Rechtsanwalt	Frankenthal (Pfalz).
Dr. Degenkolb	Geheimer Hofrath, Professor	Leipzig.
Dr. Deiß	Rechtsanwalt	Leipzig.
Delbrück	Landrichter	Berlin.
Dr. Delbrück	Rechtsanwalt	Stettin.
Dr. Delius	Richter	Bremen.
Denso	Landgerichtsdirector	Berlin.
Dr. Dernburg	Geh. Justizrath, Professor	Berlin.
Dr. Detmold	Professor	Göttingen.
Dettmar, H.	Justizrath	Hildesheim (Hannover).
Deumling	Amtsgerichtsrath	Paderborn.
Dr. Dickel	Amtsrichter	Berlin.
Dietrich	Rechtsanwalt	Prenzlau.

Name.	Stand.	Wohnort.
Dinkgräve	Rechtsanwalt	Aurich.
Dr. Dittmar	Ministerialrath	Berlin.
Dohrn, Eugen	Rechtsanwalt	Itzehoe.
Dölitzsch, Arthur	Justizrath	Altenburg (Sachs.-Altenbg.).
Dr. Dommes	Amtmann	Bremerhaven.
Dr. Donaudt, M.	Richter	Bremen.
Donaudt, J.	Richter	Bremen.
Dorner, E.	Geh. Ober-Regierungsrath	Karlsruhe (Baden).
Dose, Wolf	Justizrath	Neustadt (Holstein).
Dove, Heinrich	Landrichter	Frankfurt a. Main.
Dr. Drabert	Amtsrichter	Wusterhausen a. d. Dosse.
Dr. Drechsler	Wirkl. Geh. Rath, Senatspräsident des Reichsgerichts	Leipzig.
Dr. Dreyer	Rechtsanwalt	Bremen.
Dr. Dreyer	Reichsgerichtsrath	Leipzig.
Driver	Accessist	Oldenburg (Großherzogth.).
Dr. Drucker	Rechtsanwalt	Leipzig.
Düesberg, Otto	Justizrath	Bochum.
Dumreicher	Landgerichtsdirector	Elberfeld.
Dr. Dunkel	Rechtsanwalt	Bremen.
Dunkhase	Landgerichtsrath	Oldenburg (Großherzogth.).
Dürr	Justizrath	München.
Ebeling	Fürstlicher Kammerassessor	Wernigerode.
Eberhard, L.	Justizrath	Hanau.
Dr. Eck	Geh. Justizrath, Professor	Berlin.
Eckhard, Carl	Bankpräsident	Mannheim.
Dr. Eddelbüttel, F.	Rechtsanwalt	Hamburg.
Edzard, E.	Rechtsanwalt	Bremen.
Eisele	Rechtsanwalt	Ellwangen.
Elenz	Geheimer Justizrath	Berlin.
Eller	Landrichter	Berlin.
Elsperger	Landgerichtspräsident	Hof (Bayern).
Eltzbacher, Carl	Rechtsanwalt	Cöln a. Rhein.
Elven	Justizrath	Cöln a. Rhein.
Elze, Curt	Rechtsanwalt	Halle a. d. Saale.
Dr. Endemann	Syndicus	Bremen.
Enderlein, E.	Rechtsanwalt	Ansbach.
Engel, J.	Oberlandesgerichtsrath	Hamburg.
Engels	Justizrath	Potsdam.
Dr. Enneccerus	Geheimer Justizrath, Prof.	Marburg (Hessen).
Dr. Enzmann	Justizrath	Chemnitz (Sachsen).
Dr. Epstein, Emil	Rechtsanwalt	Augsburg.

Name.	Stand.	Wohnort.
Erhard, Heinrich	Rechtsanwalt	Nürnberg.
Erythropel	Justizrath	Leipzig.
Eschenbach, Aug.	Rechtsanwalt	Berlin.
Esser, Rob.	Justizrath	Cöln a. Rhein.
Dr. Eulitz	Rechtsanwalt	Dresden.
Evers	Geheimer Justizrath	Celle.
Dr. Ewald	Amtsrichter	Hamburg, Hohenfelde I.
Eysoldt, Arth.	Rechtsanwalt	Dresden-Altstadt.
Dr. v. Faber	Staatsminister	Stuttgart.
Falk	Gerichtsassessor	Elberfeld.
Falkenbach	Justizrath	Merzig.
Falkmann	Landgerichtsrath	Hannover.
Dr. Fastenrath	Hofrath	Cöln a. Rhein.
Faull, K.	Rechtsanwalt	Ellwangen.
Dr. Antoine-Feill sen.	Rechtsanwalt	Hamburg.
Feldmann, Georg	Rechtsanwalt	Bremen.
Feldmann	Rechtsanwalt	Kammin (Pommern).
Dr. Felisch	Landgerichtsrath	Berlin.
Fendel	Amtsgerichtsrath	Schwelm.
Fenner	Justizrath	Leipzig.
Ferber	Rechtsanwalt	Danzig.
Dr. Fester, Adolf	Rechtsanwalt	Frankfurt a. Main.
Fiedler	Rechtsanwalt	Lehe bei Bremerhaven.
Dr. Filzinger, L. Ph.	Notar	Hayingen (Lothringen).
Dr. Finger	Staatsminister	Darmstadt.
Finkelnburg	Referendar	Godesberg bei Bonn.
v. Fischer, Ludwig	Erster Bürgermeister	Augsburg.
Dr. Fischer, Otto	Oberlandesgerichtsrath, Prof.	Breslau.
Fischer I, J. J.	Justizrath	Cöln a. Rhein, Burgmauer 33.
Fischer II, G.	Rechtsanwalt	Cöln a. Rhein, Burgmauer 33.
Fischer	Amtsrichter	Gnesen.
Fleck, Hugo	Gerichtsassessor	Cöln a. Rhein.
Dr. Fleck, Otto	Amtsrichter	Rheydt (Bez. Düsseldorf).
Dr. Flesch, Carl	Stadtrath	Frankfurt a. Main.
Fließ	Rechtsanwalt	Stettin.
Dr. Forstmann	Amtsrichter	Zeven.
Foertsch	Reichsgerichtsrath	Leipzig.
Dr. Fösser, R.	Justizrath	Frankfurt a. Main.
Francke	Amtsgerichtsrath	Alfeld (Hannover).
Dr. Frank, Reinh.	Professor	Gießen.
Dr. Freese	Staatsanwalt	Stargard (Pommern).

Name.	Stand.	Wohnort.
Frege	Erster Staatsanwalt	Liegnitz.
Frenckel	Justizrath	Kaiserslautern.
Frenkel	Justizrath	Leipzig.
Dr. Freund	Amtsgerichtsrath	Breslau.
Freund	Geheimer Justizrath	Breslau.
Frey	Justizrath	Wiesbaden.
Freytag, Otto Emil	Rechtsanwalt	Leipzig.
Dr. Friedberg	Geheimer Hofrath, Professor	Leipzig.
Dr. Friede, Hugo	Rechtsanwalt	Hamburg.
Dr. Friedländer	Bankdirector	Berlin.
Friedländer, S.	Rechtsanwalt	Berlin.
Dr. Friedleben, Fritz	Rechtsanwalt	Frankfurt a. Main.
Dr. Friedrichs	Rechtsanwalt	Verden (Hannover).
Fritze, Aug.	Referendar	Bremen.
Dr. Fritze, Carl	Referendar	Bremen.
Fröhlich	Justizrath	Cöln a. Rhein.
Fuchs I, Max	Rechtsanwalt	Berlin.
Dr. Fuchs	Rechtsanwalt	Berlin.
Fuchs	Amtsgerichtsrath	Hagenau.
Dr. Fuld, L.	Justizrath	Frankfurt a. Main.
Dr. Fuld, L.	Rechtsanwalt	Mainz.
Funke	Richter	Bremen.
Funke, Rudolf	Notar	Neu-Breisach.
Fürbringer	Referendar	Verden (Hannover).
Fürst, Alex.	Rechtsanwalt	Heidelberg.
Gaenßler	Justizrath	München.
Dr. Gaitzsch	Rechtsanwalt	Chemnitz (Sachsen).
Gantz	Gerichtsassessor	Lehe bei Bremerhaven.
Gättens	Amtsrichter	Rostock (Mecklenburg).
Dr. Gebhard	Geheimrath, Professor	Berlin.
Gebhard, Carl	Landgerichtspräsident	Traunstein.
Dr. Geiger, B.	Justizrath	Frankfurt a. Main.
Dr. Gelpke, Max	Rechtsanwalt	Berlin.
Dr. Gentzsch	Rechtsanwalt	Leipzig.
Gerhard, Otto	Justizrath	Braunschweig.
Gerichten, Friedrich	Amtsrichter	Germersheim (Rhein).
Gervinus	Justizrath	Cassel.
Gesenius	Director des Pfandbriefamts	Berlin.
Geutebrück	Referendar	Erfurt.
Geyler, Ernst	Oberamtsrichter	Reichenbach (Voigtland).
Dr. Gierke	Geheimer Justizrath, Prof.	Charlottenburg.
Dr. Gieschen, Heinr.	Rechtsanwalt	Hamburg.

Name.	Stand.	Wohnort.
Glas, Cölestin	Landgerichtsrath	Augsburg.
Dr. Glas	Rechtsanwalt	Schneidemühl.
Dr. Glöckner	Rechtsanwalt	Frankfurt a. Main.
Goecke	Justizrath	Cöln a. Rhein.
Dr. Goldenring	Landgerichtsrath	Straßburg (Elsaß).
Dr. Goldfeld, Julius	Rechtsanwalt	Hamburg.
Dr. Goldschmidt	Geheimer Justizrath, Prof.	Berlin.
Dr. Goldschmidt, J.	Justizrath	Berlin.
Dr. Goldschmidt, L.	Landrichter	Bochum.
Göllnitz	Rechtsanwalt	Lengefeld (Erzgebirge).
Dr. Gordan, F.	Erster Staatsanwalt	Duisburg.
Göring, Julius	Notar	Bischweiler.
Dr. Gorius	Rechtsanwalt	Cöln a. Rhein.
Görrig	Rechtsanwalt	Cöln a. Rhein.
Göschen	Oberlandesgerichtsrath	Frankfurt a. Main.
Gothein, Georg	Bergrath	Breslau.
Gotthelf	Justizrath	München.
Gottschalk, Leop.	Rechtsanwalt	Cöln a. Rhein.
Dr. Gottschalk	Amtsgerichtsrath	Solingen.
Goetz, A.	Notar	Weißenburg (Elsaß).
Gräfe	Geheimer Ober-Justizrath, Senatspräsident	Berlin.
Gräff, G.	Justizrath	Coblenz.
Dr. vom Grafen	Rechtsanwalt	Cöln a. Rhein.
Dr. Graven	Referendar	Cöln a. Rhein.
Grieving	Rechtsanwalt	Düsseldorf.
Dr. Gröning, Herm.	Senator	Bremen.
Groß	Rechtsanwalt	Mergentheim.
Dr. Frhr. v. Groß	Staatsminister	Weimar.
Dr. Grote, H.	Richter	Bremen.
Dr. Grueber, Erwin	Professor	München.
Gruner, Fr.	Justizrath	Weimar.
Gülde, G.	Rechtsanwalt	Rochlitz (Sachsen).
Gunck, Franz	Rechtsanwalt	Odenkirchen.
Gunzenhäuser	Justizrath	Fürth (Bayern).
Dr. Güterbock	Geheimer Justizrath, Prof.	Königsberg (Preußen).
Dr. Gutfleisch	Rechtsanwalt	Gießen.
Guttmann	Rechtsanwalt	Wiesbaden.
Haber	Rechtsanwalt	Leipzig.
Dr. Häberlin, E. J.	Rechtsanwalt	Frankfurt a. Main.
Dr. Hachenburg, Max	Rechtsanwalt	Mannheim.
Häckermann	Rechtsanwalt	Greifswald.

Name.	Stand.	Wohnort.
Hagemann	Stadtdirector	Bremerhaven.
Dr. Hagens	Richter	Bremen.
Hallwachs, L.	Geheimer Staatsrath	Darmstadt.
Dr. Hambrook	Reichsgerichtsrath a. D.	Berlin.
Hamburger, Carl	Rechtsanwalt	Berlin.
Dr. Hamburger	Geheimer Justizrath	Frankfurt a. Main.
Hamm	Geheimer Ober - Justizrath, Ober-Staatsanwalt	Cöln a. Rhein.
Hammacher	Dr. jur.	Berlin.
Hammer	Justizrath	Chemnitz (Sachsen).
Handt	Oberlandesgerichtsrath	Celle.
Hänel, Arthur	Justizrath	Dresden-Neustadt.
Hänsel	Rechtsanwalt	Bergen auf Rügen.
v. Hantelmann, F.	Amtsrichter.	Lehe bei Bremerhaven.
Dr. Harburger	Landgerichtsrath, Privatdoc.	München.
v. Harder, Alexander	Rechtsanwalt	Mannheim.
Dr. Harmening	Rechtsanwalt	Jena.
Dr. Harnier, Ed.	Rechtsanwalt	Cassel.
Dr. Harnier, Aug.	Landgerichtsrath	Frankfurt a. Main.
Harries	Rechtsanwalt	Lehe bei Bremerhaven.
Frhr. v. Harsdorf-Enderndorf, Alex.	Oberlandesgerichtspräsident	Augsburg.
Harseim	Wirklicher Geh. Kriegsrath	Berlin.
Dr. Hartmann, K. A.	Landgerichtspräsident	Plauen (Voigtland).
Hase, Otto	Justizrath	Altenburg (Sachsen-Altenb.).
Dr. Hasselbach	Rechtsanwalt	Wiesbaden.
Hattenbach	Landgerichtspräsident	Oldenburg(Großherzogthum).
Hauck	Justizrath	Cöln a. Rhein.
Häusler	Justizrath	Braunschweig.
Hausmann, W.	Rechtsanwalt	Berlin.
Dr. Hecht, L.	Rechtsanwalt	Frankfurt a. Main.
Dr. Hecht, Felix	Hofrath, Bankdirector	Mannheim.
Dr. Heck	Professor	Halle a. d. Saale.
Dr. Heilbluth	Rechtsanwalt	Hamburg.
Heiliger	Referendar	Bremen.
Heilpern, S.	Rechtsanwalt	Leipzig.
Heim, Michael	Rechtsanwalt	Würzburg.
Dr. Heimann, Alfr.	Rechtsanwalt	Berlin.
Dr. Heincken	Rechtsanwalt	Bremen.
Dr. Heink, Paul Friedr.	Advocat	Villa Isidora Mellide (Tessin, Schweiz).
Dr. Heinemann	Referendar	Bremen.

Name.	Stand.	Wohnort.
Dr. Heinsheimer	Landgerichtsrath	Mosbach (Baden).
Heintzmann	Landgerichtsrath a. D.	Dortmund.
Heiser, Fritz	Referendar	Itstein.
Ritter v. Heller	Ministerialrath	München.
Heller	Amtsgerichtsrath	Wörth a. d. Sauer.
Hellmann	Landgerichtsrath	Aachen.
Dr. Hellmann, Friedr.	Professor	München
Henckel	Rechtsanwalt	Nienburg a. d. Weser.
Dr. Ritter v. Henle, S.	Geheimer Hofrath	München
Hennig, G.	Amtsrichter	Gommern (Prov. Sachsen).
Dr. Henning	Rechtsanwalt	Greiz.
Henrich	Rechtsanwalt	Völklingen a. d. Saar.
Hensel	Landgerichtsrat	Stargard (Pommern).
Hentschel, Oscar	Amtsrichter	Augustusburg bei Schellenberg (Sachsen).
Dr. Hentze		Nienburg a. d. Weser.
Herhaus	Gerichtassessor	Andernach.
Hermes	Bürgermeister	Röbel (Mecklenburg).
v. Herold, W.	Senatspräsident des Oberlandesgerichts	Augsburg.
Herr	Justizrath	Leipzig.
Dr. Hertz, G.	Senator	Hamburg.
Dr. Herz	Justizrath	Wiesbaden.
Herzfeld	Justizrath	Halle a. d. Saale.
Dr. Hesdörffer	Rechtsanwalt	Frankfurt a. Main.
Dr. Hesekiel	Landgerichtsrath	Berlin.
Heß, Ernst	Landgerichtsrath	Augsburg.
Dr. Heß, Ludwig	Rechtsanwalt	Ellwangen.
Hetzer	Landgerichtsdirector	Stettin.
Dr. Heumann	Rechtsanwalt	Bremen.
van der Heyde	Rechtsanwalt	Rüdesheim a. Rhein.
Dr. Heyden, C.	Syndicus	Essen a. d. Ruhr, Lindengut 154.
Heyl	Syndicus	Bremen.
Heymann	Justizrath	Altona.
Dr. Heymann, S.	Rechtsanwalt	Hamburg, Gerhofstraße 19.
Dr. Hick	Landgerichtsrath	Constanz.
Dr. Hiedemann	Rechtsanwalt	Cöln a. Rhein.
Hildebrand, H.	Rechtsanwalt	Bremen.
Hilf	Justizrath	Limburg a. d. Lahn.
Hilpert	Justizrath	Nürnberg
Dr. Hilse, Benno	Kreisgerichtsrath a. D., Syndicus	Berlin.

Name.	Stand.	Wohnort.
Dr. Hilse, Carl	Syndicus, Rechtslehrer	Berlin.
Dr. Himberg, A.	Rechtsanwalt	Barmen.
Dr. Hinschius	Geh. Justizrath, Professor	Berlin.
Dr. v. Hippel, R.	Professor	Rostock (Mecklenburg).
Dr. Hirl	Bezirksgerichtsrath a. D.	München.
Hirschberg	Landrichter	Thorn.
Hirschhorn, R.	Rechtsanwalt	Gießen.
Hobelmann	Rechtsanwalt	Bremen.
v. Hochstetter	Landgerichtspräsident	Ellwangen.
Hoggrefe	Rechtsanwalt	Bremen.
Dr. Hoggrewe	Referendar	Bremen.
Hoffmann, Max	Landgerichtsrath	Augsburg.
Dr. Hoffmann, E.	Geh. Ober-Regierungsrath	Berlin.
Hoffmann, Th.	Oberlandesgerichtsrath	Nürnberg.
Hoffmann	Oberamtsrichter	Stuttgart.
Hofmann	Amtsrichter	Rennerod.
Dr. Hölder	Professor	Leipzig.
Dr. Holdheim	Rechtsanwalt	Frankfurt a. Main.
Holz	Rechtsanwalt	Berlin.
Höniger	Justizrath	Inowrazlaw.
v. Horn	Referendar	Lilienthal.
Dr. Horwitz	Justizrath	Berlin.
Dr. Horwitz, O.	Rechtsanwalt	Hamburg.
Dr. Hoseus	Geh. Ober-Reg.-Rath	Straßburg (Elsaß).
Hottendorfer	Amtsrichter	Tostedt.
Dr. Hübler	Geh. Ober-Reg.-Rath, Prof.	Berlin.
Dr. Huch	Rechtsanwalt	Braunschweig.
Huck	Justizrath	Gleiwitz.
Humbert	Geh. Justizrath	Berlin.
Dr. Humser	Justizrath	Frankfurt a. Main.
Hundt	Justizrath	Krefeld.
Dr. Jacobi	Justizrath, Professor	Berlin.
Jacobi	Rechtsanwalt	Bergen auf Rügen.
Dr. Jacobs, R.,	Rechtsanwalt	Jena.
Dr. Jäger, Otto	Notar	Rombach (Lothringen).
Dr. Jahn	Rechtsanwalt	Bremerhaven.
Jansen, G.	Referendar	Verden (Hannover).
Jelito, Emil	Oberamtsrichter	Landau (Pfalz).
Jentzsch, C.	Amtsgerichtsrath	Magdeburg.
Jerusalem, A.	Landgerichtsrath	Saarbrücken.
Joachim	Rechtsanwalt	Berlin.
Jockisch	Amtsrichter	Birnbaum.

Name.	Stand.	Wohnort.
Jonas, Paul	Rechtsanwalt	Berlin.
Jonas	Justizrath	Marienthal bei Wandsbeck.
Dr. Josephson, C. N.	Rechtsanwalt	Hamburg.
Josephthal, Gustav	Justizrath	Nürnberg.
Joesten	Notar	Aachen.
Dr. Jouvenal	Rechtsanwalt	Cassel.
Dr. Israel, A.	Rechtsanwalt	Hamburg.
Dr. Israel, John	Rechtsanwalt	Hamburg.
Dr. Israel, Simon	Rechtsanwalt	Hamburg, gr. Bleichen 5.
Jüdel, Otto	Justizrath	Hannover.
Jung, Thomas	Justizrath	Augsburg.
Dr. Jungk	Landgerichtsrath	Berlin.
Jüßen, Peter	Rechtsanwalt	Cöln a. Rhein.
Kapferer	Rechtsanwalt	Cöln a. Rhein.
Kassel, Eduard	Rechtsanwalt	Schweidnitz.
Dr. Alexander-Katz, R.	Rechtsanwalt	Berlin.
Dr. Katz, Edwin	Rechtsanwalt	Berlin.
Kaufmann, Felix	Justizrath	Berlin.
Kaufmann	Amtsgerichtsrath	Straßburg (Elsaß).
Kaulla, Max	Rechtsanwalt	Stuttgart, Moserstraße 20.
Kayser	Notar	Zabern (Elsaß).
Keferstein	Oberbürgermeister	Lüneburg.
Keim, W.	Landgerichtsrath	Wiesbaden.
Dr. Keller, A.	Justizrath	Straßburg (Elsaß).
Kempner, M.	Rechtsanwalt	Berlin.
Kerckhoff	Landgerichtspräsident	Aurich.
Kerckhoff	Notar	Diedenhofen.
Kern	Landgerichtsrath	Waldshut.
Kerstein	Landgerichtsrath	Dortmund.
Dr. Kilzer, W.	Justizrath	Frankfurt a. Main.
Dr. Kindervater	Ober-Zolldirector	Bremen.
Dr. Kipp	Professor	Erlangen.
Dr. Kirch	Notar	Gummersbach.
Dr. v. Kirchbach, W.	Landgerichtsrath	Berlin.
Dr. v. Kirchenheim	Professor	Heidelberg.
Kirchgeßner, Gottfr.	Oberlandesgerichtsrath	Würzburg.
Dr. Kirchhoff	Richter	Bremerhaven.
Kitz	Erster Staatsanwalt	Verden (Hannover).
Klein, Max	Landgerichtsrath	Ansbach.
Dr. Klein	Rechtsanwalt	Düsseldorf.
Dr. Kleinfeller	Professor	Kiel.
Kleinschmidt	Hofrath	Tangerhütte.

Name.	Stand.	Wohnort.
Dr. Klemm, Rich.	Rechtsanwalt	Leipzig.
Kletschke	Landgerichtsrath	Schweidnitz.
Dr. Klewitz, A.	Amtsrichter	Altena (Westfalen).
Dr. Klöppel, P.	Justizrath	Leipzig.
Klüpfel	Finanzassessor	Essen a. d. Ruhr.
Knein, H.	Amtsgerichtsrath	Aachen.
Dr. Kniep	Professor	Jena.
Koch	Justizrath	Buchholz (Sachsen).
Koch, F.	Justizrath	Glatz.
Koch	Accessist	Oldenburg (Großherzogthum).
Kochs	Landgerichtsrath	Cöln a. Rhein.
Dr. Kockerols	Notar	Jüchen (Bez. Düsseldorf).
Dr. Koffka	Kammergerichtsrath	Berlin.
Dr. Köhne, Paul	Amtsrichter	Berlin.
Kölle	Assessor	Hannover.
Kollmann, Anton	Rechtsanwalt	Augsburg.
Dr. Köllner	Rechtsanwalt	Verden (Hannover).
König	Landgerichtsrath	Cleve.
Koeppel	Rechtsanwalt	Belgard (Pommern).
Dr. Korn, Alfr.	Rechtsanwalt	Berlin.
Kortum, Karl	Justizrath	Naumburg a. d. Saale.
Dr. v. Köstlin, Th.	Oberlandesgerichtspräsident	Stuttgart.
Köth, Josef	Rechtsanwalt	Würzburg.
Dr. Kraft, Bernhard	Rechtsanwalt	Berlin.
Krah	Oberlandesgerichtspräsident	Celle.
Krampf, Jos.	Rechtsanwalt	Würzburg.
Krapp	Landgerichtsrath	Regensburg.
Dr. Kraus, O.	Rechtsanwalt	Hannover.
Krauß I	Landgerichtsrath	Ravensberg.
Kraußold	Justizrath	München.
Kremer, Ludwig	Oberlandesgerichtsrath	München.
Kreppel, Fr. Ludw.	Justizrath	Bamberg.
Dr. Frhr. v. Kreß	Justizrath	Nürnberg.
Kretschmann	Justizrath	Magdeburg.
Dr. Kretschmar	Geh. Justizrath, Professor	Gießen.
Krieg, Emil	Rechtsanwalt	Leipzig.
Kriegk	Landgerichtsrath	Verden (Hannover).
Dr. Krimke	Rechtsanwalt	Verden (Hannover).
Dr. Kronecker	Landgerichtsrath	Berlin.
Kronecker, W.	Assessor	Berlin.
Dr. Kronfeld	Rechtsanwalt	Berlin.
Krüger	Justizrath	Halberstadt.

Name.	Stand.	Wohnort.
Dr. Krüger	Landrichter	Saargemünd.
Krüll, Georg	Rechtsanwalt	Elberfeld.
Krumbiegel	Notar	Elberfeld.
Küchendahl	Justizrath	Stettin
Kühbacher	Rechtsanwalt	Bensberg.
Kühn, E.	Rechtsanwalt	Meerane (Sachsen).
Kühn	Justizrath	Trachenberg (Schlesien).
Dr. Kühtmann	Rechtsanwalt	Bremen.
Kulemann	Landgerichtsrath	Braunschweig.
Dr. Kulenkampff, Jul.	Rechtsanwalt	Bremen.
Kulenkampff, Herm.	Rechtsanwalt	Bremen.
Dr. Kulenkampff-Post	Rechtsanwalt	Bremen.
v. Kunowski	Landgerichtspräsident	Danzig.
v. Kunowski	Wirklicher Geheimer Ober-Justizrath, Oberlandesgerichtspräsident	Breslau.
Kumreuther	Rechtsanwalt	Frankfurt a. Main.
Dr. Kurlbaum, C.	Wirklicher Geheimer Ober-Justizrath, Oberlandesgerichtspräsident	Stettin.
Kusel	Rechtsanwalt	Karlsruhe (Baden).
Labroisse, L.	Rechtsanwalt	Gießen.
Lahmann	Referendar	Bremen.
Lahode, Max	Landgerichtsrath	Seyda (Erzgebirge).
Lähr	Landrichter	Belgard (Pommern).
Lamey	Ministerialpräsident a. D.	Mannheim.
Lamm, L. M.	Senatspräsident	Dresden.
Lamp	Rechtsanwalt	Elmshorn.
Dr. Lamprecht	Landrichter	Hamburg.
Dr. Landau, Felix	Rechtsanwalt	Berlin.
Dr. Landsberg, J.	Referendar	Offenbach a. Main.
Dr. v. Lang, H.	Landgerichtspräsident	Rottweil.
Dr. Langbein, Oscar	Rechtsanwalt	Leipzig.
Lange	Amtsrichter	Blumenthal (Hannover).
Lange	Rechtsanwalt	Straßburg (Elsaß).
Lanzberg	Amtsgerichtsrath a. D.	Straßburg (Elsaß).
Lasker	Justizrath	Landsberg a. d. Warthe.
Laué, Walter	Rechtsanwalt	Berlin.
Lauterbach	Justizrath	Straßburg (Elsaß).
Lazarus	Rechtsanwalt	Berlin.
Lebenheim, Georg	Landgerichtsrath	Halle a. d. Saale.

Name.	Stand.	Wohnort.
Dr. Lebin	Justizrath	Berlin.
Dr. Lehmann, Karl	Professor	Rostock (Mecklenburg).
Lehnebach	Rechtsanwalt	Straßburg (Elsaß).
Leiber	Justizrath	Straßburg (Elsaß).
Leipheimer	Rechtsanwalt	Stuttgart.
Dr. Lenel	Professor	Straßburg (Elsaß).
Dr. Lennig	Rechtsanwalt	Straßburg (Elsaß).
Dr. v. Lenz	Reichsgerichtsrath	Leipzig.
Dr. Leonhard	Professor	Marburg (Hessen).
Dr. Leoni	Ministerialrath	Straßburg (Elsaß).
Dr. Frhr. v. Leonrod	Staats- und Justizminister	München.
Leske, O. Fr.	Geheimer Ober-Justizrath, Senatspräsident	Breslau.
Lesse	Geheimer Justizrath	Berlin.
Lesser	Reichsgerichtsrath a. D.	Berlin.
Lettgau	Senatspräsident	Berlin.
Leuchert	Amtsrichter	St. Avold.
Levi	Rechtsanwalt	Bonn.
Dr. Levi, Siegmund	Rechtsanwalt	Mainz.
Levi	Rechtsanwalt	Stuttgart.
Levot	Rechtsanwalt	Cöln a. Rhein.
Dr. Levy	Advocat	Amsterdam.
Levy, M.	Justizrath	Berlin.
Levy, Leopold	Referendar	Berlin.
Lewald, C.	Justizrath	Leipzig.
Lewin	Amtsrichter	Grünberg (Schlesien).
Dr. Lewin	Rechtsanwalt	Stettin.
Lewinsohn	Amtsrichter	Berlin.
Leyser	Rechtsanwalt	Charlottenburg.
Lezius	Justizrath	Köthen (Anhalt).
Libawski	Justizrath	Kreuzburg (Oberschlesien).
Licht, Ernst	Rechtsanwalt	Cöln a. Rhein.
Liebster, Arno	Justizrath	Leipzig.
Dr. v. Lilienthal	Professor	Marburg (Hessen).
v. Limont, Werry	Amtsrichter	Opladen.
Linckelmann I, Carl	Geh. Justizrath	Hannover.
Dr. Linckelmann II	Rechtsanwalt	Hannover.
Lindemann, H.	Landgerichtsrath	Hannover.
Lindemann	Gerichtsassessor	Verden (Hannover).
Lindenberg	Rechtsanwalt	Berlin.
Dr. Lippmann, Julius	Rechtsanwalt	Hamburg.
Dr. v. Liszt, Franz	Professor	Halle a. d. Saale.

Name.	Stand.	Wohnort.
Litthauer	Justizrath	Posen.
Loebell	Reichsgerichtsrath	Leipzig.
Dr. Lochte	Justizrath	Magdeburg.
Löhmann, R.	Oberlandesgerichtsrath	Hamburg.
Dr. Lohse, G.	Hofrath	Leipzig.
Dr. Löning	Senatssecretair	Bremen.
Dr. Lorey	Rechtsanwalt	Frankfurt a. Main.
Löser, Ottomar	Rechtsanwalt	Frankfurt a. d. Oder.
Dr. Lossen	Landgerichtsrath	Straßburg (Elsaß).
Löwe	Landrichter	Berlin.
Löwenstein I, Leopold	Rechtsanwalt	Stuttgart
Löwenthal	Rechtsanwalt	Altona
Löwenthal, F.	Rechtsanwalt	Schwerin (Mecklenburg).
Dr. Lubszynski, Jul.	Referendar	Berlin.
Lucas	Amtsrichter	Solingen.
Dr. Ludolph	Landgerichtsrath	Detmold.
Ludwig	Kgl. Hoheit Prinz v. Bayern	München.
Lührs, H.	Referendar	Verden (Hannover).
Luppe, Herm.	Referendar	Kiel.
Dr. Lürmann	Bürgermeister	Bremen.
Lürmann, Aug.	Rechtsanwalt	Bremen.
Dr. Lürmann, Th.	Staatsanwalt	Bremen.
Lurz	Rechtsanwalt	Zabern (Elsaß).
Lustig	Rechtsanwalt	Gleiwitz.
Mahla	Rechtsanwalt	Landau (Pfalz).
Mahlstedt	Landgerichtsrath	Flensburg.
Mainhard	Oberamtsrichter	Karlsruhe (Baden).
Makower	Justizrath	Berlin.
Dr. Makower, Felix	Rechtsanwalt	Berlin.
Mallebrein	Oberamtsrichter	Baden-Baden.
Dr. v. Mandry	Professor	Berlin.
Dr. Mann	Rechtsanwalt	Stettin.
Dr. Mannheim	Rechtsanwalt	Cöln a. Rhein.
Mansfeld	Oberlandesgerichtspräsident	Braunschweig.
Dr. Markus	Senator	Bremen.
Dr. v. Marquardsen	Professor	Erlangen.
v. Martens	Oberamtsrichter	Geislinger (Württemberg).
Dr. Martin, R.	Oberlandesgerichtsrath	Hamburg.
Martins	Oberbürgermeister	Glogau.
Martiny	Rechtsanwalt	Danzig.
Matter	Justizrath	Hochfelden
Matthaei, F.	Amtsgerichtsrath	Düren (Rheinland).

Name.	Stand.	Wohnort.
Maurer, Carl	Landgerichtsrath	Mannheim L. 8 Nr. 10.
Dr. May	Rechtsanwalt	Frankfurt a. Main, Bleiderstraße 1.
Dr. May, Hermann	Rechtsanwalt	Hamburg, gr. Bleichen 42.
Dr. May, Hugo	Rechtsanwalt	Hamburg, gr. Bleichen 42.
Dr. Mayer	Amtsrichter	Dresden-Neustadt.
Mayer, F.	Landgerichtsdirector	Eichstädt.
Dr. Mayer, Moritz	Rechtsanwalt	Frankenthal (Pfalz).
Mayer, Arthur	Rechtsanwalt	Geestemünde.
Dr. Mayer, F. Carl	Justizrath	Gotteszell (Württemberg).
Dr. Mayer, Carl	Rechtsanwalt	Cöln a. Rhein.
Dr. Mayer, F. P.	Rechtsanwalt	Mainz.
Dr. Mayer, Otto	Professor	Straßburg (Elsaß).
Mecke	Geheimer Justizrath	Leipzig.
Mecke, W.	Referendar	Leipzig.
Meibauer	Rechtsanwalt	Konitz (Westpreußen).
Dr. Meier, H. H.	Landgerichtspräsident	Bremen.
Dr. Meier, G.	Referendar	Bremen.
Meier, H. H.	Consul	Bremen.
Meier, Heinrich	Justizrath	Kiel.
Meiners	Referendar	Bremen.
Meisner, L.	Rechtsanwalt	Bamberg.
Dr. Meisner	Oberlandesgerichtsrath	Posen.
Meister	Rechtsanwalt	Stettin.
Melchior	Justizrath	Dortmund.
Dr. Menzen, Carl Degenhard	Landgerichtsrath	Hechingen.
Merckle	Rechtsanwalt	Frankenthal (Pfalz).
Dr. Merkel	Referendar	Colmar (Elsaß).
Dr. Merkel	Professor	Straßburg (Elsaß).
Dr. Merling	Rechtsanwalt	Bremen.
Dr. Meschelsohn	Rechtsanwalt	Berlin.
Metz	Rechtsanwalt	Gießen.
v. Metzsch, Hugo	Rechtsanwalt	Leipzig.
Dr. ter Meulen	Amtsrichter	Leer (Ostfriesland).
Dr. Meurer	Professor	Würzburg.
Meuser, Paul	Rechtsanwalt	Cöln a. Rhein
Meyer, Alexander	Dr. jur.	Berlin.
Meyer, Sigmund	Justizrath	Berlin.
Dr. Meyer, H.	Referendar	Bremen.
Meyer, Wilhelm	Notar	Coblenz.
Dr. Meyer	Regierungsrath	Cöln a. Rhein.

Name.	Stand.	Wohnort.
Dr. Meyer, Fritz	Rechtsanwalt	Frankfurt a. Main, Töngesgasse.
Dr. Meyer, Max	Rechtsanwalt	Frankfurt a. Main, Zeil 44.
Dr. Meyer	Geh. Hofrath, Professor	Heidelberg.
Dr. Meyer II, Oscar	Rechtsanwalt	Verden (Hannover).
Michaelis	Landgerichtsrath	Zabern (Elsaß).
Dr. v. Michalkowsky	Rechtsanwalt	Bremen.
Milch	Stadtrath	Breslau.
Milentz	Amtsgerichtsrath	Stettin.
Dr. Mirus	Rechtsanwalt	Leisnig.
Dr. Mittelstraß, A.	Rechtsanwalt	Hamburg.
Dr. Mohr	Landgerichtsdirector	Bremen.
Mohr, O.	Rechtsanwalt	Rudolstadt.
Mohrmann	Justizrath	Verden (Hannover).
Dr. Moll, H.	Justizrath	Berlin.
Moll	Landgerichtsrath	Berlin.
Möller	Oberlandesgerichtsrath	Breslau.
Dr. Mommsen	Amtsgerichtsrath	Pyrmont.
Montigny	Landgerichtsrath	Coblenz.
Morsbach	Rechtsanwalt	Bonn.
Mörschel	Justizrath	Würzburg.
Moßdorf, Henry	Rechtsanwalt	Erfurt.
Moßler	Notar	Straßburg (Elsaß).
Motty	Rechtsanwalt	Grätz (Posen).
Mugdan	Amtsgerichtsrath	Berlin.
Mügel	Geheimer Justizrath	Berlin.
Dr. Mühlhäuser	Landrichter	Zabern (Elsaß).
Dr. Mühsam, Benno	Rechtsanwalt	Berlin.
Müller	Landgerichtspräsident	Bielefeld.
Dr. Müller, Gustav	Rechtsanwalt	Bremen.
Müller, L.	Rechtsanwalt	Erfurt.
Müller	Senatspräsident	Karlsruhe (Baden).
Müller, Ed.	Landgerichtsrath	Karlsruhe (Baden), Westendstraße.
Dr. Müller, Ernst	Rechtsanwalt	Metz.
Müller, C. H.	Rechtsanwalt	Rostock (Mecklenburg).
Müller I, Louis	Justizrath	Verden (Hannover).
Dr. Müller II, Otto	Rechtsanwalt	Verden (Hannover).
Dr. Müller	Justizrath	Weimar.
Dr. Mumm	Rechtsanwalt	Straßburg (Elsaß).
Dr. Munck	Amtsrichter	Forst (Lausitz).
Munckel	Rechtsanwalt	Berlin.

Name.	Stand.	Wohnort.
Munk	Landgerichtsrath	Berlin.
Dr. Muskat, Eugen	Amtsrichter	Gottesberg (Schlesien).
Naumann, L.	Justizrath	Lüneburg.
Dr. Nebelthau, F.	Syndicus	Bremen.
Neitzel	Rechtsanwalt	Zabern (Elsaß).
Nentwig	Erster Staatsanwalt	Beuthen (Oberschlesien).
Neubauer	Senatspräsident	Berlin.
Neuer, Wilhelm	Rechtsanwalt	Euskirchen.
Dr. Neukirch	Rechtsanwalt	Frankfurt a. Main.
Neumann I, S.	Rechtsanwalt	Berlin.
Dr. Neumann, Hugo	Rechtsanwalt	Berlin.
Neumann, Ad.	Justizrath	Sorau (Niederlausitz).
v. Neumayer, Jos.	Geheimer Hofrath	Kaiserslautern.
Neundorfer	Landgerichtsrath	Mainz.
Dr. Nielsen	Rechtsanwalt	Bremen.
Niemand	Landpfennigmeister	Heide (Holstein).
Dr. Niemeyer	Professor	Kiel.
Dr. Nienholdt	Rechtsanwalt	Leipzig.
Dr. Nokk, Wilhelm	Ministerialpräsident	Karlsruhe (Baden).
Dr. Noltenius, Eberh.	Referendar	Bremen.
Dr. Noltenius, Bernh.	Rechtsanwalt	Bremen.
Dr. Noltenius, Eberh.	Rechtsanwalt	Bremen.
Dr. Noltenius, Ed.	Rechtsanwalt	Bremen.
Dr. Odrichs	Senator	Bremen.
Oehme, O. Fr.	Justizrath	Leipzig.
Ohnsorge	Geheimer Justizrath	Dresden-Neustadt.
Oldenburg, Heinr.	Dr. jur.	Hamburg.
Ollmann	Rechtsanwalt	Greifswald.
Dr. Olshausen	Reichsgerichtsrath	Leipzig.
Omeis, Gottl.	Justizrath	Nürnberg.
Dr. Oppe	Rechtsanwalt	Chemnitz (Sachsen).
Dr. Oppenheim	Professor	London W. 45 Dover Street. Piccadilly.
Dr. Oppenheim, L.	Rechtsanwalt	Mainz.
Dr. Oppenhoff	Geheimer Ober-Justizrath, Landgerichtspräsident	Aachen.
Oppert	Landgerichtsrath	Berlin.
Oppler	Amtsrichter	Diedenhofen.
Oßwald	Oberbürgermeister	Altenburg (Sachs.-Altenbg.).
Dr. Oswalt	Rechtsanwalt	Frankfurt a. Main.
Ott, Heinrich	Rechtsanwalt	Straßburg (Elsaß).
Dr. Otto, Victor	Geheimer Justizrath	Dresden.

Name.	Stand.	Wohnort.
Dr. v. Oven	Senator	Frankfurt a. Main.
Pape	Reichsgerichtsrath	Leipzig.
Dr. Pappenheim	Professor	Kiel.
Dr. Pauli	Bürgermeister	Bremen.
Pauli, Emil	Amtsrichter	Stettin.
Dr. Pauli	Landgerichtspräsident	Straßburg (Elsaß).
Pavenstedt, Joh.	Rechtsanwalt	Bremen.
Dr. Pechwell, Alfr.	Oberkriegsgerichtsrath	Dresden.
Dr. Peine	Amtsrichter	Hamburg.
Peltasohn	Justizrath	Liegnitz.
Dr. Peppler	Rechtsanwalt	Hamburg.
Dr. Pernice	Geh. Justizrath, Professor	Berlin.
Dr. Pescatore	Professor	Greifswald.
Dr. Peters, W.	Kammergerichtsrath	Berlin.
Peters	Rechtsanwalt	Dülken.
Petersen, Ludwig	Rechtsanwalt	Dresden.
Dr. Petersen, Julius	Reichsgerichtsrath	Leipzig.
Petrich	Landgerichtsrath	Breslau.
Pfaff	Landgerichtspräsident	Tübingen.
Pfannenstiel	Justizrath	Colmar (Elsaß).
Pfeifer	Kammerrath	Donaueschingen.
Pfeil, Georg	Rechtsrath	Augsburg.
Dr. Pflüger	Professor	Bonn.
Philipp, F.	Justizrath	Altona.
Piesbergen	Amtsrichter	Osterholz (Hannover).
Dr. Pilling, Carl	Rechtsanwalt	Dresden.
Dr. Planck	Geh. Justizrath, Professor	Berlin.
Dr. v. Planck	Geheimrath, Professor	München.
Dr. Plate	Richter	Bremen
Dr. Pleißner	Rechtsanwalt	Dresden-Altstadt.
Plitt	Justizrath	Borken (Reg.-Bez. Cassel).
Dr. Plump	Senator	Bremen
Pohl	Justizrath	Frohburg (Sachsen).
Dr. Pralle	Rechtsanwalt	Bremen
Dr. Preuß	Privatdocent	Berlin.
Priber	Rechtsanwalt	Frankenberg (Sachsen).
Dr. Freiherr v. Proff-Iring und -Menden	Landgerichtsrath	Bonn.
Protzen	Amtsgerichtsrath	Ratibor.
Pürckhauer	Notar	München.
Dr. v. Pustan	Rechtsanwalt	Bremen
v. Puttkamer	Staatssecretair	Straßburg (Elsaß).

Name.	Stand.	Wohnort.
Putz, Walther	Rechtsanwalt	Opladen.
Dr. Quidde	Rechtsanwalt	Bremen.
Rabe	Erster Staatsanwalt	Aachen.
Raben	Richter	Bremerhaven.
Rabenhofer, Jos.	Landgerichtsrath	München.
Raht	Justizrath	Weilburg.
Dr. Rau	Justizrath	München.
Rausnitz	Rechtsanwalt	Berlin.
Dr. Reatz	Justizrath	Gießen.
v. Reden	Oberlandesgerichtsrath	Celle.
Dr. Regelsberger	Geh. Justizrath, Professor	Göttingen.
Dr. Regensburger	Rechtsanwalt	Karlsruhe (Baden).
Rehm, Heinr.	Landgerichtsrath	Bayreuth.
Reich	Geheimer Justizrath	Magdeburg.
Reichensperger	Landgerichtsdirector	Cöln a. Rhein.
Dr. Reinach, Carl	Justizrath	Mainz.
Dr. Reinach	Rechtsanwalt	Mülhausen (Elsaß).
Dr. Reinartz	Rechtsanwalt	Düsseldorf, Eckstraße 15.
Reincke	Reichsgerichtsrath	Leipzig.
Reinholdt	Justizrath	Frankenberg (Sachsen).
Dr. Reinken	Rechtsanwalt	Bremen.
v. Reinken, Joh.	Rechtsanwalt	Bremen.
Reiß, Paul	Rechtsanwalt	Frankfurt a. Main.
Renz, Ad.	Landgerichtsrath	Schw. Hall.
Dr. Reuling	Justizrath	Berlin.
Reuter	Richter	Bremen.
Rheinwald	Oberlandesgerichtsrath	Stuttgart.
Rickleffs	Accessist	Oldenburg(Großherzogthum).
Dr. Riemenschneider	Rechtsanwalt	Bremerhaven.
Dr. Riesenfeld, C. E.	Assessor	Breslau, Höfchenstraße 55 II.
Rieß	Justizrath	Cassel.
Dr. Rießer, J.	Bankdirector	Berlin.
Rieth	Justizrath	Cöln a. Rhein.
Riff	Rechtsanwalt	Straßburg (Elsaß).
Riffart	Justizrath	Cöln a. Rhein.
Ring	Amtsrichter	Berlin.
Rittleng sen., Alfr.	Notar	Straßburg (Elsaß).
Dr. Rocholl, A.	Gerichtsassessor	Berlin.
Rodenburg	Referendar	Bremerhaven.
Roeder	Justizrath	Halberstadt.
Dr. Rodewald, E.	Rechtsanwalt	Celle.
Rodewyk	Amtsgerichtsrath	Lehe.

Name.	Stand.	Wohnort.
Dr. Roedler	Landgerichtsdirector	Metz.
Dr. v. Rohland, W.	Professor	Freiburg (Baden).
Romberg	Geheimer Justizrath	Leipzig.
Roos, Carl	Oberlandesgerichtsrath a. D.	Baden-Baden, Schützenstr. 6.
Dr. Roscher, Th.	Rechtsanwalt	Hannover
v. Rose	Referendar	Hildesheim.
Dr. Rosenfeld	Gerichtsassessor	Halle a. d. Saale.
Dr. Rosenfeld	Rechtsanwalt	Mannheim.
Dr. Rosenthal, Ed.	Professor	Jena.
Dr. Rosenthal, F.	Rechtsanwalt	München.
Dr. Rosin	Professor	Freiburg (Breisgau).
Rospat	Reichsgerichtsrath	Leipzig.
Rothschild, Paul	Amtsrichter	Cöln a. Rhein.
Rothschild	Gerichtsassessor	Trier.
Dr. Rumpf	Landgerichtsdirector	Wiesbaden.
Saatzen, J. H.	Notar, Justizrath	Bonn.
Sachs, Emil	Justizrath	Leipzig.
Sack, Theodor	Dr. jur.	München, Schellingstr. 62.
Dr. Salinger, Ludwig	Rechtsanwalt	Berlin.
Dr. v. Salis	Professor	Basel.
Dr. Salomon	Rechtsanwalt	Berlin.
Dr. Salomon, A.	Advocat	Zürich, Löwenplatz 43.
Dr. Samter	Rechtsanwalt	Berlin.
Sand, Max	Oberlandesgerichtsrath	Augsburg.
Sänger	Rechtsanwalt	Ulm a. d. Donau.
Dr. Schall, R.	Rechtsanwalt	Stuttgart.
v. Schamberger, Ad.	Generaldirector	München.
Dr. Scharlach	Rechtsanwalt	Hamburg, Bergstraße 4.
Schaupp, Franz	Oberamtsrichter	Traunstein.
Dr. Scheiff	Rechtsanwalt	Cöln a. Rhein.
Dr. Schellhaß	Richter	Bremen.
Schenck	Anwalt	Berlin.
Schenke, Friedr.	Amtsrichter	Alsleben a. d. Saale.
Schepp	Richter	Bremen.
Scherer	Justizrath	Aschaffenburg.
Dr. Scherer	Rechtsanwalt	Bremen.
Dr. Scherer	Rechtsanwalt	Leipzig, Nürnbergerstr. 40.
Dr. Scherer	Rechtsanwalt	Mainz, Clarastraße 6.
Dr. Scherer	Privatgelehrter	München, Nymphenburgerstraße 75.
Dr. Scherlensky	Justizrath	Frankfurt a. Main.
Scheuer	Amtsgerichtsrath	Aachen.

Name.	Stand.	Wohnort.
Scheuffler, Lebrecht	Rechtsanwalt	Leipzig.
Dr. Schlauch, Walter	Gerichtsassessor a. D.	Berlin.
Schlieckmann, Alb.	Geheimer Justizrath	Halle a. d. Saale.
Schloß	Rechtsanwalt	Heilbronn.
Dr. Schloßmann	Professor	Kiel.
Schmid	Oberlandesgerichtsrath	Celle.
Schmidt, August	Regierungsassessor	Augsburg.
Schmidt	Amtsrichter	Büdingen (Oberhessen).
Schmidt	Generalpostdirectionsrath a. D.	Cassel.
Dr. Schmidt-Polex, C.	Rechtsanwalt	Frankfurt a. Main.
Dr. Schmidt, Carl	Rechtsanwalt	Fürth (Bayern).
Schmidt	Assessor	Hamburg.
Dr. Schmidt	Landrichter	Mainz, Ludwigstraße 4.
Schmidt	Ministerialdirector	Schwerin (Mecklenburg).
Dr. Schmit, Florian	Rechtsanwalt	Luxemburg.
Schmitz, Emil	Rechtsanwalt	Cöln a. Rhein, Gereonsdriesch 11a.
Dr. Schneegans	Justizrath	Straßburg (Elsaß).
Schnell	Oberregierungsrath	München.
Schniewind, Emil	Rechtsanwalt	Cöln a. Rhein.
Dr. Schöller	Amtsrichter	Cleve.
Dr. Scholz	Oberverwaltungsgerichtsrath	Berlin.
Schorcht	Justizrath	Hameln a. d. Weser.
Schorn	Notar	Cleve.
Frhr. v. Schottenstein	Rechtsanwalt	Straßburg (Elsaß).
Dr. Schrader	Landgerichtspräsident	Verden (Hannover).
Dr. Schramm	Rechtsanwalt	Bremen.
Schramm, G.	Garnisonauditeur	Dresden-Neustadt.
Dr. Schreiner	Justizrath	Cöln a. Rhein.
Schrey, Carl	Justizrath	Leipzig.
Schröder, W.	Geheimer Justizrath	Berlin.
Schröder	Justizrath	Eisleben.
Dr. Schröder, R.	Geh. Hofrath, Professor	Heidelberg.
Schüler	Rechtsanwalt	Dortmund.
Schultz, F. A.	Senator	Bremen.
Dr. Schultz	Justizrath	Hagen (Westfalen).
Dr. Schulz	Professor, Bibliothekar	Leipzig.
Schulz	Landgerichtspräsident	Osnabrück.
Dr. Schumacher	Rechtsanwalt	Bremen.
Schumacher	Rechtsanwalt	Cöln a. Rhein.
Schumann, Heinr.	Rechtsanwalt	Mosbach (Baden).

Name.	Stand.	Wohnort.
Schuster	Amtsgerichtsrath	Goslar.
Schwabach	Regierungsrath	Cöln a. Rhein.
Schwartz	Oberamtsrichter	Ludwigsburg.
Schwarz	Reichsgerichtsrath a. D.	Leipzig, Inselstr. 7.
Dr. v. Schwarze, Joh.	Oberlandesgerichtsrath	Dresden, Werderstr. 20.
Dr. v. Seeger	Professor	Tübingen.
Dr. v. Seeler, Wilh.	Professor	Charkow (Rußland).
Dr. Seelig	Justizrath	Leipzig.
Dr. Segalla	Rechtsanwalt	Hamburg.
Seibert	Richter	Bremerhaven.
Dr. Seitz, Carl Jos.	Landgerichtsrath a. D.	München, Liebigstr. 21.
Seligmann, Moritz	Handelsrichter	Cöln a. Rhein.
Dr. Seligsohn	Rechtsanwalt	Berlin.
Dr. Seligsohn	Rechtsanwalt	Wiesbaden.
Senff	Rechtsanwalt	Berlin.
Dr. Seuffert, H.	Geh. Justizrath, Professor	Bonn.
Dr. v. Seydewitz	Landgerichtspräsident a. D.	Potsdam.
Seyfert, E. H.	Senatspräsident	Dresden.
v. Sicherer, Theodor	Landgerichtspräsident	Eichstätt.
Dr. v. Sicherer	Professor	München.
Dr. Siebert	Justizrath	Frankfurt a. Main.
Siebert, Fritz	Rechtsanwalt	Wiesbaden.
Siegel	Rechtsanwalt	München.
Dr. Sieger, F.	Rechtsanwalt	Frankfurt a. Main.
Sieveking	Justizrath	Altona.
Dr. Simon, H. V.	Rechtsanwalt	Berlin.
Dr. Simon	Oberlandesgerichtsrath	Frankfurt a. Main.
Dr. Simonis	Bürgermeister	Rostock (Mecklenburg).
Simons	Rechtsanwalt	Altona.
Simons, W.	Amtsrichter	Velbert (Rheinlande).
Simonson	Amtsgerichtsrath	Berlin.
Dr. v. Simson	Wirkl. Geh.-Rath, Reichsgerichtspräsident a. D.	Berlin.
Sitz, Wilh.	Notar	Barr (Elsaß), Taufliebstr.
Dr. Slavyk, Vincenz	Rechtsanwalt	Halle a. d. Saale, kl. Steinstr.
Dr. Sobernheim	Justizrath	Berlin.
Söldner, Wilhelm	Bürgermeister	Weißenburg a. S.
Spahn	Landgerichtsrath	Berlin.
Dr. Spaltenstein	Rechtsanwalt	Straßburg (Elsaß).
Spangenberg	Rechtsanwalt	Hannover.
Dr. Frhr. Spiegel v. u. z. Pechelsheim	Landgerichtsdirector	Cöln a. Rhein.

Name.	Stand.	Wohnort.
v. Spreckelsen	Rechtsanwalt	Bremen.
Dr. Stachow	Rechtsanwalt	Bremen.
Dr. Stadtländer	Senator	Bremen.
Dr. Stahlknecht	Referendar	Bremen.
Stapff, A.	Rechtsanwalt	Weimar.
Statz	Rechtsanwalt	Mettmann.
Dr. Staub, H.	Rechtsanwalt	Berlin.
Steengrafe	Rechtsanwalt	Bremen.
Stegemann	Landrichter	Verden (Hannover).
Steinbach	Geh. Justizrath	Magdeburg.
Stelling	Amtsgerichtsrath	Rotenburg (Hannover).
Stellmacher	Reichsgerichtsrath	Leipzig.
Dr. Frhr. v. Stengel	Professor	München, Georgenstr. 25.
Dr. Stenglein	Reichsgerichtsrath	Leipzig.
Stern, Max	Gerichtsassessor	Cöln a. Rhein.
Dr. Stern	Rechtsanwalt	Mannheim.
Sternberg	Amtsrichter	Zielenzig.
Dr. v. Stößer	Senatspräsident	Karlsruhe (Baden).
Dr. Strack	Rechtsanwalt	Hamburg.
Dr. Strohal, Emil	Professor	Leipzig.
Strube, Aug.	Referendar	Bremen.
Struckmann	Geh. Oberregierungsrath	Berlin.
Dr. Struckmann	Gerichtsassessor	Berlin.
Dr. Struckmann	Wirklicher Geheimer Ober-Justizrath, Oberlandesgerichtspräsident	Cöln a. Rhein.
Strützki	Geheimer Justizrath	Charlottenburg, Kantstr. 146.
Stryck	Rechtsanwalt	Cöln a. Rhein.
Stüler, Ludw.	Amtsgerichtsrath	Heiligenstadt (Eichsfeld).
Stumpff	Landgerichtspräsident	Greifswald.
Dr. Suling, W.	Rechtsanwalt	Bremen.
Süpfle, H.	Oberamtsrichter	Heidelberg.
Süpfle, Julius	Rechtsanwalt	Karlsruhe (Baden).
Dr. Süpfle, Robert	Rechtsanwalt	Karlsruhe (Baden).
Sutro	Justizrath	Bochum.
Tafel, Hermann	Rechtsanwalt	Stuttgart.
Dr. Talbot	Gerichtsassessor	Aachen.
Dr. Täschner, Adolf	Rechtsanwalt	Leipzig.
Dr. Tebelmann	Referendar	Bremen.
Teichen	Syndicus	Berlin.
Tenge	Amtsauditor	Ellwürden.
Dr. Tetens	Senator	Bremen.

Name.	Stand.	Wohnort.
Dr. Teuscher	Rechtsanwalt	Sommerfeld, Bez. Frankfurt a. d. Oder
Thalmann	Rechtsanwalt	Frankenthal (Pfalz).
Theremin	Landgerichtsrath	Schweidnitz.
Thewalt	Amtsgerichtsrath	Königstein (Taunus).
Thode, K.	Referendar	Elmshorn (Holstein).
Thomsen	Amtsgerichtsrath	Emden.
Dr. Thomsen	Oberlandesgerichtsrath	Hamburg.
Dr. Thomsen	Privatdocent	Kiel.
Thomsen	Landgerichtspräsident	Münster (Westfalen).
Throner	Notar	Bad Kissingen.
Thurm, E.	Notar	Cöln a. Rhein.
Tietz	Rechtsanwalt	Greifenberg (Pommern).
Dr. Tiktin, G.	Justizrath	Berlin.
Timendorfer	Rechtsanwalt	Berlin.
Tonn	Rechtsanwalt	Mogilno.
Traub, Bernh.	Landgerichtsrath	Mannheim.
Dr. Trömel	Rechtsanwalt	Dresden-Altstadt.
Dr. Tröndlin	Justizrath, Bürgermeister	Leipzig, Rathhaus.
Trummler	Landrichter	Verden (Hannover).
Dr. v. Tuhr, A.	Professor	Basel, Schützengrube 24.
Dr. Türck	Amtsgerichtsrath	Battenberg.
Ulex	Richter	Bremen.
Dr. Ullmann, E.	Professor	München
Dr. Ulrichs	Rechtsanwalt	Bremen.
Varenkamp	Rechtsanwalt	Düsseldorf.
Velde	Justizrath	Diez a. d. Lahn.
Dr. Versmann	Bürgermeister	Hamburg.
Viëtor	Landgerichtsrath	Hildesheim (Hannover).
Vleugels	Notar	Saarburg (Reg.-Bez. Trier).
Dr. Voigt	Rechtsanwalt	Bremen.
Völckers	Richter	Bremen.
Dr. Vollert	Staatsminister	Gera (Reuß j. L.).
Dr. Wach	Professor	Leipzig.
Wächter	Amtsgerichtsrath	Hameln a. d. Weser.
Wagemann	Landgerichtsrath	Verden (Hannover).
Wagner	Landgerichtsdirector	Verden (Hannover).
Wagner	Notar	Niederbronn.
Waldstein	Rechtsanwalt	Altona.
Walter	Notar	Hegenheim (Elsaß).
Walther, K.	Landgerichtsrath	Frankfurt a. Main.
Dr. Warburg, S.	Rechtsanwalt	Altona.

Name.	Stand.	Wohnort.
Wassermeyer	Justizrath	Bonn.
Dr. Weber, Joh.	Rechtsanwalt	Bremen.
Dr. Weber	Justizrath	München.
Dr. Weber, Herm.	Justizrath	Offenbach a. Main.
Wedekind	Landgerichtsrath	Danzig.
Wedemeyer	Referendar	Verden (Hannover).
Wegner	Justizrath	Berlin.
Weichsel, O.	Reichsgerichtsrath	Leipzig.
Weidig	Oberamtsrichter	Gernsheim.
Weizsäcker	Amtsrichter	Oranienburg.
Wellenstein	Gerichtsassessor	Simmern (Hunsrück).
Wendelstadt, Adolf	Staatsanwalt	Bonn.
Wenke	Gerichtsassessor	Hanau.
Wenning	Rechtsanwalt	Cassel.
Werner, Anton	Rechtsrath	Augsburg.
Werner	Oberlandesgerichtsrath	Celle.
Werner, Emil	Rechtsanwalt	Magdeburg, Kaiserstr. 13.
Werner	Justizrath	Naumburg a. d. Saale.
Werner	Justizrath	Stettin.
Werren	Justizrath	Aschersleben.
Dr. Werthauer	Rechtsanwalt	Leipzig, Markt 13.
Dr. Wertheimer	Rechtsanwalt	Baden-Baden.
Werther, Franz	Landrichter	Beuthen (Oberschlesien).
Dr. Westerkamp	Professor	Marburg (Hessen).
Dr. Weyer	Landgerichtsrath	Straßburg (Elsaß).
Dr. Weyl	Rechtsanwalt	Karlsruhe (Baden).
Dr. Wiegand	Lloyddirector	Bremen.
Dr. Wieland, Fr.	Präsident des Verwaltungsgerichtshofes	Karlsruhe (Baden).
Wielandt, K.	Reichsgerichtsrath	Leipzig.
Dr. Wiener	Senatspräsident	Leipzig.
Wiener	Landrichter	Ratibor.
Wieruszowski	Landrichter	Elberfeld.
Wiethaus	Landgerichtsdirector	Dortmund.
Dr. Wilckens	Referendar	Bremen.
Wilcke	Justizrath	Berlin.
Dr. v. Wilmowski	Geheimer Justizrath	Berlin.
Dr. Wilms	Assessor	Cöln a. Rhein.
Windscheid	Justizrath	Cöln a. Rhein.
Winter	Rechtsanwalt	Neuburg a. d. Donau.
Wintterlin	Präsident	Stuttgart, Olgastraße 73.
Witte	Landgerichtspräsident	Düsseldorf.

Name.	Stand.	Wohnort.
Dr. Wittelshöfer	Rechtsanwalt	Fürth (Bayern).
Dr. Wolf	Rechtsanwalt	Bremerhaven.
Dr. Wolf, Eduard	Rechtsanwalt	Dresden, Johannisstr. 19.
Wolfenstetter	Erster Staatsanwalt	Nürnberg
Wolff, Max	Justizrath	Berlin.
Wolff, Eugen	Rechtsanwalt	Berlin, Friedrichstr. 39.
Dr. Wolff	Rechtsanwalt	Berlin, Potsdamerstr. 132.
Wreschner I, Ludwig	Rechtsanwalt	Berlin.
Wronker	Rechtsanwalt	Berlin.
Wulfert	Reichsgerichtsrath	Leipzig.
Wunder, August	Justizrath	Bischheim a. d. S. bei Straßburg (Elsaß)
Wüstenfeld	Reichsgerichtsrath	Leipzig.
Zacke	Amtsgerichtsrath	Halle a. d. Saale.
Dr. Zehme, F.	Rechtsanwalt	Leipzig.
Zeidler	Rechtsanwalt	Greifenhagen (Pommern).
Dr. Zeller	Ober-Rechnungsrath	Darmstadt.
Zelter	Gerichtsassessor	Stettin.
Dr. Ziegler, A. Gottfr.	Privatier	Würzburg, Paradeplatz 4.
Ziehm, H.	Syndicus	Friedland (Mecklenburg).
Ziemssen	Landgerichtsrath	Berlin.
Zinkeisen, Alex.	Rechtsanwalt	Leipzig.
Dr. Zirndorfer	Rechtsanwalt	Frankfurt a. Main.
Dr. Zitelmann	Professor	Bonn.
Zoelch	Amtsrichter	Regensburg.
Dr. Zorn	Geh. Justizrath, Professor	Königsberg (Preußen).
Zschucke, Th.	Amtsrichter	Leipzig, Floßplatz 34.
Zückler	Justizrath	Glauchau
Zündorf, Friedr.	Rechtsanwalt	Cöln a. Rhein.
Zutt, Adolf	Rechtsanwalt	Karlsruhe (Baden).
Zutt, Otto	Rechtsanwalt	Mosbach (Baden).

Niederländischer Juristenverein z. H. des Königlichen Obertribunalraths Dr. A. P. Th. Eyssel, Haag (Holland), Bankastraat 28.

Verzeichniß

der

österreichisch-ungarischen Mitglieder des Deutschen Juristentages im Jahre 1895.

Name.	Stand.	Wohnort.
Dr. Aichinger, Franz	Hausbesitzer	Graz.
Dr. Baumeister, Jos.	k. k. Bezirksrichter	Scheibbs (N.-Ö.).
Dr. Benedikt, Edm.	Hof- u. Gerichtsadvocat	Wien.
Dr. Beran, Wladimir	k. k. Staatsanwaltsstellvertr.	Graz.
Dr. Berger, Samuel	Land- u. Wechselgerichtsadv.	Kaposvar (Ungarn).
Dr. Beurle, Carl	Hof- und Gerichtsadvocat	Linz a. D.
Dr. Biach	Hof- und Gerichtsadvocat	Wien.
Dr. Birnbacher, Hanns	Hof- und Gerichtsadvocat	Graz.
Dr. v. Boschan, Eugen		Wien.
Dr. v. Bozoki	kgl. Rath, Direct. d. kgl. Rechtsakademie	Großwardein.
Dr. Brandstötter	Hof- und Gerichtsadvocat	Friesach, Kärnten.
Dr. Breitenstein	Herausg. d. allg. Juristenztg	Wien.
Dr. Brezina, Josef	Hof- und Gerichtsadvocat	Wien.
Dr. Brezina, Moriz	Notar	Wien.
Dr. Brichta	Hof- und Gerichtsadvocat	Wien.
Buchtel, Alfred	k. k. Gerichtsadjunct	Scheibbs (N.-Ö.).
Dr. Chornitzer, Emil	Hof- und Gerichtsadvocat	Wien.
v. Csemeghi, Carl	Wirkl. Geh. Rath, Senatspräsident am obersten Gerichtshof, Excellenz	Budapest.
Dr. Czuka, Eduard	Hof- und Gerichtsadvocat	Sa. Ujhely (Com. Zemplin).
Dr. Dostal	Advocat	Wien.
Dr. Dworschak	Hof- und Gerichtsadvocat	Deutschlandsberg (Steierm.).
Dr. Ehrenzweig, Armin	Auscultant	Wien.
Dr. Feistmantel, Carl Ritter v.	Hof- und Gerichtsadvocat	Wien.
Dr. Finger, August	k. k. a. ö. Universitätsprof.	Prag.
Dr. Finschger, Josef	Advocat	Graz.
Dr. Floch, Ritter v.	Finanzrath u. Hof- u. Gerichtsadvocat	Budapest.
Dr. Foltanek	Notar	Wien.
Dr. Frankl, Otto	Prof. a. d. deutsch. Univ.	Prag.
Dr. Freund, Gustav	Advocat	Prag.

Name.	Stand.	Wohnort.
Dr. Friedmann, Otto	Ger.-Adjunct u. Univ.-Doc.	Wien.
Dr. Fröhlich, Eugen Ritter v. Fröhlichsthal	k. k. Hofrath	Graz.
Dr. Geller, Leo	Hof- und Gerichtsadvocat	Wien.
Dr. Gertscher, Adalb.	k. k. Kreisgerichtspräsident	Cilli.
Glückselig, Alois	k. k Landesgerichtsrath	Troppau.
Dr. Gemeiner, Josef	Advocat	Bruck a. M.
Dr. Göbbel, Fritz	Advocat	Murau (Steiermark).
Dr. Goldschmid	Advocat	Prag.
Dr. Greistorfer, Carl	Advocat	Graz.
Dr. Groß	Hof- und Gerichtsadvocat	Wien.
Dr. Gschmeidler, Edler v.	Advocat	Ob. Hollabrunn (N.-Ö.).
Dr. Haberler, Ritter v.	Hof- und Gerichtsadvocat	Wien.
Dr. Heinrich	Landesgerichtsrath	Prag.
Dr. Heller	Professor	Wien.
Dr. Hiller	Professor	Czernowitz.
Dr. Hoffmann, Herm.	Advocat	Salzburg
Dr. Hohenburger, Victor Ritter v.	Hof- und Gerichtsadvocat	Graz.
Dr. Huber, Ludwig Josef	Hof- und Gerichtsadvocat	Wien.
Dr. Hugelmann	k. k. Reichsgerichtsrath	Wien.
Dr. Hundegger, Leop.	Advocat	Fürstenfeld (Steiermark).
Dr. Hye-Glunek, Frhr. v.	Landgerichtsrath	Wien.
Dr. Jaeger	Advocat	Salzburg.
Dr. Kaiser	Advocat	Ung. Hradisch.
Dr. Kaiserfeld, Wilh. Edler v.	Kanzleidirector der Steierm. Sparcasse	Graz.
Dr. Kaufmann	Advocat	Znaim.
Dr. Kern, Theodor	Advocat	Budapest
Dr. Kerpal	Hof- und Gerichtsadvocat	Wien.
Dr. Kindinger, Ritt. v.	Hofrath u. Landgerichtspräs.	Wien.
Dr. Klein, Franz	Univers.-Prof. und Minist.-Secretär i. Justiz.-Minist.	Wien.
Dr. Klima, Ant.	Advocat	Graz.
Klinger, Franz	k. k. Bez.-Comm. im Schles. Landespräsidium	Troppau.
Klissenbauer, Hans	i. k. k. Landesgericht	Linz
Dr. Knaffl, Wilh.	Advocat	D. Landsberg (Steiermark).
Dr. Knittelfelder, Franz	Advocat	Feldbach (Steiermark).

Name.	Stand.	Wohnort.
Kočevar, Franz	k. k. Landesgerichtspräsident	Laibach.
Koch, Max	k. k. Notar	Obdach (Steiermark).
Dr. Kolbe, Dominik	Hof- und Gerichtsadvocat	Wien.
Dr. Környei	Advocat	Budapest.
Dr. Kosjek	Advocat	Graz.
Dr. Krasnopolski	Professor	Prag.
Dr. Kumcald	Hof- und Gerichtsadvocat	Wien.
Dr. Lautner, Franz	k. k. Statthaltereirath	Graz.
Dr. Lichtenstern, Ludw.	Hof- und Gerichtsadvocat	Wien.
Dr. Links	Hof- und Gerichtsadvocat	Wien.
Dr. Löw, Gustav	Advocat	Mähr. Schönberg.
Dr. Löwy, M.	Hof- und Gerichtsadvocat	Wien.
Dr. Luggin, Josef	Präs. d. Advocatenkammer	Klagenfurt.
Dr. Machek	Advocat	Chrudim.
Dr. Menger, Max	Advocat	Wien.
Dr. Merk, Carl	Advocatscandital	Graz.
Michelitsch, Josef	k. k. Bezirksrichter	Schönstein (Steiermark).
Dr. Millanich	Hof- und Gerichtsadvocat	Wien.
Dr. Mitlacher	Hof- und Gerichtsadvocat	Wien.
Dr. Mitscha, Ritter v.	Regierungsrath	Wien.
Dr. Moosmann	Advocat	Ravelsbach.
Dr. Mündel-Feldberg, R. v.	Advocat	Wien.
Dr. Neumann, Herm.	Advocat	Budapest.
Dr. Neumayer, Vincenz	Advocat	Graz.
Dr. Neußer	Advocat	Troppau.
Dr. Pann, Arnold	Reg.-Rath und Advocat	Wien.
Dr. Pfaff, Josef	k. k. u. ö. Prof. d. röm. Rechts	Wien.
Dr. Pfaff, Ivo		Innsbruck.
Dr. Pfersche, Emil	k. k. Universitätsprofessor	Prag-Weinberge.
Dr. Piontkowski, Victor	Rechtsanwalt	Warschau.
Dr. Pisco	Hof- und Gerichtsadvocat	Wien.
Dr. Plazer, Julius Ritter v.	Advocat	Graz.
Dr. Pokorny, Eduard	Advocat	Wien.
Dr. Pollak, Rudolf	Advocat	Wien.
Dr. Prischl, F.	Advocat	Wels (O.-Ö.).
Dr. Raban, Freiherr v. Canstein	k. k. Universitätsprofessor	Graz
Dr. Raimann, Ritter v.	Oberlandesgerichtsrath	Hütteldorf (N.-Ö.).

Name.	Stand.	Wohnort.
Dr. Reich, Max	k. k. Notar	Leoben.
Dr. Reif	Hof- und Gerichtsadvocat	Wien.
Dr. Reininghaus, Paul	Privat	Graz.
Dr. Reiser	Hof- und Gerichtsadvocat	Wien.
Dr. Reiser	Notar	Marburg (Steiermark).
Dr. Reissig	Advocat	Brünn.
Dr. Richter, Julius	k. k. Notar	Wien.
Dr. Riehl	Advocat	Wiener Neustadt.
Dr. Rintelen, Ant.	Advocat	Graz.
Dr. Rosenbacher, Arnold	Advocat	Prag.
Dr. Rosian	Advocat	Salzburg.
Dr. Schiffner	Professor	Innsbruck.
Dr. Schmettan	Advocat	Freiwaldau (Schlesien).
Dr. Schlosser, Alois	Präs. der Advocatenkammer	Graz.
Dr. Schmeykal	Advocat	Prag.
Dr. Schmidt	Advocat	Elbogen (Böhmen).
Dr. Schmitt, Oscar	Advocat	Wien.
Dr. Schrutka-Rechtenstamm, v.	Professor	Wien.
Dr. Schulz, Paul	Minist.-Secretär i. Handelsministerium	Wien.
Dr. Schwarz, Gustav	Privatdoc. a. d. Universität	Budapest.
Dr. Schwind, Ernst Frhr. v.	Privatdoc. a. d. Universität	Innsbruck.
Dr. Seidler, Gustav	Professor	Wien.
Dr. Spiro, Rudolf	Advocat	Wien.
Dr. Stahl, Ritter v.	Ministerialsecretär a. D.	Wien.
Dr. Steinwender, Paul	Notar	Leonfelden.
Dr. Stern, Alfred	Advocat	Wien.
Dr. Straßer	Notar	Ried (Innkreis).
Dr. Strauß	Advocat	Wien.
Dr. Thanner	Prof. a. d. Universität	Graz.
Dr. Tanzer, Conrad	Advocatscandidat	Bruck a. Murr (Kärnten).
Dr. Theumer	Notar	Elbogen (Böhmen).
Dr. Thumim, Nathaniel	Advocat	Wien.
Dr. Unger	Wirkl. Geh.-Rath, Präsident des Reichsgerichts	Wien.
Dr. Uranitsch	Advocat	Graz.
Dr. Bock, Franz	k. k. Notar	Laibach.
Dr. Vaszary, v.	Advocat	Kaposvar.

Name.	Stand.	Wohnort.
Dr. Wahlberg	Hofrath und Professor	Wien.
Dr. Wahrmund	Professor	Czernowitz.
Dr. Wallaschek	Notar	Brünn.
Dr. Wallaschek jun., Carl	Advocat	Brünn.
Dr. Weil, Friedr.	Hof- und Gerichtsadvocat	Wien.
Dr. Weinert	Bezirksrichter	Eger (Böhmen).
Dr. Weißel, Edmund	Advocat	Wien.
Dr. Weitlof	Advocat	Wien.
Dr. Wien, Franz	Advocat	Prag.
Winter, Josef	Vertheidiger in Strafsachen	Ung. Hradisch (Mähren).
Dr. Wlassics, v.	Universitätsprofessor	Budapest.
Dr. Wurmser, Ant. v.	k. k. Landesgerichtsrath	Cilli.
Dr. Zatecky	Advocat	Brünn.
Dr. Zelinka, Theodor	k. k. Notar	Wien.

Auszug aus dem Conto des deutschen Juristentages
per 1. November 1895

bei der Deutschen Bank.

Debet.		Credit.	
1893.		**1893.**	
Von Meyer Ball eingezahlt	1 756,15 Mk.	Aufbewahrungs- und Verwaltungskosten per 31. 12. 93 . . .	6,90 Mk.
Zinsen $2^1/_2$ pCt bis 31. 12. 1893	1,80 „		
1894.		**1894.**	
Coupons	819,50 „	Honorar Schriftführer	
Guttentag, Einzahlung .	1 276,45 „	1. 4. 93 bis 1. 4. 94 .	1 200,— „
Pfingstrest	104,— „	1. 4. 94 bis 1. 10. 94 .	600,— „
Wiener Beitrag . . .	867,06 „	Saldo	3 048,21 „
Zinsen	30,15 „		
	4 855,11 Mk.		4 855,11 Mk.
1895.		**1895.**	
Saldovortrag	3 048,21 Mk.	Aufbewahrungs- und Verwaltungskosten per 31. 12. 94 . . .	6,90 Mk.
Coupons	872,— „	Porti	1,40 „
Guttentag, Einzahlung .	3 269,90 „	Angekaufte Pfandbriefe .	3 115,25 „
Zinsen	4,— „	Honorar Schriftführer:	
Wiener Beitrag	761,— „	1. 10. 94 bis 1. 4. 95 .	600,— „
Pfingstrest	322,50 „	Bremen, Generalversammlung	6 000,— „
Verkaufte Pfandbriefe . .	4 055,30 „	Gutachten	1 143,— „
Convertirungsprämie . .	111,30 „	Guttentag, Druck u. s. w.	1 807,90 „
Von Bremen zurückgezahlt	1 278,80 „	Honorar Schriftführer:	
		1. 4. bis 1. 10. 95 . .	600,— „
		Saldo	448,56 „
	13 723,01 Mk.		13 723,01 Mk.

1. November 1895: Saldovortrag . . . . 448,56 Mk.
Zinsen . . . . 4,10 „

Effecten.

9300 Mk. landschaftl. $3^1/_2$ procent. Central-Pfandbriefe.
6300 „ Pommersche $3^1/_2$ procent. Pfandbriefe.
3000 „ Pommersche 3 procent. Pfandbriefe.
1500 „ Bayerische Prämien-Anleihe.
2100 „ Badische Prämien-Anleihe.

Berichtigung.

Der 4. Band der Verhandlungen des XXII. Deutschen Juristentages enthält auf Seite 367 den Satz:

> Herr Dr. Felisch hat den Antrag gestellt:
>
> Die dritte Abtheilung setzt die Berathungen wegen geringer Betheiligung aus.

Dies ist eine irrthümliche Mittheilung. Abgesehen davon, daß ich einem derartigen Antrage eine andere Fassung gegeben haben würde, habe ich sachlich gerade den entgegengesetzten Vorschlag zur Abstimmung gestellt. Wie auf der vorhergehenden Seite 366 zu lesen ist, habe ich mich ganz unzweideutig gegen eine Vertagung ausgesprochen und mich nur dafür erklärt, daß zunächst nicht der Antrag Stenglein, sondern die Principienfrage erledigt werde, ob überhaupt weiter berathen werden solle. Da nur der Vorschlag des Herrn Reichsgerichtsrathes Dr. Stenglein erörtert worden war, lag die Möglichkeit vor, daß die Frage der Geldstrafe abgesetzt und ein anderer Punkt der Tagesordnung besprochen wurde. Um dies zu verhindern, stellte ich den Antrag:

> Die dritte Abtheilung setzt ihre Berathungen fort,

und dieser wurde angenommen.

Dr. Felisch,
Landgerichtsrath.

Stenographische Berichte.

Erste Plenarsitzung
des
Dreiundzwanzigsten Deutschen Juristentages
im
Saale des Künstlervereins zu Bremen
am 10. September 1895.

(Beginn: Vormittags 10 Uhr.)

Oberlandesgerichts-Senatspräsident Dr. **von Stößer** (Karlsruhe): Hochgeehrte Herren! Im Auftrage der ständigen Deputation des deutschen Juristentages habe ich die Ehre, den XXIII. deutschen Juristentag hiermit zu eröffnen.

Unsere nächste Aufgabe besteht darin, daß wir einen Vorsitzenden wählen. Wie Sie wissen, kann dies nach unseren Satzungen geschehen entweder durch eigentliche Wahl oder durch allgemeinen Zuruf. Der Letztere bildete bisher die Regel. Ich darf wohl unterstellen, daß Sie auch dieses Mal sich an die bisherige Uebung halten werden, wenn kein Widerspruch erfolgt.

Geehrte Herren! Wir alle trauern noch von ganzem Herzen über den schmerzlichen Verlust des langjährigen und hochverdienten Vorsitzenden des deutschen Juristentages Herrn Dr. von Gneist. Wir haben aber heute auch die Freude, einen um den Juristentag gleichfalls hochverdienten und ihm alle Zeit getreuen Mann, der schon wiederholt das Amt eines Vorsitzenden mit Umsicht und Sicherheit begleitet hat, in unserer Mitte zu begrüßen; Herr Reichsgerichts-Senatspräsident Dr. Drechsler Excellenz aus Leipzig ist hier. (Bravo.) Im Auftrage der ständigen Deputation erlaube ich mir, Ihnen Herrn Dr. Drechsler als Vorsitzenden des Juristentages vorzuschlagen. (Bravo!) Ich bitte nun den hiermit zum Vorsitzenden gewählten Herrn Präsidenten Dr. Drechsler, diesen Ehrensitz einzunehmen. (Reichsgerichtspräsident Dr. Drechsler übernimmt das Präsidium.)

Präsident Dr. **Drechsler:** M. H., ich danke Ihnen für das wiederholte Vertrauen, das Sie mir durch Ihr Wohlwollen geschenkt haben. Ich werde versuchen, Ihren Ansprüchen möglichst zu genügen, wenn ich auch freilich fürchten muß, daß es mir bei meinem zunehmenden Alter mit derselben Frische, wie früher, nicht mehr gelingen wird.

Wir haben zunächst noch einige Formalitäten zu erledigen.

Nach dem Statut bin ich berechtigt und verpflichtet, zunächst die Stellvertreter des Vorsitzenden zu bezeichnen und zu ernennen. Ich habe als solche erwählt: zum Ersten stellvertretenden Vorsitzenden Herrn Geheimen Justizrath Professor Dr. Brunner aus Berlin — ich ersuche denselben, neben mir Platz zu nehmen —; als Zweiten stellvertretenden Vorsitzenden Herrn Senator Dr. Pauli aus Bremen, — ich bitte ihn, sich neben mich zu placiren —; als Dritten stellvertretenden Vorsitzenden Herrn Professor Dr. Pfaff aus Wien und als Vierten stellvertretenden Vorsitzenden Herrn Oberlandesgerichtspräsident Krah aus Celle. Die ersten beiden Stellvertreter bitte ich, sich neben mich zu setzen; die übrigen beiden Herren kommen nur in Betracht für den Fall der Nothwendigkeit.

Nun handelt es sich um die Schriftführer.

Als Schriftführer bitte ich zunächst Platz zu nehmen Herrn Privatdocent Dr. Burchard aus Berlin. Ist derselbe hier?

(Wird bejaht.)

Bitte, wollen Sie die Güte haben, als Secretär das Protokoll zu führen. Es wird Ihnen behülflich sein Herr Rechtsanwalt Dr. Bulling aus Bremen. Zum dritten Secretär ernenne ich Herrn Rechtsanwalt Dr. Boisselier aus Bremen und zum vierten Herrn Rechtsanwalt Haber aus Leipzig. Die Herren können sich das Amt theilen, wie sie wollen.

Sodann habe ich vorzuschlagen, die drei Abtheilungen zu bilden. Die Abtheilungen werden hier in demselben Hause ihre Sitzungen halten. Die Abtheilungspräsidenten und -Secretäre werden von den Abtheilungen selbst gewählt.

Im Uebrigen habe ich nun noch einige Mittheilungen zu machen.

Es bleibt vorläufig bei den in die Abtheilungen vertheilten Gegenständen so, wie es vorgeschlagen ist; etwaige Aenderungen werden der Beschlußfassung der Abtheilungen überlassen. Es ist auch die Reihenfolge nur eine provisorische, es liegt ganz bei der Entschließung der Abtheilungen, sie zu ändern oder beizubehalten.

Damit, m. H., sind wir mit den Förmlichkeiten zu Ende und können dann in die weitere Tagesordnung eintreten.

Herr Rechtsanwalt Lürmann aus Bremen hat das Wort.

Bürgermeister Dr. **Lürmann** (Bremen): Hochgeehrte Herren! Im Auftrage des Senats beehre ich mich die Versammlung des Deutschen Juristentages in unserer Stadt auf das Herzlichste zu begrüßen. Die Ausführung dieses Auftrages gewährt mir persönlich eine besondere Befriedigung, da ich bei der Gründung des Juristentages in Berlin im Jahre 1860 habe anwesend sein können.

Derzeit wird freilich mancher mit mir die Ueberzeugung gehabt haben, daß er schwerlich die Verwirklichung des Ideals, die Herstellung einer wahren deutschen Rechtseinheit, deren Förderung Zweck des Juristentages ist, erleben werde. Es war eine dunkle Zeit für unser Deutschland, Conflicte, Zerwürfnisse in den Bundesstaaten und unter den Bundesstaaten. Von einer Reichseinheit, der Vorbedingung der Rechtseinheit, waren wir scheinbar entfernter denn je.

Mit der Begründung des Deutschen Reichs, dessen vorbereitende Ereignisse wir in dieser großen Gedenkzeit feiern, hat auch die Vorbereitung der Rechtseinheit gleichen Schritt gehalten. Die großen inzwischen erlassenen Gesetze sind Ihnen bekannt, die Gerichtsverfassung ist eine gemeinsame, und hoffentlich wird die nächste oder doch die 25. Versammlung des Juristentages den Geburtstag des bürgerlichen Gesetzbuches feiern können.

Wird mit dem Abschluß der deutschen Rechtseinheit auch die Aufgabe des Juristentages erledigt sein? — Ich denke nicht. Das Leben kennt keinen Stillstand und somit auch nicht das Rechtsleben, und wir Juristen zumal haben darauf hinzuwirken, daß die Gesetzgebung den Anforderungen des Lebens entspreche.

Zunächst aber, meine hochgeehrten Herren, wünsche ich Ihren bevorstehenden Berathungen und Beschlüssen gleich günstigen Erfolg für unsere Gesetzgebung, wie Ihre bisherigen mühevollen Arbeiten einen solchen erlangt haben, und ferner den aus der Ferne zu uns gekommenen Anwesenden einen angenehmen Aufenthalt und wohlthuende Eindrücke in unserer alten Hansestadt. — Mit diesen Wünschen rufe ich Ihnen im Namen unserer Stadt nochmals ein herzliches Willkommen zu.

(Bravo!)

Präsident Dr. **Drechsler:** M. H., ich darf wohl Namens des Juristentages dem Herrn Vorredner danken für das freundliche Willkommen, das er uns gebracht hat. Wir hatten schon immer die Absicht, einmal in Bremen zu tagen, es ist uns aber erst jetzt gelungen, da immer um dieselbe Zeit Bremen von anderen Versammlungen aufgesucht war und es uns nicht angemessen schien, wenn zwei Versammlungen gleichzeitig in Bremen stattfänden. Endlich in diesem Jahre ist es gelungen, und wir sind darüber hocherfreut. M. H., der Empfang, der uns hier bereitet ist, veranlaßt uns gewiß, dankbarlichst das entgegenzunehmen, was uns geboten ist, und in jeder Beziehung fühlen wir uns hier glücklich. Ich für meine Person als Bremer Bürger freue mich darüber doppelt. Ich gehöre der Stadt Bremen schon an seit dem Jahre 1863, als ich in das damalige Oberappellationsgericht der freien Städte Deutschlands eintrat.

Ich sage also Namens des Juristentages nochmals für die freundliche Begrüßung den besten Dank.

Ehe ich aber übergehe zu den eigentlichen Geschäften, habe ich noch einer Pflicht zu gedenken, die wir Alle zu erfüllen haben. Es gilt dem Andenken unseres vieljährigen Präsidenten Dr. v. Gneist freundlichst und ehrenvoll eine Huldigung darzubringen. M. H., was v. Gneist für den Juristentag geleistet hat, und was er dem Juristentage speciell für Kräfte gewidmet hat, ist Ihnen Allen bekannt. v. Gneist ist ja nur als Mitglied des Juristentages hier zu erwähnen, nicht als Gelehrter. Nach seinem Tode haben Sie Alle erfahren, welchen Eindruck sein Ableben auf alle Kreise der Wissenschaft gemacht hat. Davon will ich heute nicht reden. Aber ich bitte Sie, daß Sie mir zustimmen, wenn ich Sie ersuche, das Andenken unseres verehrten, langjährigen Präsidenten v. Gneist dadurch zu ehren, daß Sie sich von den Sitzen erheben.

(Geschieht.)

M. H., dem Andenken des Professor Dr. v. Gneist widmen wir diese Huldigung!

Ich bitte Sie zu gleicher Zeit, mich zu bevollmächtigen, seiner trauernden Wittwe telegraphisch diese Thatsache mitzutheilen.

Wir können jetzt zu den Geschäften übergehen.

Zunächst haben wir entgegenzunehmen

den Bericht des Schriftführers Justizraths Wilke zu Berlin über die Rechtsentwickelung in Deutschland in den letzten zwei Jahren.

Justizrath **Wilke** (Berlin): Dem mündlichen Berichte schicke ich voraus, daß ich wieder einen ausführlicheren, wenn auch nicht vollständigen schriftlichen Bericht zum Druck geben und den stenographischen Verhandlungen beifügen will. Dadurch erspare ich Ihnen das ermüdende Anhören der aus den vielen einzelnen Rechtsgebieten aufzuzählenden Gesetze und Verordnungen und ihres Inhalts. Es wird vielleicht genug sein, wenn ich hier mich beschränke auf eine kurze Uebersicht.

Im Deutschen Reiche ist neben vielen unfruchtbar gebliebenen Verhandlungen der Gesetzgebungsfactoren ein für die Einheit des Rechts wichtiger Fortschritt geschehen durch die Gesetze vom 15. Juni 1895 betreffend die privatrechtlichen Verhältnisse der Binnenschifffahrt und der Flößerei. Schon bei Berathung des Deutschen Handelsgesetzbuchs war es Absicht, hinter dem Buche vom Seerecht einen Abschnitt einzustellen, in welchem angeordnet werden sollte, welche seerechtlichen Vorschriften auf die Binnenschifffahrt anzuwenden wären. Jene damals nicht zur Ausführung gekommene Absicht ist jetzt verwirklicht. Die Gesetze schließen sich, soweit das Frachtgeschäft in Betracht kommt, den handelsgesetzlichen Vorschriften an über den gewerbsmäßigen Transport von Gütern zu Lande und auf Binnengewässern, im Uebrigen aber den seerechtlichen Vorschriften. Den letzteren sind im Wesentlichen nachgebildet die Vorschriften für die Rechtsverhältnisse der Schiffseigner, der Schiffer und der Schiffsmannschaft gegen einander und gegen Dritte, für die Havarie, die Bergung und Hilfeleistung, die Rechtsverhältnisse der Schiffsgläubiger und die Führung der Schiffsregister, in welche größere Schiffe eingetragen werden müssen — Dampfschiffe oder Schiffe mit eigener Triebkraft, mit mehr als 15 000 Kilogramm Tragfähigkeit, sonstige mit Tragfähigkeit von mehr als 20 000 Kilogramm.

Anlangend das Strafrecht, so war, wie Ihnen bekannt ist, eine wichtige Aenderung beziehungsweise Erweiterung verschiedener Bestimmungen des Strafgesetzbuches vom Bundesrathe eingebracht. Die Vorlage ist, nach langer Vorberathung in einer Commission, vom Reichstage abgelehnt. Angenommen ist gelegentlich der Modification des Reichsgesetzes über den Unterstützungswohnsitz ein Zusatz zu § 361 des Strafgesetzbuches, wonach als Uebertretung bestraft werden soll, wer, obschon er in der Lage ist, diejenigen, zu deren Ernährung er verpflichtet ist, zu unterhalten, sich der Unterhaltspflicht trotz Aufforderung der zuständigen Behörde derart entzieht, daß durch Vermittlung der Behörde fremde Hilfe in Anspruch genommen werden muß.

Zur Ausführung eingegangener internationaler Verpflichtungen sind zwei Reichsgesetze ergangen, das eine, welches jede Zuwiderhandlung gegen die zur Unterdrückung des Branntweinhandels unter den Nordseefischern auf hoher See getroffenen Bestimmungen mit Geldbuße bis zu 600 Mark oder Gefängniß bis 6 Monat bedroht, das andere vom 28. Juli 1895, betreffend die Bestrafung des Sklavenraubes. Jede vorsätzliche Mitwirkung am Sklavenraube und am Sklavenhandel ist bedroht mit Zuchthaus, Geldstrafe bis zu 100 000 Mark, Confiscation der Waffen und Geräthe, Stellung unter Polizeiaufsicht. Wenn der Tod einer

Person herbeigeführt ist, gegen welche der Streifzug gerichtet worden, sollen die Veranstalter und Anführer mit dem Tode bestraft werden. Die Strafe wegen Mitwirkens am Sklavenhandel, wenn mildernde Umstände vorliegen, ist Gefängniß von wenigstens 3 Monaten. Ferner ist allgemein Geldstrafe bis zu 6000 Mark oder Gefängniß bis zu 6 Monaten angedroht auf Zuwiderhandlung gegen die zur Verhinderung des Sklavenraubes und des Sklavenverkehrs erlassenen Verordnungen.

Mit der Schweiz ist ein Uebereinkommen getroffen, wonach die Angehörigen des einen Theiles im Gebiete des anderen in Bezug auf den Schutz von Erfindungen und Modellen, von Handels- und Fabrikmarken, von Firmen und Namen dieselben Rechte haben sollen wie die eigenen Angehörigen.

Zu erwähnen bleiben noch das Reichsgesetz vom 14. Januar 1894, welches den Invaliden aus dem Kriege von 1870 und ihren Hinterbliebenen, ingleichen den früheren Angehörigen der schleswig-holsteinischen Armee und deren Hinterbliebenen fortlaufende Zuschüsse bezw. Unterstützungen aus dem Reichsinvalidenfonds zuweist, und besonders das Gesetz vom 13. Juni 1895, welches bessere Fürsorge trifft für die Wittwen und ehelichen Kinder der Personen des Soldatenstandes, des Reichsheeres und der Marine vom Feldwebel abwärts — vorausgesetzt, daß der Ehemann bezw. Vater nach Ablauf zehnjähriger Dienstzeit oder — bei kürzerer Dienstzeit — in Folge einer bei Ausübung des Dienstes erlittenen Beschädigung gestorben ist. Das Wittwengeld beträgt jährlich 160 Mark, das Waisengeld 32 Mark, unter Umständen 54 Mark. Beides erhöht sich für die Hinterbliebenen der Mannschaften, denen eine mehr als zwölfjährige Dienstzeit zur Seite steht, für jedes Jahr um 6²/₃ Procent des Normalsatzes.

Die Gesetzgebungen der einzelnen Bundesstaaten haben in Folge Ueberganges der meisten gerade den Berathungen des Juristentages unterliegenden Rechtsgebiete auf die Zustände der Reichsgesetzgebung für uns hauptsächlich nur insofern Interesse, als sie von Einfluß sind auf die erstrebte einheitliche Entwicklung des Rechts. Und da zeigt die Betrachtung der verschiedenen Gesetz-Sammlungen, daß in den Einzelgesetzgebungen die früheren Abweichungen der Gesetzgebung des einen Bundesstaates von der des anderen immer mehr schwinden; insbesondere auch alle Besonderheiten im Rechte aufhören. So sind in den letzten Jahren die Großherzogthümer Hessen, Mecklenburg-Schwerin und Mecklenburg-Strelitz zum Erlasse von Gesetzen geschritten zur Vergütung des Wildschadens, wie sie ähnlich bereits in anderen Bundesstaaten bestehen, und in Preußen ist durch Abschaffung des im vormaligen Fürstenthum

Fulda noch bestehenden Erfordernisses der gerichtlichen Form für Einwilligung in Bürgschaften der Ehefrauen eine Absonderlichkeit beseitigt. Das Großherzogthum Hessen hat durch Erlaß eines Gesetzes über das Verfahren der Zwangsvollstreckung im Verwaltungswege sich dem gleichen in Preußen bestehenden Gesetze angeschlossen. Das Herzogthum Braunschweig hat im Einklange mit den gleichen Einrichtungen der meisten Bundesstaaten einen Verwaltungsgerichtshof eingeführt zur Entscheidung über Ansprüche aus öffentlichem Rechte. Auch die Steuergesetzgebungen der einzelnen Bundesstaaten nähern einander immer mehr. So ist die staatliche Einkommensteuer mit Selbstdeclaration, wie sie bereits in Preußen, Sachsen und anderen Bundesstaaten bestand, in den letzten Jahren eingeführt im Großherzogthum Hessen und im Fürstenthum Lippe.

Wesentlich übereinstimmende Gesetze sind in fast allen Bundesstaaten ergangen über den Verkehr mit Giften, über Behandlung des Diphtherieheilserums, über den Transport, die Aufbewahrung und den Verkehr mit Explosivstoffen.

Auffallend ist die in den letzten Jahren in mehreren Bundesstaaten erfolgte Neuregulirung gleicher Rechtsstoffe und zwar mit, wenn auch nicht durchgängig, doch in den meisten Punkten gleichmäßiger Behandlung. Es sind ergangen neue Feld- und Polizeiordnungen im Königreich Sachsen, Großherzogthum Baden, Herzogthum Sachsen-Meiningen, Fürstenthum Lippe und im Gebiete der Stadt Lübeck, neue Gesinde-Ordnungen im Fürstenthum Reuß jüngere Linie, in Bremen und (für das platte Land) in Mecklenburg; neue Vorschriften über die Jagdscheine bezw. Jagdwaffenpässe: im Königreiche Preußen und Großherzogthum Hessen. Mit dem Schutze des Brieftaubenverkehrs befassen sich Polizeigesetze des Königreichs Bayern und des Großherzogthums Baden.

Hervorheben will ich folgende Landesgesetze:

In Preußen ist durch Gesetz vom 12. Juni 1894 — im Einklange mit dem Entwurfe des Bürgerlichen Gesetzbuchs zweiter Lesung — das gesetzliche Pfandrecht des Vermiethers an den in die Miethsräume eingebrachten Sachen des Miethers eingeschränkt auf die der Pfändung unterworfenen Sachen.

Von großer Wichtigkeit für die Betheiligten, wenn auch von weniger Interesse für den Juristentag ist das Gerichtskostengesetz vom 25. Juni 1895 und die Gebührenordnung für Notare vom gleichen Tage. Es werden dadurch die Kosten für einfachere Sachen und für Gegenstände von nicht erheblichem Werthe verringert, dagegen nach obenhin erhöht, zum Theil in nicht unbedenklichem Maße. Erfreulich ist der Wegfall der jetzt noch bestehenden Verschiedenheit der Notariatsgebühren in den einzelnen Landestheilen.

In Baden ist die Vorbereitung für den höheren Justizdienst neu geregelt und dabei insbesondere den Studirenden der Rechtswissenschaft zur Pflicht gemacht, sich an den Uebungen im juristischen Seminar zu betheiligen und in jedem der drei ersten Semester wenigstens wöchentlich vier Stunden Vorlesungen aus dem Lehrkreise der philosophischen Facultät zu hören.

Für Bremen ist durch Gesetz vom 13. Juli 1895 den Rechtscandidaten die Ablegung der Prüfung vor den Prüfungscommissaren zu Colmar oder zu Rostock vorgeschrieben.

Ferner ist von Interesse das mecklenburgische Gesetz vom 13. Februar 1894, welches im Wesentlichen conform mit dem betreffenden Gesetze im Großherzogthum Baden das Pfandrecht an Pfandbriefen und ähnlichen Schuldverschreibungen regelt mit Hülfe eines staatlich zum Vertreter der Gläubiger zu ernennenden Pfandhalters. — Endlich glaube ich, weil vielleicht für die Ausbildung des deutschen Staats- und Fürstenrechts von Bedeutung, die Thronstreitigkeiten hervorheben zu müssen, welche sich in Folge Ablebens des Fürsten Woldemar von Lippe erhoben haben, und zu deren Austragung die Gesetzgebung des Deutschen Reichs behufs Bestellung des Reichsgerichts als entscheidenden Gerichts nach Wunsch der Betheiligten angegangen werden soll.

Die Thätigkeit der österreichischen Gesetzgebung war größtentheils in Anspruch genommen von wichtigen Gesetzentwürfen, welche jedoch noch nicht zur Sanction gekommen sind oder — wie die neue Civilproceßordnung — doch erst so spät, daß mir die Zeit fehlte, sie genügend kennen zu lernen.

Von den verkündeten Gesetzen stehen im Einklang mit der deutschen Gesetzgebung das Gesetz vom 20. Juli 1894, welches die Unfallversicherung ausdehnt auf die gesammten Betriebe der Eisenbahnen und Transportgewerbe, Waarenlagerunternehmungen, Berufsfeuerwehren und eine Reihe anderer Gewerbebetriebe, und das Gesetz vom 16. Januar 1895, welches die Sonn- und Feiertagsruhe im Gewerbebetriebe regelt.

Wichtig ist das Gesetz vom 11. Mai 1894, welches die grundbücherliche Abtrennung von Grundstücken regelt zu Zwecken öffentlicher Straßen oder Wege und zu Zwecken einer im öffentlichen Interesse unternommenen Anlage behufs Leitung oder Abwehr eines Gewässers. Das Verfahren sieht sehr einfach aus. Der bei dem zuständigen Gericht überreichte Abtrennungsantrag wird zunächst in der bücherlichen Einlage des betreffenden Grundstücks angemerkt. Das hat die Wirkung, daß spätere Eintragungen bücherlicher Rechte die Abtrennung nicht hindern können. Zugleich wird Termin zur Entgegennahme etwaiger Einsprüche der zu verständigenden Intabulargläubiger angeordnet. Unterlassen des Einspruchs gilt als Einwilligung. Ueber die vorgebrachten Einsprüche werden von Amtswegen Erhebungen gepflogen. Wenn der Werth des Trennstücks 50 Gulden nicht übersteigt, und dem Gläubiger offenbar kein Nachtheil droht — nach Befinden des Gerichts — so hindert der Einspruch die Abtretung nicht. Es kann aber auch ein begründeter Einspruch durch Bezahlung der Schuld unwirksam gemacht werden, vorbehaltlich des Anspruchs des Gläubigers auf Ersatz des durch die vorzeitige Zahlung entstandenen Schadens.

Gegen den unlauteren Wettbewerb richtet sich das Gesetz, betreffend die Regelung der Ausverkäufe, vom 16. Januar 1895. Dasselbe verlangt zur Ankündigung und zur Veranstaltung von Ausverkäufen zum Zwecke einer beschleunigten Veräußerung zum Gewerbsbetriebe gehöriger beweglicher Sachen im Alleinverschleiße die Bewilligung der Gewerbebehörde des Ortes, wo der Ausverkauf stattfinden soll. Die Behörde, welcher die Einzelheiten und insbesondere die Gründe des beabsichtigten Ausverkaufs anzugeben sind, hat nach Einvernehmung der Handels- und Gewerbekammer und der Genossenschaft, welcher der Antragsteller angehört, zu entscheiden. Die Bewilligung soll in der Regel auf höchstens drei Monate ertheilt werden, auch nur, wenn die Unternehmung schon zwei Jahre besteht. Die auf Zuwiderhandlungen gegen das Gesetz angedrohten Strafen verfallen dem Armenfonds.

Zur Beseitigung einer langen Reihe alter Beschwerden dient das Gesetz vom 9. Juli 1894, welches in Aenderung des Preßgesetzes und der Strafproceßordnung 1. die Pflicht zum Erlage einer Caution für Herausgabe einer periodisch erscheinenden Druckschrift aufhebt, 2. jedem zum selbständigen Betriebe eines freien Gewerbes Berechtigten den Anspruch giebt auf Bewilligung zum Verkaufe inländischer periodischer Druckschriften, 3. dem durch nicht gerechtfertigte Beschlagnahme Beschädigten Schadensersatz aus der Staatskasse zuspricht und endlich 4. der die Beschlagnahme verfügenden Behörde die Bekanntgebung des Grundes der Beschlagnahme zur Pflicht macht.

Jetzt noch ein paar Worte zum Schluß.

Der alljährlich wiederkehrende Bericht über die Rechtsentwickelung soll Auskunft geben über das, was in der letzten Periode der Vergangenheit für oder wider die Förderung der Rechtseinheit in Deutschland geschehen ist. Dahin gehören aber außer den fertig gewordenen Gesetzen auch die Vorbereitungen neuer Gesetze. Als Hauptzweck der

Juristentage ist von Anfang an anerkannt worden, daß wir nach unseren Kräften hinzuwirken haben auf ein gemeinsames deutsches Recht. Die Vorarbeiten hierzu haben gegenwärtig wieder einen Abschluß erreicht. Der in zweiter Lesung umgearbeitete Entwurf eines bürgerlichen Gesetzbuchs für das Deutsche Reich liegt nahezu fertig vor. War der die Grundlage dazu bildende erste Entwurf wesentlich das eigene Werk der zur Ausarbeitung berufenen hervorragenden Männer, so ist die in der zweiten Lesung erfolgte Umarbeitung das Werk der gesammten, diese Gesetzgebung mit ihrem Antheile begleitenden Juristenwelt, und der deutsche Juristentag selbst muß nicht am wenigsten gelten als Mitredactor. Wenn Sie, meine Herren, in Ihre Erinnerung zurückrufen die zahlreichen, fast jeden Rechtsstoff behandelnden Beschlüsse der Juristenversammlungen, so werden sie nur wenige finden, welche nicht acceptirt sind — fast überall hat sich der Entwurf in seiner jetzigen Fassung den Anschauungen des deutschen Juristentages angeschlossen. Und damit hat er Recht gethan, — wenn es richtig ist, was wiederholentlich in unseren Versammlungen geäußert ist, daß die communis opinio juris in deutschen Landen hier ihre richtigste Wiedergabe zu finden pflegt. Freilich, das gebe ich zu, Niemand wird vollkommen zufrieden sein; Jeder wird bedauern, daß nicht dies und jenes anders ausgefallen ist. Aber im Großen und Ganzen hat meiner Ueberzeugung nach die jetzt vorliegende Fassung das richtig wiedergegeben, was die gemeine Rechtsmeinung in Deutschland ist; sie kann deshalb als gemeines Gesetzbuch acceptirt werden. Es wäre etwas Großes, wenn 25 Jahre nach Wiederaufrichtung des Deutschen Reiches eine Einheit des deutschen Rechtes hergestellt werden könnte — dieses, wie Wächter bei Eröffnung eines Juristentages sagte, stärkste und festeste Band zur Umschließung der deutschen Brüderstämme. Darum weg mit den Bedenken, um deren willen einige gerade der edelsten und deutschesten Männer sich bisher noch nicht mit dem Werke befreunden konnten! Das große Werk darf Keinem verleidet werden, es muß vom ganzen Vaterlande mit Freuden aufgenommen und dann in Einmüthigkeit verbessert und fortgestaltet werden. Dazu kann aber ein jeder von Ihnen, meine Herren, mit beitragen durch Eintreten dafür, unter Selbstbescheidung, wo er seiner eigenen Ansicht nicht hat Erfolg verschaffen können.

Die schwache Hoffnung der Verwirklichung des Ideals der Rechtseinheit, unter welcher, wie heute Herr Senator Lürmann gesagt hat, der Juristentag 1860 begonnen hat, hat jetzt Aussicht, zu einer gewissen Erfüllung zu gelangen. Lassen Sie diese Hoffnung nicht zu Schanden werden!

(Lebhafter Beifall.)

Präsident: M. H., ich habe nun noch einige geschäftliche Mittheilungen zu machen. Es sind Drucksachen eingegangen, die hier für diejenigen ausliegen, die sich dafür interessiren, zunächst von dem Verein „Frauenwohl" in Berlin 50 Exemplare einer Broschüre, betitelt: Die Frau im neuen bürgerlichen Gesetzbuch, nebst Vorschlägen zur Aenderung des Entwurfs des bürgerlichen Gesetzbuches im Interesse der Frauen, von Sera Proelß und Marie Raschke.

Sodann ist eingegangen vom Verein zur Förderung des Deutschthums in den Ostmarken ein an den deutschen Juristentag gerichtetes Schreiben, in welchem dieser Verein bittet, sich für die Bestrebungen desselben zu interessiren. Ich lege auch dieses Schriftstück vor und die Herren, die sich dafür interessiren, bitte ich davon Einsicht zu nehmen.

Nun bleibt zur Vervollständigung der geschäftlichen Ordnung nur noch übrig, an die Herren Vorsitzenden der Abtheilungen die Bitte zu richten, daß sie die Vertrauensmänner wählen lassen, welche nach unserem Statut die ständige Deputation für das nächste Jahr zu ernennen haben. Von jeder der drei Abtheilungen sind 10 Mitglieder zu wählen; usancemäßig gehört der Vorsitzende der Abtheilung dazu. Ich veranlasse die Herren Vorsitzenden hierdurch noch 9 Mitglieder in jeder Abtheilung wählen zu lassen und diese Wahl möglichst heute schon vorzubereiten, damit sie morgen vollzogen werden kann. Die dann gewählten Herren bitte ich eine halbe Stunde vor der 2. Plenarsitzung, also Donnerstag Vormittag $^1/_2$11 Uhr, hier zusammenzutreten, um die Wahl der ständigen Deputationen vorzunehmen.

Der Anfang der Abtheilungssitzungen ist auf Vormittags 9 Uhr festgesetzt. Es bleibt indessen den Abtheilungen überlassen, hierin Aenderungen eintreten zu lassen. Heute schließen sich die ersten Sitzungen der Abtheilungen unmittelbar an unsere Plenarsitzung an. Es ist jetzt $^3/_4$11 Uhr und ich habe gedacht, daß wir 11 Uhr mit den Abtheilungssitzungen beginnen können.

Damit sind die geschäftlichen Angelegenheiten erledigt, es hat sich auch niemand weiter zum Wort gemeldet und ich kann demnach die erste Plenarsitzung jetzt schließen.

(Schluß der Sitzung $^3/_4$11 Uhr.)

Erste Sitzung der ersten Abtheilung

am 10. September 1895.

Auf Vorschlag des Geheimen Justizrathes Professor Dr. Gierke (Berlin), welcher die Sitzung um 11 Uhr eröffnet, wird der Wirkliche Geheime Oberjustizrath, Oberlandesgerichtspräsident Dr. Struckmann (Köln) zum Vorsitzenden gewählt. Derselbe nimmt die Wahl dankend an. Auf seinen Vorschlag werden gewählt zum stellvertretenden Vorsitzenden Herr Professor Dr. Strohal (Leipzig), zu Schriftführern Rechtsanwalt Dr. Horremer aus Berlin und Rechtsanwalt Makower II. aus Berlin.

Vorsitzender: Auf der Tagesordnung für die erste Abtheilung steht zunächst folgende Frage:

> Sind die Grundsätze des Entwurfes des bürgerlichen Gesetzbuches II. Lesung über eingetragene Vereine zu billigen?

Hierüber liegt uns das Gutachten vor des Herrn Professor Dr. Leonhard zu Marburg. Als Referenten sind bestellt worden Herr Geheimer Justizrath Prof. Dr. Gierke zu Berlin und Herr Justizrath Levy daselbst. Ich ersuche nun zunächst Herrn Geheimen Justizrath Dr. Gierke, das Wort zu ergreifen und den Bericht zu erstatten.

Referent Geh. Justizrath Prof. Dr. **Gierke** (Berlin): Meine Herren! Wir stehen hier vor einer Frage, bei der die Aenderungen des ersten Entwurfes durch den zweiten wohl die wichtigsten unter allen überhaupt getroffenen sind, vor einer Frage, die überhaupt wohl eine entscheidende Rolle spielen wird bei der Discussion über das Gesetzbuch im Ganzen, weil sie neben rein juristischen Verhältnissen auch sociale, politische und religiöse Interessen berührt. Der Entwurf erster Lesung erledigte die Frage nach der Erlangung von Körperschaftsrechten durch einen Verein bekanntlich überhaupt nicht, sondern verwies auf das Landesrecht und zeigte dabei eine starke Neigung zu dem sogenannten Concessionssystem, wie es ja in den meisten größeren Staaten Deutschlands gilt, — dem System also, nach dem, abgesehen von Sondergesetzen, jeder Verein juristische Persönlichkeit lediglich durch eine besondere staatliche Verleihung erlangt. Der Entwurf II. Lesung will in Uebereinstimmung mit den Wünschen, die auf dem Stettiner Juristentage die allgemeinen waren, die Frage nach der Erlangung der Körperschaftsrechte reichsrechtlich, also eben selbst, regeln. Und wie regelt er sie nun? Er unterscheidet vor Allem Vereine für wirthschaftliche Zwecke und für andere. Für Vereine für wirthschaftliche Zwecke soll allgemein das Concessionssystem gelten, soweit nicht für sie die Bestimmungen eines besonderen Reichs- oder Landesgesetzes Platz greifen. Aber freilich, hierbei ist daran gedacht, daß die meisten dieser Vereine eben durch ein Sonderrecht geschützt sind, nach einem Sonderrechte sich als Actiengesellschaften, als Gesellschaften mit beschränkter Haftung, als eingetragene Genossenschaften, als Gewerkschaften u. s. w. die juristische Persönlichkeit verschaffen können. Können sie das jedoch nicht, so soll staatliche Verleihung der Corporationsrechte allein ihnen die Persönlichkeit verschaffen. Dagegen für alle Vereine mit nicht wirthschaftlichen Zwecken wird zwar auch facultativ die Erlangung von Körperschaftsrechten durch besondere staatliche Verleihung festgehalten, aber sie sollen auch sich Körperschaftsrechte verschaffen können durch Eintragung in ein von den Gerichten geführtes Vereinsregister, eine Eintragung, die nicht versagt werden darf, wenn die gesetzlichen Erfordernisse vorliegen.

Meine Herren! Das Gutachten des verehrten Herrn Collegen Dr. Leonhard, das uns vorliegt, spricht sich zunächst für diesen Grundgedanken des Entwurfes aus. Auf dem Stettiner Juristentage kam es in dieser Beziehung zu keiner ganz klaren Entscheidung; der Streit zwischen den Anhängern der wirklichen Körperschaftsfreiheit und denen des Eintragungssystems wurde nicht vollständig ausgefochten; aber ich glaube, daß eine überwiegende Neigung für das System des Entwurfes vorhanden war. Ich persönlich bleibe freilich bei meinem weitergehenden Standpunkte. Ich würde die wirkliche Körperschaftsfreiheit vorziehen, das System also, nach welchem jeder nach öffentlichem Rechte legitim bestehende Verein auch in privatrechtlicher Beziehung anerkannt wird als das, was er ist, und nicht behandelt wird als das, was er nicht ist, als eine Societät. Ich meine, daß es vollständig genügen würde, wenn man einem solchen nicht öffentlich anerkannten Vereine die Fähigkeit, als Rechtssubjekt in öffentliche Register eingetragen zu werden, folglich z. B. Grundeigenthum zu erwerben, und meinetwegen auch das Erbrecht versagte, daß man ihm aber, wie das die gerichtliche Praxis thut, die Parteifähigkeit und die Rechtsfähigkeit, soweit sie von Grundbesitzrecht und Erbrecht unabhängig ist, gewährt. Ich kann nicht einsehen, welche Nachtheile damit verbunden sein könnten; ich meine aber, daß umgekehrt die größten Nachtheile entstehen, nicht etwa bloß für die Vereine, sondern vor Allem für die Dritten, die mit den Vereinen zu verhandeln haben, wenn nachher der Verein, der öffentlich-rechtlich vollständig legitim besteht, von den Gerichten für ein Nichts, für einen bloßen Schein erklärt wird. Meine Herren! Die nicht eingetragenen Vereine werden auch bei dem freiesten Eintragungssystem sehr häufig sein! Beweis: die ungeheuere Zahl von nicht eingetragenen Vereinen in Bayern, wo die Erlangung der Rechte eines anerkannten Vereins so überaus erleichtert ist. Diese Vereine werden, wie Sie aus den Entscheidungen bei Seuffert ersehen, von den Gerichten als Rechtssubjekte behandelt; man versagt ihnen den Namen einer juristischen Person, aber behandelt sie als unvollkommene Körperschaften. Und, meine Herren, wie würde sich nun die Sache nach dem Entwurf zweiter Lesung stellen, wenn wir vorläufig von der Erschwerung der Eintragung hier absehen? Es würde also auch hier zweifellos zahllose nicht eingetragene Vereine geben, die es nicht für nöthig halten, diese Formalitäten zu erfüllen. Sie stehen im Leben, sie handeln, sie kaufen, sie verkaufen, es werden Verträge aller Art mit ihnen geschlossen, und nun kommt die Sache vor die Gerichte; ja, da können sie künftig nicht mehr mit den heute angewandten Hülfsmitteln nun doch auf einem Umwege als selbständige Rechtssubjekte behandelt werden! Im Gebiete des preußischen Landrechtes haben sie jetzt für sich die Form der erlaubten Privatgesellschaft, der halben juristischen Person, wie man zu sagen pflegt; im Gebiete des gemeinen Rechtes hilft man sich mit dem Begriffe der modificirten Societät oder unvollkommenen Körperschaft oder auf irgend eine andere Weise; jedenfalls werden sie anerkannt, besonders die Parteifähigkeit spricht ihnen das Reichsgericht constant jetzt zu. Hiergegen würde der Entwurf zweiter Lesung einen entschiedenen Rückschritt bringen, denn er enthält eine ausdrückliche Bestimmung, daß sie als Gesellschaften behandelt werden müssen. Es ist anzuerkennen, daß der Entwurf zweiter Lesung durch Aufnahme des Principes der gesammten Hand solchen Vereinen eher das Leben ermöglicht als der Entwurf erster Lesung; aber Parteifähigkeit z. B. kann kein Richter einem solchen Verein zugestehen, und wenn daher einmal ein solcher nicht eingetragener Verein Schulden gemacht hat und nun der Gläubiger — vielleicht nach einer Reihe von Jahren — bezahlt sein will, ja, dann wird er sehr leicht um sein Geld kommen, denn er findet niemand, den er verklagen kann. Die gegenwärtigen Vereinsmitglieder kann er nicht verklagen und der ursprüngliche Contrahent ist vielleicht nicht mehr aufzufinden.

Aber, meine Herren, dieser Mißstand, diese Rechtlosigkeit der nicht eingetragenen Vereine und diese Rechtlosigkeit derer, die mit nicht eingetragenen Vereinen contrahirt haben, dieser Mißstand wird zu einem wahrhaft unerträglichen erst dadurch, daß der Entwurf zweiter Lesung die Eintragung so außerordentlich erschwert, daß die Zahl der nicht eingetragenen Vereine die der eingetragenen sicherlich weitaus übersteigen wird. Und in diesem Punkte bin ich nun durchaus einig mit dem Gutachter, Herrn Collegen Leonhard. In Bezug auf alle bloß formellen Erfordernisse der Eintragung, die der Entwurf aufführt, will ich kein Wort weiter verlieren; sie sind im Allgemeinen zu billigen, und was man etwa anders wünschte, das sind Detailfragen, die uns hier nicht zu beschäftigen haben. Aber es handelt sich um die materiellen Erfordernisse. Zunächst sind, wie schon erwähnt, wirthschaftliche Vereine ganz von der Eintragung in's Vereinsregister ausgeschlossen. Das ist ja insofern nicht besonders zu beklagen, als wir für wirthschaftliche Vereine eine höchst liberale Gesetzgebung haben, namentlich seitdem wir das Gesetz über Gesellschaften mit beschränkter Haftung besitzen, insofern als diese Vereine, wenn sie wollen, immer im bestehenden Sonderrecht eine Form finden können, die ihnen die Erlangung der Körperschaftsrechte ermöglicht. Die Bedenken liegen hier nur in der Schwierigkeit der Grenzziehung zwischen wirthschaftlichen und nichtwirthschaftlichen Vereinen. Denn wie unterscheidet sich der Verein für nichtwirthschaftliche Zwecke von dem für wirthschaftliche Zwecke? Man wird annehmen dürfen, daß Vereine für wirthschaftliche Zwecke solche sind, die unmittelbar, nicht nur mittelbar, die Wirthschaft ihrer Mitglieder fördern, denn mittelbar thut dies fast jeder Verein. Aber so bald ein Verein, dessen Hauptzweck z. B. die Bildung der Mitglieder ist, ihnen auch wirthschaftliche Vortheile nebenbei verschafft — also nehmen wir z. B. an, ein Kunstverein schafft Gemälde an und verloost sie unter die Mitglieder, er spart ihnen die Anschaffungskosten, so ist gleich die Frage: ist das ein Verein, der noch eingetragen werden kann, ist das nicht ein Verein für wirthschaftliche Zwecke? Aber von ganz anderer Bedeutung ist die weitere Einschränkung, die nun im Vordergrunde des Interesses steht. Es sollen nämlich ausgeschlossen sein, zwar nicht ohne Weiteres, aber sofort, wenn die Verwaltungsbehörde auf die deshalb in jedem Falle an sie erst erforderliche Anzeige von dem Bevorstehen der Eintragung eines Vereins Einspruch erhebt — es sollen ausgeschlossen sein, sage ich, dann von der Eintragung alle Vereine für politische, religiöse und socialpolitische Zwecke. Ein gewisser Rechtsschutz wird diesen Vereinen dadurch gewährt, daß die Verwaltungsbehörde nicht ganz souverän entscheiden kann, sondern daß das Verwaltungsgericht angerufen werden kann wegen Mißbrauchs dieser

Einspruchsbefugniß; aber offenbar hat natürlich das Verwaltungsgericht nicht etwa zu entscheiden, ob der Verein eingetragen werden soll oder nicht — das ist eine reine Zweckmäßigkeitserwägung, — sondern das Verwaltungsgericht hat lediglich zu entscheiden, ob ein politischer, ein religiöser, ein socialpolitischer Zweck vorliegt. Muß es entscheiden, daß ein solcher Zweck vorhanden ist, dann hängt es von dem freien Ermessen der Verwaltungsbehörde ab, ob die Eintragung stattfinden oder unterbleiben soll. Nun, hier sind ja die Schwierigkeiten der Grenzziehung noch unendlich viel größer. Welche verschiedenen Auslegungen haben wir bei unseren Gerichten in Bezug auf den Begriff des politischen Vereins! Welche in Bezug auf den Begriff eines religiösen Vereins! Und nun bekommen wir hierzu die neue Kategorie der Vereine für socialpolitische Zwecke!

Meine Herren, wenn man unbefangen urtheilt, so giebt es in unserer Zeit kaum einen Verein, der nicht einen socialpolitischen Zweck hat. Was ist denn Socialpolitik? Einwirkung auf das sociale, auf das gesellschaftliche Leben in irgend einem bestimmten Sinne, und das will jeder Verein. Man kann sagen, ein Turnverein, ein Gesangverein, die werden ja jedenfalls immer anerkannt werden müssen als Vereine mit nicht politischen, nicht religiösen und nicht socialpolitischen Zwecken. Ja, die Turnvereine sind doch lange Zeit als politische Vereine für höchst gefährlich gehalten worden. Ein Gesangverein braucht jedenfalls nur eine Hymne anzustimmen, dann kann er als religiöser Verein aufgefaßt werden, oder ein garstig Lied, ein politisch Lied, dann als politischer Verein. Ein Wohlthätigkeitsverein, verfolgt der keinen socialpolitischen Zweck? Ein Bildungsverein für Arbeiter, verfolgt der nicht auch einen socialpolitischen Zweck? Ein Verein für Beschaffung billiger Wohnungen u. s. w. Das alles sind doch socialpolitische Zwecke. Was meint man also eigentlich? Ich fürchte, es kehrt sich die Spitze dieses Entwurfes hauptsächlich gegen die Arbeitervereine, gegen die Vereine der arbeitenden Classen selbst, gegen Gewerkvereine, Fachvereine, von denen man fürchtet, daß sie hauptsächlich der Socialdemokratie zu Gute kommen. Also, und darauf komme ich später noch zurück, es ist das entweder eine ausnahmegesetzliche Bestimmung gegenüber den arbeitenden Classen, oder sie trifft überhaupt fast alle gegenwärtig blühenden und bestehenden Vereine. Und nun also: alle diese Vereine für politische, für religiöse, für socialpolitische Zwecke läßt man bestehen, an die Vereinsfreiheit rührt man nicht, ebenso wenig wie an die Möglichkeit der Schließung vom öffentlichen Rechte her. Das alles bleibt, wie es ist, vorläufig verschieden in den einzelnen Territorien. Aber das bürgerliche Gesetzbuch kommt und sagt: das öffentliche Recht mag tolerant sein und mag euch bestehen lassen; von dem Privatrecht aber wird euch das Leben unmöglich gemacht, nicht wirklich unmöglich gemacht, denn zahllose Vereine bestehen ja ohne juristische Persönlichkeit, — aber ihr werdet gebrandmarkt, werdet von den Gerichten nicht anerkannt als bestehend, sondern nur als Schattenwesen, und ihr könnt mit dem Societätsrecht auskommen.

Und doch ist diese Versagung der Eintragung gegenüber den politischen, socialpolitischen und religiösen Vereinen lange nicht das Schlimmste, was diese Ausnahmebestimmungen des Entwurfes zweiter Lesung uns bringen; das Schlimmste ist vielmehr, wie auch Herr College Leonhard trefflich hervorgehoben hat, das Damoklesschwert der Auflösung, das über jedem eingetragenen Vereine hängt, indem die Auflösung zu verfügen ist, sobald er einen andersartigen Zweck verfolgt, als die Zwecke, die bei der Eintragung als die seinen bezeichnet wurden. Ganz richtig führt das Gutachten aus, daß die ausgesprochen politischen Vereine sich nach dem Entwurfe immer noch besser stehen als die harmlosen Vereine, denn ein politischer Verein, wenn er einmal die Eintragung erlangt hat, — das soll ja zulässig sein, wenn die Verwaltungsbehörde schweigt — kann auf das Schlimmste entarten, die gefährlichsten Zwecke verfolgen, wenn sie nur immer politisch bleiben, und er behält seine Rechtspersönlichkeit. Natürlich, das öffentliche Vereinsrecht kann ihn einschränken, das Privatrecht aber verhält sich passiv. Also wenn ein Verein von ursprünglich ganz correct nationalliberaler oder streng conservativer Richtung im Laufe der Jahre degenerirt oder die Maske abwirft und ein ausgesprochen republicanischer oder socialdemokratischer Verein wird — dem ist nichts anzuhaben, das sind politische Zwecke; dagegen ein Verein, der eingetragen wird für einen anderen Zweck, einen geselligen Zweck, einen wohlthätigen Zweck, einen Bildungszweck, für Sportzwecke u. s. w., der schwebt nun allerdings in der höchsten Gefahr, jeden Augenblick der Auflösung zu verfallen, weil man ihm vorwerfen kann, daß er nun einen Zweck, für den er nicht hätte eingetragen werden dürfen, verfolgt. Also z. B. es heißt: du bist jetzt ein wirthschaftlicher Verein geworden, du gewährst deinen Mitgliedern wirthschaftliche Vortheile; sobald er Vermögen gesammelt hat, werden vielleicht Revenuen vertheilt, Renten gewährt aus den Einkünften, dann ist es zweifellos ein wirthschaftlicher Verein. Und nun frage ich: wie soll ein solcher Verein sich von einem, ich will nicht sagen politischen oder religiösen, aber socialpolitischen Beigeschmack in unserer Zeit freihalten? Wenn er irgendwie eingreift in die großen Bewegungen der Zeit, wenn er irgendwie an dem Strom des öffentlichen Lebens sich betheiligt, ist er sofort verloren, er kann aufgelöst werden. Und mit der

Auflösung verbindet sich sogar die Einziehung seines Vermögens zum Fiscus. Freilich giebt es gewisse Cautelen dagegen; es kann in den Statuten ein anderer gemeinnütziger Zweck bestimmt sein; aber ist nichts bestimmt, dann wird das Vermögen des Vereins einfach zum fiscalischen Vermögen eingezogen.

Meine Herren! Alle Einzelheiten des neuen Vereinsrechts, die ja zum Theil vortrefflich sind, sind ja gleichgültig gegenüber einem so entschiedenen Mißgriff, denn nur für einen Mißgriff kann ich diese Bestimmung halten. Will man das Eintragungssystem, will man schlechthin keinem Verein die Möglichkeit geben, als Rechtssubjekt anerkannt zu werden, wenn er nicht in ein öffentliches Register eingetragen ist, dann darf man nicht ein verschleiertes Concessionssystem schlimmster Art unter dieser Maske einführen, nicht ein System, das die vollste administrative Willkür gegenüber dem gesammten Vereinsleben bedeutet. Man kann das thun, wenn man, wie gesagt, die Eintragung nur für nothwendig erklärt für die Erwerbung von Grundeigenthum u. s. w., wenn man also einigermaßen auch die nicht eingetragenen Vereine schützt; aber bei diesem Systeme wäre das ein so entschiedener Rückschritt gegen das bestehende Recht, daß ich glaube, der Entwurf zweiter Lesung darf hierbei nicht stehen bleiben. Man denke sich nur, es würde unverändert diese Bestimmung zum Gesetz erhoben, das Deutsche Reich erschiene dann wahrlich als Unterdrücker der germanischen Körperschaftsfreiheit. Und wie ständen wir anderen Ländern gegenüber? Wie stünden wir gegenüber England, wo wir die vollste Körperschaftsfreiheit der arbeitenden Classen haben und wo daraus Segen entstanden ist? Meine Herren, um so weniger darf meines Erachtens ein Gesetzbuch diese Bahn betreten, als ja nun umgekehrt, wie ich schon andeutete, den wirthschaftlichen Vereinen gegenüber die allergrößte Liberalität herrscht. Die wirthschaftlichen Vereine können auch ihre eigentlichen Zwecke ändern, darum kümmert sich kein Mensch. Räthselhaft ist mir nur, daß davon im Leben so wenig Gebrauch gemacht wird. Bekanntlich giebt es Actiengesellschaften, die gar keinen anderen Zweck haben, als einer Burschenschaft oder einem Corps eine Kneipe zu verschaffen. Mir ist eine solche Actiengesellschaft bekannt, die in das Handelsregister in Heidelberg eingetragen ist; sie besteht aus fünf Actionären mit je 200 Mk. Capitalantheil; eingezahlt ist ein Viertel, also 250 Mk.; Zweck die Erwerbung von Grundeigenthum, nämlich der Kneipe; der Aufsichtsrath zählt sieben Mitglieder, also zwei mehr wie die Generalversammlung der Actionäre; die Actien sind natürlich vinculirt, unveräußerlich, sogar unvererblich; stirbt ein Mitglied, so verfügt die Burschenschaft über den Anfall der Actie. Bei Gesellschaften mit beschränkter Haftung ist Aehnliches möglich, nur muß hier ein Stammcapital von 20 000 Mk. wenigstens auf dem Papiere vorhanden sein. Wenn man das sieht, sollte man denken, es müßte jeder Verein — denn 250 Mk. könnte doch jeder Verein zusammenbringen — diese Bahn beschreiten, falls er Körperschaftsrechte haben will. Und wenn wir fragen: warum thun das die Gewerkvereine und dergleichen nicht? so kommt man auf den Gedanken, daß die Vereine, die wirklich als bedenklich erscheinen, das Licht der Oeffentlichkeit mehr scheuen als suchen, daß sie mehr wünschen, im Geheimen zu bestehen, als in ein öffentliches Register eingetragen zu sein, daß sie auch ungern darauf verzichten, stets Stoff zu Klagen über Beschränkung der Vereinsfreiheit zu haben. So glaube ich geradezu, es wäre ein außerordentlich wirksames Erziehungsmittel für alle Vereine, wenn man sie veranlaßte, frei und offen hervorzutreten, sich eintragen zu lassen in die öffentlichen Register und dann unter dem Einfluß der Publicität zu stehen. Aber jedenfalls, unser bestehendes Recht erlaubt jeden wirthschaftlichen Verein, wenn er sich bestimmten Formalitäten fügt, und schreitet in keiner Weise ein, wenn eine Actiengesellschaft oder Gesellschaft mit beschränkter Haftung alle möglichen politischen und religiösen Zwecke verfolgt. Gesellschaften mit beschränkter Haftung, heißt es, können gebildet werden für jeden beliebigen Zweck, und dem gegenüber will man Vereine für ideale Zwecke in dieser Weise einschränken? Ich halte dies für eine Versündigung an unserem deutschen Genossenschaftsgeiste, an unserem deutschen Associationswesen, dem größten Hebel der germanischen Weltherrschaft, den wir kennen. Aber vor Allem, meine Herren, muß ich darauf zurückkommen, daß ich in der heutigen Zeit diese Bestimmungen für unendlich unheilvoll halten würde, weil sie als ein Ausnahmegesetz erscheinen würden gegenüber den arbeitenden Classen. Es ist eine einfache Forderung der Gerechtigkeit, daß die arbeitenden Classen für ihre socialpolitischen Zwecke die Körperschaftsfreiheit erhalten; es ist eine Forderung der Gerechtigkeit, daß ihre Vereine, in denen sie sich für die Verbesserung ihrer Lebensbedingungen, insbesondere auch ihrer Lohnbedingungen zusammenthun, die juristische Persönlichkeit erwerben können. Aber es ist nicht bloß eine Forderung der Gerechtigkeit, sondern auch eine Forderung echter Socialpolitik. Denn trotz aller Gegenströmungen, die immer wieder auftreten, bleibe ich dabei stehen, daß der socialen Revolution nur zu entgehen ist durch die sociale Reform. Keine Socialreform aber kann gelingen, wenn sie bloß von oben kommt, wenn nicht die arbeitenden Classen selbst herangezogen werden, und eine solche Heranziehung der arbeitenden Classen zur Theilnahme an der Besserung ihrer Lage ist nur möglich im Wege der Association, im Wege der freien Vereinigung. Will man also die freie Vereinigung nicht überhaupt verbieten, will man nicht mit der Vereinsfreiheit, was am Ende des 19. Jahrhunderts doch wohl unmöglich sein wird, überhaupt brechen, so darf man auch den Vereinen nicht vom Privatrechte her das Leben kleinlich verkümmern, sondern muß sie anerkennen als das, was sie sind, als selbständige Lebewesen. Also ich stimme mit der Conclusion des Gutachtens ganz überein und kann hiernach den ersten Punkt der Vorschläge desselben Ihnen empfehlen, indem ich sage:

„Die Grundzüge des Entwurfs II. Lesung über „eingetragene Vereine“ sind insofern unannehmbar, als sie durch die Sonderbestimmungen über Vereine für wirthschaftliche und für politische, religiöse oder sociaipolitische Zwecke dem Vereinsleben den Rechtsschutz entziehen.“

Was dagegen die zwei anderen Punkte anlangt, so kann ich mich für deren Annahme nicht erwärmen. Der positive Vorschlag, gerade das sächsische Vereinsrecht zum Muster zu nehmen, sagt mir nicht zu, weil auch selbst da eine Ausnahmebestimmung für politische Vereine sich findet, die ich nicht billige. Ich würde das bayerische Recht vorziehen. Vor Allem aber will ich, da ich, wie ich Anfangs sagte, grundsätzlich ein Anhänger der Körperschaftsfreiheit bin und nicht den Eintragungszwang, sondern ein facultatives Eintragungssystem mit Abhängigmachung bestimmter Rechte von der Eintragung wünsche, die Anerkennung der Grundzüge des Entwurfs vermeiden. Ich würde daher anstatt der Punkte 2 und 3 sagen:

„Will der Entwurf II. Lesung die Anerkennung der Rechtspersönlichkeit eines Vereins von der Eintragung in ein Vereinsregister abhängig machen, so muß er sich auf die Aufstellung formeller Erfordernisse der Eintragung beschränken und jedem Vereine, dessen Bestand vom öffentlichen Rechte anerkannt wird, den Erwerb der Privatrechtsfähigkeit ermöglichen.“

(Beifall.)

Correferent Justizrath **M. Levy** (Berlin): Meine hochverehrten Herren! In den lebhaften Beifall, welchen Sie soeben dem Herrn Referenten gespendet haben, stimme ich aus vollem Herzen ein. Der Beifall galt nicht bloß der Klarheit und dem Glanze seiner Darstellung, der Wärme des Vortrags der darin ausgeprägten tiefen Durchdringung und Beherrschung des Stoffes, wie sie allerdings nicht anders erwartet werden konnte von einem Manne, der schon seit Jahrzehnten mit Recht als Autorität auf dem Gebiete des Genossenschaftsrechtes gilt, — sondern wir erinnerten uns auch, daß man es wesentlich den Bemühungen und Arbeiten dieses treuen und eifrigen Vorkämpfers für die Entwickelung des nationalen deutschen Rechts zu verdanken hat, wenn das große Gesetzgebungswerk, welches nun hoffentlich seinem Abschluße näher rückt, sich auf manchen Gebieten und insbesondere auch auf dem des Vereinsrechtes mit deutschen Rechtsgedanken und volksthümlichen Elementen erfüllt hat. Wir erinnerten uns namentlich dessen, was für die uns heute beschäftigende hochwichtige Frage von dem Herrn Berichterstatter auf dem neunzehnten deutschen Juristentage in Schrift und Wort gewirkt worden ist. Die damals theils einstimmig, theils mit großer Majorität gefaßten Beschlüsse hatten folgenden Wortlaut:

1. Das bürgerliche Gesetzbuch hat — unter Vorbehalt der besonderen Reichs-und Landesgesetze über einzelne Körperschaftsgattungen — allgemeine Bestimmungen über Erwerb und Verlust der Körperschaftsrechte zu treffen. Es hat dabei das Princip der freien Körperschaftsbildung zu Grunde zu liegen.
2. Privatrechtliche Körperschaften, welche nicht unter ein Specialgesetz fallen — Vereine für ideale Zwecke und wirthschaftliche Vereine, wenn sie nicht auf einen kaufmännischen oder gewerblichen Geschäftsbetrieb gerichtet sind — erlangen die öffentliche Anerkennung ihrer Persönlichkeit, wenn sie auf Grund gesetzlicher Normativbestimmungen in ein von dem Gericht geführtes Vereinsregister eingetragen sind.

Diese Beschlüsse beruhen im Wesentlichen auf dem meisterhaften und grundlegenden Gutachten des Herrn Referenten, allerdings in Verbindung mit dem nicht minder vortrefflichen Gutachten des Herrn Professor Dr. Rosin über die Frage:

An welche rechtliche Voraussetzungen kann die freie Corporationsbildung geknüpft werden?

Diese Beschlüsse, welchen unter Anderen auch mein verehrter Freund und College, Herr Geheime Justizrath Lesse durch eine Abhandlung über die privatrechtlichen Körperschaften im Archiv für bürgerliches Recht von 1891 besonderen Nachdruck verliehen hat, sind auf die zweite Lesung des Entwurfs eines bürgerlichen Gesetzbuches für das Deutsche Reich von unverkennbarem Einfluß gewesen, was der deutsche Juristentag gewiß mit Genugthuung constatiren darf. Die völlig freie Corporationsbildung im Sinne des Gierke'schen Gutachtens ist allerdings nicht zum Durchbruch gekommen, allein schon der neunzehnte Juristentag hat die Differenz zwischen diesem Gutachten und dem von Rosin über die Frage, ob der Registerzwang allgemein durchzuführen sei, oder ob ein

Verein schon auf Grund seines thatsächlichen Bestandes als ein Rechtssubjekt anzuerkennen sei, wenn er im Leben als solches erscheine, durch die erwähnten Beschlüsse nicht entscheiden wollen, sondern absichtlich unentschieden gelassen und damit zu erkennen gegeben, daß das in den Beschlüssen geforderte System der freien Körperschaftsbildung durch gesetzliche Normativbestimmungen und allgemeinen Registerzwang nicht angetastet werde. Der Entwurf hat sich in dieser Beziehung dem Rosinschen Standpunkte angeschlossen, welcher bereits in den Beschlüssen des Reichstags von 1872 und in dem seiner Zeit von Schulze-Delitzsch eingebrachten Entwurfe eines Vereinsgesetzes zum Ausdrucke gekommen war. Zwar ist neben der Entstehung der Rechtsfähigkeit durch Eintragung in das öffentliche Register auch die directe Verleihung von Corporationsrechten durch die amtlichen Organe zugelassen; indessen — man mag diese facultative Entstehungsart billigen oder nicht — jedenfalls geschieht dadurch der freien Körperschaftsbildung kein Eintrag. Es ist demnach zuvörderst für den diesjährigen deutschen Juristentag die bei dem neunzehnten Juristentage unerledigt gebliebene Frage zu entscheiden:

> Ob das System der Normativbestimmungen und des Registerzwanges, wie es in dem Entwurfe adoptirt ist, oder das von Herrn Professor Gierke empfohlene System der unbedingt freien — von äußeren Formen unabhängigen — Körperschaftsbildung den Vorzug verdient.

Mit dem System des Entwurfs hat sich der diesjährige Gutachter, Herr Professor Dr. Leonhard, ebenso Herr Professor Dr. Hölder in einer Abhandlung im civilistischen Archiv einverstanden erklärt. Meines Erachtens wird der Juristentag nicht umhin können, sich diesen Gutachten anzuschließen. Ich verkenne zwar nicht, daß eine consequente Durchführung des Grundgedankens der freien Körperschaftsbildung, dessen Anerkennung im Entwurfe zweiter Lesung mit Freuden begrüßt werden muß, theoretisch dazu führt, die Entstehung der Rechtsfähigkeit eines Vereins lediglich von der Willenserklärung der Betheiligten abhängig zu machen; allein praktische Rücksichten, namentlich die Rücksicht auf die Stellung der Vereine im Verkehrsleben fordern gebieterisch die Erfüllung gewisser Minimalerfordernisse für die innere Organisation und ein äußeres unfehlbares, allgemein sichtbares Erkennungszeichen für die Eigenschaft des Vereins als einer rechtsfähigen Persönlichkeit und den Willen der Stifter zur Begründung einer solchen. Diesen Zwecken dienen die Normativbestimmungen und der Registerzwang. Ich verweise im Uebrigen auf die zutreffenden Ausführungen von Rosin, Leonhard und Hölder bei diesem Punkte und will nur noch hervorheben, daß auch unser Herr

Berichterstatter in seinem schon erwähnten Gutachten vom Jahre 1888 diesen praktischen Rücksichten erhebliche Concessionen gemacht hat. So fordert er selbst, daß Eintragungen in das Grundbuch auf den Namen eines Personenvereins nur erfolgen dürfen, wenn derselbe entweder als solcher in ein öffentliches Register eingetragen oder reichs- oder landesgesetzlich als eine Körperschaft des öffentlichen Rechtes anerkannt oder durch besondere staatliche Verleihung mit den Rechten einer Körperschaft begabt ist. Er verlangt ferner zur öffentlichen Anerkennung der Persönlichkeit einer privatrechtlichen Körperschaft die Eintragung derselben in ein öffentliches Register auf Grund der Erfüllung der gesetzlich zu normirenden Voraussetzungen. Wenn man aber selbst von dem freiesten Standpunkte, welchen der Herr Referent in dieser Frage einnimmt, zu solchen Postulaten gelangt, wird man nicht umhin können, die naheliegende Consequenz zu ziehen, welche der Entwurf gezogen hat, wenn er die Erwerbung der Rechtsfähigkeit selbst von der Eintragung in das Register auf Grund der Erfüllung der gesetzlichen Normativbestimmungen abhängig macht; denn warum z. B. die Erwerbung grundbücherlicher Rechte und Verbindlichkeiten ein größeres Maß von Rechtsfähigkeit oder besondere Anerkennung derselben erfordern solle, als die anderer wichtiger Vermögensrechte und Pflichten, ist nicht einzusehen, und ebenso wenig, warum ein Verein als rechtsfähig behandelt, d. h. doch von den Gerichten als solcher anerkannt werden soll, wenn er nicht ein öffentlich anerkannter ist. Jedenfalls wird durch solche Distinctionen die Rechtssicherheit nicht gefördert. Das Nebeneinanderbestehen von Personenvereinen mit voller Persönlichkeit und solchen mit halber oder verminderter Rechtsfähigkeit ist für die Praxis und den Verkehr mit großen Uebelständen verbunden. Die Unterscheidung zwischen anerkannten und nicht anerkannten Vereinen, wie sie sich aus dem bayrischen Vereinsgesetze vom 29. April 1869 — wohl ohne Absicht des Gesetzgebers — herausgebildet hat, kann nicht als nachahmenswerth bezeichnet werden. Sie hat auch nach dem Zeugnisse von Rump in dessen jüngst erschienenem vortrefflichen Commentar dazu geführt, daß die Praxis auch den nicht anerkannten corporativ organisirten Vereinen volle Rechtsfähigkeit beilegt, womit der Hauptzweck des Gesetzes vereitelt wird. Unter diesen Umständen wird man sich für den unbedingten Registerzwang des Entwurfes, wie er auch in dem sächsischen Gesetze über die juristischen Personen vom 15. Juni 1868 angenommen ist, entscheiden müssen. Fraglich könnte nur erscheinen, ob nicht im Interesse der mit nicht eingetragenen Vereinen in Verkehr tretenden Personen eine processualische Parteifähigkeit solcher Vereine zu statuiren sein möchte. In dieser Beziehung bemerke ich, daß bei der letzten Revision der zweiten Lesung des Entwurfs ein Beschluß gefaßt ist, welcher vorläufig folgende Redaction erhalten hat:

> Im Art. 11 des Entwurfs des Einführungsgesetzes sollen folgende Vorschriften in die Civilproceßordnung eingestellt werden:
>
> § 55 a. Vereine, die nicht rechtsfähig sind, können verklagt werden, wie wenn sie die Rechtsfähigkeit erlangt hätten.
>
> § 671 a. Zur Zwangsvollstreckung in das Vermögen eines nicht rechtsfähigen Vereins genügt ein gegen den Verein erlassenes Urtheil.

Ich enthalte mich einer näheren Erörterung dieses Beschlusses, insbesondere auch der naheliegenden Frage, ob nicht die Gewährung der passiven Parteifähigkeit auch die der activen zur Folge haben müßte, schon mit Rücksicht auf die Vertheidigung durch Widerklage. Immerhin ist es dankbar anzuerkennen, daß die Gesetzcommission sich es angelegen sein läßt, auch den Verkehr mit nicht eingetragenen Vereinen sicher zu stellen. Das Bedürfniß einer solchen Sicherstellung dritter Personen nöthigt aber nicht dazu, das System des Entwurfs hinsichtlich des Erwerbs der Rechtsfähigkeit zu Gunsten nicht eingetragener Vereine zu durchbrechen. Je weniger dies geschieht, desto größerer Gebrauch wird von der Eintragung in das Register gemacht werden. Daß sich in Bayern noch so viele nicht eingetragene Vereine erhalten haben, liegt zumeist daran, daß dort die Praxis, wie schon erwähnt, den Registerzwang für den Erwerb der Rechtsfähigkeit beseitigt, beziehentlich illusorisch gemacht hat.

Der von Hölder ausgesprochene Tadel gegen die Beibehaltung der facultativen Verleihung von Corporationsrechten durch die Staatsgewalt ist, wie in dem Gutachten des Professor Dr. Leonhard mit Recht hervorgehoben wird, ohne praktische Bedeutung. Auch Gierke hat in seinem Gutachten von 1888 die facultative Concessionirung für zulässig erklärt, und in der That dürfte eine solche Zulassung um so weniger praktische Bedenken haben, als die geringen Schwierigkeiten, welche die Eintragung in das Register und damit der Erwerb der Rechtsfähigkeit verursacht, kaum jemals Anlaß geben werden, an deren Stelle den in der Regel viel schwierigeren und längeren Weg einer Concessionirung zu betreten. So kann, von allen Seiten betrachtet, das System des Entwurfs in seiner Grundanlage nur Billigung finden, wobei ich natürlich von der Voraussetzung ausgehe, daß das System obligatorischer Concessionirung auf dem Juristentage keinen Vertreter finden wird, nachdem dasselbe bereits auf dem neunzehnten Juristentage einstimmig verworfen worden ist.

Eine besondere Prüfung erheischt jedoch die Frage, ob der Entwurf recht gethan hat, Vereine, deren „Zwecke auf einen wirthschaftlichen Geschäftsbetrieb gerichtet sind", von der Wohlthat des Gesetzes auszunehmen. Sowohl der Herr Gutachter als der Herr Referent mißbilligen diese Ausnahme. Ich kann mich ihrer Ansicht nicht anschließen. Gemeint sind nicht alle Vereine, welche einen wirthschaftlichen Geschäftsbetrieb haben, da ja gerade ein solcher auch zur Erreichung idealer Zwecke erforderlich sein kann; sondern nur diejenigen Gesellschaften, bei denen der Zweck selbst auf einen wirthschaftlichen Geschäftsbetrieb gerichtet ist, mit anderen Worten, die eigentlichen Erwerbsgesellschaften. Vereine mit idealen Tendenzen, welche ihren Mitgliedern einzelne wirthschaftliche Vortheile zuwenden, wie z. B. die bekannten Alpenvereine, fallen schon nach dem gewählten Ausdrucke nicht unter die Ausnahme. Und wenn sich auch darüber rechten ließe, ob durch die Fassung der Sinn des Gesetzes deutlich genug ausgedrückt ist, so erscheint es jedenfalls nicht als Aufgabe des Juristentages, sich mit bloßen Redactionsfragen zu beschäftigen. In der Sache selbst erkennt aber auch der Herr Gutachter an, daß den bereits anderweitig geregelten Verbänden, z. B. den Actiengesellschaften, nicht ein doppeltes Recht zur Auswahl überlassen werden dürfe, ihr eigenes Sonderrecht und daneben das allgemeine Vereinsrecht des bürgerlichen Gesetzes. Er fürchtet aber, daß durch die Ausschließung aller „wirthschaftlichen" Vereine von dem gemeinen Rechte der eigentliche Zweck des Entwurfs, die Umgehung der Sonderrechte zu verhüten, nicht getroffen werde. Er will deshalb den Gedanken des Gesetzes anderweitig so ausdrücken,

> daß — abgesehen von religiösen und politischen Vereinen (auf welche ich später zurückkommen werde) — nur solche Vereine ausgenommen werden, welche die für besondere Vereinsarten bestehenden Vorschriften zu umgehen suchen.

Ich würde eine solche Aenderung des Entwurfs nicht für eine Verbesserung halten. Der Registerrichter ist bei der Prüfung der Frage, ob ein Verein eine Umgehung der Sonderrechte bezweckt, lediglich auf das Statut angewiesen. Nun kann zwar unter Umständen der Umgehungszweck aus dem Statut ohne Weiteres erhellen; in der Regel wird dies aber nicht der Fall sein, da die Gründer es sich angelegen sein lassen würden, den Umgehungszweck in den Statuten möglichst zu verschleiern; man müßte deshalb dem Registerrichter eine eingehende thatsächliche Untersuchung und Rechtsprechung zumuthen, d. h. ihm eine Aufgabe stellen, die außerhalb seiner Functionen liegt und in die streitige Gerichtsbarkeit hinübergreift. Und wie oft selbst innerhalb der letzteren bei der Prüfung eines Umgehungszweckes gefehlt wird, ist jedem Praktiker bekannt. Wie würde erst ein von allen processualischen Cautelen losgelöstes Arbitrium des Registerrichters ausfallen? Mir scheint deshalb, daß für den Entwurf, auch wenn er nur beabsichtigt haben sollte, das gemeine Vereinsrecht gegen Mißbrauch durch Umgehung der Sonderrechte für anderweitig geregelte Verbände sicher zu stellen, kaum ein anderes Auskunftsmittel zu Gebote gestanden hat, als die Ausschließung der eigentlichen Erwerbsgesellschaften von dem gemeinen Vereinsrecht, selbst wenn eine solche über das Ziel hinausschießen sollte. In der That aber ist dies nicht zu befürchten; denn wie sich das Recht der Erwerbsgesellschaften, auch der mit unbeschränkter Mitgliederzahl, in Deutschland entwickelt hat, ist ein Bedürfniß zur Regelung desselben durch ein allgemeines Vereinsrecht nicht vorhanden. Abgesehen von der eigentlichen Societät des bürgerlichen Rechts sowie von den mannigfachen öffentlich-rechtlichen Verbänden wirthschaftlicher Art (Innungen, Innungsverbänden, Hilfskassen, Berufsgenossenschaften, Versicherungsanstalten u. s. w.) stehen jenen Vereinigungen die verschiedenen Formen der Handelsgesellschaften (die offene, die Commanditgesellschaft, die stille Gesellschaft, die Commanditgesellschaft auf Actien, die Actiengesellschaft, die Gelegenheitsgesellschaft), die Erwerbs- und Wirthschaftsgenossenschaften in mehreren Varietäten und die erst vor wenigen Jahren durch die Reichsgesetzgebung geschaffenen Gesellschaften mit beschränkter Haftung zu Gebote. Dazu kommen noch die Gewerkschaften, die Colonialgesellschaften u. a. m. Man behauptet gewiß nicht zu viel, wenn man das Bedürfniß einer freien Entstehung, Entwickelung und Thätigkeit der Erwerbsgesellschaften jedes denkbaren Charakters innerhalb des Deutschen Reichs für dermaßen gedeckt erklärt, daß durch die zur Auswahl stehenden Formen geradezu ein gewisser embarras de richesse entstanden ist. Insbesondere dürften auch die in dem G i e r k e'schen Gutachten von 1888 noch aufgewiesenen Lücken inzwischen durch das Gesetz über die Gesellschaften mit beschränkter Haftung vollständig ausgefüllt sein. Eine specielle Regelung verdienen etwa nur noch die P r i v a t v e r s i c h e r u n g s g e s e l l s c h a f t e n auf Gegenseitigkeit. Diese Regelung wird jedoch zweckmäßig der Revision des Handelsgesetzes vorbehalten. Sollte dieselbe bis zum Inkrafttreten des bürgerlichen Gesetzbuchs noch nicht erfolgt sein, so würde allerdings durch eine Uebergangsbestimmung für das Fortbestehen der bereits vorhandenen Gesellschaften dieser Art, soweit ihnen nicht von Staatswegen Corporationsrechte verliehen sind oder werden, Sorge zu tragen sein.

Die Ausschließung der Erwerbsgesellschaften von dem gemeinen Vereinsrechte ist übrigens kein so neuer und eigenartiger Gedanke, wie der Herr Gutachter vermeint. Schon bei Berathung des Schulze-Delitzsch-schen Entwurfs im Jahre 1872 wurde, wie Lesse in der erwähnten Abhandlung berichtet, ein von ihm selbst gestellter Antrag vom Reichstag angenommen, welcher folgenden Satz enthält:

Das Gesetz findet keine Anwendung:

> auf die im Handelsgesetzbuch aufgeführten Handelsgesellschaften, die Versicherungsgesellschaften und auf die im Gesetze vom 4. Juli 1868 charakterisirten Erwerbs- und Wirthschaftsgenossenschaften, überhaupt auf alle Vereinigungen, welche auf Erwerb, Gewinn oder einen wirthschaftlichen Geschäftsbetrieb gerichtet sind.

Auch dieser Vorschlag war nicht einmal originell, sondern schloß sich der gleichen Bestimmung des bayerischen Vereinsgesetzes vom 29. April 1869 (§ 1) fast wörtlich an. Für die Bedeutung des im Entwurfe gewählten Ausdruckes „nicht auf einen wirthschaftlichen Geschäftsbetrieb gerichteten Zwecken" ist es deshalb interessant, wie der § 1 des bayerischen Vereinsgesetzes von der Praxis ausgelegt wird. Rump sagt darüber S. 47:

„Durch dieses Merkmal sollen abgesehen von Vereinigungen, die unter Specialgesetze fallen, aus dem Gebiete des Gesetzes alle Vereinigungen, die gleich wie ein Geschäftsmann auf Erwerb abzielen, auf Gewinn des Gewinnes wegen ausgehen, ausgeschlossen sein. Der Schwerpunkt liegt auf dem Worte abzielen: ausschließliches unmittelbares Ziel, directer einziger Zweck der Vereinigung darf nicht der Erwerb, Gewinn oder eigentliche Geschäftsbetrieb sein, aber keineswegs sind sie als Mittel zum Zweck ausgeschlossen" u. s. w. und fügt mit Bezug auf den § 23 des Entwurfs des bürgerlichen Gesetzbuchs S. 51 hinzu:

> „Dem Zwecke nach werden unter das Reichsgesetz im Wesentlichen dieselben Vereinigungen fallen, wie solche Art. 1 des Gesetzes über die anerkannten Vereine umfaßt."

Die Besorgniß einer Mißdeutung bezw. zu engen Interpretation der Vorschrift des Entwurfs dürfte hiernach unbegründet sein. Auch Rosin hat sich in seinem, dem 19. Juristentage erstatteten Gutachten für die Ausschließung der wirthschaftlichen Vereine von dem allgemeinen Vereinsrechte ausgesprochen, und selbst Gierke hat bei seinen Vorschlägen für die Einrichtung des Registers eine Sonderung der Vereine mit idealen und rein wirthschaftlichen Zwecken in verschiedenen Abtheilungen vorgesehen, muß also auch davon ausgegangen sein, daß die Unterscheidbarkeit beider Arten für den Registerrichter nicht besonders schwierig sein kann. Endlich ist auch in dem schon mitgetheilten Beschlusse des deutschen Juristentages ausgedrückt, daß Vereine, welche auf einen kaufmännischen oder gewerblichen Geschäftsbetrieb gerichtet sind, ausgenommen sein sollen.

Ein weiteres Bedenken gegen die Beschränkung des Vereinsrechts auf Vereine mit idealen Zwecken entnimmt nun aber der Herr Gutachter aus § 40 Abs. 2 und 4 des Entwurfs. Diese Bestimmungen lauten wie folgt:

> Abs. 2. Ein Verein, dessen Zweck nach dem Statute nicht auf einen wirthschaftlichen Geschäftsbetrieb gerichtet ist, kann aufgelöst werden, wenn er einen solchen Zweck verfolgt.
>
> Abs. 4. Das Verfahren und die Zuständigkeit der Behörden richten sich nach den für streitige Verwaltungssachen landesgesetzlich geltenden Vorschriften. Wo ein Verwaltungsstreitverfahren nicht besteht, finden die Vorschriften der §§ 20, 21 der Gewerbeordnung mit der Maßgabe Anwendung, daß die Entscheidung in erster Instanz durch die höhere Verwaltungsbehörde erfolgt, in deren Bezirke der Verein seinen Sitz hat.

Der Herr Gutachter greift diese Sätze mit besonderer Lebhaftigkeit an, indem er darauf hinweist, daß nach § 41 das Vermögen des Vereins im Falle der Auflösung (abgesehen von zwei Ausnahmen) dem Fiscus zufalle, daß also Vermögensconfiscation drohe, wenn bei einem Vereine eine nicht statutengemäße wirthschaftliche Geschäftsführung stattfinde, und daß die Entscheidung darüber, obwohl sie dem Privatrechte angehöre, den ordentlichen Gerichten entzogen werde. Er findet hierin eine unerträgliche Erschütterung des Vereinswesens, zumal es den Verwaltungsbehörden schon jetzt nicht an scharfen Waffen gegen Ausschreitungen fehle und jüngst in Sachsen ein Verein lediglich deshalb aufgelöst worden sei, weil er sich mit Angelegenheiten beschäftigt habe, die außerhalb seiner satzungsmäßigen Bestimmungen liegen.

Ich halte diese Angriffe nicht für begründet. Der zweite Absatz des § 40 ist eine unabweisliche Consequenz der Ausschließung der Vereine mit rein wirthschaftlichen Geschäftszwecken von dem gemeinen Vereinsrechte. Ist diese Ausschließung an sich ohne Bedenken, wie ich gezeigt zu haben glaube, so wird sie auch durch die angegriffene Vorschrift nicht bedenklich. Ohne dieselbe würde es ein Leichtes sein, unter der Maske eines Vereins mit idealen Zwecken jeden nicht eintragungsfähigen Verein in das Register einzuschmuggeln. Es ließe sich darüber streiten, ob nicht statt der Auflösung des Vereins die bloße Streichung desselben aus dem Register anzudrohen wäre. Der Verein als rechtsfähiges Subject würde aber auch damit zerstört werden und es würde dies der Auflösung des Vereins im Sinne des Gesetzes praktisch gleichstehen. Das Gespenst der Vermögensconfiscation, welches der Herr Gutachter citirt, ist aber ein bloßes Gespenst, wie ein Blick auf den § 41 des Entwurfs lehrt. Derselbe hat folgenden Wortlaut:

> Mit der Auflösung des Vereins fällt das Vermögen an diejenigen, welche durch das Statut oder durch einen im Statut vorgesehenen Beschluß der Mitgliederversammlung oder eines anderen Vereinsorgans als anfallberechtigt bestimmt sind.
>
> Fehlt es an einer solchen Bestimmung, so fällt das Vermögen, wenn der Verein nach dem Statut ausschließlich den Interessen seiner Mitglieder diente, an die zur Zeit der Auflösung vorhandenen Mitglieder zu gleichen Theilen, andernfalls an den Fiscus des Bundesstaats, in dessen Gebiete der Verein seinen Sitz hat.
>
> Gehört der Verein zu den im § 23 Abs. 1 bezeichneten Vereinen, so kann der Anfall an die Mitglieder oder an den Fiscus dadurch ausgeschlossen werden, daß die Mitgliederversammlung das Vermögen einer öffentlichen Stiftung oder Anstalt zuweist. Zur Gültigkeit des Beschlusses genügt einfache Stimmenmehrheit.

Wie man aus diesen Bestimmungen herzuleiten vermag, daß das Vereinsvermögen, abgesehen von zwei Ausnahmen, also in der Regel, an den Fiscus falle, ist mir unerklärlich. Gerade umgekehrt: das Heimfallen des Vermögens an den Fiscus ist höchst subsidiär, eine Ausnahme, die schon durch das Statut gänzlich ausgeschlossen werden kann. Bei der Frage der Auflösung des Vereins handelt es sich auch nicht um eine Frage des Privatrechts, sondern um die Frage, ob der Verein gegen die öffentliche Ordnung verstoßen und deshalb seine Existenz verwirkt habe. Es erscheint deshalb völlig korrect, wenn die Entscheidung dieser Frage den Verwaltungsgerichten bezw. den Verwaltungsbehörden überlassen ist. Entsteht nach der Auflösung des Vereins ein Streit darüber, wem das Vermögen desselben zufalle, so ist dies allerdings ein Privatrechtsstreit. Für diesen ist aber auch der Rechtsweg durch den Entwurf nicht versperrt, vielmehr offen gelassen. Ob endlich in den einzelnen Bundesstaaten die öffentlich-rechtlichen Befugnisse der Verwaltungsbehörden gegenüber Ausschreitungen von Vereinen ausreichend seien, kann dahingestellt bleiben, da das Reichsgesetz selbst, wenn es nicht eine lex imperfecta bleiben soll, sich gegen eine Umgehung seiner Vorschriften sicher zu stellen hat. Uebrigens muß füglich bezweifelt werden, daß nach dem Rechte sämmtlicher deutschen Bundesstaaten die Auflösung jedes Vereins wegen Veränderung seines Zweckes oder Ueberschreitung seiner satzungsmäßigen Grenzen erfolgen darf. Das Beispiel aus Sachsen ist dafür nicht entscheidend. Die angegriffenen Bestimmungen des § 40 scheinen mir hiernach durchaus berechtigt und angemessen zu sein. Jedenfalls sind die daraus hergeleiteten Gefahren für das Vereinswesen sehr übertrieben. Die Erfahrungen, welche man bisher mit der Judicatur der Verwaltungsgerichte gemacht hat, lassen es nicht zweifelhaft erscheinen, daß diese Gerichte den an sie zu stellenden Anforderungen an Unparteilichkeit, Einsicht und Gründlichkeit durchaus entsprechen. Darüber, daß z. B. die Rechtsprechung des preußischen Oberverwaltungsgerichts eine geradezu musterhafte genannt zu werden verdient, herrscht bei Juristen und Laien nur eine Stimme. Man darf deshalb auch das Vertrauen haben, daß die Verwaltungsgerichte sich auf den ihnen zuzuweisenden neuen Gebieten ebenso bewähren werden wie bisher.

Die Hauptcrux bei der Regelung des Vereinsrechtes, m. H., bilden bekanntlich die politischen, bezw. socialpolitischen und religiösen Vereine. Bei der Berathung des schon mehrfach erwähnten, von Schulze-Delitzsch eingebrachten Gesetzentwurfs beschloß der Reichstag im Jahre 1872 auf den Antrag von Lesse im Einverständnß mit Schulze-Delitzsch, daß das Gesetz keine Anwendung finden solle

> auf Vereine, welche politische oder religiöse Zwecke verfolgen oder ihnen thatsächlich dienen, auf geistliche Orden und Gesellschaften und religiöse Körperschaften jeder Art.

Nach dem sächsischen Gesetz über die juristischen Personen vom 15. Juni 1868 § 72 dürfen Personenvereine, deren Zweck sich auf öffentliche Angelegenheiten bezieht, nur dann in das Genossenschaftsregister eingetragen werden, wenn das Ministerium des Innern hierzu ausdrücklich seine Genehmigung ertheilt. Das bayerische Vereinsgesetz fordert zwar für die Errichtung eines Vereins, also auch für die Eintragung desselben in das Register staatliche Genehmigung in denjenigen Fällen, in welchen eine solche gesetzlich erforderlich ist. Für die Errichtung politischer Vereine ist aber nach bayerischem Rechte nur eine Anzeigepflicht, keine staatliche Genehmigung vorgeschrieben, wogegen allerdings nach der bayerischen Verfassungsurkunde das Erforderniß einer solchen Genehmigung für neue Religions- und geistliche Gesellschaften besteht. Nach dem Vorschlage unseres Gutachters, des Herrn Professor Leonhard, sollen Vereine, welche nach ihren Statuten einen religiösen oder politischen Zweck verfolgen, von der Eintragung in das Register gänzlich ausgeschlossen, mithin für die Erwerbung der Rechtsfähigkeit lediglich auf die staatliche Verleihung von Corporationsrechten angewiesen sein. Der Entwurf ist liberaler. Er hat einen Mittelweg eingeschlagen. Zu den eintragungsfähigen Vereinen gehören nach der Fassung des § 23 unzweifelhaft auch die politischen und religiösen; nach § 55 soll jedoch der staatlichen Verwaltungsbehörde ein Einspruchsrecht gegen die Eintragung nicht bloß dann zustehen, wenn der Verein nach dem öffentlichen Rechte unerlaubt ist oder verboten werden kann, sondern auch schon dann, wenn er einen politischen, socialpolitischen oder religiösen Zweck verfolgt; und zwar mit der Maßgabe, daß der Einspruch von den Betheiligten im Wege des Verwaltungsstreitverfahrens und, wo ein solches nicht besteht, im Wege des Recurses gemäß §§ 20, 21 der Gewerbeordnung angefochten werden kann. Insoweit der Entwurf die Eintragungsfähigkeit der politischen und religiösen Vereine an sich aufgenommen hat und diese Vereine somit an den Wohlthaten des allgemeinen Vereinsrechts theilnehmen lassen will, wird der deutsche Juristentag gewiß keinen Anstand nehmen, seine Billigung des Entwurfs auszusprechen. Bedenken könnte nur das Einspruchsrecht der Verwaltungsbehörde erregen. Nach der Mittheilung von Reatz wurde dasselbe in folgender Weise motivirt:

> Die Mehrheit der Commission erachtete die Einführung einer Mitwirkung der Verwaltungsbehörde in angegebener Weise als durch die gesammte Lage der Verhältnisse geboten. Thatsache war, daß der erstrebten reichsrechtlichen Regelung der privatrechtlichen Stellung der Vereine sehr gewichtige politische Bedenken entgegenstanden, welche von den Bundesregierungen und namentlich von dem preußischen Staatsministerium getheilt waren. Dieselben gingen im Wesentlichen dahin, daß die Befugnisse, welche das in einzelnen Bundesstaaten geltende öffentliche Vereinsrecht der Staatsregierung einräume, zur Abwendung der Gefahren, die dem Gemeinwohl aus dem Vereinswesen erwachsen können, nicht mehr ausreichen, wenn den Vereinen die Möglichkeit gegeben werde, ohne Zuthun der Staatsgewalt, lediglich durch Erfüllung formaler Normativbestimmungen und darauf gegründeten Registereintrag die Rechtsfähigkeit und damit den Machtzuwachs zu erlangen, der mit der Stellung eines als rechtsfähig anerkannten Vereins verbunden sei. Man erwog, daß es sich hier um eine Frage handele, deren Beantwortung von der Würdigung der gesammten politischen Lage abhänge und für deren Entscheidung eben deshalb die Auffassung der

für die politische Entwickelung verantwortlichen Instanzen maßgebend sei.

Als hinlängliche Bürgschaft gegen ungerechtfertigten Gebrauch des Einspruchs der Verwaltungsbehörden erschien die Anfechtbarkeit des Einspruchs im Verwaltungsstreitverfahren.

Wie mir scheint, kann diesen Ausführungen im Allgemeinen die Anerkennung nicht versagt werden.

Man hat dagegen folgenden Einwand erhoben: wenn die Staatsregierung nach dem öffentlichen Recht in der Lage sei, einen Verein zu verbieten, so bedürfe sie auch nicht eines besonderen Einspruchsrechts gegen die Eintragung; im entgegengesetzten Falle aber sei kein Grund vorhanden, einem Vereine, welchem nach dem öffentlichen Rechte die Existenz nicht abgesprochen werden dürfe, die für ihn erforderliche privatrechtliche Stellung zu verkümmern. Es kann indessen nicht geleugnet werden, daß durch die Erwerbung und öffentliche Anerkennung der Rechtsfähigkeit ein Verein nicht bloß seine privatrechtliche Stellung sichert, sondern auch mittelbar durch die Möglichkeit der Erwerbung eigenen Vermögens und namentlich Seßhaftmachung durch Grundbesitz an thatsächlicher Macht und freier Beweglichkeit nach außen hin gewinnen muß; ein Moment, mit welchem das bisherige Vereinsrecht der einzelnen Bundesstaaten nicht zu rechnen brauchte. Aus diesem Grunde kann es den Staatsregierungen meines Erachtens nicht verdacht werden, wenn sie gegen die öffentliche Anerkennung politischer und religiöser Vereine als rechtsfähiger Subjecte im Interesse des Gemeinwohls ein gewisses Veto beanspruchen, sollte dasselbe auch ihre aus dem öffentlichen Rechte der einzelnen Bundesstaaten fließenden Befugnisse auf dem Gebiete des Vereinswesens von Reichswegen zu verstärken geeignet sein. Auch die Einbeziehung der socialpolitischen Vereine kann nicht auffallen. Während die allgemein politischen Vereine die öffentlichen Angelegenheiten schlechthin zu beeinflussen suchen, vertreten die sog. socialpolitischen Vereine in der Regel nur die Interessen einzelner Gesellschaftsclassen oder Berufsarten. Wegen dieser einseitigen Richtung können sie der öffentlichen Ordnung um so gefährlicher werden. Zu beachten ist auch, daß nach dem Ausdrucke des Gesetzentwurfs nur solche Vereine von dem Einspruchsrecht betroffen werden, welche es sich zur unmittelbaren Aufgabe gemacht haben, eine politische, socialpolitische oder religiöse Thätigkeit zu entfalten, nicht aber solche, welche durch ihre auf andere Zwecke gerichtete Thätigkeit die Angelegenheiten der öffentlichen Ordnung oder der Religion zu beeinflussen vermögen und auch thatsächlich beeinflussen. Durch diese Beschränkung, welche sich nicht einmal der mehrerwähnte Lesse'sche Antrag auferlegt hatte, und durch das den Betheiligten gewährte Anfechtungsrecht wird die Einspruchsbefugniß der Verwaltungsbehörde, wie nicht bestritten werden kann, in angemessenen Grenzen gehalten. Daß aber ferner, wie Hölder meint, der Einspruch schon dann begründet sei und auch auf Anfechtung eines Betheiligten aufrecht erhalten werden müßte, wenn nur festgestellt wird, daß der Verein einen politischen, socialpolitischen oder religiösen Zweck verfolge, könnte m. E. nur auf Grund engherziger Buchstabeninterpretation behauptet werden. Im Sinne und Geiste des Entwurfs würde eine solche Auslegung, wie auch schon in der Literatur von anderer Seite gezeigt worden ist, zu verwerfen sein. Da der Entwurf den politischen und religiösen Vereinen die Erwerbung der Rechtsfähigkeit auf dem allgemein zugänglichen Wege nicht verschlossen hat, so kann er den Einspruch der Staatsbehörde nur für solche Fälle vorgesehen haben, in denen aus der Erwerbung der Rechtsfähigkeit durch den Verein eine Besorgniß für das Gemeinwohl, für die öffentliche Ordnung, sei es auch nur für das Wohl einzelner Gesellschaftsclassen, herzuleiten ist. So richtig verstanden, schließen die Bestimmungen des Entwurfs über das Einspruchsrecht der Verwaltungsbehörde meines Erachtens keinerlei Gefahren eines Mißbrauchs in sich, jedenfalls nicht in denjenigen Bundesstaaten, in welchen eine Verwaltungsgerichtsbarkeit besteht. Wo diese fehlt, wird das neue Vereinsrecht ein besonderer Ansporn für ihre Einrichtung sein, was gewiß nicht zu beklagen ist. Allerdings wäre es wünschenswerth, wenn der wahre Sinn im Zweck des Einspruchsrechts in dem Entwurfe so klar ausgedrückt würde, daß sich darüber keine Controverse entspinnen kann. Aber dies ist eine bloße Redactionsfrage, zu welcher der Juristentag keinen Anlaß hat, Stellung zu nehmen. Auch ohnedies darf man zu den Verwaltungsgerichten das Vertrauen hegen, daß sie in dem Einspruchsrecht der Behörde keine bloße formale und willkürliche Befugniß sehen, vielmehr die materiellen Grundsätze feststellen werden, welche geeignet sind, den Einspruch im concreten Falle als einen im Interesse der öffentlichen Ordnung gerechtfertigten erscheinen zu lassen.

Das Gleiche muß von den vielfach angefochtenen Bestimmungen des § 40 Abs. 3 gelten, wonach ein Verein aufgelöst werden kann, welcher nach dem Statut einen politischen, socialpolitischen oder religiösen Zweck nicht hat, und dennoch einen solchen Zweck verfolgt. Diese Bestimmung ist wie die analoge des Abs. 2 unentbehrlich, wenn einer Umgehung des Gesetzes vorgebeugt werden soll; aber sie kann nicht dahin verstanden werden, daß die Auflösung schon dann für gerechtfertigt zu erachten ist, wenn die Verfolgung des politischen, socialpolitischen oder religiösen Zweckes eine völlig harmlose und ungefährliche ist; eine solche Annahme würde sich mit der grundsätzlichen Zulassung politischer und religiöser Vereine für die Eintragung in das Register nicht vereinigen lassen (im Gegensatze zu den sogenannten wirthschaftlichen Vereinen). Auch hierbei wird es Sache der Rechtsprechung der Verwaltungsgerichte bezw. der Praxis der Verwaltungsbehörden sein, die rechten Grundsätze aufzufinden und festzustellen, von denen die Ausübung der facultativen Auflösungsbefugniß abhängig zu machen ist. Nur in diesem Sinne kann ich der Bestimmung beipflichten; aber ich glaube auch nicht fehl zu gehen, wenn ich die Bestimmung dem Geiste des Entwurfs gemäß, sowie geschehen, auffasse. Allerdings würde ich mich freuen, aus dem Munde eines Mitglieds der Commission eine Bestätigung dieser Auffassung zu vernehmen, und es scheint mir eine verdienstliche Aufgabe der noch in der Arbeit begriffenen Redactionscommission, bei diesem Punkte völlige Klarheit zu schaffen.

Meine Herren! Ich halte es nicht für meine Aufgabe, in die Erörterung von Detailfragen einzugehen, und insbesondere die von dem Entwurfe — meist nach bekannten Mustern — aufgestellten Normativbestimmungen, nebst den Vorschriften über die Geschäftsführung, die Haftung des Vereinsvermögens gegenüber dritten Personen, die Auflösung und Liquidation der Vereine, sowie den Verbleib des Vereinsvermögens nach der Auflösung im Einzelnen zu prüfen. Wichtige Bedenken gegen diese Bestimmungen sind weder von unserem Gutachter noch sonst von der Kritik erhoben. Minder Wichtiges wird von dem Einen getadelt, von dem Anderen wieder in Schutz genommen. Hölder mißbilligt die Siebenzahl der Mitglieder für die Begründung, welche der Entwurf nach dem Zeugniß von Reatz im Anschlusse an das deutsche, englische und belgische Genossenschaftsrecht angenommen hat. Irgend eine Zahl muß aber doch wohl als Norm festgesetzt werden; über die Angemessenheit der einen oder anderen läßt sich kaum mit Gründen streiten; die Zahl sieben hat auch schon unser Herr Referent in seinem Gutachten von 1888 vorgeschlagen. Man braucht deshalb wohl nicht auf die sieben Weisen Griechenlands zurückzuverweisen.

Daß dem Fiscus die Pflicht auferlegt wird, ein ihm heimfallendes Vereinsvermögen thunlichst in einer den Zwecken des Vereins entsprechenden Weise zu verwenden, wird von Hölder gemißbilligt, weil die Vorschrift, als eine lex imperfecta, nicht in das bürgerliche Gesetzbuch gehöre. Leonhard vertheidigt, wie mir scheint, mit Recht, diese Bestimmung, rügt dagegen wieder die im § 63 vorgeschriebene Auflösung des Vereins durch den Richter für den Fall, daß die Mitgliederzahl unter drei herabsinkt, und es kann in der That nicht geleugnet werden, daß die Befugniß des

Gerichts zur Auflösung von Amtswegen in solchen Fällen theoretische Bedenken hat, praktische aber schwerlich, da die Betheiligten gewiß dafür sorgen werden, daß der Fall nicht eintrete, wenn sie ein Interesse am Fortbestehen des Vereins haben. Rump hält die Vorschriften des Entwurfs über Abänderung der Statuten für zu streng und umständlich und wendet sich namentlich gegen die Eintragung unwesentlicher Aenderungen. Leonhard widerspricht ihm, wie ich glaube, mit Recht. Für dritte Personen, welche mit dem Verein in Verkehr treten, kann jede Statutenänderung von Interesse sein und keinesfalls läßt sich im Voraus gesetzlich fixiren, welche Aenderungen in dieser Beziehung wesentlich sind oder nicht.

Ich übergehe Weiteres und komme zum Schluß. Meine Herren! Jeder aufrichtige Freund einer gesunden Entwickelung des deutschen Vereinsrechtes muß der Commission für die zweite Lesung des bürgerlichen Gesetzbuches Dank wissen, daß sie eine Regelung dieses so tief in das Volksleben eingreifenden Rechtszweiges im Sinne der freien Körperschaftsbildung unternommen und den äußeren und inneren Schwierigkeiten einer solchen Regelung nicht aus dem Wege gegangen ist. Daß sie ein in jeder Beziehung unanfechtbares und keiner Verbesserung bedürftiges Werk geschaffen habe, wird sie selbst nicht behaupten wollen; denn es wäre kein Menschenwerk, wenn es in allen Stücken untadelhaft befunden würde. Aber es darf nicht vergessen werden, daß die Meinungen und Interessen auf diesem Rechtsgebiete vielfach auseinandergehen und daß das Werk einer Commission, in deren Schooße selbst diese verschiedenen Richtungen vertreten sind, naturgemäß zu einem die Differenzen möglichst ausgleichenden und versöhnenden Compromisse führt. Daß dies auch im vorliegenden Falle geschehen ist, darf meines Erachtens weder der Juristentag, noch überhaupt die deutsche Nation beklagen.

Ohne ein „Zustimmungsfanatiker" zu sein — um einen Ausdruck unseres Gutachters zu gebrauchen — und ohne ein sacrificium intellectus zu bringen, bitte ich Sie, die Bestimmungen des Entwurfs über eingetragene Vereine in ihren Grundzügen ohne Vorbehalt für annehmbar zu erklären. „Krankhafte Auswüchse", von denen unser Gutachter spricht, habe ich an diesem Zweige vergeblich zu entdecken gesucht.

Ich schlage Ihnen deshalb vor, zu beschließen:

„Die Grundsätze des Entwurfs zweiter Lesung eines bürgerlichen Gesetzbuchs für das Deutsche Reich über eingetragene Vereine sind zu billigen."

(Beifall.)

Vorsitzender: Es würde jetzt die Debatte beginnen. Es hat sich zunächst zum Wort gemeldet Herr Geh. Justizrath Lesse.

Geheimer Justizrath **Lesse** (Berlin): Meine Herren, ich stimme in allen wesentlichen Ausführungen dem zweiten Herrn Referenten bei und gestatte mir Sie nur zu bitten, mir zu erlauben, daß ich noch einige kleine Zusätze mache zu dem, was er gesagt hat, wobei ich bemerke, daß ich einverstanden bin mit dem, was er über die Bedeutung, resp. die richtige Auslegung des § 40 sagt, weshalb ich Sie nicht mit einer Wiederholung dessen ermüden will. Ich glaube, daß der deutsche Juristentag einen großen Erfolg erzielt hat dadurch, daß in Folge jenes Stettiner Beschlusses die Commission für das bürgerliche Gesetzbuch die Sache so energisch in die Hand genommen und einen so anders lautenden Beschluß gefaßt hat als den der ersten Lesung, und ich würde von Herzen wünschen, daß der jetzige Juristentag diesen Erfolg nicht dadurch beeinträchtigen möge, daß er sich nun in seinen Beschlüssen gegen das wendet, was die zweite Lesung uns gebracht hat. Wer seit 30 oder fast 30 Jahren in der juristischen Praxis gestanden und alle die Quälereien mit erlebt hat, die Klagen für Vereine und gegen Vereine, Klagen auf Aufnahme in einen Verein oder auf Ausschließung Jemandes aus einem Verein mit erlebt hat, der muß sagen, daß es ein kolossaler Fortschritt ist, wenn wir wenigstens das jetzt erreichen, was die Commission für das bürgerliche Gesetzbuch uns geben will. Meine Herren, ich glaube, daß nach dieser Richtung hin allerdings — darin stimme ich mit dem ersten Herrn Referenten überein — das Reichsgericht die Situation sehr viel gebessert hat; es sind ja vom Reichsgericht Entscheidungen gefällt, die auch in meinem vom Herrn Collegen Levy angezogenen Aufsatze Erwähnung gefunden haben, und die eine ist dort abgedruckt. Aber ich meine, diese Entscheidungen des Reichsgerichtes werden noch manches Jahr warten müssen, bis die gesammte preußische Praxis sich dem angeschlossen hat. Das wird, glaube ich, noch sehr lange dauern, und ich glaube, daß wir durch den Beschluß, den die Commission für das bürgerliche Gesetzbuch gefaßt hat, und demnächst durch das bürgerliche Gesetzbuch selbst doch schneller zum Ziele kommen werden, als wenn sich das Reichsgericht noch länger abquälen müßte, Erkenntnisse zu vernichten, die aus der entgegengesetzten Auffassung ergangen sind, abgesehen davon, daß bei Weitem nicht alle Sachen an das Reichsgericht kommen, bei denen diese Fragen mitspielen. Meine Herren, der Correferent Herr College Levy hat des Mannes gedacht, der in den Augen Ihrer Aller so große Verdienste hat auf socialem Gebiete, nämlich des verstorbenen Abgeordneten Schulze-Delitzsch, und es ist höchst interessant, wie dieser in den verschiedenen

Entwürfen, die er eingebracht hat, — es sind im Laufe von 40 Jahren von ihm und seinen Freunden immer von Neuem diese Anträge vorgebracht worden im Abgeordnetenhause und im Reichstage — eigentlich immer auf dem Standpunkte gestanden hat, auf dem jetzt die Commission steht, daß religiöse Vereine ausgeschlossen sein sollen, auch wirthschaftliche — ja, er hat damals schon hingewiesen auf gewisse schon damals bestehende socialpolitische Vereine, namentlich die Strike-Vereine hat er ausschließen wollen, weil er einsah, daß sie ausgeschlossen werden müssen und keine Regierung ihnen die Thüren öffnen dürfe. Er hat die wirthschaftlichen Vereine ausgeschlossen und zwar aus dem Grunde, weil er sagte: dafür sind genügende andere Formen vorhanden — wie der zweite Herr Referent ausgeführt hat. Ich wollte nur einen Irrthum desselben berichtigen. Er erwähnte einen Beschluß des Reichstags. Ein Beschluß des Reichstags war das nicht, sondern einer Commission des Reichstags im Jahre 1872. Die Arbeiten auf diesem Gebiete waren einigermaßen theoretischer Natur, denn man wußte, daß bei der herrschenden Auffassung verschiedener Regierungen über die Vereine ein Gesetz noch nicht zu Stande kommen würde; aber trotzdem sind mit Eifer und mit Erfolg, wenigstens so weit es möglich war, in den Commissionen die Sachen durchgesprochen und dieser Grundsatz angenommen worden, der in der jetzigen Arbeit der Commission für das bürgerliche Gesetzbuch ein Mittelding zwischen der freien Körperschaftsbildung und der Concessionstheorie bildet, nämlich die Eintragung in das Register, wie es der zweite Herr Referent Ihnen mit Recht geschildert und empfohlen hat. Meine Herren, der Herr Gutachter hat in seinem Gutachten ja Vieles ausgesprochen, womit auch der zweite Herr Referent und meine Wenigkeit einverstanden sind; nur hat mich überrascht, daß er an einer Stelle sagt: wenn das Gesetz nicht anders ausfällt als der Beschluß der bürgerlichen Gesetzbuchscommission, wenn nicht die Abänderungen durchdringen, die er in seinem Gutachten aufgenommen hat, dann wünsche er lieber die Beschlüsse erster Lesung, eventuell die Concessionstheorie. Meine Herren, ich meine in dieser Beziehung ihm entschieden widersprechen zu müssen. Die Beschlüsse der ersten Lesung überließen im Wesentlichen Alles den Landesgesetzen. Der erste Referent, Herr Geheimrath Gierke hat aber treffend in seinem ersten Gutachten dahin sich ausgesprochen, daß das kein Gebiet sei für die Landesgesetzgebung, sondern für die Reichsgesetzgebung, auch aus dem Grunde, weil solche Vereine auch über die Grenzen des einzelnen Landes hinausgehen. Es ist also sehr wünschenswerth, daß die Sache reichsgesetzlich geregelt wird. — Eventuell hat der Herr Gutachter gesagt — lieber die Concessionstheorie! Da, meine Herren, muß ich sagen, daß ich ganz entschieden anderer Meinung bin, daß ich meine, wir haben mit der Concessionstheorie genug zu kämpfen gehabt. Sie hat eine sehr schlimme Seite, daß durch sie sehr leicht der Schein der ungleichen Behandlung der Petenten erweckt und damit das Vertrauen in die Unparteilichkeit der Executive erschüttert wird. Das, meine Herren, war der Hauptgrund, weshalb auch die Staatsregierungen froh waren, wie sie bei den Actiengesellschaften die Concession los wurden und das ist bei diesen Vereinen noch viel mehr der Fall. Ich meine also, nach diesen beiden Richtungen macht der Beschluß der bürgerlichen Gesetzbuchscommission zweiter Lesung einen so colossalen Fortschritt, daß wir uns nur dessen freuen können und das dankbar acceptiren müssen.

Ich meine, wenn dann der erste Herr Referent auf die Rechte der Arbeiter hingewiesen und betont hat, daß dieselben durch diesen Entwurf, wenn er so Gesetz werden sollte, stark beeinträchtigt würden, so kann ich auch darin ihm nicht Recht geben. Bezüglich der politischen Vereine ist das ja kein Ausnahmegesetz, da sind die Arbeiter nicht allein darin beschränkt, daß sie nicht ihre politischen Vereine in dieser Weise bilden können, sondern die Arbeitervereine wie alle anderen politischen Vereine sind vollständig gleichgestellt. Was sich also jeder Staatsbürger gefallen lassen muß nach dieser Richtung hin, muß sich auch der Arbeiter gefallen lassen. Ich meine also, daß auch nach dieser Richtung hin wir Veranlassung haben, dem Beschlusse der Commission zuzustimmen.

Es ist ja richtig, es läßt sich in Bezug auf die formelle Fassung des Gesetzes manches sagen, namentlich muß ich sagen, daß ich noch klarer ausgesprochen sehen möchte, daß nur Vereine, die in allen wesentlichen Punkten entweder wirthschaftlich sind oder politisch oder religiös, nicht unter das Gesetz fallen sollen. Das kann man noch etwas schärfer betonen und dann würde man nicht das Bedenken haben, daß ein Alpenverein oder ein Wagnerverein oder ein ähnlicher Künstlerverein, wie sie angeführt worden sind, zu den wirthschaftlichen gerechnet werden könnte, weil er für die Tasche der Betheiligten kleine wirthschaftliche Folgen hat. Also wenn nach der Richtung noch etwas schärfer ausgesprochen würde, daß es sich nur um Vereine handelt, welche im Wesentlichen diese Bedeutung haben, so würde dies vortheilhaft sein. Im Ganzen glaube ich mit dem zweiten Herrn Referenten, daß auch beim Beschlusse der Commission der Betheiligte seinen genügenden Schutz finden wird. Er hat schon mit Recht hervorgehoben, daß die Verwaltungsgerichte bei uns das allervollständigste Vertrauen genießen, daß wir stolz darauf sind, daß diese Einrichtung bei uns Boden gefaßt hat, und wir auch hoffen dürfen, daß sie, so weit sie noch nicht genügt, eine weitere Ausbildung erfahren werden. Ich glaube somit, daß, wenn man den Schutz hat, daß über den Ausspruch der Verwaltungsbehörde die Verwaltungsgerichtsbarkeit zu entscheiden hat, man zufrieden sein kann und nicht zu befürchten hat, daß hier Unrecht geschieht, das wir vermeiden wollen. Ich bitte also, dem Antrage, so kurz er gefaßt ist und nachdem auch der Herr Referent selbst gesagt hat, daß er sich nicht auf alle Kleinigkeiten beziehen kann, nicht auf alle Ausdrücke, die im Gesetz vorkommen, so beizustimmen, wie der zweite Herr Referent Ihnen vorgeschlagen hat.

Justizrath **Wilke** (Berlin): M. H.! Auch ich möchte Sie bitten, dem Antrage des Herrn Justizrath Levy beizustimmen. Ein großer Theil der Bedenken des Herrn Referenten erledigt sich durch die ihm unbekannt gewesene Beschlußfassung bei der letzten Revision des Entwurfes, daß auch nicht eingetragene Vereine wenigstens das passive jus standi in judicio haben sollen, und schließlich hat er am Schluß seiner Ausführungen einen Theil seiner Bedenken selber widerlegt dadurch, daß er sagt: Die Form der Actiengesellschaft und der Gesellschaft mit beschränkter Haftung giebt jedem Vereine die Möglichkeit, sich das Leben zu verschaffen. Wenn das so ist, so brauchen wir nicht so entsetzt zu sein über die Lage der nicht eingetragenen und der von der Polizei aufgelösten eingetragenen Vereine. Der eingetragene Verein wird als solcher polizeilich aufgelöst und der Verein tritt wieder zusammen als Genossenschaft mit beschränkter Haftung. Ich finde, daß der Herr Referent eigentlich undankbar ist. Hauptsächlich sein Verdienst ist es, daß die jetzigen Bestimmungen überhaupt in den Entwurf hineingekommen sind. Im Wesentlichen haben sie sich angeschlossen seinen viel wohlwollender als heute lautenden Ausführungen in seinem früheren Gutachten, und nun stellt er die Sache so dar, als ob alles durch die Vorschläge zweiter Lesung viel schlimmer werden sollte als vorher. Da komme ich darauf zurück, daß unmöglich der erste Theil seines Antrages angenommen werden kann, denn der erste Theil des Vorschlages des Herrn Professor Leonhard, welchem sich der Herr Referent angeschlossen hat, steht dem Beschlusse entgegen, den der Juristentag in Stettin einstimmig angenommen hat: das Vereinsrecht muß geregelt werden, und dem entgegen steht der Herr Gutachter auf dem Standpunkte: lieber nichts sagen als diese Regelung des zweiten Entwurfes. Nun, wenn nichts gesagt wird, so heißt das mit anderen Worten: es soll lieber so bleiben, wie nach dem ersten Entwurfe, als daß es so Gesetz wird, wie der schreckliche zweite Entwurf lautet. Dabei tröstet sich der Herr Gutachter damit: es ist bis jetzt gegangen, zwar nicht erfreulich, zwar nicht erquicklich, aber doch erträglich, und das hat auch der Herr Referent angeführt: es hat ja bis jetzt die Rechtsprechung geholfen. Dabei hat aber der Herr Referent gerade das Argument, das er heute beigebracht hat, in seinem ersten Gutachten bereits widerlegt und zwar treffend widerlegt. Er führte damals aus: „Worauf beruht die jetzige Judicatur? Die jetzige Judicatur ist contra legem, sie beruht auf Gerichtsgebrauch, auf Gewohnheitsrecht, und dieser Gerichtsgebrauch, dieses Gewohnheitsrecht werden abgeschafft durch das neue bürgerliche Gesetzbuch." Also mit anderen Worten: wenn das bürgerliche Gesetzbuch nichts darüber sagt, so entfällt jede Vorschrift, alles, was durch Gewohnheitsrecht, durch Gerichtsgebrauch eingeführt war, fällt weg, Gewohnheitsrecht und Gerichtsgebrauch sind abgeschafft. Es wird ja von Manchen gewünscht, nach der Einführung des bürgerlichen Gesetzbuches die Bildung von Gerichtsgebrauch und Gewohnheitsrecht zu verbieten. Das ist zwar wohl nicht möglich, das ist keine Frage, die ein Gesetzgeber des geschriebenen Rechts entscheiden kann, denn die Gewohnheit selbst ist ein Gesetzgeber. Also ich gebe zu, daß Gewohnheitsrecht und Gerichtsgebrauch sich ebenso entwickeln könnten, wie sie es in den Jahrhunderten gethan haben gegen das gemeine Recht und gegen das preußische Landesrecht; ebenso wäre es möglich gegen das neue bürgerliche Gesetzbuch. Wenn wir also das deutsche Volk darauf verweisen wollen, daß in 200—300 Jahren sich wieder die vernünftige Praxis einführen lassen könnte, dann könnte man sagen: es wäre erträglich, nichts zu sagen. Das ist aber nicht der Fall, und da der Juristentag sich einstimmig dafür ausgesprochen hat, es ist nöthig, so folgt daraus, daß nach seiner Ansicht die Sache irgendwie gelöst werden muß. Also will man sagen, die Frage ist nicht richtig gelöst worden, so läßt sich das hören; aber gar nichts zu sagen, das ist nicht möglich.

Nun ist die Frage, sind denn die Vorschriften wirklich so unerträglich, wie sie dargestellt werden? Ich finde in dem Gutachten als einzigen für unerträglich erachteten Umstand den, daß nach dem Entwurf der Richter darüber entscheiden soll, ob ein Verein aufzulösen ist, weil er den Bedingungen, die seiner Eintragung zu Grunde lagen, nicht entspricht, während nach dem Herrn Gutachter der oberste Verwaltungsgerichtshof entscheiden soll, denn das ist in Wahrheit das ganze Argument, das gegen diese Auflösung in's Feld geführt wird. Nun läßt sich darüber streiten, ob nicht die Gerechtigkeit sicherer zu finden ist bei einem Richter, ob nicht eine größere Unparteilichkeit in solchen Dingen zu finden ist bei einem ordentlichen Richter als bei einem Verwaltungsgericht. Aber ganz dasselbe kann man sagen bei *allen* denjenigen Gegenständen, die der Judicatur der Verwaltungsgerichte unterworfen sind. Diese Entscheidungen greifen manchmal in sehr bedeutende Vermögeninteressen ein, Entscheidungen beispielsweise, ob Jemandem eine Theaterconcession oder auch nur eine Schankconcession entzogen werden soll. Das kann das Vermögen eines Menschen vollständig ruiniren. Aber auch in diesen Fällen ist die augenblicklich herrschende Meinung die, daß diese Fragen nicht vom Gerichte entschieden werden sollen. Das sind Fragen, über die sich mindestens streiten läßt, und jedenfalls ist das nicht so erheblich — die bloße Zuständigkeitsfrage, ob dieses Gericht oder jenes Gericht darüber entscheiden soll. Von einer solchen Zuständigkeitsfrage kann man das bürgerliche Gesetzbuch nicht abhängig machen. Dann rügt der Herr Gutachter die bei Auflösung der Vereine ausgesprochene Vermögenconfiscation und der Herr Referent ist ihm darin zu meiner Verwunderung beigetreten. Gerade das Gegentheil sagt der Entwurf. Der Entwurf sagt, es darf nicht confiscirt werden, denn die Confiscation ist ein einziger Ausnahmefall. Es sind nicht Ausnahmefälle, wo nicht confiscirt wird. Unter Confiscation verstehe ich eine Einziehung, welche der Fiscus zu fiscalischen Zwecken vollzieht. Wenn aber die Einziehung zu fiscalischen Zwecken durch das Gesetz ausdrücklich verboten wird, wenn es heißt, „das Vermögen ist zu Erfüllung des Vereinzweckes zu verwenden, soweit das möglich ist“, so ist das doch nicht eine Einziehung zu fiscalischen Zwecken, also trifft das Wort „Confiscation“ nicht zu. Bei einer benigna interpretatio kann man den § 40 nicht so auffassen, wie es der Herr Gutachter und der Herr Referent gethan haben. Es wird nur angeordnet, daß das Vermögen eingezogen werden soll, und es bleibt den Mitgliedern unbenommen, durch das Statut oder spätere Beschlüsse zu bestimmen, wie es verwendet werden soll, und nur wenn eine solche Bestimmung fehlt und eine Verwendung zu dem Vereinszweck nicht möglich ist, wenn also schließlich nichts anderes übrig bleibt, dann darf es zu einem allgemeinen Zweck verwendet werden. Es ist das nicht eine wohlwollende Betrachtung, welche die betreffenden Vorschriften des Entwurfes hier gefunden haben.

Weiter wird von den beiden Herren dagegen angekämpft, daß die Vereine, welche wirthschaftliche Zwecke haben, und die Vereine, welche nicht wirthschaftliche Zwecke haben, geschieden werden. Ich meine, es könnte, wenn man sie nicht scheidet, gar kein schwererer Schlag gegen das Vereinsrecht geführt werden. Weswegen sind denn für die wirthschaftlichen Vereine, die wir in allen möglichen Formen jetzt haben, strengere Formen? Vorsteher einer Actiengesellschaft zu sein, ist keine Freude. Ich bin in dem Falle und weiß das; aber bei Vereinen zu wirthschaftlichen Zwecken ist es nothwendig, daß Dritte wirklich geschützt werden; es ist nothwendig, daß für die Gläubiger besondere

Cautelen geschaffen werden. Das ist hier nothwendig, aber für alle Vereine, welche diese Zwecke nicht haben, ist es nicht nothwendig. Nun frage ich: ist es legislatorisch vernünftig, Vorschriften, welche nur nothwendig sind für eine gewisse Kategorie von Vereinen, auf alle anderen Vereine mit auszudehnen; ist es vernünftig, harmlose Vereine allen diesen Chicanen und Cautelen mit zu unterwerfen? Dadurch würde diesen Vereinen bloß das ganze Vereinsrecht verekelt werden. Wenn Kriegervereine, Rauchvereine und dgl. Aufsichtsräthe haben, Bilanzen veröffentlichen müßten und dgl., was wäre die Folge? Diese Vereine könnten einfach nicht leben, jedenfalls würden sie lieber auf Rechtsfähigkeit verzichten. Diese Vereine hat aber der Herr Referent in seinem ersten Gutachten hauptsächlich in Schutz nehmen wollen, und er hat mit Recht hervorgehoben in dem Gutachten zu dem XIX. Juristentage: Diese Vereine zu sogenannten idealen Zwecken brauchen eine Hilfe, bei diesen Vereinen hat sich in der Praxis hauptsächlich die Noth herausgestellt, daß sie nicht vertreten werden können. Kriegervereine, Turnvereine, Schützenvereine, Bildungsvereine, bei diesen Vereinen brauchen wir durchaus nicht die strengen Formen, die man bei den wirthschaftlichen Vereinen nothwendig hat. Es ist also meiner Ansicht nach gerade dadurch, daß der Entwurf diese Scheidung getroffen hat, möglich gewesen, den Vereinen mit sogenannten idealen Zwecken eine leichtere Form zu geben und vorzugsweise ihnen die Möglichkeit zu sichern, sich eintragen zu lassen und dadurch die Rechtsfähigkeit zu erlangen.

Allerdings wird hervorgehoben: es wird nicht möglich sein, die Vereine zu scheiden. Nun, erstens bei der Mehrzahl der Vereine wird es gar nicht zweifelhaft sein, ob sie eine politische Tendenz verfolgen, ob sie wirthschaftliche Vereine sind oder nicht, und da, wo die Tendenz feststeht, kann gar keine Frage sein, wie sie zu behandeln sind. Indessen natürlich wie auf allen Rechtsgebieten bleibt hier eine Grenze, welche zweifelhaft ist. Aber wofür ist denn der Richter da, wenn er über solche Dinge nicht entscheiden soll? Die Richter haben über viel kitzlichere Fragen zu entscheiden, sie haben bisher schon diese Frage zu entscheiden gehabt und sie haben sie entschieden, und zwar so, wie jeder vernünftige Mensch hat entscheiden müssen. Und sollte die Fassung präciser gewünscht werden, so wäre das eine nebensächliche Frage.

Also ich glaube, meine Herren, wenn Sie den Vorschlag des Herrn Gutachters und des ersten Herrn Referenten annehmen, so würden Sie eine Verschlechterung des Gesetzbuches herbeiführen und, was ich noch mehr beklagen würde, Sie würden überhaupt das Zustandekommen der Sache möglicherweise gefährden. Die Vorgeschichte gerade dieses Theils des Entwurfes zeigt, wie gefährlich die Regierungen es halten, den Vereinen die Rechtsfähigkeit zu gewähren. Wie Sie aus dem vorhin erwähnten Reatz'schen Buche sehen, hat das preußische Ministerium besondere Commissarien geschickt zu der Berathung und die beschlossenen Vorschriften bekämpft. Man befürchtete einen Mißbrauch, wenn die Rechtsfähigkeit den Vereinen so leicht gewährt wird, und die Möglichkeit eines Mißbrauches läßt sich auch nicht leugnen; aber die Möglichkeit dieses Mißbrauches darf meines Erachtens kein Grund sein, den Vereinen Rechte nicht zu gewähren, deren Gebrauch in der Regel sehr nützlich sein wird. Wenn Sie hier dem Entwurfe zustimmen, so helfen Sie das Gesetzbuch vor einer Verschlechterung zu schützen.

(Bravo!)

Professor Dr. **Leonhard** (Marburg): Meine Herren, ich befinde mich in einer etwas eigenthümlichen Lage. Ich habe in meinem Gutachten drei Thesen aufgestellt. Die eine lasse ich fallen, die zweite, die das sächsische Recht betrifft. Ich halte zwar auch jetzt noch das sächsische Recht für gut und empfehlenswerth, ich glaube aber nicht, daß es unsere Aufgabe ist, der Commission Rathschläge zu ertheilen, wie sie sich aus der Verlegenheit helfen soll, die entstehen würde, wenn ihre Arbeit, die sie gethan hat, nicht unverändert durchdringen sollte. Sie wird dann, glaube ich, von selbst auf das sächsische Recht zurückgreifen; denn das sächsische Recht ist gut und empfehlenswerth und hat sich in der Praxis bewährt. Wenn man ein solches Recht empfiehlt, so ist man von dem Verdachte frei, ein Utopist zu sein, der ein rein theoretisches Ideal vertritt, während das Recht, das im Entwurfe steht, noch nie und nirgends sich bewährt hat. Wir treten mit einigem Mißtrauen an das gänzlich Neue heran. Dieses Mißtrauen ist berechtigt. Meines Erachtens muß man überhaupt an jede Neuerung mit einem gewissen Mißtrauen herangehen; darin zeigt sich die Gewissenhaftigkeit des wissenschaftlichen Arbeiters, der nicht Alles und Jedes annimmt, was man ihm darbietet. Meine Herren, in Stettin war ich nicht und habe an dem dortigen Beschlusse nicht Theil genommen. Es ist dort allerdings beschlossen worden, daß wir die Herstellung eines Vereinsrechtes haben wollen, wie sie jetzt versucht wird; ob aber in dem Beschlusse der Gedanke lag, daß Alles und Jedes angenommen werden sollte, was die Commission darbieten würde, ist mir sehr zweifelhaft. (Zuruf: Nein!) Ich glaube es nicht; das Recht der Kritik muß uns noch jetzt gewährt werden. Ich glaube auch nicht, daß es Mangel an Wohlwollen ist, wenn man an einem Gesetz, das man prüft, Bedenkliches findet.

Es hieß vorhin, es sei nicht wohlwollend von mir, daß ich in meinem Gutachten den Ausdruck „Confiscation" gebraucht habe; es war sogar von einem „Gespenst der Confiscation" die Rede, das gar nicht existire. Ich will zugeben, daß meine Ausdrucksweise vielleicht nicht glücklich war. Ich habe etwa gesagt: das Vermögen des aufgelösten Vereins fällt mit zwei Ausnahmen an den Fiscus. Ich gebe zu, daß nach dem Entwurfe die Fälle, in welchen das Vermögen an den Fiscus fällt, so selten sein werden, daß meine Redeweise nicht ganz zutreffend war. Darin habe ich mich vergriffen. Ich habe es aber nicht aus Mangel an Wohlwollen gethan. Uebrigens, meine Herren, mögen die Ausnahmen noch so gering sein, eine Confiscation ist es doch immerhin, wenn der Fiscus Jemandem sein Vermögen wegnimmt, selbst wenn er es in ähnlichem Sinne weiterhin verwendet, wie es bisher verwendet wurde. Dem betreffenden Verein wird dann immerhin das Vermögen weggenommen, und ich glaube, wenn der Fiscus Jemandem sein Vermögen wegnimmt, so darf man das Confiscation nennen, ohne sich dem Vorwurf auszusetzen, daß man es an Wohlwollen fehlen lasse. Ich weiß überhaupt nicht, wodurch ich diesen Vorwurf verdient habe. Ich bin, seitdem der Entwurf erschienen ist, auf dem Katheder und in der Literatur immer für ihn eingetreten; ich habe den lebhaftesten Wunsch, daß der Entwurf zum Gesetze wird. Ich erwähne, daß ja auch der zweite Herr Referent sich vielfach an meine Ansichten angeschlossen hat. Ich glaube also nicht, daß ich es an Wohlwollen für den Entwurf habe fehlen lassen.

Meine Herren, gestatten Sie mir pro domo noch eine weitere ganz kurze Bemerkung. Ich bin in der „Kölnischen Zeitung" vorgestern angegriffen worden, also so spät, daß ich in der Presse nicht mehr antworten konnte. Es bleibt mir also nur diese einzige Gelegenheit, mich zu vertheidigen. Der Artikel wendet sich an Sie, meine Herren, und räth Ihnen, gegen die Bedenken zu stimmen, die ich dem Entwurfe gegenüber erhoben habe. Da heißt es unter Anderem, daß die Regierungen die Einschränkungen des Entwurfes, die ich vorgeschlagen habe, schlechterdings nicht annehmen werden. Es ist leider in dem betreffenden Satze offenbar der Druckfehlerteufel thätig gewesen, ein „nicht" ist jedenfalls ausgefallen. Ich darf den Satz wohl vorlesen:

> „Jedenfalls aber enthält der Vorschlag Leonhard's, durch den er den §§ 23, 55 des Entwurfes eine „einfachere Form" geben will, keine Verbesserung des Entwurfes; er beschreitet damit vielmehr einen Weg, auf den ihm keine Regierung folgen wird; denn eine Regierung, die sich ihrer heutzutage besonders

gesteigerten Verantwortlichkeit in politischen Dingen bewußt ist, kann die Entscheidung darüber, ob ein Verein, der sich zur Eintragung meldet, nach seinem Statut politische Zwecke verfolgt oder nicht, dem das Register führenden Amtsrichter überlassen."

Meine Herren, so steht es da, hier ist offenbar ein „nicht" ausgefallen. Ich denke von unseren Regierungen ganz außerordentlich günstig, viel günstiger, als es vorhin geschehen ist. Ich glaube nicht, daß unsere Regierungen einen Juristentagsbeschluß ohne Weiteres zum Vorwande nehmen würden, um eine sorgfältige und gute Arbeit der Commission durchzustreichen. Ich habe hierbei volles Vertrauen zum Bundesrath. Wenn die Regierungen Bedenken gegen die Regelung des Vereinswesens geäußert haben, so thaten sie das, weil es überhaupt ein gefährliches Capitel ist; wird aber für diese Aufgabe eine Lösung gefunden, die sich bewährt hat, wie z. B. ihre Behandlung in dem sächsischen Recht, so bin ich fest davon überzeugt, daß der Bundesrath dieser Lösung ganz gern zustimmen wird. Daß er gerade auf die Punkte, die ich in meinem Gutachten angegriffen habe, principielles Gewicht legen werde, davon ist mir nichts bekannt. Ich sehe auch nicht ein, warum ich das annehmen müßte. Es ist aber immer die Scheu vor dem Bundesrathe, die bei der Vertheidigung dieser Artikel ins Feld geführt wird. Wir dürfen übrigens nicht vergessen, daß nach der Reichsverfassung auch der Reichstag in Betracht kommt. Es wird sich empfehlen abzuwarten, was der Reichstag zu den Vorschriften sagen wird, die der Referent, Herr Geheimer Rath Gierke, wie ich glaube, durchaus zutreffend charakterisirt hat. Wie auch die Entscheidung ausfallen wird, es werden große, mächtige Parteien sein, die sie fällen werden, und diese großen, mächtigen Parteien, welche sie auch sein werden, fußen auf dem Vereinsleben und wissen, was es heißt, wenn dieses Leben in der Weise gefährdet wird, wie es geschehen soll. Glauben Sie wirklich, daß der Reichstag zu dem neuen Vereinsrechte ohne Weiteres Ja sagen wird, dann verwerfen Sie die Bedenken, die ich erhoben habe; denn ich bin, wie gesagt, ein Freund des Entwurfes, und als ich das Gutachten übernahm, war ich fest entschlossen, zu einer unbestimmten Zustimmung zu kommen, wie sie uns der zweite Herr Referent vorgeschlagen hat. In diesem Sinne habe ich das Gutachten übernommen, in diesem Sinne habe ich daran zu arbeiten begonnen und erst mitten in der Arbeit sind mir meine Bedenken aufgestoßen. Ich bleibe also auf dem Standpunkte, den ich in meinem Gutachten vertreten habe und der jedenfalls nicht so ganz verkehrt sein kann, denn in dem ersten Punkte stimmt der erste

Herr Referent mir zu, in dem anderen der zweite. Das läßt sich auch ganz gut vereinigen. Was zunächst die zustimmenden Ausführungen des ersten Herrn Referenten betrifft, so waren sie so vortrefflich, daß ich sie nur abschwächen würde, wenn ich sie nochmals wiederholen wollte. Die Gefahren, die der Entwurf unserem Vereinsleben bringt, sind in ihnen klar gekennzeichnet worden und ich habe in allen folgenden Ausführungen nicht gefunden, was den Eindruck der Rede des Herrn Referenten hätte abschwächen können. Ich weiß nicht, ob Sie einen anderen Eindruck gehabt haben; ich habe mich bemüht, einen anderen Eindruck zu gewinnen, es ist mir aber nicht gelungen. Das System der freien Körperschaftsbildung ist jedoch nun bereits von uns verworfen; Niemand kann die Hoffnung haben, sie durchzubringen. Ich selbst bin nicht sein Anhänger, darin weiche ich von dem ersten Herrn Referenten ab. Aber selbst wenn ich sein Anhänger wäre, so würde ich mich des Wortes erinnern, das ein großer Staatsmann, wie Sie wissen, ausgesprochen hat: Man darf über dem Wünschenswerthen das Erreichbare nicht außer Acht lassen. Wir können nun aber das System der freien Körperschaftsbildung, wie die politischen Verhältnisse zur Zeit liegen, von dem Bundesrathe sicherlich nicht erlangen. Ich glaube, es ist kein Freund der freien Körperschaftsbildung hier unter uns, der glaubt, daß der Bundesrath diesen Grundsatz annehmen werde. Was würde es also nützen, wenn wir einen Beschluß faßten, der bloß dahin führen kann, daß dieser Theil des Entwurfes zweiter Lesung nicht angenommen wird? Die freie Körperschaftsbildung setzen wir also nicht durch, darüber kann kein Zweifel sein. Ich möchte übrigens auch, um das Princip selbst anzugreifen, von dem Referenten Gierke an den Rechtslehrer Gierke appelliren, der in seinen bekannten culturhistorischen Betrachtungen die germanische Genossenschaft nicht für alle Zeiten der deutschen Rechtsgeschichte als das Gleiche ansieht, sondern in meisterhafter Weise dargestellt hat, wie sie überall nach politischen und allgemeinen wirthschaftlichen Verhältnissen eine gewisse Modification erfahren hat. Ich glaube, daß unsere Zeit für die germanische freie Körperschaftsbildung noch nicht reif ist; die politischen Constellationen sind noch nicht solche, daß wir uns diesen Luxus gönnen können. Ich hoffe, daß es noch einmal dahin kommen wird, ich weiß aber nicht, ob wir es erleben werden; für jetzt ist das Volksleben dazu noch nicht reif. Ferner würde aber für alle Zeiten das Princip der freien Körperschaftsbildung mit gewissen Cautelen umgeben werden müssen. Ich habe in meinem Gutachten auf die sogenannte Gründerzeit hingewiesen. Sie wissen, wie leicht die freie Körperschaftsbildung zu unlauteren Manipulationen gemißbraucht werden kann. Wozu haben wir die vielen vorsorglichen Vorschriften, welche die Einrichtung wirthschaftlicher Persönlichkeiten erschweren? Bei völlig freier Körperschaftsbildung würden alle diese Vorsichtsmaßregeln ins Wasser fallen; es wäre dann die gleiche Gefahr großer wirthschaftlicher Ausbeutung vorhanden, wie sie in der Gründerzeit zu Tage trat. Deshalb bin ich principiell kein Freund der unbedingt freien Körperschaftsbildung und bin der Meinung, daß das System des Entwurfes den Vorzug verdient. Darin bin ich mit dem zweiten Herrn Referenten einverstanden. Aber, meine Herren, ich bin doch der Ansicht, daß wir nicht ganz stillschweigend über die großen politischen Gefahren hinweggehen dürfen, die der erste Herr Referent gekennzeichnet hat. Wir können diesen politischen Gefahren gegenüber nicht die Rolle des Vogels Strauß spielen, der den Kopf in den Busch steckt. Der Reichstag wird diese Rolle nicht spielen und ich glaube gewiß, wenn vor ihm die Specialberathung auf diese Punkte geführt wird, so wird man sie nicht vertuschen. Meine Herren, es wurde ausgeführt, wenn man erst einmal gewisse Vereine nicht unbedingt zulasse, dann müsse auch die Möglichkeit gegeben sein, alle solche Vereine aufzulösen, die das Gesetz umgehen wollen. Ja, diese Behauptung erkenne ich in vollem Umfange als richtig an, aber es ist nicht gerade nothwendig, daß die Verwaltungsbehörde die genannte Aufgabe löst.

Nun möchte ich weiter einem Mißverständnisse vorbeugen. Ich habe keineswegs aus Mißtrauen weder gegen unsere Verwaltungsbehörden, noch gegen unsere Verwaltungsgerichtsbarkeit — ich stelle beide so hoch wie jeder Andere —, sondern mit Rücksicht auf das altpreußische Wort suum cuique meine Bedenken erhoben. Der altpreußische Grundsatz bedeutet hier: die Entscheidung über vermögensrechtliche Fragen fällt dem Richter zu. Ich glaube auch, daß keine Regierungsbehörde das Bedürfniß und den Wunsch hat, daß man ihr die Frage anvertrauen soll, um die es sich handelt. Das ist keine Sache der Verwaltungsbehörden, dazu ist der Amtsrichter da; denn das ist seine Aufgabe, das Privatrecht zu wahren und zu schützen, und ich sehe kein Mißtrauensvotum darin, wenn ich ihm diese Aufgabe wahre, sondern umgekehrt, ist es ein Mißtrauensvotum gegen unsere Richter, wenn man diese Vermögensfragen den Verwaltungsbehörden übergiebt. Das würde zweifellos sogar ein außerordentliches Mißtrauensvotum gegen unseren Richterstand enthalten. Meine Herren, es ist in dem besprochenen Zeitungsartikel auch auf das Reichsgesetz vom 1. Mai 1889 verwiesen worden. Da ist in § 79 allerdings etwas Aehnliches bestimmt, wie der Entwurf vorschlägt. Sie sehen, daß ich unparteiisch bin, da ich ein Hauptargument, das allerdings gegen mich spricht, ausdrücklich anführe. Die Verwaltungsbehörde kann die eingetragene Genossenschaft durch Spruch der Verwaltungsbehörde auflösen, „wenn sie sich gesetzwidriger Handlungen oder Unterlassungen schuldig macht, durch welche das Gemeinwohl gefährdet wird, oder wenn sie andere als die in dem Gesetze bezeichneten Zwecke verfolgt“. Ich gebe zu, hier hat die Verwaltungsbehörde das Recht der Auflösung gegenüber einem Vereine, die aber bei den genannten Genossenschaften niemals zur Einziehung des Vermögens für den Fiscus — ich will den Ausdruck „Confiscation“ vermeiden — führen kann. Was für diesen Fall vielleicht erträglich ist, wird im Allgemeinen weniger erträglich erscheinen.

Also ich komme zu dem Schluß: wie haben wir uns im Allgemeinen dem Entwurfe gegenüber zu stellen? Ich meine, principiell haben wir ihn zu billigen. Das scheint mir die Hauptsache zu sein, darin stimme ich dem zweiten Herrn Referenten bei. Ich wünschte aber, daß wir die großen Bedenken, die Schmälerung des Rechtsschutzes im Entwurfe nicht gänzlich todtschweigen; ich wünschte daher als Ergänzung zu dem Antrage des zweiten Herrn Referenten auch den Antrag Nr. 1 des ersten Herrn Referenten gebilligt zu sehen. Ich glaube, man kann Beides sehr gut vereinigen; man kann die Grundsätze des Entwurfes im Allgemeinen billigen, kann aber doch dabei folgenden Beschluß hinzufügen:

> „Die Grundsätze des Entwurfes zweiter Lesung über eingetragene Vereine sind jedoch insofern unannehmbar, als sie durch die Sonderbestimmungen über Vereine für wirthschaftliche und für politische, religiöse oder socialpolitische Zwecke dem Vereinsleben den Rechtsschutz entziehen.“

Ich meine, daß der allgemeine Beschluß mit dem Zusatze sich ganz gut verträgt. Ich glaube, daß wir durch diesen Zusatz dem Werke einen ganz guten Dienst leisten. Das sind überhaupt nicht die wahren Freunde, die zu Allem immer nur ja sagen und Alles unbedingt billigen; durch die eingeschränkte Billigung eines Vorschlages kann man ihm vielmehr zuweilen am meisten nützen. Der Entwurf soll annehmbar gemacht werden, nicht bloß für uns, sondern auch für den Bundesrath und auch für den Reichstag und, last not least, für das ganze deutsche Volk, das an dieser Frage ein ganz außerordentliches Interesse hat. Wenn dieses Interesse bis jetzt noch nicht gebührend hervorgetreten ist, so kommt das daher, daß die Tagespresse erst spät von solchen Dingen Notiz nimmt. Wenn die Aufmerksamkeit aber erst einmal wirklich auf diese Frage gelenkt sein wird, so wird man anerkennen müssen, daß sie ein wichtigeres Interesse des deutschen Volkes berührt, als irgend eine andere, die der Juristentag behandelt hat. Wir müssen auf die Volksstimmung Rücksicht nehmen. Ich glaube, daß in weiten Kreisen es als außerordentlich drückend empfunden werden würde, wenn wir für die Sicherheit des Rechtsschutzes der Vereine nicht volles Verständniß hätten. Ich erinnere an die Regeln: „Das Eigenthum ist unverletzlich“ und: „Niemand soll seinem ordentlichen Richter entzogen werden“. Das sind altgermanische Grundsätze; insofern hat Herr Geheimer Rath Gierke mit Recht an das germanische Recht appellirt. Im spätrömischen, im byzantinischen Rechte hat man es mit diesen Grundsätzen nicht so genau genommen. Wir wollen es aber genau nehmen, und damit wir beweisen, daß wir es genau nehmen, müssen wir nicht nur den Antrag des zweiten Herrn Referenten annehmen, sondern auch den ersten Antrag des ersten Herrn Referenten. (Beifall.)

Vorsitzender: Ehe ich dem folgenden Redner, Herrn Geheimen Justizrath Enneccerus das Wort gebe, möchte ich an den Herrn Gutachter die Frage richten, ob er seine Anträge sämmtlich fallen läßt.

Prof. Dr. **Leonhard:** Ich habe heute keine Anträge gestellt, nur in meinem Gutachten sind solche vorhanden.

Vorsitzender: Ihr Antrag 1 im Gutachten wird durch den Antrag des ersten Herrn Referenten gedeckt; bezüglich des zweiten haben Sie ausdrücklich erklärt, daß Sie ihn fallen lassen. (Ja!) Dann kommt Nummer 3.

Professor Dr. **Leonhard:** Dieser Antrag 3 wird durch den Antrag 2 des Herrn Referenten mit erledigt. Ich verzichte darauf, besondere Anträge zu stellen.

Vorsitzender: Dann habe ich das Wort zu ertheilen Herrn Geheimen Justizrath Professor Dr. Enneccerus.

Geheimer Justizrath Professor Dr. **Enneccerus** (Marburg): Meine Herren! Der Herr Referent und der Herr Correferent haben, was ja gewiß für unsere Debatte im Ganzen vortheilhaft ist, die äußersten Flanken der Ansichten eingenommen. Der erste Herr Referent hat sich für seine Person vollständig auf den Boden der freien Körperschaftsbildung gestellt und hat, wenn ich seinem Vortrage richtig gefolgt bin, nur aus dem Grunde von der Stellung eines dieselbe befürwortenden Antrages abgesehen, weil er die Aussichtslosigkeit desselben, sei es hier im Juristentage, sei es bei der Commission für das bürgerliche Gesetzbuch, sei es bei den verbündeten Regierungen vorausgesehen hat. Der Herr Correferent hat sich umgekehrt auf den Standpunkt vollständiger Billigung der Commissionsvorschläge gestellt und ist in dieser Beziehung so weit gegangen, daß er um zu einer Billigung zu kommen, einige Bestimmungen einer gewagten und recht bedenklichen Interpretation unterworfen hat. Was nun meine persönliche Stellung zu der ganzen Frage betrifft, so stehe ich in der Hauptsache auf dem Boden des Herrn Correferenten: ich halte es in der Hauptsache für wünschenswerth, ja für nothwendig, wenn nicht eine viel schlechtere Feststellung als die vorgeschlagene erfolgen soll, im Ganzen, in der Hauptsache den Entwurf zu billigen. Ich halte es für nothwendig, das sogar stärker auszusprechen, als es sich der Herr Correferent gedacht hat. Die preußische Regierung hat sich bei den Berathungen über den Entwurf sehr entschieden auf den Standpunkt des Concessionssystems gestellt. Dieses Concessionssystem ist in der Commission für das bürgerliche Gesetzbuch gottlob einstimmig abgelehnt worden; ich brauche nicht darauf zurückzukommen, aus welchen Gründen. Auch ich möchte dasselbe in keiner Weise befürworten. Aber, meine Herren, die Commission für das bürgerliche Gesetzbuch hat ein anderes Princip an die Stelle gesetzt, das Princip der Normativbestimmungen mit Registerzwang. Ich sollte meinen, daß es wünschenswert ist, diesem Grundprincip ausdrücklich zuzustimmen. Es ist das von Seiten des Herrn Correferenten der Sache nach in seinem Vortrage geschehen; es ist geschehen in dem Gutachten des Herrn Professor Leonhard, es ist geschehen auch in den Vorträgen der anderen Herren, die gesprochen haben; ja, auch Herr Geh. R. Gierke hat sich, da er seinen eigenen principiellen Standpunkt nicht aufrecht halten konnte, auf diesen Standpunkt zurückgezogen. Wir sind also hierin einig, und wir sollten das aus dem Grunde scharf aussprechen, weil dieses Princip innerhalb des Bundesrathes und innerhalb der Bundesregierungen noch sehr erheblichen Bedenken unterliegen wird, es also wünschenswerth ist, daß der Standpunkt der Commission gekräftigt wird. Lassen Sie uns also beschließen: wir billigen das Grundprincip der Aufstellung von Normativbestimmungen mit Registerzwang. Ich bin überzeugt, der Herr Correferent wird mir hierin gewiß zustimmen, und ich glaube, daß ich auch von anderer Seite einen Widerspruch kaum erfahren werde.

Nun komme ich zu den einzelnen Punkten, in denen ich, wie gesagt, dem Herrn Correferenten nur theilweise zustimmen kann. Zunächst wende ich mich zu den Vereinen, welche wirthschaftliche Zwecke verfolgen. Hier ist von Seiten des Herrn Referenten und von Herrn Prof. Leonhard ausgeführt, daß schon der § 23, welcher besagt, daß Vereine, welche nicht auf einen wirthschaftlichen Geschäftsbetrieb gerichteten Zwecken dienen, Rechtsfähigkeit durch Eintrag in das Vereinsregister erlangen — den schwersten Bedenken unterliege. Ich kann in dieser Beziehung dem Herrn Referenten und Herrn Professor Leonhard nicht zustimmen, halte vielmehr die Ausführungen des Herrn Correferenten für zutreffend. In der Commission ist sicherem Vernehmen nach auch in dieser Beziehung kaum eine Meinungsverschiedenheit gewesen. Es ist ganz gewiß, daß, wenn dort von Vereinen gesprochen wird, deren „Zweck nicht auf einen wirthschaftlichen Geschäftsbetrieb gerichtet" ist, nur diejenigen Vereine ausgeschlossen sind, deren *Hauptzweck* ein wirthschaftlicher Geschäftsbetrieb ist. Es kann keinem vernünftigen Richter — und wir haben nicht mit unvernünftigen Richtern zu rechnen — einfallen, ein Casino, welches nebenher Wein an seine Mitglieder verkauft, deshalb als einen Verein zu einem wirthschaftlichen Geschäftsbetriebe aufzufassen, weil dieses Casino natürlich durch den Verkauf des Weines einigen Gewinn macht, und es kann noch viel weniger einem vernünftigen Richter einfallen, Alpenvereine u. s. w. für Vereine mit wirthschaftlichen Zwecken zu erklären. Nicht Vereine, welche nebenbei einen wirthschaftlichen Zweck verfolgen, sondern „deren Zweck", d. h. deren Haupt- oder Grundzweck auf einen Wirthschaftsbetrieb „gerichtet" ist, sind im Entwurfe gemeint.

Die anderen Streitpunkte bezüglich der wirthschaftlichen Vereine möchte ich nicht wiederholen. Ich halte es für durchaus richtig, daß von der Eintragung diejenigen Vereine ausgeschlossen werden, welche wirthschaftliche Vereine sind, weil für sie durch eine Reihe von besonderen Rechtsgestaltungen reichsgesetzlich ausreichend gesorgt ist und weil, wenn ein weiteres Bedürfniß sich zeigen würde, eine weitere reichsgesetzliche Ordnung durch Sonderbestimmungen keineswegs ausgeschlossen ist. Verhältnißmäßig leicht haben wir erst neuerdings geschaffen die Vereine mit beschränkter Haftung; warum sollten wir nicht auch ferner zu einer ähnlichen Gesetzgebung greifen können, wenn ein neues Bedürfniß an uns herantritt?

Etwas bedenklicher ist schon die Bestimmung über die Auflösung der Vereine, welche Sie in § 40 finden. Hier heißt es in Absatz 2:

> Ein Verein, dessen Zweck nach dem Statute nicht auf einen wirthschaftlichen Geschäftsbetrieb gerichtet ist, kann aufgelöst werden, wenn er einen solchen Zweck verfolgt.

Ich gebe dem Herrn Correferenten in der Hauptsache auch hier Recht; die Meinung dieses Paragraphen nach der Absicht der Commission ist wohl die gewesen: nur dann, wenn ein Verein, der an sich kein wirthschaftlicher ist, nun einen wirthschaftlichen Geschäftsbetrieb zu seiner Hauptaufgabe macht, soll die Auflösung eintreten; mit anderen Worten, wenn der Verein, der früher einen anderen Zweck hatte, nun in der Hauptsache, seinem Wesen nach, als ein Wirthschaftsverein sich gerirt. Das ist aber nicht klar ausgedrückt. Der Absatz sagt nur: wenn ein statutenmäßig nicht wirthschaftlicher Verein „*einen wirthschaftlichen Zweck* verfolgt". Das kann man dem Wortlaut nach recht gut auch auf den Fall beziehen, wo neben dem nichtwirthschaftlichen Hauptzweck noch ein wirthschaftlicher Nebenzweck hinzutritt. Und eine Auflösung aus diesem Grunde wäre doch sehr bedenklich. Wir nehmen an, ein Casinoverein, ein Alpenverein, in dessen Statuten über einen Wirthschaftsnebenbetrieb nichts enthalten ist, begründet nachher einen nicht hauptsächlichen, aber doch nebenher in Betracht kommenden Geschäftsbetrieb, der dem Verein zu Gute kommt, ihm die Existenz erleichtert und den Mitgliedern Nutzen bringt. Da kann man allerdings nach dem Wortlaut argumentiren: Dieser Verein nennt in seinen Statuten nur den idealen Zweck, keinen wirthschaftlichen; er verfolgt jetzt auch einen wirthschaftlichen Zweck, also folgt die Auflösung. Hier halte ich also eine Fassungsveränderung allerdings für nothwendig, aber natürlich der Juristentag wird in diesem Punkt keinen speciellen Vorschlag machen wollen.

Etwas anders steht es mit den politischen Vereinen. Ehe man freilich an die Frage der politischen und religiösen Vereine herantritt, muß man sich eines vergegenwärtigen. Man darf sich nicht auf den Standpunkt stellen, wir wollen Alles gerade so vorschlagen, wie es Jeder für sich für das Beste hält. Wenn Sie sich, meine Herren, auf diesen Standpunkt stellen, werden Sie nur einen Schlag in's Wasser thun. Wir müssen die Frage, wie sie liegt bei den Regierungen, bei dem Bundesrathe, in der Commission, berücksichtigen. Und nun ist eins doch klar, ohne Ausnahmebestimmungen für politische und religiöse Vereine ist die Annahme der Commissionsvorschläge über die eingetragenen Vereine im bürgerlichen Gesetzbuche gänzlich aussichtslos; keine Regierung, am wenigsten die preußische, aber auch kaum irgend eine andere Regierung wird sich darauf einlassen. Diese Bestimmungen mit Herrn Collegen Leonhard einfach zu streichen, daran ist gar nicht zu denken. Das würde höchstens eine Streichung sämmtlicher Bestimmungen bedeuten, und in den Verhandlungen der Commission für das bürgerliche Gesetzbuch ist man sich von vornherein dessen bewußt gewesen. Von Anfang an hat man die Ausnahmebestimmungen über die politischen und religiösen Vereine nur geschaffen als die unerläßliche Vorbedingung, um überhaupt Bestimmungen über die eingetragenen Vereine in das bürgerliche Gesetzbuch hineinzubringen. Es ist von vornherein, wenn ich so sagen darf, die Absicht gewesen, ein Compromiß mit den bei den Regierungen herrschenden Richtungen zu schließen. In diesem Sinne müssen auch wir vorgehen, wenn wir nicht gänzlich unpraktisch verfahren wollen. Und deshalb müssen wir, wie ich glaube, ganz ohne Weiteres uns auch gegen die Ansicht des Herrn Collegen Leonhard erklären, wie er sie heute durch die Verlesung aus der Kölnischen Zeitung und seine Opposition gegen das dort Ausgeführte zu erkennen gegeben hat. Daß ein Registerrichter im einzelnen Falle entscheiden soll, ob ein politischer Verein eintragungswürdig ist oder nicht, halte ich für ganz unzulässig. Nicht Mißtrauen gegen den Richter, sondern der Schutz des Richterstandes gegen die Zumuthung, politische Entscheidungen zu treffen, verbietet das. Außerdem glaube ich auch, daß es wenig Richter geben wird, die die Frage bejahen würden: möchtest du aus allgemein politischen Gründen entscheiden, ob du diesen politischen Verein, dessen Statuten vorgelegt sind, dessen Gründer du nicht oder kaum kennst, eintragen willst oder nicht? Nein, meine Herren, das ist eine Stellung, von der wir den Juristenstand fern halten müssen, das ist eine Stellung, die der Richter nach seiner ganzen Natur, seiner Beschäftigung, seiner unparteiischen Stellung den Privaten gegenüber nicht haben soll und nicht haben darf.

Ich gehe nun über zu den einzelnen Bestimmungen über die politischen, socialpolitischen und religiösen Vereine. Es sind ja deren nur zwei. Zunächst in § 55 wird der Verwaltungsbehörde ein Einspruchsrecht gegen die Eintragung gegeben, wenn der Verein einen politischen, socialpolitischen oder religiösen Zweck verfolgt. Allerdings ist dann — und das scheint eine Milderung — gegen den Einspruch das Verwaltungsstreitverfahren gestattet; aber der Herr Referent, Geheimrath Gierke, hat vollkommen richtig ausgeführt, daß dieser Einspruch, diese Entscheidung im Verwaltungsgerichtsverfahren in der That gar nichts anderes bedeutet, als eine Nachprüfung der Frage: ist dieser Verein ein politischer, socialpolitischer oder religiöser? (Widerspruch des Correferenten.) In dieser Beziehung muß ich dem Herrn Correferenten ganz entschieden widersprechen. Auch aus den Verhandlungen der Commission geht das mit absoluter Klarheit hervor, und somit stoße ich hier in der That auf einen Punkt, dem ich vor der Hand nicht zustimmen kann. Ich glaube nicht, meine Herren, daß wir für alle politischen, socialpolitischen und religiösen Vereine das Concessionsprincip wieder einführen können, obgleich das Concessionsprincip nicht in allen Ländern besteht. Das würde in der That — und hier hat der Herr Referent Recht — einen Rückschritt für gewisse Gegenden, insbesondere für Bayern bedeuten. Der Herr Correferent ist im Grunde auch derselben Meinung, aber er hat weginterpretirt, was nicht weginterpretirt werden konnte, und ich berufe mich auf die Mitglieder der Commission, die hier anwesend sind. Herr Justizrath Wilke wird mir bestätigen müssen: in der That ist dieses Einspruchsverfahren nichts weiter als eine Nachprüfung: ist der Zweck, welchen dieser Verein verfolgt, ein politischer, socialpolitischer oder religiöser?

Hier also kann ich nicht folgen. Ich würde folgen können, wenn der Einspruch selbst, also auch die Zweckmäßigkeit, die innerliche Rechtfertigung, nicht bloß die Gesetzmäßigkeit des Einspruchs vor einer höheren selbständigen Behörde wiederholt geprüft würde, mit anderen Worten, wenn die Frage, die dem Verwaltungsgericht hier vorgelegt werden soll, auf die innere Rechtfertigung des Einspruchs mit ausgedehnt werden könnte. Das aber, meine Herren, ist keineswegs unmöglich. Ueber Fragen, wo politische Fragen mit ins Gewicht fallen, entscheiden allerdings meistens Verwaltungs- oder Beschlußbehörden. Es steht aber nichts im Wege, weil die politische Frage hier mit einer verwaltungsrechtlichen Frage verbunden ist, die Competenz der Verwaltungsgerichtshöfe durch Gesetz zu erweitern. Sollte das aber nicht erreichbar sein, so sage ich ganz offen, so schwer es mir wird: dann möchte ich lieber die Bestimmungen über politische, socialpolitische und religiöse Vereine, diese Sonderbestimmungen, der Landesgesetzgebung überlassen und im Uebrigen dasjenige behalten, was der Entwurf uns giebt.

Sodann, meine Herren, kommt auch hier die Auflösung in Frage. Jeder Verein soll aufgelöst werden können, wenn er nach dem Statut kein politischer Verein ist und doch einen politischen Zweck verfolgt. Also im Statut steht der eine, der Hauptzweck; daneben aber kommen noch politische Zwecke in Betracht. Auch hier ist eine Veränderung der Fassung, wie ich glaube, durchaus nothwendig.

Das sind die Hauptерwägungen, die ich Ihnen vortragen möchte. Ich möchte nun das Gesagte in einem Antrage zusammenfassen. Ich will den Antrag vorläufig nicht stellen, weil ich erst mit einigen der Herren noch über die Fassung im Einzelnen sprechen möchte. Ich würde den Antrag so fassen:

> „Die Bestimmungen des Bürgerlichen Gesetzbuches zweiter Lesung über die eingetragenen Vereine sind im Wesentlichen zu billigen, namentlich ist die Wahl des Systems der Normativbestimmung mit Registerzwang anzuerkennen."
>
> „Das Einspruchsrecht gegen die Eintragung politischer, socialpolitischer und religiöser Vereine, sowie die behördliche Auflösung der Vereine bedürfen einer Veränderung oder Klarstellung, indem den Vereinen gegen ungerechtfertigte Einsprüche oder Auflösungen ein wirksamerer verwaltungsrechtlicher Schutz zu gewähren ist."

Ich würde auch nichts gegen einen etwaigen dritten Absatz einzuwenden haben, welcher ausspricht, daß uns die Ueberlassung der Sonderbestimmungen über politische, socialpolitische und religiöse Vereine an die

Landesgesetzgebung als das kleinere Uebel erscheinen würde gegenüber der Annahme derjenigen Bestimmungen, welche sich jetzt im Entwurfe bezüglich dieser Vereine befinden.

Justizrath **Wilke** (Berlin): Der Herr Vorredner hat eine Frage an mich gerichtet über die Auffassung, welche die Commission von einer gewissen Bestimmung des Entwurfes hat. Ich halte mich allerdings nicht für berufen, mich auszusprechen über die Auffassung der anderen Herren, ich habe es auch nicht gegenwärtig, wie die Herren die Vorschrift gemeint haben. Ich fasse sie allerdings so auf, wie es den beiden Herren mißfällt; ich fasse sie dahin auf: die Verwaltungsbehörde hat ein Einspruchsrecht gegen jeden politischen Verein und gegen jeden religiösen Verein, ohne Gründe angeben zu müssen; ich glaube auch nicht, daß irgend eine Regierung sich darauf einlassen könnte, sich in dieser Beziehung, in dieser rein polititschen Frage auch nur einem Verwaltungsgerichte zu unterstellen. Also so fasse ich die Sache auf.

Correferent Justizrath **Levy** (Berlin): Ich möchte mich mit dem Antrage Enneccerus einverstanden erklären, mit Rücksicht auf die eben gehörte authentische Interpretation seitens des Herrn Collegen Wilke. Wenn meine Auslegung eine unrichtige ist, wenn angenommen werden muß, daß es nach dem Entwurf sich lediglich um ein formelles Einspruchsrecht der Verwaltungsbehörde gegen die Eintragung politischer, socialpolitischer und religiöser Vereine handelt, so kann ich dem Entwurfe in diesem Punkte freilich auch nicht unbedingt zustimmen, sondern nur unter der Voraussetzung, daß klargestellt wird, daß nur gerechtfertigter Weise, m. a. W. aus materiellen Gründen Einspruch erhoben werden kann.

Justizrath **Wilke:** Da muß doch das Gesetz sagen, was gerechtfertigt ist.

Correferent Justizrath **Levy:** Das ist Sache der Verwaltungsbehörde bezw. der Verwaltungsgerichte, die rechten Grundsätze festzustellen.

Professor Dr. **Leonhard** (Marburg): Meine Herren! Es ist so viel Einverständniß bereits vorhanden, daß ich bedaure, in einigen wenigen Punkten Herrn Collegen Enneccerus widersprechen zu müssen. Ich bin entschieden mißverstanden worden. Der Herr College sagte, keine Regierung würde die Vorsichtsmaßregeln, welche wegen der politischen Vereine getroffen sind, ohne Weiteres wegstreichen. Das verlange auch ich nicht; im Gegentheil (es ist dies hier ausdrücklich hervorgehoben worden), die Concession der politischen Vereine durch die Regierung will ja auch ich weiter aufrecht erhalten. Nichts hat mir ferner gelegen, als dem Amtsrichter diese Befugniß zuzuschreiben, wie Herr College Enneccerus mir unterstellen wollte. Das ist ein Irrthum, wie Jeder sehen muß, der mein Gutachten gelesen hat.

Was übrigens den Schutz anlangt, welchen der Herr Vorredner dem Richterstande dadurch angedeihen lassen will, daß er ihm mißliche politische Entscheidungen vorenthält, so glaube ich, daß der Richterstand diesen Schutz nicht haben will, ferner, daß er diesen Schutz nicht haben darf, endlich, daß er ihn schon hat; denn das Gesetz schützt unseren Richterstand ganz außerordentlich, viel mehr als die Verwaltungsbehörden. Weil aber unser Richterstand so sehr geschützt ist, gerade deshalb halte ich den Richter für geeigneter, derartige heikle Dinge zu entscheiden, als den Verwaltungsbeamten. Aber ich bin darin mit dem Herrn Vorredner vollständig einverstanden, daß die Frage, ob politische Vereine genehmigt werden sollen oder nicht, eine Verwaltungsfrage ist. Darüber sind wir ganz einig.

Es liegen nun noch zwei einander widersprechende Anträge vor, der erste von Herrn Collegen Geheimrath Dr. Gierke, der zweite von Herrn Collegen Geheimrath Dr. Enneccerus. Sollte sich nicht unter ihnen eine Vereinigung finden lassen? Beide Herren sind darin einverstanden, daß wir irgend etwas in unseren Beschluß hineinbringen müssen, in dem wir ausdrücken, daß der Rechtsschutz, den der Entwurf zweiter Lesung gewährt, uns nicht genügt. Ich glaube, darüber sind alle Herren einig. Nun, würde sich das nicht möglich machen lassen, daß wir das in einem Beschlusse ausdrücken? daß z. B. Herr College Enneccerus seinen Antrag zurückzieht zu Gunsten des Antrages 1 des Herrn Referenten oder daß der Herr Referent vielleicht sich entschließt, seinen Antrag anders zu stilisiren? Ich glaube, eine Vereinigung würde sich erzielen lassen. Wir würden dann zu einem Beschlusse kommen, der mit großer Majorität gefaßt würde; wir würden principiell den Entwurf billigen und den wunden Punkt würden wir klipp und klar hinstellen. Wir sagen dann: wir billigen den Entwurf, wir finden aber, daß die Vereine nicht genügenden Rechtsschutz haben. Das muß geändert werden. Wie, das überlassen wir der Commission." Ich glaube, daß es möglich sein würde, uns mit großer Mehrheit zu einem solchen Beschlusse zu vereinigen.

Vorsitzender: Zunächst wird es sich darum handeln, ob Herr Dr. Enneccerus den Antrag stellen will. Bis jetzt hat er ihn nur angekündigt, er hat ihn aber nicht gestellt.

Geheimer Justizrath Professor Dr. **Enneccerus:** Ich würde bereit sein, den Antrag zu stellen; ich habe nur gesagt, daß ich wünschte, vorher eventuell noch Abänderungsvorschläge zu hören. Er lautet also folgendermaßen:

„Die Bestimmungen des bürgerlichen Gesetzbuches zweiter Lesung über die eingetragenen Vereine sind im Wesentlichen zu billigen, namentlich ist die Wahl des Systems der Normativbedingungen mit Registerzwang anzuerkennen.

Das Einspruchsrecht gegen die Eintragung politischer, socialpolitischer und religiöser Vereine sowie die behördliche Auflösung der Vereine bedürfen einer Veränderung oder Klarstellung, indem den Vereinen gegen ungerechtfertigte Einsprüche oder Auflösungen ein wirksamerer verwaltungsrechtlicher Schutz zu gewähren ist."

Ich habe aber auch nichts dagegen, wenn statt „verwaltungsrechtlicher Schutz" bloß „Schutz" gesagt wird; es ist nämlich allerdings fraglich, ob das Verwaltungsgericht die richtige Behörde ist. Ich habe nichts dagegen, wenn der Schluß des Antrages so lautet:

„ein wirksamerer Schutz zu gewähren ist."

Vorsitzender: Es würde sich zunächst darum handeln, ob Herr Gierke seinen Antrag zurückziehen will.

Referent Geheimer Justizrath Professor Dr. **Gierke** zur Geschäftsordnung: Ich muß leider erklären, daß eine Vereinigung der beiden Anträge ganz unmöglich ist. Herr College Enneccerus will allerdings etwas ganz Neues einführen, etwas Positives, was dem Entwurfe direct entgegensteht. Der Entwurf sagt: politische, socialpolitische und religiöse Vereine haben kein Recht auf Eintragung; Herr College Enneccerus will ihnen aber ein Recht auf Eintragung geben, außer vielleicht, wenn sie bedenklich, gefährlich oder dergleichen sind. Das sind aber Dinge, die weder ein Verwaltungsgericht noch ein ordentliches Gericht zu entscheiden haben kann, denn es sind keine Rechtsfragen. Somit müßte in dem Antrage wenigstens gesagt sein, in welchem Falle solche Vereine ein festes Recht haben sollen, eingetragen zu werden. Sie sollen es nach dem Entwurfe niemals haben; Herr College Enneccerus will es ihnen unter gewissen Voraussetzuugen geben, muß aber dann doch die Voraussetzungen irgendwie bezeichnen.

Correferent Justizrath **Levy:** Ich wollte gegenüber den Ausführungen des Herrn Geheimen Rath Gierke nur bemerken, daß ich nicht verstehe, wie behauptet werden kann, der Entwurf gebe den politischen und religiösen Vereinen nicht das Recht der Eintragung. Das Recht hat nach § 23 jeder Verein, der nicht ein wirthschaftliches Geschäft betreibt, und der Registerrichter ist, wenn kein Einspruch erfolgt, ohne Weiteres verpflichtet, diesen Verein einzutragen, ohne Rücksicht darauf, ob er politische oder religiöse Zwecke verfolgt. Die Frage ist nur die: wie ist das Einspruchsrecht der Verwaltungsbehörde zu gestalten? Wie es im Entwurfe gestaltet ist, wenigstens nach der Auslegung, die ihm heute von einem Mitgliede der Commission (nicht von mir) gegeben worden ist, scheint es mir sowohl, als dem Herrn Professor Enneccerus, zu weit und zu bedenklich, und nach der Richtung wünschen wir eine Einschränkung. Ich glaube also, daß auch Herr Geheimer Rath Gierke, wenn ganz allgemein gesagt wird, es werde ein besserer Schutz gefordert für die politischen und religiösen Vereine in Bezug auf das Einspruchs- und Auflösungsrecht, dem Antrage des Herrn Professor Enneccerus beitreten kann.

Referent Geh. Justizrath Dr. **Gierke:** Der Entwurf sagt: der Verein hat das Recht, aber er hat es nicht, wenn die Verwaltungsbehörde sagt: ich will nicht, daß er eingetragen wird. Herr College Enneccerus will nun aber, daß die Verwaltungsbehörde nicht einfach aus dem Grunde, weil der Verein ein politischer, religiöser oder socialpolitischer ist, soll nein sagen können. Dann aber muß doch im Gesetze selbst festgestellt werden, welche Gründe die Versagung der Eintragung rechtfertigen sollen. Hierfür eine juristische Formel zu finden, bei der das Vereinsleben geschützt bliebe, scheint mir unmöglich. Verzichtet man aber auf eine juristische Begrenzung und sagt nur, der Verein dürfe nicht eingetragen werden, wenn er gefährlich ist, so kommt das ziemlich auf dasselbe hinaus, als wenn man die Eintragung für unzulässig erklärt, wenn sie der Regierung nicht paßt.

Professor Dr. **Leonhard:** Ich glaube, daß eine Vereinigung doch noch möglich ist. Die Herren sind ja allerdings verschiedener Meinung gegenüber dem Entwurfe, wie sie ihn gestalten wollen; in einem aber sind sie doch derselben Ansicht, in negativer Beziehung: der Rechtsschutz, der im Entwurfe steht, befriedigt beide Herren nicht, und es würde genügen, wenn das hervorgehoben würde. Die Ausgestaltung des Vereinsrechts brauchen wir hier nicht durchzusprechen, damit würden wir kaum fertig werden. Wir müssen aber wenigstens die verschiedenen Fragen trennen, die vorher promiscue behandelt wurden. Die Frage, unter welchen Bedingungen der Verein rechtsfähig werden kann, ist eine ganz andere Frage als die, unter welchen Bedingungen er aufgelöst werden darf; die Frage, welche Behörde darüber zu befinden hat, ist wiederum eine andere, und die Frage, an welche Behörde die Appellation gegen die Auflösungsbeschlüsse erfolgen soll, ist eine vierte Frage. Ich meine, wir müssen den einen Punkt herausgreifen, in dem wir einig sind: der Rechtsschutz, der den Vereinen im Entwurfe gegeben ist, genügt nicht; im Uebrigen sind wir mit dem Entwurfe einverstanden. Die Ausarbeitung des Vereinsrechts können wir nicht vornehmen, dazu haben wir, von anderen Gründen abgesehen, schon gar nicht die Zeit.

Geh. Justizrath Prof. Dr. **Enneccerus:** Ich möchte dem Herrn Collegen Gierke erwidern: wo politische, religiöse, socialpolitische Fragen in Betracht kommen, wird es niemals möglich sein, ohne Rücksicht auf die Zweckmäßigkeit zu entscheiden, es wird immer die Frage der Zweckmäßigkeit hineingetragen werden müssen. Es wird niemals gelingen, Normativbestimmungen derartig zu gestalten, daß die Frage: soll der Verein erlaubt oder verboten werden, lediglich eine Frage der richterlichen Entscheidung werden kann. Man wird darum aber doch nicht so weit zu gehen brauchen, daß man für diese Vereine das Concessionsprincip einführt. Ich habe vorhin ausgeführt und möchte das nicht wiederholen: der Entwurf führt das nackte Concessionsprincip ein. Kann die Behörde Einspruch erheben, so ist das im Grunde ganz dasselbe als die Concession verweigern. Hier wünsche ich einen wirksamen Schutz. Ich habe vorhin gesagt: „durch das Verwaltungsgericht". Ich halte das noch für richtig. Ich glaube, daß der Weg gangbar und gut ist; ich gebe aber zu, daß es vielleicht etwas vorschnell ist, diese Frage heute zu entscheiden. Vielleicht ist auch in gewissen Grenzen eine Mitwirkung der Verwaltungsorgane möglich. Denken Sie an Steuergesetze, da kommt auch in einzelnen Fällen die Sache vor das Verwaltungsgericht. In anderen Fällen ist die Zustimmung des Ministers nothwendig; es lassen sich also auch Combinationen denken. In einer verhältnißmäßig großen Versammlung können wir nicht entscheiden, wie das im Einzelnen zu machen ist. Deshalb habe ich den ganz allgemeinen Ausdruck gewählt: „es ist ein wirksamer Schutz nöthig" oder, wie Herr College Leonhard sagt, „der Schutz, der im Gesetze gegeben ist, genügt nicht". Aus diesem Grunde habe ich den Antrag so allgemein gefaßt und ich glaube, alle diejenigen, welche nicht die Behörde allein schalten lassen wollen, aber auch nicht glauben, durch Gesetzesbestimmungen ließe sich die Sache zur richterlichen Cognition geeignet gestalten — wir alle, die wir uns von diesen Extremen fern halten, können diesem Antrage zustimmen.

Geh. Justizrath **Lesse** (Berlin): Dem Herrn Prof. Enneccerus gebe ich zu, daß die Specialitäten nicht alle erörtert werden können; aber er giebt zu, daß in diesem Falle doch das Verwaltungsgerichtsverfahren das richtige sei, und ich glaube auch, daß über die Frage, ob zu Unrecht die Eintragung verweigert ist, nur die Verwaltungsbehörde entscheiden kann, während es gar nicht denkbar ist nach unserer ganzen jetzigen Verfassung, die Entscheidung über diese Frage dem Amtsrichter zu überlassen. Ich glaube daher, wir erleichtern es der Commission und den weiteren Factoren, die zu entscheiden haben, wenn wir das hereinnehmen: Verwaltungsgericht.

Vorsitzender: Es hat sich kein Redner weiter zum Worte gemeldet; ich schließe die Debatte und es werden nun die Herren Referenten das Wort haben, wenn sie es wünschen.

Referent Geh. Justizrath Prof. Dr. **Gierke:** M. H., ich habe allerdings ja in Bezug auf das Princip der Körperschaftsfreiheit, der freien Körperschaftsbildung, heute Resignation geübt, indem ich keinen diesbezüglichen Antrag gestellt habe. Vielmehr habe ich meine Ansicht nur dadurch zum Ausdrucke gebracht, daß ich nicht zugestimmt habe der Billigung der Grundzüge des Entwurfes, sondern daß ich mich beschränkt habe einmal auf die Negative, daß gewisse Bestimmungen unannehmbar sind — und darin stimme ich mit dem Herrn Gutachter überein — und dann, daß ich hinzugefügt habe: will der Entwurf aber das Eintragungssystem annehmen, so muß er auch für die politischen, socialpolitischen und religiösen Vereine rein formelle Bedingungen stellen. Dieser zweite Vorschlag steht natürlich in directem Gegensatz zu dem, was Herr College Enneccerus beantragt, da er nicht bloß die Grundzüge, sondern auch die Grundgedanken der Ausnahmebestimmung über politische, religiöse und socialpolitische Vereine billigt und nur den Schutz gegen Versagung der Eintragung wirksamer gestalten will. So haben Sie die drei verschiedenen Ansichten ganz einfach vor sich. Wenn Sie mit dem Herrn Gutachter übereinstimmen, nehmen Sie unsere beiderseitige rein negative Aeußerung an und außerdem die Billigung der Grundzüge des Entwurfes; wenn Sie mit mir einverstanden sind, nehmen Sie nur die Negative an und möglicherweise auch meinen zweiten Antrag; wenn Sie mit Herrn Collegen Enneccerus übereinstimmen, also auch die Grundzüge des Entwurfes in Bezug auf die politischen, religiösen und socialpolitischen Vereine billigen und nur dabei möglicherweise eine Verbesserung wünschen, dann nehmen Sie diesen Antrag an. Ich muß mich nun allerdings erklären für die rein negative Fassung, die diese Bestimmung unbedingt verwirft, während sie die Arbeit, etwas Positives an die Stelle zu setzen, der Commission oder der sonst sich damit befassenden Behörde überläßt.

Bezüglich der wirthschaftlichen Vereine will ich nur ein Wort hinzufügen. Ich halte die Aufnahme derselben in die Resolution allerdings schon wegen der Bestimmungen über die Auflösung für nöthig. Auch sonst aber ist zu beachten, daß es eine große Classe von wirthschaftlichen Vereinen giebt, die nicht unter ein Sondergesetz und auch nicht unter den Begriff der Versicherungsgenossenschaften auf Gegenseitigkeit fallen. Das sind alle Arten von wirthschaftlichen Hilfs- und Unterstützungvereinen. Die stehen dann ganz schutzlos da. Darum hatte ich in Stettin den Antrag gestellt, daß nur die auf eigentlichen kaufmännischen oder gewerblichen Geschäftsbetrieb gerichteten Vereine von der Eintragung in das allgemeine Vereinsregister ausgenommen sein sollten.

Die Hauptsache betrifft ja aber die politischen, religiösen und socialpolitischen Vereine! Da möchte ich zunächst darauf aufmerksam machen, daß ein ungeheurer Unterschied in dieser Beziehung vorliegt zwischen den Anträgen, die früher schon Schulze-Delitzsch gestellt hat, und dem, was heute geplant wird. Schulze-Delitzsch wollte es bei dem jetzigen Rechte lassen, nur bezüglich einzelner Vereine ein besseres Recht schaffen; da konnte er die politischen und religiösen Vereine bei Seite lassen. Heute aber, wo für alle Vereine neues Recht geschaffen werden soll, liegt die Sache völlig anders. Vor Allem aber ist heute von keiner Seite gerechtfertigt worden und darüber sind die Verfechter des Entwurfes hier mit einem etwas erstaunlichen Stillschweigen hinweggegangen, daß wir dieses neue Kautschukwort „socialpolitisch" bekommen sollen neben „politisch" und „religiös". Warum hat keiner der Herren den Antrag gestellt, die „socialpolitische" Hinzufügung zu streichen? Dann ließe sich eher darüber reden. Ich bleibe aber dabei, daß es sich hier um die Vereine handelt, welche das sociale Interesse ihrer Mitglieder vertreten wollen. Herr College Levy sagte, es handle sich um Vereine zur Vertretung der Interessen einzelner Classen. Nun ja, es handelt sich aber namentlich um die Arbeiterclassen. Anders kann ich mir den Zusatz „socialpolitisch" gar nicht erklären, und das ist für mich der Hauptgrund, weshalb ich in der Annahme dieser Bestimmung nicht nur eine große Schädigung unseres Rechtslebens, sondern auch eine außerordentliche Gefährdung unserer ganzen socialen Entwicklung erblicken würde. Ich halte es für einen verderblichen Mißgriff, wenn man ein ganz neues Körperschaftsrecht schaffen und hierbei durch ein Ausnahmerecht die große Fülle der sich bildenden Arbeiterassociationen dem Ermessen der Verwaltungsbehörden anheimgeben will. Denn daß dies geschieht, ist authentisch erklärt worden. Es ist auch gar nicht anders möglich, denn wie hätte der Entwurf bestimmen können, daß das Verwaltungsgericht entscheiden soll, ob die Ansicht der Regierung, daß die Eintragung eines Vereins bedenklich sei, begründet oder unbegründet ist? M. H., wenn ich wirklich, wie oft vermeint wird, ein Gegner des Zustandekommens des bürgerlichen Gesetzbuches wäre, so hätte ich das größte Interesse daran, daß hier beschlossen würde, die Vorschläge des Entwurfes einfach zu billigen. Denn ich bin fest überzeugt, weder der Reichstag noch das deutsche Volk wird es mit dieser Bestimmung acceptiren. Und wenn mir nun vorgeworfen wird, mein Verhalten sei undankbar, weil immerhin sehr viel von dem Gedanken der freien Körperschaftsbildung, den ich vertreten habe, in den Entwurf aufgenommen sei, — nun, so ist es ja wahr, das System der freien Körperschaftsbildung berührt sich nahe mit dem System der Eintragung für den Fall, daß nur formelle Voraussetzungen gestellt werden; aber wenn das Eintragungssystem so wie hier ein verschleiertes Concessionssystem ist, so ist das ganz etwas anderes! Ich möchte einen Vergleich machen. Ich ziehe als Weinbauer einen edlen Wein und bitte Jemand, mir ein Faß zu schenken, um diesen Wein zu füllen. Er bringt mir ein wundervolles Faß, aber es ist ein großes Loch darin, durch das der Wein ausläuft. Ich aber soll dafür dankbar sein. Nein, m. H., mit diesen Bestimmungen ist der Entwurf unmöglich, und ich bitte daher, meine beiden Anträge anzunehmen.

Vorsitzender: Der Herr Correferent? (Derselbe verzichtet.) Meine Herren! Es liegen nun, nachdem, wie ich verstanden habe, der Herr Correferent auf seinen Antrag verzichtet hat, neben dem Antrage Enneccerus zwei Anträge vor, die sich entgegenstehen. Ich werde die Anträge zur Abstimmung bringen, je nachdem sie sich vom Entwurfe entfernen. Der Antrag Gierke entfernt sich am meisten vor dem Entwurf, denn er billigt den Entwurf nicht. Ich würde also zunächst über diesen Antrag abstimmen lassen.

Geh. Justizrath Prof. Dr. **Gierke**: Ich bitte um getrennte Abstimmung über beide Nummern.

Vorsitzender: Das kann geschehen. Wenn er angenommen wird, so ist alles Uebrige erledigt; wenn beide Nummern abgelehnt würden, so würde ich dann zum Antrage Enneccerus kommen. Zu diesem hat Herr Geh. Justizrath Dr. Lesse den Antrag gestellt, noch einzuschieben: „durch die Verwaltungsgerichtsbarkeit".

Professor Dr. **Leonhard** zur Geschäftsordnung: Der Herr Präsident meint, wenn die Anträge Gierke angenommen würden, so wären die weiteren Anträge erledigt. Das kann ich nicht zugeben. Der erste Antrag Gierke ist rein negativ, er verträgt sich also mit dem ersten Antrage Enneccerus. Man kann sehr wohl der Ansicht sein, daß die Bestimmungen des Entwurfes zu billigen sind, aber doch mehr Rechtsschutz nötig ist, als ihm der Entwurf gewährt.

Vorsitzender: Ich will zunächst die Anträge verlesen. Der Antrag Gierke ist ganz negativ, während der Antrag Enneccerus positiv ist, allerdings mit einer negativen Einschränkung. Der Antrag Gierke lautet:

„Die Grundsätze des Entwurfes erster Lesung über eingetragene Vereine" sind insofern unannehmbar, als sie durch die Sonderbestimmungen über Vereine für wirthschaftliche und für politische, religiöse oder socialpolitische Zwecke dem Vereinsleben den Rechtsschutz entziehen.

Will der Entwurf zweiter Lesung die Anerkennung der Rechtspersönlichkeit eines Vereins von der Eintragung in ein Vereinsregister abhängig machen, so muß er sich auf die Aufstellung formeller Erfordernisse der Eintragung beschränken und jedem Vereine, dessen Bestand vom öffentlichen Rechte anerkannt wird, den Erwerb der Privatrechtsfähigkeit ermöglichen."

Der Antrag Enneccerus lautet:

„Die Bestimmungen des bürgerlichen Gesetzbuches zweiter Lesung über die eingetragenen Vereine sind im Wesentlichen zu billigen, namentlich ist die Wahl des Systems der Normativbedingungen mit Registerzwang anzuerkennen.

Das Einspruchsrecht gegen die Eintragung politischer, socialpolitischer und religiöser Vereine, sowie die behördliche Auflösung der Vereine bedürfen einer Veränderung oder Klarstellung, indem den Vereinen gegen ungerechtfertigte Einsprüche oder Auflösungen ein wirksamerer Schutz zu gewähren ist."

Justizrath **Wilke:** Ich würde bitten, daß über den Antrag Enneccerus getrennt abgestimmt würde. Ich würde dem ersten Satz zustimmen, aber gegen den zweiten stimmen. Der zweite ist doch eine Einschränkung des Lobes, das der erste ertheilte.

Vorsitzender: Wenn Sie damit übereinstimmen, so kann getrennt abgestimmt werden, dann müßte aber auch über das Ganze abgestimmt werden.

Geh. Justizrath Prof. Dr. **Enneccerus:** Ich glaube, daß ich dem Antrage auf getrennte Abstimmung nicht widersprechen kann, sonst würde ich es thun. Ich glaube aber, der Zweck kann auch dadurch erreicht werden, daß die Abstimmung über das Ganze wiederholt wird. Ich möchte Herrn Justizrath Wilke bitten, seiner Ansicht lieber dadurch Ausdruck zu verleihen, daß er den Absatz 1 meines Antrages als einen selbständigen Antrag einbringt.

Justizrath **Wilke:** Das kann ich nicht gut thun.

Geh. Justizrath Prof. Dr. **Enneccerus:** Sonst könnte es eintreten, daß zwar der Absatz 1 angenommen wird, daß dann aber eine Anzahl gegen Absatz 2 stimmt und daß dann schließlich das Ganze zum Falle kommt. Das ist seine Ansicht durchaus nicht, seine Absicht ist nur die. Am liebsten ist ihm Absatz 1, d. h. am wesentlichen schrankenlose Billigung; als Nr. 2 betrachtet er meinen ganzen Antrag also einschließlich des zweiten Absatzes, und entschieden verwirft er den Antrag, des Herrn Referenten. Dem wird aber am besten und einfachsten nicht durch die Trennung Rechnung getragen, sondern dadurch, daß er für den Fall der Ablehnung meines Antrages in seiner Gesammtheit den Absatz 1 wiederholt als Eventualantrag einbringt.

Justizrath **Levy:** Zur Abstimmung eine kurze Bemerkung. Der Antrag Enneccerus ist eigentlich nichts weiter als ein Amendement zu meinem Antrage und ich glaube, wir kommen über alle Schwierigkeiten am besten hinweg, wenn wir über den zweiten Satz des Antrages Enneccerus für den Fall der Annahme des ganzen Antrages zuerst abstimmen, dann wird sich das Resultat unbedingt als richtig herausstellen.

Vorsitzender: Dann würde also in dieser Weise die Abstimmung vorgenommen werden.

Ein Mitglied: Meiner Ansicht nach kann durch diese Abstimmung nicht das Richtige getroffen werden; ich kann nur für diesen ganzen Antrag stimmen und stimme gegen Absatz 1 des Antrages Enneccerus, wenn nicht das Ganze angenommen wird. Ich glaube, dem muß Rechnung getragen werden.

(Rufe: Es muß ja über das Ganze noch einmal abgestimmt werden!)

Zuerst möchte ich, daß über den zweiten Absatz abgestimmt wird und dann erst über den ersten.

Vorsitzender: Das ist die Absicht. Es soll zunächst getrennt abgestimmt werden, aber nur als Eventualabstimmung. Es würde also zunächst abgestimmt werden über den Antrag Gierke, und zwar über jeden der beiden Sätze besonders. Wird der Antrag angenommen, so ist das Ganze erledigt. Wird der Antrag abgelehnt, so erfolgt die Abstimmung über den Antrag Enneccerus in der Art, daß zunächst über den zweiten Absatz abgestimmt wird. Wenn der zweite Absatz angenommen ist, würde ich über den Zusatzantrag des Herrn Dr. Lesse zu dem zweiten Absatz abstimmen lassen, und wenn der zweite Absatz, sei es mit, sei es ohne diesen Zusatz, angenommen ist, so würde ich über den ersten Satz des Antrages Enneccerus abstimmen lassen.

Geh. Justizrath Prof. Dr. **Gierke:** Es fehlt aber noch eine Abstimmung über den Antrag Leonhard. Es müßte für den Fall, daß mein erster Antrag angenommen, der zweite aber abgelehnt wird, abgestimmt werden über den Antrag Leonhard:

„Im Uebrigen sind die Grundsätze des Entwurfs zu billigen."

Prof. Dr. **Leonhard:** Ich will also hiermit den Antrag stellen, zu sagen:

„Im Uebrigen sind die Grundsätze des Entwurfes zu billigen",

jedoch nur für den Fall, daß der erste Antrag des Herrn Geheimrath Dr. Gierke angenommen werden sollte.

Bei der nun folgenden Abstimmung wird Nr. 1 des Antrages Gierke abgelehnt, wodurch sich der Antrag Leonhard und der zweite Satz des Antrages Gierke erledigt. Absatz 2 des Antrages Enneccerus wird mit großer Mehrheit angenommen, der Zusatzantrag Lesse abgelehnt. Absatz 1 des Antrages Enneccerus wird hierauf ebenfalls mit großer Mehrheit angenommen, so daß der Antrag Enneccerus, unter Ablehnung aller übrigen Anträge, zum Beschluß erhoben worden ist.

Mit der Berichterstattung im Plenum wird Justizrath Levy beauftragt.

(Schluß der Sitzung 2 Uhr 10 Minuten.)

Zweite Sitzung der ersten Abtheilung
am 11. September 1895.

Der Vorsitzende, Wirklicher Geheimer Oberjustizrath, Oberlandesgerichtspräsident Dr. **Struckmann**, eröffnet nach 9 Uhr die Sitzung und ertheilt zu Frage 2:

> Sind Maßregeln zur Einführung des Anerbenrechts vorzuschlagen?

das Wort dem Geh. Justizrath Prof. Dr. Enneccerus-Marburg.

Referent Geh. Justizrath Prof. Dr. **Enneccerus** (Marburg): Die Frage, über welche zu berichten ich die Ehre habe:

> „Sind Maßregeln zur Einführung eines Anerbenrechtes vorzuschlagen und wie sind dieselben zu gestalten?"

hat in den letzten Jahren das öffentliche Interesse in ungewöhnlichem Maße erregt.

Den Beginn machten die Verhandlungen des preußischen Abgeordnetenhauses über Erlaß eines Höferechts für die Provinz Hannover vom J. 1874. Langsam klärte sich in diesen Verhandlungen die Erkenntniß, langsam und schrittweise wurde der Widerstand der Staatsregierung und der öffentlichen Meinung durch die sachkundigen und energischen Darlegungen der hannoverschen Abgeordneten überwunden.

Bald folgte der Antrag des Freiherrn von Schorlemer-Alst auf Einführung eines Anerbenrechts in Westfalen und die verallgemeinernden Anträge bezüglich anderer Provinzen (1879) und nun erschien auch nach langjährigen Vorarbeiten das grundlegende Werk für diese Bestrebungen, „das Erbrecht und die Grundeigenthumsvertheilung im Deutschen Reiche von Professor v. Miaskowski.

Eine umfangreiche Litteratur kleinerer Schriften schloß sich an, unter denen ich als die neuesten Arbeiten das Werk „Zick, Die bäuerliche Erbfolge im rechtsrheinischen Bayern", ferner eine Besprechung dieses Buches von Herrn Geh. R. Gierke in der Augsb. allg. Zeitung und das Gutachten des Herrn Ober-Bürgermeisters Andrae erwähne. Außerdem aber hat sich eine große Zahl von Versammlungen und Behörden mit der Frage beschäftigt. Namentlich erinnere ich an die Verhandlungen der Agrarconferenz in Berlin vom 28. Mai bis 2. Juni 1894 und die Verhandlungen des Vereins für Socialpolitik vom 29. September 1894 in Wien.

Wenn demnach auch schwerlich erwartet werden kann, daß dieser Frage durch die Verhandlungen des Juristentages noch ganz neue, bisher völlig unbekannte und bahnbrechende Gesichtspunkte abgewonnen werden könnten, so ist doch diese Verhandlung nicht nur sehr wünschenswerth, sondern sogar ganz besonders bedeutsam; denn erfahrungsmäßig hat gerade der in der Hauptsache römisch rechtlich gebildete Juristenstand in manchen Gegenden sich diesen Bestrebungen gegenüber nicht selten kühl oder gar theilnahmlos verhalten. Von hohem Werth würde es also sein, wenn der Juristentag, das einzige ganz Deutschland umfassende Organ dieses Standes, durch sein Votum zeugen würde, daß auch die Juristen in ihrer Mehrheit eine Reform des bäuerlichen Erbrechts für nothwendig halten.

Wenn wir die Frage des Anerbenrechtes prüfen wollen, so wird es sich empfehlen, zunächst der wirthschaftlichen Bedeutung des Bauernstandes näher zu treten und dabei von der Bodenvertheilung in Deutschland und Deutschösterreich auszugehen.

Im Nordosten und theilweise auch im Norden Deutschlands herrschen die großen Güter vor, d. h. solche, welche einen Dirigenten von höherer landwirthschaftlicher Bildung verlangen, einschließlich der Herrschaften, deren Größe gar eine Mehrheit landwirthschaftlicher Dirigenten erfordert.

Dies gilt namentlich von Theilen Neuvorpommerns, Schlesiens, Mecklenburgs, Posens, Ost- und Westpreußens und des östlichen Schleswig-Holstein. In manchen Theilen dieser Gebiete ist ein Bauernstand kaum mehr vorhanden. Gutsherr und Tagelöhner stehen sich wie Herr und Knecht gegenüber. Eine tiefe Kluft trennt die Besitzenden und die Besitzlosen. Dem besitzlosen Arbeiter fehlt jede Aussicht, durch Sparsamkeit und Fleiß eine selbständige Lebensstellung zu erlangen. Daher ist die Auswanderung hier besonders stark und die gedrückte Lage zeigt sich auch in der hier durchschnittlich kürzeren Lebensdauer.

Es ist eine der größten Aufgaben der Agrargesetzgebung, hier durch die Begründung eines kräftigen lebensfähigen Bauernstandes den Gegensatz zwischen arm und reich zu vermitteln und durch Schaffung kleineren Grundeigenthums dem Arbeiter den Erwerb eines Eigenthums zu ermöglichen, und der preußische Staat ist dieser Aufgabe in seinen Ansiedlungsgesetzen näher getreten.

Die heutige Verhandlung hat sich indeß mit dieser Frage nicht zu beschäftigen.

Den Gegenden des Großgrundbesitzes stehen im scharfen Gegensatz die Gegenden des kleinen, nicht mehr spannfähigen Grundeigenthums gegenüber.

Dahin gehören namentlich der Westen Württembergs, die fränkischen Gegenden Bayerns, zumal Unterfranken und die Pfalz, ferner die fränkischen Theile Badens, Hessens, Nassaus, die preußische Rheinprovinz und Thüringen.

Ein solches Kleingütlerthum hat in zwei Fällen seine volle Berechtigung.

Erstens wenn Bodenbeschaffenheit, Volkscharakter und Absatzverhältnisse den Bau von Wein, Obst, Hopfen, Tabak oder anderen Handelsgewächsen gestatten, welche Spatencultur und besonders sorgfältige persönliche Pflege verlangen. Auch dann ist freilich die Gefahr vorhanden, daß die fortdauernde Theilung dieser schnellem Besitzwechsel unterliegenden Kleingüter sie schließlich zu Zwerggütern verkleinert, welche eine Familie nicht mehr voll zu beschäftigen und zu nähren vermögen. Die Zwerggüterwirthschaft aber hat alle jene materiellen und moralischen Schäden zur Folge, welche der Mangel an Nahrung und der Mangel an Beschäftigung mit Nothwendigkeit erzeugt.

Zweitens ist die Bildung ganz kleiner Güter gerechtfertigt, wenn durch die Nähe von Städten, Fabrikorten oder Bergwerken oder von großen oder mittleren Gütern Gelegenheit zu lohnendem Nebenverdienst gegeben ist.

Soweit aber diese Voraussetzungen nicht zutreffen, ist die starke Zersplitterung des Eigenthums von großem Nachtheil. Körnerbau und Viehzucht verlangen Güter von einer gewissen Größe. Die landwirthschaftliche Maschine ist selbst bei genossenschaftlichem Zusammenschluß nur auf solchen verwendbar.

Für den bei weitem größten Theil Deutschlands ist also das Kleingütlerthum unbrauchbar und der deutsche Bauer unentbehrlich.

Daß ein Bauernstand in manchen Gegenden des Ostens und Nordens fast fehlt, daß sich in ihnen ein großes Gut an das andere schließt, nur hier und da von dürftigen Kathen der Tagelöhner unterbrochen, das beruht zum größten Theil auf der späten Colonisation dieser Gegenden, zum Theil aber auch auf dem berüchtigten Legen der Bauern namentlich nach dem dreißigjährigen Kriege und bis in unser Jahrhundert hinein.

Gleichwohl finden wir einen leistungsfähigen Bauernstand noch in großen Gebieten, zunächst im Nordwesten Deutschlands, namentlich dem Westen Schleswig-Holsteins, dem größten Theile Hannovers, Bremens, Braunschweigs, Oldenburgs, Westfalens und einem Theile Hessens, ferner im Südosten, namentlich in Altbayern, Tirol, den Erzherzogthümern und Theilen von Kärnthen und Steiermark, aber auch, wenn auch in stärkerer Mischung mit Großgrundbesitz, in vielen anderen Gegenden, namentlich im Königreich Sachsen, Sachsen-Altenburg, der Mark Brandenburg, Gumbinnen, der Weichselniederung, im badischen Schwarzwald und im östlichen Württemberg.

Aber nicht nur dem Kleinbesitz gegenüber ist die Erhaltung dieses bäuerlichen Mittelbesitzes eine wirthschaftliche Nothwendigkeit. Auch dem Großgrundbesitz gegenüber hat derselbe erhebliche Vorzüge. In der bäuerlichen Wirthschaft schließt sich die Arbeitstheilung unmittelbar an die natürliche Gliederung der Familie. Der Bauer selbst ist Leiter, Ueberwacher und Vorarbeiter in einer Person, die Bäuerin hat dieselbe Stellung für den Haushalt und die Viehwirthschaft, die erwachsenen, bisweilen selbst die halberwachsenen Kinder sind die natürlichen Gehülfen beider. Die ganze Familie ist eine natürliche Productiogenossenschaft, von deren gemeinschaftlichem Geist und Interesse auch das Gesinde mit ergriffen wird.

Deshalb wird in der bäuerlichen Wirthschaft der Grund und Boden wie das Vieh besonders sorgfältig behandelt und der durchschnittliche Wohlstand ist in der Regel dort am größten, wo der mittlere Grundbesitz vorwiegt.

Miaskowski vergleicht in dieser Beziehung Neuvorpommern und die Altmark und zeigt, daß in Neuvorpommern bei vorwiegend großen Gütern auf die Quadratmeile 3015 Stück Großvieh kommen, wobei alles Kleinvieh auf Großvieh reducirt ist, die Altmark aber bei vorwiegend mittlerem Grundeigenthum 3472 Stück Großvieh aufweist.

Das ist aber um so beweisender, weil der Boden Neuvorpommerns durchschnittlich der erheblich bessere ist. Macht man die Rechnung nach dem Grundsteuerreinertrage, so ergiebt sich, daß in Neuvorpommern erst auf eine Fläche von 13,5 Thaler Grundsteuerreinertrag ein Stück Großvieh kommt, in der Altmark bereits auf 6,8 Thaler Reinertrag.

Das Verhältniß ist also fast genau wie 1 zu 2.

Dementsprechend ist denn auch die Steuerfähigkeit in Gegenden mittleren Besitzes durchschnittlich größer als in ähnlichen Gegenden mit vorwiegendem Großgrundbesitz. Und in der gegenwärtigen landwirthschaftlichen Nothlage sehen wir, daß, wenn auch überall geklagt wird und mit

Recht, die Nothlage doch in den Gegenden des Mittelbesitzes viel leichter getragen wird als in dem großgrundbesitzenden Osten.

Aber noch viel schwerer als alle diese wirthschaftlichen Gründe für die Erhaltung eines kräftigen Bauernstandes wiegt seine politische Bedeutung.

Es ist in der That eine Frage von eminenter staatlicher Bedeutung, die uns hier beschäftigt, die Erhaltung des Mittelstandes auf dem Lande und dieselbe wird um so wichtiger, als ein erheblicher Theil des Mittelstandes in den Städten durch die Concurrenz der Großindustrie bedrängt und nicht unerheblich vermindert oder herabgedrückt wird.

Wir bedürfen für unser communales, auf Selbstverwaltung begründetes Leben einer breiten Grundlage fest gegründeter, selbständiger, nicht durch den täglichen Kampf mit der Noth niedergedrückter Männer.

Wir bedürfen für unser Heer kräftiger, durch gesunde Arbeit gestählter Jünglinge.

Wir bedürfen für unseren Staat und die bestehende Gesellschaft eines weite Kreise umfassenden besitzenden Mittelstandes, zu dem aufzusteigen den unteren Schichten möglich ist und aus dem sich die höheren Berufskreise ergänzen und verjüngen.

Ich bin weit entfernt, das Alles ausschließlich beim Bauernstande zu finden. Aber ich behaupte, daß auf dem Lande ein gesundes communales Leben unmöglich ist, wo die Bevölkerung nur aus Großgrundbesitzern und Nichtbesitzern oder nur aus kümmerlich lebenden und deshalb geistig niedergedrückten Zwerggütlern besteht.

Ich behaupte, daß unserer Armee mit den Bauernsöhnen eines ihrer zuverlässigsten und leistungsfähigen Elemente entzogen werden würde.

Ich behaupte, daß nach dem Verschwinden des Bauernstandes socialistische Umsturzbestrebungen ein viel leichteres Spiel auf dem Lande haben würden, als das heutzutage, Gott sei Dank, der Fall ist; und ich behaupte aus allen diesen Gründen, daß die Erhaltung des Bauernstandes eine politische Frage allerersten Bedeutung ist.

Ist nun dieser bäuerliche Mittelstand durch das geltende Erbrecht in Wirklichkeit bedroht?

Ich habe diese Frage seit dem Jahre 1882, wo ich mich zuerst eingehender mit derselben beschäftigt, bejaht, und was seitdem über diesen Gegenstand geschrieben und verhandelt ist, hat mich darin lediglich bestärkt.

Freilich, so steht es mit dem Bauernstande noch nicht, daß binnen ganz kurzer Zeit demselben völliger Ruin bevorstände. Wäre das der Fall, so wäre eine Hilfe durch Veränderung des Erbrechts überhaupt nicht mehr möglich und ich würde mich der Mühe eines Plaidoyers für eine von vorn herein verlorene Sache nicht unterziehen. Nein! gerade weil es noch nicht zu spät ist, was freilich vereinzelte pessimistische Stimmen schon behaupten, gerade weil die Vermögenslage des Bauernstandes bis jetzt noch eine allenfalls erträgliche genannt werden kann, so schwer derselbe auch gegenwärtig unter den exorbitant niedrigen Getreidepreisen leidet, gerade deshalb ist es unsere Pflicht, diese noch gegebene Spanne Zeit nicht unbenutzt verstreichen zu lassen.

Die dem Bauernstande durch das geltende Erbrecht drohende Gefahr ist eine doppelte, die Gefahr der Realtheilung und der Ueberschuldung.

Die Gefahr der Realtheilung ist die kleinere, aber immerhin nicht zu unterschätzende.

Wenn ich von einer „Gefahr der Realtheilung" rede, so denke ich natürlich nicht an jene vereinzelten Fälle, in denen etwa wegen neu gegründeter Fabriken und Bergwerke local für einen Theil des bäuerlichen Besitzes eine Zertheilung oder Verkleinerung vortheilhaft und wünschenswerth, ja vielleicht nothwendig erscheint, sondern ich denke an die Gefahr der Realtheilung für einen bäuerlichen Besitz, der besser ungetheilt bliebe. Für einen solchen wird nun allerdings in den meisten Fällen die Realtheilung unter eine Mehrheit von Erben durch die Ortssitte verhindert.

In der That ein merkwürdiger Gegensatz zwischen dem geltenden Erbrecht und der thatsächlichen Erbsitte.

Alle in Deutschland geltenden Landesrechte geben den Kindern gleiche Erbtheile; ferner verstattet das gemeine Recht dem Erbtheilungsrichter nicht nur, dem einen der Miterben das Gut gegen Entschädigung der anderen zuzusprechen, sondern auch realiter zu theilen oder zur Versteigerung zu schreiten; das preußische Landrecht giebt sogar jedem Miterben das Recht, theilungshalber die Versteigerung zu verlangen, und das französische Recht schreibt selbst grundsätzlich die Versteigerung vor; aber die Erbsitte setzt sich fast überall, wo ein wirklicher Bauernstand, ein Mittelbesitz noch vertreten ist, souverän über diese Bestimmungen hinweg. Das Gut wird in der Regel durch Uebergabevertrag oder Ansatzvertrag, vereinzelt auch durch Testament, einem der Kinder gegen an die übrigen zu zahlende Abfindungen übertragen, ja selbst wenn das versäumt ist, wird ein ähnliches Resultat in den meisten Fällen noch durch Uebereinkunft unter den Miterben selber erreicht.

Kann es wohl einen schlagenderen Beweis dafür geben, daß das geltende Recht der gleichen Theilung für die Erbfolge in Bauerngüter unbrauchbar ist, als diese Erbsitte?

Ausgeschlossen aber ist die Gefahr der Realtheilung durch diese Erbsitte keineswegs. In nicht seltenen Fällen, wo der Uebergabevertrag versäumt ist, wird die Einigung unter den Miterben nicht erreicht und es kommt zur Theilung oder zur Versteigerung. Namentlich wenn neben dem ältesten Sohne minderjährige Kinder vorhanden sind, glauben die Vormundschaftsrichter jede Verkürzung derselben hindern zu müssen und treiben so das Gut, wenn Niemand es zum vollen Werthe zu übernehmen im Stande ist, zur Subhastation, d. h. praktisch zur Zersplitterung oder zur Verbindung mit einem benachbarten größeren Gute. Das ist mir von einer ganzen Reihe von bäuerlichen Vertretern des Regierungsbezirkes Cassel berichtet und ebenso an anderen Orten beobachtet.

Es ist ja auch naturgemäß, daß das geltende Recht der römischen gleichen Erbtheilung allmählich einen zersetzenden Einfluß auf die Erbsitte gewinnen muß, da es den Egoismus der jüngeren Geschwister weckt und befriedigt.

Daß der angerichtete Schaden nicht viel größer ist, hat darin seinen Grund, daß die früheren meist hofrechtlichen Beschränkungen der Realtheilung erst seit verhältnißmäßig kurzer Zeit hinweggefallen sind, und dennoch sind, z. B. im Reg.=B. Cassel, bereits Gebiete vorhanden, in denen ohne zwingende wirthschaftliche Ursachen die Sitte der Anschlagsverträge ins Schwanken gerathen ist, während sie noch in den ersten Jahrzehnten dieses Jahrhunderts als durchaus herrschend bezeichnet werden mußte.

Schreitet die Theilung weiter vor, so verwandelt sie den Bauernbesitz allmählich in Zwerggüter, auf denen die ländliche Bevölkerung nur die allerkümmerlichste Nahrung und Beschäftigung findet. Zwerggüter aber verfallen dann allmählich mehr und mehr dem nach Landbesitz strebenden Großcapital. Große landwirthschaftliche Krisen werfen die Zwergbesitzer zu Boden und das Großcapital schließt sie allmählich zu Latifundien zusammen. Ein lehrreiches Beispiel bildet in dieser Beziehung Norditalien. Die Einwirkung des römischen Erbrechtes führte daselbst in den ersten Jahrhunderten des Mittelalters zunächst zu einer von Generation zu Generation fortschreitenden Zerstückelung. Dann aber trat durch allmähliche Vereinigung dieser wirthschaftlich auf die Dauer nicht haltbaren Zwerggüter in der Hand von Capitalisten die Latifundienbildung an die Stelle und die fideicommissarische Bindung dieser Latifundien bildete das Ende.

Ungleich größer aber als die Gefahr der Realtheilung ist die dem bäuerlichen Besitz in Folge des geltenden Erbrechts drohende Ueberschuldung.

In Fällen, wo die Eltern das Gut bei Lebzeiten noch nicht übergeben haben, wird allerdings auch jetzt noch meistens der Uebergang auf eins der Kinder durch Einwilligung der Miterben bewirkt. Aber die Abfindungen erreichen in diesen Fällen jetzt sehr häufig eine bedrohliche, ja nicht selten eine unmittelbar verderbliche Höhe, namentlich wo der Vormundschaftsrichter mitzuwirken hat, aber auch sonst durch den ganz erklärlichen, aber gemeinschädlichen Egoismus der Miterben. Bei den Vorverhandlungen über die Landgüterordnung für den Regierungsbezirk Cassel wurde mir das fast von sämmtlichen bäuerlichen Abgeordneten bestätigt, aus anderen Gegenden wird ganz dasselbe berichtet und selbst Fick, obgleich er gegen ein Anerbenrecht plaidirt, muß aus Bayern im Grunde ganz dasselbe berichten (S. 283). Nach ihm ist in Bayern „für den Uebernahmepreis der Verkaufswerth des Gutes mitbestimmend und bildet die Grenze, welcher sich dieser Preis annähert, eine Grenze, die bei stark verschuldeten Gütern manchmal erreicht wird. Höchstens insofern kann man von einer Berücksichtigung des Ertragswerthes reden, als das Gut „womöglich" so übergeben wird, daß der Uebernehmer auch in weniger guten Jahren bestehen kann." „Die Einmischung der Behörden als Vertreter minderjähriger Erben führt leicht dazu, daß sich der Uebernahmspreis dem Verkaufswerth nähert, weil in solchen Fällen das Gut meist abgeschätzt wird." Das ist fast wörtlich dasselbe, was ich von meinen hessischen Landsleuten gehört habe und was fast aus allen Orten berichtet wird. Später (S. 301) setzt freilich Fick hinzu, es werde jetzt aus vielen Orten berichtet, daß in der letzten Zeit die Sitte, die Uebernahmepreise dem Verkaufswerthe anzunähern, in Abnahme gekommen sei; aber er muß zugleich hinzufügen: „Aus manchen Gegenden mußten wir allerdings feststellen, daß auch jetzt noch die Abfindungen der weichenden Geschwister im Wachsen begriffen sind", im Wachsen, füge ich hinzu, obgleich Fick kurz vorher ausdrücklich constatirt hat, daß die Preise des Grund und Bodens zurückgegangen sind.

Wenn diese Schilderungen richtig sind — und sie sind richtig — wenn die Uebernahmepreise sich auch nur einigermaßen den Verkaufspreisen nähern, so kann, wo nicht etwa das Zweikindersystem besteht — und es besteht in Deutschland Gott Lob fast nirgends — ein lebenskräftiger Bauernstand auf die Dauer nicht erhalten bleiben.

Ich greife ein Beispiel aus dem Leben. Ein Bauerngut, welches mit Inventar 50 000 Mk. werth ist und auf dem 20 000 Mk. Schulden haften, war recht gut haltbar. Nun tritt die Theilung unter 5 Erben ein. Wird es auch nur zu 45 000 Mk. geschätzt, also nach Abzug der Schulden zu 25 000 Mk., so wird es mit weiteren 20 000 Mk. Abfindungen belastet und wenn dieselben sich auch durch Heirath einer in ähnlichen Verhältnissen befindlichen Bauerntochter um 5000 Mk. vermindern, so kann doch das Gut eine Gesammtschuldenlast von 35 000 Mk. nicht tragen. Der Ertragswerth des Gutes ist ja bekanntermaßen geringer als der Zinsfuß für hypothekarische Schulden. Rechnen wir den Ertragswerth zu 3 pCt., den Zinsfuß der Hypotheken zu 4 pCt., so wird der gesammte Ertrag des Gutes in unserem Beispiel mit Ausnahme eines Restes von 100 Mk. durch die Zinsen aufgezehrt.

Aus alledem ergiebt sich mit zwingender Nothwendigkeit der Satz:

„Soll ein leistungsfähiger Bauernstand erhalten bleiben, so muß für die Gegenden, in denen der Uebergang des Gutes auf einen Erben die Regel bildet, eine Intestaterbfolge geschaffen werden, welche dasjenige, was die Eltern in den meisten Fällen durch Uebergabevertrag bewirken, auch in den Fällen zur Ausführung bringt, wo der Erblasser die Verfügung durch Uebergabevertrag oder Testament versäumt hat, mit anderen Worten ein Intestaterbrecht, welches der Vererbungssitte entspricht und nicht wie die römische Theilung mit derselben in directem Widerspruch steht.

Welches sind nun die Gegengründe gegen dieses Intestatanerbenrecht?

Den Hauptgegengrund, der in Zeitungen, aber auch in den Versammlungen meistens eine große Rolle spielt, braucht eigentlich hier in einer Versammlung von Juristen kaum erwähnt zu werden. Man sagt: der Bauer dürfe in der freien Verfügung über sein Gut nicht beschränkt werden. Das ist ganz gewiß richtig. Ein Zwangsanerbenrecht würde beim Bauernstande mit Recht auf den allerschärfsten Widerstand stoßen. Aber ein solches Zwangsanerbenrecht will auch kein Mensch, oder doch fast kein Mensch, und wenn ganz vereinzelt der bekannte Herr v. Ploetz diese Forderung aufgestellt hat, so beweist das nur, daß eine Agitation ohne das nöthige Maß von Besonnenheit der guten Sache der Landwirthschaft zu schaden, aber nicht zu nützen vermag. Um aber jeden Zweifel über meine und, wie ich nicht zweifle, des ganzen Juristentages Meinung auszuschließen, habe ich als These I den Satz aufgestellt:

„Ein Anerbenrecht, welches sich gegen den Willen des Erblassers zwangsweise geltend macht, ist mit den Anschauungen des deutschen Bauernstandes in Widerspruch.“ Die Frage, ob nicht für Renten- und Ansiedlungsgüter gleichwohl aus besonderen Gründen ein Zwangsanerbenrecht geschaffen werden solle, ist wie ich glaube, für uns heute noch nicht spruchreif. Sie bedarf einer besonderen Erörterung, besonderer Gutachten. Ihr soll also durch die

Aufstellung und eventuell Annahme dieser meiner ersten These nicht präjudicirt werden.

Zweitens ist neuerdings von Brentano und Fick mit besonderer Energie darauf hingewiesen, daß das Anerbenrecht wenigstens in Bayern nicht altes Recht sei, sondern dem Hofrecht entstamme und wesentlich um der Gutsherrschaft willen eingeführt sei. Dies ist in gewissem Maße richtig und nicht nur für Bayern, sondern auch an sehr vielen anderen Orten. Ein gewisser Zusammenhang ist auch meines Wissens kaum jemals geleugnet und ich habe diesen Zusammenhang z. B. schon im Jahre 1882 für Hessen ausdrücklich betont. Aber die gleiche Theilung ist auch nicht altes deutsches Recht. Das sächsische Recht kannte ein Vorzugsrecht der Söhne vor den Töchtern, ebenso, wenn auch nicht in gleichem Maße, das fränkische Recht. Durch dieses Vorzugsrecht der Söhne wurde die Gefahr der Theilung um die Hälfte verringert und wenn das Anerbenrecht auch an vielen Orten in erster Linie dem gutsherrlichen Interesse seine Entstehung verdankt, so ist doch ebenso sicher, daß es auch den bäuerlichen Interessen und Auffassungen conform ist; denn erstens ist es in der Sitte der Anschlagsverträge auch nach Aufhebung der gutsherrlichen Rechte aufrecht erhalten, und zweitens ist es auch in Ländern, wie z. B. Tirol, zur Geltung gelangt, in denen die Gutsunterthänigkeit der Bauern kaum irgend wo bestanden hat. Es ist also ganz unrichtig, das Anerbenrecht lediglich als eine Consequenz der Gutsunterthänigkeit zu behandeln.

Drittens und hauptsächlich beruft man sich gegen das Anerbenrecht auf die Idee der Gerechtigkeit, welche die gleiche Theilung fordere.

Hier hängt aber Alles von der Entscheidung einer Vorfrage ab: Soll man bei der Construction des bäuerlichen Erbrechtes davon ausgehen, daß das Gut regelmäßig in der Familie verbleibe oder daß in der Regel ein Verkauf des Gutes stattfinde? Entscheidet man sich für das erstere, soll das Gut der Familie in der Regel erhalten bleiben, so ist die gleiche Theilung nach dem Verkaufswerth nicht Gerechtigkeit, sondern die schwerste Ungerechtigkeit gegen den Uebernehmer. Er zieht aus dem Gute nur den Ertragswerth und soll die Erbtheile der Geschwister nach dem höheren Verkaufswerthe verzinsen. Er hat also meist mehr an Zinsen zu zahlen, als er einnimmt, und dazu trägt er noch das Risico schlechter Jahre und gilt wenigstens sittlich verpflichtet, in Noth gerathenen Geschwistern Unterschlupf zu gewähren.

Soll das Gut der Familie erhalten bleiben, so fordert also die Gerechtigkeit, daß für die Erbtheilung lediglich der Ertragswerth des Gutes entscheide, und das kommt praktisch darauf hinaus, daß Einer das Gut übernimmt gegen mäßige, nach der Leistungsfähigkeit des Gutes bemessene Abfindungen.

Was die Ausgestaltung des Intestaterbenrechtes betrifft, so möchte ich mich auf wenige Sätze beschränken.

Erstens. Es muß sich so eng als irgend möglich an die Ortssitte anschließen, weil es nur dann in der Bevölkerung wirklich Boden fassen wird. Statt jeder ausführlicheren Begründung möchte ich Ihnen eine von mir gemachte Erfahrung mittheilen. Ausgehend von der in meiner ursprünglichen Heimath Hannover herrschenden Ortssitte, machte ich im Jahre 1882 bei den Berathungen des Communallandtages zu Cassel den Vorschlag, das Gut, wenn nichts Anderes bestimmt sei, auf den ältesten Sohn übergehen zu lassen. Ich fand einige Zustimmung, aber auch entschlossenen Widerstand, namentlich bei den bäuerlichen Abgeordneten selber. Als ich dann der Ortsgewöhnung folgte und ganz der Ortssitte entsprechend vorschlug, den Anerben durch Vormünder und Verwandte bestimmen zu lassen, erzielte ich die so gut wie einstimmige Zustimmung der bäuerlichen Abgeordneten und eine Majorität von mehr als neun Zehntel aller Abgeordneten.

Zweitens. Von selbst ergiebt sich hieraus, daß die Einführung eines Intestatanerbenrechtes nur für diejenigen Gegenden empfohlen werden kann, in denen die Sitte der Gutsübernahme durch einen Erben noch existirt. Die Einführung eines Intestatanerbenrechts, wo die Theilung gang und gäbe ist, wäre nicht nur ein Schlag ins Wasser, denn die Bevölkerung würde die Theilung dennoch herbeizuführen wissen, sondern auch schädlich. Namentlich würde — und ich spreche da aus genauester Kenntniß aus den Verhandlungen mit bäuerlichen Vertretern solcher Gegenden — große Unzufriedenheit und Mißstimmung die unausbleibliche Folge sein. Für die Gegenden mit Naturaltheilung ist nur die Höferolle brauchbar, die ich deshalb auch in meiner letzten These empfohlen habe.

Drittens. Das Anerbenrecht empfiehlt sich im Allgemeinen nur für Güter, welche eine Familie zu beschäftigen und zu nähren im Stande sind. Die nähere Bestimmung der Größe ist provinziell zu regeln.

Viertens. Mit der Anordnung des Anerbenrechtes muß eine Abänderung des Pflichttheilsrechtes Hand in Hand gehen, sei es, indem auch für dieses der Ertragswerth für entscheidend erklärt wird, sei es durch Beschränkung der Pflichttheilsquote. Da ähnliche Bestimmungen bereits in allen Landgüterordnungen enthalten sind, so darf ich wohl bis zu einer etwaigen Anfechtung auf eine Begründung verzichten.

Fünftens wäre die Höhe der Abfindungen der Geschwister zu bestimmen, der wichtigste und zugleich schwierigste Punkt, der aber noch weniger wie die vorher berührten eine für Deutschland allgemeine Feststellung verträgt. Ich beschränke mich daher auf den allgemeinen Satz, daß die Erhaltung des Gutes in der Hand des Uebernehmers der ausschlaggebende Gesichtspunkt bleiben muß.

Zuletzt wäre zu erwägen, ob es nicht überhaupt genüge, wenn das System der Landgüterrollen in Deutschland allgemein eingeführt würde.

Diese Frage ist ganz entschieden zu verneinen. Von den Landgüterordnungen, welche ihre Wirkung von der freiwilligen Eintragung in die Höferolle abhängig machten, sind nur diejenigen für Hannover, Lauenburg, Oldenburg und Bremen von wirklich erheblichem Erfolge gewesen.

In Hannover waren Ende 1893 eingetragen 66 050 Landgüter,
in Oldenburg 9027 Landgüter, das sind etwa 83 pCt. aller mittleren Landgüter,
in Bremen 299, das sind etwa 39 pCt.
Dagegen in der großen Provinz Westfalen nur 3219 Höfe,
im Reg.-Bez. Cassel nur 144,
in Brandenburg nur 81,
in Schlesien nur 41,
in Schleswig-Holstein 28.

Daß in Hannover und dem unmittelbar angrenzenden Oldenburg eine ganze Reihe besonders günstiger Umstände mitgewirkt haben, ist bekannt. Wo diese fehlten, hat der Mangel an Beweglichkeit und das leicht erregte Mißtrauen der bäuerlichen Bevölkerung fast jede Wirkung verhindert. Typisch ist in dieser Beziehung der Regierungsbezirk Cassel. So gut wie einstimmig hatten sich die sämmtlichen bäuerlichen Abgeordneten des Communallandtages für ein ohne Höferolle von selbst eintretendes Anerbenrecht ausgesprochen und auch dabei keinen Zweifel gelassen, daß mit der Höferolle das Gesetz voraussichtlich ein todtgeborenes Kind bleiben würde. Gleichwohl legte die Regierung das Gesetz nach dem System der Höferolle vor und die 144 Eintragungen in den ersten 6 Jahren bestätigen die Voraussage eines völligen Mißerfolges.

Zum Schluß muß ich mich zum bürgerlichen Gesetzbuch wenden.

Obgleich ganz allgemein anerkannt wird, daß das Anerbenrecht nur durch Landesgesetze und zwar in den größeren Ländern nach Provinzen oder noch kleineren Kreisen geregelt werden kann, ist doch neuerdings der Vorschlag gemacht, die allgemeinsten Grundsätze desselben in das bürgerliche Gesetzbuch aufzunehmen, jedoch so, daß die Gestaltung im Einzelnen der Landesgesetzgebung vorbehalten bleibe, ohne deren Thätigkeit es demnach nicht in Kraft trete, und durch die es für einzelne Länder oder Gegenden auch ausgeschlossen werden könne.

Ich muß mich indessen in Uebereinstimmung mit dem Herrn Gutachter Oberbürgermeister Dr. André entschieden gegen diese Schaffung eines reichsgesetzlichen Rahmens erklären, in welcher die Landesgesetzgebung lebensvolle Bilder einzuzeichnen aufgefordert wird, aber nicht gezwungen werden kann.

Man hofft, durch diese reichsgesetzlichen Hauptgrundsätze dem bäuerlichen Erbrecht mehr Gewicht zu geben und ihm namentlich eine höhere Achtung und ein sorfältigeres Studium der Juristenwelt zu sichern.

Ich aber glaube umgekehrt: Eine solche Aufstellung von Hauptprincipien wird nur ein Programm sein, eine Resolution ohne unmittelbaren praktischen Werth. In Oesterreich, wo man im Jahre 1889 nach diesem Recepte verfahren ist und ein derartiges Reichsgesetz, welches die Grundprincipien enthält, erlassen hat, ist das Gegentheil von der erhofften Wirkung eingetreten. In den mehr als 6 Jahren der Geltung des Reichsgesetzes hat nicht ein einziger der Landtage einem Anerbenrecht wirklich die Zustimmung gegeben. Und nun sollen wir es nachmachen und davon Wunder hoffen? Nein, m. H., ein solches reichsrechtliches Programm nützt nichts; gleichwohl aber würde der Versuch, es ins bürgerliche Gesetzbuch hineinzubringen, schwere Gefahren hervorrufen, für das Anerbenrecht selber und für das bürgerliche Gesetzbuch.

Wie ich früher dargelegt habe, und was eigentlich auch von Niemand bestritten wird, giebt es im Deutschen Reich zahlreiche Gegenden, in denen ein Anerbenrecht zu den wirthschaftlichen Verhältnissen nicht paßt und auch der Bevölkerung im höchsten Maße unsympathisch ist. Solange man sich nun mit Provinzialgesetzen begnügt, welche für diese Gegenden das Anerbenrecht ausschließen oder doch durch Einführung der Höferolle für diese Gegenden das Anerbenrecht nur zu facultativer Geltung bringen, entsteht in solchen Gegenden keine Agitation gegen das Anerbenrecht. Man sagt dann dort: Wenn wir verschont bleiben, mögen andere Länder, andere Provinzen, andere Gegenden unserer Provinz für sich einführen, was sie wollen.

Sowie Sie, m. H., aber das Anerbenrecht als allgemeines Programm im bürgerlichen Gesetzbuch aufstellen, gerathen alle diese Gegenden in Aufregung und agitiren gegen das Anerbenrecht. Dagegen hilft auch die Cautel nichts, daß das Anerbenrecht für einzelne Gegenden landesgesetzlich ausgeschlossen werden könne; denn keine Gegend weiß von vornherein, daß sie zu den ausgeschlossenen gehören wird.

Diese Agitation aber würde sich in zweiter Linie auch gegen das bürgerliche Gesetzbuch selbst richten. Ich halte es für so gut wie sicher, daß in den Gegenden das Kleingüterthums die Reichstagsabgeordneten von der Bevölkerung beschworen werden, gegen das Anerbenrecht und eventuell gegen das ganze bürgerliche Gesetzbuch zu stimmen.

So würden durch ein solches Anerbenprogramm im bürgerlichen Gesetzbuch dem großen Gesetzeswerk neue Gegner, aber keine neuen Freunde entstehen; denn das ist wohl ausgeschlossen, daß Jemand deshalb gegen das Gesetzbuch stimmen könnte, weil eine ohnehin landesrechtlich zu ordnende Frage nicht wenigstens programmatisch im Gesetzbuch berührt wäre.

Das Bürgerliche Gesetzbuch bezw. das Einführungsgesetz hat daher für das Anerbenrecht und die damit zu verbindenden Pflichttheilsbeschränkungen die Bahn frei zu halten. Im Uebrigen aber bitte ich Sie, durch Annahme meiner vierten These die Aufnahme eines Anerbenrechtsprogramms ins Bürgerliche Gesetzbuch im Interesse des Anerbenrechts selber und im Interesse des großen Gesetzgebungswerkes abzulehnen.

(Lebhafter Beifall.)

Meine Anträge gehen also dahin:

1. Ein Anerbenrecht, welches gegen den Willen des Erblassers zwangsweise in Wirkung tritt, ist mit den Anschauungen des deutschen Bauernstandes in Widerspruch.
2. Ein Intestatanerbenrecht für solche Landgüter, welche einer Familie vollauf Beschäftigung und Nahrung zu geben vermögen, empfiehlt sich für diejenigen Gegenden, in denen der Uebergang des Gutes auf einen Erben der Sitte entspricht.

   Die Gestaltung desselben hat sich eng an die Ortssitte anzuschließen und muß demgemäß für die einzelnen Gegenden eine verschiedene sein.

   Die Abfindungen der Miterben sind, sofern der Erblasser nichts Anderes bestimmt hat, nach dem Ertragswerth, nicht nach dem Verkaufswerth des Gutes zu bestimmen, und demgemäß ist das Pflichttheilsrecht der Miterben zu beschränken.
3. Für die übrigen Gegenden empfiehlt sich ein derartiges Anerbenrecht für die auf Antrag des Eigenthümers in die Höferolle eingetragenen Güter.
4. Die Ordnung des Anerbenrechts ist der Landesgesetzgebung zu überlassen. Das Bürgerliche Gesetzbuch hat sich darauf zu beschränken, die Möglichkeit einer wirksamen Landesgesetzgebung aufrecht zu erhalten.

Vorsitzender: Es ist mir soeben ein Zusatzantrag, ein Unterantrag überreicht worden zu dem Antrage des Herrn Referenten von den Herren Brunner, Gierke und von Harsdorf:

1. Satz 1 ist zu streichen.

2. In Satz 2 Absatz 3 sind die Worte: „und demgemäß ist" zu streichen und zu sagen:

„Das Pflichttheilrecht ist zu beschränken und das eheliche Güterrecht entsprechend zu ordnen.

3. Satz 4 (3) hat zu lauten:

„Das bürgerliche Gesetzbuch hat zu Gunsten einer wirksamen Landesgesetzgebung die erforderlichen Vorbehalte aufzunehmen".

4. Als letzter Satz ist hinzuzufügen:

„In Bezug auf Rentengüter und Ansiedlungsgüter hat es der Landesgesetzgebung die Einführung eines obligatorischen Anerbenrechts offen zu halten".

Ich ertheile nunmehr Herrn Geh. Justizrath Dr. Brunner das Wort.

Geh. Justizrath Prof. Dr. **Brunner:** M. H., unser vereinigter Antrag geht zunächst dahin, den Satz 1 der Anträge des Herrn Referenten zu streichen. Ich schicke voraus: in Bezug auf die Vertheidigung des Anerbenrechts, die Befürwortung desselben stimme ich vollständig mit dem Herrn Referenten überein. Ich habe im Momente nichts hinzuzufügen. Auch für mich erscheint die Einführung des Anerbenrechts als der erste nothwendige Grundstein einer Verbesserung unserer bäuerlichen Besitzverhältnisse.

Der Satz 1 der Anträge des Herrn Enneccerus spricht aus:

„Ein Anerbenrecht, welches gegen den Willen des Erblassers zwangsweise in Wirkung tritt, ist mit den Anschauungen des deutschen Bauernstandes in Widerspruch."

Ich habe dagegen Folgendes einzuwenden. Einmal scheint es mir nicht unsere Aufgabe zu sein, hier eine Declaration über die Anschauungen des deutschen Bauernstandes abzugeben. Der deutsche Juristentag ist meines Erachtens nicht das berufene Organ, im Namen des deutschen Bauernstandes zu sprechen. Jedenfalls müßte der Satz eine andere Fassung erhalten. Es ist mir aber auch zweifelhaft, ob man allenthalben in Deutschland ein Zwangsanerbenrecht als mit den Anschauungen des Bauernstandes in Widerspruch stehend betrachtet. Solange es geliehene Bauerngüter gab, bis zur Durchführung der Gutsregulirung, hat ein Zwangsanerbenrecht in Deutschland bestanden. Ich halte ferner ein

Zwangsanerbenrecht, ein obligatorisches Anerbenrecht für nothwendig bei Rentengütern und bei Ansiedlungsgütern. Allerdings hat der Herr Referent bemerkt, daß er die Rentengüter mit dem Satze 1 nicht treffen, daß er diese Frage ad separatum verweisen wolle; aber wie der Satz hier steht, ist er leicht der Mißdeutung ausgesetzt. Meines Wissens ist jetzt eine Reform des preußischen Rentengüterrechtes im Zuge, welche ein Anerbenrecht zulassen will, das gegen den Willen des Erblassers in Wirksamkeit tritt. Nehmen wir Satz 1 auf, so kann er leicht mißverstanden werden als eine Kritik der preußischen Rentengutsgesetzgebung, denn wir sprechen damit aus: das künftige preußische Rentengütergesetz will ein Anerbenrecht einführen, welches mit den Anschauungen des deutschen Bauernstandes in Widerspruch steht. Ich mag die Sache drehen, wie ich will, ich kann über diese Consequenz des Satzes 1 nicht hinwegkommen.

Ich habe ferner im Verein mit Herrn Gierke und Herrn Präsident v. Harsdorf eine andere Redaction des Satzes 2 Absatz 3 der Anträge des Herrn Referenten beantragt. Es heißt da:

„Die Abfindungen der Miterben sind, sofern der Erblasser nichts anderes bestimmt hat, nach dem Ertragswerth, nicht nach dem Verkaufswerth des Gutes zu bestimmen.“

So weit stimme ich mit dem Herrn Referenten überein. Dann folgt aber:

„und demgemäß ist das Pflichttheilsrecht der Miterben zu beschränken.“

Ich lese aus dieser Fassung heraus, daß, wo der Ertragswerth des Gutes zu Grunde gelegt wird, unter den Miterben gleiche Theilung eintreten soll; die Beschränkung des Pflichttheilsrechtes solle nur dahin gehen, daß nicht der Veräußerungswerth, sondern der Ertragswerth des Gutes zu Grunde gelegt wird. Das ist im Grunde genommen keine Beschränkung, sondern nur eine bestimmte Art der Bemessung des Pflichttheilsrechts. Meines Erachtens ist aber eine Beschränkung des Pflichttheilsrechts nothwendig. Derjenige, der das Gut übernimmt und mit den Miterben theilt, muß ein bestimmtes Voraus haben, auch wenn bei Bemessung der Pflichttheile nach dem Ertragswerthe gerechnet wird; er muß ein Voraus haben, und zwar als eine Risicoprämie, weil er das Risico der Wirthschaft trägt, dann aber auch aus einem anderen Grunde, den folgendes Beispiel klar machen möge: nehmen Sie an, der Bauer stirbt, das Gut hat einen Ertragswerth von 3000 Mk., und es sind drei Söhne da, A, B und C. Wenn A das Gut übernimmt, müßte zu Gunsten des B und C eine Rente von je 1000 Mk. eingetragen werden. Denn ich setze voraus, daß nicht eine Auszahlung in Capital oder eine Belastung des Gutes mit Hypotheken erfolgen, sondern daß der Antheil der Miterben in Rente festgesetzt werden soll. A hat sonach das Gut mit einem Ertragswerthe von 3000 Mk., B und C haben eine Rente von 1000 Mk., thatsächlich also ein Jeder eine Rente von 1000 Mk. Das ist aber unbillig, denn B wird vielleicht Kaufmann, C wird Handwerker, B verdient als Kaufmann noch nebenbei 1000 Mk., C nebenbei auch noch 1000 Mk. Das kann aber der Sohn A nicht, wenn er das Gut bewirthschaftet; er ist daher seinen beiden Brüdern gegenüber beeinträchtigt, er muß das Gut bewirthschaften und zwei Drittel vom Ertrag des Gutes herauszahlen. Soll diese Unbilligkeit vermieden werden, so muß der Gutsübernehmer bei der Erbtheilung ein Voraus erhalten, gewissermaßen eine Verwaltungsrente. Aus diesen Gründen habe ich den Vorschlag gemacht, die Worte „und demgemäß ist" zu streichen und zu sagen: „Das Pflichttheilsrecht der Miterben ist zu beschränken. Diesen Worten soll der Zusatz folgen: „und das eheliche Güterrecht entsprechend zu ordnen". Herr College Enneccerus wird diesem Zusatze sicherlich keinen Widerspruch entgegensetzen. Denn bei dem Zuschnitt mancher ehelichen Güterrechte ist der Anspruch der Wittwe ein viel größerer Stein des Anstoßes für die Einführung des Anerbenrechts als der Anspruch der Miterben. Derart liegen z. B. die Dinge in der Mark Brandenburg, wo die Wittwe die Hälfte des gesammten Vermögens beider Ehegatten nehmen kann und der Anspruch auf diese Hälfte nach der Art eines Pflichttheilsrechts behandelt wird.

Was dann den letzten Absatz betrifft, so bitte ich um eine Fassung, die im Wesentlichen nicht viel ändert, die aber Manchem von den Anwesenden möglich machen wird, für die Anträge im Ganzen zu stimmen. Ich möchte dem letzten Absatze die Fassung geben: „Das Bürgerliche Gesetzbuch hat zu Gunsten einer wirksamen Landesgesetzgebung die erforderlichen Vorbehalte aufzunehmen." Der Herr Referent hat schon hervorgehoben, daß Manche es gewünscht hätten, daß das Bürgerliche Gesetzbuch gewisse Grundzüge des Anerbenrechtes aufgenommen und es der Landesgesetzgebung überlassen hätte, entweder das Anerbenrecht auszuschließen oder den allgemeinen Rahmen der gegebenen Grundzüge auszufüllen. Die Sache ist jetzt nicht mehr res integra. Der Entwurf zweiter Lesung hat solche Grundzüge nicht aufgestellt. Und völlig vergeblich wäre es, jetzt zu verlangen, daß das Bürgerliche Gesetzbuch sie noch aufnehmen solle. Diejenigen, die bedauern, daß dies nicht geschehen ist, können ohne Bedenken für die Fassung stimmen, die ich vorschlage: „Das Bürgerliche Gesetzbuch hat zu Gunsten einer wirksamen

Landesgesetzgebung die erforderlichen Vorbehalte aufzunehmen." Damit wäre gesagt, was der Herr Referent zum Ausdruck bringen will, daß die Ordnung des Anerbenrechts durch die Landesgesetzgebung erfolgen soll. Wir wollen aber den Standpunkt, den die Verfasser des Entwurfes in dieser Frage eingenommen haben, nicht principiell gutheißen.

Dem vorgeschlagenen Satze will ich mit Rücksicht auf die Renten- und Ansiedlungsgüter hinzufügen: „In Bezug auf Rentengüter und Ansiedelungsgüter hat es der Landesgesetzgebung die Einführung eines obligatorischen Anerbenrechts offen zu halten." Es genügt nicht, wenn man die Frage der Renten- und Ansiedelungsgüter einfach ad separatum verweist. Haben wir das Bürgerliche Gesetzbuch, so wird es der Landesgesetzgebung gar nicht mehr möglich sein, für die Rentengüter ein obligatorisches Anerbenrecht zu schaffen, wenn nicht das Einführungsgesetz zum Bürgerlichen Gesetzbuch darauf bezügliche Vorbehalte enthält.

Geh. Justizrath Prof. Dr. **Gierke:** Ich freue mich, m. H., in allen wesentlichen Grundanschauungen meine Uebereinstimmung mit dem Herrn Referenten erklären zu können. Auch ich würde es auf das Freudigste begrüßen, wenn der Juristentag einen Beschluß zu Gunsten des Anerbenrechts faßte. Der deutsche Juristenstand würde damit zeigen, daß er doch nicht bloß romanistisch geschult ist, sondern deutschen Rechtsgedanken gerecht zu werden vermag. Denn wenn irgend ein Gedanke im Gegensatz zum römischen Rechte deutsch-rechtlich ist, so ist es der, daß Grundeigenthum und Fahrniß einer verschiedenen Behandlung bedürfen und die Ausdehnung dieser Ungleichheit bis in das Erbrecht hineinreicht, während das Grundeigenthum nimmermehr bei uns wie ein einfaches Fahrnißstück, das von Hand zu Hand geht, behandelt werden, nimmermehr dem Waarenrechte unterliegen darf. Ich würde mich ebenso freuen, weil der deutsche Juristenstand damit zeigen würde, daß er nicht bloß technisch-juristische Anschauungen vertritt, sondern auch großen wirthschaftlichen Gedanken gerecht zu werden im Stande ist. Und in dieser Beziehung brauche ich nur auf das hinzuweisen, was der Herr Referent ausgeführt hat, brauche ich nur die Herren zu erinnern, in wie vortrefflicher Weise er die wirthschaftliche Nothwendigkeit des Anerbenrechts dargelegt hat. Aber, m. H., der deutsche Juristenstand würde damit auch zeigen, daß er von großen nationalen Gesichtspunkten, nicht bloß von juristischen auszugehen vermag, denn nicht bloß eine juristische und eine national-ökonomische, sondern vor Allem eine große nationale Frage steckt in diesem so bescheiden aussehenden Anerbenrechtsproblem; nichts Geringeres steckt in dieser Frage, als die Erhaltung unseres deutschen Bauernstandes, die Erhaltung des Mittelstandes auf dem Lande, der, wie alle Mittelstände, durch die moderne capitalistische und individualistische Entwickelung so stark gefährdet ist. Blicken wir doch auf unsere Nachbarländer. In England Großgrundbesitz, das Land fast entvölkert, einige armselige Farmen und Pachtgüter, sonst Weideland und Jagdgehege, in großen Landstrecken nur noch anzutreffen. Das kann England ertragen durch seine insulare Lage und vor Allem, weil England nur die Hauptstadt ist eines ungeheuren Colonialreiches, das ganze Land nur eine große Stadt mit Gärten und Jagdgründen und Weideplätzen, und eben die Abhängigkeit dieser großen Colonien vom Mutterlande ihm die nationale Existenz ermöglicht. Blicken wir im Süden nach Italien. Der Herr Referent hat schon geschildert, wie das unsägliche wirthschaftliche Elend und das Sinken der nationalen Kraft in Italien vor Allem dem Verschwinden des Mittelstandes wie auf dem Lande so auch in den Städten zu verdanken ist, wie hier die Latifundienwirthschaft mit der Halbpacht den Bauernstand verschlungen und damit die Größe Italiens zu Grabe getragen hat. Blicken wir auf Frankreich: hier haben wir gesunde landwirthschaftliche Verhältnisse, das ist wahr, bei gleicher Theilung, aber womit werden sie erkauft? Mit der Abnahme der Bevölkerung, wenigstens der eingeborenen Bevölkerung, mit dem Zweikinder-System. Wenn wir in keinen dieser Zustände der drei Nachbarreiche verfallen wollen, wenn wir unsere nationale Wehrkraft, deren wir inmitten Europas zwischen so gewaltigen Rivalen schlechthin bedürfen, wahren wollen, so können wir einen gesunden, ländlichen Mittelstand, einen Bauernstand nicht entbehren. Das wird Jeder, der geschichtlich empfindet, aus unserer Geschichte herauslesen. Das Anerbenrecht ist nun freilich nur eines unter den Mitteln, die für die Erhaltung und Mehrung des Bauernstandes erforderlich sind; Colonisation muß hinzutreten, Aenderung der Creditgesetzgebung und manches Andere. Das Anerbenrecht allein vermag nicht einmal die Zunahme der Verschuldung zu verhindern. Aber wenn es auch das einzige Mittel nicht ist, so ist es doch ein unentbehrliches Mittel. Ohne das Anerbenrecht muß nothwendig auf die Länge der Zeit, so zäh er bisher widerstanden hat, der Untergang des mittleren Grundbesitzes eintreten. Das ist nicht nur aus der geschichtlichen Erfahrung, das ist fast, möchte ich sagen, aus der Mathematik herauszulesen, daß, wenn die Bevölkerung zunimmt und das Anerbenrecht nicht besteht, Zwergwirthschaft eintreten muß oder Aufsaugung durch Latifundien oder eine den Grundbesitz in gleicher Weise vernichtende Verschuldung, die ja doch nichts anderes bedeutet, als die Umwandlung des Grundeigenthums in bewegliche Papiere, welche die Capitalisten in der Tasche tragen.

Also wir bedürfen des Anerbenrechts. Und des Anerbenrechts nicht bloß in der Form der Höferolle! Das zeigt die Erfahrung, denn der Bauer scheut sich, eine Verfügung zu treffen. Die römische Form des Testamentes ist ihm bis jetzt fremd geblieben. Er läßt die Dinge ihren Lauf gehen, wenn er nicht unter Lebenden durch einen Uebergabevertrag über das Gut verfügt, was freilich zum Glück noch die Regel bildet. Wir bedürfen also des gesetzlichen Anerbenrechts! Das gesetzliche Anerbenrecht aber ist durchaus gerechtfertigt, weil es der herrschenden bäuerlichen Erbsitte entspricht. Jedes gesetzliche Erbrecht soll sich ja doch der Sitte anschmiegen und nicht, wie das heute meist geltende Erbrecht in Bauergüter, eine Regel aufstellen, die in jedem einzelnen Falle nicht zur Anwendung kommt, weil die entgegengesetzte Sitte sich ihr gegenüber Bahn bricht.

In einem wichtigen Punkte freilich bin ich nicht der Ansicht des Herrn Referenten. Ich meine nicht, daß der Entwurf zweiter Lesung gut gethan hat, das gemeine Erbrecht ganz einfach so zu gestalten, daß darin von einem Unterschiede zwischen ländlichem Grundbesitz und beweglicher Habe überhaupt nicht die Rede ist. Ich hätte vielmehr auf das Dringendste gewünscht, daß die Grundzüge des Anerbenrechts in das Bürgerliche Gesetzbuch aufgenommen wären. Vor Allem bei dieser mir ohnehin bedenklich erscheinenden Methode, nach der die zulässigen Abweichungen vom gemeinen Recht nicht, wie das unser Handelsgesetzbuch that, im Gesetzbuch selbst ausgesprochen, sondern in ein Nebengesetz, in das Einführungsgesetz verwiesen werden. Wäre ein Paragraph darin, der sagte: „das Erbrecht an ländlichem Grundbesitze wird der Landesgesetzgebung vorbehalten," so würde das schon einen anderen Eindruck machen. Nach meiner Meinung sollte aber der Entwurf das Anerbenrecht unmittelbar zu einem gemeinrechtlichen Institut erheben und in den Grundzügen regeln. Ich glaube in der That, daß das Gewicht eines solchen reichsgesetzlichen Rahmens ein ganz außerordentliches sein würde und daß der, der so begeistert wie der Herr Referent für das Anerbenrecht eintritt, doch auf ein sehr wichtiges Hilfsmittel zur Durchführung verzichtet, wenn er dem Bürgerlichen Gesetzbuch diese Aufgabe ganz abnimmt. Auch dürfte es Manche geben, die gerade wegen dieser Gleichstellung von Grundbesitz und fahrender Habe gegen das Gesetzbuch im Ganzen sich erklären könnten, wie umgekehrt, wenn das Anerbenrecht aufgenommen würde, sie sich dafür erklären würden. Aber, m. H., ich enthalte mich, hier einen Antrag zu stellen, aus dem einfachen Grunde, weil ich sicher damit durchfallen würde; ich muß nur, um meinen Standpunkt zu wahren, natürlich gegen die betreffende Nummer des Antrages Enneccerus stimmen und Ihnen unseren gemeinschaftlichen Antrag zur

Annahme empfehlen, der die Frage gar nicht entscheidet, was hätte geschehen sollen, sondern sagt: „Das Bürgerliche Gesetzbuch, wie es jetzt vorliegt, hat die nöthigen Vorbehalte zu treffen u. s. w.“

Ich hätte dann noch in manchen wichtigen Einzelheiten — denn auf Nebenpunkte einzugehen, wäre hier durchaus verfehlt — etwas hinzuzusetzen. Ich glaube aber, daß es in dieser Beziehung besonderer Anträge nicht bedarf, sondern daß eben eine Erklärung, daß gewisse Abweichungen nicht abgeschnitten werden sollen, ausreicht. Zunächst meine ich nämlich, daß, wenn das gesetzliche Anerbenrecht, das Anerbenrecht als Intestaterbrecht beschränkt bleibt auf die Güter von einem gewissen Umfange, also mittlere Güter, doch auch in den Gegenden, in welchen es als gesetzliches Anerbenrecht gilt, die Möglichkeit bestehen sollte, größeren und kleineren Gütern durch eine Art Höferolle das Anerbenrecht zu gewähren. Wir haben das jetzt in Hannover. Ich würde es für sehr wünschenswerth halten, daß die Ausdehnung des Anerbenrechts nach oben und nach unten fakultativ offen bleibt. Ich glaube aber, daß durch die Fassung des Antrages das auch nicht ausgeschlossen ist. Dann würde ich ebenfalls damit einverstanden sein, daß das Landesgesetz das Anerbenrecht als gesetzliches Erbrecht in den Gegenden ausschließen kann, in denen es der Sitte nicht entspricht, daß aber hier fakultativ die Höferolle eintritt. Ich würde nur überhaupt statt des Systems der Höferolle eine Eintragung in das Grundbuch vorziehen, wie sie in dem neuen Entwurfe der preußischen Regierung für Renten- und Ansiedlungsgüter empfohlen wird. Doch genügt es wohl, dies zu erklären, ohne einen Antrag auf Streichung des Wortes „Höferolle“ zu stellen.

Endlich bitte ich Sie, auch unsere anderen Zusatzanträge anzunehmen. Einmal den Zusatzantrag über Ansiedelungen und Rentengüter, weil ja gerade nach dem Entwurfe der preußischen Regierung, der schon veröffentlicht ist, über den wir aber nicht sprechen wollen, für solche Güter ein obligatorisches Anerbenrecht gelten soll; wie es denn auch zweifellos ist, daß solche Güter, die erst eine Colonisation anbahnen sollen, so gut wie die ehemaligen Colonisationsgüter im Mittelalter nicht vollkommen freie Güter sein dürfen, sondern einer gewissen Gebundenheit unterliegen müssen; das liegt im Wesen der Colonisation. Und sodann empfehle ich auch den Zusatz hinsichtlich des ehelichen Güterrechts, auch aus einem noch nicht hervorgehobenen Gesichtspunkte. Ich würde es nämlich für durchaus wünschenswerth halten, daß, wenn wirklich der Entwurf bei einem einheitlichen System des Güterrechts bleibt und nur durch notariellen oder gerichtlichen Vertrag ein abweichendes Güterrecht eingeführt werden kann, doch die Einführung eines abweichenden ehelichen Güterrechtes erleichtert und vielleicht sogar dessen unmittelbarer Eintritt kraft des Gesetzes ermöglicht würde für die Bauern in solchen Gegenden, in denen eben das Anerbenrecht nothwendig mit einem anderen System des ehelichen Güterrechts als dem der Verwaltungsgemeinschaft verbunden sein muß. Das Buch von Brentano und Fick weist nach, daß in Bayern fast überall die allgemeine Gütergemeinschaft vertragsmäßig von den Bauern in allen Gegenden, wo das Anerbenrecht gilt, eingeführt wird. Ebenso hängt in Westfalen und vielen anderen Gegenden das Anerbenrecht innig mit der ehelichen Gütergemeinschaft zusammen. Hierauf muß die Gesetzgebung Rücksicht nehmen dürfen, und zu diesem Behuf wäre ein Vorbehalt im Einführungsgesetze zum bürgerlichen Gesetzbuch erforderlich.

Aber, meine Herren, das sind Einzelheiten und ich glaube, daß die Anträge in der Fassung, wie wir sie Ihnen vorschlagen, in keinem dieser Punkte präjudiciren. Ich bitte Sie daher, mit möglichster Einstimmigkeit diese Anträge anzunehmen, um eben zu widerlegen, was gerade in der Anerbenrechtsfrage neuerdings dem deutschen Juristenstande vorgeworfen wird, daß er sich nicht loslösen könne von gewissen durch die römischen Rechtsstudien eingeimpften Schulbegriffen, und daß er nicht gerecht zu werden vermöge dem Gedanken einer neuen deutschen socialen und nationalen Denkungsart. (Bravo!)

Vorsitzender: Es liegt noch ein Antrag vor des Herrn Amtsgerichtsrath Stelling:

„den dritten Absatz des Antrages 2 des Herrn Referenten zu streichen".

Ich weiß nicht, ob der Herr Antragsteller zur Begründung das Wort verlangt.

Amtsgerichtsrath **Stelling** (Rotenburg, Hann.): Meine geehrten Herren! Ich bin von Anfang an ein Anhänger des Anerbenrechts gewesen; ich habe das Anerbenrecht bekommen als eine Ueberlieferung der Theorie und es war für mich ein Glaubenssatz. Auch später, als ich in die Praxis eintrat und viel mit den bäuerlichen Verhältnissen als Amtsrichter zu thun gehabt habe, bin ich noch Jahre lang ein unbedingter Anhänger des Anerbenrechts geblieben. Aber hier in Bremen ist es gewesen, wo man mir andere Gedanken beigebracht hat. Man setzte mir hier auseinander, daß das Anerbenrecht doch auch seine sehr ungerechten Seiten habe. Es wurde mir dargelegt, wie sehr das Anerbenrecht den Anerben begünstigt und wie sehr es die abziehenden Kinder schädigt. Ich wurde darauf hingewiesen, daß es vor allen Dingen auf die Gerechtigkeit ankomme. M. H., mit diesen Gedanken habe ich mich lange Zeit tragen müssen, lange Jahre sind verstrichen, ehe ich zur Klarheit kommen konnte darüber. Es mußte erst das Gesetz vom Jahre 1874, betreffend das Höferecht, das Anerbenrecht in der Provinz Hannover kommen; es mußten noch eine Reihe Jahre verstreichen, bis ich die Wahrheit gefunden habe. Jetzt habe ich sie gefunden schon seit einer Reihe von Jahren, und sie besteht darin, daß ich glaube, es giebt zwei Sorten von Anerbenrecht, nämlich folgende: erstens ein gerechtes Anerbenrecht und zweitens ein ungerechtes Anerbenrecht.

Wenn ich hierauf mit einigen Worten eingehe, so habe ich nicht nöthig, auf die erste Sorte, das gerechte Anerbenrecht, einzugehen und mich darüber weiter zu verbreiten, — insofern bin ich ein Anhänger des Herrn Referenten —, sondern ich wollte bloß eine Ungerechtigkeit, welche nach meiner Ansicht in dem vorgeschlagenen Anerbenrecht enthalten ist, erwähnen. Diese findet sich in dem Antrage Nr. 2 und zwar in Abs. 3. Es heißt da:

> „Die Abfindungen der Miterben sind, sofern der Erblasser nichts Anderes bestimmt hat, nach dem Ertragswerthe, nicht nach dem Verkaufswerthe des Gutes zu bestimmen und demgemäß ist das Pflichttheilsrecht der Miterben zu beschränken.“

Es handelt sich für mich nur um den Inhalt, welcher ausspricht, daß die Abfindungen nach dem Ertragswerthe zu bestimmen sind. M. H., wir haben diese Bestimmung, daß die Abfindungen nach dem Ertragswerthe zu bestimmen sind, schon in unserem Gesetze für die Provinz Hannover von 1874, aber es ist in etwas anderer Weise gesagt, wonach der Hof nach seinem Ertragswerthe ermittelt wird und dieser Ertragswerth mit 20 capitalisirt wird und die so gefundene Summe in die Erbtheilungsmasse hineingeworfen werden muß.

Dies führt uns zunächst auf die Frage: Wie hoch ist denn ungefähr der Ertragswerth? M. H., ich habe Gelegenheit gehabt, amtlich lange Jahre hindurch, in mehr als 25jähriger Praxis auf dem Lande, namentlich auch als Vormundschaftsrichter mich zu informiren und habe immer die Erträge nachrechnen müssen, die in den Vormundschaftsrechnungen nachgewiesen wurden, und daher glaube ich, daß ich hierüber einige Erfahrung besitze. Außerdem habe ich es mir zur Aufgabe gemacht, gerade diesen Punkt auch durch die Bauern zu ermitteln und habe mich mit ihnen unterhalten, was sie alljährlich vielleicht erübrigten und wieviel der Durchschnitt beträgt, und da habe ich eine feste Ansicht darüber gewonnen. Ich muß allerdings bemerken, daß ich lediglich spreche von meinem Amtsbezirk, denn nur von diesem habe ich Erfahrungen und kann mir also nur über diesen Amtsbezirk ein Urtheil zutrauen. Mein Bezirk liegt in der Nähe, ist ein Geestbezirk, gegen 14 Quadratmeilen groß. Ich kann also keineswegs sprechen von denjenigen Gegenden, wo die Sitte der Theilung herrscht — ich spreche von Sitte, nicht vom Recht —, ebensowenig weiß ich, wie es in der Marsch sein mag. Ich beschränke mich lediglich auf meinen Amtsbezirk. Wenn ich nun aus der Zahl der Hofstellen, der Bauernstellen bloß die größeren herausheben will, also die der Vollhöfner, der Halbhöfner, der Drittelhöfner, der Viertelhöfner, der Pflugköthner, der Brinkköthner, auch vielleicht der Neubauer, was haben diese Stellen bei uns für einen Ertragswerth? Ein großer Theil dieser Stellen hat gar keinen Ertragswerth und ein anderer Theil hat allerdings einen Ertragswerth, aber er ist meist nicht von großer Bedeutung. Wenn man vielleicht glaubt, diese Güter würden doch wohl alljährlich ungefähr 50 Thaler abwerfen, so ist das vielfach nicht richtig nach meiner Erfahrung; multiplicirt man aber 20 mal 50, so kommt man auf einen Werth, der in die Erbtheilungsmasse geworfen werden müßte, von 1000 Thaler. Davon fallen, wenn 5 Kinder da sind, auf jedes Kind 200 Thaler. Das ist meines Erachtens zu wenig, das ist keine Gerechtigkeit, und wenn man die übrigen Höfe nimmt, die keinen Ertrag abwerfen, einige der größeren schon und die ganze Zahl der kleineren Güter, so ist die Rechnung: 20 mal nichts ist nichts! Es bekommen dann also, wenn nach dem Ertragswerthe gerechnet wird, die abziehenden Kinder gar nichts.

M. H., was muß dies für einen Eindruck machen auf die abziehenden Kinder! Ich habe mich bemüht, diese Frage gelöst zu finden in der Literatur, ich selbst habe mich darum bekümmert. Ich habe versucht, die Ansichten, die im Bauernstande hierüber herrschen, zu ermitteln. Da muß man natürlich diejenigen Kreise fragen, in denen die abziehenden Kinder sich befinden. M. H., ich habe durch diese Ermittelungen Eindrücke empfangen, welche mich dazu gebracht haben, ein Gegner der Berechnung nach dem Ertragswerthe zu sein. Ich will mich darauf nicht weiter einlassen, sondern bloß zwei Fragen aufwerfen, die sich ganz von selbst ergeben, die jedenfalls doch auch beantwortet werden müssen, wenn man einmal das Anerbenrecht einführen will. Es sind die Fragen: Woher kommt es, daß unser guter, gesunder, conservativer Bauernstand zum Theil jetzt schon in socialdemokratische Kreise hineingeht? Und: Woher kommt die große Auswanderung? Wie ist es, m. H., wenn wir annehmen müßten, daß wir auch das jetzige Anerbenrecht in diesem Punkte als Ursache für wirkend halten müßten. Ich will, wie gesagt, hierauf nicht weiter eingehen. Ich habe mir hieraus die Ansicht gebildet, daß, wenn das Anerbenrecht eingeführt werden soll oder vielmehr, wenn wir uns hier für das Anerbenrecht aussprechen wollen, man das nicht sagen dürfte, was implicite in den Anträgen liegt, daß die Höfe erhalten werden sollen auf Kosten der abziehenden Kinder, wir müssen dieses aus den Anträgen entfernen und das kann dadurch gemacht werden, daß der Absatz 3 gestrichen wird. Darum habe ich mir erlaubt, den Antrag einzubringen, den Absatz 3 zu streichen. Denn nicht darauf kommt es an, daß wir mit allen Mitteln Hofstellen bekommen, sondern ein anderer Grundsatz ist derjenige, der uns näher liegt: Justitia est fundamentum regnorum.

M. H.! Ich schließe meine Erörterung, indem ich Sie bitte, doch auch auf die Geschichte zu sehen. Hier soll ein Anerbenrecht eingeführt werden, nach welchem der Werth des Gutes nach dem Ertragswerth berechnet werden soll. Haben wir schon ein solches Anerbenrecht gehabt, abgesehen von dem Anerbenrecht von den letzten 20 Jahren? Dasjenige Anerbenrecht, welches unsere Stellen geschaffen hat, unsere Bauernstellen geschaffen und unseren Bauernstand zur Blüthe gebracht hat, ist ein anderes Anerbenrecht gewesen. In der Gegend, in der mein Bezirk liegt, in den Herzogthümern Bremen und Verden, lag das gemeine römische Recht zu Grunde. Dort hat sich das Anerbenrecht unter Anschluß an das gutsherrliche Recht auf Grund des gemeinen römischen Rechtes entwickelt und danach wurde nicht nach dem Ertragswerthe, sondern nach dem Verkaufswerthe der Illaten der Meierfamilie unter die verschiedenen Kinder getheilt.

Vorsitzender: Es ist noch ein Unterantrag eingegangen zu dem Antrage Brunner-Gierke-von Harsdorf von Herrn Justizrath Wilke dahin:

> In Absatz 3 Nr. 2 des Antrages Enneccerus einzuschalten hinter den Worten „Verkaufswerth des Gutes"
> „wenn thunlich in Renten".

Jetzt hat zunächst das Wort der Herr Berichterstatter.

Referent Geh. Justizrath Prof. Dr. **Enneccerus:** Meine Herren, wenn ich auch ums Wort gebeten habe, um gleich von vorn herein zum Zweck der Erleichterung der Discussion zu den Anträgen der Herren Brunner, Gierke und Frhr. v. Harsdorf Stellung zu nehmen, so möchte ich doch zunächst einige Worte auf die Ausführungen meines verehrten Freundes Herrn Amtsgerichtsrath Stelling erwidern. Ich kann Herrn Amtsgerichtsrath Stelling darin nicht folgen, daß der Ertragswerth dieser mittleren Güter überhaupt als eine nicht vorhandene Größe zu betrachten sei. Ich gebe gern zu, daß ein befragter Bauer das nicht selten mit gutem Gewissen behaupten wird, daß er meinen wird, fast aller Ertrag sei seiner Arbeit und kaum irgend welcher dem

Grundbesitz zu verdanken; aber daß ein Ertragswerth vorhanden sein muß, das geht daraus hervor, daß ein Pachtwerth für diese Güter vorhanden ist. Derjenige, der die Güter pachtet, will doch durch seine Arbeit ein Doppeltes, nämlich erstens den Preis seiner Arbeit und zweitens das Pachtgeld erringen. Der Pachtwerth müßte bei Gütern, welche keinen Ertragswerth haben, abgesehen von besonderen Verhältnissen, wo es sich etwa um das Vergnügen des Landlebens oder der Jagd handelt, mit Nothwendigkeit auf nichts sinken oder doch einen ganz niedrigen Stand erreichen. Sodann hat in seiner weiteren Ausführung Herr Amtsgerichtsrath Stelling meinen Antrag offenbar als eine Gesetzesformulirung aufgefaßt. Das ist er nicht. Es ist gar nicht meine Meinung, daß in das Gesetz hineingeschrieben werden soll: „Die Abfindungen der Miterben sind, sofern der Erblasser nichts Anderes bestimmt hat, nach dem Ertragswerth, nicht nach dem Verkaufswerth des Gutes zu bestimmen.“ Das soll nicht in das Gesetz hineingeschrieben werden, das ist nur ein Grundgedanke, ein Leitgedanke, der die Ausgestaltung dieser Frage im Einzelnen, wie ich übrigens auch glaube in meinem Vortrage dargelegt zu haben, bestimmt, der aber provinziell verschieden, hier so, dort so, an die Ortssitte anschließend, die concreten Verhältnisse in jeder Beziehung als Maßgabe nehmend, ausgestaltet werden soll. Damit fallen, glaube ich, die übrigen Ausführungen des Herrn Amtsgerichtsrath Stelling.

Gleichwohl möchte ich doch noch daran erinnern, daß doch hier in Hannover bereits ein Anerbenrecht gilt. Wenn auch nur mit der Höferolle, so gilt es doch vermöge der schon mitgetheilten massenhaften Eintragungen in die Höferolle in so ausgedehntem Maße, daß in der That durch die Praxis und die doch wahrhaftig nicht schlechtere Lage des Hannoverschen Bauernstandes gegenüber anderen Provinzen seine Befürchtungen widerlegt werden. Ich glaube daher, so gern ich ihm entgegenkommen möchte, in Bezug auf die Streichung des Absatzes 3 doch zu einem ganz entschiedenen Veto gezwungen zu sein. Ich glaube auch nicht, daß das Anerbenrecht zur Socialdemokratie führt. Der überschuldete Bauer mag socialdemokratischen Umsturzbestrebungen nahe stehen; der Bauer — ich muß besser sagen der sogenannte Bauer, der in Folge fortgesetzter Realtheilung nur noch auf einem ganz kleinen Theile eines ehemaligen Bauerngutes sitzt, der ist vielleicht geneigt zu socialdemokratischen Umsturzbestrebungen. Und wenn der Herr Vorredner fürchtet, daß die abziehenden Geschwister socialdemokratische Neigungen haben könnten, dann muß ich ihm entgegenhalten: Und wenn es nach dem Wunsche der gleichen Theilung ginge, dann würden nach nicht zu langer

Zeit nicht bloß die Abziehenden, sondern Alle derartigen Neigungen zugänglich sein, weil der bäuerliche Wohlstand durch die Realtheilung oder Ueberschuldung bald so gut wie verschwunden sein und der Bauer zum Proletarier herabsinken würde. So viel über diese Dinge.

Was die Anträge des Herrn Collegen Brunner betrifft, so freue ich mich darüber, daß dieselben — was ich übrigens auch gar nicht anders erwartet habe — im Wesentlichen durchaus auf der Grundlage dessen stehen, was ich beantragt habe, und ich möchte Herrn Collegen Brunner recht weit entgegenkommen, und zwar aus dem Grunde, weil ich eine möglichst große Majorität des Juristentages für meine, beziehungsweise die durch ihn verbesserten oder veränderten Anträge gewinnen möchte. Ich komme ihm also in allen denjenigen Punkten entgegen, bei denen kein principieller Grund des Widerspruchs vorhanden ist. Zunächst könnte ich ihm vielleicht zugestehen, daß eigentlich über den Satz 1 (die Abweisung des Zwangsanerbenrechtes) nicht abgestimmt werden braucht. Ja es würde sogar allenfalls möglich sein, denselben zurückzuziehen; denn da der Absatz 2 nur vom Intestatanerbenrecht spricht, so ist ja auch dadurch schon ausgeschlossen, daß man das Zwangsanerbenrecht nicht als vom Juristentag empfohlen betrachten kann. Ich habe in meinem erläuternden Vortrag ausdrücklich gesagt: Es braucht eigentlich unter Juristen nicht erörtert zu werden, daß wir kein Zwangsanerbenrecht wollen und daß wir das Intestatanerbenrecht nicht mit dem Zwangsanerbenrecht verwechseln, nur um jeden Zweifel auszuschließen — so waren, glaube ich, meine Worte — hätte ich doch die These 1 beantragt. Dieselbe hat nun bei Herrn Collegen Brunner und den andern Herren deshalb Widerspruch erfahren, weil dadurch der Frage bezüglich der Renten- und Ansiedelungsgüter präjudicirt werde. Ich glaube das zwar nicht, denn wenn — wie das in meinem einleitenden Vortrag geschehen ist — ausdrücklich gesagt wird, daß diese Frage, weil für uns jetzt nicht spruchreif, jetzt nicht entschieden werden soll, so kann man doch die Nummer 1 auf diese Ansiedelungs- und Rentengüter nicht mit beziehen. Wie gesagt, aber ich will ihm darin entgegenkommen, ich bin, wenn auch nicht gerade gern, bereit, wenn nicht von anderer Seite die Abstimmung verlangt wird, den Absatz 1 meines Antrags zurückzuziehen. Ich glaube, eine sachliche Veränderung tritt damit nicht ein.

Gar kein Bedenken habe ich gegen seine Abänderung der letzten Worte des Absatzes 3 meiner Nummer 2: „Das Pflichttheilsrecht der Miterben ist zu beschränken und das eheliche Güterrecht entsprechend zu ordnen.“ Ich habe sogar gezweifelt, ob ich nicht die Ordnung des ehelichen Güterrechts in entsprechender Weise mit aufnehmen sollte. Ich habe es der Einfachheit der Discussion und der zu fassenden Beschlüsse wegen unterlassen, bin aber mit der Aufnahme einer solchen kurzen Hinweisung einverstanden. Ich verzichte dabei nur auf ganz wenig. Es ist nämlich allerdings meine Meinung, daß die Beschränkung des Pflichttheilsrechts in allererster Linie aus dem Gesichtspunkte erfolgen muß, daß auch für das Pflichttheilsrecht der Ertragswerth entscheidet; ich glaube aber daß es nicht gerade nöthig ist, das, nachdem es für die Abfindungen schon betont ist, noch einmal besonders auszusprechen. Andererseits aber muß ich dagegen Widerspruch erheben, daß College Brunner den Voraus allgemein für ganz Deutschland als nothwendig erklärt. Ich glaube, daß in vielen Gegenden ein weiterer Voraus als derjenige, der sich ergiebt, wenn der Ertragswerth entscheidet, nicht angenommen werden würde. Herr College Brunner hat indeß die Frage des Voraus nicht in seinen Antrag aufgenommen, ich kann also diesem Antrage, da er vollkommen auf dem Boden meiner Ausführungen und meiner Ueberzeugung steht, zustimmen, auch wenn ich eine einzelne Motivirung seinerseits wenigstens nicht für allgemein durchschlagend halten kann.

Sodann möchte ich einer Anregung von Herrn Collegen Gierke folgen, obgleich er keinen Antrag in dieser Beziehung gestellt hat. Ich bin vollständig seiner Meinung, daß die Eintragung ins Grundbuch nicht bloß ebenso gut, sondern vielleicht noch besser, als die in die Höferolle ist; ich wollte nur, weil die Höferolle gang und gäbe und bekannt ist, diesen Ausdruck wählen. Ich verbessere den Antrag 3 dahin, daß ich sage „in die Höferolle oder in das Grundbuch eingetragenen".

Ich komme dann zu dem 4. Satz. Der Antrag von Herrn Collegen Brunner unterscheidet sich hier in zwei Beziehungen von dem meinigen. Erstens sage ich: „Das bürgerliche Gesetzbuch hat sich darauf zu beschränken, die Möglichkeit einer wirksamen Landesgesetzgebung aufrecht zu erhalten." Herr College Brunner sagt: Das bürgerliche Gesetzbuch hat zu Gunsten einer wirksamen Landesgesetzgebung die nöthigen Vorbehalte aufzustellen. Ich glaube, offen gesagt, m. H., es ist beides genau dasselbe, es wird nur in meiner Fassung etwas schärfer und deshalb einigen dissentirenden Herren vielleicht etwas weniger angenehm formulirt. Ich ziehe in dieser Beziehung meine Fassung vor, ich glaube, daß die Aufnahme jenes allgemeinen Rahmens in das Bürgerliche Gesetzbuch eine Gefahr für das Anerbenrecht und eine Gefahr für das Bürgerliche Gesetzbuch bedeutet, aber ich bin auch in diesem Punkte zu einer lediglich formalen Nachgabe — sachlich kommt seine Fassung der letzten Worte auf dasselbe hinaus — geneigt. Der Antrag von Herrn Collegen Brunner sagt: Das Bürgerliche Gesetzbuch hat das und das zu thun

— und damit ist implicite, wenn auch nicht gelobt, doch wenigstens anerkannt, — und darauf kommt es allein an — daß das Gesetzbuch sich auch darauf beschränken soll. Ich habe nichts dagegen, wenn Herr College Brunner bei seinem Satze ein „leider" hinzudenkt, oder ein „leider nur", wenn er nur nicht eine Anregung giebt, daß die Beschlüsse der zweiten Lesung in dieser Beziehung geändert werden. Und diese Anregung hat er durch seinen Antrag nicht gegeben.

Es bleibt aber der zweite Punkt, und in diesem Punkte kann ich, und ich glaube auch der Juristentag, nicht nachgeben. Das ist die Frage des Zwangsanerbenrechtes für Rentengüter. Ich habe in meinem Vortrag klar und deutlich entwickelt, ich wolle diese Frage hier nicht besprechen; sie ist für mich nicht spruchreif, sie mag ja für andere spruchreif sein. Wäre sie das aber, was ich einmal annehmen will, dann hätte sie auf die Tagesordnung gesetzt und namentlich in den Gutachten und Referaten erörtert werden müssen. Es ist eine ganz andere besondere Frage, die man nicht so implicite bei der Besprechung des allgemeinen Anerbenrechts behandeln kann, eine Frage, die aus der Rentenguts- und Ansiedelungsgesetzgebung in allererster Linie zu beurtheilen ist. Und weil sie das ist, weil sie eine ganz andere Klarlegung erfordert, deshalb möchte ich hier weder für noch gegen Stellung nehmen. Ich würde deshalb, wenn Herr College Brunner diesen Antrag aufrecht erhält, dagegen stimmen, und ich hoffe, daß der Juristentag es auch thun wird. Ich würde dagegen stimmen nicht in dem Sinn, daß ich damit die Frage verneinen will, aber ich würde dagegen stimmen in dem Sinne, daß wir hier nicht so, wie es notwendig ist, darüber verhandelt haben und verhandeln konnten; denn, m. H., mein Ihnen vielleicht schon allzulang scheinendes Referat würde ich um die Hälfte mindestens haben verlängern müssen, wenn ich diese Frage mitbehandelt hätte. Ich würde haben eingehen müssen auf den veröffentlichten Entwurf des preußischen Gesetzes, auf die Motive. Das alles, die Gründe für und wider hätten in dem Referat ausführlich erörtert werden müssen, auch das Gutachten hätte sich darauf beziehen müssen, was gleichfalls nicht der Fall ist. Diese Frage ist also nicht spruchreif, und ich glaube, daß Herr College Brunner, dem es doch auf die Durchsetzung nicht voll berathener oder zu übersehender Anträge nicht ankommen kann, im Interesse seiner Sache selbst besser thun würde, einen solchen Antrag zurückzuziehen; denn das ablehnende Votum des Juristentags könnte als ein Präjudiz gegen ihn aufgefaßt werden. Um ihm das zu erleichtern, um zu völliger Einigkeit mit ihm und den anderen Herren zu kommen, willige ich darein, meine erste These zu streichen oder entsprechend zu verändern; denn das erkenne ich an, bei Aufrechterhaltung dieser ersten These würde es möglich gewesen sein, sie gegen das Zwangsanerbenrecht für Rentengüter zu verwerthen. Ich bitte in erster Linie Herrn Collegen **Brunner** und die anderen Herren, diesen Satz ihres Antrags zurückzuziehen; ich bitte in zweiter Linie, wenn es nicht geschehen sollte, die Versammlung, diesen Satz heute abzulehnen.

Rechtsanwalt Dr. **Fuld** (Mainz): M. H.! Gestatten Sie mir als einem der leider in geringer Anzahl anwesenden rheinischen Juristen zu dieser Frage, die auch für die süddeutsche, namentlich die rheinische Landbevölkerung von der größten Bedeutung ist, wenige Worte zu äußern. Dieselben beziehen sich auf den Absatz 1 des Antrags des Geh. Reg.-Raths **Enneccerus** bezw. auf den Antrag des Herrn Geh. Raths **Brunner**, diesen Absatz zu streichen. Ich habe zu meinem größten Bedauern von Herrn Geh. Rath **Enneccerus** gehört, daß er auf die Aufrechterhaltung dieses Satzes keinen Werth legt, daß er denselben sogar zurückziehen will. Ich, m. H., möchte Sie bitten und zwar im Interesse unserer rheinischen Bevölkerung, ich glaube, ich kann fast sagen, unserer ganzen süddeutschen Bauernschaft, diesen Passus, wie er Ihnen formulirt vorliegt, anzunehmen. Es ist heute in der Debatte und auch früher sowohl in den Erörterungen in der Fachpresse als auch in den Verhandlungen des Vereins für Socialpolitik und der von dem preußischen Landwirthschaftsminister einberufenen Agrarconferenz die Einführung des Zwangsanerbenrechtes von verschiedenen Seiten empfohlen und vorgeschlagen worden; nicht bloß vereinzelt hat man sich dafür ausgesprochen, sondern es sind eine ganze Reihe von Stimmen in der Publicistik laut geworden, die das Zwangsanerbenrecht zur Einführung empfehlen. Es hat sich durch die Discussion dieses Punktes in manchen Kreisen der rheinischen bäuerlichen Bevölkerung eine gewisse Beunruhigung entwickelt und vielleicht nicht mit Unrecht; darüber kann kein Zweifel sein, daß ein Zwangsanerbenrecht bei unserer rheinischen Bauernschaft auf den allergrößten Widerstand stoßen würde, ja unmöglich ist, wie dies auch der Herr Referent ausgeführt hat. Nun sagt allerdings der Herr Referent, daß die praktische Bedeutung der Streichung des Absatzes 1 seines Antrags nicht sehr groß wäre, da im Absatz 2 nur von dem Intestatanerbenrecht die Rede ist. Allein, m. H., ich bin nicht dieser Ansicht. Zunächst lege ich als Rheinländer besonderen Werth darauf, daß der Juristentag sich mit größter Mehrheit ausdrücklich gegen ein Zwangsanerbenrecht ausspricht, es wird das von hervorragender moralischer und politischer Bedeutung sein und der rheinischen bäuerlichen Bevölkerung die Gewißheit geben, daß an ein gewagtes gesetzgeberisches Experiment, wie es von mancher Seite gewünscht wird, nicht gedacht werden kann. Weiter schließt zwar die Fassung des zweiten Absatzes des Antrags Enneccerus allerdings das directe Zwangsanerbenrecht aus, aber ein indirectes Zwangsanerbenrecht wird damit proponirt.

M. H.! Es ist Ihnen wohl nicht unbekannt, daß unsere rheinische bäuerliche Bevölkerung sehr wenig geneigt ist, Testamente und letztwillige Verfügungen zu errichten. Was ist mit Rücksicht hierauf der Effect, wenn Sie sagen: Anerbenrecht mit Zwangscharakter soll allerdings ausgeschlossen sein, aber ein Intestatanerbenrecht kann eingeführt werden? Praktisch wird im Rheinland vielfach das einzuführende Erbrecht thatsächlich ein Zwangsanerbenrecht werden, denn der Bauer macht kein Testament, er geht weder zum Gericht noch zu dem Notar, und da durch das künftige Gesetzbuch das eigenhändige Testament, das wir bisher am Rhein kannten und mit vollem Recht sehr hochgehalten haben, leider hinwegfällt, so wird es noch seltener denn bisher vorkommen, daß der Bauer eine letztwillige Verfügung errichtet. Mit dem Intestatanerbenrecht wird somit ein indirectes Zwangsanerbenrecht eingeführt, und dies möchte ich doch im Interesse unserer bäuerlichen Bevölkerung ausgeschlosseu sehen. Ich glaube, m. H., daß, wenn Sie heute, nachdem das Wort „Zwangsanerbenrecht" in der Discussion gefallen ist, den Absatz 1 ablehnen, hiermit für die außenstehenden Kreise die Bedeutung verbunden ist, daß wenigstens eine gewisse Stimmung innerhalb des Juristentags auch für ein Zwangsanerbenrecht vorhanden ist; dies will ich durch meinen Antrag verhindern. Praktische Bedeutung hat ja das Zwangsanerbenrecht — und darin sind die Herren, die bisher zum Wort kamen, vollständig einig — nur für die Renten- und Ansiedelungsgüter. Nun hat durch die Modification des Absatzes 4 Herr Geh. Justizrath Enneccerus den Wünschen der Herren Geh. Rath Gierke und Geh. Rath Brunner insoweit Rechnung getragen, daß die Forderungen derselben bezüglich des Zwangsanerbenrechts für diese Güter als durchaus befriedigt erachtet werden müssen; für uns in Süddeutschland haben die Renten- und Ansiedelungsgüter keinen praktischen Werth, für uns handelt es sich hauptsächlich darum, daß unsere bäuerliche Bevölkerung bei Regelung des Erbrechts ihre bisherige Freiheit vollständig behält und daß ihr auch nicht indirect ein Erbrecht aufgedrungen wird, welches ihren Anschauungen widerspricht. Ich möchte daher bitten, den Absatz 1 des Antrags des Berichterstatters allerdings aufrecht zu erhalten und ich würde, falls Herr Geh. Rath Enneccerus denselben vollständig fallen läßt, ihn für mich aufnehmen, um darüber eine förmliche Abstimmung des Juristentags und Stellungnahme herbeizuführen.

Landgerichtsrath **Lindemann** (Hannover): M. H.! Ich bin hier anscheinend der Einzige in der Versammlung, der ein Gegner des allgemeinen gesetzlichen Anerbenrechts für Bauerngüter ist; ich bin ein Anhänger der Höferolle, ich halte es aber nicht für möglich, heute ein besonderes Erbrecht für die Bauerngüter herzustellen. Der Herr Referent hat die Frage: Was ist ein Bauerngut? der landesgesetzlichen Bestimmung überlassen zu können geglaubt, er hat sich enthalten, anzudeuten, wo er die Grenze nach oben und nach unten ziehen will. Nothwendig muß nach meinem Dafürhalten diese Grenze, die die Landesgesetzgebung zieht, eine willkürliche sein sowohl nach oben wie nach unten. Es wird unmöglich sein, den Begriff des Bauerngutes so festzulegen, daß er in der That überall den billigen Verhältnissen entspricht; es muß den Eindruck der Unbilligkeit machen, wenn beispielsweise ein Gut von 50 Morgen als Bauerngut angesehen wird und ein Gut von 49 Morgen als Kleingut, das eine Gut sich vererbt nach den Regeln des bäuerlichen Anerbenrechts, so daß der Anerbe bevorzugt wird, während das benachbarte Gut, das nur einen Morgen weniger hat, sich vererbt nach den allgemeinen Bestimmungen des bürgerlichen Gesetzbuchs und hier die anderen Miterben mithin viel besser fortkommen, wie auf dem anderen Gut. Ebenso schwierig wird es sein, die Grenze nach oben zu ziehen. Schwierig wird es auch sein, die Grenze zu ziehen, wo ein Bauerngut gleichzeitig industriellen Zwecken dient. In allen diesen Fällen müssen diese gesetzlichen Bestimmungen der Bevorzugung des Anerben den Eindruck des durchaus Unbilligen und Willkürlichen machen. Es empfiehlt sich nach meinem Dafürhalten vielmehr, an dem System der Höferolle festzuhalten und nur den Leuten das Eintragen leichter zu machen, den Amtsrichter auf das Dorf hinauszuschicken und ihn zu veranlassen, die Leute persönlich zu hören. Und das müßte ohne Kosten geschehen. Ferner würde billigen Anforderungen entsprochen werden, wenn gesetzgeberisch festgelegt würde, daß bei Erbtheilungen von Landgütern jedesmal unter den Miterben der Ertragswerth bei der Werthsbestimmung zu Grunde gelegt wird. Unsere bäuerlichen Besitzer sind von Alters her gewohnt, die Erbfolge durch Abfindungsverträge festzustellen, und wo diese Sitte noch existirt, da würde es beim Fehlen eines Abfindungsvertrages genügen, einem übereifrigen Vormundschaftsrichter, der die Miterben bevorzugen will, einen Zaum dadurch anzulegen, daß man den Ertragswerth als Grundlage der Erbtheilung vorschreibt. Ich glaube nicht, daß es möglich sein wird, in vielen Landtagen es durchzusetzen, ein gesetzliches Anerbenrecht, das immer nur facultativ durch die Reichsgesetzgebung zugelassen werden könnte, einzuführen; ich glaube, daß die meisten Bauern sich dagegen wehren werden als etwas Neues, wie sie sich schon gegen die Höferolle gewehrt haben. Ich meine aber auch, daß ein derartiges Sinken des Bauernstandes, wie dies der Referent, Herr Geh. Rath Enneccerus ausgeführt hat, im Allgemeinen nicht zu beobachten ist; ich glaube, in den meisten Gegenden steht der Bauernstand noch ebenso fest, wie vor 50 Jahren. Freilich halte ich dafür, daß dort, wo die alte bäuerliche Sitte nicht mehr feststeht, wo die Leute nicht mehr festhalten an den alten Gewohnheiten, es unmöglich sein wird, im Wege der Gesetzgebung von oben ihnen ein Intestaterbrecht aufzuzwingen, das sie nicht wollen. Es wird deshalb gerade dort, wo es nöthig wäre im Interesse der Aufrechterhaltung des Bauernstandes, nicht möglich sein, das gesetzliche Anerbenrecht einzuführen. Wo aber die Erbsitte noch kräftig genug ist, ist eine Aenderung unnöthig.

Ich glaube deshalb, daß mit einer Gesetzgebung über die Höferolle und mit einer Gesetzgebung, wie wir sie in Westfalen seit 1850 haben, daß bei Erbauseinandersetzungen der Ertragswerth des Grundstücks zu Grunde gelegt wird, den Bedürfnissen durchaus entsprochen wird.

Justizrath **Wilke:** M. H.! Ich stehe vollständig auf dem Standpunkt des Herrn Referenten, möchte aber doch bitten, die Anträge der andern Herren zu acceptiren.

Was zunächst die Fortlassung des Absatzes 1 betrifft, so kann darüber nur abgestimmt werden, wenn der Antrag Absatz 1 von Neuem aufgenommen wird; wenigstens habe ich den Herrn Referenten so verstanden, als wenn er den Absatz ganz fallen läßt, der Absatz 1 würde also jetzt nur von dem Herrn Collegen Fuld beantragt sein. Die Gründe aber, die er vorgebracht hat, rechtfertigen den Antrag m. E. gar nicht. Er hat ausgeführt, daß in den Rheinlanden eine entschiedene Abneigung gegen das Anerbenrecht wäre. Das ist zuzugeben. Aber auf solche Gebiete, wo die Sitte dem Institute nicht hold ist, zielt ja der ganze Beschluß nicht ab, so wie er gefaßt ist. Wenn eine reichsrechtliche Regelung erstrebt würde, verstände ich seine Bedenken; so aber verstehe ich sie nicht. Er hat weiter ausgeführt, wenn auch nur das Intestaterbrecht eingeführt würde, so hätte das ganz dieselbe Bedeutung, als wenn das Zwangsanerbenrecht eingeführt würde. Er will aber doch das Intestaterbrecht zulassen. Da hat also der Vorbehalt des Absatzes 1 erst recht keine Bedeutung. Von seinem Standpunkt aus ist es aber viel besser, daß der Absatz 1 nicht besonders zur Abstimmung gebracht wird, denn eine Ablehnung dieses Antrags hat eine viel größere Bedeutung und gerade in dem von ihm nicht gewollten Sinn, als wenn der Antrag gar nicht zur Discussion kommt. Deswegen möchte ich bitten, den Antrag fallen zu lassen, schon um eine größere Majorität für diese Anträge zusammenzubringen.

Die Ausführungen des letzten Herrn Redners scheinen auch nicht zu passen. Ich will nur einzelnes hervorheben. Er sagt, man werde die Provinzialregierungen oder die Provinziallandtage nicht dazu bewegen können, das Anerbenrecht zu befürworten. Nun, wo das nicht der Fall ist, da wird es eben nicht eingeführt; da steht ihm eben die Sitte nicht zur Seite, das ist ja gerade die Meinung der Antragsteller.

Was die Frage anbelangt, ob der Schlußsatz, der in den Anträgen der Herren Brunner, Gierke und von Harsdorf steht, überhaupt zur Tagesordnung gestellt werden könne, so ist der Herr Referent wohl zu engherzig; zum Anerbenrecht gehört das mit, und besonderer Vorbereitungen bedarf es dieserhalb wohl nicht. Ueber diesen Einwand könnten wir also hinweggehen.

Der Auffassung, die mir aus den Ausführungen des Herrn Geh.-Rath Gierke entgegenzuleuchten schien, daß die Commission zur zweiten Lesung des bürgerlichen Gesetzbuchs dem Anerbenrecht eigentlich antipathisch gegenübersteht, möchte ich widersprechen; es war im Gegentheil Stimmung dafür, man hat aber Abstand genommen, Vorschriften in das bürgerliche Gesetzbuch vorzuschlagen, weil man ein Anerbenrecht nicht zur reichsrechtlichen Ordnung geeignet hielt, andererseits auch den Entwurf selbst durch seine Aufnahme zu gefährden glaubte. Dafür daß man aber daran gedacht hat, das Erbrecht bei ländlichen Grundstücken könnte etwas anders behandelt werden als sonstiges Vermögen, spricht namentlich ein Beschluß, der erst bei der letzten Revision noch gefaßt worden ist, daß gerade mit Rücksicht darauf überall, wo eine bestimmte Individualerbfolge, z. B. eine Anerbenfolge nach Landesgesetz besteht, der Werth der ländlichen Grundstücke nach dem Ertrag bemessen werde, nicht nach dem Verkaufswerth. Das ist eine ausdrückliche Bestimmung, und zwar nicht eine dispositive, sondern eine absolute Vorschrift. In dieser Beziehung ist also den Wünschen zum Theil Rechnung getragen. Auch die Einführung der im ersten Entwurf nicht stehenden Rentenschuld beruht im Wesentlichen auf dem Hintergedanken, daß diese Rentenschuld eine zweckmäßige Art der Abfindung der Geschwister sein würde da, wo ein Anerbenrecht besteht. Diesem letzten Gedanken folgt mein Unterantrag, der dahin geht, daß die Abfindung der Geschwister thunlichst in Renten bestimmt werden soll. Man kann nicht sagen, sie ist immer in Renten zu bestimmen, aber thunlichst in Renten. Ich halte die Bestimmung nach dem Ertragswerth im anderen Fall für äußerst gefährlich und bin der Meinung, daß sie gerade zum Gegentheil dessen, was beabsichtigt wird, führt; sie würde nämlich nicht dahin führen, daß der Uebernehmer billiger, sondern daß er theurer fortkommt. Man wird fragen: was ist der Ertragswerth? Ein Landgut bringt jetzt kaum 3 pCt. Ist also der Ertrag 3, so ist der Ertragswerth 100 und so kommt man zu übertrieben hohen Annahmewerthen, welche der Annehmer nicht verzinsen kann. Wenn man dafür sorgen will, und das muß man, daß der Anerbe aus seinem Ertrag die Abfindung der anderen verzinsen kann, so muß entweder der Zinsfuß für die Abfindung niedrig bemessen werden, oder es muß von vornherein gesagt werden, daß der Zinsfuß dem thatsächlichen Ertrage zu entsprechen hat oder noch besser — was ich wünsche — die Abfindung muß, wo es angeht, eine Rentenschuld werden.

Vorsitzender: Es ist soeben ein redactioneller Antrag zu dem Absatz 1 des Antrags Enneccerus eingereicht worden, der dahin geht:

> Ein Anerbenrecht, welches gegen den Willen des Erblassers zwangsweise in Wirkung tritt, ist, vorbehaltlich der zu erwägenden besonderen Verhältnisse bei Ansiedelungs- und Rentengütern, nicht zu empfehlen.

Der Antrag rührt von dem Schriftführer, Herrn Rechtsanwalt Makower II, her.

Geh. Justizrath Professor Dr. **Gierke:** Ich wollte zugleich im Namen von Herrn Präsidenten v. Harsdorff und von Herrn Kollegen Brunner nur erklären, daß wir den Zusatzantrag Wilke mit Vergnügen uns aneignen. Ich habe nur vergessen, davon zu reden, ich wollte eigentlich sogar besonders betonen, daß das Princip der Abfindung in Renten ein sehr wesentliches Erforderniß eines gesunden Anerbenrechts ist. Alle Bedenken, die gegen die Berechnung nach dem Ertragswerth hier geltend gemacht sind, haben irgend eine Berechtigung gerade nur dann, wenn nicht die Abfindung in amortisirbaren Renten die Regel bildet.

Im Uebrigen wollte ich nur bemerken, daß dem alten Anerbenrecht die Bemessung der Abfindung nach dem Verkaufswerth auch da, wo römisches Recht gegolten hat, doch niemals entsprochen hat, sondern das älteste Princip war die Abfindung nach den Kräften des Hofes. Das dürfen wir auch jetzt nicht aufgeben. Wir müssen freilich eine mehr technische Berechnungsweise haben. Im Einzelnen aber wird, wie ich glaube, bei der Berechnung der Abfindungen auch künftig auf die individuellen Verhältnisse des einzelnen Falles, die Zahl der Abfindlinge, das etwa vorhandene Allodialvermögen, die Höhe der Schulden u. s. w. Rücksicht zu nehmen sein, so daß das Gesetz da einen gewissen Spielraum gestatten muß. Mir scheint, daß eine Berechnung der Abfindungen durch eine

Selbstverwaltungsbehörde unter Zuziehung von Verwandten, wie sie dem Braunschweigischen Recht bekannt ist, in streitigen Fällen den allerbesten Ausweg bietet.

Wie gesagt also, wir nehmen diesen Antrag in den unseren auf.

Rechtsanwalt Dr. Beckh (Nürnberg): Meine geehrten Herren! Ich gehöre nicht zu den Schwärmern für das Anerbenrecht, insbesondere für eine solche Neuordnung, wie sie von einer großen Anzahl der Herren Redner in das Auge gefaßt worden ist. Es ist ja richtig, was Herr Prof. Dr. Brunner hervorgehoben hat, daß der erste Satz der Anträge des Herrn Referenten so, wie er uns vorgelegt wurde, von uns keinenfalls anzunehmen sein dürfte, weil wir doch die Ansichten des Bauernstandes in einer Resolution hier nicht aussprechen können, und der Herr Referent hat dem Rechnung getragen, indem er den Antrag zurückzog, und ich glaube, daß auch der neu aufgenommene Antrag schließlich der Einsicht weichen wird, daß es wohl nicht angehen wird, einen solchen Satz in die Beschlüsse des Juristentags aufzunehmen. Dagegen muß ich behaupten, daß der Satz vollkommen der Wahrheit entspricht; denn meinem Wissen und nach meinen Erfahrungen besteht in den Gegenden, welche ich kenne, in der That ein solches Bedürfniß nicht; ich gebe zu, daß in anderen Provinzen ein solches Bedürfniß zu Tage getreten sein mag. Es ist dasselbe der Fall mit der Höferolle. Wir haben ja aus den Ausführungen, insbesondere des Herrn Gutachters und desgleichen des Herrn Referenten entnommen, daß in einzelnen Theilen unseres Vaterlandes die Höferolle eine bedeutende Rolle spielt, in anderen Gegenden dagegen absolut gar keine. In gleicher Weise verhält es sich m. E. mit dem Anerbenrecht. Herr Geh. Rath Gierke hat die Bedeutung unseres Beschlusses eigentlich richtig diagnosticirt, indem er sagte, es sei das nicht eigentlich eine juristische Frage, die an uns herantritt, sondern neben der wirthschaftlichen eine nationale, d. h. also mit anderen Worten eine socialpolitische Frage. Nun fragt es sich doch, ob wir dazu berufen sind, eine solche socialpolitische Frage in dieser Weise zum Austrag zu bringen und hier darüber zu entscheiden.

Ich muß dem Satz, den Herr Geh. Rath Gierke ausgesprochen hat: „wir bedürfen des gesetzlichen Anerbenrechts", die absolute Verneinung entgegenstellen. Wie gesagt, für einzelne Theile kann es der Fall sein, aber daß wir sagen: „Wir bedürfen des gesetzlichen Anerbenrechts", das ist viel zu weit gegangen. Er sagte aber auch: „Wir müssen ein Recht haben, das der Sitte entspricht." Und da, verehrter Herr Geh. Rath, bin ich vollkommen mit Ihnen einverstanden: „Ein Recht, das der Sitte entspricht." Dieses Recht, das der Sitte entspricht, hat sich aber in den verschiedenen Theilen unseres Vaterlandes bereits in größerem oder geringerem Umfang geltend gemacht. Wir haben ja in einzelnen Theilen unseres Vaterlandes ein solches Anerbenrecht, nur nicht, wie das die Gesetzbücher ausweisen, zwangsweise, sondern es ist mehr in facultativer Weise angeordnet, und daraufhin sage ich, da kann ich mir das gefallen lassen und da kann ich mir auch gefallen lassen, wenn der 4. Satz der Anträge des Herrn Referenten, insbesondere der erste Satz des 4. Absatzes, von dem Juristentag angenommen wird. Aber, m. H., Sie müssen immer bedenken, wie zäh der Bauer an seinen Anschauungen festhält. Nun habe ich in den Gegenden meines Heimathstaates, die ich kenne und größtentheils genau kenne — das ist Schwaben und Mittelfranken — die bäuerlichen Verhältnisse sehr genau kennen gelernt, und ich muß sagen, wenn Sie ein solches Anerbenrecht für diese Gegenden statuiren wollen und die Einführung eines allgemeinen Anerbenrechts in solcher Weise vorsehen, so werden Sie dabei auf großen Widerstand stoßen und Sie werden Zustände in bäuerlichen Familien hervorrufen, welche Ihren eigenen Anschauungen von dem Wohlstand des Bauern und von der gesunden Ordnung der bäuerlichen Verhältnisse keineswegs entsprechen. Wenn Sie gesetzlich statuiren, daß entweder der älteste Sohn oder der jüngste Sohn das Anerbenrecht am Gute haben soll — ja, Sie können doch die vertragsmäßige Bestimmung oder die testamentarische Verfügung nicht hindern, welche die Eltern treffen, und wollen sie nicht hindern; nun ist es aber in unseren Gegenden fast überall Sitte, daß durch Uebergabeverträge eine Verfügung getroffen wird — wenn nun dieses gesetzliche Recht eingeführt wird, so werden wir bei den Uebergabeverträgen auf großen Widerstand und auf Zwistigkeiten in der Familie stoßen, ärger als bisher. Denn es kommt sehr häufig vor, daß entweder der jüngere Sohn oder der ältere oder irgend ein anderer Sohn das Gut übergeben erhält, ja es kommt auch vielfach vor, daß eine Tochter das Gut übergeben erhält und die Söhne nicht; wenn die Tochter als eine wirthschaftliche Person erscheint, die einen tüchtigen Mann gebracht hat, der das Gut bewirthschaften kann, dann wird es an die Tochter übergeben. Nun nehmen Sie an, wenn dies im Uebergabevertrag bestimmt wird, so wird seitens des gesetzlich bevorzugten Anerben, der *sonst* an die Stelle treten würde, ein bitterer Haß entstehen, da werden die Zwistigkeiten erst recht hervortreten. Zu was braucht es ein solches Recht, wo eine solche Sitte nicht besteht? Wo eine solche Sitte bisher bestanden hat und für die Zukunft sich einbürgern wird, gut, da mag eine solche Gesetzgebung für einzelne Gegenden Platz greifen, aber eine allgemeine Bestimmung darüber zu treffen, — meine geehrten Herren, ich würde absolut abrathen, irgend etwas dergleichen zu thun. Darum bin ich auch, der Richtung folgend, welche Herr Prof. Gierke am Schluß gezeigt hat, daß die Abfindung nach den Kräften des Hofes stattfinden solle, der Ansicht, daß man in der That den Satz 4 Platz greifen lassen kann, den der Herr Referent vorgeschlagen hat, daß also der Landesgesetzgebung solche Bestimmungen eingeräumt werden können, aber nur nicht weiter greifen, und insbesondere möchte ich bitten, nicht solche einzelne detaillirte Bestimmungen zu treffen, wie sie in den Sätzen des Herrn Referenten und beziehungsweise in den vorgeschlagenen Verbesserungen und Modificationen vorkommen. Wenn Sie für das Princip sich aussprechen — gut! Ueberlassen Sie den gesetzgebenden Factoren, daß die das Weitere bringen. Herr College Enneccerus hat selbst gesagt, der eine Satz, den er vorgetragen hat, soll nicht in das Gesetz hinein, er ist bloß gewissermaßen eine Erläuterung seines Antrags. Ebenso ist es ja mit der Frage des Rentenprincips. Das kann auch bloß als Motiv gelten für das Eintreten für ein derartiges Gesetz.

Meine Bitte geht also dahin — ich will keinen besonderen Antrag stellen, es wird sich einfach bei der Abstimmung herausstellen —, daß Sie alle übrigen Anträge ablehnen und nur den ersten Satz ad Nr. 4, event. auch den zweiten Satz annehmen.

Geh. Justizrath Prof. Dr. **Brunner:** Die Einwendungen, die Herr Rechtsanwalt Dr. Beckh erhoben hat, treffen im Wesentlichen nur das, was wir nicht wollen, nämlich das Zwangsanerbenrecht. Ein Zwangsintestatanerbenrecht ist eine contradictio in adjecto;

(Sehr richtig!)

denn wenn man von einem Intestatanerbenrecht spricht, so kann man nicht zugleich von einem Zwangsanerbenrecht sprechen; das liegt in der juristischen Logik, im Begriff des Intestaterbrechts; ich brauche mich damit nicht weiter aufzuhalten. Die Befürchtung, die Herr Dr. Beckh ausgesprochen hat, daß in Bayern Schwierigkeiten entstehen dürften, weil bei Gutsabtretungen gegen Altentheil der abtretende Bauer die Wahl des Erben habe, während bei dem Anerbenrecht das nicht der Fall sei, kann ich nicht theilen, jene Schwierigkeiten sind nur befürchtete, aber nicht begründete. Das Anerbenrecht schließt die Gutsabtretung gegen Altentheil nicht aus. Das Anerbenrecht selbst kann möglichst elastisch gestaltet werden. In Hessen wird der Anerbe durch einen Familienrath gewählt. Der Landesgesetzgebung steht es frei, den weitesten Spielraum offen zu lassen; die Landesgesetzgebung kann bestimmen, daß nach den Grundsätzen des Minorats der Jüngste, oder daß nach den Grundsätzen des Majorats der Aelteste den Hof bekommen soll; sie kann die Wahl einem Familienrath oder dem Besitzer des Bauernhofs überlassen. Die Uebergabe an Töchter und die Nachfolge von Töchtern würde selbstverständlich durch ein Anerbenrecht nicht ausgeschlossen. Unsere Anträge sagen nirgends daß der Anerbe männlichen Geschlechts sein müsse.

Es ist darauf hingewiesen worden, daß das Anerbenrecht in einem großen Theil von Deutschland kein Bedürfniß sei, nämlich in jenen Gegenden, in welchen sich die Sitte der Gutsabtretung gegen Altentheil am zähesten erhalten hat. In dieser Beziehung scheint mir ein warnendes Wort nöthig. Auf die Altentheilverträge dürfen wir uns auf die Dauer nicht verlassen, denn hier und da fangen die Altentheilverträge an zu degeneriren. Der abtretende Bauer, der das Gut übergiebt, belastet den Hof mit einem so starken Altentheil und mit so viel Ansprüchen der übrigen Kinder, daß es für den Anerben absolut unmöglich ist, das zu leisten, was im Grundbuch als Altentheil vermerkt wird. Natürlich ist auf Seiten des Bauers von vornherein die Absicht vorhanden, die eingetragenen Ansprüche gegen den Uebernehmer des Gutes nicht in vollem Umfange geltend zu machen, solange das Verhältniß ein erträgliches bleibt; die Ansprüche werden auf das vertragsmäßig verabredete Maß erst ausgedehnt, wenn Zerwürfnisse eintreten oder wenn das Gut veräußert wird. Derartige Altentheilsverträge haben eine Wirkung, welche gerade Herr Dr. Beckh und die Vertreter seiner Richtung am allerwenigsten wünschen dürften. Sie haben nämlich die Wirkung, daß die damit belasteten Güter absolut unveräußerlich sind, auch wenn das Interesse der Familie und des Hofes eine solche Veräußerung dringend wünschenswerth macht. Denn wer wird ein Gut kaufen, auf welchem übermäßige Ansprüche des Altsitzers und der jüngeren Kinder eingetragen sind, wenn er mit Sicherheit voraussehen muß, daß ihm gegenüber jene Ansprüche bis auf das letzte Tüpfelchen werden geltend gemacht werden?

Den vorliegenden Anträgen wurde der Vorwurf gemacht, daß sie zu detaillirt seien. Ich muß diesen Vorwurf zurückweisen. Nur das absolut Nothwendige ist gesagt, es ist nur gesagt, daß die Abfindungen der Miterben nach einem bestimmten Princip festgestellt werden müssen, daß das Pflichttheilsrecht zu beschränken und das eheliche Güterrecht entsprechend zu ordnen sei.

Zum Schluß noch eine Bemerkung, welche eine Aeußerung des Herrn Referenten Dr. Enneccerus betrifft. Für den Fall, daß Absatz 1 gestrichen wird, würden wir auf jenen Absatz, den ich als letzten vorgeschlagen habe, verzichten und uns begnügen mit der Fassung:

„Die Regelung des Anerbenrechts bei Rentengütern und Ansiedelungsgütern ist auf die Tagesordnung des nächsten Juristentages zu setzen.“

Tritt an die Stelle des von dem Herrn Referenten beantragten und von Herrn Dr. Fuld aufgenommenen Antrags der Antrag welchen Herr Dr. Makower gestellt hat, so würde ich für meine Person in der Lage sein, dafür zu stimmen. Die Meinung der beiden Mitantragsteller einzuholen, war ich noch nicht in der Lage.

Amtsgerichtsrath **Stelling** (Rotenburg): Ich habe den Antrag gestellt, daß der Absatz 3 des Antrags 2 des Herrn Referenten gestrichen werden möchte.

Herr Geh. Rath Gierke hat gesagt, ein Satz, welcher seiner Meinung nach gelte, wäre der, daß die Abfindung sich bestimmen müßte nach den Kräften des Hofes. Ich habe schon gesagt mit Beziehung auf die Herzogthümer Bremen und Verden, daß sie das Anerbenrecht ganz auf der Grundlage des römischen Rechts entwickelt haben. Allerdings haben wir aber dort eine Bestimmung, daß die Kräfte des Hofes bei Festsetzung des Brautschatzes in Betracht gezogen werden sollen. Indessen diese Bestimmung gilt nur dann, wenn der Brautschatz noch festgesetzt wird entweder vom Vater oder bezw. von der Mutter, und das ist also kein Fall des Anerbenrechts. Das Anerbenrecht kommt nur in Frage, wenn Intestaterbfolge stattfindet. Wenn durch Testament die Erbfolge bestimmt wird oder durch Vertrag die Sache geregelt wird, so ist kein Platz für das Anerbenrecht. Von Anerbenrecht ist immer nur dann die Rede und kann nur — im eigentlichen Sinne wenigstens, in dem Sinne, den wir heute allein verfolgen — dann die Rede sein, wenn der Hof zustirbt.

Ich erlaube mir demnach, meinen Antrag aufrecht zu erhalten und bitte Sie, denselben anzunehmen.

Herr Geh. Rath Enneccerus hat sich in einer Weise ausgesprochen, daß nach seiner Ansicht dies gar nicht in das Gesetz hinein sollte, daß nach dem Ertragswerth gerechnet werden solle. Wenn das der Fall wäre, so würde auch der Absatz gestrichen werden können. Das würde ja für meinen Antrag sprechen.

Ich erlaube mir noch ein Wort auf dasjenige, was Herr Geh. Rath Gierke gesagt hat. Herr Geh. Rath Gierke hob hervor, daß bei der Berechnung der Abfindungen vorzüglich gerechnet werden müsse nach den Kräften des Hofes. M. H.! Ein solches Recht giebt es nicht, allgemein nicht, namentlich gilt es nicht in den Herzogthümern Bremen und Verden. Gälte es aber, so müßte ich auf einen eigenthümlichen Widerspruch aufmerksam machen, der sich hier offenbart. Würde es gelten, so wäre es gerade das Gegentheil von dem, daß nach dem Ertragswerth gerechnet werden soll. Wenn ich nach dem Ertragswerth zu rechnen habe, dann liegt mir ob, den Ertragswerth zu bestimmen und dann berechne ich ihn auf eine Mark genau; er beträgt vielleicht 100 Mk. beispielsweise. Berechne ich aber die Abfindungen nach den Kräften des Hofes, dann kommt nicht die dem Ertragswerth entsprechende, sondern eine ganz andere Summe heraus. Den Vorschlag also, daß nach dem Ertagswerth gerechnet werden soll, kann man durch die Erwägung, daß nach den Kräften des Hofes gerechnet werden soll, nicht stützen.

Präsident **von Harsdorf:** Ich möchte den Antrag auf Schluß der Debatte stellen. Ich erachte dafür, daß die Erörterungen nach allen Seiten so weit gegangen sind, daß nun neue Gesichtspunkte wohl nicht mehr zu erwarten sind.

Vorsitzender: Zum Worte gemeldet ist noch Herr Rechtsanwalt Dr. Rosenthal-München. Ich werde zunächst den Antrag auf Schluß der Debatte zur Abstimmung bringen.

Diejenigen Herren, die für den Schluß der Debatte sind, bitte ich die Hand zu erheben.

(Nach Probe und Gegenprobe.)

Die Mehrheit hat sich für den Schluß der Debatte ausgesprochen. Es würde also nur noch der Herr Referent das Schlußwort haben.

Referent Geh. Justizrath Prof. Dr. **Enneccerus:** M. H., es thut mir leid, daß wir den Herrn, der noch gemeldet war, noch nicht gehört haben, zumal, soviel ich weiß, er der einzige noch gemeldete Redner war, ich bin aber natürlich nicht im Stande, daran etwas zu ändern; gegen den Schluß habe ich gestimmt.

Ich möchte mich zunächst mit einem Wort gegen Herrn Rechtsanwalt Dr. Beckh wenden; im Grunde hat das Herr College Brunner zwar schon gethan, aber ich möchte doch, weil ich dem in Bezug genommenen Bezirk Cassel angehöre, Herrn Dr. Beckh recht ad oculos demonstriren, daß die von ihm angeführten Erfahrungen in der That nicht gegen unsere Anträge gerichtet sind, sondern daß, wenn Alles so ist, wie er selber sagt, gerade deshalb unsere Anträge so gefaßt werden mußten, wie sie gefaßt sind. Herr College Beckh hat gesagt: eine bestimmte Regel darüber, wer Anerbe ist, können wir für Bayern nicht gebrauchen. M. H., wir haben sie für Hessen-Cassel auch nicht und wollen sie auch nicht. Wenn der verehrte Herr College nicht anderweit beschäftigt gewesen wäre, so würde er in meinem Vortrag gehört haben, daß wir in Hessen-Cassel eine solche bestimmte Regel abgelehnt haben und dagegen eine Bestimmung des Anerben durch den Familienrath, durch Vormünder und Verwandte aufgenommen haben. Das, was er fürchtet, ist durch unseren Satz durchaus nicht ausgesprochen, dasjenige was er wünscht, ist durch unseren Satz in keiner Weise ausgeschlossen.

Dann möchte ich mich zu den Anträgen wenden. M. H., ich könnte damit einverstanden sein, wenn am Schluß nach dem zuletzt ausgesprochenen Wunsche des Herrn Collegen **Brunner** gesagt wurde, daß die Frage des Anerbenrechtes für Rentengüter und Ansiedelungsgüter auf die Tagesordnung des nächsten Juristentages gesetzt werden solle, aber noch weit besser und sympathischer erscheint mir die Regelung der Frage, wie sie in dem Antrag des Herrn Dr. **Makower** zu Nr. 1 jetzt formulirt ist, und ich bemerke, daß schon, bevor dieser Antrag eingebracht wurde, ich mich soeben mit Herrn Collegen **Brunner** über einen fast verbotenus gleichen Antrag geeinigt hatte, der natürlich nun unterblieben ist. Ich eigne mir also den Antrag von Herrn Dr. **Makower** vollkommen an, ich halte denselben für eine erhebliche Verbesserung und lege auf denselben deshalb Werth, weil es doch, wenn auch nicht gerade nothwendig, so doch sehr wünschenswerth ist, daß die Stellung gegen das Zwangsanerbenrecht, die wir hier fast sämmtlich eingenommen haben, nicht bloß so implicite durch ein Schweigen über diesen Punkt und alleinige Erwähnung des Intestatrechts zum Ausdruck gebracht wird, sondern daß der Juristentag auch klipp und klar sagt: wir sind gegen ein Zwangsanerbenrecht unter Vorbehalt der später erst zu erwägenden und — das ergiebt sich von selbst — auf die Tagesordnung des nächsten Juristentages zu stellenden Frage, ob etwa für die Rentengüter und Ansiedelungsgüter ein Sonderrecht zu schaffen sei und wie dasselbe eventuell gestaltet werden müßte.

Was dann den Antrag, den Absatz 3 zu streichen, betrifft, so kann ich demselben nicht zustimmen. Wenn auch die Wortfassung nach meiner Meinung nicht in ein Gesetz aufgenommen werden soll, so ist es doch nicht bedeutungslos, sondern vielmehr sehr wichtig, ein leitendes Princip, einen Grundgedanken aufzustellen, nach welchem die Sonderregelung bezügl. der Abfindung für jede einzelne Provinz sich zu richten hat. Und mindestens ebenso wichtig, ja noch viel wichtiger ist es, die Beschränkung des Pflichttheilsrechts, die sich sonst in keiner Weise von selbst verstehen würde, ausdrücklich zu betonen.

Was die übrigen Anträge zu Abs. 3 betrifft, so habe ich mir schon vorhin die Anträge der Herren Collegen **Brunner** u. s. w. angeeignet, so daß ich also bitte, von vornherein über diesen Abs. 3 in der durch diese Anträge etwas veränderten Form abstimmen zu lassen.

Sodann noch ein Wort in Bezug auf den Antrag des Herrn Collegen Wilke. Ich habe die Frage, ob Renten- oder Capitalsabfindungen zu gewähren seien, in meinem Vortrag und in meinen Anträgen absichtlich nicht berührt. Ich bin nämlich der Meinung, daß es besser ist, wenn der Juristentag sich auf die Hauptpunkte beschränkt, erkenne aber an, daß in derjenigen sehr vorsichtigen Fassung, welche Herr College Wilke gewählt hat, der Antrag kaum Bedenken erregen kann. Es ist da nämlich gesagt „wenn thunlich" oder „wenn möglich" die Abfindung in Renten zu gewähren.

(Zuruf: Thunlichst!)

Das kann man allerdings unterschreiben. Die Frage ist nur die, ob und wann es „thunlich" ist. In sehr vielen Fällen ist es nicht thunlich, weil es eine zu große Härte für die abziehenden Kinder mit sich bringen würde; in anderen Fällen ist es thunlich und enthält dann einen großen Vortheil für den Gutsübernehmer, unter Umständen auch für die Miterben selber. Also viel gesagt ist damit freilich nicht, aber dieser Fassung „thunlichst" können wir unbedenklich zustimmen. Ueber die Specialausführung in den einzelnen Gesetzen ist damit freilich so gut wie nichts entschieden.

Ich glaube, damit ist den Anträgen, die zur Abstimmung und hoffentlich zur Annahme kommen, der Weg sehr geebnet; ich hoffe — und das ist mein lebhafter Wunsch und würde der Sache sehr dienlich sein — daß für diese Anträge, welche die verschiedenen Wünsche möglichst aufgenommen haben, auch z. B. dem Wunsche des Herrn Collegen Fuld in Bezug auf den Absatz 1 nachgekommen sind, sich eine sehr große Majorität des Juristentags finden wird. Und mit diesem Wunsch will ich schließen.

(Bravo!)

Vorsitzender: Wir schreiten jetzt zur Abstimmung.

Rechtsanwalt Dr. **Fuld:** Ich wollte nur erklären, daß ich meinen Antrag zu Gunsten desjenigen des Herrn Collegen Makower, der im Grundsatz dasselbe ausspricht, was ich ausgesprochen haben wollte, zur Vereinfachung der Abstimmung hiermit zurückziehe. Es würde also nur über den Antrag Makower abzustimmen sein.

Vorsitzender: Die Abstimmung ist dadurch sehr erleichtert worden, daß der Herr Berichterstatter sich den übrigen Anträgen in den wesentlichsten Punkten angeschlossen hat und daß die entgegenstehenden Anträge eigentlich nur Streichungsanträge sind, die dadurch zur Geltung kommen werden, daß über die einzelnen Anträge des Herrn Referenten in Verbindung mit den Anträgen Brunner und Wilke besonders abgestimmt wird. Es würde sich danach die Sache im Einzelnen so gestalten. Zunächst kommt zur Abstimmung der Antrag 1 des Herrn Referenten in der Fassung des Herrn Makower II, der dahin geht:

Ein Anerbenrecht, welches gegen den Willen des Erblassers zwangsweise in Wirkung tritt, ist vorbehaltlich der zu erwägenden besonderen Verhältnisse bei Ansiedelungs- und Rentengütern nicht zu empfehlen.

Sodann erfolgt die Abstimmung über den Antrag 2 des Herrn Referenten, 1. und 2. Absatz unverändert. Eine besondere Abstimmung würde dann stattfinden über den Absatz 3, aber nicht in der ursprünglichen Fassung des Herrn Referenten, sondern in der Fassung, die der Absatz 3 erlangt hat durch die Anträge Brunner und Genossen und Wilke. Danach würde Abs. 3 so lauten:

Die Abfindungen der Miterben sind, sofern der Erblasser nichts anderes bestimmt hat, nach dem Ertragswerth, nicht nach dem Verkaufswerth des Gutes, thunlichst in Renten, zu bestimmen. Das Pflichttheilsrecht der Miterben ist zu beschränken und das eheliche Güterrecht entsprechend zu ordnen.

Dann kommt Antrag 3 in der ursprünglichen Fassung mit dem von dem Herrn Antragsteller angenommenen Zusatz

„Höferolle oder in das Grundbuch".

Endlich folgt der Absatz 4 in der von dem Herrn Antragsteller angenommenen Fassung Brunner Absatz 1:

Das bürgerliche Gesetzbuch hat zu Gunsten einer wirksamen Landesgesetzgebung die erforderlichen Vorbehalte aufzunehmen.

Endlich würde dann noch die Abstimmung erfolgen über den Zusatz, der mir nicht vorliegt, wegen . . .

Geh. Justizrath Prof. Dr. **Brunner:** Dieser Zusatz würde von mir aus hinwegfallen.

Vorsitzender: Den Antrag auf die Tagesordnung des nächsten Juristentages zu setzen.

Geh. Justizrath Prof. Dr. **Brunner:** Darüber könnte vielleicht nach Schluß der ganzen Abstimmung noch ein Beschluß gefaßt werden.

Vorsitzender: Jawohl. — Sind gegen diesen Abstimmungsmodus Bedenken zu erheben, dann bitte ich sie geltend zu machen, sonst würde ich jetzt zur Abstimmung schreiten in der eben angegebenen Form.

Zunächst würde der Antrag 1 in der Fassung Makower zur Abstimmung kommen.

Ich bitte diejenigen Herren, die für diesen Antrag sind, sich zu erheben. — Fast einstimmig angenommen.

Antrag 2 Absatz 1 und 2:

Ein Intestatanerbenrecht für solche Landgüter, welche einer Familie vollauf Beschäftigung und Nahrung zu geben vermögen, empfiehlt sich für diejenigen Gegenden, in denen der Uebergang des Gutes auf einen Erben der Sitte entspricht.

Die Gestaltung desselben hat sich auch an die Ortssitte anzuschließen und muß demgemäß für die einzelnen Gegenden eine verschiedene sein.

Ich bitte diejenigen Herren, die für diesen Antrag sind, sich zu erheben. — Auch mit einer sehr großen Mehrheit angenommen, fast einstimmig.

Es würde dann Abs. 3 des Antrags 2 in der Fassung Enneccerus-Brunner folgen:

Die Abfindungen der Miterben sind, sofern der Erblasser nichts anderes bestimmt hat, nach dem Ertragswerth, nicht nach dem Verkaufswerth des Gutes, thunlichst in Renten, zu bestimmen. Das Pflichttheilsrecht der Miterben ist zu beschränken und das eheliche Güterrecht entsprechend zu ordnen.

Ich bitte diejenigen Herren, welche für diesen Antrag sind, sich zu erheben. — Auch mit großer Mehrheit angenommen.

Dann kommt Antrag 3:

Für die übrigen Gegenden empfiehlt sich ein derartiges Anerbenrecht für die auf Antrag des Eigenthümers in die Höferolle oder in das Grundbuch eingetragenen Güter.

Ich bitte diejenigen Herren, die dafür sind, sich zu erheben. — Das ist die große Majorität.

Geh. Justizrath Prof. Dr. **Brunner:** Der Antrag ist angenommen. Ich möchte nur mit dem Herrn Referenten eine kleine Aenderung redactioneller Natur vorschlagen. „Für die in das Grundbuch eingetragenen Güter" — das sind ja alle, wenn ein Grundbuch existirt. Es müßte, vorbehaltlich der Redaction, so heißen: Für die auf Antrag des Eigenthümers in die Höferolle oder als Anerbengüter in das Grundbuch eingetragenen Güter.

Vorsitzender: Dann schreiten wir zur Abstimmung über den Antrag 4 in folgender Fassung:

Das bürgerliche Gesetzbuch hat zu Gunsten einer wirksamen Landesgesetzgebung die erforderlichen Vorbehalte aufzunehmen.

Ich bitte diejenigen Herren, die dafür sind, sich zu erheben.

(Zuruf: Ich wollte mir die Frage erlauben: Ist der erste Satz gefallen?)

Vorsitzender: Sie meinen den Satz:

Die Ordnung des Anerbenrechtes ist der Landesgesetzgebung zu überlassen.

Geh. Justizrath Prof. Dr. **Brunner:** Der erste Satz ist von dem Herrn Referenten zurückgezogen; es beruht das auf einem Compromiß. Factisch liegt die Sache so, daß der Herr Referent auf meine Bitte diesen ersten Satz zurückgezogen hat.

(Widerspruch.)

Referent Geh. Justizrath Prof. Dr. **Enneccerus:** Da möchte ich doch declariren. Der Satz, der Anstoß erregte bei den Herren, war der: „Das bürgerliche Gesetzbuch hat sich darauf zu beschränken"; den habe ich zurückgezogen, aber nicht den ersten Satz:

Die Ordnung des Anerbenrechts ist der Landesgesetzgebung zu überlassen.

Geh. Justizrath Prof. Dr. **Brunner:** Dann bitte ich, über beide Sätze getrennt abstimmen zu lassen.

Referent Geh. Justizrath Prof. Dr. **Enneccerus:** Darüber sagen kann man nichts mehr. Ich muß bloß darauf aufmerksam machen, daß der folgende Satz sozusagen in der Luft steht, wenn man nicht erst sagt: „Die Landesgesetzgebung soll darüber entscheiden."

Vorsitzender: Also würde ich zuerst abstimmen lassen über den Satz:

Die Ordnung des Anerbenrechts ist der Landesgesetzgebung zu überlassen.

Diejenigen Herren, die dafür sind, bitte ich, sich zu erheben. — Ist beinahe einstimmig angenommen.

Dann würde ich über den zweiten Satz abstimmen lassen, Antrag Brunner und Genossen:

Das bürgerliche Gesetzbuch hat zu Gunsten einer wirksamen Landesgesetzgebung die erforderlichen Vorbehalte aufzunehmen.

Ich bitte diejenigen Herren, die dafür sind, sich zu erheben. — Auch mit einer großen Mehrheit angenommen.

Damit wäre die Sache erledigt, wenn nicht Herr Geh. Rath Brunner noch eine Abstimmung verlangt.

Geh. Justizrath Prof. Dr. **Brunner:** Ich bitte noch den Schlußantrag, die Regelung des Anerbenrechts bei Renten- und Ansiedelungsgütern auf die Tagesordnung des nächsten Juristentages zu setzen, zur Abstimmung zu bringen.

Referent Geh. Justizrath Prof. Dr. **Enneccerus:** Zur Interpretation. Es versteht sich ganz von selbst, da die ständige Deputation die Beschlüsse bezüglich der Tagesordnung zu fassen hat, daß dies nur ein Wunsch ist. So ist es auch nur gemeint. Wir als Abtheilung können das nicht definitiv beschließen. Die Abtheilung kann nur den Wunsch aussprechen.

Vorsitzender: Ich bitte also diejenigen Herren, die dafür sind, daß dieser Wunsch ausgesprochen wird, sich zu erheben. — Auch mit großer Mehrheit angenommen.

Damit wäre der erste Gegenstand unserer heutigen Tagesordnung erschöpft. Es würde nun noch der Referent für das Plenum zu ernennen sein. Ich schlage dafür den Herrn Berichterstatter Geh. Rath Enneccerus vor. — Er nimmt an.

(Halbstündige Pause.)

Wir gehen über zu der Frage:

Empfiehlt sich die Verleihung der Wassernutzungen nach Maßgabe des Entwurfs des preußischen Wassergesetzes?

Das Gutachten hat erstattet Herr Rechtsanwalt Dr. Baumert. Den Bericht hat Herr Geh. Rath Brunner übernommen. Ich bitte den letzteren, den Bericht zu erstatten.

Referent Geh. Justizrath Prof. Dr. **Brunner:** M. H.! Ich habe Ihnen zu referiren über die Frage:

Empfiehlt sich die Verleihung der Wassernutzungen nach Maßgabe des Entwurfs des preußischen Wassergesetzes?

Das preußische Staatsministerium hat vor reichlich 5 Jahren eine Commission eingesetzt, um einen Entwurf eines preußischen Wasserrechtsgesetzes auszuarbeiten. Die Commission schloß im October 1893 ihre Arbeiten ab. Der Entwurf sammt Begründnng wurde 1894 veröffentlicht. Auf Grund der eingelangten Aeußerungen ist eine Revision des Entwurfes angeordnet worden, über deren Ergebnisse noch nichts verlautet. Wir haben uns hier an den Entwurf von 1894 zu halten.

Um den Entwurf nicht von vornherein ungerecht zu beurtheilen, muß man sich vor Augen halten, daß das Wasser der Binnengewässer eine juristisch sehr widerspenstige Materie ist. Die Wogen der gesalzenen See sind wahre Lämmer dagegen. Dazu kommt, daß das Wasserrecht von der Theorie mehr als billig vernachlässigt worden. Ist es doch auch das erste Mal, daß der Juristentag sich mit einer Frage des Wasserrechts befaßt.

Die Reform des Wasserrechtes ist auf den Weg der Landesgesetzgebung angewiesen. Sicherlich wäre ein Reichsgesetz darüber wünschenswerth. Allein dem Reiche fehlt nach der Reichsverfassung die Competenz für das öffentliche Wasserrecht — ausgenommen die Fluß- und Wasserzölle, die Fluß- und Schifffahrt auf conventionellen Flüssen. Im Uebrigen wäre das Reich nur zuständig für die Gesetzgebung über das Wasserprivatrecht. Der Entwurf des bürgerlichen Gesetzbuches überläßt das gesammte Wasserrecht der Landesgesetzgebung. Eine strenge Sonderung des Wasserprivatrechtes vom öffentlichen Wasserrecht wäre nicht durchführbar gewesen. Denn geradezu unüberwindliche Schwierigkeiten würden sich ergeben, wollte man das Wasserprivatrecht reichsrechtlich, das öffentliche Wasserrecht landesrechtlich regeln.

Die Deputation des Juristentages hat aus den vielen schwierigen Fragen des Wasserrechtes die Verleihung der Wassernutzungen herausgegriffen. Es ist möglich, daß in der öffentlichen Meinung andere Fragen, so namentlich die Frage der Reinhaltung der Gewässer mehr Staub aufwirbeln. Nichtsdestoweniger bleibt die Verleihung der Wassernutzungsrechte die privatrechtlich wichtigste Neuerung des Entwurfes. Wird das Verleihungsprincip in das preußische Recht eingeführt, so dürfte dieses vorbildlich werden auch für die Reform des Wasserrechtes in anderen deutschen Ländern. Dadurch gewinnt unser Thema eine Bedeutung, die über das Gebiet des preußischen Rechtes hinausragt; damit ist es auch gerechtfertigt, dieses Thema auf einem Juristentage zu erörtern, der auf außerpreußischem Boden tagt.

Ehe ich auf eine Erörterung der Verleihung eingehen kann, ist es unumgänglich nöthig, einige wasserrechtliche Grundbegriffe des preußischen Entwurfes kurz zu besprechen.

Der Entwurf unterscheidet vier Classen natürlicher Wasserläufe 1. Ströme, 2. Hochwasserflüsse, 3. Flüsse, 4. Bäche. Von den künstlichen Wasserläufen treten die Schifffahrtscanäle den Strömen, andere Canäle den Hochwasserflüssen bezw. den gemeinen Flüssen zur Seite.

Die Unterscheidung der Flüsse in öffentliche und Privatflüsse ist terminologisch aufgegeben. Nach dem geltenden preußischen Wasserrechte bestimmt sich der Begriff des öffentlichen Flusses durch die Schiffbarkeit. Die Floßbarkeit ist unerheblich. Was jetzt öffentlicher Fluß heißt, heißt im Entwurf Strom oder Schifffahrtscanal. Beide werden als schiffbare Wasserläufe zusammengefaßt. Die Privatflüsse heißen jetzt nicht schiffbare Wasserläufe. Der Gegensatz zwischen öffentlichen und Privatflüssen ist also sachlich vorhanden. Von den nicht schiffbaren Flüssen sind Hochwasserflüsse diejenigen, bei welchen erfahrungsgemäß der Abfluß des Hochwassers mit größeren Gefahren verbunden ist. Flüsse sind die nicht schiffbaren natürlichen Wasserläufe ohne Hochwassergefahr, deren Unterhaltung aus Gründen eines öffentlichen oder gemeinwirthschaftlichen Nutzens geboten ist. Die übrigen natürlichen Wasserläufe sind und heißen im juristischen Sinne Bäche. Durch Aufnahme in besondere Verzeichnisse wird der Charakter der ersten drei Kategorien von Wasserläufen festgelegt.

Der Entwurf spricht von einem Eigenthum am Wasserlaufe und von Nutzungsrechten, die dem Eigenthümer des Wasserlaufs an dem Wasserlaufe zustehen.

Das Eigenthum des Stromes steht dem Staate, das der nicht schiffbaren natürlichen Wasserläufe den Anliegern zu. Hinsichtlich der Canäle gelten Präsumtionen, auf die ich hier nicht näher eingehe.

Das Eigenthum am Wasserlaufe ist ein juristisch unhaltbarer Begriff. Der Wasserlauf besteht aus zwei wesentlichen Bestandtheilen, aus dem Flußbette und dem fließenden Wasser. Nach dem Entwurfe erstreckt sich aber das Eigenthum am Wasserlaufe nicht auf die fließende Welle. Damit schrumpft das Eigenthum am Wasserlaufe ein zum Eigenthum am Flußbette. Das Eigenthum am Wasserlaufe ohne Eigenthum an der Welle erinnert an die Uebertragung des Eigenthums an einem Messer mit Vorbehalt des Eigenthums an der Klinge. Die Motive des Entwurfs wollen jenes freilich nicht zugeben mit Rücksicht auf das Recht der Eisnutzung, der Nutzung an Wasserpflanzen, mit Rücksicht auf das Recht an schwimmenden Inseln, mit Rücksicht auf die Behandlung des im Wasser gefundenen Schatzes und mit Rücksicht auf die Befugniß des Eigenthümers, dritten Personen den Aufenthalt in und auf dem Wasser zu untersagen. Allein die letztgedachte Befugniß und die Doctorfrage über die Behandlung des Schatzes lassen sich unschwer als Consequenzen des Eigenthums am Flußbette erklären. Was aber die gedachten Nutzungen — man kann sie als Nebennutzungen zusammenfassen — betrifft, so sprechen sie weniger für als gegen das Eigenthum am Wasserlaufe. Zöge man von diesem das darin nicht enthaltene Eigenthum am fließenden Wasser ab, so würde sich logisch ein Eigenthum am Eise, an den schwimmenden Wasserpflanzen und Inseln ergeben. Allein der Eigenthümer kann die über sein Gebiet hinwegschwimmende Insel, Eisscholle, Wasserpflanze nicht etwa vindiciren. Er hat an diesen Dingen nur Aneignungs- und Nutzungsrechte, die mit dem Eigenthum am Flußbette verbunden sind.

Der sogenannte Eigenthümer des Wasserlaufs (recte des Flußbettes) hat nach dem Entwurfe das Recht der Benutzung und Veränderung des Wasserlaufs. Veränderung ist die dauernde Senkung oder Hebung des Wasserspiegels oder durch Stauung erfolgende dauernde Ansammlung von Wasser, sowie die Verlegung oder Veränderung des Bettes. Die Benutzung umfaßt den Gebrauch und Verbrauch des Wassers und die Verwendung des Wasserlaufs zu Abwässerungszwecken (Ab- und Zuleitung von Wasser oder anderen Flüssigkeiten). Bei Wasserläufen, die im Eigenthum der Anlieger stehen, hat Jeder das Recht auf antheilige Nutzung.

Das Nutzungsrecht des Eigenthümers ist und zwar aus guten Gründen ein Nutzungsrecht nur dem Namen, nicht der Sache nach.

Gewisse Nutzungen, die er ausüben kann, fallen unter den Begriff des Gemeingebrauchs, der Jedermann zusteht, aber allerdings darin eine Schranke findet, daß die Anlieger das Betreten der Ufergrundstücke versagen können.

Das Nutzungsrecht erstreckt sich nicht auf Unternehmungen, die der Genehmigung bedürfen. Dazu gehören u. a. alle Anlagen an schiffbaren Wasserläufen (auch Stauanlagen für Bewässerungszwecke), außergewöhnliche Abwässerung, Anlagen zur Benutzung des Wassers von nicht schiffbaren Wasserläufen, die nicht Bäche sind. Die Genehmigung geschieht durch die Wasserpolizeibehörde, unbeschadet entgegenstehender Privatrechte. Sie hat einen rein polizeilichen Charakter, keinerlei privatrechtliche Wirkung, ist nicht Concessionirung, sondern nur Nichtbeanstandung. Sie kann im öffentlichen Interesse widerrufen werden und außerdem, wenn nicht binnen Jahresfrist mit der Ausführung des Unternehmens begonnen oder die Verleihung nachgesucht worden ist. Unklar bleibt, wie es neben der Genehmigung des Entwurfs mit der Genehmigung der Reichsgewerbeordnung §§ 16, 23 gehalten werden soll, die zu Stauanlagen für Wassertriebwerke erforderlich ist und nach § 26 G.O. einschneidende privatrechtliche Wirkungen hat, eine Schwierigkeit, auf welche Baumert's Gutachten in überzeugender Weise hingewiesen hat.

Mit oder ohne Genehmigung ist das Nutzungsrecht des Eigenthümers sehr prekärer Natur. Denn einen wirksamen Rechtsschutz genießt es nur, soweit es mit dem Nutzungsbesitz verbunden ist, d. h. soweit er das Wasser thatsächlich in Nutzung genommen hat (mit Genehmigung, soweit sie erforderlich ist). Denn der Entwurf giebt dem Eigenthümer kein Widerspruchsrecht gegen Verleihung der Wassernutzungen von Seiten des Staates an andere, soweit er die Wassernutzung nicht thatsächlich ausübt, ebensowenig ein Recht der Entschädigung. Nach alledem liegt in Ermangelung des Nutzungsbesitzes kein wahres Nutzungsrecht vor. Denn ein solches schließt jede Nutzung durch andere aus, neben welcher die Ausübung meines Nutzungsrechtes unmöglich wäre. Daß die Sache bei dem fließenden Wasser anders liegt, hat seinen guten Grund. Es ist eben schlechterdings unmöglich, dem Anlieger ein Recht auf ausschließliche Benutzung des vorüberströmenden Wassers zuzusprechen, wenn er es bis dahin unbenutzt vorüberfließen läßt. Das sogenannte Recht des Eigenthümers auf Wassernutzung stellt sich sonach als die Befugniß dar, das Wasser in Nutzung zu nehmen und sich damit ein rechtlich geschütztes, ein wahres Nutzungsrecht zu verschaffen (welches aber in den Fällen der erforderlichen Genehmigung darin eine Beschränkung findet, daß die Genehmigung im öffentlichen Interesse widerrufen werden kann).

Das dem Eigenthümer nach dem Entwurfe zustehende Recht auf Wassernutzung kann nicht ohne den Wasserlauf, sofern er im Eigenthum der Anlieger steht, nicht ohne das Eigenthum an dem Ufergrundstücke auf andere übertragen werden. Die Veräußerung des sogenannten Nutzungsrechtes wird also mindestens voraussetzen, daß ein schmaler Uferstreifen vom Anlieger mit veräußert und das Eigenthum daran im Grundbuche zugeschrieben werde. Die Unveräußerlichkeit, wie sie der Entwurf in Aussicht nimmt, ist scharf getadelt worden. Energisch hat sich der Wasserrechtsausschuß der deutschen Landwirthschaftsgesellschaft dagegen ausgesprochen. Allein die Unveräußerlichkeit ist bis zu gewissem Grade Voraussetzung für das ganze System des Entwurfes. Was dem Anlieger versagt ist, ist dem Staate gestattet. Er kann Wassernutzungsrechte durch Verleihung begründen, ohne daß der Erwerber Eigenthümer des Ufergrundstückes zu sein oder zu werden braucht. Der Anlieger wird dann nur entschädigt, soweit er in der bisher dauernd ausgeübten Wassernutzung beeinträchtigt wird. Könnte er die möglichen Wassernutzungsarten zum Gegenstande der Veräußerung machen, so müßte er durch den Veräußerungswerth entschädigt werden. Das Motiv ist meines Erachtens durchschlagend. Allein es spricht nur gegen die selbständige Veräußerlichkeit der Wassernutzungsbefugniß *ohne* Nutzungsbesitz. *Soweit dieser vorhanden ist, liegt kein Grund vor, dem Anlieger die Veräußerung zu untersagen*, da er ja doch im Falle der Verleihung an Dritte dafür entschädigt werden müßte.

Ich komme endlich auf den Kern des Themas, das Princip der Verleihung, das bereits mehrfach gestreift werden mußte. Durch das Verleihungsprincip stellt sich der Entwurf in scharfen Gegensatz zu dem preußischen Gesetze über die Privatflüsse von 1843. § 1 dieses Gesetzes spricht den Grundsatz aus, daß die Uferbesitzer von Privatflüssen das vor ihren Grundstücken vorüberfließende Wasser zu ihrem besonderen Vortheil zu benutzen berechtigt sind. Das Gesetz spricht von einem Eigenthümer des Privatflusses und von einem ausschließlichen Eigenthum am Flusse.

Während das Gesetz von 1843 dem Rechte der Wassernutzung im Großen und Ganzen das Princip unseres Jagdrechtes zu Grunde legt, indem es theoretisch das Nutzungsrecht als ein Realrecht der Anlieger gestaltet, behandelt der Entwurf die capitalistisch wichtigeren Wassernutzungen nach Analogie des Bergrechtes. Indem der Entwurf das Wasser wie ein bergfreies Mineral behandelt, beruht er gewissermaßen auf dem juristischen Princip der Versteinerung des Wassers. An dem Wasser wird ein dem Bergwerkseigenthum analoges Wasserwerkseigenthum geschaffen. Wie das Bergwerkseigenthum wird das Wasserwerkseigenthum durch staatliche Verleihung begründet. Das Ansuchen um die Verleihung entspricht der bergrechtlichen Muthung. Den Bergämtern entsprechen besondere Wasserämter. Von der Verschweigung im Aufgebotsverfahren wird wie im Bergrechte ein ausgiebiger, wohl ein zu ausgiebiger Gebrauch gemacht.

Die Verleihung der Wassernutzungen hat ihr rechtsgeschichtliches Vorbild in der Verleihung auf Grund des Mühlen- oder Wasserregals. Wie im Bergrecht das Regal verschwunden, dagegen die Verleihung geblieben ist, so construirt auch der Entwurf die Verleihung, ohne etwa ein Wasser- oder Triebwerksregal zu schaffen. Dem preußischen Entwurfe ist mit der Durchführung des Verleihungsprincips ein braunschweigisches Gesetz vom 20. Juni 1876 vorangegangen, von welchem der Herr Gutachter die wichtigsten Paragraphen in seinem Gutachten abgedruckt hat.

Unter gewissen Voraussetzungen kann Jedermann, mag er nun Anlieger sein oder nicht, für ein wasserwirthschaftliches Unternehmen durch staatliche Verleihung das Recht der Benutzung oder Veränderung eines Wasserlaufes erwerben. Die Verleihung findet allerdings eine Schranke an den Rechten und Interessen der Anlieger, an den bestehenden Anlagen und an älteren Wassernutzungsrechten. Allein der Eigenthümer eines Wasserlaufes ist einem Licenzzwange, er ist gewissen Zwangsrechten des Unternehmers und ist der Enteignung ausgesetzt. Als Licenzzwang bezeichne ich die Pflicht, die Benutzung und Veränderung des Wasserlaufs zu gestatten, wenn der Nutzen des Unternehmers den Nachtheil des Eigenthümers erheblich übersteigt und das Unternehmen anders nicht zweckmäßig durchgeführt werden kann. Bei der Bilanz, die da gezogen wird, müssen billigerweise die Nachtheile der sämmtlichen Anlieger summirt werden. Anspruch auf Entschädigung hat der Eigenthümer des Wasserlaufs nur, sofern sein Nutzungsbesitz beeinträchtigt wird. Handelt es sich um Triebwerke, Be- oder Entwässerungsanlagen, so wird der Unternehmer mit gewissen Zwangsrechten gegen den Grundeigenthümer ausgestattet. Dieser muß sich die Anlage der Ab- und Zuleitungen, der Stauanlagen und sonstigen Werke gefallen lassen. Außerdem kann der Unternehmer aus Gründen des öffentlichen Wohls die Enteignung in Anspruch nehmen. Im Wege der Enteignung kann er die Entziehung oder Beschränkung von Grundeigenthum oder anderen dergleichen Rechten und ebenso die Beeinträchtigung oder Beseitigung bestehender Wassernutzungsrechte erwirken. Ueber die Gewährung des Enteignungsrechts beschließt das Wasseramt.

Der Verleihung des Rechtes auf Nutzung oder Veränderung eines Wasserlaufes geht ein Aufgebotsverfahren voraus. Das Unternehmen wird öffentlich bekannt gemacht mit Festsetzung einer Präclusivfrist von drei Monaten für Anmeldung von Einwendungen. Interessenten, die dem Wasseramte bekannt sind, sollen unter Hinweis auf die öffentliche Bekanntmachung besonders benachrichtigt werden. Doch hat das Unterlassen solcher Benachrichtigung keinen Einfluß auf die Gültigkeit und Wirksamkeit der neuen Verleihung. Erachtet das Wasseramt angemeldete Einwendungen für begründet, so versagt es die Verleihung. Beschließt es die Verleihung, so werden dadurch angemeldete Ansprüche, die auf besonderen privatrechtlichen Titeln beruhen, nicht berührt. Diese sind vielmehr zur richterlichen Entscheidung zu verweisen. Nicht angemeldete Widerspruchsrechte sind präcludirt. Das Wasseramt hat anläßlich der Verleihung die nicht angemeldeten Ansprüche ausdrücklich auszuschließen. Wer sich mit einem Widerspruchsrechte verschwieg, hat nur einen Anspruch auf Herstellung von Einrichtungen, die ihn gegen Beeinträchtigung schützen, soweit dies nicht angeht oder nicht ausreicht, einen Anspruch auf Entschädigung. Aber auch der Anspruch auf Entschädigung ist versagt, sofern sich der Eigenthümer des Wasserlaufes mit den ihm ex lege zustehenden Nutzungsrechten oder sofern sich ein Nutzungsberechtigter mit dem Widerspruch wegen Beeinträchtigung früher verliehener Rechte verschwiegen hat.

Bei der Verleihung des Wassernutzungsrechts hat das Ermessen des Wasseramtes weitgehenden Spielraum. Die Verleihung kann versagt werden, wenn das Unternehmen offenbar unzweckmäßig oder seine Ausführung nicht genügend gesichert ist. Die Verleihung kann auf die Dauer, sie kann auf Zeit, sie kann unter Einschränkungen und Auflagen erfolgen. Eine Verleihung auf Widerruf, wie sie österreichische Landeswassergesetze kennen, ist dem Entwurf unbekannt.

Concurriren mehrere Unternehmungen, die sich gegenseitig ausschließen, so entscheidet nicht das Alter des Antrages, wie etwa im Bergrecht das Alter der Muthung. Der Eigenthümer des Wasserlaufes oder der Anlieger genießt keinerlei Vorrecht. Vielmehr entscheidet zwischen mehreren Anträgen auf Verleihung zunächst die Bedeutung des Unternehmens für das öffentliche Wohl, dann die wirthschaftliche Bedeutung des Unternehmens. Im Uebrigen hat das ältere Unternehmen den Vorrang vor dem neuen, das Unternehmen, das mehr an einen bestimmten Ort gebunden ist, den Vorrang vor solchen, die füglich auch an einem anderen Orte eingerichtet werden können. Durch diese Rücksichtnahme auf die locale Gebundenheit des beabsichtigten Unternehmens kann unter Umständen der Anlieger eines Vorzugs vor den Concurrenten theilhaftig werden.

Die dem Eigenthümer des Wasserlaufes ex lege zustehenden sogenannten Nutzungsrechte stehen der Verleihung nur im Falle des Nutzungsbesitzes entgegen. Widerspricht der Eigenthümer des Wasserlaufes der Verleihung mit Rücksicht auf eine von ihm erst beabsichtigte Benutzung, so ist die Benutzung des Wasserlaufes unter thunlichster Schonung bestehender Rechte im Verleihungsverfahren zu regeln. Der betreffende Absatz des Entwurfs ist unglücklich gefaßt. Will er überhaupt etwas sagen, so meint er unter den bestehenden Rechten das sogenannte Wassernutzungsrecht des Eigenthümers ohne Nutzungsbesitz. Jedenfalls wird der Eigenthümer stets gut thun, wenn er der Verleihung mit Rücksicht auf eine von ihm erst beabsichtigte Benutzung widerspricht. Er riskirt nichts dabei, auch wenn er die Absicht nicht festhalten will; denn die durch den Einspruch erwachsenden Kosten wird man ihm nicht etwa aus § 84 des Entwurfs auferlegen können, da es sich nicht um eine unbegründete Einwendung handelt. Andererseits sagt ihm das Gesetz ausdrücklich, daß er unter Voraussetzung des Einspruchs auf thunlichste Schonung seiner bestehenden Rechte zu rechnen habe. Was ist ferner unter thunlichster Schonung bestehender Rechte gemeint? Die Begründung des Entwurfs spricht von einer Ausgleichung zwischen dem bestehenden und dem nachgesuchten Recht. Warum scheut man sich zu sagen, daß es sich, so lange dem Eigenthümer des Wasserlaufes der Nutzungsbesitz fehlt, überhaupt nicht um ein bestehendes Nutzungsrecht handelt? Richtiger scheint mir das Vorbild des bayerischen und des österreichischen Wasserrechts, nach welchen dem Eigenthümer eine angemessene Frist gesetzt wird und erst, wenn er bis dahin nicht in den Nutzungsbesitz gelangt, die Verleihung an den Concurrenten erfolgt.

Der Beliehene erhält vom Wasseramt auf seinen Antrag eine Verleihungsurkunde. Die Verleihung begründet ein im ordentlichen Rechtswege verfolgbares Recht. Ihre eigentliche Bedeutung beruht, wie das Oberverwaltungsgericht in seinem Gutachten sich ausdrückt, darin, daß sie die Existenz eines Unternehmens in privatrechtlicher und polizeilicher Hinsicht sicherstellt. Die Verleihung erfolgt unentgeltlich. Dagegen wird vom Oberverwaltungsgericht mit Recht das Bedenken geltend gemacht, daß durch die Verleihung nicht selten thatsächlich ein großes Geschenk aus dem, was der Gesammtheit gehört, an einen Einzelnen gemacht werde, welches zu gewähren kein Anlaß ist.

Eine Eintragung der verliehenen Rechte in öffentliche Wasserbücher findet nicht statt. Der Entwurf lehnt die von verschiedenen Seiten vorgeschlagenen Wasserbücher ab, und zwar wegen der möglichen Collisionen mit den Grundbüchern. Das Motiv würde nur dann durchschlagend sein, wenn die Eintragung in das Wasserbuch constitutiven Charakter hätte, wie die Eintragung in das Grundbuch, wenn sie die Natur eines Formalactes hätte. Ein Wasserbuch mit constitutivem Charakter der Eintragung wäre neben dem Grundbuche unmöglich, zumal der Entwurf des Bürgerlichen Gesetzbuches die Entstehung der Grunddienstbarkeiten — ich sage leider — von der Eintragung in das Grundbuch abhängig macht. Ist das Recht im Grundbuch eingetragen, so muß seine Existenz unabhängig sein von der Eintragung ins Wasserbuch. Andererseits widerstreitet die publica fides des Grundbuches der absoluten Wirksamkeit von Rechten, die etwa im Wasserbuch, aber nicht im Grundbuch eingetragen sind. Allein das Wasserbuch braucht nicht nothwendig constitutiven Charakter zu haben. Oesterreich hat nach seinem Reichswassergesetz Wasserbücher, die nicht den Charakter des Grundbuches, sondern nur den eines Wasserkatasters besitzen. Sie liefern keinen Beweis über Existenz und Inhalt von Wassernutzungsrechten. Wasserbücher nach Art eines Wasserkatasters schlägt auch der Herr Gutachter vor. Schon das praktische Bedürfniß wird die Wasserämter veranlassen, Wasserbücher auf Grund der Verleihungsacten anzulegen und aus ihnen erforderlichen Falls Auskünfte zu ertheilen. Neben einem Wasserbuch ohne constitutiven Charakter der Eintragung wird freilich das Institut der Verschweigung nicht entbehrlich sein. Es wird aber den namhaften Vortheil darbieten, daß bei dem Aufgebotsverfahren auf Grund des Wasserbuches eine Benachrichtigung der daraus ersichtlichen Interessenten erfolgen kann.

Das durch die Verleihung geschaffene Recht erlischt durch Zeitablauf, wenn die Verleihung nur auf Zeit erfolgt war, durch Verschweigung im Aufgebotsverfahren, durch wesentliche Aenderungen der verliehenen Anlage. Die Verleihung kann endlich für erloschen erklärt werden und zwar durch Beschluß des Wasseramtes wegen non usus, ferner wenn das Grundstück, für das die Verleihung erfolgte, eine Bestimmung erhält, welche die verliehene Wassernutzung dauernd ausschließt oder überflüssig macht, wenn der Beliehene die für die Erfüllung von Auflagen oder die für die Ausführung des Unternehmens ihm gesetzten Fristen nicht innehält. Mit Recht wird gegen den Entwurf geltend gemacht, daß es unseren Rechtsanschauungen widerspreche, wenn ein erworbenes Privatrecht durch Beschluß einer Verwaltungsbehörde endgültig beseitigt werden könne. Der Entwurf folgt in dieser Beziehung dem Zuge einer Entwicklung, die sich in unserer neuesten Gesetzgebung in steigendem Maße wahrnehmen läßt, der Expropriation der Justiz zu Gunsten der Verwaltung. Auf die Ursachen dieser Entwicklung — sie liegen zum Theil in dem romanistischen Zuschnitt unseres Privatrechts; auch die Entfernung des Reichsgerichts von dem Sitze der obersten Verwaltungsbehörden gehört dahin — kann ich hier nicht näher eingehen.

Geht man von der Ansicht aus, daß unser geltendes Wasserrecht einer Reform bedürftig sei — darüber sind alle Interessenten einig, mögen sie der Industrie oder der Landwirthschaft angehören — so wird man dem Grundsatz der Verleihung nur zustimmen können. Der etwaige Einwurf, daß die Verleihung, soweit es sich um Privatflüsse handelt, eine Expropriation der Anlieger voraussetze, ist ein hinfälliger. Denn die Frage, ob der Anlieger eines Privatflusses ein Recht auf ausschließliche Benutzung des vorüberströmenden Wassers habe, auch wenn er es ungenützt vorüberfließen läßt, ist mit einem runden Nein zu beantworten.

In der Empfehlung des Verleihungsprincips stimme ich mit dem Herrn Gutachter überein. Ebenso in dem Wunsche nach Einführung von Wasserbüchern mit den früher angegebenen Beschränkungen. Eine Anzahl der Sätze, die der Herr Gutachter am Schlusse seines Gutachtens zusammengestellt hat, scheide ich aus, weil sie das Thema der Verleihung nicht unmittelbar betreffen, so die Frage, ob neben der Verleihung die Genehmigung und ein besonderes Aufgebotsverfahren beizubehalten sei, ob die Enteignung und die Einräumung nothwendiger Dienstbarkeiten nur dem gewährt werden dürfe, der eine Verleihung begehrt. Das Eigenthum des Anliegers am Wasserlaufe verwerfe ich als das Ergebniß einer unglücklichen juristischen Construction; doch scheint es mir nicht nöthig, dies in dem Beschlusse des Juristentages zum Ausdruck zu bringen.

Dagegen kann ich mit dem Herrn Gutachter darin nicht übereinstimmen, daß er die Verleihung auf Zeit ablehnt. Er will sie nur dann eintreten lassen, wenn der Antragsteller dies so begehrt. Derartige Anträge dürften wohl kaum vorkommen. Was sollte den Antragsteller veranlassen, die Verleihung nur auf Zeit zu begehren, wenn er sie sonst auf die Dauer erhalten würde, zumal ihn ja Niemand hindern kann, auf das verliehene Recht, wenn er dessen überdrüssig geworden, zu verzichten. Ich möchte umgekehrt die Verleihung auf Zeit mindestens zur herrschenden Regel machen.

Wie die Verleihung im Entwurfe geregelt ist, kommt es in dem Widerstreit der landwirthschaftlichen und der industriellen Interessen auf die Richtung an, in der die Wasserbehörden vorgehen werden. Die Verwaltung hat es in der Hand, Sonne und Wind zwischen Landwirthschaft und Industrie in billiger, das Gemeinwohl fördernder Weise zu vertheilen. Macht sie ausgiebigen Gebrauch von der Verleihung für industrielle Zwecke — man denke u. a. an die derzeit noch nicht übersehbare Bedeutung des Wassers für Elektricitätswerke — und erfolgen diese Verleihungen auf die Dauer, so ist die Gefahr nicht ausgeschlossen, daß nach 50 oder 100 Jahren die Wasserkräfte des preußischen Staates nahezu ein Monopol des in industriellen Unternehmungen angelegten Großcapitals geworden sind, daß unsere Flüsse im Wesentlichen den Charakter von Industrieflüssen besitzen und daß unsere Nachkommen einen verzweifelten Kampf gegen die Monopolisirung des Wassers zu führen haben, viel schlimmer als der, den uns die beginnende Monopolisirung des Petroleums aufzwingt.

Allerdings erfolgt die bergrechtliche Verleihung, die das Vorbild der wasserrechtlichen Verleihung abgab, auf die Dauer. Aber neben den unleugbaren Analogien, die zwischen Bergwerken und Wasserwerken bestehen, walten doch auch wesentliche Verschiedenheiten ob. Bei dem Bergwerkseigenthümer dürfte es Regel sein, daß er der erste Finder ist oder daß er die Rechte des ersten Finders erworben hat. Die der industriellen Nutzung dienlichen Wasserkräfte liegen offen zu Tage und brauchen nicht erst mühsam entdeckt zu werden. Das im verliehenen Grubenfelde befindliche Mineral ist nach kürzerer oder längerer Zeit abgebaut und damit das Bergwerkseigenthum erloschen. Die Wassernutzung geht nicht, wie das Baurecht, einem natürlichen Ende entgegen. Die zeitlich unbeschränkte Verleihung hat daher hier eine ganz andere Bedeutung als im Bergrecht. Zeitlich beschränkte Privatrechte kommen auch sonst vor, im Urheber- und Patentrechte, Concessionen auf Zeit im Eisenbahnwesen.

Aus socialpolitischen Gründen dürfte es sich empfehlen, der Dauer des verliehenen Wassernutzungsrechtes von vornherein eine Maximalgrenze zu setzen. Das Recht, das der Beliehene erwirbt, bleibt — um mit den Worten des Oberverwaltungsgerichts zu sprechen — nichtsdestoweniger oft ein großes Geschenk aus dem, was der Gesammtheit gehört, an einen Einzelnen. Eine Ueberschreitung der gesetzlichen Zeitgrenze müßte den Wasserbehörden vorbehalten werden in Fällen, in welchen nach dem Plan des Unternehmens die Amortisirung des Anlagecapitals neben landesüblicher Verzinsung eine längere Frist voraussetzen würde.

Diesen Ausführungen entsprechen die Anträge, die ich Ihnen unter vier Ziffern vorgelegt habe:

1. Der Grundsatz der Verleihung der Wassernutzungsrechte ist zu empfehlen.
2. Die Verleihung soll in der Regel nur auf Zeit erfolgen.

3. Die Einrichtung von Wasserbüchern ist wünschenswerth.
4. Auf bestehende Wassernutzungsrechte und auf die Interessen der Anlieger ist größere Rücksicht zu nehmen, als der Entwurf vorsieht.

Rechtsanwalt Dr. **Baumert** (Spandau): Ich danke zunächst dem Herrn Vorredner, meinem hochverehrten Lehrer Herrn Geheimrath Brunner für seinen eingehenden Vortrag. Ich glaube die allermeisten Fragen nicht mehr berühren zu dürfen und will mich lediglich an die Anträge halten, die der Herr Referent uns gedruckt vorgelegt hat, und auf diese 4 Punkte will ich mich beschränken. Im Uebrigen möchte ich nur das eine bemerken, daß, wenn ich mehrere Sätze am Ende meines Gutachtens aufgestellt habe, ich nicht gerade beabsichtigt habe, daß dieselben dem Juristentag gewissermaßen als eine Art Beschlußfassung dienen sollen. Ich bin mit dem Herrn Referenten der Ansicht, daß es in der That nicht Sache des Juristentages ist, auf die einzelnen Fragen so einzugehen, wie ich dies in meinen Sätzen gethan hatte und glaubte thun zu müssen, weil diese meine Sätze gewissermaßen den Inhalt meines ganzen Gutachtens enthalten. Ich will daher lediglich die vier Sätze, die der Herr Referent Ihnen gedruckt vorgelegt und zur Annahme empfohlen hat, erörtern.

Mein Gutachten läuft in der Hauptsache darauf hinaus, daß ich den Grundsatz — der hier Nummer 1 ist — „die Verleihung der Wassernutzungsrechte ist zu empfehlen" näher begründet habe. In meinem Gutachten bin ich lediglich der mir gestellten Frage gemäß von dem Boden des gewordenen preußischen Rechts aus zu dieser Auffassung gelangt, ich habe nur dargestellt, wie nach dem preußischen Recht es wünschenswerth ist, die Verleihung zu empfehlen. Es giebt noch viele andere Gründe, weshalb man in der That die Verleihung als ein Rechtsinstitut einzuführen hat, es giebt volkswirthschaftliche oder wasserwirthschaftliche Gründe. Wenn ein neues Wassergesetz die Ausbeutung der Wasserkräfte befördern und begünstigen soll, so wird es die Verleihung nicht entbehren können, und ich meine, wenn ein neues Wassergesetz dem Volkswohl und dem Staatswohl nützen soll, so wird es als erste Aufgabe sich stellen müssen, die Ausnutzung der Wasserkräfte zu befördern und zu begünstigen. Aus diesem Grunde schon kann ein neues Wassergesetz die Verleihung nicht entbehren. Sieht man sich weiter die anderen neueren Wassergesetze an, so kann man sagen, daß dieselben eigentlich mehr oder weniger auf dem Verleihungsstandpunkt stehen. Ich habe in dem Gutachten nur das Braunschweigische Gesetz berührt, weil dieses in der That die Verleihung nicht bloß ihrem Wesen nach, sondern auch ihrem Namen nach kennt und zuerst eingeführt hat. Andere Rechte kennen nicht gerade die Verleihung dem Namen nach, aber doch mehr oder weniger dem Wesen nach, und so möchte ich namentlich auf das Wassergesetz von Hessen-Darmstadt verweisen. Dieses kennt die Concession in einer Weise, daß man nur sagen kann, die Concession ist eine Verleihung abgesehen von einigen Ausnahmen, die es näher festgesetzt hat. Ich kann mich hierbei sogar auf eine Entscheidung des Reichsgerichts im 23. Bande (S. 154) beziehen, worin das Reichsgericht ausspricht: der Concessionsträger erwirbt durch die staatliche Concession ein Privatrecht auf die Wasserbenutzung, das ihm durch willkürliche Eingriffe Dritter nicht entzogen oder geschmälert werden darf, das gleiche Kraft hat, wie die unvordenkliche Verjährung. Aehnlich ist die Concession im österreichischen Recht gedacht. Ich kann mich hier auf die vortrefflichen Ausführungen von Randa in dessen Wasserrecht stützen, worin er nachweist, daß der Concessionär durch die Concession ein wohlerworbenes Privatrecht bekommt, das ihm nicht mehr entzogen werden kann oder das ihm nur gegen Entschädigung im Wege der Enteignung entzogen werden kann. Diese neueren Wassergesetze — ich kann auch auf das Elsaß-Lothringen'sche Gesetz bezüglich der nicht schiffbaren Flüsse verweisen, das erst neuerdings erlassen ist und auch die Concession in dieser Weise ausgebildet hat — haben sich genöthigt gesehen, die Concession so auszubilden, nicht als eine einfache Genehmigung, sondern als eine Bewilligung eines Rechts, weil sie eben die Ausnutzung der Wasserkräfte begünstigen wollen. Uebrigens spricht auch das böhmische Wassergesetz in § 29 von Wasser, was einem Anderen zur Benutzung verliehen wird. Aus diesen Gründen möchte ich Ihnen dringend empfehlen, diesen Satz 1 des Herrn Referenten anzunehmen.

Was den Satz 2 anbetrifft, der lautet: „Die Verleihung soll in der Regel nur auf Zeit erfolgen," so habe ich mich eigentlich gefreut, daß der Herr Referent diesen Satz im Gegensatz zu meinem Gutachten aufgestellt hat. Ich begrüße diesen Satz mit Freuden, widerspreche ihm durchaus nicht, abgesehen von einigen Einzelheiten. Ich hätte mich gescheut, diesen Satz aufzustellen, weil ich nicht dachte, daß bei Privatjuristen, in einer privatjuristischen Gesellschaft man heute schon so weit gehen würde, diese Oeffentlichkeit des Wassers zu betonen. Ich habe mich gegen eine Verleihung auf Zeit in meinem Gutachten zwar ausgesprochen, aber aus ganz anderen Gründen, nicht aus den Gründen, aus denen der Herr Referent die Verleihung auf Zeit heute empfiehlt. Diesen Gründen trete ich auch bei. Der Entwurf schafft als Regel eine Verleihung auf immerwährende Zeit, er überläßt es jedoch ganz dem Ermessen oder, wenn Sie wollen, der Willkür der Beamten, die Verleihung auch nur auf Zeit auszusprechen. In welchen Fällen dies geschehen soll, sagt er nicht. Versetzen Sie sich in die Lage der Behörden. Was sollen die machen? Sollen sie die Verleihung nur auf Zeit aussprechen, also gewissermaßen die Ausnahme zur Regel machen oder sollen sie sich an die Regel halten? Die Behörden können es machen, wie sie wollen, sie werden mit ihren Entscheidungen stets Unzufriedenheit schaffen. Denn derjenige, welcher eine immerwährende Beleihung begehrt hat und nur eine Verleihung auf Zeit zuerkannt bekommt, wird sich immer zurückgesetzt fühlen, wird immer unzufrieden sein, wird immer sagen: wie komme ich nur gerade dazu, daß bei mir eine Ausnahme gemacht wird? Mag die Behörde noch so objectiv vorgegangen sein, er wird nicht einsehen, daß vielleicht bei seinem speciellen Fall gerade das Ermessen der Behörde ein objectives war, er wird sich nicht davon überzeugen lassen, er wird selbst andere Gründe, persönliche Gründe suchen und finden. So säet man durch diese Bestimmung des preußischen Entwurfs nur Unzufriedenheit, man säet auch einen gewissen Haß gegen den Bureaukratismus, gegen das Beamtenthum, man begünstigt dadurch mit der Unzufriedenheit gegen die Staatsregierung auch revolutionäre Bestrebungen. Ich bin deshalb also entschieden dagegen, daß man die Staatsbehörden, die Beamten in eine solche mißliche Lage auf die Dauer bringen soll, daß es lediglich von ihrer Willkür abhängen soll, ob sie eine Verleihung auf Zeit oder für immerwährend aussprechen. Aus diesem Grunde glaubte ich mich namentlich gegen die Verleihung auf Zeit, so wie sie der Entwurf geplant hat, aussprechen zu müssen, weil ich eine solche Willkür der Beamten nicht schaffen will, nicht deshalb, füge ich ausdrücklich hinzu, weil ich die Beamten für schlecht halte, sondern weil ich die Laien für derartig halte, daß sie meist die Willkür und das Ermessen der Beamten anders deuten, als es wirklich ist. Was nun den Satz des Herrn Referenten anbetrifft, die Verleihung überhaupt der Regel nach nur auf Zeit auszusprechen, so möchte ich dafür nicht bloß das Beispiel, das der Herr Referent mit den Eisenbahnen vorgeführt hat, anführen, nämlich daß z. B. die Kleinbahnen in Preußen in der Regel nicht länger als 50 Jahre concessionirt werden. Es sind auch auf anderen Gebieten diese zeitlich beschränkten Rechte schon mehr und mehr in Aufnahme gekommen. So wird in Colonialkreisen z. B. sehr gewünscht, und es ist dieser Wunsch als Ersuchen an die Reichsregierung gerichtet, sie solle doch in unseren Colonien das Grundeigenthum nicht auf immerwährende Zeit vergeben oder das Privateigenthum an Grundstücken verkaufen, sondern die Benutzung nur etwa auf 100 Jahre vergeben, so daß es nach 100 Jahren an den Staat zurückfällt, ähnlich etwa wie es in England meist geschieht, wie es in London meist beim

Verkauf der Häuser geschieht. Wenn auch das englische Recht daneben noch einen Verkauf des Grundeigenthums kennt, so wird er doch praktisch in England wenig geübt. Ich stehe nicht an, mich auch für diese Bestrebungen in Colonialkreisen zu erklären. Man hat auch im Wasserrecht bereits die Beschränkung der Concession auf gewissen Gebieten eingeführt. Ich habe vorhin das hessische Wasserrecht genannt. Das hessische Wasserrecht hat nun mit dem badischen fast wörtlich die Concession dann für frei widerruflich erklärt, wenn durch sie eine Benutzung des Wassers geschaffen wird, durch welche Stoffe in das Wasser eingeführt werden, welche die Eigenschaft des Wassers verändern. In diesen beiden Fällen hat Hessen wie Baden die freie Widerruflichkeit der Concession hingestellt, so streng privatrechtlich namentlich Hessen die Concession sonst ausgebildet hat, und ich meine, daß dies auch nicht ohne Grund geschehen ist. Ich will den Bestimmungen dieses hessischen Rechts nicht entgegentreten. Ich könnte sie Ihnen vielleicht an einem Beispiel klar machen. Die Canalisation der Stadt Berlin ist beispielsweise darauf basirt, daß, wenn bei großen Regengüssen die Canäle nicht alles Wasser fassen, durch Nothauslässe das überschüssige Wasser dann in die Spree gelassen wird. Geschieht es nun, daß im Sommer ein starker Regenguß eintritt, so daß die Vorrichtung der Nothauslässe in Thätigkeit gesetzt werden muß, so tritt regelmäßig in der Spree ein großes Fischsterben ein und die Fischleichen schwimmen bis in die Havel hinunter. Wäre das Recht der Benutzung dieser Entwässerung durch Nothauslässe nun auf eine bestimmte Zeit verliehen, so würde nach Ablauf dieser Zeit die Frage von Neuem zu prüfen sein, ob nicht die Canalisation in zweckmäßigerer Weise auszuführen wäre, vielleicht so, daß das Regenwasser direct in die Spree geleitet würde und nicht erst mit dem Canalwasser in Berührung käme. Es ist also gerade bei der Einführung von fremden Stoffen in Gewässer höchst bedenklich, eine Verleihung überhaupt auszusprechen, und das mache ich dem Entwurf auch zum Vorwurf, daß er überhaupt bei der Verleihung principiell immer an erster Stelle an die Einführung von Stoffen in das Wasser gedacht hat, während er vielleicht besser gethan hätte, sich nur auf die Benutzung zu beschränken und die Verunreinigung der Gewässer von der Verleihung ganz auszuschließen, wie in Hessen und Baden. Aber mit der freien Widerruflichkeit des hessischen Rechtes kann ich mich auch nicht befreunden, weil dadurch wiederum eine derartige Willkür der Beamten geschaffen wird, die, wenn sie eintritt, doch immerhin als Willkür oder oft als Härte erscheint. Ich befreunde mich deshalb vielmehr mit dem Vorschlag des Herrn Referenten, eine Verleihung nur auf Zeit eintreten zu lassen, und ich kann hier hervorheben, daß dies bei einem Wasserrecht nichts Neues ist.

Das ungarische Wasserrecht kennt nur eine Concession auf Zeit, es gestattet nur Concessionen oder Genehmigung von Wasserrechten auf höchstens 50 Jahre. Es ist also nichts Neues, und es wird dies, was in Ungarn Gesetz ist, dort durchaus nicht getadelt. Das ungarische Gesetz hat aber noch eine wichtige Nebenbestimmung, ohne die ich mich für die Verleihung auf Zeit trotz der Ausführungen des Herrn Referenten nicht erklären könnte. Es hat noch die Bestimmung, daß, wenn die Zeit abgelaufen ist und die Concession erneut gewährt wird, dann die bestehende Benutzung ein Vorrecht haben soll vor allen anderen, sofern nicht wichtigere wasserwirthschaftliche Interessen eine anderweitige Benutzung erfordern. Wird also dem Satz 2 eine derartige Beschränkung hinzugefügt, was ich Sie bitten werde anzunehmen, so kann ich mich für die Verleihung auf Zeit nicht bloß erwärmen, sondern ich halte sie für das Richtigste, aber ich halte sie nicht in der Weise für richtig, wie sie der Herr Referent ins Leben rufen will.

Es ist noch ein zweiter Punkt, weshalb ich mich gegen Punkt 2 in der Fassung des Herrn Referenten erklären muß. Es heißt nämlich hier: Die Verleihung soll in der Regel nur auf Zeit erfolgen. Stimmt man der Auffassung des Herrn Referenten und meinen jetzigen Ausführungen bei, so werden Sie wohl hoffentlich mit mir dahin kommen, daß die Worte „in der Regel" gestrichen werden müssen, daß es dann nur eine Verleihung auf Zeit geben darf, allerdings wieder unter der Voraussetzung, daß nach Ablauf der Zeit der Beliehene ein Vorrecht hat, daß ihm die Beleihung wieder erneuert wird, sofern nicht andere Verhältnisse eingetreten sind. Diese Worte „in der Regel" bitte ich unter allen Umständen zu streichen, sie führen wieder gerade zu dem, was ich bei dem Entwurf in meinem Gutachten vermieden haben wollte, daß die Beamten wieder vor der mißlichen Lage stehen, vielleicht einem reichen, angesehenen Mann, der große Verbindungen hat, eine Verleihung ausnahmsweise auf die Dauer auszusprechen und für gewöhnlich anderen kleineren Leuten nur eine Verleihung auf Zeit zu gewähren. Der Beamte wird es machen können, wie er wird wollen, man wird ihn dann niemals vor Mißdeutungen schützen und man wird die Staatsverwaltung vor einer gewissen Mißcreditirung nicht schützen. Nun gebe ich gern zu, daß man deshalb, wenn man sonst etwas als nothwendig erkennt, das Ermessen der Beamten durchaus nicht beschneiden soll. Aber ich erkenne die Notwendigkeit nicht an, die Staatsgewalt vor ein derartiges gefährliches freies Ermessen zu stellen, die Nothwendigkeit besteht bei dem Wasserrecht nicht, sofern man noch meinem Zusatz bezüglich der Erneuerung zustimmt. Ich bitte Sie also, Absatz 2 in folgender Fassung anzunehmen:

> „Die Verleihung soll nur auf Zeit erfolgen. Bei der Erneuerung der Verleihung nach Ablauf der Zeit ist der bisherigen Benutzung unter bestimmten Voraussetzungen

— ich will sie nicht näher präcisiren, weil ich meine, daß dies nicht Sache des Juristentags ist —

> ein Vorrecht zu gewähren.

Mit dieser Maßgabe möchte ich Sie bitten, sich für die Verleihung auf Zeit auszusprechen.

Was Punkt 3 anbelangt, so brauche ich denselben wohl nicht näher zu begründen. Ich habe mich in meinem Gutachten bereits für die Einführung von Wasserbüchern ausgesprochen. Sie haben sich in Oesterreich immerhin bewährt, als Wasserkataster sind sie immer mehr in Gang gekommen. Es ist in Oesterreich vorgeschrieben: Die Concession eines Wassernutzungsrechts muß genau enthalten Art der Benutzung, Umfang der Benutzung, Ort der Benutzung u. s. w. Es ist darüber eine Urkunde auszustellen; diese Urkunde ist in dem Wasserbuch zu vermerken u. s. w. Ich meine also, daß ich hierüber kein Wort mehr zu verlieren brauche und ich bitte Sie, diesen Punkt anzunehmen.

Was dagegen Punkt 4 betrifft, so enthält derselbe eigentlich zwei Punkte. Einmal: Auf bestehende Nutzungsrechte ist größere Rücksicht zu nehmen als der Entwurf vorschreibt. Ja, das ist ja auch gewissermaßen die Quintessenz meines ganzen Gutachtens, daß ich nachgewiesen habe, daß die Verleihung gerade nothwendig ist, um den Wassernutzungen einen gewissen Rechtsschutz zu gewähren, so daß ich auch hierüber kein Wort verlieren möchte, ich bitte Sie daher, diesen einen Punkt bei Nr. 4 anzunehmen.

Was dagegen den zweiten Punkt betrifft, der noch lautet: Auf die Interessen der Anlieger ist größere Rücksicht zu nehmen — so möchte ich mich gegen diesen Punkt erklären. Der Herr Referent hat sich ja zu meiner großen Freude auch dafür klar ausgesprochen, daß das Privateigenthum am Flusse, so wie es der Entwurf schafft, unhaltbar ist. Ich halte aber dieses Vorrecht der Uferbesitzer für höchst bedenklich. Ich halte es schon deshalb für bedenklich, weil man sich dadurch dem Privateigenthum an Flüssen gewissermaßen präjudicirt und weil es so aussieht, als ob damit der Juristentag indirect doch die Uferbesitzer am Fluß als die Eigenthümer des Flusses hingestellt wissen will. Es wird in der That, wenn die Beschlüsse so gefaßt werden, wie sie formulirt sind, jeder

Dritte daran denken, daß die Uferbesitzer mehr wie im Entwurf nicht bloß bei der Verleihung, sondern im Allgemeinen mehr begünstigt werden sollen, daß also der Juristentag sich für ein Recht der Uferbesitzer an den Flüssen ausgesprochen hat. Ich habe mich in Wort und Schrift seit Jahren immer dafür ausgesprochen, daß das Privateigenthum der Uferbesitzer in einem neuen Wassergesetz nicht aufrecht erhalten werde, daß, wenn wir einigermaßen einen Fortschritt im Wasserrecht erstreben wollen, das neue Gesetz mit dem Eigenthum der Anlieger am Flusse ein Ende machen muß. Es haben das nicht bloß die neuen Wassergesetze in unseren deutschen Staaten gethan, man ist auch im Ausland immer mehr dahin gekommen, daß man das Wasser für ein öffentliches Gut erklärt, daß man die Wasserkräfte möglichst allen zugänglich zu machen bestrebt ist und nicht bloß dem Uferbesitzer, der sie vielleicht nicht benutzt. Nun ist allerdings dieses Vorrecht der Uferbesitzer bei der Verleihung etwas, was an sich sehr harmlos aussieht. Man könnte sagen, der Nähere am Fluß hat ein besseres Recht. Aber vom wasserwirthschaftlichen Standpunkt ist das doch höchst bedenklich. Ich will nur das Eine hervorheben. Wenn wirklich ein Unternehmer, sei es ein landwirthschaftlicher oder ein gewerblicher Unternehmer sich einen Plan gemacht hat, um eine Wassernutzung einzuführen, eine Wasserkraft auszunutzen, ein gewerbliches Unternehmen zu etabliren, so würde er dazu immerhin größere Vorbereitungen treffen müssen, eine größere Arbeit entwickeln müssen, als der Herr Referent sich gedacht hat. Der Herr Referent sagt: Die Wasserkräfte sieht man, die braucht man nicht erst zu suchen. Das ist doch nicht der Fall. Ich möchte den Herrn Referenten erinnern an die gewaltige Anlage, die im Harz geschaffen ist, um eine Wasserkraft mit Hilfe der Oberteiche nach Andreasberg zu bringen. Diese Wasserkraft hat vielleicht Vorarbeiten von zehn Jahren und mehr erforderlich gemacht. (Zuruf: Künstlich!) Selbstverständlich, sie ist künstlich, es bedarf immer mehr oder weniger Kunst, um das Wasser zu zwingen, ein Werk zu treiben. Also daß die Wasserkräfte so blind auf der Hand liegen, das gebe ich dem Herrn Referenten nicht so ohne Weiteres zu, wenn es auch im Gebirge noch oft zutrifft. Jede Wasserkraft, die man ausnutzen will, erfordert ferner mehr oder weniger Vermessungen, die Herstellung eines Nivellements, die Anfertigung von Zeichnungen und Plänen, schon deshalb, weil man nicht eher an die Behörde gehen und die Verleihung nachsuchen darf, man muß Pläne vorlegen, man muß Vermessungen einreichen, man muß vorher gewisse Arbeiten gemacht haben. Denn daß ich bloß ein Triebwerk errichten will, das wird mir nichts nützen, wenn ich nicht irgend eine gewerbliche Idee verfolge, die Wasserkraft einer bestimmten Industrie dienstbar zu machen, einen bestimmten Gewerbebetrieb hervorzurufen. Ich muß also noch eine weitere Idee haben, die der Ausnutzung für einen bestimmten Betrieb. Beide Ideen zusammen sind durchaus nicht immer so einfach auf der Hand liegend. Nun hat also wirklich ein Mann durch monatelange, jahrelange Bemühungen, Aufwendungen und Fleiß herausgefunden: das und das Gewerbe ist bei Ausnutzung der Wasserkraft hier angebracht; er reicht sein Gesuch ein und bittet, ihm das Nutzungsrecht zu verleihen. Da sagt die Behörde: Lieber Uferbesitzer, willst du dir nicht überlegen, ob du nicht dieses geistige Eigenthum für dich nutzbar machen willst? Ich fordere dich auf, dir diese Sache eine Zeitlang zu überlegen, und wenn du willst, so kannst du dem Anderen zuvorkommen, so kannst du sein geistiges Eigenthum benutzen, kannst es ihm stehlen.

Wir haben heute in der anderen Abtheilung — der Herr Gutachter ist soeben hier erschienen — über den Kampf gegen den unlauteren Wettbewerb berathen. Ja, hier wollen Sie gewissermaßen, wenn Sie den Anträgen des Herrn Referenten beitreten, den unlauteren Wettbewerb gesetzlich hinstellen. Es ist höchst bedenklich, wenn jemand lange Vorbereitungen, Pläne, Nivellements gemacht hat, sich endlich ausgedacht hat, welches gewerbliche Unternehmen in dieser Gegend möglich und rentabel ist, daß dann die Behörde sagen soll, jeder andere Uferbesitzer kann sich das zu nutze machen und kann das Unternehmen ausführen. Ich halte das für höchst bedenklich vom Begriff des geistigen Eigenthums aus, aber auch für höchst bedenklich von dem Grundsatz aus, den ich an die Spitze meines Vortrags gestellt habe, daß man doch bei einem neuen Gesetz hauptsächlich die Ausnutzung der Wasserkräfte als Ziel hinstellt. Man erschwert dadurch nur die Ausnutzung der Wasserkräfte, wenn man noch den Uferbesitzern längere Fristen giebt und sie auffordert, den anderen Unternehmern zuvorzukommen. Wie gesagt, ich halte diese Bestimmung, die in der That harmlos aussieht, für höchst bedenklich vom wasserwirthschaftlichen Standpunkt aus. Je mehr Zeit vergeht, ehe die Verleihung ausgesprochen wird, um so schwerer ist das Unternehmen ausführbar, um so eher wird der Unternehmer sich abschrecken lassen, die Wasserkräfte zu benutzen, er wird lieber zum Dampf übergehen, wo er nicht so lange zu warten braucht, oder aber er kann später das Unternehmen überhaupt nicht mehr ins Leben rufen, weil er vielleicht nach so langer Zeit — eine ganz kurze Frist kann man den Uferbesitzern auch nicht stellen — das Capital nicht mehr bekommt oder weil seine persönlichen oder capitalistischen Verhältnisse ganz andere geworden sind. Man erschwert also damit die Ausnutzung der vorhandenen Wasserkräfte unnöthig und begünstigt die Uferbesitzer, die das vielleicht scheinbar beanspruchen könnten, aber doch mit Recht auch nicht, denn der preußische Gesetzentwurf nimmt den Uferbesitzern für gewöhnlich die Unterhaltungslast, weil man eingesehen hat, daß man in Preußen mit der Unterhaltungspflicht der Uferbesitzer auch nicht weit gekommen ist. Nach meiner Ansicht hat ein neues Wassergesetz keine Pflicht mehr, den Uferbesitzern neue Privilegien zu gewähren. Ich meine aber, um noch einmal auf den einen Punkt zurückzukommen, auch schon vom principiellen Standpunkt aus. Ich habe mehrfach hervorgehoben, daß der Juristentag in der That nicht berufen ist, in Detailfragen sich einzulassen, ich meine, daß solche Detailfragen besser wegbleiben, damit nicht späteren Beschlüssen präjudicirt erscheint, wenn spätere Juristentage sich darüber schlüssig machen wollen, ob das Privateigenthum an Flüssen aufrecht zu erhalten ist. Ich möchte noch eins hervorheben. Wir halten bisher immer starr fest an dem Privateigenthum an Wasser, wir haben in Deutschland absolut den Grundsatz, daß jeder einen Brunnen errichten kann auf seinem Grund und Boden, auch wenn er dadurch seinem Nachbar die Ader zu seinem Brunnen weggefangen hat, wir halten es in Deutschland nicht für möglich, daß es ein anderes Recht geben känne, wir stützen uns auf die Pandekten, es ist römisches Recht und so muß es auch bleiben. Ja, die neueren Gesetze sind davon schon abgegangen, das ungarische Gesetz stellt sich auf einen anderen Standpunkt, es sagt, der Brunnen muß eine gewisse Entfernung von dem anderen Brunnen haben. Das italienische bürgerliche Gesetzbuch sagt, ein neuer Brunnen darf einem alten bestehenden Brunnen keinen Schaden zufügen. Gerade in Italien, wo also das römische Recht entstanden ist, hat man zuerst diese harte, unsinnige Bestimmung abgeschüttelt und zwar ganz und gar. Wir Deutsche halten noch an den Pandekten bei dem Brunnen fest, wir halten es für unmöglich, das Grundeigenthum derart zu beschränken, daß dem Grundeigenthümer die unterirdische Wasserader auch dann nicht zustehen sollte, wenn er dadurch allen Nachbaren nicht bloß die Ader zu dem Brunnen, sondern damit auch die Lebensader zu der ganzen Wirthschaft untergräbt. Auf die römischen Verhältnisse können wir uns also nicht gut berufen; das italienische Recht ist ein anderes geworden, es hat mit dem Grundsatz der Pandekten hier gebrochen, und ich meine, wir sollten das Privateigenthum am Fluß nicht ohne Noth in unseren Beschluß hineinbringen, dadurch, daß wir ein Vorrecht der Uferbesitzer schaffen wollen bei der Concurrenz der Verleihung, wo wir die anderen Fragen gar nicht berühren. Wenn wir schon die Concurrenz der Verleihung erörtern wollen, so müssen wir uns auch in anderer Weise noch über die Concurrenz bei der Verleihung schlüssig machen, nämlich darüber, ob nicht der, der höher liegt, der Untenliegende oder derjenige, der zuerst um die Verleihung eingekommen ist, das Vorrecht der Verleihung hat, oder ob die Bedeutung der Wasserwirthschaft maßgebend ist. Kurz und gut, ich meine, wir thun vom Standpunkt des Juristentages aus nicht gut, uns hier in einer Specialfrage über einen Specialbeschluß schlüssig zu machen, wo wir die anderen Specialbeschlüsse nicht fassen. Ich meine also, selbst wenn wir uns auf den Standpunkt des Herrn Referenten stellen, selbst wenn wir der Ansicht sind, daß der Vorschlag des Herrn Referenten der richtige wäre, so thun wir doch gut, auf diesen Punkt nicht einzugehen, weil wir über die anderen Punkte der Concurrenz bei der Verleihung keinen Beschluß fassen. Ich bitte also dringend, lehnen Sie dieses Vorrecht der Anlieger, welches der Herr Referent als ein Vorrecht bei der Concurrenz der Verleihung schaffen will, ab, lehnen Sie es meinetwegen ab, weil Sie es nicht wünschen, lehnen Sie es ab, weil Sie meinen, daß es nicht praktisch, nicht empfehlenswerth ist, daß der Juristentag sich heute darüber schlüssig macht, oder lehnen Sie es ab, weil Sie überhaupt — und das wäre mir das Liebste — das Privateigenthum am Flusse nicht aufrecht erhalten wollen, weil Sie überhaupt das Privateigenthum am Flusse für wirthschaftlich schädlich und mit unseren heutigen Rechtsbegriffen unvereinbar halten; dann werden wir allmählich den Satz des römischen Rechts verwirklichen: Omnia flumina sunt publica, wie auch im deutschen Recht der Grundsatz ausgesprochen ist: Das Wasser ist ein Gemeingut. Halten Sie an diesem Grundsatz fest, so werden Sie um so eher dazu kommen, daß diese Vorrechte der Uferbesitzer bei der Verleihung nicht in unseren Beschluß aufzunehmen, sondern richtiger abzulehnen sind. Ich bitte Sie um das Letztere.

Geh. Justizrath Prof. Dr. **Enneccerus:** Ich möchte an den Herrn Vorredner nur eine Frage richten. Mir ist ein praktischer Fall bekannt, welcher etwa folgendermaßen liegt. Eine Wiese, welche den Werth von 5000 Mk. hatte, wurde für den Preis von 14 000 Mk. verkauft, weil der Bach, ein Privatgewässer, welcher durch diese Wiese strömte, ein Gefäll von 3½ Meter im Laufe dieser Wiese hatte. Käufer und Verkäufer waren darüber vollständig einverstanden, daß die Wiese mit 5000 Mk. ohne dieses Gefälle recht wohl bezahlt wäre. Gleichwohl wurden mit Freuden 14 000 Mk. gegeben. Der Käufer hatte allerdings die Absicht, später das Gefälle auszunutzen, aber keineswegs sogleich. Auch ist, soviel ich weiß, momentan die beabsichtigte Anlage noch nicht erfolgt, auf welche dieser schon vor mehreren Jahren abgeschlossene Kauf hinzielte. Nun kommt, nachdem das Gesetz nach der Absicht des Herrn

Vorredners fertiggestellt ist, ein beliebiger Anderer und sagt: diesen Nutzen von 9000 Mk. wünsche ich für mich. Ist es nicht wenigstens in den Fällen, wo bisher ein Eigenthum an dem Bache angenommen wurde, eine außerordentliche Härte, die Vortheile, die der Besitzer der Wiese, wie das Beispiel zeigt, sich vielleicht durch entgeltlichen Vertrag für sein schweres Geld erworben hat, ohne Weiteres außer Kraft zu setzen und denjenigen, der mit der speculativen Idee und den nöthigen Vorbereitungen zuerst an die Behörde herantritt, in die Möglichkeit zu setzen, jenen Andern einfach zu verdrängen? Ich meine, daß diese Seite der Sache wenigstens erst erwogen werden müßte, ehe man sich auf den Boden stellt, daß der Anlieger unter keinen Umständen ein Vorrecht in Bezug auf die Wassernutzung haben solle.

Rechtsanwalt Dr. **Baumert:** Ich gebe gern zu, daß jede neue Einrichtung, jedes neue Rechtsinstitut nicht ganz und gar ohne Härten abgeht, ich meine aber, im vorliegenden Fall trifft das nicht zu. Ich weiß nicht, in welchem Rechtsgebiet der Fall vorgekommen ist, ich will annehmen, daß er in das preußische Rechtsgebiet, über welches wir gerade heute berathen, hineinfällt. Was das preußische Rechtsgebiet anbetrifft, so hat in der That der Wiesenbesitzer kein Recht darauf, daß andere die Wasserkraft nicht ausnutzen können, sondern nur die thatsächliche factische Möglichkeit, daß ein Dritter nicht heran kann. Wenn er also nicht das Eigenthum der Wiese zu beiden Seiten des Flusses hat, so kann nach heutigem Recht schon der Gegenüberliegende den Anschluß des Stauwerks erzwingen und mindestens die Hälfte des Wassers beanspruchen. Nach heutigem Recht hat er also nur dann Anspruch auf das Zufließen der ganzen Wasserkraft, wenn ihm beide Ufer gehören.

Geh. Justizrath Prof. Dr. **Enneccerus:** Durch die Wiese habe ich gesagt.

Rechtsanwalt Dr. **Baumert:** Gut, das ist mir entgangen. Ich nehme an, beide Ufer gehören zu dem Grundstück, so wird er selbst nach dem Recht des Entwurfs das Triebwerk nicht erbauen können, ohne den Grund und Boden zu haben. Man wird also nicht ohne Weiteres an das Wasser heran können, man wird irgendwie an den Bach heran müssen, man wird irgendwie sich herankaufen müssen. Hat der betreffende Käufer bereits so viel für die Wiese gegeben, so zweifle ich nicht, daß, wenn es zur Enteignung kommt, man ihm auch den Werth der Wiese, den er wirklich gezahlt hat, zusprechen wird, ich würde wenigstens vom Standpunkt des Abschätzers aus es mir nicht anders erklären können. Der Wiesenbesitzer würde in diesem Fall, wenn ihm die Wiese enteignet werden sollte, was nach dem Entwurf auch nicht ohne Weiteres geht, voll entschädigt werden. Es wird mir gesagt, die Entschädigung ist nicht vollständig, weil man vielleicht die ganze Wiese nicht braucht. Aber wenn Sie eben die Wasserkräfte für alle Zeit festlegen wollen, — der Herr Referent wollte sie nicht einmal festlegen, wenn sie verliehen sind — dann können Sie die Ausnutzung der Wasserkräfte überhaupt sein lassen. Wenn dem Uferbesitzer an der Wasserkraft in der That etwas gelegen ist, so muß er auch so viel Unternehmungsgeist haben, daß er die Wasserkraft wirklich für sich nutzbar macht. Todte Rechte können wir im Recht nicht begünstigen, so wenig wir die Mineralien dem Eigenthümer zusprechen, der sie nicht wirklich ausnutzen will, weil das ein todtes Recht ist. Ebenso ist es ein ganz todtes Recht, wenn ein Wiesenbesitzer das Wasser bei sich vorbeilaufen sieht, ohne es irgendwie zu benutzen. Ich meine, nicht nur vom wasserwirthschaftlichen Standpunkt aus, sondern auch vom privatrechtlichen Standpunkt können wir derartige Rechte, die todt dastehen und doch zur Ausnutzung bestimmt sind, doch wohl nicht begünstigen. Also selbst wenn Sie auf dem Standpunkt des Herrn Vorredners stehen, und selbst wenn Sie zu einer gewissen Härte kommen sollten, selbst dann, glaube ich, muß man lieber diese Härte mit in Kauf nehmen, als daß wir dauernd und für alle Zeiten die ganzen Wasserkräfte festlegen und alle anderen davon ausschließen.

Referent Geh. Justizrath Prof. Dr. **Brunner** (Schlußwort): M. H.! In Bezug auf den ersten Satz stimmt der Herr Gutachter mit mir überein. Was den zweiten Satz betrifft, so will er die Worte „in der Regel" streichen und sagen: die Verleihung soll nur auf Zeit erfolgen. Ich vermuthe, daß er in diesem Punkte meine Ausführungen mißverstanden hat. Ich meine nicht, daß die Verleihung in den numerisch meisten Fällen auf Zeit erfolgen soll, ich meine nicht, daß die Behörde etwa in 95 Fällen auf Zeit und in 5 auf die Dauer verleihen soll; sondern ich meine, daß die Verleihung auf Zeit erfolgen soll mit Vorbehalt gewisser festzulegender Ausnahmefälle, die in der Art des Unternehmens liegen. Ich muß gestehen, daß ich die denkbaren wasserwirthschaftlichen Unternehmungen nicht in der Weise übersehe, um von vornherein sagen zu können, jedes von ihnen ist möglich, auch wenn die Verleihung etwa nur auf Zeit erfolgt. Man kann an gewisse Unternehmungen wasserwirthschaftlicher Natur zum Wohl der Gesammtheit denken, bei denen es gerechtfertigt wäre, daß die Verleihung auf die Dauer oder über die im Gesetz vorgesehene Zeit hinaus erfolgt. Die Worte „in der Regel" sollen also nur sagen: abgesehen von gewissen Ausnahmefällen. Den Zusatz, daß für den Fall einer neuen Verleihung, nachdem das verliehene Recht erloschen ist, eine

Bevorzugung des früher Beliehenen erfolgen soll, will ich nicht beanstanden. Ich habe den Satz nicht ausdrücklich aufgenommen, weil ohnehin schon in dem § 70 des Entwurfs gesagt ist: Im Uebrigen begründet das ältere Bestehen vor neuen . . . Unternehmungen einen Vorrang. Ein gewisser Vorzug ist also dem älteren Unternehmen durch § 70 bereits gegeben. Uebrigens müßte, wenn die Verleihung auf Zeit die herrschende Regel wird, eine eingehende Regelung der Rechtsfolgen des Zeitablaufs in dem Gesetz jedenfalls erfolgen.

In Bezug auf Punkt 3 stimmen wir überein.

Was Punkt 4 betrifft, so muß ich darauf bestehen, daß die Worte „und auf die Interessen der Anlieger“ stehen bleiben. Der Einwand, man könnte daraus ein Privateigenthum der Anlieger an dem Fluß herauslesen, scheint mir nicht stichhaltig; wäre ein solches gemeint, so hätte es heißen müssen „auf die Rechte der Anlieger“. Es ist ausdrücklich gesagt „auf die Interessen der Anlieger“. Ich halte es für ausgeschlossen, daß man aus den Worten „Interessen der Anlieger“ auf ein Privateigenthum am Flusse zurückschließen könne. Dazu kommt noch ein zweites. Ich möchte allerdings ein Vorrecht der Anlieger anerkannt wissen schon mit Rücksicht auf die bestehenden Zustände. Es würde in der That eine Entwerthung der Grundstücke eintreten, wenn jene Clausel nicht berücksichtigt wird. Bei dem Beispiel, das der Herr College Enneccerus gegeben hat, würde der Unternehmer nach dem Entwurfe in der Lage sein, etwa zu erwirken, daß er sich durch einen Stichcanal an den Fluß anschließen kann. Der Eigentümer der Wiese würde nur für jenen Theil des Grundstücks entschädigt werden, der für den Stichcanal verwendet werden muß. Er würde nur entschädigt werden für den Schaden, den er erleidet gegenüber dem derzeitigen Zustand, aber nicht im Verhältniß zum Werthe, den die Wiese hatte mit Rücksicht auf die Möglichkeit der Bewässerung und das Gefälle des Flusses. Ich besorge auch, daß, wenn den Anliegern nicht wenigstens das beantragte Vorrecht gegeben wird, von Seiten der Landwirthschaft eine starke Opposition gegen den ganzen Entwurf und gegen das Verleihungsprincip erhoben werden dürfte. Nach dem preußischen Gesetz über die Privatflüsse besteht theoretisch die Anerkennung eines Eigenthums an dem Fluß. Die Anlieger werden sich versucht fühlen zu sagen: wir werden expropriirt, was früher unser Privatfluß war, soll jetzt der Allgemeinheit angehören. Man darf die Anlieger auch nicht zu hart behandeln. An sich ist ja der Anlieger der Nächste zur Wassernutzung. Wenn man auch ein Eigenthum der Anlieger an dem Privatfluß nicht anerkennt, auch ein existentes Nutzungsrecht negirt, so muß man doch anerkennen, daß der Anlieger in erster Linie befugt ist, das Wasser in Nutzung zu nehmen. Ich bitte Sie, die Worte „und auf die Interessen der Anlieger“ nicht zu streichen.

Zum Schluß möchte ich noch darauf aufmerksam machen, daß die beantragten 4 Sätze sich nicht auf die Mineralquellen beziehen. Die Mineralquellen bleiben vollständig außerhalb der Discussion.

Rechtsanwalt Dr. **Baumert:** Ist es gestattet, das Wort noch einmal zu ergreifen?

Vorsitzender: Die Discussion ist bereits geschlossen, wenn es aber die Versammlung genehmigt, will ich Ihnen das Wort noch einmal ertheilen.

Rechtsanwalt Dr. **Baumert:** Ich möchte nun auf den Fall, den Herr Geh. Rat Enneccerus angeführt hat, noch mit einem Wort zurückkommen. Wenn von einer Wiese für einen Stichcanal zur Wasserabführung enteignet werden soll, so sprechen alle Wassergesetze immer demjenigen, dem etwas enteignet wird, die Vorbenutzung des Wassers, mindestens dessen Mitbenutzung zu. Dieser Fall würde also nicht gegen mich sprechen.

Vorsitzender: Wir würden also jetzt zur Abstimmung schreiten. Ich werde über die einzelnen Sätze des Herrn Referenten einzeln abstimmen lassen. Bei Satz 2 hat er sich mit dem Zusatzantrag einverstanden erklärt. Ich würde dann besonders abstimmen lassen über die Frage, ob die Worte „in der Regel“ gestrichen werden sollen, und dann noch über den ganzen Satz, sei es mit den Worten oder ohne die Worte. Dann folgt die Abstimmung über Satz 3. Bei Satz 4 würde ich auch wieder getrennt abstimmen lassen und auf die Worte „und auf die Interessen der Anlieger“ eine besondere Frage richten und je nachdem diese bejaht werden oder nicht, über das Ganze mit oder ohne diesen Zusatz abstimmen lassen.

Ich beginne mit der Abstimmung über Satz 1:

Der Grundsatz der Verleihung der Wassernutzungsrechte ist zu empfehlen.

Diejenigen Herren, die dafür sind, bitte ich, sich zu erheben. — Ist einstimmig angenommen.

In Satz 2 die Worte „in der Regel“ zu streichen.

Ich ersuche die Herren, die für die Streichung sind, sich zu erheben. — Ist gegen nur 1 Stimme abgelehnt.

Nun stimmen wir über den ganzen Satz ab:

Die Verleihung soll in der Regel nur auf Zeit erfolgen. Bei einer Erneuerung der Verleihung nach Ablauf der Zeit ist der bisherigen Benutzung unter bestimmten Voraussetzungen ein Vorrecht zu gewähren.

Das ist mit großer Mehrheit angenommen.

Nun lasse ich abstimmen über Satz 3:

Die Einrichtung von Wasserbüchern ist wünschenswerth.

Fast einstimmig angenommen.

Bei Satz 4 würde ich zunächst darüber abstimmen lassen, ob die Worte „und auf die Interessen der Anlieger" gestrichen werden sollen.

Ich bitte diejenigen Herren, die für die Streichung sind, sich zu erheben. — Das ist eine kleine Minderheit.

Nun würde ich über den ganzen Satz 4 abstimmen lassen in der Fassung des Herrn Referenten:

Auf bestehende Wassernutzungsrechte und auf die Interessen der Anlieger ist größere Rücksicht zu nehmen, als der Entwurf vorsieht.

Ich bitte diejenigen Herren, die dafür sind, sich zu erheben. — Einstimmig angenommen.

Ich habe nun noch den Herrn Berichterstatter für das Plenum in Vorschlag zu bringen. Ich nehme an, daß Herr Geh. Rath **Brunner** den Bericht übernehmen wird.

(Geh. Justizrath Prof. Dr. **Brunner**: Ja.)

Wir hätten damit die Frage 3 erledigt. Es bleibt nun noch die Berathung über Frage 4. Die Zeit ist indeß schon so weit vorgeschritten, daß wir die Berathung jetzt nicht mehr vornehmen können, sondern eine Mittagspause eintreten lassen würden, falls nicht der Antrag gestellt wird, die Sache auszusetzen. Sonst würde ich bitten, daß wir um 4 Uhr wieder zusammentreten oder morgen vor der Plenarsitzung. — Es wird der Wunsch geäußert, die Sache bis morgen früh 9 Uhr zu vertagen. Wenn nicht widersprochen wird, nehme ich das als Beschluß der Versammlung an.

Dritte Sitzung der ersten Abtheilung

Donnerstag, den 12. September, Vormittags 9 Uhr.

Vorsitzender: Ich eröffne die Sitzung. Wir kommen zu der von uns heute noch zu erörternden Frage:

Inwiefern empfiehlt sich eine besondere Behandlung des kleinen Immobiliarbesitzes im Sinne des Heimstättenrechts?

Das Referat hat Herr Stadtrath Dr. Flesch (Frankf. a. M.) übernommen.

Referent Stadtrath Dr. **Flesch** (Frankfurt a. M.): M. H., der Gegenstand, mit dem sich unsere heutige Verhandlung beschäftigt, hängt sowohl historisch als auch sachlich auf's Engste mit demjenigen zusammen, der uns in Augsburg bereits beschäftigt hat. Dort war die Reformbedürftigkeit derjenigen Bestimmungen der Civilproceß-Ordnung zum Gegenstande der Erörterung gemacht, welche die unpfändbaren, dem Zugriff des Gläubigers entzogenen beweglichen Gegenstände behandeln. Es war dabei davon ausgegangen, daß unser Recht jedem die Verpflichtung zuerkennt, seine Arbeitskräfte zu verwerthen, daß es überdies dem Familienvorstande die strengste Pflicht auferlegt zur Alimentation und zur angemessenen Erziehung der Seinigen. Zu diesen beiden, zur Alimentation sowohl wie zur Erziehung gebraucht man einen gewissen Bestand von äußeren Dingen, einen gewissen Bestand an — ich nehme den ganz allgemeinen Ausdruck — wirthschaftlichen Gütern. In unserem Rechte war das bisher vielleicht nicht genügend beachtet worden; wenigstens ist es Thatsache, daß als unentziehbar nur diejenigen Gegenstände galten, die — wie es hieß — unentbehrlich waren, während eine Definition dessen, was unentbehrlich sei, während eine Aufzählung dessen, was dem Schuldner gelassen werden mußte, nirgends gegeben war. Ja, es ging sogar noch weiter: einzelne Gläubiger waren nicht einmal daran gebunden, und das ist jetzt noch Rechtens in einem großen Theile Deutschlands, z. B. im benachbarten Hamburg; die hatten einfach das Recht, auch die zum Leben unentbehrlichen Gegenstände zu entziehen, wenn sie nämlich glaubten, auf diese Art sich Sicherung zu verschaffen. Unter diesen Umständen sprach sich der Juristentag dahin aus, daß er erklärte: die Bestimmungen der Civilproceß-Ordnung über die unpfändbaren Dinge sind entschieden reformbedürftig, der Kreis der unpfändbaren Gegenstände muß erweitert werden. Aber die Civilproceß-Ordnung beschäftigt sich nur mit beweglichen Dingen, zählt nur bewegliche Gegenstände auf und schließt die gesammte Zwangsvollstreckung in die Immobilien mit Ausnahme weniger Bestimmungen von sich aus. Naturgemäß entstand die Frage: kommen die Gesichtspunkte, die nun einmal als richtig seitens des Juristentages declarirt worden waren, nur zur Anwendung bei beweglichen Sachen? Ist nicht die Möglichkeit gegeben, daß sie auch bei unbeweglichen Dingen, Grund und Boden, zum Ausdruck kommen? In diesem Sinne hat die ständige Deputation dem Juristentage nunmehr die Frage vorgelegt: Inwieweit empfiehlt sich bei der anzustrebenden Revision der Civilproceß-Ordnung eine besondere Behandlung des kleinen Immobiliarbesitzes im Sinne des Heimstättenrechts?

Es ist — ich möchte sagen — ohne Weiteres einleuchtend, daß eine principielle Verneinung der Frage, ein principieller Ausspruch: das Immobiliareigenthum hat bei der Beschränkung der Zwangsvollstreckung, bei der Sicherung der Arbeitskraft, der Alimentations- und Erziehungsfähigkeit eines Mannes keine Berücksichtigung zu erwarten, von vornherein ausgeschlossen war. Insofern lag, wenn Sie wollen, eine Antwort bereits in der Frage, eine Antwort in dem Sinn, daß man sagte: gewiß, eine besondere Behandlung des Immobiliareigenthums aus den hier erörterten Gesichtspunkten ist gleichfalls zu wünschen.

Aber die Fragestellung hatte doch zwei besondere Schwierigkeiten. Zunächst heißt es: empfiehlt es sich, bei der anzustrebenden R e v i s i o n d e r C i v i l p r o c e ß - O r d n u n g den kleineren Immobiliarbesitz besonders zu behandeln? Es wäre sehr leicht denkbar, daß Jemand sagt: ja, wo die Voraussetzungen vorliegen, die für den erweiterten Schutz des Privateigenthums, für den erweiterten Schutz der Ausstattung an wirthschaftlichen Gütern sprechen, will ich das Immobiliareigenthum schützen; aber mit der Revision der Civilproceß-Ordnung hat das nichts zu thun; das gehört in ein specielles Gesetz, in eine besondere Ordnung der Zwangsvollstreckung oder wohin sonst, aber nicht in die Civilprozeß-Ordnung. Ich fasse aber die Frage auf — und ich möchte das vorausschicken, um diesen Competenzeinwand von vornherein zu beseitigen — daß der ständige Ausschuß sich einfach sagte: die Revision der Civilproceß-Ordnung wird jedenfalls die nächste Gelegenheit geben, die Frage der Ausdehnung der Executionsbefreiungen zu erörtern; und es empfiehlt sich anläßlich dieser Revision — die also als der Anlaß, als der Ort, bei dem es geschehen soll, genannt wird, nicht als der Platz im System, wo die Reform einzuführen ist — auch die Frage der besonderen Behandlung des kleinen Immobiliarbesitzes zu erörtern. Sodann kommt aber in der Fragestellung weiter der Hinweis darauf, ob sich die besondere Behandlung im Sinne des Heimstättenrechts empfehle? Gerade dieser Zusatz macht die Sache ziemlich schwierig. Das Heimstättenrecht ist ja derzeit in Deutschland kein Rechtsbegriff, es hat vielmehr lediglich eine doppelte Bedeutung. Es ist zunächst der Name, der in Aussicht genommen ist für ein Rechtsinstitut, das durch einen dem Reichstag bereits vorgelegten Entwurf geschaffen werden soll, und es ist ferner die Uebersetzung des englischen Wortes homestead, die Uebersetzung des Namens eines Rechtsinstituts, das in America z. B. in voller Kraft besteht und eine sehr vielseitige eingehende Ausbildung erfahren hat. In welchem Sinne das Wort hier gemeint war, ist natürlich aus der Frage nicht zu entnehmen. Es war unumgänglich nothwendig, eine Vergleichung vorzunehmen des Heimstättenrechts im Sinne des Entwurfs, der nach Ansicht der Herren, die ihn seiner Zeit im Reichstag eingebracht hatten, in Deutschland Gesetz werden soll, und dem Rechtsinstitut, das anderswo, namentlich in Nordamerica bereits in Kraft ist und das denselben Namen führt. Diese Vergleichung hat ungefähr Folgendes ergeben. Das nordamericanische Heimstättenrecht entspricht in allen seinen äußeren und inneren Bestimmungen vollständig den Gesichtspunkten, die dem Juristentag vorgeschwebt haben, als er sich das vorige Mal mit der Pfandbefreiung des Mobiliarbesitzes beschäftigte. Das nordamericanische Heimstättenrecht hat im Wesentlichen die Bedeutung, daß Jemand, der Familienvater ist — diese Bestimmung wird stets gemacht und auf das Allerschärfste durchgeführt — berechtigt sein soll, ein gewisses — sagen wir Quantum an Immobiliarbesitz als seine Heimstätte zu erklären und dadurch dem Zugriff der Gläubiger unzugänglich zu machen, solange als er oder nach seinem Tode seine Wittwe oder seine minderjährigen Kinder darauf wohnen. Er ist also zeitlich beschränkt, „solange er oder seine Wittwe oder seine minderjährigen Kinder darauf wohnen". Weiter geht es nicht und kann auch nicht weiter erstreckt werden. Es kann natürlich immer vorkommen, daß z. B. ein Kind dasselbe Grundstück, das der Vater zur Heimstätte erklären ließ, durch Eintrag in das Register auch seinerseits zur Heimstätte erklären läßt; dann ist es aber eine neue Heimstätte, die alte erlischt mit Nothwendigkeit bei dem Tode des Mannes, der Wittwe oder mit der Selbständigkeit des Kindes. Andererseits erstreckt es sich auf Grundstücke jeder Art, städtische wie landwirthschaftliche Grundstücke. Die Werthbestimmung ist dabei sehr verschieden gegeben, es wird einfach die Größe gegeben: so und so viel Acres auf dem Lande, so viel Acres in einer Stadt unter 40 000, so viel Acres in einer Stadt unter 10 000 Einwohnern; bald wird der Werth als Maßstab genommen, und dieser schwankt je nach den einzelnen Staaten auf das Verschiedenartigste; er geht ungefähr von 600 Dollars bis zu 3000 Dollars. Ein Grundstück, das in seiner Größe und Werth in dieser Art beschränkt ist, wird geschützt gegen den Zugriff gewisser Gläubiger. Nicht gegen den Zugriff aller Gläubiger. Diejenigen, die das Erwerbungsgeld hergegeben haben, die Handwerker, die ihr Geld hineingesteckt haben, Delictsforderungen können auch gegen die Heimstätte geltend gemacht werden. Und deswegen kann ich vielleicht ganz kurz sagen, das Geld, das in der Heimstätte angelegt ist, ist geschützt gegen den Zugriff der späteren Gläubiger. Der Mann, der in guten Tagen etwas erübrigt hat, kann mit voller Ruhe und Sicherheit sagen: das wende ich für meine Familie an, daß sie alle ein gesichertes Heim haben, auch wenn es mir später schlechter geht.

Was ist demnach der wesentliche Unterschied dieses Heimstättenrechts gegen das gegenwärtige deutsche Recht, und zwar nicht nur des Heimstättenrechts, sondern überhaupt der americanischen Executionsbefreiungsgesetze gegen das gleiche deutsche Recht? In Deutschland wird der gesammte Bestand an Mobiliar- und Immobiliareigenthum, den Jemand sich erwirbt, vom Recht aufgefaßt nicht als Dinge, die unentziehbar sind, weil man ihrer bedarf, um seine Familie zu erziehen — nicht bloß zu alimentiren — um sich eine Wohnung zu bereiten u. s. w., sondern er wird vom deutschen Recht einfach aufgefaßt als ein Haufe von Pfandgegenständen; es ist ganz gut, daß der Mann Mobiliar hat und vielleicht auch ein kleines Häuschen hat, denn —: er könnte einmal in schlechte Verhältnisse kommen, und da haben die Gläubiger doch etwas, an das sie sich halten können. Daß, indem die Gläubiger diese Dinge nehmen, sie ohne weiteres den Familiensinn vernichten, sie ohne Weiteres es dem Manne unmöglich machen, sagen wir einmal pandektenmäßig, seiner Alimentationspflicht zu genügen, das wird vollständig übersehen. Und das ist in America in Folge der exemption und homestead laws anders geworden. Wie verhält sich aber zu diesen Gesichtspunkten das deutsche Heimstättenrecht im Sinne des Entwurfs, das wiederholt dem Reichstag vorgelegen hat? Ja, es ist weiter und es ist enger. Es ist weiter zunächst; denn nicht nur der Familienvater, nicht nur derjenige, der für eine Familie zu sorgen hat, kann die Heimstätte erwerben, sondern jeder Deutsche. Und es geht auch viel weiter. Es endigt nicht, wie in America, mit der Beendigung der Schutzbedürftigkeit der Angehörigen, sondern es erstreckt sich durch das Anerbenrecht, das in dem Gesetzentwurf für diese Heimstätten als maßgebend erklärt worden ist, auf die fernsten Generationen. Es ist auch seine Größe nicht bestimmt; es steht in dem Gesetzentwurf — freilich ein Fehler, der sich verhältnißmäßig leicht corrigiren ließe — ganz einfach: die Heimstätte muß mindestens die Größe eines Bauerngutes haben, ohne daß über die Größe irgend etwas gesagt worden ist. Es ist aber in anderen Richtungen viel mehr eingeschränkt, als die homestead laws. Das Grundstück darf nämlich die Größe eines Bauernhofs nicht übersteigen, es muß wenigstens einer Arbeiter- oder Bauernfamilie Wohnung gewähren und die Production der nothwendigen Nahrungsmittel ermöglichen. Ein Grundstück, das diese Production der notwendigen Nahrungsmittel nicht ermöglicht, wäre keine Heimstätte; ein kleines Häuschen, das Jemand irgendwo erworben hat, um darin zu wohnen, sein Geschäft darin zu treiben, wäre keine Heimstätte. Jener Entwurf bezieht sich also lediglich auf ländliche Grundstücke, er hat kein — wenn ich so sagen soll — natürliches Endziel für den Schutz, den er gewährt und er kommt Jedem zu gute, ohne die Beschränkung in sich aufzunehmen, daß derjenige, der ihn genießen will, auch Verpflichtungen gegen den Staat zu erfüllen hat: Alimentationspflichten, Erziehungspflichten u. s. w. Unter diesen Umständen war gar nicht zu vermeiden, daß bei der Erörterung der Frage, die die ständige Deputation vorgelegt hat, auch gewissermaßen eine Vergleichung jener beiden Rechtsinstitute geboten war, und dabei war eine sehr schwierige Frage für den Begutachter, inwieweit er sich auf diese Vergleichung einlassen solle. Ich war der Ansicht, daß ich das nur insofern zu thun hätte, als ich zu untersuchen hätte, inwieweit das eine oder andere Rechtsinstitut jenen Gesichtspunkten gerecht wird, die den Juristentag das vorige Mal zur Forderung der Erweiterung der Pfandbefreiung beim Mobiliarbesitz veranlaßt haben. Ich hätte, wenn ich anders vorgehen wollte, z. B. das ganze Anerbenrecht in die Discussion ziehen müssen und wäre dadurch in eine sehr schwierige und kitzliche Position hineingerathen, die mit der Frage, mit der wir es zu thun haben, nicht unmittelbar zusammenhängt.

Wenn man aber lediglich aus diesem Gesichtspunkt die Frage erörtert, so muß man nothwendig zu dem Resultat kommen, daß man die Homestead laws — um das englische Wort zu gebrauchen — in Gegensatz setzt zum Heimstättengesetzentwurf, und daß man den letzteren als den Gesichtspunkt, den der Juristentag als maßgebend bezeichnet hat, weniger entsprechend erklärt und deshalb als Heimstätten nur die Homestead laws als Muster für die Gesetzgebung, die gewählt werden soll, bezeichnet. Freilich tritt dann eine andere Frage heran, auf die ich eingehen muß, wenn ich sie auch im Gutachten nicht unmittelbar erörtert habe. Es könnte Jemand sagen: „Das ist recht schön und gut, du hast dich aber bei dem Wort „Heimstättenrecht“ lediglich an die Frage der Executionsbeschränkungen gehalten und wir, der Juristentag, müssen uns äußern zu der Frage des Heimstättenrechts im Sinne jenes dem deutschen Reichstag vorgelegten Entwurfs. Da kommt für mich Folgendes in Betracht. Wenn ich die beiden Rechtsinstitute, die nur den Namen gemeinsam haben, vergleiche, so komme ich dahin, daß ich sage: was die Homestead von der Heimstätte unterscheidet, das ist die allgemeine Gültigkeit der einen und die Beschränkung auf einen Stand auf der anderen Seite. Die Heimstätten des Entwurfs haben im Sinne und beabsichtigen die ökonomische Hebung des Bauernstandes, vielleicht auch die Aufrechterhaltung gewisser socialer Verhältnisse auf dem Lande, die Aufrechterhaltung des Mittelstandes als Grundlage der Wehrkraft u. s. w., und derartige Gesichtspunkte, Gesichtspunkte, m. H., deren Werth ich nicht in den Hintergrund stellen möchte, von denen ich aber sage, daß, wenn ich als Jurist ein Gutachten abzugeben habe, dann verstehe ich von dieser Frage jedenfalls nicht mehr, als die Angehörigen jedes anderen Berufsstandes auch. Wenn es sich darum handelt, die kleine Landwirthschaft zu schützen, wenn Jemand behaupten sollte und vielleicht auch mit Gründen belegen kann: daß es aus den und jenen Gründen erforderlich sei, im Interesse des Gedeihens der Landwirthschaft die kleinen Landgüter, die kleinen Bauergüter in dieser besonderen Art zu schützen, würde ich mich wenigstens bescheiden und sagen: wenn andere Herren, die in Bezug auf die Landwirthschaft sachverständig sind, das ebenso sagen, dann wird es wohl wahr sein. Auf die Verhältnisse eines einzelnen Standes beschränkt wird die ganze Angelegenheit aber zu einer rein technischen, zunächst rein landwirthschaftlichen Frage, über die ich — und viele von Ihnen — kein Urtheil habe. Die allgemeine juristische Frage dagegen ist nicht die, ob es nothwendig ist, aus politischen Rücksichten den Stand der kleinen Bauergutsbesitzer zu stärken; oder, ob es nothwendig ist, aus Rücksichten auf die Landwirthschaft den kleinen Bauern als solchen zu begünstigen, sondern eine ganze andere hochwichtige Frage, deren Bedeutung man m. E. gar nicht genug hervorheben kann, und die etwa dahin lautet: „Inwieweit verlangen wir von dem Recht, daß es denjenigen wirthschaftlichen Verhältnissen Rechnung trägt, unter denen wir leben, daß es speciell diejenige Ausstattung der wirthschaftlichen Güter, ohne welche eine geordnete Existenz innerhalb der Wirthschaftsordnung unmöglich ist, schützt?“

M. H., es werden ja dann, wenn wir die Frage von diesem Standpunkt aus beurtheilen, vielfache Angriffe erhoben aus vermeintlichen wirthschaftlichen Rücksichten: die Creditschädigung der Unbemittelten, die indirecte Schädigung, die dadurch die Volkswirthschaft erlitte u. dergl. m. Ja, ich brauche zunächst gar nicht darauf hinzuweisen, daß ja in den ganzen Verhandlungen des Juristentags allgemein Eins feststeht: die Schneidigkeit, die Schnelle, die Schärfe der Execution darf nicht beeinträchtigt werden, das ist im Interesse der Sicherheit des Verkehrswesens nothwendig. Nur die Grenzen der Execution sollen erweitert, der Punkt schärfer bezeichnet werden, wo sie unthunlich ist. So gut die Juristen gesagt haben, das Leben darf nicht mehr als Unterpfand des Credits benutzt werden, die Beraubung der persönlichen Freiheit, die Beraubung der persönlichen Ehre haben keinen Platz mehr im Schuldrecht, ebenso muß die Jurisprudenz den weiteren Schritt gehen und erklären, daß derjenige Bestand von Vermögen, ohne den eine geordnete Existenz, die Aufrechterhaltung der Familie, die geordnete Erziehung in der Familie unmöglich ist, nicht zur Verstärkung des Personalcredits gemacht werden kann. Das Recht muß seine Hilfe also versagen, wo es in Anspruch genommen wird, um dem Schuldner Dinge zu entziehen, die ihm im öffentlichen Interesse nicht entzogen werden dürfen, auch nicht, um eine Privatforderung zu befriedigen. In diesem Sinne glaube ich, daß die Augsburger Frage und die heutige auf das Engste zusammenhängen, daß sie gemeinschaftlich dasselbe große Ziel verfolgen: die Anpassung der Rechtswissenschaft an diejenigen Forderungen, ohne deren Erfüllung das Gedeihen der unteren Classen nicht nur fortwährend geschädigt wird, sondern ohne die auch die Aufbesserung der Lage der unteren Classen so gut wie unmöglich gemacht wird. Denn daß die jetzige Art der Zwangsvollstreckung fortwährend wie ein Damoklesschwert über die ganze Existenz jedes einzelnen Angehörigen der unteren Classen hängt, das weiß Jeder, der sich mit diesen Dingen beschäftigt hat. Hierin Hilfe zu bringen, wird der jetzige so wenig, wie der Augsburger Juristentag seine Mitwirkung versagen. Um das auszudrücken, habe ich mir erlaubt, eine Resolution vorzuschlagen, die diese Auffassung etwas kürzer ausdrücken soll, als im Gutachten möglich war:

> Der Erlaß von Vorschriften, welche den Schuldner gegen zwangsweise Entziehung desjenigen Grundbesitzes schützt, dessen er nach den obwaltenden örtlichen Verhältnissen zur Sicherung eines Obdachs für sich und seine Angehörigen oder zur Verwerthung seiner Arbeitskraft bedarf, erscheint principiell gerechtfertigt.

Ob die Voraussetzungen zum Erlaß solcher Vorschriften vorliegen, kann nur nach den localen Verhältnissen der einzelnen Gegend entschieden werden. Die Reichs- oder Landesgesetzgebung hat sich daher auf den Erlaß von Normativbestimmungen zu beschränken, für deren Inhalt sich die Bestimmungen der nordamericanischen Homestead laws als geeignetes Vorbild empfehlen.

Vorsitzender: Ich eröffne nunmehr die Discussion über diese Frage und ersuche diejenigen Herren, welche hier darüber reden wollen, sich zum Wort zu melden.

Herr Rechtsanwalt Dr. Korn!

Rechtsanwalt Dr. **Korn** (Berlin): M. H., ich glaube nicht, daß die Frage, wie Herr Dr. Flesch behauptet hat, derart spruchreif ist, um heute im Sinne seiner Resolution entschieden zu werden. Der Herr Referent geht davon aus, daß die Erhaltung des einmal Bestehenden wenigstens in gewissen Gegenden von Deutschland nothwendig sei für den bisherigen Besitzer, weil es ihm bei den bestehenden Verhältnissen unmöglich oder doch außerordentlich schwer sei, anderweit ein Obdach zu finden und so seine Existenz anderweit fortzusetzen. Der Herr Referent geht eben von der Ansicht aus, daß insofern die bestehende Wohnstätte auch eine Heimstätte bleiben müsse, um dem Besitzer, der sich in Vermögensverfall befindet, die Erhaltung seiner Existenz überhaupt zu ermöglichen. Ich vermisse jedoch statistisches Material, welches in der That beweist, daß in Deutschland im Ganzen oder in einzelnen Gegenden von Deutschland derartige Verhältnisse existirten, die die Erwerbung einer anderweitigen Heimstätte dem verschuldeten Besitzer fast unmöglich machen. Ich meine, daß derartiges Material doch erst vorgelegt werden müßte; denn unser bestehendes Recht, namentlich das Strafgesetzbuch, geht doch davon aus, daß es Jedem nicht nur möglich, sondern auch leicht ist, wenn er seine bisherige Wohnstätte aufgiebt, eine andere aufzufinden. Das Strafgesetzbuch bedroht denjenigen mit Strafe, welcher es unterläßt, nach einer gewissen Frist sich ein anderweitiges Obdach zu verschaffen, geht also von der Anschauung aus, daß es jedes Einzelnen Pflicht ist, wenn er gezwungen ist, sein bisheriges Obdach aufzugeben, sich ein anderweitiges Obdach zu verschaffen. Ich meine nun, solange nicht durch statistisches oder wirthschaftliches Material nachgewiesen ist, daß in verschiedenen Gegenden Deutschlands eine derartige Wohnungsnoth besteht, so lange kann man auch eine Resolution nicht fassen, welche für einzelne Gegenden die Erhaltung der bisherigen Heimstätte durch Einschränkung des Zwangsverkaufs empfiehlt.

Ich meine auch, daß die americanischen Verhältnisse keine analoge Anwendung zulassen, und die americanischen Gesetze nicht begründet wären für die deutschen Verhältnisse.

In America besteht, namentlich für die westlichen Staaten, noch immer ein dringendes Interesse der Staatsordnung daran, möglichst viel ansässige Bevölkerung zu gewinnen, und aus diesem Streben, welchem der Reichthum an Land und die Armuth an Bevölkerung entspricht, ist die Heimstättengesetzgebung hervorgegangen.

Bei uns liegen aber die Verhältnisse gänzlich umgekehrt. Wir haben einen Mangel an Land uud einen Ueberfluß an Bevölkerung, und die legislatorischen Gründe, welche für America zur Heimstättengesetzgebung geführt haben, treffen m. E. für Deutschland nicht zu. Die americanische Gesetzgebung geht auch keineswegs dahin, eine allgemeine Einschränkung des Zwangsverkaufs von Grundstücken einzuführen, sondern sie überläßt es der Willkür des Einzelnen, eine Heimstätte zu errichten; ohne seine ausdrückliche Willenserklärung, daß er sein Grundstück als Heimstätte betrachtet wissen wolle, und ohne die Eintragung dieser Erklärung in bestimmte Bücher tritt eben die Einschränkung des Gläubigerrechts gar nicht in Kraft, während hier vorgeschlagen wird — wenigstens verstehe ich es so — eine allgemeine Einschränkung dahin dem Zwangsverkaufsrechte des Gläubigers aufzuerlegen, daß er nicht berechtigt sein soll, Grundstücke von bestimmter Beschaffenheit zu verkaufen. Das ist etwas wesentlich Anderes, meine ich, als dasjenige, was die americanischen Gesetze beabsichtigen. Ich weiß auch nicht, ob die Meinung des Herrn Ref. nur dahin gerichtet ist, die Einschränkung für den Besitz von Familienvätern einzuführen, oder ob sie ohne Rücksicht darauf eingeführt werden soll. Ich meine aber, es kommt bei der ganzen Frage auch das Interesse des Gläubigers wesentlich in Betracht. Es handelt sich hier um eine sehr weitgehende Einschränkung des Rechts des Gläubigers, und ich bin der Meinung, daß jedenfalls die bereits bestehenden Rechte der Gläubiger, welche vor Einführung des Heimstättenrechts etwa begründet sind, niemals getroffen werden dürften und getroffen werden könnten durch eine derartige Einschränkung, denn der Gläubiger hat eben den Credit, den er gewährt hat, gewährt mit Rücksicht darauf, daß er das Grundstück event. wenigstens verkaufen könnte. Vorläufig also würde eine Einführung eines derartigen Heimstättenrechts keine besondere Wirkung äußern können, denn die bereits bestehenden Rechte können doch unmöglich in der Weise eingeschränkt werden, wie hier vorgeschlagen wird; die Einschränkung könnte sich nur auf die Zukunft beziehen.

Nun meine ich aber, man muß davon ausgehen, daß doch auch die

Gläubiger nicht sämmtlich wohlhabende Leute sind. Ich bitte nur an den Fall zu denken, wo auf dem Grundstücke die Abfindung der minderjährigen Geschwister oder der Frau eingetragen ist. Diese Rechte bedürfen doch eben so sehr der Berücksichtigung, gerade im Interesse der Alimentation und der Erhaltung des Gläubigers, als die Alimentationsrechte des Schuldners. Ich meine also, daß man mit Rücksicht auf die Rechte des Gläubigers und auf die Gerechtigkeit, die man doch auch diesen Rechten zu Theil werden lassen muß, den Vorschlag, ein allgemeines Heimstättenrecht einzuführen, ablehnen muß.

Nun kommt aber hinzu, daß man die Frage cui bono nicht einmal zu Gunsten des Schuldners beantworten könnte, wenn man die Heimstätte einführt. Auch dem Schuldner würde es nicht viel nützen, wenn ein derartiges Recht existirte. Er hat dann zwar ein Obdach, aber er hat nichts weiter. Es handelt sich hier durchweg um Fälle, in welchen der Schuldner bereits vollständig in Vermögensverfall sich befindet; ein Obdach, welches ihm eben nur das Recht des Wohnens gewährt, nützt ihm nicht viel; es ist doch für die landwirthschaftlichen Verhältnisse gerade nothwendig, daß der Schuldner auch die Möglichkeit besitzt, sein kleines Grundstück weiter zu bewirthschaften. Das wird aber regelmäßig nicht der Fall sein, so bald erst einmal die Möglichkeit des Zwangsverkaufs in drohende Nähe gekommen ist, denn bevor es dahin kommt, ist regelmäßig das Grundstück devastirt und es sind alle entbehrlichen Gegenstände bereits zu Geld gemacht, es besteht die Möglichkeit einer ordnungsmäßigen Bewirthschaftung nicht mehr. Ein solcher Schuldner sitzt dann also auf seiner Heimstätte, ohne die Möglichkeit einer ordnungsmäßigen Bewirthschaftung des Grundstücks zu haben, und der Grund und Boden wird dadurch immer weiter devastirt und verliert immer mehr an Werth. Ein derartiger Zustand liegt nicht im Interesse der Landwirthschaft; im Gegentheil, gerade im Interesse der Landwirthschaft ist es wünschenswerth, daß recht bald ein Besitzwechsel vor sich geht, welcher das Grundstück an eine stärkere Hand ausliefert, an eine Hand, welche besser in der Lage ist, den Ansprüchen, welche die Landwirthschaft stellt, also z. B. an Inventar, Vieh u. s. w. zu genügen. Der Schuldner würde, wenn man ihm das Recht giebt, auf dem Grundstücke nach Belieben zu bleiben, dadurch nur in seinem Entschlusse, sich anderweit Erwerb zu suchen, beeinträchtigt und an die Scholle gefesselt werden, ohne wesentlichen Vortheil zu haben. Denn ich gehe von der Anschauung aus, daß es in jedem Theile Deutschlands leicht ist, irgend ein Unterkommen zu finden. Natürlich ist es gar nicht Aufgabe der Gesetzgebung, einen einmal gerade bestehenden Erwerbszweig zu schützen, sondern man muß doch daran denken, daß auch die landwirthschaftlich beschäftigte Person die Möglichkeit hat, zu einer anderen Berufsart überzugehen oder wenigstens zu einer anderen Stellung innerhalb ihrer gewohnten Berufsart; wenn sie nicht mehr selbständig wirthschaften kann, so bleibt ihr immerhin noch die Möglichkeit, als Inspector oder als Arbeiter bei anderen landwirthschaftlichen Betrieben sich zu beschäftigen. Ein derartiger Entschluß würde lediglich beeinträchtigt werden, wenn das Recht der Heimstätte eingeführt würde.

Ich bin daher der Meinung, daß es sich nicht empfiehlt, die Heimstätte einzuführen und würde eine Resolution dahin in Vorschlag bringen:

Eine Regelung des Zwangsverkaufs von Grundstücken im Sinne des Heimstättenrechts ist nicht zu empfehlen.

Geh. Justizrath Pof. Dr. **Gierke** (Berlin): M. H.! Ich möchte den Antrag stellen, die Discussion dieser Frage dem nächsten Juristentage vorzubehalten und die ständige Deputation um die Einholung noch weiterer Gutachten zu ersuchen. Ich glaube, daß uns der Herr Referent allerdings in durchaus zutreffender Weise bereits die Fragestellung klargelegt hat. Er hat durchaus zutreffend unterschieden zwischen zwei verschiedenen Fragen, die sich hinter der des Heimstättenrechts verbergen, nämlich der einen, die uns hier nicht beschäftigt, der Frage nach der Schaffung einer neuen ländlichen Besitzform für mittlere Grundbesitzer und vielleicht auch ländliche Arbeiter, und der anderen, ganz allgemeinen juristischen Frage nach der principiellen Einschränkung der Execution in den Grundbesitz als Arbeitsmittel zur Ernährung der Familie, wie wir eine solche Beschränkung der Execution in sonstige Arbeitsmittel, Handwerkszeug u. s. w. haben. Ich von meinem Standpunkte aus würde schon heute in der Lage sein, im Wesentlichen seiner Resolution zuzustimmen, wenn nicht in derselben sich eine so außerordentlich stringente Hinweisung auf das americanische Vorbild befände, daß ich in dieser Beziehung noch eine weitere Klärung für nöthig halte.

Ich habe z. B. die Bedenken, die der Professor Sering gegen das americanische Recht namentlich auch in Bezug auf die Verhältnisse zum Hypothekengläubiger erhoben hat, noch nicht vollständig berührt gefunden und glaube, daß jedenfalls die Mehrzahl der Herren im americanischen Recht nicht genau genug orientirt ist, um diese Resolution so einfach acceptiren zu können. Wenn aber aus solchen Gründen eine Ablehnung der Resolution erfolgte, so würde ich das für außerordentlich bedauerlich halten, denn im Grundgedanken stimme ich dem Herrn Referenten vollständigst bei und ich glaube auch, daß das, was er vom allgemeinen juristischen Gesichtspunkte aus vorgetragen hat, andererseits auch Bestrebungen im Sinne des dem Reichstage vorliegenden Heimstättengesetzentwurfs keineswegs ausschließt, sondern daß beides durchaus sich ergänzt und neben einander steht. Deshalb stelle ich diesen Antrag auf Vertagung.

Vorsitzender: Es hat sich jetzt noch zum Wort gemeldet Herr Dr. Harnier.

Rechtsanwalt Dr. **Harnier** (Cassel): Ich würde nur dann ums Wort bitten, wenn wir in der Besprechung der Sache weiter fortfahren; sonst hat es keinen Zweck.

Geh. Justizrath Prof. Dr. **Gierke:** Ich habe ein Hauptargument, das für die Vertagung spricht, als übersehen zu erwähnen. Das ist das, daß unsere beiden ursprünglichen Referenten leider ausgeblieben sind, Herr Geh. Rath Dernburg und Herr Dr. Millanich, daß wir also doch nur die Beleuchtung durch den Herrn Gutachter haben, der so freundlich war, zugleich das Referat zu übernehmen. Ohne dieses Ausbleiben der Referenten würden wir in ganz anderer Weise orientirt sein. Auch das bitte ich in Erwägung zu ziehen. Vielleicht wäre es doch am zweckmäßigsten, wenn zuerst über den Vertagungsantrag abgestimmt würde.

Vorsitzender: Ich eröffne die Discussion über den Antrag auf Vertagung. Ich bitte diejenigen Herren, die hierüber das Wort ergreifen wollen, sich zu melden.

Justizrath Dr. **Makower:** Würde es nicht zweckmäßiger sein, doch in der Debatte fortzufahren und erst dann vielleicht zu vertagen? Denn die Debatte selber ist von Nutzen, sie klärt eben auf.

Vorsitzender: Das verkenne ich nicht und wir haben immer noch einige Zeit, wir können auch jederzeit abbrechen. Ich würde nichts dagegen haben. Wenn Sie auch einverstanden sind, dann würde ich jetzt Herrn Dr. Harnier das Wort ertheilen.

Rechtsanwalt Dr. **Harnier** (Cassel): M. H.! Ich stehe auf dem dem Herrn Referenten entgegengesetzten Standpunkt. Ich kann mich nicht dazu entschließen, eine derartige tief eingreifende Maßregel zu befürworten, und zwar in erster Linie aus einem, wenn ich so sagen darf, gewissen Gerechtigkeitsgefühl. Der Herr Referent beansprucht eine Ausnahmestellung für eine Reihe von Menschen zur Erfüllung einer allgemeinen Pflicht, die einem jeden Menschen obliegt. Der Herr Vorredner hat bereits darauf hingewiesen, daß im Strafgesetzbuch sogar derjenige, der seine Erziehungspflicht nicht erfüllt, mit Strafe bedroht ist. Die Verpflichtung, die Familie zu erhalten und zu erziehen, ist also eine ganz allgemeine, die auch keineswegs an den Besitz von Grundeigenthum geknüpft ist, und thatsächlich ist die große Mehrheit der Menschen in

Deutschland gezwungen, diese Pflicht zu erfüllen, ohne Grundeigenthum zu besitzen. Wenn wir denjenigen, welche Grundeigenthum besitzen, mit Rücksicht auf diese allgemeine Pflicht dieses Grundeigenthum belassen und sagen: Euch kann das nicht genommen werden zur Erfüllung Eurer Erziehungspflicht, was Millionen Anderer gar nicht haben, so scheint mir darin von vornherein eine schwere Beeinträchtigung aller derer zu liegen, die sich dieses Besitzes nicht erfreuen. Meiner Auffassung nach liegt die Sache so, daß geschützt werden muß vor dem Zugriff der Gläubiger die Arbeitskraft des Einzelnen und alles dasjenige, was zur vollen und freien, ungehinderten Ausübung und Entfaltung der Arbeitskraft gehört. Dabei mag man den Katalog etwas weiter oder enger ziehen. Aber darüber hinaus zu sagen, wir beschützen einen doch immerhin nicht unerheblichen Theil des Capitals bloß deshalb, damit du deine Erziehungspflicht erfüllen kannst, das scheint mir von vornherein bedenklich und nicht richtig zu sein. Es kommt aber weiter Folgendes hinzu. Werden denn die Mißstände, die der Herr Brrichterstatter eben aufgeführt hat, durch die vorgeschlagene Regelung überhaupt im Wesentlichen beseitigt oder geheilt? Ich glaube nicht, wenn man nicht gleichzeitig auch die freie vertragsmäßige Veräußerlichkeit und Verpfändbarkeit des Grundeigenthums in dem gleichen Umfang beschränkt, als hier die Zwangsvollstreckung beschränkt werden soll. Davon habe ich in dem Vortrag des Herrn Berichterstatters nichts gehört, ich weiß nicht, wie er dazu steht, ich weiß nicht einmal, ob er daran denkt, auch die Zwangsvollstreckung aus dinglichen Rechten in gewisse Grundstückstheile verbieten zu wollen. Wenn das der Fall wäre, dann würde damit eigentlich das dingliche Recht gegenstandslos, es würde überhaupt keinen Werth mehr besitzen, ob man ein derartiges dingliches Recht besitzt oder nicht. Wenn das der Fall sein soll, dann würde das Bedenken, das ich anregte, allerdings beseitigt, aber andererseits der Eingriff in unsere gesammte Rechtsordnung nur um so schwerer, und ich würde mich um so schwerer dazu entschließen können.

Ein weiterer Gesichtspunkt, der m. E. in der seitherigen Erörterung nicht genügend hervorgehoben ist, ist folgender. Es handelt sich um zwei verschiedene Dinge, einmal um die Beschaffung von Wohnungen, andererseits um die Beschaffung des nothwendigen Unterhalts. Was die Beschaffung der Wohnung betrifft, so hat der Herr Gutachter im Gegensatz zu dem Herrn Berichterstatter ausdrücklich anerkannt, daß ein derartiges Bedürfniß für größere Städte nicht anerkannt werde; über die kleineren Städte hat er meines Wissens in dem Gutachten nichts gesagt und über das flache Land sich nur äußerst vorsichtig und beschränkt dahin ausgesprochen, daß ihm zwar die Verhältnisse auf dem Lande nicht bekannt seien, daß es aber doch in einzelnen Gegenden möglich sein könne, daß es schwer fallen möchte, sich eine Wohnung zu beschaffen. Ich kann auch nur aus der Nähe meiner Heimathstadt urtheilen und kann in dieser Allgemeinheit dem Satze des Herrn Berichterstatters nicht widersprechen.

(Heiterkeit.)

Es mag ja sein, daß es einzelne derartige Gegenden geben kann, wo eine solche Schwierigkeit vorliegt, ich kann mich aber dem nur anschließen, daß sie mir ebenso wenig bekannt sind, wie ihm, und mit Rücksicht auf eine solche bloße Möglichkeit können wir uns einen derartigen Eingriff in die Rechtsordnung ganz unmöglich gefallen lassen.

Was dann die zweite davon unabhängige Frage betrifft, die der Wirthschaftsführung, die Beschaffung des nothwendigen Unterhalts durch Ausübung der Landwirthschaft als eines Berufes, so würde diese Frage allerdings nur auf dem platten Lande in Anwendung kommen, sie würde für die Städte überhaupt wegfallen, während das Vorkommen solcher kleinsten Behausungen, wie sie der Antrag voraussetzt, in den Städten von minimalster Bedeutung sein würde; aber die Fortführung, die Ausübung des Berufs würde lediglich auf dem Lande vorkommen. Aber auch in der Beziehung scheinen mir die Ausführungen nicht voll überzeugend. In dem Gutachten ist sehr hübsch auseinandergesetzt, wie ein jeder Mensch das Recht hat, seine Kenntnisse und Arbeitskraft nach Maßgabe seiner Fähigkeiten zu verwerthen, nicht aber das Recht auf die bestimmte Stellung in seinem Berufe, und es wird gerade auseinandergesetzt, daß es für viele Gegenden durchaus möglich sei, daß auch der Landwirth, der nicht selbständig wirthschaftet, sei es als Inspector, sei es in geringerer Stellung als landwirthschaftlicher Arbeiter seine Thätigkeit als Landwirth voll verwerthe. In unseren Gegenden, wenn ich da aus unserer Erfahrung sprechen darf, ist ganz überwiegend eine vollständige Vermischung der Thätigkeit; wir haben nicht eine derartig bestimmte Abgrenzung des Landwirths, der auf eigene Rechnung arbeitet, und des landwirthschaftlichen Tagelöhners. Die landwirthschaftlichen Tagelöhner sind auch bei uns, ich möchte wohl fast sagen ohne Ausnahme, mit Grundeigenthum angesessen.

(Zuruf: Wo?)

In Kurhessen. Sie bewirthschaften ihr eigenes Grundvermögen, bedienen sich dazu theilweise der Hilfe des größeren Oekonomen und gleichen das dadurch aus, daß sie auch wieder auf den Besitzungen der größeren Oekonomen ihrerseits arbeiten. Und welches Maß von Unterhalt der einzelne Landwirth aus seiner eigenen Wirthschaft bezieht und aus seiner Thätigkeit als landwirthschaftlicher Arbeiter auf fremden Gütern, das zu bestimmen wird in den meisten Fällen einfach unmöglich sein. Aber auch wenn es derartige Gegenden geben sollte, wie sie vorausgesetzt werden, so würde gerade die Auseinandersetzung in dem Gutachten, daß man nur ein Recht auf die Ausübung des Berufs, nicht aber auf seine bestimmte Stellung im Beruf hat, gegen den Antrag sprechen, den der Herr Berichterstatter gestellt hat.

Dann aber möchte ich mir noch auf einen Punkt hinzuweisen erlauben. Es ist in der heutigen Berathung noch mehr als in dem schriftlichen Gutachten mit einer gewissen Leichtfertigkeit über die gesammte Ausführung des gesetzgeberischen Vorschlags weggegangen, da ist immer gesagt, das sind Details, die berühren den Juristentag nicht. M. H., so weit gehe ich nicht. So gern ich damit einverstanden bin, den Juristentag vor jeder Belastung mit unnöthigen Details zu bewahren, so meine ich, müssen wir doch darüber klar sein, ob der Weg, den man einschlagen will, überhaupt zum Ziele führen kann oder nicht; dann können wir sagen, ob wir etwas weiter rechts oder links gehen, das mag der Ausführung überlassen bleiben. Aber hier scheint mir die Ausscheidung sämmtlicher Details und ihre Uebergabe an die Einzellandtage und die Provinziallandtage dafür zu sprechen, daß die Sache so beschaffen ist, daß man sie thatsächlich nicht durchführen kann. Der Herr Gutachter hat in seinem Gutachten auf eine Reihe von Punkten hingewiesen, z. B. auf Bestimmungen über die Größe, über Betriebsänderungen, über Verpachtung, über Ausschluß zu Gunsten einer Reihe von Forderungen u. s. w. Ich glaube, m. H., das sind gerade die Grundlagen für unsere Frage, und wenn wir uns über sie alle mit der allgemeinen Ueberweisung an die Landesgesetzgebung hinwegsetzen, so muthen wir meiner Meinung nach der Landesgesetzgebung oder den von ihr einzuholenden Gutachten der Provinziallandtage ein Maß von Sachverständniß und Kenntniß zu, welches wir unmöglich bei ihnen voraussetzen dürfen und welches wir selbst nicht zu haben erklären, denn sonst würden wir wohl etwas speciellere Vorschläge hier machen.

Ein weiterer sehr gewichtiger Gesichtspunkt scheint mir sodann der zu sein, daß gerade der Weg, den der Herr Berichterstatter sowohl in seinem Gutachten als auch in seinem heutigen Vortrag eingeschlagen hat, dazu führt, eine gefährliche Lücke in das Institut der Rechtseinheit einzuführen, wenn das alles dem Ermessen der Landesregierung und der Ausgestaltung durch die Landesgesetzgebung und sogar durch die Provinzialgesetzgebung überlassen bleiben soll. Dann stehen wir vor der Gefahr, daß, je nach dem, ob die einzelnen Landesregierungen, Provinzialvertretungen u. dgl. Freunde oder Gegner der Anschauung des Herrn Berichterstatters sind, ganz verschiedene bunte Resultate herauskommen können, und das in einem Augenblick, wo wir im Begriff stehen, die letzte Hand an das Bürgerliche Gesetzbuch zu legen. Das scheint mir ein ungerechtfertigtes Vorgehen zu sein.

Der Herr Berichterstatter ist gewiß ein lebhafter Befürworter seines Planes, wenn er trotz des warmen Interesses, das er für die Sache hat, doch nur zu einem wenig befriedigenden Resultat kommt, dann muß man daraus den Schluß ziehen, die Sache ist nicht ausführbar. Für mich ist sie spruchreif, aber im Sinne des Herrn Vorredners, der den zweiten ablehnenden Antrag gestellt hat. Ich verkenne durchaus nicht die gute, wohlmeinende Absicht, die dem Antrag zu Grunde liegt; wenn aber das Gutachten schließlich zu Sätzen kommt, wie sie ungefähr dahin ausgedrückt sind: „unbeschadet der Schnelligkeit, Schneidigkeit und Schärfe der Zwangsvollstreckung müsse nicht nur das Nothwendige, sondern sogar eine anständige würdige Lebenshaltung, ein gewisser Wohlstand dem Schuldner gesichert werden", ja, m. H., das ist die Quadratur des Zirkels und diese wird der Juristentag auch nicht lösen können. Wenn wir eine Beseitigung vorhandener socialer Mißstände auf dem Weg einer gesunden socialen Reform erstreben und daran mitarbeiten wollen, so dürfen wir nicht ein Gesetz machen, welches meiner Meinung nach — ich komme darüber nicht hinaus — die erste Grundlage aller Gerechtigkeit, die Gleichheit vor dem Gesetz, durch einen für mich unmöglichen Eingriff beseitigt.

(Bravo!)

Referent Stadtrath Dr. **Flesch** (Frankfurt a. M.): Ich darf vielleicht ganz kurz auf einige Einwendungen, die gemacht worden sind, eingehen, weil mir gerade daran liegt, die Debatte in derjenigen Richtung zu erhalten, die für die schließliche Ausgestaltung der Sache wichtig ist. Ich danke dem Herrn Geheimrath Gierke für die freundliche Beurtheilung der Sache um so mehr, als ich auch zugeben muß, daß es ein bedauerlicher Mangel ist, daß wir heute lediglich das eine Gutachten hören, während die Herren Referenten verhindert waren, zu erscheinen. Würde aus diesen Gründen eine Aussetzung der Sache beschlossen werden, so würde ich nicht den geringsten Widerspruch erheben. Es kann einer Sache nur förderlich sein, die man für richtig und wichtig hält, wenn sie so eingehend wie möglich berathen wird. Andererseits ist aber gerade dieser Antrag auf Vertagung auf das Lebhafteste bekämpft worden aus Gründen, die mit der Sache zusammenhängen und auf die ich nur ganz kurz eingehen will.

Es ist zunächst gesagt worden, es fehle an allem statistischen Material, um die Begutachtung des Juristentages zu ermöglichen. Aus diesem Grunde würde eine Vertagung nicht nothwendig sein. Die Beibringung des statistischen Materials, die Beibringung der Tabellen, der Schilderung über die Lage der Landwirthschaft und dergleichen ist nicht unsere Sache. Das hat der Verein für Socialpolitik zum Theil schon gethan und jedenfalls dürften wir Richter, Rechtsanwälte u. s. w. nicht diejenigen sein, die die Sachkenntnisse haben, die nothwendig sind, um die Vorbereitungen für diese Statistik zu machen. Gerade um das scharf zu trennen — und wie Sie sehen, bin ich in Uebereinstimmung mit Herrn Geheimrath Gierke —, habe ich nicht, wie mich einer der Herren Vorredner sagen läßt, ausgesprochen, daß die Verhältnisse auf unserem platten Lande derart wären, daß die Einführung von Heimstätten nothwendig seien, sondern ich habe mit größter Vorsicht darauf geachtet, immer zu sagen: wenn die Verhältnisse auf dem flachen Lande die und die sind, dann ist es nothwendig. Ob das aber der Fall ist, das zu entscheiden, kann nicht Sache einer Juristenversammlung sein.

Es ist dann gesagt worden, ich hätte allgemeine Vorschriften über die Constituirung gewisser Grundstücke zu Heimstätten gefordert im Gegensatz dazu, daß das americanische Recht nicht so weit ginge, sondern die Eigenschaft als Heimstätten von einer Eintragung abhängig mache. Das ist eine Detailfrage, aber der Herr Redner hat wohl mein Gutachten nicht vor Augen gehabt. In demselben ist ausdrücklich der Wortlaut eines der bezüglichen Gesetze abgedruckt mit allen Bestimmungen über die Eintragung abgedruckt, die mir also wohl bekannt waren. Da ich bei dem Detail bin, so will ich gleich bemerken, daß das Verhältniß der Heimstätte zur Hypothek meines Erachtens kein so besonders schwieriges sein wird, und zwar namentlich deswegen nicht, weil die Heimstätte begrifflich sich auf einen kleinen Werth beschränkt. Da ist die Gefahr der Ueberlastung mit Hypotheken nicht in dem Grade wesentlich und es sind da die nöthigen Vorkehrungen viel leichter zu treffen. Im Uebrigen wird die hypothekarische Belastung allerdings dadurch erschwert, daß der Gläubiger weiß: ich kann nicht an das Grundstück heran, auch wenn ich keine Zinsen bekomme, muß ich warten, bis der betreffende Eigenthümer, seine Frau und seine Kinder in dem Zustande sind, daß sie auf die Heimstätte keinen Anspruch mehr machen können. Eine Erschwerung des Immobiliarcredits liegt also allerdings vor; aber es fragt sich ja gerade, ob diese Beschränkung nicht nothwendig und heilsam ist.

Was die principielle Einrede anlangt, von der die Rede war, daß man nämlich davon ausgehen müsse, daß es leicht sei, sich Obdach und Unterhalt zu verschaffen, — ja, da möchte ich die verehrten Herren Vorredner bitten, sich einmal auf das Armenamt irgend einer Stadt zu bemühen. Wenn Sie dort auch nur ganz kurze Zeit gearbeitet haben, so werden Sie sehen, daß nichts ungerechtfertigter ist, als jene Voraussetzung, und wenn Sie in die landwirthschaftlichen Berufsgenossenschaften, in die Spruchregister des Bundesamtes für Heimathwesen hineinblicken, so werden Sie sehen, daß allerdings Fälle vorkommen, in denen ein Tagelöhner, der ein kleines Grundstück im Besitz oder vom Eigenthümer gepachtet hat und sich im Uebrigen vom Arbeitslohn nährt, sobald er erst einmal seines Grundstückes beraubt wird, sofort obdachlos und heimathlos wird. Niemand giebt ihm Unterkunft; in keiner Gemeinde wird er geduldet, bis er dann nach zwei Jahren landarm ist und dann freilich aus der größeren Stadt, in die er schließlich gelangt ist, nicht mehr ausgewiesen werden kann, aber auch völlig verwahrlost und heruntergekommen ist. Indem die jetzige Gesetzgebung gerade diese Ausdehnung der Zwangsvollstreckung gestattet, züchtet sie diese Verhältnisse.

Des Weiteren ist es freilich sehr leicht zu sagen: da soll ein solcher Einbruch in das allgemeine Recht gemacht werden, bloß weil Jemand seine Familie zu erziehen hat! M. H., ich weiß überhaupt nichts Wichtigeres für das Gedeihen des ganzen Staates, als die Fürsorge dafür, daß jeder Familienvater im Stande ist, den Seinen eine angemessene, eine aufsteigende Lebenshaltung ermöglichende Erziehung zu geben. Daß unser Recht ihn durch die Nichtbeachtung der ökonomischen Verhältnisse hieran systematisch hindert, ist der schreiendste Mißstand in unseren ganzen Privatrechten. Der Vorschlag, den wir hier machen, hilft diesem Mißstand allein nicht ab, ein Universalmittel giebt es eben nicht. Es hilft aber an einem Punkte, und diejenigen, die diesen Entwurf befürworten, werden gewiß keine Gegner der anderen Mittel sein.

Es ist weiter ein Mißverständniß hereingekommen. Es hat der letzte Herr Vorredner gesagt, ich hätte erklärt, für große Städte sei dieses ganze Heimathstättenrecht nicht nothwendig, weil es da überall leicht möglich sei, Wohnung zu bekommen. Das ist ein Mißverständniß. Ich bemühe mich gerade seit Jahren, darauf hinzuweisen, daß in allen größeren Städten die Wohnungsnoth aus inneren Gründen chronisch ist, daß in großen Städten für die gesammten unteren Classen fortwährend Wohnungsnoth besteht. Aber bei den gesteigerten Grundpreisen in großen Städten sind die Heimstätten nicht das geeignete Mittel, hier einzugreifen, und nur dies habe ich behauptet, nicht aber, daß sie nicht nothwendig, d. h. im Hinblick auf das zu bekämpfende Uebel an sich nutzlos wären.

Was endlich die Lücke im Gebiete der Rechtseinheit angeht, welche durch das Ueberlassen der Einzelbestimmungen an die Provinziallandtage u. s. w. geschaffen würde: M. H., ich habe die Rechtseinheit nie so verstanden, daß in jeder Provinz ganz dasselbe gilt; das wäre der Tod jeder gesunden Entwickelung der provinziellen Verhältnisse. Die volkswirthschaftliche Entwicklung der Schweiz ist nicht dadurch gefährdet, daß in verschiedenen Cantonen verschiedenes Recht gilt; das ist unbequem für den Richter, aber das Publicum findet sich im Allgemeinen leicht hinein, und besonders bei dieser Frage, die sich lediglich beschäftigt mit den Vermögensverhältnissen der kleinen und kleinsten Leute, die internationale und interprovinziale Verbindungen überhaupt nicht anknüpfen, kann man ruhig darüber hinwegsehen. Ich glaube also, m. H., daß diese Einwendung, die gemacht worden ist, wohl nicht stichhaltig ist. Aber der Antrag, der seitens des Herrn Geheimrath Gierke gestellt ist, die Sache zu gründlicherer Prüfung auch durch andere Referenten — denn es ist einmal so, daß der Referent allemal seine eigene Meinung vertritt — an den nächsten Juristentag zu verweisen, erscheint mir angemessen, und ich würde dagegen nichts einzuwenden haben. Wenn dieser Antrag lediglich zur Geschäftsordnung gestellt worden wäre, würde ich darüber gar nicht gesprochen haben.

(Bravo!)

Vorsitzender: Die Debatte ist geschlossen. Ich bringe zunächst den Antrag des Herrn Geh. Rath Gierke zur Abstimmung. Wird derselbe angenommen, so ist Alles erledigt. Sonst würde ich zur Abstimmung über den Antrag Korn übergehen:

> Eine Regelung des Zwangsverkaufs von Grundstücken im Sinne des Heimstättenrechts ist nicht zu empfehlen.

Wird dieser Antrag angenommen, so erledigt sich der Antrag des Herrn Berichterstatters. Wird dieser Antrag aber abgelehnt, so gelangen wir zur Abstimmung über den Antrag des Herrn Referenten:

> Der Erlaß von Vorschriften, welche den Schuldner gegen zwangsweise Entziehung desjenigen Grundbesitzes schützen, dessen er nach den obwaltenden örtlichen Verhältnissen zur Sicherung eines Obdachs für sich und seine Angehörigen oder zur Verwerthung seiner Arbeitskraft bedarf, erscheint principiell gerechtfertigt. Ob die Voraussetzungen zum Erlasse solcher Vorschriften vorliegen, kann nur nach den localen Verhältnissen einzelner

Gegenden entschieden werden. Die Reichs- oder Landesgesetzgebung hat sich daher auf den Erlaß von Normativbestimmungen zu beschränken, für deren Inhalt sich die Bestimmungen der nordamericanischen home-stead-laws als geeignetes Vorbild empfehlen.

Der Antrag Gierke wird darauf mit großer Mehrheit angenommen und der Referent Dr. Flesch mit der Berichterstattung im Plenum betraut.

(Schluß der Sitzung: 10 Uhr 15 Min.)

Erste Sitzung der zweiten Abtheilung
Dienstag, den 10. September 1895.

(Beginn: Vormittags 11 Uhr.)

Die erste Sitzung der zweiten Abtheilung wird durch das Mitglied der ständigen Deputation Geh. Justizrath Prof. Dr. **Brunner**-Berlin mit dem Vorschlag eröffnet, den Oberlandesgerichtspräsidenten **Becker**-Oldenburg, welcher schon seit einer Reihe von Jahren der zweiten Abtheilung präsidirt habe, wieder zum Vorsitzenden zu wählen. Dieser Vorschlag findet die Zustimmung der Versammlung.

Oberlandesgerichts-Präsident **Becker**-Oldenburg den Vorsitz übernehmend: Ich nehme die Wahl dankend an, m. H., und hoffe der damit auferlegten Pflicht trotz Unwohlseins einigermaßen genügen zu können. Für den Fall meiner Verhinderung wird Herr Landgerichts-Präsident Thomsen aus Münster die Güte haben, mich zu vertreten.

Als Schriftführer wird von mir Herr Richter Seibert-Bremerhaven in Vorschlag gebracht. Wollen Sie die Güte haben, hier Platz zu nehmen.

Ich gehe nun über zu dem Stoff, welcher der zweiten Abtheilung vorliegt. Die erste Frage der Abtheilung — die 5. allgemeine Frage —, betreffend die Actiennovelle, wünscht insbesondere Herr Justizrath Levy, der als Gutachter bei der Frage betheiligt ist, vorläufig abgesetzt zu sehen, da er heute in einer anderen Abtheilung als Referent auftreten muß, und bittet mit den 3 seerechtlichen Fragen voranzugehen. Ich schlage vor, die Abtheilung möge das billigen. Ich hoffe, daß wir mit den Seefragen heute fertig werden, und denke, daß wir dann morgen die Actiennovelle berathen können.

Geschäftlich erinnere ich daran, daß der Herr Schriftführer bereit ist, Vorschläge für die Vertrauensmänner, welche die ständige Deputation zu wählen haben, entgegen zu nehmen, damit das Bureau aus den Vorschlägen eine Liste zusammenstellt, die Ihnen morgen bei Beginn der Sitzung zur Genehmigung oder eventuellen Abänderung vorgelegt werden wird.

Nun scheint es mir ziemlich gleichgültig, mit welcher der Fragen aus dem Seerecht wir beginnen. Wenn kein Widerspruch erfolgt, befolge ich die gegebene Reihenfolge. — Herr Dr. Nebelthau wünscht das Wort zur Geschäftsordnung.

Syndicus Dr. **Nebelthau** (Bremen): Darf ich eine Bitte an die Versammlung richten? Ich habe als Correferent über die Frage 7 bezüglich des Lohnanspruchs für Rettung von Menschenleben in Seenoth zu berichten. Ich nehme an, wenn in Aussicht genommen ist, die sämmtlichen Seerechtsfragen heute zu erledigen, daß sich die Verhandlungen länger als bis 1/2 2 Uhr hinziehen werden. Ich bedauere lebhaft, daß ich nicht in der Lage bin, länger als bis 1/2 2 Uhr hier anwesend zu bleiben. Würde es vielleicht den Wünschen der Abtheilung entsprechen, mit der 7. Frage anzufangen? Ich würde sehr darum bitten.

Vorsitzender: Wenn kein Widerspruch erfolgt, so sehe ich nicht ein, warum wir dem Wunsche dieses Herrn, der später verhindert ist, nicht nachkommen wollen, die Verhandlungen mit der 7. Frage einzuleiten:

> Empfiehlt es sich, einen gesetzlichen Lohnanspruch für Rettung von Menschenleben in Seenoth zu gewähren?

Berichterstatter ist Herr Privatdocent Dr. Burchard aus Berlin.

Referent Dr. **Burchard** (Berlin): M. H.! Zu der zur Berathung gestellten Frage liegt als Gutachten eine Abhandlung des Herrn Prof. Dr. Pappenheim in Kiel vor, die bereits im vorigen Jahre in der Goldschmidt'schen Zeitschrift erschienen und jetzt als Gutachten zum Abdruck gelangt ist. Herr Dr. Pappenheim kommt zu dem Resultat, daß es — abweichend von den bisherigen Bestimmungen des Handelsgesetzbuchs, welches nur im Artikel 750 gelegentlich der Vertheilung der den Rettern von Schiff und Ladung zustehenden Vergütung auch den Menschenrettern einen Antheil gewährt — sich empfiehlt, der Rhederei, den Inhabern der betreffenden Schiffe, von denen Menschen gerettet worden sind, eine Verpflichtung zur Zahlung eines angemessenen Betrags aufzuerlegen.

Ich bemerke im Voraus, daß ich diesem Gutachten des Herrn Pappenheim nicht in allen Punkten beitreten kann. Mein Referat wird sich trotzdem naturgemäß mit zwei Fragen beschäftigen müssen, zunächst mit der Frage, ob es sich überhaupt empfiehlt, eine ändernde Bestimmung dahin zu treffen, daß ein gesetzlicher Lohnanspruch bewilligt werde, und für den Fall, daß die hochgeehrte Versammlung principiell diese erste Frage bejahen sollte, auch mit der etwaigen weiteren Frage, in welcher Weise dann ein derartiger Lohnanspruch gesetzlich fixirt werden könnte.

Diese zweite Frage wird mit erörtert werden müssen, weil, glaube ich. die Erörterung derselben zu dem Schluß führen muß, daß die erste Frage zu verneinen ist.

Es treten sich bezüglich der Hauptfrage zwei Auffassungen gegenüber, von denen ich die eine als die idealistische, die andere als die materialistische oder auch als real-idealistische bezeichnen möchte. Letztere, die materialistische ist die, welche Herr Professor Kohler in seiner in den Jhering'schen Jahrbüchern erschienenen Abhandlung über Menschenhilfe im Privatrecht mit großem Eifer vertritt. Er steht auf dem Standpunkt, daß „der Mangel einer Belohnungsrechtspflicht seine höchst mißlichen Seiten hat, daß er den Helfer in der Noth vollständig in die Discretion des Geretteten stellt, daß er es geschehen läßt, daß eine Person, welche eine Fülle von Lebensgenuß der opferfreudigen That eines Anderen verdankt, in ihrem Lebensgefühl schwelgen darf, ohne daß ihr die Rechtsordnung Rechenschaft auferlegt gegenüber jener hochherzigen That, deren Held vielleicht im bittersten Elend schmachtet. Wie man sieht, sagt Kohler, der Idealismus, die Sittlichkeit, welche Alles in das freie Gefühl der Geretteten stellt, schlägt in das Gegentheil um."

Ja, m. H., wenn ich bei diesen Ausführungen Kohler's einen Augenblick stehen bleiben darf, so läßt sich wohl die Frage aufwerfen: Ist denn das Thatsache, was Herr Kohler in so düsteren Farben schildert? Herr Professor Kohler ist, glaube ich, aus dem Gebiete der Realistik etwas in das ihm nahe liegende Gebiet der Phantasie und der Dichtkunst hinübergerathen; ich möchte meinerseits eine derartige Auffassung, wie sie hier vertreten ist, in das Reich der Poesie oder Phantasie verweisen.

Die andere Auffassung, die gerade aus kaufmännischen Kreisen mir mit gleicher Wärme entgegengetreten ist, ist die idealistische Auffassung. — Wir finden in wissenschaftlichen und Professorenkreisen merkwürdiger Weise die materialistische, in den kaufmännischen Kreisen die idealistische Auffassung vertreten. —

Ich hatte mich in Verbindung gesetzt mit dem Verein Hamburger Rheder, mit Herrn Carl Laeiß, dem Vorsitzenden desselben, und dieser hat mir über die Auffassung, die in jenen Kreisen herrscht, durch den Syndicus der Hamburger Handelskammer, Herrn Dr. C. Gütschow, die Antwort zugehen lassen, die hier mitzutheilen ich ausdrücklich ermächtigt worden bin. Da heißt es:

> Die Rettung gefährdeter Mitmenschen ist eine sittliche Pflicht. Der Vorschlag, für ihre Erfüllung einen klagbaren Geldanspruch zu gewähren, entspricht der leider immer mehr um sich greifenden

materialistischen Auffassung und würde auch in der Seeschifffahrt den idealen Zug, der noch immer, wenn auch durch den Dampf sehr abgeschwächt, in ihr vorhanden ist, vernichten.

Zum Glück haben wir noch immer in der Schifffahrt genug Beispiele heldenmüthiger Lebensrettungen unter eigener Lebensgefahr. Es würde eine Beleidigung für den Seemannsstand sein, wollte man seinen Eifer zur Erfüllung dieser Pflicht der Menschlichkeit durch klingende Belohnung verstärken.

Ja, m. H., ich persönlich möchte dieser Auffassung beitreten. Zwar bin ich der Meinung, daß jede Arbeit ihren Lohn haben soll, aber: muß ein derartiger Lohn in klingender Münze bestehen und genügt nicht in außerordentlich vielen Fällen das Bewußtsein, eine hochherzige That gethan zu haben, welches für das Leben weit länger nachwirkt, als ein Geldbetrag, mag derselbe auch einen bedeutenden Umfang erreichen?

Die Frage ist aber weiter die, m. H.: Ist denn überall erforderlich, daß durch einen pecuniären Anreiz etwas geschieht, um die Rettung von Menschenleben im verstärkten Maße herbeizuführen. Ich glaube, m. H., man kann nicht ohne Weiteres die Frage entscheiden, ohne sich die einzelnen Fälle klar zu machen, in denen eine derartige Menschenhilfe erwünscht und erforderlich ist. Man wird nicht ohne Weiteres die Rettung, die von den Küsten unseres deutschen Vaterlandes aus geschieht, gleichstellen können mit einer Rettung, die auf hohem Meer geschieht. Man wird nicht ohne Weiteres eine Rettung, welche gleichzeitig mit Schiff und Ladung erfolgt, und welche dem entsprechend auch eine Belohnung nach den Bestimmungen des Handelsgesetzbuchs mit sich bringt, gleichstellen können mit einer Rettung, welche sich darauf beschränken muß, nur Menschenleben in Sicherheit zu bringen.

Die Zeit zwingt mich, mich kurz zu fassen. Ich glaube, daß in allen denjenigen Fällen, in denen gleichzeitig mit Schiff und Ladung auch Menschenleben gerettet werden, es genug sein sollte an denjenigen Belohnungen, die das Gesetz den Bergern und Hilfeleistenden gewährt, daß es nicht erforderlich ist, nun noch eine gesteigerte Belohnung zuzubilligen, weil gleichzeitig auch Menschen gerettet worden sind. Ich glaube, daß es allerdings eine Beleidigung des Seemannsstandes involviren würde, wenn man ihm zumuthen wollte, daß er zugreifen würde, wenn es sich um die Rettung von Gütern handelte, für welche ein gesetzlicher Lohn bezahlt wird, daß er dagegen achselzuckend zusehen könnte, wie die durch die See gefährdeten Personen rettungslos in das Meer versinken. Ich glaube daher, m. H., daß in allen denjenigen Fällen, in denen thatsächlich auch Schiff und Ladung, das Schiff oder die Ladung gerettet wird, von vornherein von einer Gewährung einer besonderen Belohnung für die Rettung von Menschenleben nicht die Rede sein kann; ich kann auch die Bedenken, die Herr Professor Pappenheim gegen die Fassung des Artikels 750 des Handelsgesetzbuchs geltend gemacht hat, darum nicht theilen, weil ich nicht glaube, daß häufiger Fälle vorkommen, in denen die Person, welche sich ausschließlich der Rettung von Menschenleben unterzogen hat und daher lediglich einen Anspruch auf Theilnahme haben würde, deshalb leer ausgeht, weil durch die Schuld anderer Personen, sei es, daß sie sich aufgedrängt haben, oder daß sie mit den geretteten Gegenständen nicht ehrlich verfahren sind, ein solcher Anspruch verloren geht. Ich habe wenigstens von keinem derartigen Falle gehört und meine, daß die Bestimmungen, die das Handelsgesetzbuch und die Strandungsordnung getroffen haben, ihren Erfolg vollständig darin gefunden haben, daß sie vor den Mißbräuchen, die in früheren Jahrzehnten vorgekommen sind, zurückgeschreckt haben.

Eine andere Frage, meine hochverehrten Herren, ist, wie weit, wenn Menschen allein gerettet sind auf See, ohne daß es möglich war, Schiff und Ladung zu retten, ein Bedürfniß für eine gesetzliche Regelung vorliegt. Es ereignete sich vor einigen Jahren, im Jahre 1889, ein Fall, in welchem der Capitän eines englischen Kauffahrteischiffes „Missouri" 734 Passagiere und Personen der Besatzung des dänischen Auswandererschiffes „Danmark", das sich in Seegefahr befand und seine Reise nicht fortsetzen konnte wegen Untauglichkeit, dadurch vor drohendem sicherem Tode rettete, daß er sie unter Opferung eines Theils der Ladung, die am Bord des „Missouri" sich befand, auf sein eigenes Schiff übernahm. Ja, m. H., nehmen wir an, es sei die Frage aufgeworfen, in welcher Weise wohl eine Entschädigung gegeben werden soll und wem sie zukommen soll — die That des Capitäns ist gewiß sehr anerkennenswerth gewesen, um so mehr, als er sich der Gefahr aussetzte, seinerseits von den Eigenthümern der Ladung, welche er aufgeopfert hatte, persönlich in Anspruch genommen zu werden, da die Rechtsfrage, wie weit die Menschlichkeit auf seine Handlungsweise einen derartig weitgehenden Einfluß ausüben durfte, doch keineswegs ohne Weiteres klar war; aber nun obendrein dem Capitän eine besondere Belohnung zuzubilligen oder den Schiffsleuten, welche dazu geholfen haben, die Personen herüberzunehmen, das würde doch bei dem concreten Sachverhalt bedenklich werden, und wenn wir analoge Bestimmungen des Handelsgesetzbuches anwenden, so würde wohl die Folge gewesen sein, daß bei Aufopferung eines Theils der Ladung eine Theilung des etwa zukommenden Lohnes zwischen dem Rheder des Schiffes, dem Capitän und der Mannschaft hätte stattfinden müssen.

Ich glaube, m. H., daß in solchen Augenblicken keine Person der Mannschaft und auch nicht der Capitän daran gedacht hat, sich in klingender Münze für das bezahlen zu lassen, was geleistet wurde. Schwierig mag es ja sein, in derartigen Fällen, in denen eine so große Anzahl von Personen gerettet ist, die Kosten zu bestreiten, die durch die Verpflegung einer derartigen Anzahl Menschen entsteht. Aber, es giebt im Leben Manches, was nicht vergütet wird, und ich glaube, die großen Rhedereien sind die letzten, welche ihrerseits daran denken, auf ein Recht zu pochen, dessen Verwirklichung nur unter erheblichen Schwierigkeiten und vielleicht auch unter erheblichen Opfern für die davon getroffenen geretteten Menschen erfolgen könnte.

Anders stellt sich die Thätigkeit, welche ausgeübt wird, wenn von der Küste aus Menschenrettungen vorgenommen werden. Es würde mir von großem Interesse sein, wenn ich auch meinerseits Ihnen darüber Näheres hätte mittheilen können, in welcher Weise dank der Thätigkeit der Gesellschaft zur Rettung Schiffbrüchiger heute diese Rettung bewerkstelligt wird, und welche vorzüglichen Maßnahmen der Organisation getroffen sind, um in jeder Weise Hervorragendes zu leisten. Aber das Princip der Arbeitstheilung zwischen mir und dem geehrten Correferenten Herrn Dr. Nebelthau verhindert mich, dies vorzutragen. Er seinerseits wird Ihnen nachher über diese Punkte, die ihm als Generalsecretär der Gesellschaft sehr nahe liegen, ausführlich Bericht erstatten. Eins aber, m. H., darf ich vorwegnehmen: ich glaube, daß die Thätigkeit, welche von den braven Seeleuten und Bewohnern der Seeküste ausgeübt wird, in vollem und genügendem Maße von Seiten der Gesellschaft entgolten wird, und daß in dieser Richtung ein besonderes Bedürfniß nicht vorliegen kann.

Wenn Sie, meine hochverehrten Herren, aber der Meinung sein sollten, daß es immerhin empfehlenswerth sei, Bestimmungen zu treffen, so würde sich ja die Frage aufwerfen lassen, in welcher Weise können solche Bestimmungen getroffen werden, und da liegt es nahe, zunächst einen kurzen Blick auf die Bestimmungen der übrigen Gesetzgebungen zu werfen.

Es ist charakteristisch, daß noch die neueste russische Handelsordnung aus dem Jahre 1887 es ablehnt, irgend welche Belohnungen für die Rettung von Menschenleben zu bewilligen. Wie die alte Handelsordnung aus dem Ende des vorigen Jahrhunderts, so steht auch die gegenwärtige russische Handelsordnung auf dem Standpunkt, den sie in Art. 505 dahin vertritt nach der Uebersetzung von Zwingmann:

> Die Rettung der Menschen, desgleichen der Habe der Schiffsmannschaft oder der Passagiere und der Schiffsprovision muß

unentgeltlich einzig aus Mitleid und Menschenliebe für den untersinkenden Nächsten geschehen. Falls aber dabei besonders mannhafte Thaten vollbracht sind, so haben dieserhalb in Betreff der Zollbediensteten die Chefs der Zollbezirke dem Finanzminister, in Betreff der Uebrigen aber die Gouverneure dem Minister des Innern vorzustellen, welche sich ihrerseits für die Belohnung derjenigen verwenden, welche sich bei der Rettung von Menschen und ihrer Habe ausgezeichnet haben.

Sie, m. H., sehen daraus, daß principiell der Standpunkt vertreten wird, es ist Nächstenpflicht zu retten, wo Menschen gerettet werden müssen, daß aber daneben auch Anerkennungen zugebilligt werden, auf die indessen nicht ein civilrechtlicher Anspruch besteht, sondern welche von den Behörden in der Weise festgesetzt werden, wie es ihnen gut scheint.

In Holland sind, als das gegenwärtig noch geltende Wetboek van Koophandel berathen wurde, auch darüber Verhandlungen geführt worden, ob es sich empfehle, nicht auch für die Rettung von Menschenleben Bestimmungen in das Gesetz aufzunehmen, und auch hier ist geltend gemacht worden, daß hierfür eine Bewilligung nicht stattfinden könne, daß es vielmehr lediglich Sache der Nächstenpflicht sei, dasjenige, was im Interesse der Rettung geschehen sei, auszuführen. Man hat darauf hingewiesen, daß die Menschenleben nicht in gleicher Weise behandelt werden können, wie die Güter, und dies, m. H., ist wohl der Hauptgesichtspunkt, aus dem es geradezu unmöglich erscheint, feste Bestimmungen zu treffen.

Will man für die Rettung des Wohlhabenden mehr in Aussicht stellen, als für die Rettung des Unbemittelten? Ich glaube nicht, daß irgend Jemand sich finden wird, welcher einen derartigen Standpunkt vertritt. Im Augenblick, wo das Schiff im Sinken ist, und die Mannschaft und die Passagiere das Schiff verlassen müssen, wo sich alle Angesichts des Todes befinden, sind wie im Tode alle gleich und gewiß kann man ein Menschenleben nicht höher schätzen, als das andere. Man würde also dahin kommen müssen, daß man alle Menschenleben gleich bewerthet, und sofern man dazu gelangen sollte, die einzelnen geretteten Personen ihrerseits einen Beitrag leisten zu lassen, so würde die Folge davon sein, daß der gleiche Betrag den Einen in weit größerem Maße treffen würde, als den Andern. Vor allen Dingen aber kommt eins hinzu: Wie soll ein derartiger Anspruch gegen die gerettete Person praktisch geltend gemacht werden?

Gewiß, m. H., wenn genügende Effecten gerettet werden, wenn Geld und Geldeswerth in größerem Umfange, als zur Befriedigung momentaner Bedürfnisse erforderlich ist, bei den geretteten Personen vorgefunden werden, läßt sich sehr wohl ein Anspruch construiren und verfolgen, nach welchem ein entsprechender Beitrag gezahlt wird. Wenn aber nichts oder nicht Genügendes vorgefunden wird, was kann da geschehen? Da würde nichts übrig bleiben, als die Retter auf den Weg des Civilverfahrens zu verweisen, und was das bedeutet, wenn vielleicht im Auslande ein derartiger Anspruch verfolgt werden muß, darüber brauche ich hier nicht viel zu sagen. Die erste Voraussetzung für den Anspruch im fremden Lande würde immerhin voraussichtlich die sein, daß dort im fremden Lande der Anspruch gesetzlich anerkannt wird. Wo das nicht der Fall ist, wo eben die Auffassung herrscht, daß es contra bonos mores ist, für Rettung von Menschenleben eine Entschädigung oder Belohnung zu verlangen, da würden alle übrigen Voraussetzungen, wenn sie zutreffen, doch nichts helfen für den Rettenden, und dazu, etwa eine Personalexecution in der Weise vorzunehmen, daß die geretteten Personen zurückgehalten werden, bis sie genügendes Geld anschaffen, dazu möchte doch gewiß Niemand rathen. Wenn, m. H., ein derartiger Anspruch wirklich anerkannt werden sollte, wo bleibt da die Möglichkeit, ohne Weiteres und ohne große Schwierigkeiten die näheren Umstände festzustellen, unter welchen eine Rettung erfolgt ist, und einen angemessenen Betrag zu finden, der etwa festgesetzt werden könnte?

Ich gebe zu, m. H., daß bei der Festsetzung des Berge- und Hilfslohnes gleiche und ähnliche Schwierigkeiten entstehen können; aber dort handelt es sich um bestimmte Güter, die ohne Weiteres geschätzt werden können. Will man jedoch eine Art Vermögenssteuer in Vorschlag bringen, wie dies Kohler thut, so bleibt auch nichts Anderes übrig, als die Vermögensbeziehungen der einzelnen Personen festzustellen, und wenn man in derartige Details hineingreifen will, würde man endlose Processe mit den allererheblichsten Kosten verbunden bekommen, und die Lebensretter laufen schließlich Gefahr, anstatt etwas zu erhalten, erhebliche Beiträge für die von ihnen vorgenommene Lebensrettung selbst bezahlen zu müssen.

Wenn Sie, meine hochgeehrten Herren, nun dem Beispiele des englischen Gesetzes folgen wollten, so würde auch darin meines Ermessens eine Ungerechtigkeit liegen. Das englische Recht hat verschiedene gesetzliche Bestimmungen, zunächst in der Merchant Shipping Act von 1854, dann in weiteren Ergänzungsgesetzen, deren Bestimmungen in die neueste Redaction der Merchant Shipping Act von 1894 aufgenommen sind. Nach diesen Bestimmungen ist der Rheder verpflichtet, einen angemessenen Betrag — reasonable amount — zu zahlen für die Rettung von Menschenleben, und zwar in verschiedener Weise: wenn die Rettung innerhalb der englischen Küstengewässer geschehen ist oder wenn von einem englischen Schiffe Menschen gerettet sind, oder wenn sonst auf hoher See Menschen und zwar von englischen Rettern gerettet sind; wir finden den ausdrücklichen Fall noch vorgesehen, daß eine auswärtige Regierung den Antrag stellt, daß die Belohung durch die englischen Gerichte und Behörden festgesetzt werden möchte. Das englische Recht bestimmt, daß dieser Anspruch, der als „life salvage" bezeichnet wird, allen anderen Ansprüchen vorangehen soll und daß, wenn die vorhandenen Mittel unzulänglich sind, aus einem vorhandenen Fonds, den Mercantile Marine fund, den der Board of Trade zn verwalten hat, entsprechende Beträge festgesetzt und bezahlt werden sollen.

Diese Festsetzung des englischen Rechts hat sich nun allerdings eines gewissen Beifalls bei einigen Schriftstellern zu erfreuen gehabt, und auch der verehrte Herr Professor Pappenheim tritt in seinem Gutachten diesen Festsetzungen bei. Eine eingehende Abhandlung über Bergung ist in den sechziger Jahren, als die älteren Bestimmungen, die ja fast gleichlautend sind, getroffen wurden, von dem Holländer Brugmans erschienen. Aber, m. H., wie kommt der zu seinem Beifall? Es ist eine etwas eigenthümliche Begründung, die er vorträgt.

Brugmans sagt:

> Eigentlich ist es ungerecht, daß der Staat durch seine Gesetzgebung festsetzt, daß eine Quote von Schiff und Ladung — ob nun als Quote oder in einem bestimmten Geldbetrag ist gleichgültig — den Rettern gewährt wird.

Brugmans führt aus:

> Es ist nicht mehr als eine Art Expropriation, zu welcher der Staat nur kraft seines staatlichen Hoheitsrechtes befugt ist.

Und dann fährt er fort:

> Wenn man dem Staate dieses Recht zubilligen will, dem Retter einen der Ladung und dem Schiffe entsprechenden Betrag zu gewähren, also aus fremder Tasche für die Rettung Zahlung zu leisten, dann muß man auch dahin kommen, dem Staate ein weitergehendes Recht zu gewähren: daß er auch für Rettung von Menschen — Passagieren und Mannschaften — den Rheder mit den entsprechenden Beträgen belastet.

Das ist eine Auffassung, die, glaube ich, nicht richtig ist, denn die erste Prämisse trifft nicht zu.

Wenn Güter, Ladung und Schiff gerettet werden, so ist allerdings genügende Veranlassung dafür da, einen entsprechenden Lohn zu bezahlen, und es kann sich höchstens darum handeln, daß der Staat durch seine Gesetzgebung die Grenzen vorschreibt und den Umfang, innerhalb welcher eine derartige Belohnung gewährt wird. Da sind aber doch die Leistungen dem Schiff und der Ladung zu Nutzen gekommen. Mit welchem Rechte aber könnte man dann die Ladung dafür verantwortlich machen, daß Menschen gleichzeitig mitgerettet sind? Das würde höchstens auf Grund des Hoheitsrechtes des Staates sein, der schließlich Alles durch seine gesetzlichen Organe feststellen kann. Und was die Leistungen des Rheders anlangt, so scheint auch das mir zweifelhaft zu sein, woraus man diese Berechtigung herleiten will. Gewiß war ja an sich der Rheder verpflichtet, den Transport der Personen, sei es der Passagiere, sei es der Mannschaft, vorzunehmen und auch das Sonstige zu thun für die Schiffsmannschaft, aber in dem Augenblick, wo das Schiff gefährdet ist, wo das Schiff verloren ist, ist eben der Rheder zu außerordentlichen Aufwendungen nach der allgemeinen Auffassung des Handelsgesetzbuchs nicht weiter verpflichtet. Es läßt sich meiner Ansicht nach nicht construiren, wie der Rheder dazu kommen soll, an die Retter von Menschenleben seinerseits Beiträge zu leisten.

Wenn nun aber, m. H., weiter die Frage aufgeworfen wird: wie wird dann gesorgt für diejenigen Opfer, welche sich der Gefahr aussetzen, ihr Leben zu verlieren dabei, daß sie für andere Menschen einspringen und deren Leben zu retten versuchen? so darf ich doch auf eine Bestimmung hinweisen, welche sich in dem Reichsgesetze, betreffend die Unfallversicherung der Seeleute und anderer bei der Seeschifffahrt betheiligten Personen vom 13. Juli 1887 findet. Da wird ausdrücklich eine Versicherung getroffen gegen die Folgen, welche diejenigen Personen treffen, die bei inländischen Betrieben für die Rettung oder Bergung von Personen beschäftigt sind. Es ist dies auch weiter noch ausgedehnt. Es sind die Berufsgenossenschaften berechtigt, ihrerseits aus den vorhandenen Fonds Prämien zu gewähren für die Rettung Verunglückter und für die Abwendung von Unglücksfällen, wie es in § 18 Absatz 2 heißt. Wir haben dort also eine gesetzliche Instanz, welche ermächtigt ist, aus den Beiträgen der Berufsgenossen Gelder aufzuwenden, um das Retten zu bewerkstelligen.

Es wird dann weiter in umfangreicher Weise für die Hinterbliebenen derjenigen gesorgt, welche bei der Ausführung des Rettungsdienstes um's Leben kommen, für die Betreffenden selbst, sofern sie sich dabei Beschädigungen oder Erkrankungen zuziehen. Ich glaube, in ausreichenderer Weise, als es durch die Versicherungsgesetzgebung geschehen ist, würde auch ein etwaiges anderes Civilgesetz keine anderen Vorkehrungen treffen können.

Meine Meinung, verehrte Herren, ist, daß vom idealistischen Standpunkt, von dem Standpunkt aus, welcher auch Werke freier Nächstenliebe anerkennt, ohne dafür Belohnung zu verlangen, es sich mehr empfiehlt, Abstand davon zu nehmen, daß man bestimmte gesetzliche Vorschriften als solche trifft. Ich glaube, daß in unserer heutigen Zeit das Band zwischen den Besitzenden und Besitzlosen dadurch nur verstärkt werden kann, wenn man den Besitzlosen oder den weniger Besitzenden die Möglichkeit gewährt, auch für die Besitzenden ein Opfer zu bringen und auf diese Weise sich ihren Dank zu verdienen.

Ich fürchte, meine hochverehrten Herren, daß, wenn das Gesetz Bestimmungen trifft, in welcher Weise der Dankbarkeitspflicht von Seiten der Geretteten Genüge geschehen muß, es dann leicht bei der gesetzlich fixirten Dankbarkeitspflicht sein Bewenden hat; ich fürchte, daß, während sonst vielleicht in wesentlich liberalerer Weise eine Vergütung gewährt wird von denjenigen, die dazu in der Lage sind, nunmehr sich die Vergütung auf das beschränkt, was im Gesetze vorgeschrieben ist, daß eine gesetzliche Bestimmung derart nachtheilige Folgen haben kann sowohl für diejenigen, die gerettet haben, weil sie weniger erhalten, als sie sonst bekommen haben würden, als auch für diejenigen, welche gerettet sind, weil sie die Pflicht der Dankbarkeit über die gesetzlichen Bestimmungen vergessen können.

Welche Bestimmungen aber könnte man treffen und in welchem Umfange, wenn man doch auf dem Standpunkt steht, es muß in anderer Weise, als bisher geschehen, für die Menschenretter gesetzliche Hülfe geschaffen werden? Es ist außerordentlich schwierig, für alle Fälle Bestimmungen zu treffen, weil die einzelnen Umstände, unter welchen solche Rettungen sich vollziehen, in gleicher Mannigfaltigkeit sich darstellen, wie bei der Rettung von Gütern, von Schiff und Ladung. Es würde kaum einen Maßstab geben, welcher gesetzt werden könnte, und es würde schließlich alles in das richterliche Ermessen gestellt werden müssen.

Daß in solchen Fällen in England recht erhebliche Beträge zugebilligt werden, ergiebt sich aus den Zahlen, welche Abbot mittheilt, wo bei einem Wert der geretteten Objecte von 4132 Pfund Sterling allein ein Beitrag von 1180 Pfund für diejenigen bewilligt worden ist, die Menschen gerettet haben, während nur 480 Pfund Sterling für diejenigen gegeben wurden, welche in gleicher Gefahr das Schiff und die Ladung in Sicherheit gebracht haben. Ja, m. H., wir sind allerdings daran gewöhnt, daß die Engländer mit großen Zahlen operiren, aber ein derartiges englisches Beispiel nachzuahmen, ist doch gewiß nicht absolut nothwendig, und wenn, wie ich glaube, die Skandinavier mit ihren

Rechtsauffassungen uns ebenso nahe stehen, so ist interessant, daß trotz der Anregung, die durch das deutsche Handelsgesetzbuch gegeben war, es ausdrücklich abgelehnt worden ist, in die skandinavische Seegesetzgebung eine entsprechende Bestimmung über die Theilnahme der Menschenretter aufzunehmen.

Ich möchte den Antrag dahin stellen:

> Der deutsche Juristentag wolle aussprechen, daß es sich nicht empfiehlt, einen gesetzlichen Lohnanspruch für die Rettung von Menschenleben in Seenoth zu bewilligen.

Eine andere Frage ist die, wie weit nicht da, wo eine Vergütung von Seiten der Gesellschaft zur Rettung Schiffbrüchiger nicht erfolgt, etwa in concreten Fällen, die sich dazu eignen, aus Staatsmitteln eine Belohnung erfolgen könnte, und zwar müßte man sich da auf den höheren internationalen Standpunkt stellen, daß, wo überhaupt deutsches Interesse in Betracht kommt, sei es, daß ein deutsches Schiff gerettet wird, sei es, daß Deutsche gerettet werden, sei es, daß Deutsche Retter sind, eine Vergütung gewährt wird. Soweit fremde Interessen in Betracht kommen, kann das entweder dadurch einen Ausgleich finden, daß alle Staaten in die gleiche Lage kommen können, oder man könnte im Wege internationaler Vereinbarung dahin gelangen, daß für die Rettung anderer Staatsangehöriger von Seiten des betreffenden Staats, der an der Erhaltung derselben zunächst interessirt ist, das Gleiche geleistet wird. Den Weg aber, daß man zunächst vielleicht den Rheder dazu anhält, Beiträge zu leisten, und es ihm überläßt, von dem betreffenden Staat den Betrag wieder einzuziehen, den Herr Prof. Pappenheim empfiehlt, wird man, glaube ich, füglich nicht betreten können. Will man einen dinglichen Schutz für diesen Anspruch gewähren, so würde wiederum nichts übrig bleiben, als daß das Schiff zurückgehalten wird, bis Sicherheit für die Beträge geleistet wird, die der Rheder mit dem Schiff zu leisten hat, und, ehe eine gerichtliche Entscheidung ergangen ist, fehlt es sehr leicht an jedem Maßstab darüber, welcher Betrag bezahlt werden müßte. Die Folge davon würde sein können, daß der Rheder, der sich nicht in der Lage sieht, seinerseits entsprechende Beträge zu leisten, darauf verzichtet, das Schiff auszulösen, und daß es zum zwangsweisen Verkauf kommt. Man hat leicht sagen, „warum hast du kein Geld, warum löst du dein Schiff nicht ein? Wenn auch der Betrag, der aus dem Zwangsverkauf gelöst ist, zur Bezahlung der geschuldeten Beträge genügt und ersetzt wird, so kann der Verlust, der aus dem Verkauf des Schiffes sich ergiebt, nicht mit vergütet werden.“ Ich glaube, es würde solches Verfahren zu Weitläufigkeiten und zu einer erheblichen Belastung der Rheder führen.

Ich komme zum Schluß. Ist denn wirklich aus denjenigen Kreisen, die in erster Linie daran interessirt sind, welche darauf angewiesen sind, Menschenleben zu retten, also der Seeleute an der deutschen Seeküste, irgend ein Ruf an das deutsche Volk dahin ergangen: „wir werden immer in Anspruch genommen, Menschenleben zu retten, wir bekommen dafür nicht genügend bezahlt?" Ich habe von einem derartigen Ruf nichts gehört. Ich glaube nicht, daß es Sache des deutschen Juristentages ist, Wohlthaten da anzubieten, wo sie nicht gewünscht werden, und ich glaube, daß der Satz: beneficia non obtruduntur, welcher allerdings sich zunächst auf eine Zurückweisung angebotener Wohlthaten bezieht, auch hier durchschlagend ist, und daß Mangels eines ausgesprochenen Bedürfnisses die Frage einer gesetzlichen Regelung nicht in Betracht kommen kann.

(Bravo!)

Correferent Dr. **Nebelthau** (Bremen): Meine geehrten Herren! Als zu Anfang dieses Jahres unter den Bremischen Juristen Umschau nach Referenten über die vom Juristentag zu erörternden Fragen gehalten wurde, da glaubten wohlmeinende Freunde, daß mich mein Amt als Schriftführer der Deutschen Gesellschaft zur Rettung Schiffbrüchiger befähige, über die Frage zu referiren, ob es sich empfehle, einen gesetzlichen Lohnanspruch für die Rettung von Menschenleben in Seenoth einzuführen. Diesen Glauben wollte ich wenigstens ehrlich versuchen, zu rechtfertigen; ich kam aber bald zu der Ansicht, daß es mir nicht möglich sein werde, als Referent über diese Frage vor Ihnen aufzutreten. Je länger ich mich mit dieser Frage beschäftigte, desto mehr drängte sich mir die Ueberzeugung auf, daß zu ihrer Beleuchtung von allen Seiten die Darstellung gehöre, in wie weit schon jetzt in Deutschland Rettungen von Menschenleben belohnt werden. Ich bin der ständigen Deputation sehr dankbar dafür, daß sie mir gestattet hat, mich auf diese Darstellung zu beschränken, und Ihnen als Correferent einiges über die Deutsche Gesellschaft zur Rettung Schiffbrüchiger mitzutheilen. Da es sich dabei um rein thatsächliche Mittheilungen handelt, so habe ich mir gestattet, Ihnen dieselben zugleich gedruckt zu überreichen, in der Annahme, daß Ihnen dadurch die Beurtheilung erleichtert wird.

Ich habe meine Mittheilungen in drei Abschnitte eingetheilt: 1. die Verfassung der Deutschen Gesellschaft zur Rettung Schiffbrüchiger, 2. den Stand und die Wirksamkeit der Gesellschaft und 3. die Belohnungen und die Fürsorge für die Rettungsmannschaften und ihre Hinterbliebenen.

Der erste Abschnitt ist zu Ihrer Orientirung insofern geeignet, als Sie daraus entnehmen können, was eigentlich die Gesellschaft für eine Aufgabe hat, wie die Mitgliedschaft erworben wird, wie es um ihr Finanzwesen steht, wer ihre Organe sind, wie besonders ihre Thätigkeit an den Küsten sich abspielt, und als ich endlich nicht unerwähnt lassen wollte, daß die Gesellschaft sich des Protectorats Seiner Majestät des Kaisers und des Ehrenpräsidiums S. Kgl. Hoheit des Prinzen Heinrich von Preußen erfreut.

Im 2. Abschnitt ist Folgendes ausgeführt:

Die Gesellschaft bestand am 31. März d. J. aus 49 528 Mitgliedern und hatte 2334 Stiftungsbeiträge zu verzeichnen. Die Mitglieder vertheilten sich auf 59 Bezirksvereine, worunter 24 Küstenbezirksvereine, und 288 Vertreterschaften.

Die Zahl der Rettungsstationen betrug 115. Davon befanden sich 71 an der Ostsee, 44 an der Nordsee. 51 von ihnen waren mit Boot und Raketenapparat ausgerüstete Doppelstationen, 48 Boots- und 16 Raketenstationen.

Für die Errichtung dieser Stationen waren bis zum 1. April d. J. ausgegeben worden Mark 1 338 554,85, während im Ganzen Mark 3 951 941,16 ausgegeben und Mark 5 469 009,50 eingenommen worden waren.

Das Vermögen der Gesellschaft belief sich am 1. April d. J. auf Mark 1 701 256,29.

Die Abrechnung über das letzte Rechnungsjahr beglich sich in Einnahme und Ausgabe mit Mark 264 736,74.

Nach meiner Ansicht gehört zur Beurtheilung der Verhältnisse auch eine kurze Darstellung der Rettungsfälle:

Nach den bis zum 1. Januar d. J. beim Vorstande eingegangenen Meldungen über Seeunfälle an den deutschen Küsten waren 2159 Schiffe mit 11 737 Personen verunglückt. Von diesen gefährdeten Personen waren nachweislich gerettet 10 790 = 91,93 pCt., nachweislich umgekommen 947 = 8,07 pCt.

Es hatten sich durch eigene Hilfe gerettet: 4399 Personen = 40,77 pCt. Durch andere Schiffe waren gerettet worden 2319 Personen = 21,48 pCt., durch Privathilfe vom Lande aus 1891 Personen = 17,53 pCt. und durch Stationen der Deutschen Gesellschaft zur Rettung Schiffbrüchiger 2181 Personen = 20,22 pCt.

Von diesen waren wiederum 1870 Personen = 85,74 pCt. durch Rettungsboote, 311 Personen = 14,26 pCt. durch Raketenapparate gerettet worden.

Die Rettungsstationen hatten bis zum 1. Januar d. J. 764 Rettungsversuche unternommen. Davon waren erfolglos gewesen 366, erfolgreich 398. Von diesen waren 329 mit Booten, 69 mit Raketenapparaten ausgeführt worden.

Die Gesellschaft verfügt über eine Rettungsmannschaft von reichlich 1000 Personen, die zum festen Dienst oder als Ersatzleute eingeschrieben und auf die Erfüllung der durch die Einschreibung übernommenen Obliegenheiten verpflichtet worden sind.

Die unmittelbare Aufsicht über die Böte, Rettungsgeräthe und Baulichkeiten an den Stationen führt ein Vormann, der sich der Gesellschaft vertragsmäßig verpflichtet hat und ein festes Gehalt bezieht.

Von den Bootsstationen aus müssen jährlich mindestens 4 Uebungsfahrten gemacht werden, im ersten Jahre der Stationsgründung sogar mindestens acht; die Raketenstationen müssen von Zeit zu Zeit Uebungen anstellen.

Jedes Mal, wenn das Rettungsboot in See, oder der Raketenapparat in Dienst gewesen ist, um Menschenleben zu retten, erhält der Vormann und jeder Mann der Besatzung oder der Bedienungsmannschaft 3 Mk., wenn die Fahrt oder der Dienst bei Tage, und 6 Mk. bezw. 5 Mk., wenn sie zur Nachtzeit stattgefunden haben. Thatsächlich werden indessen für Rettungsfahrten zur Nachtzeit niemals weniger als 12 Mk. bezahlt. Für eine Uebung mit dem Boot erhält jeder Mann 3 Mk., für eine Uebung mit dem Raketenapparat 2 Mk.

Was nun die Belohnung und Fürsorge für die Rettungsmannschaften und ihre Hinterbliebenen anlangt, so gelten folgende Grundsätze:

Für jedes in den deutschen Küstengewässern aus wirklicher Seegefahr gerettete Menschenleben, gleichviel, ob die Rettung durch Rettungsgeräthe der Gesellschaft oder auf andere Weise geschehen ist, zahlt die Gesellschaft eine Prämie.

Die Prämien bestehen in Geld und goldenen oder silbernen Medaillen.

Bis zum Jahre 1874 betrug die Prämie für die Rettung Schiffbrüchiger aus wirklicher Seegefahr, die lebend gelandet wurden, 5 Thaler pro Kopf. In diesem Jahre erhöhte der Gesellschaftsausschuß sie auf 20 Mk. pro Kopf.

Eine Geldbelohnung erhält außerdem, wer die erste Nachricht von einem Wrack oder Schiff in Seenoth dem Vormann einer Rettungsstation oder einem Mitgliede des Ortsausschusses überbringt, unter dessen Aufsicht eine Rettungsstation sich befindet.

Die Gesellschaft behält sich vor, außerordentliche Anstrengungen mit außerordentlichen Prämien zu belohnen (§ 48 der Satzungen).

Alle Belohnungen, die von der Gesellschaft für Rettung von Menschenleben gezahlt werden, sollen ausschließlich den bei der Rettung betheiligten Personen zu Gute kommen und gleichmäßig unter sie vertheilt werden.

In Ausführung des § 48 der Satzungen beschloß der Gesellschaftsausschuß:

im Jahre 1869, den Vorstand zu ermächtigen, die Prämie für Rettung von Menschen in geeigneten Fällen auch für die Bergung von Leichen auszuzahlen;

im Jahre 1873, fortan regelmäßig auch Besatzungen fremder Schiffe zu prämiiren, die durch actives Eingreifen deutsche Seeleute an den deutschen Küsten gerettet haben;

im Jahre 1868, den Vorstand zu ermächtigen, für Rettungen der Mannschaften deutscher Schiffe, welche außerdeutsche Rettungsstationen vollbracht haben, sowie für Rettungen, welche außerhalb der deutschen Küstengewässer von deutschen Schiffen aus geschehen sind, Ehrengaben in Gestalt von Diplomen oder Medaillen zu vertheilen;

im Jahre 1892, neben oder anstatt dieser Diplome und Medaillen Geldbelohnungen in einer Höhe von 20 bis zu 100 Mark auf den Kopf der bei der Rettung unmittelbar mitwirkenden Personen zu vertheilen.

In der Begründung dieses Beschlusses wird ausgeführt, daß die Höhe der Belohnungen sich nach den Umständen des Falls, in erster Linie nach dem Maße der mit der Rettung verbundenen Anstrengung und Gefahr bestimmen müsse; daneben werde die Zahl der geretteten Personen in Rücksicht zu ziehen sein. Man sei überzeugt, daß durch die regelmäßige Prämiirung von Rettungen, wie sie hier in Frage ständen, die deutschen Seeleute eine erneute Anregung erhalten würden, auch in fremden Gewässern durch aufopfernde Rettungsthaten den deutschen Namen zu ehren.

Bis in das Jahr 1892 hinein bestand in Hamburg neben der Deutschen Gesellschaft zur Rettung Schiffbrüchiger der Verein zur Rettung Schiffbrüchiger auf hoher See. Dieser überwies am 29. Mai 1892 der Deutschen Gesellschaft zur Rettung Schiffbrüchiger ein Capital von ca. 77 000 Mark mit der Bestimmung, daß dies Geld sowie seine etwaigen Vermehrungen unter dem Namen Laeisz-Stiftung der Deutschen Gesellschaft zur Rettung Schiffbrüchiger als eiserner Fonds zu verwalten und die Aufkünfte zur Prämiirung von Rettungen auf hoher See durch Vertheilung von Diplomen, Medaillen oder Geld an Offiziere und Mannschaften deutscher Schiffe unter Bezeichnung der genannten Stiftung zu verwenden seien. Die aus der Laeisz-Stiftung zu gewährenden Geldbelohnungen sollen ebenfalls 20 bis 100 Mark für jede an der Rettung unmittelbar betheiligte Person betragen.

Im Jahre 1893 beschloß der Gesellschaftsausschuß, die Prämie für jedes durch Boote der Gesellschaft gerettete Menschenleben auf 30 bis 60 Mark zu bemessen.

Bis zum 1. Januar d. J. hatte die Gesellschaft Geldbelohnungen im Betrage von 84 490,80 Mark vertheilt. Aus der Laeisz-Stiftung waren bis zu diesem Tage 5120,80 Mark verausgabt worden.

Die Besatzung der Rettungsfahrzeuge, 660 Mann, ist gegen Tod im Rettungsdienste oder bei den zur Ausbildung der Mannschaft unternommenen Uebungsfahrten zum Betrage von 1 650 000 versichert. Für jeden im Rettungsdienste oder bei den Uebungsfahrten zu Tode gekommenen Mann erhält die Gesellschaft 2599 Mk. bezahlt, die den Hinterbliebenen des Verunglückten zugewendet werden.

„Gerade diese Versicherung," so führte der Vorstand gelegentlich des Antrages auf Erneuerung der Lebensversicherung im Jahre 1888 aus, „hat im hohen Maße dazu beigetragen, die Mannschaften in Rettungsfällen zu entschlossenem, kühnem und selbstaufopferndem Handeln anzuspornen. . . . . Der Vorstand ist der Ansicht, daß die durch die Reichsversicherung (Gesetz, betreffend die Unfallversicherung der Seeleute) gewährte Versorgung der Hinterbliebenen etwa verunglückter Personen, die insbesondere bei den im Dienste unserer Gesellschaft stehenden Personen nach Maßgabe der einschlägigen gesetzlichen und statutarischen Bestimmungen eine äußerst dürftige sein wird, nicht als ausreichend angesehen werden kann. Eine ausreichende Versorgung der Hinterbliebenen solcher Männer aber, die bei einer der Rettung gefährdeter Menschenleben geweihten Thätigkeit den Tod finden, dürfte nicht nur als billige Pflicht unseres, humanen Bestrebungen gewidmeten Instituts zu bezeichnen sein, sondern liegt auch, wie oben angedeutet, im Interesse der von unserer Gesellschaft erstrebten Ziele selbst."

Der Gesellschaftsausschuß billigte diese Ausführungen, indem er den Antrag einstimmig annahm.

Den aus der Versicherung sich ergebenden, von der Versicherungsgesellschaft vertragsmäßig zurückzuzahlenden halben Reingewinn beschloß der Gesellschaftsausschuß im Jahre 1873, zur Bildung eines Fonds zu verwenden, aus dem den Hinterbliebenen der im Rettungsdienste Verunglückten geeigneten Falls eine einmalige Unterstützung gewährt werden kann. Diese Unterstützung wurde der Vorstand je nach Sachlage und nach bestem Ermessen auf Antrag der Bezirksverwaltungen bis zum Betrage von höchstens 1000 Mk. für den einzelnen Fall zu bewilligen ermächtigt.

Im Jahre 1881 beschloß der Gesellschaftsausschuß, daß für Verletzungen, die die Rettungsmannschaften während einer Rettung oder während der Uebungen mit den Rettungsapparaten ohne eigene grobe Schuld erleiden, dem Beschädigten die vollen Curkosten, sowie ein Betrag von höchstens 20 Mk. per Woche an Lohnentschädigung während der Krankheitsdauer ersetzt werden. Die Entschädigung darf jedoch einschließlich der Curkosten im einzelnen Falle 500 Mk. nicht überschreiten.

Im Jahre 1884 beschloß der Gesellschaftsausschuß, die Belohnung für die Ueberbringung der ersten Nachricht von einem Strandungsfall an eine Rettungsstation auf 5—15 Mk. festzusetzen.

Ein edler Menschenfreund, Herr Emile Robin zu Paris, stiftete im Jahre 1884 der Deutschen Gesellschaft zur Rettung Schiffbrüchiger ein Capital mit der Bestimmung, daß die jährlichen Aufkünfte im Betrage von 400 Mk. alljährlich als Ehrengabe dem deutschen Capitän in transatlantischer Fahrt verliehen werden sollen, der während des letzten Jahres die Mannschaft eines Schiffes irgend einer Nationalität aus Lebensgefahr gerettet hat. Unter mehreren Rettern soll bevorzugt werden, wer bei der Rettung die größte Gefahr gelaufen hat.

Im Jahre 1893 stiftete Herr Robin ein zweites Capital mit der Bestimmung, daß die jährlichen Aufkünfte im Betrage von 200 Mk. alljährlich als Ehrengabe der Bootsmannschaft der Gesellschaft verliehen werden sollen, die im Laufe des Jahres bei der Rettung der Besatzung eines in Seenoth befindlichen Schiffes die größte Gefahr ausgestanden hat.

Im Jahre 1894 stiftete Herr Robin ein drittes Capital mit der Bestimmung, daß die jährlichen Aufkünfte im Betrage von 600 Mk. alljährlich in Gaben von je 100 Mk. an sechs minderjährige weibliche Waisen von Bootsleuten der Gesellschaft vertheilt werden sollen. Die Gaben sind bei der Sparcasse in Bremen zu belegen und die Sparcassenbücher bis zum Tage der Großjährigkeit der Inhaberin zu sperren.

Ja, m. H., sehen wir von dem ab, was die Deutsche Gesellschaft zur Rettung Schiffbrüchiger für die Rettung von Menschenleben über den Rettungslohn hinaus zu gewähren in der Lage ist, so bleibt übrig, daß sie jedenfalls alle die Rettungen prämiiren kann, die man vernünftigerweise für einen gesetzlichen Lohnanspruch in Aussicht nehmen könnte. Nach dem, was ich Ihnen vorzutragen die Ehre hatte, kann die Gesellschaft Belohnungen gewähren und gewährt sie: erstens für jedes in den deutschen Küstengewässern aus wirklicher Seegefahr gerettete Menschenleben; zweitens für Rettung auf hoher See an Officiere und Mannschaften deutscher Schiffe; drittens für Rettungen deutscher Seeleute an den deutschen Küsten, welche Besatzungen fremder Schiffe ausgeführt haben; viertens für Rettung der Mannschaften deutscher Schiffe, welche außerdeutsche Rettungsstationen vollbracht haben, und fünftens für Rettungen, welche außerhalb der deutschen Küstengewässer von deutschen Schiffen aus geschehen sind. Ich bezweifle, meine geehrten Herren, daß bei einer gesetzlichen Regelung des Rettungslohns über diesen Rahmen hinausgegangen werden könnte, ich glaube vielmehr, daß die Deutsche Gesellschaft zur Rettung Schiffbrüchiger den Kreis der belohnbaren Rettungen weiter gezogen hat, als dies dem Gesetzgeber möglich sein würde.

Nun wird man mir gewiß einwenden, es ist doch aber ein großer Unterschied zwischen einem gesetzlichen Lohnanspruch und den Belohnungen, welche die Deutsche Gesellschaft zur Rettung Schiffbrüchiger gewährt. Auf den ersten Blick scheint das allerdings der Fall zu sein, sieht man indessen näher zu, so verliert sich der Unterschied nach meiner Ansicht ziemlich völlig und verliert jedenfalls an jeder praktischen Bedeutung; denn die Auslobung von Belohnungen für Rettungen bildet einen so wesentlichen Theil der Aufgabe der Deutschen Gesellschaft zur Rettung Schiffbrüchiger, daß darauf niemals verzichtet werden kann. Nach den Grundsätzen über die Auslobung halte ich die Gesellschaft für verpflichtet, die ausgelobten Rettungslöhne zu bezahlen, und da sie ihren Verpflichtungen bisher stets nachgekommen ist, und da bei ihrer Zahlungsfähigkeit nicht daran zu zweifeln ist, daß das je anders werden wird, so weiß ich in der That nicht, was mit der Einführung eines gesetzlichen Lohnanspruchs Besseres, als was jetzt schon besteht, geschaffen werden würde. Das Einzige wäre, daß man daran zweifelte, daß die Deutsche Gesellschaft zur Rettung Schiffbrüchiger weiter bestehen werde. Aber, m. H., dieser Zweifel liegt so sehr außerhalb meines Vorstellungsvermögens, daß ich ihn mir auch bei Ihnen nicht vorstellen kann. Ich glaube vielmehr, daß, solange es Deutsche giebt, die Schifffahrt treiben, auch die Deutsche Gesellschaft zur Rettung Schiffbrüchiger bestehen wird, und daß sie je länger je mehr in unserem deutschen Volke Wurzel schlagen wird. Deshalb verweise ich hier diesen Zweifel an ihrer Zukunft einfach zur Ruhe. Lassen Sie uns uns der sicheren Gegenwart erfreuen, die nach meiner Ansicht in zwiefacher Hinsicht für die Retter werthvoller ist als das, was in Zukunft auf gesetzlichem Wege geschaffen werden könnte. Denn erstens steht augenblicklich jedem Retter die zahlungsfähige Deutsche Gesellschaft zur Rettung Schiffbrüchiger gegenüber, und zweitens ist es jetzt dieser Gesellschaft möglich, jeden Anspruch rasch zu befriedigen. In Zukunft kann es sehr wohl eintreten, daß dem Retter ein zahlungsunfähiger Rheder gegenübersteht, und daß er seinen Anspruch vergebens verfolgt. In Zukunft wird vielleicht vielfach der Anspruch eingeklagt und im Wege des gerichtlichen Verfahrens unter vielen Umständen erstritten werden müssen, während jetzt die Deutsche Gesellschaft zur Rettung Schiffbrüchiger leicht und rasch jeden Anspruch erfüllt, und vergessen Sie nicht: bis dat, qui cito dat!

Diese Sentenz führt mich zu der Frage, wieviel soll überhaupt für ein gerettetes Menschenleben gezahlt werden? Ich halte diese Frage für überaus schwierig und glaube nicht, daß eine allgemein befriedigende Antwort darauf gegeben werden kann. Nur das vermag ich zu sagen: Die Erfahrung von 30 Jahren, welche der Deutschen Gesellschaft zur Rettung Schiffbrüchiger zur Seite steht, spricht dafür, daß es sich empfiehlt, bei der Bemessung des Rettungslohns einen gewissen Spielraum zwischen einem Mindest- und einem Höchstbetrag zu lassen, und ich kann hinzufügen, daß die Retter mit den von der Deutschen Gesellschaft zur Rettung Schiffbrüchiger gewährten Belohnungen bisher durchaus zufrieden gewesen sind. Es ist überhaupt ein Irrthum, vor dem ich ausdrücklich warnen möchte, zu glauben, daß in den Kreisen, die überhaupt in die Lage kommen, Rettungen auszuführen, eine Unzufriedenheit mit den vorhandenen Verhältnissen bestehe, oder daß in diesen Kreisen auch nur das Bedürfniß nach einer Neuerung, wie der hier vorgeschlagenen empfunden werde; ich muß vielmehr auf Grund meiner Kenntniß der Verhältnisse hier bestimmt feststellen, daß gerade das Gegentheil der Fall ist. Die seemännische Bevölkerung ist nach wie vor der Ansicht, daß es Menschenpflicht und ein Gebot der Nächstenliebe sei, den bedrängten Brüdern zur See selbst unter Aufopferung des eigenen Lebens zur Hilfe zu kommen.

Es liegt mir fern zu bestreiten, daß sie zur Erfüllung dieser oft so schweren Pflicht durch die Aussicht auf eine Belohnung nicht angespornt werden könnte, aber daran ist jedenfalls nicht zu zweifeln, daß auch ohne jede Aussicht auf Belohnung die Rettungsthaten unternommen werden würden, die heute unternommen werden. Die mit allen Berufsarten zur See gleichmäßig verbundene Gefahr, das Bewußtsein, daß die Hilfe, die heute der eine dem in Seenoth schwebenden Mitmenschen gewährt, morgen von ihm selbst in Anspruch genommen werden kann, dieses Bewußtsein hat in der seemännischen Bevölkerung mehr als in anderen Kreisen das Gefühl unbedingter gegenseitiger Hilfsverpflichtung und Hilfsbereitschaft hervorgerufen. Daß in der Deutschen Gesellschaft zur Rettung Schiffbrüchiger eine Organisation besteht, die es sich zur Aufgabe gemacht hat, diese ehrenhafte Gesinnung zu pflegen und namens der Nation anzuerkennen, daß dank der Thätigkeit der Rettungsgesellschaft in den braven Rettern die Ueberzeugung hervorgerufen ist, daß ihre aufopfernden Thaten nicht unbeachtet bleiben, sondern von vielen Tausenden, auch im tiefsten Binnenlande mit dankbarem Stolze verfolgt werden, ist eine Sache für sich; gerettet würde auch ohne das werden.

Wenn nun, meine geehrten Herren, mit Recht die Anschauung weit verbreitet ist, daß die hingebende Thätigkeit unserer seemännischen Bevölkerung auf dem Gebiete der Rettung Anerkennung in Gestalt eines Lohnes verdient, so frage ich mich: Ist es da nicht das Natürlichste und Beste, wenn dieser Lohn aus derselben Quelle fließt, wie die zu belohnende Handlung? Wie diese der wahren Nächstenliebe entspringt und die freiwillige Bethätigung einer sittlichen Pflicht ist, so darf meiner Meinung nach auch die Belohnung nur ein Ausfluß der freiwillig bekundeten Nächstenliebe sein. Sie darf nichts anderes werden, als was sie bis jetzt war: die aus freien Stücken bezeugte Anerkennung des deutschen Volkes für den an seinen Küsten und auf den Meeren bethätigten Wagemuth der Männer, die durch ihre heldenhafte Rettungsthätigkeit zur Mehrung des deutschen Namens überall beitragen. Ich kann mich, m. H., des Eindruckes nicht erwehren, daß man durch Gewährung eines gesetzlichen Lohnanspruchs diese Rettungsthätigkeit degradiren, daß man sie von der Bedeutung einer freiwillig geübten sittlichen Pflicht erniedrigen würde zu einer mit einem Rechtsanspruch ausgestatteten Rechtspflicht.

Ich gebe zu, daß man erwägen müßte, ob es sich empfehle, einen gesetzlichen Lohnanspruch einzuführen, sobald aus den Kreisen der Retter selbst ein Verlangen danach hervortreten sollte; sobald man die Wahrnehmung machen sollte, daß ohne gesetzlichen Lohnanspruch die Rettungsbereitschaft und -bereitwilligkeit, dem Nächsten zu helfen, nachlassen würde. So lange das nicht der Fall ist, m. H., und glücklicher Weise findet sich kein Anzeichen dafür, daß das der Fall sein werde, so lange sollte man an durchaus befriedigenden Verhältnissen nicht rütteln, so lange sollte man davon absehen, die Rettungsthätigkeit ihres idealen Charakters zu entkleiden, und so lange sollte man auch nicht Erörterungen anstellen, die, wie die jetzt erforderlichen, höchstens dazu beitragen können, in weiten Kreisen der Bevölkerung, in den Kreisen, auf die es ankommt, einen Wandel der Anschauungen über ihre Pflicht hervorzurufen.

(Sehr richtig!)

Nach alle dem, m. H., vermag ich nicht einzusehen, was den Juristentag veranlassen könnte, sich für die Einführung eines gesetzlichen Lohnanspruchs auszusprechen. Ich bitte Sie, m. H., wie mein geehrter Herr Vorredner, sich dahin auszusprechen, daß der Juristentag die Einführung dieses Lohnanspruchs nicht empfehlen kann.

Ich möchte Sie zum Schluß darauf hinweisen, daß der Thätigkeit der deutschen Gesellschaft zur Rettung Schiffbrüchiger sich die Theilnahme des deutschen Volkes immer mehr zuwendet, daß immer mehr Anerkennungen und Beweise der Unterstützung ihr zufließen, und zwar ganz von selbst. Ich zweifle deshalb nicht, daß die deutsche Gesellschaft zur Rettung Schiffbrüchiger sich stets ihrer Pflicht bewußt bleiben wird, zur Vervollständigung des Systems von Belohnungen, wie sie es hat, alles Mögliche zu thun.

Sollte es mir gelungen sein, m. H., auch unter Ihnen der Gesellschaft einen oder den anderen neuen Freund gewonnen zu haben, so würde ich das mit ganz besonderer Freude begrüßen.

(Bravo!)

Vorsitzender: Zum Worte hat sich noch gemeldet Herr Professor Dr. Pappenheim aus Kiel.

Professor Dr. **Pappenheim**-Kiel: M. H., ich kann mich den Ausführungen des Herrn Correferenten, sofern sie thatsächliche Mittheilungen enthielten, nur anschließen. Ich theile vollständig seine Ansicht über die Verdienste der deutschen Gesellschaft zur Rettung Schiffbrüchiger, und es scheint mir, daß weder von Seiten des Juristentages, der die in Rede stehende Frage auf seine Tagesordnung gesetzt hat, noch von meiner Seite in der ursprünglich ganz ohne Zusammenhang mit dem Juristentage entstandenen Abhandlung irgend ein Anlaß zu der Auffassung gegeben worden ist, als würde das Verdienst der deutschen Gesellschaft zur Rettung Schiffbrüchiger nicht genügend gewürdigt.

Die von mir befürwortete Aenderung unseres geltenden Rechts ist nicht aus dem Gedanken hervorgegangen, daß jene Gesellschaft ihrer Aufgabe nicht genügt. Ich stehe vielmehr auf dem entgegengesetzten Standpunkte und sage umgekehrt: die Gesellschaft zur Rettung Schiffbrüchiger hat gerade als Vorkämpferin unseres Rechts gewirkt, sie hat demselben den Weg gewiesen, den es zu beschreiten hat, sie ist ihrerseits durchdrungen gewesen von der Anschauung, daß den Rettern von Menschenleben ein Lohn gebühre, den das geltende Recht ihnen nicht gewährt, sie hat, indem sie ihnen einen solchen Lohn zu Theil werden ließ, zur Entstehung und Festigung der Rechtsanschauung beigetragen, daß dieser Lohn den Rettern geschuldet sei. Die Frage ist nun aber: wenn dies einmal erkannt ist, soll dann der Staat die Gewährung einer solchen Belohnung dauernd Anderen überlassen? Ist er berechtigt, einer freiwilligen Gesellschaft die Fürsorge für ein Bedürfniß zu überweisen, für dessen Befriedigung eine Nothwendigkeit im Staatsleben gegeben ist? Diese Frage darf man m. E. jedenfalls nicht deshalb bejahen, weil sonst die Gesellschaft zur Rettung Schiffbrüchiger nicht mehr den nöthigen Wirkungskreis haben und etwa gar in ihrer Existenz bedroht werden könnte. Von anderem abgesehen, glaube ich, daß diese Gesellschaft ebenso segensreich weiter wirken würde und könnte wie bisher, auch wenn ihr ein Theil von dem, was sie jetzt leisten muß, abgenommen würde. Sie hat sich ja keineswegs darauf beschränkt oder auch nur in erster Linie damit beschäftigt, Belohnungen für Menschenrettung zu ertheilen, ihre eifrige Thätigkeit erstreckt sich nach mannigfachen Richtungen, vorzüglich auf Ermöglichung und Sicherung der Rettung von Menschenleben, sie wird also auch noch genügend zu thun haben, wenn ihre Aufgabe etwas erleichtert wird. Der Staat aber würde nur seine Pflicht erfüllen, wenn er der in dem Wirken der Gesellschaft zu Tage tretenden Rechtsanschauung entsprechend für den Fall der Rettung von Menschenleben in Seenoth einen Rechtsanspruch auf Belohnung anerkennen und die daraus sich ergebende Belastung nicht dauernd auf den Schultern der Gesellschaft ruhen lassen würde.

Wie der Herr Vorredner vorausgesehen hat, muß ihm weiterhin entgegengehalten werden, daß es etwas anderes ist, ob ein Rechtsanspruch auf Lohn besteht oder freiwillig, wenn auch regelmäßig, eine Belohnung gewährt wird. M. H., diesen Unterschied kann man schlechterdings nicht außer Acht lassen. Der Herr Correferent selbst hat ausgeführt, jetzt hätte der Lohnberechtigte die stets zahlungsfähige und zuverlässige Gesellschaft sich gegenüber, später würde er vielleicht einen zahlungsunfähigen Rheder zum Schuldner haben.

Mit dieser Ausführung hat sich der Herr Correferent auch auf den Rechtsstandpunkt gestellt, er hat die Frage aufgeworfen: wie es wäre, wenn der Lohnberechtigte klagen müßte. Nach dem zuerst gewählten Standpunkte des Herrn Correferenten soll ja aber der Lohnberechtigte nicht klagen dürfen, sondern sich einfach auf das Entgegenkommen und die Sicherheit der Gesellschaft verlassen.

Auch den allgemeinen Ausführungen kann ich nicht beipflichten, welche schon so oft und bei dieser Gelegenheit wieder vorgebracht worden sind, um zu zeigen, daß, wie sich der Herr Correferent sehr charakteristisch ausdrückte, durch Gewährung eines gesetzlichen Lohnanspruchs die sittliche Pflicht der Menschenrettung zu einer Rechtspflicht „degradirt“ werden würde. Es ist nicht zuzugeben, daß eine Pflicht dadurch degradirt wird, daß die Rechtsordnung sie sanctionirt. Ich habe dies in meinem Gutachten darzuthun versucht. Ich habe aber dort auch bereits bestritten, daß in den hier fraglichen Fällen eine ethische Pflicht zur Menschenrettung überhaupt stets vorliegt. Diese Pflicht reicht nicht so weit, daß man das Leben fremder Menschen mit Gefahr des eigenen retten müßte. Selbstverständlich ist es nach dem Sittengesetz Jedermanns Pflicht, den Anderen zu retten, wenn er es kann, diese Pflicht findet da ihre Grenze, wo der Trieb und das Recht der Selbsterhaltung anfangen. Von Demjenigen, der das Leben eines Anderen mit Gefahr seines eigenen gerettet hat, wird man daher stets sagen: er hat edel gehandelt, aber nicht: er hat seine Pflicht gethan, und dieses edle Handeln ist es, was den Lohnanspruch erheischt.

Nun aber frage ich, wie stellt sich unser geltendes Recht dazu? Es ist als die Anschauung der Rheder hier vorgetragen worden, die unzweifelhaft bei ihnen die geltende ist, daß Jedermann verpflichtet sei, die Hülfe zu leisten, und daß es keines Ansporns bedürfe. Ja, ist diese Anschauung immer in den Kreisen der Rheder die herrschende gewesen? Die Protocolle der Handelsgesetzbuchconferenz ergeben das Gegentheil. Im Handelsgesetzbuch ist nämlich die Bestimmung enthalten, die mir den Ausgangspunkt für meine ganze Untersuchung gegeben hat, daß, wenn Menschenleben mit Gütern zusammen gerettet werden, die Menschenretter an dem Lohne der Sachretter ebenmäßig participiren sollen. Diese Bestimmung erachte ich für vollständig unhaltbar, und wenn der geehrte Herr Referent den gegenwärtigen Standpunkt für befriedigend erklärt hat, so vermag ich das nicht nachzuempfinden. Denn es ist doch offenbar eine Ungerechtigkeit gegenüber den Bergern der Güter, daß zwar der Lohn für ihre Hülfe nach dem Maße ihrer Mühe und nach dem Werth der von ihnen geretteten Güter bemessen, daß aber danach ein Theil von diesem Lohn für die Retter von Menschen weggenommen wird. Warum ist nun aber diese Bestimmung getroffen worden? Weil nach Ansicht der Commission sonst zu befürchten wäre, daß die Leute, wenn es Menschen und Güter zu retten gälte, den Gütern den Vorzug gäben und die Menschen umkommen ließen. Nun muß ich fragen, wie konnte das die Commission denselben Leuten zutrauen, die in allen übrigen Fällen deshalb keinen Lohn für Menschenrettung fordern dürfen, weil das sittliche Gebot sie treibt? In der That müssen Sie bedenken, daß die Leute, um die es sich handelt, nicht Rheder sind, sondern daß sie einer Menschenclasse angehören, welche vielfach durch den Kampf mit den Elementen etwas härter gemacht wird. Es sei hier nur daran erinnert, wie viel Gesetze im Laufe der Jahrhunderte in Bezug auf den Strandraub erlassen worden sind. Das eine Wort „Strandraub" zeigt doch, glaube ich, daß nicht immer lediglich der Edelmuth auf diesem Gebiete das treibende Motiv gewesen ist. Aber wenn man auch selbstverständlich den Opfermuth und die Thätigkeit der Seeleute, die sie vielfach bei Rettung von Menschenleben entwickelt haben, hochschätzen muß, so glaube ich doch, tritt man ihnen nicht zu nahe, wenn man dem, der ein Menschenleben rettet, auch ein Recht auf Belohnung giebt. Damit wird ihnen nicht gesagt: Ihr sollt retten, weil ihr Lohn bekommt, ebenso wenig wie das etwa beim Arzte der Fall ist. Das Recht wünscht vielmehr, durch solche Bestimmungen nur mit seinen Machtmitteln dahin zu wirken, daß das geschehe, was edel ist oder was das Sittengesetz erheischt. So wenig ein Beamter, der Gehalt bezieht, darin die Meinung ausgedrückt finden wird, daß er ohne dies seiner Pflicht nicht genügen werde, so wenig kann sich ein Menschenretter, der kraft Rechtssatzes einen Lohn erhält, dadurch beleidigt fühlen.

Eine andere Frage ist die, wie dieser Lohnanspruch im Einzelnen auszugestalten ist. Sie ist nicht einfach zu beantworten, und selbstverständlich habe auch ich in meinem Gutachten darauf hingewiesen, welche Bedenken und Schwierigkeiten sich da ergeben. Es sollte vorläufig nur die principielle Frage aufgeworfen werden, ob ein Lohnanspruch zu gewähren ist, und ich glaube, diese Frage darf man nicht lediglich deshalb mit Nein beantworten, weil ihre Erledigung im Einzelnen Schwierigkeiten machen kann. Das ist freilich sehr bequem, und wir haben es in neuerer Zeit öfter erlebt — ich erinnere nur an unsere sociale Gesetzgebung —, daß, wenn man vor einem großen Problem des Rechts steht, man sich nicht darauf einläßt, weil die Sache zu schwer sei. Unser Bürgerliches Gesetzbuch hat auch vor verschiedenen Fragen des Privatrechts Halt gemacht, offenbar, weil man den Schwierigkeiten aus dem Wege gehen wollte. Ich glaube nicht, daß das richtig ist. Wir müssen eben sehen, wie wir die vorhandenen Schwierigkeiten überwinden können, auch wenn dies nicht auf den ersten Versuch voll gelingt.

Unser Handelsgesetzbuch hat, wie gesagt, in einem Falle den Lohnanspruch für Menschenrettung in Seenoth anerkannt. Wenn Sie die hier aufgeworfene Frage mit Nein beantworten, müssen Sie consequenter Weise auch den bereits bestehenden Fall des Lohnanspruchs streichen. Dazu kann ich mich nicht entschließen. In dem gesetzlich fixirten Lohnanspruch erblicke ich den Ausdruck der Anschauung, daß das als Rechtspflicht gelten soll, was bisher durch freiwillige Thätigkeit geleistet werden mußte. Das englische Recht, welches früher ebenfalls den Standpunkt unseres Handelsgesetzbuches einnahm, ist längst weit über ihn hinaus gegangen. Wenn dem gegenüber der Herr Referent für die gegentheilige Auffassung sich auf das russische Recht stützte, so scheint es doch, daß man diese beiden Rechte nicht auf eine Stufe stellen kann, wo es sich um eine Frage des Seelebens handelt. Ich bitte Sie also, diese Frage mit Ja zu beantworten. Es bleibt das Einzelne natürlich der gesetzlichen Feststellung anheimgegeben. Ich habe versucht, zu zeigen, wie man es ungefähr machen könnte, übersehe aber nicht, daß noch manche Schwierigkeiten zu lösen sind. Aber der Weg, der beschritten werden muß, ist dadurch gewiesen, daß unser Handelsgesetzbuch den Lohnanspruch für einen Fall bereits anerkannt, ihn also nicht im Princip verworfen hat. Ich glaube, daß der Juristentag nicht einen Beschluß des Inhalts fassen darf, daß ein Rechtsanspruch auf Lohn wegen Rettung von Menschenleben in Seenoth nicht gewährt werden soll.

Vorsitzender: Wenn Herr Prof. Pappenheim einen anderen Antrag als den auf einfache Bejahung der Frage stellen will, so bitte ich ihn schriftlich einzureichen.

Prof. Dr. **Pappenheim** (Kiel): Ich stelle weiter keinen Antrag als den auf einfache Bejahung der Frage.

Consul **H. H. Meier** (Bremen): Erlauben Sie mir, m. H., daß ich noch ein paar Worte in dieser Sache rede, welche mich sehr nahe berührt. Seit 30 Jahren stehe ich an der Spitze der Gesellschaft zur Rettung Schiffbrüchiger. Wir haben uns von Jahr zu Jahr bemüht, unsere Wirksamkeit für die Rettung von Menschenleben weiter auszudehnen, und es stehen auch noch Neuerungen in Aussicht. Ich will die Frage nicht weiter erörtern, ob die Sache dadurch degradirt wird, wenn Sie einen Lohnanspruch anstatt Prämien gewähren. Diese Frage, glaube ich, können wir außer Betracht lassen. Als praktischer Mann und aus meiner langjährigen Erfahrung heraus sehe ich ein großes Bedenken gegen diese Lohnfestsetzung darin, daß man dann im ganzen deutschen Publicum sagen wird, es sind jetzt Löhne ausgesetzt, wozu braucht ihr noch freiwillige Beiträge, das ist gar nicht nöthig. Ich fürchte, daß Sie mit diesem Satz, daß Sie einen Lohn gesetzlich feststellen wollen, unsere Gesellschaft ruiniren.

Das ist der Grund, warum ich eigens hergekommen bin, um uns zu retten zu suchen. Wir werden nach wie vor weiter zu helfen streben, und in der langen Zeit, die ich an der Spitze der Gesellschaft stehe, kann ich mir das Zeugniß geben, daß wir stets bemüht gewesen sind, die bessernde Hand anzulegen, wo wir nur konnten. Das war nicht unser Verdienst, sondern unsere Pflicht nach den Unterstützungen, die uns aus ganz Deutschland zu meiner großen Dankverpflichtung zugeflossen sind, und ich habe viel Freude darüber gehabt und manche Beweise der Anerkennung sind uns gegeben worden. Aus dem fernsten Süden, aus America sind die Beweise gekommen und aus Honolulu und Buenos Aires sind uns Beiträge geschickt worden. Wir können noch mehr thun. Ich bin zwar manchmal gefragt worden, was wollt Ihr mit dem vielen Geld machen; ich habe aber geantwortet, wir haben noch lange nicht genug und je mehr wir bekommen, desto mehr können wir leisten, und ich halte es für die Pflicht der Verwaltung, die Organisation immer weiter auszubauen. Ich werde vielleicht nicht mehr lange dabei sein, in meinem Alter nehmen die Kräfte eher ab, wenn mir auch das Leben weiter geschenkt sein sollte, aber ich hoffe, daß die Verwaltung auch in Zukunft dieses Streben aufrecht erhalten wird und daß der ganze Geist unserer Gesellschaft dazu führt, und daß wir die officielle Dazwischenkunft nicht nöthig haben. Der Trieb wird in uns selbst sein. Aber ich befürworte, daß gewiß die Theilnahme des ganzen deutschen Vaterlandes, die, wie ich jetzt behaupte, besteht, uns mit der Zeit würde verloren gehen und das würde dieser Antrag bewirken.

Es wird naturgemäß und man hat jetzt schon manchmal diesen Einwand gemacht: was wollt Ihr mit dem vielen Gelde machen? Ich habe die Antwort gegeben . . . . und das wird in so hohem Grade geschehen, daß ich auch Sie, die geehrte Versammlung, bitten möchte, daß sie den Antrag auf Herstellung eines gesetzlichen Lohnes, wie er im Gutachten gestellt ist, nicht wieder erneuern wollen. Aber das genügt ja, was im Referat gesagt ist. Also ich bitte Sie, den Antrag nicht anzunehmen. Wir werden Ihnen dankbar sein und werden uns nach besten Kräften bemühen, daß wir noch weiter gehen. Trotz meines hohen Alters werde ich immer noch Neues anfangen und wir haben jetzt schon, wenn wir Geld genug haben, die Absicht, daß wir noch in bedeutender Weise die Rettung in dem Meere selbst, namentlich auch der Nordsee, durch Dampfschiffe vornehmen. Es handelt sich nur darum, erst zu sehen, ob die Dampfboote, die zu diesem Zweck in England gebaut sind, sich dazu eignen, damit wir sicher sind, wenn wir viel Geld hergeben, daß wir auch Menschenleben retten können. Schaden Sie uns nicht dadurch, daß Sie diesen Antrag annehmen. Ich weiß wohl, ich stehe hier eigentlich als Partei da und muß ich die geehrte Versammlung um Verzeihung und Nachsicht bitten, daß ich so auftrete. Es geschieht dies lediglich aus Liebe zur Sache, wie ich sie seit langer Zeit bethätigt habe und ich bitte deshalb, mir das nachzusehen.

(Lebhaftes Bravo.)

Vorsitzender: Herr Oberlandesgerichtsrath Dr. Martin (Hamburg) hat das Wort.

Oberlandesgerichtsrath Dr. **Martin** (Hamburg): Die Frage, die uns beschäftigt, ist für mich eine wesentlich praktische, wenigstens für die Entscheidung. Ich glaube, wir müssen Herrn Professor Dr. Pappenheim dankbar sein dafür, daß er zuerst diese höchst interessante Frage angeregt hat, und ich glaube, vom rein theoretischen Standpunkt aus läßt sich auch Manches sagen für die Sätze, welche er empfiehlt. Aber ich meine, unter allen Umständen ist jetzt noch nicht der Zeitpunkt gekommen, diesen Sätzen zuzustimmen, weil die praktischen Bedenken, die entgegenstehen, zu große sind. Es ist schon vom ersten Herrn Vortragenden bemerkt worden, daß die Frage ganz anders liegen würde, sobald aus den Kreisen der Rettenden heraus die Ansicht laut würde, daß man nicht in der bisherigen Weise fortfahren könne, wenn nicht ein gesetzlicher Lohnanspruch für den Rettenden fixirt würde. Das fehlt aber bis jetzt und da fällt nun ganz außerordentlich ins Gewicht, was der Herr Correferent und der sehr verehrte letzte Herr Vorredner gesagt hat, daß augenblicklich die Verhältnisse bei uns derart sind, daß man durchaus nicht zu befürchten hat, daß dem einzelnen Rettenden nicht das zukommt, was er an Lohn selbst beansprucht und auch billigerweise beanspruchen kann, und darauf kommt es doch wesentlich an. Wir müssen nicht übersehen, es handelt sich zunächst um eine sittliche Pflicht. Nun will ich sehr gern Herrn Professor Pappenheim zugeben, daß man nicht sagen soll, es wird eine sittliche Verpflichtung deshalb heruntergesetzt, weil man ihr zu gleicher Zeit gesetzliche Anerkennung verschafft. Das ist vollständig richtig, aber es fragt sich nur, ob es praktisch ist, ihr diese gesetzliche Anerkennung zu verschaffen, oder ob sie nicht wirksamer wird, wenn die gesetzliche Anerkennung fehlt.

Indem ich mich im Uebrigen weiterer Ausführungen enthalte — denn ich glaube nicht, daß ich berechtigt bin, Ihre Zeit, geehrte Herren, noch lange in Anspruch zu nehmen — möchte ich doch mit einem Wort auf den Artikel 750a des Handelsgesetzbuchs zu sprechen kommen. Ich würde auch diesen stehen lassen. Wenn dort gesagt ist, daß, wenn mehrere Berger oder Retter thätig geworden sind, dann auch derjenige, der Menschenleben gerettet hat, einen Antheil am Bergelohn haben soll, so sehe ich darin nicht ohne Weiteres die Anerkennung eines gesetzlichen Anspruchs für den Retter von Menschenleben. Bei Aufnahme des Art. 750 hat man sich nur gesagt, es würde einen eigenthümlichen Eindruck machen, wenn von verschiedenen Leuten ein beliebiger Teil des Schiffes oder der Ladung gerettet wird, einer der Retter aber sich nur mit dem Retten von Menschenleben beschäftigt und man nun sagt: Ihr Anderen habt einen werthvollen Theil des Schiffes oder der Ladung geborgen und erhaltet dafür Berglohn, der Dritte aber, der Menschenleben gerettet hat, geht leer aus. Das ist an sich etwas Zufälliges, heute trifft es den Einen, morgen den Anderen; was es aber für einen Eindruck hervorrufen kann bei dem Betreffenden, dahin, daß er schlechter behandelt wird als die Anderen, das will ich nicht weiter ausführen. Also ich finde, daß das Handelsgesetzbuch die ganz richtige Bestimmung getroffen hat, daß es nur im Fall des Zusammentreffens der Bergung von Schiff oder Ladung mit der Rettung von Menschenleben einen gesetzlichen Anspruch auch für das Retten von Menschenleben anerkannt hat und bei dieser Beschränkung sollten wir m. M. n. stehen bleiben.

Zum Schluß gestatten Sie mir nur noch ein Wort zu sagen über dasjenige, was ich in meiner Praxis erlebt habe. Ich bin Amtsrichter in Cuxhaven gewesen und habe wiederholt Gelegenheit gehabt, Bergefälle aller Art zu sehen. Ich habe zu thun gehabt mit den Bergern, die als die verwegensten und im Inlande vielleicht auch für die erbarmungslosesten galten, aber man hat den Leuten damit Unrecht gethan. Es sind namentlich an der Küste einzelne Leute, Fischer, die, früher mehr noch als jetzt, ein Gewerbe daraus trieben, die Bergung von Schiffen vorzunehmen, aber da habe ich wiederholt die Beobachtung gemacht, daß diese Leute trotz einer gewissen Härte des Charakters, der sich bei ihnen ausbildet, weil sie immer den Elementen zu trotzen gewohnt sind, doch ihre Nächstenpflicht nicht vernachlässigten. Mir ist kein Fall bekannt geworden, wo die Leute neben der Bergung von Waaren die Bergung von Menschenleben vergessen hätten. Im Gegentheil sind immer die Menschenleben mindestens auf gleicher Stufe behandelt worden wie die Waaren; es ist niemals die Bergung von Menschenleben zurückgestellt gegen die Bergung von Gütern. Und daraus folgere ich, daß in unserem Volke der gute Sinn, der den Nächsten auch ohne Lohnanspruch rettet, noch vorhanden ist. Die Leute, die so gehandelt haben, hatten keinen besonderen Anspruch auf Belohnung, hatten nicht einmal zu erwarten, daß sie eine besondere Anerkennung dafür erhalten würden, aber sie haben sich gedrungen gefühlt, die Rettungsthätigkeit auszuüben. Ihren Collegen haben sie vielleicht es überlassen, Waaren zu bergen, sie haben sich aber an die Menschen gehalten, einmal der Eine, ein anderes Mal der Andere. Aus dem, was ich selbst erlebt habe, muß ich folgern, daß jedenfalls zur Zeit ein besonderes Bedürfniß nicht besteht, etwas am bestehenden Rechte zu ändern. Ich würde deshalb dem Antrage des Herrn Referenten Dr. Burchard meine Zustimmung ertheilen.

Justizrath **Boyens** (Stettin): M. H., nur wenige Worte. Ich glaube, schwerlich wird Jemand aus dieser Versammlung ohne eine gewisse Rührung und auf der anderen Seite ohne einen gewissen Stolz die Ausführungen des Vorsitzenden der Deutschen Gesellschaft zur Rettung Schiffbrüchiger und ihres Generalsecretärs angehört haben. Ich meine, daß jeder Unbetheiligte durch ihre Ausführungen vollständig davon überzeugt sein kann, daß, so weit es sich um die Rettung von Schiffbrüchigen von der Küste aus handelt, es das deutsche Volk verstanden hat, aus sich selbst heraus ohne einen rechtlichen Anspruch das Nöthige vorzukehren. Ich denke, daß wir darauf ganz besonders stolz sein können, daß wir das als Deutsche gekonnt haben, und daß das große Volk, mit dem wir concurriren, die Anglo-Americaner, ähnliche Institutionen nicht gefördert hat. Ich muß wenigstens annehmen, daß solche Institutionen dort nicht vorhanden sind, da in dem Gutachten und den ausführlichen Referaten, die wir gehört haben, — ich selbst bin nicht so orientirt darüber — nichts davon hervorgetreten ist. Das ist also entschieden ein Grund, nicht ohne Weiteres der anglo-americanischen Gesetzgebung unsererseits zu folgen. Was wir in anderer und besserer Weise haben, das brauchen wir uns nicht nehmen zu lassen. Wir brauchen nicht dem deutschen Nachahmungstrieb zu folgen und dadurch unsere heimischen Institutionen, wie der Herr Vorsitzende der Gesellschaft eben meint, vernichten.

Aber ich möchte Ihre Aufmerksamkeit doch darauf richten, daß zu unterscheiden ist zwischen der Rettung von der Küste aus und der Rettung auf hoher See. Es hat zwar der Herr Vorsitzende der Gesellschaft erklärt, daß er trotz seines hohen Alters noch den Plan gefaßt habe, auch für die Rettung auf hoher See etwas zu thun. Jedenfalls ist das aber Zukunftsmusik und da liegt die Sache doch etwas anders. Es ist nicht zu verkennen, daß, was die Rettung auf hoher See anbelangt, Fälle vorkommen können, die es einem ziemlich nahe legen, daß für die Rettung von Menschenleben eine Vergütung gewährt und zwar auch ein rechtlicher Anspruch darauf geschaffen werden muß. Denken Sie an unsere Bergungsdampfer, Dampfer also, die eigens dazu ausgerüstet sind, auf hoher See Hilfe zu leisten. Nun stellen Sie sich einmal den Fall vor, ein solcher Bergungsdampfer fährt hinaus, er trifft ein Schiff in Noth und trotz der größten Anstrengungen gelingt es ihm nur, die Menschen von dem verunglückten Schiff zu retten, aber keinen Spahn von der Ladung; das Schiff geht unter, der Dampfer fährt mit den Geretteten heim ohne Bergungsgut und das Resultat davon ist, daß er nicht den geringsten Anspruch auf Lohn hat. Ist das gerechtfertigt? Ich entsinne mich, daß ein solcher Fall in der hanseatischen Praxis vorgekommen ist. In diesem Falle half sich das Gericht damit, daß es einen erheblichen Schlepperlohn festsetzte; es waren nämlich die Boote des Schiffes gerettet worden und die Leute darin geschleppt worden. Also auf einem Umwege wurde eine Vergütung für die Rettung dieser Menschenleben geschaffen. Man ging offenbar von der Rechtsüberzeugung aus, daß dafür ein Lohn gewährt werden müsse.

Ich erinnere ferner daran, daß, wie ich aus der Lesung der englischen Schriftsteller ersehen habe, in der englischen Praxis schon vor der Einführung der neuen Gesetze, die für die Rettung von Menschenleben eine Vergütung gewähren, regelmäßig bei denjenigen Bergungsfällen, in denen auch Menschenleben gerettet wurden, auf diese Rettung von Menschenleben entsprechend Rücksicht genommen, also ein höherer Hilfs- resp. Bergungslohn gewährt wurde. Ich glaube, daß man dieselbe Erfahrung bei den deutschen Gerichten machen kann. Es ist, wenn von einem Gericht ein Fall abzuurtheilen ist, der so liegt, daß nur ein ganz geringer Ladungstheil gerettet worden ist, außerdem aber 100 Menschen, zu natürlich, daß, wenn man nun den Bergelohn, für den es einen großen Spielraum giebt, als Richter festzusetzen hat, auf diese Rettung von Menschenleben eine gebührende Rücksicht genommen wird.

Es lassen sich auch Fälle denken, in denen andere Schiffe, die nicht gerade gewerbsmäßig der Bergung obliegen, Menschenleben retten und dafür positive Aufwendungen machen müssen, die ganz erheblich sein können. Denken Sie an den Fall der Deviation, der dabei häufig vorkommt. Es ist vielleicht in den Versicherungspolicen vorgesehen, daß die Deviation der Cascoversicherung nicht schaden soll. Aber aus der Deviation können dem Schiff große Ansprüche der Ablader aus den Frachtverträgen entstehen. Er hat positiven Schaden, indem er Hunderte von Menschen rettet und soll doch nichts dafür haben. Das ist doch ein sehr zweifelhafter Fall. Also ich glaube, daß mit dem rührenden Gefühl der Gesellschaft zur Rettung Schiffbrüchiger, das ich vollständig theile, die Frage nicht vollständig abgemacht ist.

Trotzdem meine ich, daß die Sache für den Juristentag noch nicht so spruchreif ist, eine Entscheidung dahin zu treffen, daß wir uns auch nur in beschränkter Weise dem englischen Recht anschließen. Ich habe nur diese Bemerkungen hereinbringen wollen, ohne mich dem Antrag des Herrn Gutachters oder dem Antrag des Herrn Referenten positiv anschließen zu können, und es mögen diese Bemerkungen vielleicht als Material für eine künftige Gestaltung unserer Gesetzgebung dienen.

Rechtsanwalt Dr. **Stachow** (Bremen): Ich erkenne das vollkommen an, was der Herr Vorredner sagte, daß Fälle vorkommen können, in denen es hart erscheint, daß ein Mann, der sein Bestes daran gesetzt hat, schließlich keine Belohnung erhalten soll und vielleicht eine pecuniäre Einbuße durch allerlei Aufwendungen erlitten hat. Aber, meine geehrten Herren, das ist etwas, was auch sonst im Verkehrsleben oft genug vorkommt, und ich glaube nicht, daß man deshalb sein sittlich edles Verhalten so zu sagen in eine pecuniär zu entgeltende Leistung verwandeln darf.

Ich möchte noch auf einen anderen Gesichtspunkt aufmerksam machen: Wenn man einmal einen Rechtsanspruch in dieser Weise construiren will, dann, glaube ich, muß man als Jurist auch consequent sein und sagen, was dem Einen Recht ist, ist dem Anderen billig, und wenn Sie einen Rechtsanspruch gewähren wollen auf der See, auf dem Salzwasser wegen Rettung von Menschenleben, warum soll dann nicht derselbe Rechtsstandpunkt gelten, wenn man Leute auf dem Lande aus Wassersgefahren oder anderen Gefahren rettet? Und bedenken Sie doch, m. H., zu welchen Consequenzen das schließlich führt! Muß man da nicht bei allen Rettungen von Menschenleben, z. B. auch in Bergwerken, oder wie sie vor einiger Zeit aus Höhlen vorgekommen sind, dasselbe statuiren? Geschieht es nicht bei jeder Feuersgefahr u. s. w.? M. H., wenn wir einmal als Juristen die Sache ganz vom Rechtsstandpunkt aus behandeln wollen, dann müssen wir den consequenten Weg wandeln. Ich möchte sehr zu bedenken geben, wohin das führt. Ich meine, man kann füglich dabei stehen bleiben und insofern kann ich dem Herrn Professor Pappenheim entgegenkommen, daß ich sage: eine sittlich edle Handlung soll nicht bloß mit Dankbarkeitsbetheuerungen belohnt werden, sondern die Dankbarkeit möge sich auch durch die That in klingender Münze bethätigen, und wenn die erforderlichen Gelder aus privaten Mitteln nicht beschafft werden können, so mag es Pflicht der Allgemeinheit sein, diesem Dankbarkeitsgefühl, das in der Nation lebt, Ausdruck zu geben, und vom Standpunkt einer *sittlichen* Anerkennung aus, die aber ihren Ausdruck auch in klingender Münze finden will, dem Retter einen Lohn, eine Prämie zuzuwenden, wenn eben die privaten Mittel dazu nicht ausreichen. Ich glaube aber, sie reichen bei uns aus. Dagegen braucht man durchaus nicht sich auf den Standpunkt zu stellen, daß man sagt: weil es doch hart ist, eine derartige sittliche Handlung unbelohnt zu lassen, deshalb muß die Belohnung zu einer *Rechtspflicht* gemacht werden. Wenn Sie aber gar den Dank nicht vom Staate, sondern vom Rheder bezahlen lassen, da gehen Sie ganz von dem Gedanken ab, daß Sie aus Rechtsgefühl von Seiten der *Allgemeinheit* dem edlen Menschen, der gerettet hat, etwas zuwenden wollen, da legen Sie die Last auf Schultern, die Ihnen bequem sein mögen, aber für deren Heranziehung zum Tragen der Last wir gar nichts weiter anführen können. Ich glaube deshalb, m. H., wir behalten unsere deutsche Selbständigkeit und fügen uns nicht der englischen Auffassung; so hoch ich auch sonst die englischen Sitten und Rechtsauffassungen stelle, so sehe ich doch nicht ein, warum wir unseren eigenen Standpunkt nicht festhalten sollten.

(Bravo!)

Vorsitzender: Ich könnte nun die Debatte schließen, vorbehaltlich der letzten Worte der beiden Herren Referenten.

Der Herr Correferent!

Correferent Syndicus der Handelskammer Dr. **Nebelthau** (Bremen): Ich wollte Herrn Justizrath Boyens nur zwei Worte erwidern.

Zunächst besteht auch in England eine solche Rettungsgesellschaft, was indessen nach meiner Ansicht an der Beurtheilung der Sache nicht viel ändert. Ferner darf ich darauf hinweisen, daß fast alle civilisirten Völker sich dem Rettungswesen im Wege der freien Association widmen, daß wir auch in Frankreich und Italien große Rettungsgesellschaften besitzen.

Sodann möchte ich bemerken, daß der Fall, den Herr Justizrath Boyens angezogen hat, insofern nicht ganz schlagend ist, als wir gerade ihn aus der Laeiß-Stiftung zu prämiiren im Stande sein würden. Die Laeiß-Stiftung, deren Capital stetig wächst, ist gerade für die Belohnung von Rettungen auf hoher See da und wird denklich auch allen an sie herantretenden Ansprüchen gewachsen sein.

Vorsitzender: Der Herr Referent!

Referent Dr. **Burchard** (Berlin): Nur einige wenige Worte.

Herr Professor Dr. Pappenheim meinte, man müsse sich auf den Standpunkt stellen, daß eine Bestimmung, wie die nach § 750 des Handelsgesetzbuches nicht zu billigen sei. Ich gebe zu, daß es dem System des Handelsgesetzbuches nicht ganz entspricht, wenn im Uebrigen nur für die Rettung von Schiff oder Ladung etwas bewilligt wird und nun dieser Passus hineingekommen ist. Der preußische Entwurf hatte es schon abgelehnt, eine entsprechende Bestimmung zu treffen, aber, m. H., in diesem Falle ist die Bestimmung in hohem Maße praktisch gewesen. Ich habe Gelegenheit genommen, ein americanisches Buch — von William Marvin — einzusehen, und glaube, daß die Organisation in Deutschland genau so ist, wie Marvin sie beschreibt. Es ist die Rede von Bergern in zusammengehörigen Gruppen, sets, welche regelmäßig, wenn es sich um Bergethätigkeit handelt, die Bergungsarbeit vornehmen, und da möchte ich die sittliche Entrüstung sehen, wenn einer von den Bergern auftreten würde und sagen: du kriegst nichts, du hast nur Menschen gerettet. Mit Recht träfe ihn der Vorwurf der turpitudo, einen solchen auf ausschließliche Nutzung des Gewonnenen berechneten Anspruch geltend zu machen! Und das hat die Handelsgesetzbuchcommission auch gemeint, wenn sie sagt: diese Humanitätsrücksichten sind maßgebend dafür, daß Jemand nicht ausgeschlossen werden darf, weil er die Anderen hat Sachen ergreifen lassen, während er selbst Menschen gerettet hat.

Ich habe nichts weiter hinzuzufügen. Nur befürwortend möchte ich, mit Rücksicht auf die sehr erfreuliche Mittheilung, die uns Herr Generalconsul Meier und der Herr Correferent gemacht haben, in meinen Antrag noch einige Worte einfügen, daß er dahin geht:

Der Juristentag wolle beschließen:

> Mit Rücksicht auf die so segensreiche Thätigkeit der deutschen Gesellschaft zur Rettung Schiffbrüchiger empfiehlt es sich nicht, einen gesetzlichen Lohnanspruch für Rettung von Menschenleben in Seenoth zu gewähren.

Vorsitzender: Ich bitte von diesem Zusatze abzusehen, da er doch nur eine Motivirung enthält, schriftliche Anträge in der Debatte nicht gestellt worden sind und die Debatte dann wieder aufgenommen werden müßte.

Referent Dr. **Burchard** (Berlin): Ich glaube kaum, daß Jemand Veranlassung nehmen könnte, diesen Zusatz zu bestreiten. Wenn sich allerdings Widerspruch dagegen erheben würde, so würde ich ihn zurückziehen.

(Es wird Widerspruch erhoben.)

Dann ziehe ich diesen Antrag zurück.

Vorsitzender: Wir kommen zur Abstimmung. Es würde zunächst abzustimmen sein über den Antrag, die an uns gestellte Frage einfach zu bejahen. Würde der Antrag abgelehnt, so geht bei der eigenthümlichen Wendung, welche die Debatte genommen hat, nicht ohne Weiteres daraus hervor, daß nun die Negative angenommen wird. Deshalb würde ich sie ihrerseits zur Abstimmung bringen. Dann würde auch die Meinung des Herrn Justizrath Boyens zum Ausdruck kommen, der den richtigen Moment zur Einführung eines gesetzlichen Lohnanspruchs noch nicht für gekommen hält.

Ich bitte also diejenigen, welche die gestellte Frage:

> Empfiehlt es sich, einen gesetzlichen Lohnanspruch für Rettung von Menschenleben in Seenoth zu gewähren,

einfach bejahen wollen, sich zu erheben.

(Geschieht.)

Abgelehnt.

Nun bitte ich diejenigen Herren, welche diese Frage einfach verneinen wollen, sich zu erheben.

(Geschieht.)

Das ist die Mehrheit.

Ich nehme an, daß der geehrte Herr Referent den Beschluß dem Plenum zur Kenntnißnahme mittheilen wird?

(Wird bestätigt.)

Im Interesse der übrigen Referate bitte ich, möglichst kurz zu referiren, damit das Plenum nicht zu stark in Anspruch genommen wird.

Zunächst gelangt nunmehr zur Berathung:

Punkt 6. Empfiehlt sich die gleichartige rechtliche Behandlung von Bergung und Hilfeleistung in Seenoth?

Referent ist Herr Justizrath Boyens (Stettin).

Referent Justizrath **Boyens** (Stettin): Im ganzen Norden Europas bestand früher das sogenannte Strandrecht. Zu einer Zeit, wo keine Küste vor den Einfällen fremder Seefahrer sicher war, entwickelte sich der Gedanke, daß alles, was der Küste sich nähere, als feindlich und wie Kriegsbeute behandelt werden könne. Später entstand hieraus das angebliche Recht des Landesherrn auf alle Schiffbruchsgüter, die an den Strand seines Landes geworfen oder von den Küstenbewohnern geborgen wurden. Der Landesherr beließ aber den Bergern dieser Güter einen Antheil: dies ist die erste Entstehung des Bergelohns.

Im 17. und 18. Jahrhundert, zum Theil schon früher, wurde das landesherrliche Strandrecht entweder beseitigt, indem der Fiscus selbst auf einen Antheil an den Strandgütern verzichtete und nur das Recht in Anspruch nahm, seinen bisherigen Antheil an den Schiffbruchgütern zu behalten, wenn deren Eigenthümer sich nach bestimmten Fristen nicht meldeten, oder das Strandrecht wurde wenigstens gemildert, indem aus dem bisherigen fiscalischen Antheil eine Quote der geborgenen Güter dem sich meldenden Eigenthümer zurückgegeben wurde. Der Antheil der Berger an den geborgenen Gütern blieb aber auch jetzt noch als Bergelohn bestehen. So ist es gekommen, daß der Bergelohn fast stets in bestimmtem Antheil bald der Güter in natura, bald ihres Geldwerths gewährt werden mußte. Die Anwendung des landesherrlichen Strandrechts und somit auch der Anspruch des nach Quoten fixirten Bergelohns setzte aber voraus die wirkliche Bergung (Besitznahme) von Schiff und Ladung, welche der Schiffer und das Schiffsvolk verlassen oder aufgegeben hatten, oder von Theilen desselben, in welchem Fall man von einer Dereliction sprach.

Für die Fälle einer bloßen Hilfeleistung an Schiffen oder Ladungen, die in diesem Sinn nicht derelinquirt waren, fehlten meistens besondere Vorschriften und es konnten somit in diesen Fällen nur billige Vergütungen auf Grund allgemeiner Grundsätze zugebilligt werden, nie aber Quoten.

Zur Zeit der Berathung unseres Handelsgesetzbuchs war das Strandrecht als solches überall beseitigt, d. h. der Eigenthümer erhält die geborgenen Güter nach Abzug des Bergelohns zurück, wenn er sich innerhalb bestimmter Frist meldet, und erst, wenn dies nicht geschieht, fallen dieselben dem Fiscus zu.

In Deutschland fanden sich durchweg Vorschriften über die Fälle der eigentlichen Bergung in Seenoth in den Strandordnungen — wie in Preußen, Schleswig-Holstein, Oldenburg und Hannover — oder in älteren Statuten und Recessen — wie in den Hansestädten. Regelmäßig ist hier im Anschluß an das alte Strandrecht der Bergelohn nach Quoten bemessen, die bald absolut (wie in Schleswig-Holstein [Strandordnung von 1803]), bald nur als Maximum (wie in Preußen und den Hansestädten) gelten. Nur in Oldenburg (St.O. v. 1776) hatte die herzogliche Kammer sich die Bemessung des Bergelohns ohne jede Schranke vorbehalten.

Ueber Hilfeleistung finden sich nur Vorschriften in Hannover (St.O. v. 1846) und den Hansestädten. Nach diesen Gesetzen ist in Fällen der Hilfeleistung angemessener Hilfslohn zu zahlen.

Hannover verordnet dabei, daß im Falle der Hilfeleistung auf den Werth von Schiff und Ladung überhaupt keine Rücksicht zu nehmen sei.

Ebenso schließt eine bremische Verordnung von 1834 bei der Bemessung des Hilfslohns die Berücksichtigung des Werthes des Geretteten völlig aus. Für Hamburg bestimmte der Receß von 1603, daß außer den Fällen der Bergung — den bedrängten Schiffen „schleunige, treuherzige Hilfe in Rettung des Schiffes und Gutes mit möglichem Fleiß" gewährt werden soll und sicherte ihnen dafür eine „nach Gelegenheit der geleisteten Dienste und Beschaffenheit des geretteten Schiffs und der Ladung" zu bemessende Vergütung zu.

In zwei Entscheidungen des O.A.G. zu Lübeck aus den Jahren 1843 und 1853 war diese Verschiedenheit der Begriffe von Bergung und Hilfeleistung scharf hervorgehoben und für die hanseatische Praxis festgelegt.

Der preußische Entwurf, welcher bei der Berathung unseres Handelsgesetzbuchs zu Grunde lag, begreift die Fälle der eigentlichen Bergung und Hilfeleistung unter der gemeinschaftlichen Bezeichnung „Bergung". Er vermengt beide Begriffe derart, daß er selbst bei dem Zurückbehaltungsrecht, welches doch nur den eigentlichen Bergern zustehen kann, weil nur sie den Besitz erlangen, dieselben nicht zu sondern weiß.

Die Hamburger Conferenz schied die Bergung herrenloser Güter außerhalb des Falls einer Seenoth aus und beschloß für den Fall der Seenoth einstimmig, Bergung und Hilfeleistung besser zu unterscheiden. Dabei wurden folgende Gründe hervorgehoben:

> „Es sei schärfer zwischen Retten und Bergen zu unterscheiden als im preußischen Entwurf. Derselbe unterscheide zwar auch zwischen beiden und das sei wegen des Lohnes unvermeidlich, denn der Berger müsse einen größeren Lohn als der Helfer erhalten, weil bei dem Bergen der Verlust bereits eingetreten sei, das geborgene Gut in der Regel weniger werth sei, als das gerettete, und der Bergelohn, an die Stelle des alten Strandrechts getreten, zugleich den Charakter des „Fundlohns“ habe, auch eine Entschädigung für die custodia des Geborgenen enthalte. Der Entwurf überlasse aber die Festsetzung des Lohns vollständig dem Richter, ohne ein Maximum oder ein Minimum vorzuschreiben und vertraue, daß dieser auch ohne besondere Hinweisung im Gesetz richtig unterschieden werde. Es lasse sich aber nicht leugnen, daß für solche Hinweisung in Deutschland ein Bedürfniß vorliege, wie sich schon daraus ergebe, daß das höchste Gericht der Hansestädte wiederholt in die Lage gekommen sei, erkennen zu müssen, ob Rettung oder Bergung vorliege und wie es sich mit dem Lohn in dem einen oder anderen Fall verhalte.“
>
> „Die Unterscheidung sei im allgemeinen Rechtsbewußtsein fest begründet und falls dieselbe nicht statuirt würde, so könnten zum Nachtheil des Handels auch für bloße Hilfeleistungen hohe Belohnungen, ähnlich dem Bergelohn nach Quoten zuerkannt werden.
>
> Das sei aber durchaus nicht gerechtfertigt. Erst in neuerer Zeit sei der Grundsatz, daß auch die Hilfeleistung zu vergelten sei, allgemein anerkannt, bei dem Hilfslohn sei aber weder auf Fundlohn noch custodia des Geretteten Rücksicht zu nehmen.“

In allen diesen Erwägungen war die Commission einig. Eine Verschiedenheit der Meinungen trat nur bei der Durchführung des angenommenen Princips darüber hervor,

> wie weit der Begriff der Bergung auszudehnen und zu formuliren sei.

Einig war man darüber, daß die Derelictsfälle darunter fallen, ferner daß der eigentlichen Dereliction der Fall gleichzustellen, daß sich auf dem verunglückten Schiff kein oder keine zur Führung des Schiffs taugliche Mannschaft befinde, z. B. wenn die ganze Besatzung einer Krankheit erlegen sei oder sich in Folge derselben in einem Zustande befinde, daß das Schiff ohne Führung herumtreibe, oder wenn nur einige Schiffsjungen übrig geblieben seien. Dagegen war man uneinig darüber, ob die Rettung von Ladung aus einem Schiff, das keine Sicherheit mehr biete, Bergung sei, falls die Schiffsmannschaft noch dabei helfe. Die Majorität nahm an, daß in diesem Fall Bergung vorliege, wenn die Leitung des Unternehmens in den Händen der Berger liege und diese die Güter in ihr Gewahrsam nehmen. Man entschied sich dafür, nicht die einzelnen Bergungsfälle aufzuzählen, sondern eine allgemeine Definition der Bergung aufzustellen und die Unterscheidung des Bergelohns vom Hilfslohn darin auszudrücken, daß bei Bemessung des Hilfslohns dem Werth des Geretteten nur eine untergeordnete Bedeutung beizulegen und daß der Hilfslohn stets geringer als in gleichem Fall der Bergelohn zu bemessen sei, daß dagegen für den Bergelohn ein Maximum, ausgedrückt in Quoten des Geborgenen, festzusetzen sei. Daraus sind die Bestimmungen unseres Handelsgesetzbuchs entstanden.

Die Strandungsordnung vom 17. Mai 1874 ergänzt diese Vorschriften dahin, daß ein nach den Grundsätzen des Handelsgesetzbuchs zu bemessender Bergelohn auch den Personen zustehe, welche außer dem Fall der Seenoth eines Schiffes besitzlos gewordene Gegenstände, die von der See auf den Strand geworfen oder gegen denselben getrieben werden, bergen, oder versunkene Schiffstrümmer oder sonstige Gegenstände vom Meeresgrund heraufbringen, oder mit Fahrzeugen auf dem Meere verlassene Schiffe oder sonstige besitzlos gewordene Gegenstände bergen.

Meldet sich auch nach Erlaß eines Aufgebots kein Eigenthümer, so fallen in Seenoth vom Strande aus geborgene Sachen, Seeauswurf und strandtriftige Güter an den Landesfiscus, versunkene und seetriftige Gegenstände an den Berger.

Bei Gelegenheit der Berathung der Strandungsordnung wurde die Unterscheidung zwischen Bergung und Hilfeleistung, Bergelohn und Hilfslohn von der Commission des Reichstags, dessen Berichterstatter Dr. Wolffson in Hamburg war, angefochten und auf deren Antrag von dem Reichstag eine Resolution angenommen, worin die künftige Aufhebung dieser Unterscheidung verlangt wird. Die Commission erkennt an, daß die Bergung von der Hilfeleistung sich einerseits durch die custodia,

Pflicht sorgsamer Aufbewahrung, unterscheide, aber dieselbe komme bei Bemessung der Vergütung um so weniger in Betracht, als auch die geborgenen Güter baldmöglichst der zuständigen Behörde auszuliefern seien. Es sei auch richtig, daß in den Fällen der Bergung sehr häufig die Gefahr des Verlustes für den Berger dringender sei, als in den Fällen der Hilfeleistung. Es möge dieses Moment bei Bemessung des Lohnes immerhin berücksichtigt werden, aber die Größe der Gefahr hänge keineswegs in allen Fällen von diesem Moment ab. Die Bestimmung, daß bei der Hilfeleistung auf den Werth nur eine untergeordnete Rücksicht zu nehmen und daß der Lohn niedriger als in einem gleichartigen Bergungsfall zu bestimmen sei, müsse fallen. Es sei richtiger, der Beurtheilung des einzelnen Falles zu überlassen, in welchem Maß der Werth einen Einfluß auf die Vergütung auszuüben habe.

Solange die angefochtene Bestimmung nicht beseitigt sei, bleibe das Interesse, aus einem Fall der Hilfeleistung einen Fall der Bergung zu machen und dadurch die Gefahr für Menschenleben und Güter zu erhöhen. Andererseits lasse es sich schwer vermeiden, daß sich bei der richterlichen Ausmessung des Bergelohns im Gegensatz zum Hilfelohn die Erinnerung an die frühere, wenn auch theoretisch längst überwundene Anschauung, die gestrandete Schiffe und ihre Ladung als herrenloses Gut betrachtet, geltend mache.

Endlich wurde noch hervorgehoben:

Die Strandungsordnung beseitige den bisher particularrechtlich bestehenden Zwang der Hilfeleistung. Die nothwendige Consequenz sei die, daß man den Berge- und Hilfslohn nicht in zu knappe Grenzen einschließen dürfe.

Diese Anträge regen also in Deutschland zuerst die heute dem Juristentag vorgelegte Frage an.

Bevor wir versuchen, dieselbe zu lösen, ist ein Ausblick auf den Rechtszustand der fremdländischen Gesetzgebung nothwendig.

Vorausschicken will ich, daß alle Gesetze, soweit ich habe erfahren können — wie auch unser deutsches Recht — dem eigentlichen Berger ein Zurückbehaltungsrecht an dem geborgenen Gut wegen seines Lohnes geben.

Im Uebrigen finden sich die ältesten Vorschriften in Frankreich und Rußland. Die Gesetze dieser Länder enthalten über die Fälle der bloßen Hilfeleistung nichts.

In Frankreich, dessen neuerer Code de commerce keine bezüglichen Vorschriften enthält, wollte die Ordnung von 1681 der damals an den französischen Küsten noch in wilder und grausamer Weise ausgeübten Behandlung gestrandeter Schiffe energisch entgegentreten. Sie erkennt daher als Bergungsfall nur an die Bergung von Schiffbruchsgütern oder verlassenen beziehentlich verunglückten Schiffen auf hoher See (pleine mer) oder von gesunkenen Gütern und Schiffstheilen. Das Gesetz bewilligt für eine solche Bergung $1/3$ des Werths als feste Quote, welche durch ein späteres Gesetz für gesunkene Güter, deren Hebung die Eigenthümer selbst in gewisser Frist unterlassen, auf $8/10$ fixirt ist. Für die Bergung von gestrandeten Schiffen oder Gütern an der Küste gewährt sie überhaupt keinen Lohn und nach einem arrêt vom 17. floreal Jahr IX ist diese, wenn die Eigenthümer, Rheder oder deren Vertreter solche nicht selbst besorgen, nur den öffentlichen Beamten gestattet, deren Aufforderung zur Hilfeleistung Fuhrleute und Seeleute folgen müssen, die dann lediglich ihre Arbeit bezahlt erhalten.

Da gesetzliche Bestimmungen über Hilfeleistung in Seenoth ganz fehlen, wird solche in Ermangelung einer Vereinbarung nur in sehr mäßigen Sätzen auf Grund allgemeiner Rechtsgrundsätze zugebilligt.

Die russische Handelsordnung von 1787, später mehrfach geändert, setzt für die Bergung von Schiffbruchgütern als Bergelohn bestimmte Quoten aus, die verschieden bemessen sind, je nachdem die Bergung in hoher See oder von der Küste geschieht.

Von den außereuropäischen Codificationen hat Brasilien (1850) ebenfalls nur Vorschriften über Bergung, für die es einen Lohn von 10 bis 50 pCt. aussetzt.

Die meisten neueren und jedenfalls moderneren Seegesetze von Portugal, den Niederlanden und England enthalten dagegen sämmtlich Vorschriften sowohl über Bergung wie Hilfeleistung.

Portugal (1833 und neuer Code 1888), Holland (1838) unterscheiden Bergung und Hilfeleistung durch Aufzählung der einzelnen Fälle und behandeln beide insofern ungleichartig, als bestimmt wird, daß der Hilfslohn niedriger anzusetzen sei, als der Bergelohn, und daß bei Festsetzung des Hilfslohns dem Werth der Sachen keine (so Holland) oder doch nur eine untergeordnete Bedeutung (so Portugal) beizulegen sei. Bei der Festsetzung des Bergelohns ist eine feste Quote des Werthes weder unbedingt noch als Maximum vorgeschrieben. Den Gesetzen der Niederlande und von Portugal haben sich die südamericanischen Seegesetze angeschlossen, soweit sie überhaupt etwas über Bergung und Hilfeleistung bestimmen, z. B. Chile 1865, Argentinien 1889.

In England unterscheidet die Merchant Shipping Act von 1854, deren Vorschriften die nur compilirende neue Act von 1854 wiederholt, genau folgende Fälle:

a) Hilfeleistung in Seenoth (assistance),
b) Rettung von Menschenleben,
c) Bergung von Ladung oder Schiffstheilen,

ferner Bergung von wreck, d. h. herrenlosen, aus Seewurf oder Schiffbrüchen herrührenden Gegenständen, welche in oder an der Küste oder in der nur bei Fluth bespülten Küste treibend oder versunken aufgefunden werden.

In allen diesen Fällen kann eine angemessene (reasonable) Vergütung außer den verursachten Kosten und Aufwendungen gefordert werden, welche salvage genannt wird und im Streitfall bei den wrecks von dem Handelsamt (Board of trade), in allen anderen Fällen gerichtsseitig festgesetzt wird. Die Zuständigkeit ist dabei so geregelt, daß die Entscheidung entweder schon in erster oder in zweiter Instanz in der Hand des court of admiralty gebracht werden kann, in welchem einer der Richter des High Court of justice unter Zuziehung von älteren geschulten seemännischen Beisitzern erkennt. Wie die Rechtsprechung und Jurisprudenz von England aber bei Behandlung der Bergungs- (Derelicts-) Fälle auf der einen und der Hilfeleistung auf der anderen Seite im Wesentlichen zu denselben Resultaten gelangt wie die deutsche, wird sich aus dem Folgenden ergeben.

In Nordamerica bestehen gar keine Gesetze über Bergung und Hilfeleistung, die nordamericanische Praxis schließt sich aber eng an die englische an, so daß man mit Recht von einem englisch-nordamericanischen Bergungsrecht sprechen kann.

In Italien ist 1865 ein Code für die Handelsmarine erschienen, der später mehrfach modificirt wurde. Dieser unterscheidet ebenfalls zwischen Bergung und Hilfeleistung. Berger von verlassenen Schiffen, die auf hoher See gefunden werden, erhalten $^1/_8$ des Werths des geborgenen Schiffes und der darin befindlichen Ladung. Der Berger von einzelnen Gegenständen, die am Strande oder auf der See gefunden werden, erhält einen Fundlohn, welcher für die einzelnen bestimmten Fälle von $^1/_{20}$ bis $^1/_3$ aufsteigt. Dagegen wird Bergung von verlassenen Schiffen, die innerhalb Sichtweite vom Strande geschieht, nach denselben Grundsätzen honorirt, wie eine bloße Hilfeleistung: in beiden Fällen werden regelmäßig nur Spesen und Schäden erstattet, nur bei besonderer Gefahr kann eine Vergütung bewilligt werden, welche $^1/_{10}$ des Werths nicht übersteigen darf.

der Gefahr, die der Berger bestand, und der von ihm aufgewendeten Arbeit. Bestehen bleibt aber auch hierbei, daß dasjenige Moment, welches das Recht des Bergens schafft, nur die Thatsache der Wiedergewinnung des Verlorenen ist. Dies ist die Auffassung der Hamburger Conferenz, die dies so ausdrückt, daß in dem Bergelohn ein Fundlohn enthalten sei. Dieser Ausdruck ist freilich nicht ganz zutreffend, da nicht alles, was geborgen wird, erst gefunden wird, aber in Ermangelung eines Besseren mag der Ausdruck beibehalten werden. Dies ist auch die Auffassung, die heutzutage bei allen anderen großen seefahrenden Nationen obwaltet; nicht bloß in den Niederlanden, Portugal und Südamerica, wo das Gesetz dies geradezu ausspricht, sondern auch in England und Nordamerica, wo die Praxis und Jurisprudenz das richtige Princip befolgt. Endlich besteht auch in Frankreich eine große Bewegung, die dahin geht, das dortige veraltete Gesetz abzuschaffen und sich dem deutschen oder englisch-americanischen Princip anzuschließen.

Weiter ist nun Folgendes zu bemerken: Wenn der bergende Occupant auch nicht das Eigenthum erwirbt, sondern nur das eben skizzirte mindere Recht, so gelten im Uebrigen auch bei der Bergung alle sonstigen Grundsätze der Occupanten. Das Bergungsrecht ist unabhängig von dem Willen des Eigenthümers. Ist einmal das Schiff aufgegeben, so ist es jedem Berger preisgegeben. Es hat nicht der den Vorzug, den der Schiffer will, sondern der zuerst kommt. Melior est conditio prioris occupantis. Der erste Berger schließt jeden anderen aus und er kann sich auch gegenüber dem Eigenthümer im Besitz behaupten, bis er abgefunden wird, was gesetzlich so ausgedrückt wird, daß dem Berger das Zurückbehaltungsrecht zustehe.

Ganz anders der Fall der Nothhilfe. Hier bleibt die volle Verfügung dem Schiffer. Er hat das Recht, zu bestimmen, wer ihm helfen soll, er kann also ungebetene Hilfe zurückweisen und er kann beliebig noch während der Arbeit den Einen entlassen und den Anderen annehmen. Jeder, dem er es befiehlt, muß das Schiff verlassen. Die Nothhilfe ist nichts weiter als eine Arbeitsleistung, wenn auch eine hoch qualificirte und hoher Belohnung werthe Arbeitsleistung. Wie die anglo-americanische Auffassung mit dieser Auffassung übereinstimmt, ergiebt sich aus folgenden Aussprüchen ihrer Schriftsteller:

Der Americaner Parsons sagt: „Wenn ein Schiff derelict ist, hat derjenige, welcher zuerst Besitz davon ergreift, ein auf ihn durch die Besitznahme übergegangenes Anrecht an das Eigenthum (vested interest in the property), Niemand kann ihm dazwischen treten, dagegen in dem gewöhnlichen Nothfall, wenn der Schiffer das Commando behalten hat, des Lohnes zu berücksichtigendes Moment hinstellen, stellen England und Nordamericas dem Richter ganz frei, die Praxis zeichnet aber auch hier die Derelictsfälle vor allen anderen Fällen aus.

In allen Ländern wird somit eine gewisse Verschiedenheit der Bergung und der Hilfeleistung anerkannt. Die Frage ist aber die: Ist ein grundsätzlicher, essentieller Unterschied zwischen beiden Fällen vorhanden, der es rechtfertigt, den Umstand, ob Schiff oder Ladung aufgegeben oder verloren waren, nicht bloß als ein neben anderen Umständen bei der Lohnbemessung zu berücksichtigendes Moment erscheinen zu lassen, sondern dazu zwingt, den Anspruch des Bergers und den Anspruch aus bloßer Hilfeleistung als ungleichartig zu behandeln?

Meiner Meinung ist diese Frage mit der Hamburger Conferenz zu bejahen, also die dem Juristentag gestellte Frage:

ob sich eine gleichartige Behandlung empfehle,

zu verneinen.

Zu dieser Entscheidung führt folgende Betrachtung:

Ist ein Schiff mit oder ohne Ladung in Seenoth aufgegeben, so liegt zwar eine Dereliction im eigentlichen Sinne des Wortes nicht vor, da das Aufgeben nicht mit dem Willen, das Eigenthum zu verlieren, und nur gezwungen geschieht. Aber diese Quasi-Dereliction hat doch die Rechtswirkung, daß jeder Dritte das Recht hat, das derelinquirte Gut in Besitz und Obhut zu nehmen und durch die Besitznahme ein Anrecht daran gewinnt.

Nur darüber, welches Anrecht er gewinne, haben die Anschauungen gewechselt.

Die erste und roheste Auffassung war die des Strandrechts, welche dahin ging, daß der bergende Occupant gerade wie bei der eigentlichen Dereliction das Eigenthum erwerbe.

Als die Anschauung überwunden war, entwickelte sich eine andere, man nahm an, daß der bergende Occupant durch die Thatsache der Bergung ein Miteigenthum nach einer festen Quote erwerbe. Diese Anschauung behandelt also jeden Fall der Bergung gleich, ohne Rücksicht darauf, mit welcher Arbeit und Gefahr die Besitznahme verbunden war. Dieselbe herrscht, wie wir gesehen, noch in Frankreich, Rußland, Brasilien und zum Theil in Italien.

Allmählich entwickelte sich aber der Gedanke, daß der Umfang der Arbeit und Gefahr, welcher mit der Bergung verbunden sei, nicht ganz unberücksichtigt bleiben dürfe. Diese geläuterte Anschauung läßt die Rechte des bergenden Occupanten zwar auch in einem directen Verhältniß zum Werth des Geborgenen stehen, aber in verschiedener Bemessung, je nach mit, daß verschiedene große Rhedereien ihren Capitänen befohlen hätten, sich bei der Begegnung von Wracks auf die Rettung von Menschenleben zu beschränken und sich mit der Bergung nicht zu befassen da meistens der Werth und somit der Lohn zu gering sei. Die Commission des Reichstags, welche 1874 die mitgetheilte Resolution beschloß, hält selbst zu knappe Grenzen für gefährlich, weil der particularrechtlich noch bestehende Zwang zum Bergen durch die Strandungs-Ordnung beseitigt sei. Die Tendenz ihrer Resolution ist offenbar die, daß sie für die bloße Hilfeleistung höhere Sätze wünscht, als die bisherigen, deshalb will sie die rechtlichen Schranken zwischen Bergelohn und Hilfslohn einreißen. Also in der That soll das, was man dem Berger an Stelle des alten Strandrechts als Fundlohn gewährt, im Wesentlichen nunmehr auch der bloße Hilfeleister haben. Es bedarf keiner Ausführung, daß dies eine arge Ausbeutung der Seenoth unserer Schiffe sein würde.

Die historische Entwickelung des Hilfslohnes zeigt freilich, im Gegensatz zu dem Bergelohn und seiner Wurzel, dem Strandrecht, eine steigende Tendenz: ursprünglich nichts oder geringe Entschädigung auf Grund allgemeiner Grundsätze, wie auch jetzt in Frankreich, dann Anerkennung des Anspruchs auf einen besonders reichlich bemessenen Lohn. Jetzt beansprucht er gar die principielle Gleichstellung mit dem Bergelohn. „L'appetit vient en mangeant", diesem Appetit muß Gesetz und Rechtsprechung Zügel anlegen.

Es ist bei Berathung des Handelsgesetzbuchs ferner mit Recht betont, daß in dem Falle der Hilfeleistung der Werth des Geretteten regelmäßig weit höher sei, als in dem Falle der Bergung der Werth des geborgenen Gutes. Wollte man also den Hilfslohn principiell in ähnlichen Quoten des Geretteten bemessen wie den Bergelohn, so würden regelmäßig ganz ungereimte Resultate sich ergeben.

Illustrirt wird das Gesagte am besten durch einen Blick auf die Praxis: Nach einer Zusammenstellung der Entscheidungen des hanseatischen Gerichts in Bergungs- und Hilfeleistungssachen von Rechtsanwalt Dr. Schroeder in Hamburg in der Schrift „Das Seeschiff auf der Elbe" ergiebt sich, daß in ca. 30 Jahren unter 35 solchen Sachen nur 3 wirkliche Bergungsfälle waren, die übrigen Fälle der Hilfeleistung. Daraus ist zu folgern, daß die Ansprüche auf Bergelohn nur selten Anlaß zum Streit gaben, häufig dagegen die Ansprüche auf Hilfslohn. Sieht man sich die einzelnen Streitfälle an, so sieht man, daß fast durchweg übertriebene Höhe der Forderungen aus der Hilfeleistung den Grund zum Streit gegeben hat. Der höchste in diesen Streitfällen zugesprochene Bergelohn hat 8800 Mk., der höchste Hilfslohn 60 000 Mk. betragen, ist es seine Sache, zu bestimmen, in welchem Umfang die Nothhilfe erforderlich ist, und die ersten Helfer haben kein Vorrecht gegenüber anderen Personen, wenn der Schiffer es vorzieht, die Hilfe dieser zu verlangen."

Abbott sagt: „Jemand, der durch seine Thätigkeit Güter erhält, welche der Eigenthümer entweder in Seenoth aufgegeben hat (has abandoned) oder die zu schützen und zu sichern er unfähig war, ist berechtigt, die in seinen Besitz gelangten geborgenen Güter zu behalten, bis ihm eine entsprechende Ausgleichung gewährt wird." Malachlan bemerkt dazu: „Dies Recht sei ein von der bürgerlichen Gesellschaft aufrecht erhaltener und gepflegter Sprößling des natürlichen Occupationsrechts."

Malachlan bestätigt ferner und die von ihm angeführten Entscheidungen beweisen auch, daß seitens des Court of Admiralty in den Fällen der Bergung verlassener Schiffe oder Güter (Derelicts) allerdings die frühere Praxis, bestimmte Quoten (selten mehr als ein Halb und selten weniger als ein Drittel) den Bergern zuzubilligen, aufgegeben sei, aber daß trotzdem

> „the award of the Court in such cases is very frequently still made with the former rule as a guide."

Nach Desty und Parsons billigt man auch in Nordamerica in den Fällen des Derelict der Regel nach ein Drittel bis ein Halb, bisweilen noch mehr an Bergelohn zu, in den Fällen der Hilfeleistung weit geringere Sätze, je nach den Umständen und localer Gewohnheit.

Vergleichen wir nun die einzelnen Fälle, so ergiebt sich folgende Abstufung:

Bei der Bergung strandtriftiger Sachen, die keine nennenswerthe Arbeit verursachen, ist der Bergelohn reiner Fundlohn. Bei der Bergung auf See und in Seenoth ist der Bergelohn ein Gemisch von Fundlohn und Lohn für Arbeit und Aufwand. Der Hilfslohn dagegen ist stets reiner Lohn für Arbeit und Aufwand allein. Wollte man nun principiell Bergelohn und Hilfslohn gleichstellen, so könnte dies nur entweder so geschehen, daß man den Fundlohn verneint, also künftig für die Auffindung von strandtriftigen Gütern überhaupt keinen Lohn bewilligt und für die Auffindung von Schiffen und Gütern auf See künftig weit geringere Löhne, etwa in Höhe der bisherigen Hilfslöhne zubilligt, oder in der Weise, daß man den Hilfslohn heraufsetzt und denselben ähnlich hoch bemißt, wie den jetzigen Bergelohn, mit anderen Worten neben dem Arbeitslohn dem Hilfeleistenden auch Fundlohn gewährt, obwohl er nichts gefunden hat.

Beides wäre gleich Unrecht.

Das allgemeine Rechtsbewußtsein, welches den Fundlohn fordert, besteht zweifellos auch noch heute. Wenn auch die verschiedenen Gesetzgebungen von einander abweichen, so wird doch überall in der Rechtsprechung dieser Fundlohn anerkannt, und ich bin überzeugt, daß dies auch in Scandinavien unter der Herrschaft der neuen Gesetze nicht anders sein wird, denn die Macht der Lebensverhältnisse ist stärker als der todte Buchstabe. Die deutsche Seegesetzgebung hat übrigens keine besondere Veranlassung, gerade auf Scandinavien als das gelobte Land zu schauen, von wannen besondere neue seerechtliche Gedanken zu holen wären. Die dortigen Gesetze haben allerdings den Vorzug des neuesten Datums, aber nicht der neuesten und besten Anschauungen. Beispielsweise unterscheiden sie sich von fast allen anderen modernen Seerechten dadurch, daß man dort die Schiffsregister noch in keiner Weise für Zwecke des Privatrechts dienstbar gemacht hat. Der Gedanke ferner, das zweifellos für die Bergung allein charakteristische Zurückbehaltungsrecht auch dem bloßen Hilfeleister in der Form zu geben, daß er das Auslaufen aus dem Hafen, in den das Schiff gerettet ist, hindern darf, bis der Hilfslohn bezahlt oder deponirt ist, ist ein unglücklicher und dient nur dazu, einen unnöthigen Druck auszuüben, der ohne Arrestgrund, der z. B. gegen Ausländer vorliegen würde, ganz ungerechtfertigt ist. Erinnern will ich dabei an die Thatsache, daß Schweden allein vor allen anderen Ländern der Welt den Vorzug hatte, in seinen früheren Gesetzen bei Bemessung des Berge- und Hilfslohns den Ausländer schlechter zu stellen, als den Inländer. Nach diesen früheren Gesetzen waren Bergung und Hilfeleistung Privilegium der Tauchercompagnie und diese hatte einen Tarif, der Ausländern gegenüber fast doppelt so hoch war, als Inländern gegenüber. Wollte man den Fundlohn des Bergers streichen oder auch nur wesentlich streichen, so würde dies unsere ganze Küstenbevölkerung als einen Eingriff in Jahrhunderte bestehende Rechtsverhältnisse ansehen und als ein Unrecht gegenüber dem Rechtszustand in den Nachbarstaaten. Es würde zum Schaden der Schifffahrt der Anreiz zum Bergen vermindert werden, auch würde man versuchen, mit den geborgenen Schiffen und Sachen nach England zu gehen, um dort eventuell höheren Lohn zu erlangen oder sie würden versucht sein, das Geborgene zu verheimlichen.

Nordamerica, wo das Strandrecht nie bestanden, hat trotzdem vermöge seines engen Anschlusses an England dessen hohe Sätze aufgenommen. Der Holländer Asser erwähnt auf dem Seerechts-Congreß in Antwerpen von 1885, daß man in Holland (wo kein bestimmtes Maximum besteht) Bergelöhne bis zu 60 pCt. bewilligt, die die Berger wohl verdient hätten. Auf demselben Congreß theilte der Belgier Engels ein Belag dafür, daß die geborgenen Werthe relativ gering sind. Von den Hilfeleistungsfällen mögen einige näher erwähnt werden.

Zunächst ein Fall aus der Zeit vor dem Handelsgesetzbuch:

1853 wurde der vollständig bemannte Dampfer „Georg Conning", welcher auf einer Sandbank in der Elbe festsaß, von dem Dampfer „Elbe" in ca. 24 Stunden ohne jede Gefahr für den Schlepper abgeschleppt.

Werth von Schiff und Ladung 480 000 Mk., gefordert wurden als „Bergelohn" $^1/_3$ = 160 000 Mk., zugesprochen wurden als Hilfslohn 6000 Mk.

Dann aus der Zeit nach Einführung des Handelsgesetzbuchs:

Von dem Bremer Schleppdampfer „Diana" wurde in 3 Stunden ein bei Wangeroog festsitzender, vollständig bemannter Dampfer „tadrew Lowitt" ebenfalls ohne wesentliche Gefahr abgeschleppt und nach Bremerhaven bugsirt. Werth von Schiff und Ladung betrug 240 500 Rthlr. Gold.

Ein Schiedsgericht setzte einen „Bergelohn" von 62 000 Rthlr. Gold fest, das Reichs-O.H.G. cassirte den Schiedsspruch und sprach einen Hilfslohn von 15 000 Mk. zu.

Die großen überseeischen vollständig bemannten „Vienna", „Peter der Große", „Gardenia", „Donar" befanden sich durch Maschinen- oder Schraubenbruch auf hoher See mit unbeschädigter Ladung in Noth und wurden von anderen Schiffen ins Schlepptau genommen und in den Hafen geschleppt. Der Werth von Schiff und Ladung betrug bei jedem dieser Dampfer ca. 500- bis 800 000 Mk. Je nach dem Umfang der Gefahr, der verwandten Zeit und nur in letzter Linie nach dem Werth wurden Hilfslöhne festgesetzt von resp. 22 500 Mk., 15 000 Mk., 45 000 Mark und 60 000 Mk. Wären diese Schiffe durch Seeunfälle zum steuerlosen Wrack geworden, ein Theil der Ladung beschädigt, ein Theil verloren, so wäre der Werth von Schiff und Ladung sicher außerordentlich zusammen geschmolzen. Berger jener Schiffe würden also bei einem Bergelohn von annähernd $^1/_3$ in solchem Fall schwerlich mehr verdient haben, als die Schiffe wirklich an Hilfslohn verdienten, die rechtzeitig Hilfe leisteten. Hätte man aber die Hilfeleistung nach den Grundsätzen des Bergelohns mit annähernd $^1/_3$ bezahlt, so würden die Hilfeleister den 5- bis 10fachen Lohn erhalten haben. Die „geretteten" Schiffer hätten aber sicher das Gefühl gehabt, daß ihnen ähnlich mitgespielt worden wäre, als wenn sie in die Hände von Piraten gefallen wären.

Der essentielle Unterschied zwischen Bergung und Hilfeleistung muß also zu einer ungleichartigen rechtlichen Behandlung beider sowie die zu berücksichtigenden Umstände rechtsgrundsätzlich festgestellt. Ob dies in unserem Gesetz in zutreffender Weise geschehen, ob speciell der Begriff der Bergung im Gegensatz zur Hilfeleistung noch besser und richtiger hätte gefaßt werden können, als geschehen, ob die Unterschiede des Bergelohns von dem Hilfslohn anders und klarer hätten bestimmt werden können, sind nebensächliche Dinge, mit denen wir uns hier, wo es sich nur um Beantwortung der allgemeinen Frage handelt, ob beide rechtlich gleichartig zu behandeln seien, nicht zu befassen haben. Uebrigens bin ich der Ansicht, daß die Praxis im Ganzen mit den Definitionen des Gesetzes unter Zuhilfenahme der Materialien auskommen kann und ausgekommen ist. Die Ausdehnung des Begriffs der Bergung über die Fälle der „Dereliction" hinaus entspricht zwar nicht der anglo-americanischen Auffassung, wohl aber der anderer Länder, wie Frankreich, Holland, Portugal, Belgien.

Das über diese Frage vorliegende Gutachten des Herrn Dr. Burchard steht auf einem anderen Standpunkt. In Uebereinstimmung mit der erwähnten Reichstagsresolution von 1874 empfiehlt er die Aufhebung der Unterscheidung zwischen Bergelohn und Hilfslohn und zwar in engem Anschluß an die Bestimmungen der drei scandinavischen Seegesetze.

Weder die Reichstagscommission noch der Herr Gutachter gehen auf die Gründe ein, welche bei Berathung des Handelsgesetzbuchs für die Unterscheidung beider maßgebend waren. Das Element des Fundlohns, Bergelohn, wird ignorirt, man spricht nur von custodia des Bergers, die eine besondere Vergütung nicht rechtfertige; ebenso ignorirt wird der Grund, daß Schiff und Ladung, dem nur Hilfe geleistet ist, regelmäßig einen weit höheren Werth haben, als geborgenes Gut. Man faßt den Umstand, daß Schiff und Ladung von dem Eigenthümer bereits aufgegeben oder seiner Verfügung entzogen waren, als die Thätigkeit des Bergers eintrat, daß der Berger ohne ein leitendes und ihn herbeirufendes Nothsignal das Geborgene selber auffinden muß, nur als einen die Gefahr des definitiven Verlustes steigerndes Moment auf, welches nicht anders als jedes andere Gefahrmoment zu berücksichtigen sei.

Indem man ferner beide Leistungen nur als Arbeitsleistungen ansieht, wird erwogen, daß häufig die Arbeitsleistung der bloßen Hilfe größer sei, als die des Bergers, daß auch häufig die Hilfeleistung für den Eigenthümer mehr werth sei, als die Bergung. Weil der Fundlohn ignorirt wird, wird die besondere Berücksichtigung des Werths des Geborgenen bei Bemessung des Lohns als ein im historischen Zusammenführen und es beweisen die angeführten Zahlen, daß der Umstand, ob Bergung oder nicht, so schwer für den Lohn ins Gewicht fällt und fallen muß, daß es nicht angeht, diesen Umstand zu einem bloßen neben anderen zu berücksichtigenden Gefahrmoment herabzusetzen.

Es ist nun aber ein doppelter Weg möglich:

entweder drückt man die Verschiedenheit im Gesetz aus, wie in unserem Handelsgesetzbuch geschehen — oder man überläßt es der Praxis der Gerichte, bei der Festsetzung des Lohns diese Verschiedenheit richtig zu berücksichtigen, wie dies in England geschieht.

Der natürliche Weg ist der erstere. Will man Alles der Praxis überlassen, so fehlt jede Garantie, daß die Praxis auch andauernd die richtigen Grundsätze festhält. Die Jurisdictionsverhältnisse in England machen diese Gefahr geringer als bei uns. Wie wir gesehen haben, liegt die Festsetzung der remuneration for salvage dort wesentlich in der Hand einer Centralbehörde, des Court of admiralty, der unter Beirath höchst erfahrener alter Seeleute erkennt. Diese Centralisirung macht die Praxis zu einer constanten, zumal bei der großen Rücksicht, die man in England auf Präcedenzfälle legt.

Ganz anders liegt die Sache bei uns. Stände in unserem Gesetz nichts weiter, als daß in allen Fällen der Rettung aus Seenoth eine angemessene Vergütung zu gewähren sei, so wäre Alles, sowohl die Unterscheidung der Fälle einer Bergung von denen einer Hilfeleistung, wie die Frage, welche Umstände bei Bemessung des Lohns zu berücksichtigen, der Praxis der verschiedenen Oberlandesgerichte und der von ihnen abgehörten Sachverständigen überlassen, ein corrigirender Einfluß der höchsten Instanz wäre abgeschnitten und wir wären in Gefahr, daß je nach den Anschauungen der sechs Oberlandesgerichte unserer Küstenländer sich eine sechsfach verschiedene Praxis entwickelte, um so mehr, als die Entscheidungen der Oberlandesgerichte noch keineswegs sich einer solchen Publicität erfreuen, daß in dem einen dieser Gerichte die Kenrtniß der Praxis der anderen vorausgesetzt werden kann. Diese Entwickelung hat sich in Nordamerica, wo die Centralisation fehlt, schon herausgestellt. Desty bezeugt, daß die Festsetzung der Löhne von localem Gebrauch abhängig sei, die obere Instanz sei nur in sehr groben Fällen zu einer Abänderung im Stande. Er bemerkt: „Feste Regeln sind nützlicher und in ihrer Anwendung zufriedenstellender, als das discretionäre Ermessen der Gerichtshöfe.“

Es ist also gut und richtig, daß bei uns das Gesetz die Unterschiede von Bergung und Hilfeleistung, sowie von Bergelohn und Hilfslohn, sowie die zu berücksichtigenden Umstände rechtsgrundsätzlich festgestellt. Ob dies in unserem Gesetz in zutreffender Weise geschehen, ob speciell der Begriff der Bergung im Gegensatz zur Hilfeleistung noch besser und richtiger hätte gefaßt werden können, als geschehen, ob die Unterschiede des Bergelohns von dem Hilfslohn anders und klarer hätten bestimmt werden können, sind nebensächliche Dinge, mit denen wir uns hier, wo es sich nur um Beantwortung der allgemeinen Frage handelt, ob beide rechtlich gleichartig zu behandeln seien, nicht zu befassen haben. Uebrigens bin ich der Ansicht, daß die Praxis im Ganzen mit den Definitionen des Gesetzes unter Zuhilfenahme der Materialien auskommen kann und ausgekommen ist. Die Ausdehnung des Begriffs der Bergung über die Fälle der „Dereliction" hinaus entspricht zwar nicht der anglo-americanischen Auffassung, wohl aber der anderer Länder, wie Frankreich, Holland, Portugal, Belgien.

Das über diese Frage vorliegende Gutachten des Herrn Dr. Burchard steht auf einem anderen Standpunkt. In Uebereinstimmung mit der erwähnten Reichstagsresolution von 1874 empfiehlt er die Aufhebung der Unterscheidung zwischen Bergelohn und Hilfslohn und zwar in engem Anschluß an die Bestimmungen der drei scandinavischen Seegesetze.

Weder die Reichstagscommission noch der Herr Gutachter gehen auf die Gründe ein, welche bei Berathung des Handelsgesetzbuchs für die Unterscheidung beider maßgebend waren. Das Element des Fundlohns, Bergelohn, wird ignorirt, man spricht nur von custodia des Bergers, die eine besondere Vergütung nicht rechtfertige; ebenso ignorirt wird der Grund, daß Schiff und Ladung, dem nur Hilfe geleistet ist, regelmäßig einen weit höheren Werth haben, als geborgenes Gut. Man faßt den Umstand, daß Schiff und Ladung von dem Eigenthümer bereits aufgegeben oder seiner Verfügung entzogen waren, als die Thätigkeit des Bergers eintrat, daß der Berger ohne ein leitendes und ihn herbeirufendes Nothsignal das Geborgene selber auffinden muß, nur als einen die Gefahr des definitiven Verlustes steigerndes Moment auf, welches nicht anders als jedes andere Gefahrmoment zu berücksichtigen sei.

Indem man ferner beide Leistungen nur als Arbeitsleistungen ansieht, wird erwogen, daß häufig die Arbeitsleistung der bloßen Hilfe größer sei, als die des Bergers, daß auch häufig die Hilfeleistung für den Eigenthümer mehr werth sei, als die Bergung. Weil der Fundlohn ignorirt wird, wird die besondere Berücksichtigung des Werths des Geborgenen bei Bemessung des Lohns als ein im historischen Zusammenhang mit dem alten Strandrecht stehendes Unrecht angesehen, das beseitigt werden müsse.

Herr Dr. Burchard meint, die ganze Unterscheidung sei „unjuristisch und doctrinär", was auch angeblich bei Berathung des Handelsgesetzbuchs geltend gemacht sei. Letzteres ist thatsächlich nicht richtig. Es war damals dieser Ausdruck nur von einem Abgeordneten gegenüber einer später geänderten Fassung des Art. 749 gebraucht worden. Herr Dr. Burchard meint ferner, daß das Handelsgesetzbuch die Bergung falsch definire, daß mit dem Ausdruck „der Verfügung entzogen" nichts anzufangen sei.

Endlich wird auch noch darauf hingewiesen, daß, wenn die Bergung höher honorirt werde, die Personen, welche in der Lage seien, zu retten, in Versuchung gerathen könnten, mit ihrer Hilfe so lange zu warten, bis es für eine einfache Hilfeleistung zu spät sei, um dann eine Bergung vorzunehmen.

Nur auf diesen letzteren Grund ist noch mit einem Wort einzugehen. An unseren Küsten ist meistens eine so große Concurrenz von Schiffen, die bei stürmischem Wetter eine Gelegenheit zum Verdienst durch Hilfs- oder Bergungsdienste aufsuchen, daß es, sobald ein Nothsignal erscheint, zu einer Art Wettfahrt zwischen den Concurrenten kommt. Dadurch schließen sich so schwarze Pläne schon von selbst aus. Dazu kommt aber, daß, wie wir gesehen, rechtzeitige Hilfeleistung durch Erhaltung eines viel höheren und besseren Werthobjects häufig besseren Verdienst bringt, als die spätere Bergung. Jeder, der zu Hilfe eilt, wird sicher, wenn er Hilfe bringen kann, selbst abgesehen von jedem menschlichen Gefühl, bemüht sein, durch schnelle Hilfe rechtzeitig möglichst Alles zu retten. Sollte aber dennoch wirklich ein solcher Fall vorkommen, wie befürchtet wird, so würde ein „misconduct" vorliegen, der nach englischem Recht jeden Anspruch ausschließen würde, und auch nach unserem Gesetz würde dies ein Umstand sein, der den Richter veranlassen würde, den Lohn auf das geringste Maß herabzusetzen. Hält man die Gefahr eines solchen Verhaltens aber immer noch für möglich, so könnte dies höchstens ein Grund sein, unter den Fällen, welche nach Art. 752 jeden Anspruch auf Bergelohn ausschließlich auch diesen Fall aufzunehmen, also zu bestimmen, daß Bergelohn nicht zusteht denen, welche ihre Hilfeleistung auf die Aufforderung eines Strandbeamten oder eines Schiffers oder Lootsen zu einer Zeit, als eine solche noch mit Erfolg möglich war, verweigerten und wenn nachdem das Schiff verunglückt ist. Eine ähnliche Bestimmung enthielt bereits Art. 601 des preuß. Entwurfs.

Herr Dr. Burchard verweist auch auf die Verhandlungen über unsere Frage auf dem Seerechtscongreß in Antwerpen 1885. In Antwerpen versuchte man, ein internationales Gesetz über Bergung und Hilfeleistung zu entwerfen. Man legte dabei das deutsche Handelsgesetzbuch zu Grunde.

In der Commission wurde im Wesentlichen der ganze Inhalt unseres Gesetzes über die Materie angenommen. Der Referent der Commission führte diese Beschlüsse mit den Worten ein, daß die deutsche Gesetzgebung als die beste und modernste erschienen sei. Im Plenum wurde von dem Franzosen Clunet und dem Belgier Picard beantragt, nach Vorgang des englischen Rechts die Unterscheidung im Gesetz fortzulassen und Alles dem Richter zu überlassen. Es könne sein, daß die Hilfeleistung verdienstvoller, nützlicher und gefährlicher sei, als die Bergung; es sei alles „arbiträr“ und besser sei es, alles dem Richter zu überlassen. Die Majorität des Plenums beschloß demgemäß, im Gesetz in Betreff der Festsetzung von Bergelohn und Hilfslohn nichts Verschiedenes zu bestimmen. Dagegen wurde aber trotzdem mit einer anderen geringeren Majorität beschlossen, das Ermessen des Richters insofern zu beschränken, als ihm in beiden Fällen zur Pflicht gemacht wird, insbesondere eine Reihe von bestimmten Umständen zu berücksichtigen, darunter den Werth der geretteten Sachen, nicht aber (wie in dem scandinavischen Gesetze) die Thatsache, ob das Schiff bereits aufgegeben war und ob die eigene Besatzung bei der Rettung mit thätig war. Meiner Meinung haben diese Beschlüsse kaum einen Werth. Dieselben sind das Product zufälliger und verschiedener Majoritäten im Plenum und in sich inconsequent. Sollte das englische System angenommen werden, was Clunet und Picard wollten, müßten auch die besonderen Umstände fallen und Alles dem Richter überlassen werden. So wie der Beschluß vorliegt, steht derselbe im Gegensatz zu jeder bestehenden Gesetzgebung, da die Thatsache des „Derelicts“ nicht einmal als ein bei Bemessung des Lohnes zu berücksichtigendes Moment erwähnt wird. Mehr Gewicht ist meines Ermessens den Ausführungen des geistvollen und angesehenen französischen Schriftstellers Courcy beizulegen, der in einer seiner Questions du droit maritime (erschienen 1885) „sauvetage et l'assistance“ ausführt:

> „Der Hilfslohn müsse stets niedriger bemessen werden, als der Bergelohn, da kein Fund vorliegt, kein Aufgeben des Eigenthums. Es wäre offenbar unlogisch, in diesen für die Eigenthümer weit günstigeren Fällen ihnen ebenso große Opfer aufzuerlegen. Es giebt Dampfer, die mit ihren Ladungen mehrere Millionen werth sind. Es wäre doch ein wenig stark, einen Lohn von 1 bis 2 Millionen für ein Bugsiren von einigen Stunden festzusetzen. Man genirt sich im Ausland freilich nicht, Ansprüche solcher Art zu erheben.“

Er bemerkt am Schluß seiner Ausführungen, daß Alles, was er in dieser Frage wünsche, das deutsche Seerecht enthalte, welches den Vorzug habe, modern und von den Bedürfnissen der modernen Schifffahrt inspirirt zu sein.

Ich denke also auch, daß wir es bei dem Bestehenden lassen und empfehle Ihnen meinen Antrag.

(Bravo!)

Vorsitzender: Herr Rechtsanwalt Dr. Fuld (Mainz) als Correferent.

Correferent Rechtsanwalt Dr. **Fuld** (Mainz): Ich werde Ihre Aufmerksamkeit nur kurze Zeit in Anspruch nehmen, da ja der Herr Referent die Frage sehr ausführlich beleuchtet hat, und ich mich daher, trotzdem ich in praktischer und grundsätzlicher Hinsicht abweichender Ansicht bin, kurz fassen kann.

Ich stehe auf dem Standpunkt des Gutachtens des Herrn Dr. Burchard und empfehle Ihnen, einen Antrag dahin anzunehmen:

> daß es geboten sei, bei der Revision des Handelsgesetzbuches eine gleichartige Regelung von Bergelohn und Hilfslohn eintreten zu lassen.

Was das zuletzt angeführte Argument des Herrn Referenten anlangt, so hat er erklärt, daß der Beschluß des Internationalen Seerechtscongresses in Antwerpen, der bezweckte, die Grundlage für die Schaffung eines internationalen Seerechts innerhalb bestimmter Grenzen zu schaffen, über dessen Nothwendigkeit und Nutzen wohl kein Zweifel sein kann, nur durch Zufall zu Stande gekommen sei, indem die vorbereitende Commission ganz anderer Ansicht gewesen sei und das entgegengesetzte Schlußvotum ausschließlich auf die Autorität des französischen Advocaten Clunet zurückgeführt werden müsse. Es sind mir im Augenblick die Vorgänge bei den Berathungen des Internationalen Seerechtscongresses nicht genau erinnerlich, ich glaube mich aber in der Annahme nicht zu irren, daß auch die deutschen Vertreter auf demselben — und es befanden sich unter ihnen sehr hervorragende Kenner der Theorie und Praxis des Seerechts — einen Widerspruch gegen die Ausführungen Clunet's nicht erhoben haben, die übrigens von den französischen Juristen vollständig getheilt werden; man kann also kaum sagen, daß der Beschluß durch eine Art von Ueberrumpelung seitens Clunet's zu Stande kam. Aber auch angenommen, der Beschluß sei auf — ich möchte sagen: ein strategisches Kunststück des Herrn Clunet zurückzuführen, so würde meines Erachtens doch darauf kein Werth zu legen sein, denn Sie haben aus den rechtsvergleichenden Ausführungen des Herrn Collegen Boyens über das internationale Seerecht ersehen, daß die Mehrzahl der geltenden Gesetze auf demselben Standpunkt steht, den der Herr Gutachter in seinen Arbeiten vertreten hat. Wenn es nun in absehbarer Zeit möglich sein soll, durch Staatsverträge zu einer internationalen Regelung des Seerechts der wichtigsten Staaten zu kommen — daß dies ein eminentes Bedürfniß ist, geht aus zahlreichen Aeußerungen des Handelsstandes und der seefahrttreibenden Bevölkerung hervor —, dann muß Deutschland mit seinem ziemlich isolirt dastehenden System brechen und zu dem System, das die Mehrheit der Staaten für sich hat, übergehen.

Der Herr Referent geht von der Ansicht aus, die Bergung sei überall ausgezeichnet als ein besonders qualificirter und besonders würdiger Fall der Hilfeleistung. M. H., das gebe ich zu, und mein Antrag will keineswegs der Bergung diesen besonders qualificirenden Charakter schlechthin nehmen, aber ich sage, die Bergung ist nicht überall und unter allen Umständen ein besonders ausgezeichneter Fall der Hilfeleistung, sondern nur in zahlreichen Fällen, während ihr in nicht minder zahlreichen dieser Charakter fehlt, und es ist deshalb eine abstracte und unrichtige Generalisirung, wenn das deutsche Handelsgesetzbuch auf dem Standpunkt steht, zu sagen, die Bergung ist unter allen Umständen, mögen die concreten Verhältnisse des individuellen Rettungsfalles liegen, wie sie wollen, werthvoller und in höherem Grade der Belohnung würdig, als andere Hilfeleistungen im Rettungsfall. Der Herr Gutachter hat in höchst treffender Weise ausgeführt, daß es Fälle der Rettung giebt, in denen die Hilfeleistung mit größerer Gefahr, mit bedeutenderer Anstrengung verbunden ist, als die Bergung, und umgekehrt, daß zahlreiche Fälle zu constatiren sind, in welchen die Bergung mit viel geringerer Arbeit und namentlich mit viel geringerer Gefahr verknüpft ist, als die Hilfeleistung. Ich will auf die Beispiele, die in dem gedruckten Gutachten zur Begründung dieser Behauptung mitgetheilt sind, nicht weiter eingehen, um Ihre Verhandlungszeit nicht unnöthig in Anspruch zu nehmen, ich möchte nur Folgendes hervorheben.

Aus den Berathungen der Commission, die mit der Ausarbeitung des Handelsgesetzbuches befaßt war, ergiebt sich zwar, wie Herr Justizrath Boyens ganz richtig hervorgehoben hat, daß nach Ansicht der Commission neben dem Momente der geleisteten Arbeit auch das Fundmoment seine Berücksichtigung bei Bemessung der Vergütung für die Hilfeleistung hätte finden sollen; allein es ist meines Erachtens eine unrichtige Interpretation der bezüglichen Verhandlungen, wenn der Herr Referent glaubt, daß auf das Fundmoment dabei der ausschlaggebende Werth gelegt worden sei. Ich fasse die Verhandlungen dahin auf — und dies ist auch jedenfalls die Ansicht der Mehrheit der Commissionsmitglieder gewesen — daß maßgebend sein sollte das Moment der thatsächlich aufgewandten Mühe und das Moment der bei der Rettungsarbeit thatsächlich zu überwinden gewesenen Gefahr. Und, m. H., ich stehe sogar auf dem Standpunkt, daß, selbst wenn die Mehrheit der Commission nicht dieser Ansicht gewesen wäre und nicht derselben unzweideutigen Ausdruck gegeben hätte, doch gleichwohl diese combinirten Momente als entscheidend und maßgebend anzusehen wären, denn es ergiebt sich schon aus der natürlichen Erwägung der hier in Betracht kommenden Verhältnisse, daß nur diese beiden Momente für den Gesetzgeber de lege ferenda in Betracht kommen können. Ich lege auf das Fundmoment nur ganz nebensächliches Gewicht. Es unterliegt für mich keinem Zweifel, daß der Gesetzgeber, der einerseits das Interesse der Retter, andererseits aber auch die Interessen der in Seenoth befindlichen Bevölkerung gleichmäßig berücksichtigen will, nur davon ausgehen kann, daß die Verbindung des Moments der aufgewendeten Arbeit und der thatsächlich seitens der Retter bestandenen Gefahr einen gerechten Maßstab für die Bemessung der zu gewährenden Vergütung abgiebt. Von diesem Standpunkte aus kann ich es nur als einen Irrthum ansehen, wie dies auch der Herr Gutachter thut, wenn das Handelsgesetzbuch erklärt, daß, sofern der Schiffer nicht mehr im Besitz der Verfügung über sein Schiff war, das Arbeitsmoment und das Moment der Gefahr schlechthin höher sind, als bei der entgegengesetzten Voraussetzung, also, um die Terminologie des geltenden Rechts anzuwenden, bei der Hilfsarbeit. M. H., diese Regelung ist eine doctrinäre Abstrahirung; die bisherige Praxis hat meines Erachtens auch in unzweideutiger Weise gezeigt, daß sie mit dieser abstracten Unterscheidung nichts anfangen kann. Die Unterscheidung kann und wird häufig richtig sein, allein sie ist es keineswegs immer. Der Verzicht auf den abstracten Standpunkt würde dem Richter die Freiheit geben, unter vollständiger Würdigung der individuellen Beschaffenheit jedes Rettungsfalles eine Unterscheidung zwischen den einzelnen Rettungsfällen mit Rücksicht auf die zuzubilligende Vergütung da vorzunehmen, wo sie gerecht und billig ist, von ihr aber Abstand zu nehmen, wo sie mit dem concreten Sachverhalt in Widerspruch stehen würde.

M. H., es steht der Antrag, den ich Ihnen unterbreite, im Zusammenhang mit der freien Stellung des Richters, die derselbe nach unserem geltenden Rechte, abgesehen von den seerechtlichen Verhältnissen, im Allgemeinen hat, wenn es gilt, die Art und Höhe der Vergütung zu bemessen, die für eine Dienstleistung und die dabei aufgewendete Arbeit zu gewähren ist. M. H., warum soll der Richter bei den seerechtlichen Verhältnissen nicht dieselbe Freiheit haben? Der Herr Referent sagt: es fehlt die Garantie, daß die Praxis stets das Richtige finden wird, und bemerkt dann weiter: die englischen Gerichte haben größtentheils in der Praxis das Richtige gefunden, wir haben aber keine Gewißheit, daß dies auch in Deutschland der Fall sein wird. Ich glaube nun nicht, daß die deutschen Richter in dieser Beziehung unpraktischer sein werden denn die englischen, deren angemessene Rechtsprechung in dieser Hinsicht mit Recht allgemeine Anerkennung gefunden hat. Der deutsche Richter hat oft genug Fälle vor sich, in welchen die Ausmessung der Vergütung bezw. des Schadensersatzes mindestens so schwierig ist, wie bei der Rettung aus Seenoth, ich glaube, daß die Entscheidung über einen Schadensersatzanspruch, wo das Labyrinth des Beweises durchwandert werden muß, vielfach nicht leichter, sondern sogar schwerer ist, gleichwohl sind die Entscheidungen in solchen Fällen ihrer großen Mehrheit nach zutreffend. Bedenken Sie weiter, es kommen auch dem Richter, der im Binnenlande thätig ist, zahlreiche Fälle vor, in denen es sich darum handelt, die Vergütung für eine Arbeitsleistung zu bestimmen, wobei die Anhaltspunkte dafür recht unzureichend sind, und doch steht er bei Lösung der ihm hierbei obliegenden Aufgabe hinter den englischen Richtern in keiner Weise zurück; wir dürfen daher das Vertrauen zu dem deutschen Richter haben, daß er ebensowohl wie sein englischer College bei den Rettungsfällen aus Seenoth die dem einzelnen Falle angemessene Vergütung zu bestimmen weiß.

Nun sagt der Herr Referent weiter: Ja, wenn wir der Praxis die Bemessung der Vergütung ohne jede gesetzliche Schranke oder Grenze übertragen, müssen wir mit der Gefahr rechnen, daß eine verschiedenartige Rechtsprechung sich ausbildet, es giebt 6 Oberlandesgerichte in den deutschen Küstengebieten, jedes von diesen wird wahrscheinlich in der Praxis seine eigenen Wege gehen, es wird sich auf seine Sachverständigen verlassen, und damit wird der Rechtsverschiedenheit Thür und Thor geöffnet. M. H., ich bin auch in dieser Beziehung nicht der etwas pessimistischen Ansicht des Herrn Referenten. Meines Erachtens würde das Reichsgericht wohl in der Lage sein, einen gewissen bestimmenden Einfluß auf diese Rechtsprechung auszuüben, wenn auch seine Stellung nicht dieselbe ist, wie die der englischen Supreme Court bezw. der Admiralty Court, der in diesen Sachen letztinstanzlich entscheidet. Ob übrigens eine verschiedene Praxis in Ansehung dieser Materie als ein besonderer Nachtheil zu erachten ist, möchte ich doch zum Mindesten als fraglich bezeichnen.

Der Herr Referent führte sodann weiter aus: Wenn die Bergung noch geringer bezahlt würde, als es bisher thatsächlich der Fall gewesen sei, dann wäre zu befürchten, daß der Eifer der Berger erlahmte und erkaltete. Nun ist es gar nicht die nothwendige Consequnz des Antrags, den ich Ihnen zu unterbreiten die Ehre habe, daß die Bergung geringer bezahlt wird, als es bisher zumeist der Fall war. Es wird das in vielen Fällen nicht zu constatiren sein, vielmehr würde die Wirkung einer Gesetzesrevision im Sinne meines Antrages nur zunächst die sein, daß von Fall zu Fall die Vergütung bemessen wird und Bergungslöhne, die bisher in übermäßiger Höhe zuerkannt wurden, eine Reduction erfahren. Daß heute vielfach Bergungslöhne in ganz ungerechtfertigter Höhe bezahlt werden, während die Hilfsleistung oft genug nicht das thatsächlich Verdiente erhält, kann ausweislich der Erfahrungen der Praxis nicht bezweifelt werden, es wird dies auch in dem Gutachten in treffender Weise dargethan; ich messe die Schuld an diesem, m. E. der ausgleichenden Gerechtigkeit ebenso wenig wie der Billigkeit entsprechenden Rechtszustande den Bestimmungen des geltenden Rechts bei.

Dank der gesetzlichen Vorschrift, daß der Richter bei Bemessung der Vergütungen, die für die Hilfeleistungen zu zahlen sind, nur in untergeordnetem Maße den Werth der geretteten Gegenstände berücksichtigen soll, hat sich die Praxis dahin entwickelt, daß bei Bemessung der Vergütung für die Bergung auf den Werth der geretteten Gegenstände ein übermäßiger Werth gelegt wird. Der Richter hält vielfach den Werth der geretteten Gegenstände bei der Bergung für das Maßgebende und würdigt dabei die Arbeitsleistung und die Gefahr nicht. Das ist meines Erachtens ein Zustand, der nicht als wünschenswerth bezeichnet werden kann und der deswegen der Reform dringend bedürftig ist. Würde das Gesetz im Sinne meines Antrags abgeändert, würde der Richter von den Schranken, die jetzt bestehen, befreit und würde er in die Lage versetzt werden, unter Berücksichtigung sämmtlicher individuellen Momente zu bestimmen, welche Vergütung der jeweiligen Rettungsarbeit angemessen ist, so würde dann die Bergungsarbeit, die mit wirklich großer Gefahr und erheblicher Arbeit verbunden ist, gewiß nicht schlechter bezahlt werden wie heute. Andernfalls würde aber eine Hilfeleistung, die heutzutage nicht in gehörigem Maße vergütet wird, zu einer wesentlich höheren Vergütung führen, was im Interesse der seefahrenden Bevölkerung liegt. Es ist seitens des Herrn Gutachters betont worden, daß die gegenwärtige Regelung, wenigstens theoretisch, das Bedenken gegen sich habe, daß habsüchtige wie egoistische Leute mit der gebotenen Rettungsarbeit so lange warten, bis es mit der Hilfe zu spät sei, und bis die Bergung nicht mehr vermieden werden könne, damit ihnen der höhere Bergelohn und nicht der niedrigere Hilfslohn zu Theil wird. Es ist mir allerdings nicht bekannt, ob dies schon constatirt werden konnte. Jedenfalls liegt die Möglichkeit theoretisch vor, und ich sehe darin auch vom ethischen Standpunkt aus ein Moment für die Revision des Handelsgesetzbuchs im Sinne meines Antrags. Gegenüber diesen Momenten kann ich doch der historischen Entwickelung, auf die der Referent in erster Linie Werth gelegt hat, nicht die Bedeutung beimessen, wie er es gethan hat. Und wenn der Herr Referent gesagt hat, die Küstenbevölkerung würde eine solche Revision des Handelsgesetzbuchs als einen Eingriff in ihre wohl erworbenen Rechte und Anschauungen ansehen, so muß ich das zunächst noch als zweifelhaft bezeichnen. Aber selbst, wenn es der Fall wäre, so würde ich doch gar keinen Werth darauf legen. M. H., als der Staat mit der Aufhebung des Strandrechtes vorging, sah die Küstenbevölkerung das auch als einen Eingriff in ihre wohlerworbenen Rechte an. Ich zweifle gar nicht daran, daß dies damals große Unzufriedenheit erregt hat, und daß es theilweise zu gewaltsamer Auflehnung gegen das Verbot gekommen ist, mit der Zeit hat sie sich so daran gewöhnt, daß sie das Strandrecht als eine ihr unverständliche Barbarei alter Zeiten betrachtet; ähnlich würde es mit der Beseitigung des rechtlichen Unterschiedes zwischen Bergung und Hilfeleistung gehen. Die Küstenbevölkerung würde, selbst wenn sie in der Uebergangszeit eine geringere Vergütung erhielte als heute, sich mit dem neuen Rechtszustande bald aussöhnen, und es würde sich bald zeigen, daß die Gleichstellung beider Rettungsarten quoad legem, nicht minder förderlich ist dem Interesse der deutschen Küstenbewohner wie dem Interesse der Deutschen Gesellschaft zur Rettung Schiffbrüchiger. Ich bitte Sie, dem Antrag beizustimmen.

Vorsitzender: Der Antrag lautet:

> Es empfiehlt sich, bei der Revision des Handelsgesetzbuchs Bergung und Hilfeleistung gleichartig zu behandeln.

Das Wort hat Herr Oberlandesgerichtsrath Dr. Martin.

Oberlandesgerichtsrath Dr. **Martin** (Hamburg): M. H., gestatten Sie mir nur ganz wenige Worte! Wenn unser gesetzlicher Zustand derart wäre, wie ihn der letzte Herr Redner herbeiführen möchte, so würden wir uns höchst wahrscheinlich nicht gerade besonders schlechter befinden als jetzt. Die Praxis würde einen anderen Gang genommen haben. Bisher unterschied man Bergung und Hilfeleistung. Man hatte regelmäßig mit der Auffassung der Anwälte zu rechnen, die versuchten, je nachdem ihr Standpunkt war, eine Bergung zu einer Hilfeleistung zu machen und umgekehrt. Wäre die Sachlage eine andere, so würden die

Gerichte einen anderen Weg gewählt haben. Es ist ja ganz natürlich, man muß sich gewisse Kategorien schaffen. Es ist namentlich bei den hanseatischen Gerichten der Fall gewesen, daß man allmählich im Laufe der Zeit die verschiedenen größeren Bergungsfälle sich bemerkt und gesagt hat: In diesem Falle ist so und so viel, in einem anderen so viel gegeben worden. Das würde, wenn das Gesetz zwischen Bergung und Hilfeleistung nicht unterschiede, in einem anderen Umfange, in einer anderen Richtung ausgeführt worden sein. Man würde über die jetzige Grenzscheide von Bergung und Hilfeleistung noch hinausgehen und würde, wo man jetzt Berglohn bewilligt, als Lohn für die Hilfeleistung einen entsprechend höheren Satz annehmen.

Das wäre der Fall, wenn unser Gesetz so lautete, wie der letzte Herr Redner es wünscht. Aber wir haben nun das bestehende Gesetz, welches Bergung und Hilfeleistung unterscheidet, und das verkennen die Herren auf der gegnerischen Seite auch nicht, daß Bergung etwas anderes ist als Hilfeleistung. Unser deutsches Handelsgesetzbuch hat mit kurzen Worten zu unterscheiden gesucht. Der Herr Gutachter hat die Unterscheidung angegriffen, und es mag richtig sein, die Grenzlinie ist schwer zu ziehen: gehört ein Fall zur Bergung oder zur Hilfeleistung. Ich glaube aber, die Gründe sind nicht schwerwiegend genug für eine Aenderung des Gesetzes nach der Richtung hin, die hier vorgeschlagen ist. Gewiß war bei den neueren Congressen wie in Antwerpen und Brüssel die Meinung dahingehend, daß man den Unterschied fallen lassen solle. In anderen Ländern ist das auch bereits Rechtens, und wenn man ein internationales Gesetz machen will, braucht man vielleicht den Unterschied zwischen Bergung und Hilfeleistung nicht. Aber solange es sich nicht darum handelt, auszugleichen zwischen den verschiedenen Gesetzgebungen, sehe ich keinen Grund, diese Unterscheidung, die an sich ihre Begründung hat, aufzugeben, und ich möchte mich deshalb dem Antrag des Herrn Justizrath Boyens anschließen.

Vorsitzender: Ich schließe die Verhandlungen und gebe dem Herrn Referenten das Schlußwort.

Referent Justizrath **Boyens:** Ich möchte zu den Ausführungen des Herrn Correferenten noch ein paar Worte sagen. Ich würde nichts dagegen haben, wenn ein internationales Gesetz gegeben würde, das sich ungefähr dem englischen Gesetz anschließen würde. Dann würde aber die Sache keineswegs anders sein, wie jetzt bei uns in Deutschland. Es würde dann der ganze Unterschied zwischen Bergung und Hilfeleistung, der in der Natur der Sache begründet ist, nur aus dem Gesetz in die Praxis übergehen. Das ist auch die Anschauung meines geehrten Herrn

Vorredners. Ich habe nur aus den besonderen Gerichtsverhältnissen Deutschlands herausdeducirt, daß es für uns besser ist, daß wir, so lange wir ein solches internationales Gesetz nicht haben, bei den bewährten Zuständen bleiben, die wir haben. Ich spreche meine volle Ueberzeugung aus, daß, wenn die Anträge des Herrn Correferenten angenommen werden und dann im Gesetz Platz greifen, die erste Wirkung die sein wird, daß die Actien sämmtlicher Bergungsdampfer außerordentlich in die Höhe gehen würden.

Es würden im Volke diese Aenderungen nur so aufgefaßt werden, daß der Gesetzgeber wolle, es solle die Hilfeleistung weit höher bezahlt werden, als bisher. Die Fälle, welche ich aus der Praxis mitgetheilt habe, — ich habe nicht alle mittheilen können, weil die Zeit zu weit vorgerückt war — beweisen, wie ungeheuer die Ansprüche dieser Leute sind und in welch' übertriebener Weise sie suchen, für ihre Thätigkeit bei den Gerichten Ansprüche durchzusetzen, und deshalb — das ist der Hauptgrund, ich stehe mitten in der Praxis und habe derartige Fälle auch selbst unter den Händen gehabt — bin ich der Meinung, solche Anträge müssen fallen, solchen Tendenzen ist, wenn sie auftauchen, nicht Vorschub zu leisten.

Der Herr Correferent hat ferner America immer mit England verwechselt. Ich habe ausgeführt, in England schadet das Gesetz nicht so, weil der court of admirality die ganze Jurisdiction hat; ich habe aber auch ausgeführt, daß in America, wo ein solcher Gerichtshof nicht diesen corrigirenden Einfluß hat, Schäden sich herausgestellt haben. Ich bitte Sie also, meine Anträge anzunehmen.

Vorsitzender: Ich bitte nun die Herren, welche den Antrag des Herrn Correferenten annehmen wollen, die Hand zu erheben.

(Geschieht.)

Das ist die Minderheit; der Antrag ist abgelehnt. Ich würde glauben, daß damit der Antrag des Herrn Referenten, die Frage zu verneinen, angenommen ist.

Ich darf wohl den Herrn Referenten ersuchen, den Beschluß im Plenum zur Kenntnißnahme mitzutheilen.

(Schluß der Sitzung 1/4 3 Uhr.)

Zweite Sitzung der zweiten Abtheilung
am Mittwoch, den 11. September 1895.

(Beginn: Vormittags 9 Uhr.)

Vorsitzender Oberlandesgerichts-Präsident **Becker** (Oldenburg): Indem ich die Sitzung eröffne, bringe ich die vom Bureau zusammengestellte Liste der Vertrauensmänner zur Wahl der ständigen Deputation zur Mittheilung. Auf derselben stehen dem Herkommen gemäß die Namen der Mitglieder des Bureaus und dazu kommen noch 7 Herren. Die Liste lautet:

Becker, Oberlandesgerichts-Präsident, Oldenburg.
Thomsen, Landgerichts-Präsident, Münster.
Seibert, Richter, Bremerhaven.
Dr. Stachow, Rechtsanwalt, Bremen.
Dr. Nebelthau, Syndicus, Bremen.
Dr. Burchard, Privatdocent, Berlin.
Dr. Pappenheim, Professor, Kiel.
Dr. Brunner, Geh. Justizrath, Berlin.
Boyens, Justizrath, Stettin, und
Wilke, Justizrath, Berlin.

Wenn gegen diese Liste von den Herren keine Erinnerung gemacht wird, nehme ich sie für genehmigt an und werde sie gleich auf dem Bureau abgeben. Die gewählten Vertrauensmänner bitte ich, sich morgen $^1/_2$ Stunde vor dem Beginn der II. Plenarsitzung zur Wahl der ständigen Deputation für das nächste Jahr einzufinden. Denjenigen zu Vertrauensmännern gewählten Herren, die nicht anwesend sind, bitte ich hiervon Mittheilung machen zu wollen.

Zu unseren Berathungsgegenständen übergehend, bemerke ich, daß ich meine Absicht, die kleine Seerechtsfrage, die noch übrig ist, zuerst zu nehmen, auf die Erinnerung hin aufgegeben habe, daß die Actiennovelle, die außerdem noch Gegenstand unserer Berathung sein wird, den Vorzug haben müsse, da sie beim vorigen Juristentag zurückgestellt worden ist und nicht der Gefahr ausgesetzt werden darf, noch einmal zurückgestellt zu werden. Wenn hiergegen sich kein Widerspruch erhebt, beginnen wir mit der Frage:

> Haben sich die durch die Actiennovelle vom 18. Juli 1884 geschaffenen Cautelen gegen unsolide Gründungen von Actiengesellschaften bewährt oder empfiehlt sich eine andere Gestaltung derselben?

Referent ist Herr Justizrath Dr. Reatz aus Gießen. Correferent ist Herr Rechtsanwalt Dr. Goldschmidt aus Berlin. Ich bemerke, daß die Anträge der Herren Referenten gedruckt vorliegen.

Referent Justizrath Dr. **Reatz** (Gießen): Es die Frage gestellt:

> Haben sich die durch die Actiennovelle vom 18. Juli 1884 geschaffenen Cautelen gegen unsolide Gründungen von Actiengesellschaften bewährt oder empfiehlt sich eine anderweite Gestaltung derselben?

Ueber diese Frage sind für den 22. Juristentag, der im Jahre 1893 in Augsburg abgehalten wurde, zwei Gutachten erstattet worden; das eine von Herrn Bankdirektor Hofrath Dr. Hecht in Mannheim und das andere von Herrn Justizrath Levy in Berlin. Ersteres gelangt zu dem Resultat, daß derzeit ein abschließendes Urtheil nicht möglich sei, Reformvorschläge für die sofortige gesetzliche Umgestaltung der Actiennovelle mithin verfrüht wären, daß sich aber diese Cautelen im Wesentlichen bewährt hätten und daß einestheils nur eine schärfere und dem Zweck der Novelle mehr entsprechende Handhabung der Cautelen in der Praxis geboten, und anderntheils allerdings einige Abänderungen und Ergänzungen bei einer künftigen Revision des allgemeinen deutschen Handelsgesetzbuches bezw. des Actienrechts und der Novelle wünschenwerth seien.

Das zweite Gutachten gelangt dagegen zu dem Ergebniß, daß diese Cautelen sich nicht hinlänglich bewährt hätten und daß es sich im Wesentlichen empfehle, dieselben zu erweitern, und zwar nach zwei Richtungen; einmal dahin, daß der Mindestbetrag des Grundcapitals einer Actiengesellschaft auf 5 Millionen Mark und der Mindestnominalbetrag einer Actie auf 5000 Mk. festgesetzt werde, sodann daß zwischen der Eintragung der Actiengesellschaft ins Handelsregister und der Einführung der Actien an der Börse eine obligatorische Sperrfrist von angemessener Dauer (von etwa 6—9 Monaten) eingeführt werde.

Der 1893er Juristentag hat sich mit dieser Frage nicht beschäftigt, weil es an der hierfür erforderlichen Zeit gebrach. Jedoch lag der gedruckte Antrag des Referenten vor, der Ihnen heute in derselben Gestalt wieder unterbreitet worden ist. Inzwischen haben allerdings Erörterungen über die hier einschlagenden Fragen in sachverständigen Gremien stattgefunden und es wird nothwendig werden, hierauf des Näheren einzugehen.

Die gestellte Frage bezieht sich nur auf die von der Actiennovelle geschaffenen Cautelen gegen unsolide Gründungen, nicht auf die gegen eine unsolide Verwaltung der Actiengesellschaft durch Vorstand und Aufsichtsrath u. s. w. gerichteten Vorschriften, auch nicht auf das übrige Novellenrecht. Wenn daher das zweite Gutachten den Mindestbetrag des Grundcapitals einer Actiengesellschaft auf 5 Millionen Mark erhöht haben möchte, so fällt dieser Antrag meines Erachtens nicht in das Gebiet der gestellten Frage. Ein Beweis dafür, daß diese außerordentliche Erhöhung des Grundcapitals der Actiengesellschaft eine wirksame Cautel gegen unsolide Gründungen sei, ist nicht erbracht worden und kann nicht erbracht werden. Sie wäre nur ein Mittel gegen Gründungen überhaupt, also auch gegen solide Gründungen, sie wäre geradezu eine Cautel gegen solide Gründungen.

Welchen Einfluß eine solche Beschränkung auf den zahlenmäßigen Bestand der Actiengesellschaften in Deutschland überhaupt haben würde, geht gerade aus dem vom zweiten Gutachten beigebrachten Verzeichnisse der in dem Register des Berliner Amtsgerichts I eingetragenen Actiengesellschaften hervor. Es umfaßt dies die Gründungen in der Zeit von 1884 bis 1892. Unter den dort aufgeführten 153 Actiengesellschaften sind es doch nur 10, welche auf ein Actiencapital von 5 Millionen Mark und mehr gegründet sind. Das Capital der anderen Gesellschaften im Betrage von etwa 162 Millionen Mark würde dann aller Wahrscheinlichkeit nach zum größten Theil seine Anlage in den bekannten exotischen Werthen gefunden haben und somit zu einem erheblichen Theile verloren worden sein. Zudem würde für unsolide Gründer bei qualificirten Gründungen erst recht ein Anreiz zu schwindelhafter Einschätzung ihrer Realeinlagen gegeben sein und das vertrauensselige Publikum erst recht getäuscht und benachtheiligt werden. Ich beziehe mich in dieser Beziehung auf eine Notiz, die in den letzten Tagen durch die öffentlichen Blätter ging, wonach die Gründer einer Gesellschaft ihre Realeinlagen um mehrere Hunderttausend Mark über den wahren Werth derselben eingeschätzt haben, nur um das große Capital von 3 Millionen herauszubringen und damit den Anforderungen der Berliner Börse zu genügen.

Schließlich dürfte es ein Irrthum sein, wenn man vermeint, daß durch die Fixirung des Mindestbetrags des Actiencapitals auf 5 Mill.

Mark der Benachtheiligung des Publicums durch Gründungen von Actiengesellschaften zum Zwecke der Agiotage im Wesentlichen vorgebeugt werde. Erfahrungsmäßig wenigstens schützt die Größe des Actiencapitals weder vor der Gründung zum Zweck der Agiotage, noch vor einem erheblichen Sturze der Emissionscurse. Ich glaube mich gerade auf das vorhin erwähnte Verzeichniß beziehen zu können, das in beredter Weise für diese Frage sich anführen läßt.

Unter einer „unsoliden Gründung" wird eine Gründung verstanden werden müssen, deren Thatbestand Momente enthält, welche die Sicherheit und Rentabilität des Unternehmens und damit des darin angelegten Capitals zu gefährden geeignet sind, insofern die Gründer das Bewußtsein der Unsicherheit und Nicht-Rentabilität hätten oder in grob-fahrlässiger Weise nicht erlangt hatten. Gegen solche unsolide Gründungen wendete sich bekanntlich schon die Actiennovelle vom 11. Juni 1870, welche mit der Beseitigung des Erfordernisses der staatlichen Genehmigung zur Errichtung von Actiengesellschaften Normativbestimmungen für die Bildung von Actiengesellschaften aufstellte, die zum Theil bestimmt waren und den Zweck hatten, das Publicum vor Schaden zu bewahren. Schon sehr bald empfand man indessen das Unzureichende dieser Cautelen; der Gründungsschwindel kannte nicht Maß noch Ziel und es erfolgte, freilich im Zusammenhang mit ganz außergewöhnlichen Geldverhältnissen, ein jäher Zusammenbruch, der den Nationalwohlstand Deutschlands aufs Tiefste schädigte. An der Hand reicher Erfahrungen über die bei unsoliden Gründungen eingehaltene Methode erwuchs bekanntlich eine äußerst umfangreiche Litteratur, in den weitesten Kreisen der Bevölkerung und Tagespresse entstand eine tiefgehende Bewegung nach Reform der Actiengesetzgebung und zugleich ein Verlangen nach umfangreicheren und schärferen Cautelen gegen unsolide Gründungen. Ihren Abschluß fanden diese Bestrebungen nach ausreichenderer Sicherstellung des vertrauensvollen Publicums in der Actiennovelle vom 18. Juli 1884, welche die Grundgedanken ihrer Vorgängerin weiter auszubilden suchte und zahlreiche Cautelen gegen unsolide Gründungen schuf. Dieselben sind im Wesentlichen auf folgende besondere Tendenzen zurückzuführen: Um leichtfertige und wirthschaftlich unhaltbare Actienunternehmungen gleich von vornherein auszuschließen und den Ernst der Gründer um die Schaffung eines reellen Unternehmens zu bethätigen, mußte die Existenzberechtigung der Actiengesellschaft an die Voraussetzung der Existenz des Grundcapitals geknüpft werden. Daher die Bestimmung, daß die sämmtlichen Actien von den Gründern übernommen werden oder, falls dies nicht statt hat, die fehlenden Actien in gewisser formeller Weise gezeichnet sein müssen und daß mindestens ein Viertel des Actiencapitals baar eingezahlt sein muß.

Um Verschleierungen des Inhalts des Gesellschaftsvertrages nach Möglichkeit zu verhüten, müssen besonders wichtige Verabredungen in den Gesellschaftsvertrag aufgenommen werden, so z. B. die Bestimmung, daß das Unternehmen auf eine gewisse Zeit beschränkt wird, daß Actien für einen höheren als den Nominalbetrag ausgegeben würden u. s. w.

Um die Solidität des Unternehmens beurtheilen zu können, muß möglichste Klarheit darüber gegeben werden, welcher Gewinn den Gründern als solchen zufällt. Daher die Bestimmung, daß jeder zu Gunsten einzelner Actionäre bedungene besondere Vortheil im Gesellschaftsvertrag unter Bezeichnung des Berechtigten festgesetzt werden muß; daß falls auf das Grundcapital von Actionären Einlagen, welche nicht durch Baarzahlung zu leisten sind, gemacht, oder seitens der zu errichtenden Gesellschaft vorhandene oder herzustellende Anlagen oder sonstige Vermögensstücke übernommen werden, die Person des Actionärs oder der Contrahenten, der Gegenstand der Einlage oder der Uebernahme und der Betrag der für die Einlage zu gewährenden Actien, oder die für den übernommenen Gegenstand zu gewährende Vergütung im Gesellschaftsvertrag festgesetzt werden müssen.

Um die Vorschriften über die Pflichten der Gründer nicht unwirksam sein zu lassen, muße der Begriff der „Gründer" schärfer gefaßt werden. Daher die Bestimmung, daß die Actionäre, welche das Statut festgestellt haben oder welche andere als durch Baarzahlung zu leistende Einlagen machen, als die Gründer der Gesellschaft anzusehen seien.

Um insbesondere bei sogenannten qualificirten Gründungen dem Publicum ein richtiges Urtheil über den wahren Werth der Realeinlagen zu ermöglichen, haben zunächst die Gründer die Pflicht zur richtigen und vollständigen Angabe der ein solches Urtheil ermöglichenden Umstände und zur Unterlassung jeder Täuschung. Daher die Vorschrift, daß die Gründer in einer von ihnen zu unterzeichnenden Erklärung die Umstände darzulegen haben, mit Rücksicht auf welche ihnen die Höhe der für die eingelegten oder übernommenen Gegenstände gewährten Beträge gerechtfertigt erscheinen.

Ein wesentliches Mittel gegen Leichtfertigkeiten und Täuschungen seitens der Gründer ist eine mehrfache Controlirung der Voraussetzungen für die Errichtung der Actiengesellschaft, zunächst durch die Mitglieder des Vorstandes und des Aufsichtsrathes und, falls diese zugleich Gründer sind, oder der Gesellschaft ein Vermögensstück überlassen oder sich einen besonderen Vortheil ausbedungen haben, durch besondere Revisoren und schließlich durch das Registergericht.

Dazu kommt die Pflicht des Handelsgerichts zur Veröffentlichung des eingetragenen Gesellschaftsvertrags im Auszuge mit namentlicher Angabe der auf die Sicherheit und Rentabilität des Actiencapitals sich beziehenden Umstände und des Namens, Standes und Wohnorts der Gründer, und der Mitglieder des Vorstandes und Aufsichtsraths, sowie das Recht des Publicums zur Einsicht aller Schriftstücke, welche anläßlich der Errichtung der Gesellschaft angefertigt worden sind und beim Handelsgericht aufbewahrt werden.

Alle diese Cautelen gegen unsolide Gründungen werden nun durch eine weitgehende civilrechtliche solidarische Verantwortlichkeit der ihre Pflicht verletzenden Gründer, Mitglieder des Vorstands und des Aufsichtsraths, der Emissionshäuser und sonstiger Schädiger der Gesellschaft, sowie in den geeigneten Fällen durch eine strafrechtliche Verantwortlichkeit dieser Personen verschärft.

Das sind, m. H., im Wesentlichen die Cautelen, die von der Actiennovelle vom 18. Juli 1884 gegen unsolide Gründungen eingeführt worden sind.

Die Frage nun, ob sich diese und alle übrigen durch die Novelle eingeführten Cautelen bewährt haben, läßt sich nur schwer beantworten. Sie ist eigentlich eine Frage der Statistik und, streng genommen, müßte für jeden einzelnen Fall eines Gründungsversuchs der Nachweis geliefert werden, daß gerade diese Cautelen es waren, welche von einer Fortsetzung des Gründungsversuchs im vorbereitenden Verfahren oder im Laufe des Gründungsstadiums durch die Haltung des Vorstands, des Aufsichtsraths, der Revisoren und des Registergerichts Abstand nehmen ließen.

Ein solcher Beweis wird kaum erbracht werden können. Der Hinweis darauf, daß von 1884 bis auf die heutige Zeit zahlreiche Actiengesellschaften liquidirt oder schlechte Geschäfte gemacht haben oder im Concurse zu Grunde gegangen sind, genügt nicht; denn mißglückte Unternehmungen sind doch nicht ohne Weiteres unsolide.

Die gestellte Frage kann daher auch wohl nicht in diesem statistischen Sinne aufgefaßt werden. Das steht außer Zweifel, daß bei dem Entwurf und der Beratung der Actiennovelle kein gesetzgebender Factor der Ansicht war, daß damit ein Riegel gegen unsolide Gründungen vorgeschoben sei, man hoffte nur die Zahl der auf Täuschung des Publicums berechneten Gründungen nach Möglichkeit zu beschränken. Diese Möglichkeit hat aber vor Allem ihre Grenze in der Aufgabe der Gesetzgebung, die Handels- und Vertragsfreiheit der Contrahenten nicht ohne ein dringendes Bedürfniß einzuschränken. Die qualificirten Gründungen überhaupt auszuschließen, ist ein Ding der Unmöglichkeit und ebenso ungerechtfertigt und undurchführbar wäre die Vorschrift, daß die Einlagegründer bei der Bestimmung des Einlagepreises den wahren und wirklichen gemeinen oder individuellen Wert ihrer Einlagen nicht oder nur etwa bis zu einem gewissen Procentsatze überschreiten dürften.

Sollten also in der Zeit von 1884 bis heute zahlreiche unsolide Gründungen sich eingeschlichen haben, so ist dafür nicht sofort die Gesetzgebung verantwortlich zu machen, gerade so wenig, wie das Strafgesetzbuch für die Diebstähle verantwortlich gemacht werden kann, die trotz der Pönalisirung des Diebstahls vorkommen.

Ob die vorhandenen Cautelen vermehrt oder vermindert, ob sie verschärft oder gemildert werden sollen, dies hängt von den Ergebnissen zahlreicher Einzeluntersuchungen ab, die jedoch in hinreichender Weise zur Zeit nicht vorliegen. Was bis jetzt gegen diese Cautelen vorgebracht worden ist, ist im Wesentlichen nur eine Fortsetzung der Kritik, welche gleich von vorn herein gegen sie geübt wurde. Die Zeit ihrer praktischen Wirksamkeit ist noch viel zu gering, um sich ein abschließendes Urtheil darüber zu bilden, ob die Cautelen sich bewährt haben oder nicht. Jedenfalls liegt aber kein durch besondere Erfahrungen constatirtes Bedürfniß vor, jetzt schon zu einer generellen gesetzlichen Revision der Actiennovelle zu schreiten.

Ich habe im Eingang gesagt, daß sich in der neuesten Zeit verschiedene sachverständige Gremien mit unserer Frage beschäftigt haben; in erster Reihe ist dies die Börsenenquetencommission. Es ist hier von der Vermehrung des Grundcapitals die Rede gewesen und da haben sich soviel Meinungen gebildet, als überhaupt Sachverständige anwesend waren. Es wurde gefragt, soll es ein gesetzliches Erforderniß für die Actiengesellschaften sein, ein Capital nicht unter 3 Millionen Mark zu haben? Von dem Einen wurde dies gefordert, von Anderen wurde gesagt, es soll dies nur eine Vorschrift für die Einführung der betreffenden Actien an der Börse sein. In der letzteren Partei haben sich wieder verschiedene Ansichten geltend gemacht, nämlich ob es gesetzlich bestimmt werden soll, daß die Actien keiner Gesellschaft an der Börse eingeführt werden sollen, die nicht ein Grundcapital von 3 Millionen Mark haben. Einige waren dafür, Andere sagten, das wollen wir dem Börsenvorstand überlassen, das ist eine quaestio facti, die nicht vom Gesetz entschieden werden kann. So war ferner ein Streit über die Frage, ob 3 Millionen oder mehr oder weniger gefordert werden sollten, es war aber auch

Streit darüber, ob eine einheitliche Regelung dieser Frage für ganz Deutschland stattfinden oder ob man unterscheiden solle zwischen der Wirksamkeit der deutschen Börsen. Da hat man für Berlin 5 Millionen Mark verlangt. Der Vertreter der Stadt, in der wir tagen, sagte, so viel Geld haben wir nicht, eine Million ist für uns genug. Der Breslauer Sachverständige meinte sogar, es genüge ein Capital von einer halben Million. So ist bezüglich dieser Frage nicht nur keine Uebereinstimmung erzielt worden, sondern ich möchte sagen, jeder Sachverständige hat seine eigene Meinung gehabt, und ich glaube, daß wir Juristen unter solchen Verhältnissen nicht daran denken dürfen, ein entscheidendes Wort zu sprechen.

Was die obligatorische Sperrfrist anlangt, so haben sich die Sachverständigen, soweit ich sehen konnte, alle energisch gegen eine solche ausgesprochen.

Außer der Börsenenquetencommission hat sich mit dieser Materie der Handelsgesetzgebungs-Ausschuß der Handelskammer zu Leipzig beschäftigt. Derselbe verhält sich gegen Alles durchaus ablehnend.

In Frankreich besteht die Actiennovelle vom 1. August 1893. In derselben hat man auch versucht, Cautelen einzuführen und ist dazu gekommen, daß die Apports-Actien (ebenso die actions mixtes) erst 2 Jahre nach der definitiven Errichtung der Actiengesellschaft negociabel seien; während dieser 2 Jahre ruht das ganze Papier. Man hat allerdings gewisse Ausnahmen gemacht. Diese Papiere sind also nicht übertragungsfähig. Der Zweck war auch der — das liegt sehr nahe —, durch Kettung der Gründer an die Gesellschaft während einer bestimmten Zeit ihnen die Lust zu Gründungen nur zu Agiotagezwecken zu nehmen und dem Gründungsschwindel eine Grenze zu ziehen.

Ich will noch nachträglich bemerken, daß die Börsenenquetencommission selbst unter II 7a beschlossen hat:

> Die Zulassung von Actien eines zu einer Actiengesellschaft umgewandelten Unternehmens zum Börsenhandel darf vor Ablauf eines Jahres nach Eintragung der Gesellschaft in das Handelsregister nicht erfolgen. Diese Bestimmung findet auf Eisenbahnunternehmungen keine Anwendung.

Es kommt nun etwas, was Alles über den Haufen wirft:

> In besonderen Fällen kann von der Staatsaufsichtsbehörde die Frist entsprechend ermäßigt werden.

Näheres darüber ist nicht angegeben.

Dann wird gesagt:

Durch die Emissionsbehörde ist für die Zulassung von Actien ein Mindestbetrag des Grundcapitals festzusetzen und es würde zu empfehlen sein:

a) für Berlin ein Mindestbetrag von 3 Millionen Mark,
b) für Frankfurt a. M. und Hamburg von 2 Millionen Mark,
c) für die anderen Börsen ein Mindestbetrag von einer halben Million Mark.

Das ist im Wesentlichen der Beschluß der Börsenenquetencommission.

Nach Anhörung dieser Sachverständigen und nach einer genauen Prüfung unserer Cautelen und der gegebenen Verhältnisse komme ich zum Schlusse, daß dermalen die Gesetzgebung sich auf Unthätigkeit in dieser Beziehung beschränken und erst gewichtige Erfahrungen sammeln soll. Diese Erfahrungen sind nirgends angezeigter als gerade da, wo die Börse eingreift, wo die Leidenschaft der Menschen, die Gewinnsucht, der Schwindel und die Sucht nach plötzlichem und mühelosem Reichwerden so furchtbar sich geltend machen. Wir erleben es ja, in letzter Zeit hat sich an der Börse Alles wieder so gesteigert, daß aller Wahrscheinlichkeit nach bald wieder ein furchtbarer Sturz entstehen wird, und vielleicht werden die Verhältnisse dann dazu beitragen, uns über die gestellte Frage besser zu orientiren und auf längere Jahrzehnte in der Gesetzgebung Vorschriften zu treffen.

Ich schließe mit dem Antrage, der Ihnen gedruckt vorliegt:

Der Juristentag wolle als seine Ueberzeugung aussprechen, daß ein abschließendes Urtheil über die Frage, ob sich die durch die Actiennovelle vom 18. Juli 1884 geschaffenen Cautelen gegen unsolide Gründungen von Actiengesellschaften bewährt haben, zur Zeit nicht möglich ist und daß sich auch eine anderweite Gestaltung derselben zur Zeit nicht empfiehlt.

Vorsitzender: Stimmt im Wesentlichen überein mit dem früheren ersten Gutachten.

Als zweiter Referent wird eintreten Herr Rechtsanwalt Dr. Goldschmidt aus Berlin.

Correferent Justizrath Dr. **Goldschmidt** (Berlin): Meine Herren! Die Actiengesetzgebung hat seit einem Vierteljahrhundert in Deutschland den Gegenstand nicht bloß tiefgreifender Meinungsverschiedenheiten, sondern auch heftiger Parteikämpfe gebildet. Wie in den meisten Fragen der modernen Wirthschaftsgesetzgebung und Politik spiegelt sie die ökonomische Grundstimmung der Tage wider, in denen sie geboren ist.

Dies gilt von der Novelle vom 11. Juni 1870 in gleicher Weise, wie von der vom 18. Juli 1884. Bei jener von der Beseitigung der staatlichen Concession und ihres Ersatzes durch das System der Normativbestimmungen, bei dieser von dem Ausbau und der Verschärfung des letzteren. Und wenn hie und da heute die Frage wieder aufgeworfen wird, ob diese als „Cautelen“ bezeichneten Bestimmungen sich „bewährt“ haben, so wird man in der Stellung dieser Frage sicherlich nicht den Zweifel darüber erkennen wollen, als wären diese Bestimmungen in dem Streben nach geeignetem Ersatz für die Staatsconcession zu weit gegangen. Fast möchte es, wie von einer Seite treffend bemerkt wird, den Anschein gewinnen, als sollten wir jetzt da wieder anlangen, von wannen wir im Jahre 1870 uns für immer entfernen zu sollen geglaubt haben.

Wenn aber heute gerade die lautesten Rufer im Streite sich gegen diese Rückkehr verwahren, so geschieht dies nicht, weil man den Staat „an sich“ für ungeeignet hält, seines Amtes zum Schutze derartiger Interessen zu walten, sondern, bezeichnend genug, nur um deswillen, weil man fürchtet, die Thorheit Unkundiger könne den Staat für Dinge verantwortlich machen, welche außerhalb seiner Machtsphäre liegen und gegen die Zulässigkeit seines Eingreifens so viel oder so wenig beweisen, wie etwa die Sturmfluth gegen die Nothwendigkeit schützender Dämme etwas zu beweisen vermag.

Der gegenwärtige Stand der Actienreformfrage gewährt nun im Ganzen ein ruhiges und ziemlich leidenschaftsloses Bild. Kein langer und gewaltsam niedergehaltener geschäftlicher Thatendrang verlangt nach Befreiung von den „Fesseln des Polizeistaates“ wie 1870, aber auch die „rauchenden Trümmer“ des „großen Krachs von 1873“ und seines bescheidenen Nachspieles im Jahre 1890 sind inzwischen längst beseitigt. Wir wissen, daß die „wirthschaftliche Freiheit“ so wenig ein Allheilmittel ist, wie das Gegentheil, daß die Machtsphäre des Gesetzes eine begrenzte, die Bedürfnisse des Tages ewig wechselnd, der Begriff von nützlich und nachtheilig auf keinem Gebiete dem Wandel der Anschauungen mehr unterthan ist, als in dem Wirthschafts- und Erwerbsleben; wir wissen auch, daß die Grenzen zwischen anscheinend einander entgegengesetzten ökonomischen Strömungen oftmals fließende sind, wir wissen aber auch endlich, daß nichts gefährlicher erscheint, als aus der Stimmung des Tages heraus weittragende Gesetze gestalten zu wollen.

So ist denn die augenblickliche Sachlage auf dem Gebiete der Actienpolitik für eine objective Behandlung des Gegenstandes keineswegs im *pessimistischen* Sinne gefahrdrohend. Eher könnte man, wenn man auf die gegenwärtige speculative Tendenz des Effectenmarktes sein

Auge richtet, sich nach der optimistischen Seite hin etwas beeinflußt sehen und angesichts der hohen Actiencurse, der glänzend reüssirenden Emissionen, der aufsteigenden Bewegung in Handel und Industrie, der zahlreichen Speculationsgewinne, gegen welche, meines Wissens, der „kleine Mann“ bisher die Hilfe der Gesetzgebung noch nicht angerufen hat, sich der Annahme zuneigen, daß es doch mit allen Eingriffen des Gesetzes in den natürlichen Lauf der Dinge eigenartig bestellt ist und daß die „Natur“ auch in wirthschaftlichen Dingen wieder gut macht, was die „Natur“ gesündigt.

Nun, m. H., nicht für und gegen dieses Raisonnement will ich Ihre kostbare Zeit in Anspruch nehmen; aber für die, wie ich hoffe, sich an meinen Vortrag vielleicht knüpfende Discussion habe ich es nicht für überflüssig erachtet, auf den thatsächlichen Hintergrund zu weisen, der sich vor uns gegenwärtig entrollt und von demjenigen, auf welchem die Discussionen früherer Tage über den gleichen Gegenstand sich abgespielt, so himmelweit verschieden ist. —

M. H., seit dem letzten Juristentage in Augsburg sind zwei erhebliche Thatsachen zu vermerken, welche auf die Beantwortung der uns beschäftigenden Frage nicht ohne Einfluß geblieben sind. Es sind dies: die Gesellschaft mit beschränkter Haftung, welche sich in unserem Rechtsleben in den letzten zwei Jahren heimisch gemacht hat und die inzwischen publicirten Ergebnisse der Börsen-Enquête. An beiden kann ich nicht mit Stillschweigen vorübergehen. Was zunächst die Gesellschaft mit beschränkter Haftung anlangt, so ist es ja bekannt, daß man in derselben eine willkommene Concurrenzform der Actiengesellschaft gegenüber hat erblicken wollen, eine Concurrenzform, welche die Vortheile der beschränkten Haftung ohne die Nachtheile der (bei den Actiengesellschaften) mit der letzteren verbundenen Agiotage darbiete. Zur Rechtfertigung dieser gesetzgeberischen Neuerung war fernerhin betont worden, daß es eine erhebliche Anzahl von Unternehmungen gebe, welche, aus mannigfachen Gründen, weder in die Form der Actiengesellschaft, noch in die der offenen Handelsgesellschaft hineinpaßten und deshalb einer ihrer Eigenart entsprechenden neuen Gesellschaftsform bedürften. Man hat mit dieser Neuschöpfung gleichzeitig den Actienmarkt entlasten, andererseits aber auch bei der geringen Zahl der „Geschäftsantheile“ (im Gegensatz zu „Actien“) von denjenigen Cautelen absehen zu können geglaubt, welchen Gründung und Verwaltung der Actiengesellschaften im Interesse des Actien erwerbenden großen Publicums unterworfen sind.

Irre ich nicht, so ist bei dem bedeutenden Fortschritt in der Entwickelung der Gesellschaften mit beschränkter Haftung die letztere Erwägung gewiß nicht ohne Einfluß geblieben. Daß aber die neue Gesellschaftsform sich in der That — ob zum Segen oder Unsegen der gesammten Volkswirthschaft, bleibe vorläufig dahingestellt — zu einer Concurrenzform der Actiengesellschaft gegenüber auszuwachsen anschickt, mögen folgende Zahlen veranschaulichen.

Es wurden gegründet:

Im Jahre 1892	127	Actiengesellschaften	mit	79 820 000	Mk.	Capital
1893	95	„	„	77 260 000	„	„
1894	92	„	„	88 260 000	„	„
1895	76	„	„	97 050 000	„	„
Summa	390	„	„	342 390 000	Mk.	Capital

In der gleichen Periode wurden gegründet:

1892 (I. Semester)	9	Gesellschaften	mit	4 562 500	Mk.	Capital
(II. Semester)	54	„	„	24 302 200	„	„
1893	182	„	„	68 667 404	„	„
1894	254	„	„	111 356 000	„	„
1895 (I. Semester)	150	„	„	80 627 000	„	„
Summa	629	„	„	289 615 104	Mk.	Capital.

Diese dem „Deutschen Oekonomist“ entnommenen Zahlen lassen freilich nicht erkennen, ob und inwieweit die neue Gesellschaftsform der Actiengesellschaft oder der offenen Handelsgesellschaft in höherem Maße Material entzogen hat. Dagegen sind aber auch die Bedenken nicht beseitigt, welche gegen diese Neuerung von verschiedenen Seiten geltend gemacht wurden, insbesondere nicht die durch die tägliche Erfahrung immer mehr begründete Befürchtung, daß die neue Form auch zu neuen Ausschreitungen auf dem Gebiete des **Credites** zu führen geeignet sei und daß auch der Wegfall der das anonyme Capital in der Actiengesellschaft schützenden polizeilichen Vorschriften für solche Unternehmungen, bei welchen die beschränkte Haftung als die Hauptsache, die Marktfähigkeit der Antheile dagegen als nebensächlich erscheint, eine willkommene Gelegenheit darbietet, sich der durch die Actiengesetzgebung immerhin bis zu einem gewissen Grade gewährleisteten Controle durch die **Oeffentlichkeit** zu entziehen.

Was nun ferner die Ergebnisse der **Börsen-Enquête** anbetrifft, so sind auch diese, wie mein in Ihren Händen befindlicher Antrag zu 2 ergiebt, nicht unberücksichtigt geblieben. Die Gründe hierfür liegen klar zu Tage, sie sind zum Theil auch von den beiden Herren Gutachtern in dem Hinweise auf die Agiotage und die damit zusammenhängenden sittlichen, wirthschaftlichen und socialpolitischen Gefahren angedeutet und werden daher im Laufe meines Referates mehrfach berührt werden. —

M. H., zwiefach ist die wirthschaftliche Function, welche die Actie versieht. Sie vermittelt die Bewegung der zu eigener wirthschaftlicher Thätigkeit unzulänglichen Capitalien nach gewissen Mittelpunkten hin, woselbst sie sich zu gemeinsamer Verwendung in einem als Verwaltungskörper organisirten geschäftlichen Unternehmen sammeln, und dient zugleich als Capitalsanlage, d. h. als Mittel zum ferneren Capitalserwerb durch Theilnahme an dem etwaigen Gewinn des Unternehmens. Beide Functionen vollziehen sich beim Beginn des Unternehmens, der sogenannten Gründung gleichzeitig. Die ersten „Zeichner" führen dem Unternehmen die erforderlichen Geldmittel zu und erwerben damit zugleich das Anrecht, an den Erträgen derselben pro rata ihrer Betheiligungen zu participiren.

Aber schon mit dem Augenblicke der juristischen Fertigstellung des Unternehmens löst sich die letztgenannte Function von der ersteren. Jene ist eine einmalige, sie erschöpft sich mit der thatsächlichen Zuführung des Capitals und es bleibt nur noch die letztere, nämlich die der Capitalsanlage. Vermittelt wird diese Function durch die der Actie vom Gesetze verliehene ökonomische Beweglichkeit, die sie zu einem jederzeit gegen Geld zu vertauschenden Sachgute stempelt.

Man wird in dieser Charakteristik vergebens ein die Actie von dem indossablen Ordrepapier oder auf den Inhaber lautenden Schuldschein unterscheidendes Merkmal suchen; ein neuer Beweis dafür, wie die gleichen ökonomischen Zwecke mit den verschiedensten Mitteln juristischer Technik erreicht werden können, wie denn auch nach dieser Richtung in rechtlicher Beziehung die Grenze zwischen beiden gegebenen Falls fließend sein kann und wie wenig die die Actie von der „Priorität" — ich meine hier den repräsentativen Typus dieser Kategorie — unterscheidenden juristischen Merkmale auf einer Verschiedenheit der ihnen zu Grunde liegenden ökonomischen Substanz beruhen, mit anderen Worten, wie indifferent sich diese letztere oftmals der juristischen Formulirung gegenüber verhalten kann. Irre ich nicht, so tritt schon an der Schwelle der modernen Geschichte des Gesellschaftsrechts dieses Ineinandergreifen von Geschäftsantheil und Forderungsrecht zu Tage. Bei der Gründung der italienischen Banken, insbesondere der bekannten, erst in dem letzten Viertel dieses Jahrhunderts zu Grunde gegangenen Banca di San Giorgio in Genua hat mich die Thatsache immer aufs Neue frappirt, daß hier die Schuldtitel der Staatsgläubiger sich in Actien verwandelt haben*), daß die ursprünglichen Gläubiger Actionäre derjenigen Vereinigung geworden sind,

*) Lehmann. Die geschichtliche Entwickelung des Actienrechts. 1895. S. 6 ff.

welche aus der Communio incidens einer gemeinsamen Gläubigerschaft zu einem gewollten und gethätigten Verein mit cessiblen Vereinsrechten herausgewachsen ist. Lassen wir daher die juristische Formulirung des Actienbegriffs ein wenig bei Seite, gehen wir über die Frage, ob Forderungsrecht oder Gesellschaftsantheil, vorläufig mit erzwungenem Stillschweigen, hinweg und halten uns einfach an das rein thatsächliche Moment der „Capitalsanlage", so ergiebt sich aus der beim Beginn dieser Ausführung gekennzeichneten wirthschaftlichen Doppelnatur der Actie eine zwiefache gesetzgeberische Aufgabe.

Die eine weist auf den Schutz derjenigen Interessen hin, welche auf den Erwerb eines Sachgutes gerichtet sind, dessen Tauschwerth von einer Menge rein idealer Momente bestimmt wird. Denn selbst bei der reinen Geldgesellschaft, und diese habe ich zunächst im Auge, wenn ich auf die Gewinnung des Actienbegriffes ausgehe, sind hundert Mark, welche in einer Actie von gleichem Betrage zur Darstellung gelangen, nicht mehr hundert Mark, sondern ein aliquoter, durch die Zahl der Betheiligungen bestimmter Bruchtheil eines Gütercomplexes, dessen **Werth** auf der Schätzung des Zweckes, welchem er gewidmet ist, der Persönlichkeiten, die ihn seiner Bestimmung zuführen, der Umstände, welche diesem Zweck förderlich erscheinen, beruht. Und so vollzieht sich schon im Momente der Gründung jener ökonomisch-juristische Stoffwechsel, welcher aus dem auf eine bestimmte Geldsumme, dem fungibelsten aller Sachwerthe, lautenden Betheiligungsschein, im Nu einen individuell gearteten Werth macht, für dessen objective Fähigkeit, gegen Geld vertauscht zu werden, eine Menge von Umständen bestimmend und maßgebend sind, von denen sich der ahnungslose frühere Besitzer des Hundertmarkscheines und jetzige Besitzer der Actie nichts hat träumen lassen. Wie mit einem Zauberschlage fühlen wir uns hier aus dem ökonomischen Festlande in eine fluthende und wogende Gedankenwelt versetzt, bei welcher alle Berechnung vor der Hypothese, alle Arithmetik vor der Wahrscheinlichkeitsrechnung bescheiden zurücktritt.

Soll hier das Gesetz an der Schwelle dieses eigenartigen Processes getreulich Wacht halten, auf daß der Uebergang von dem realen Boden der pecunia numerata in das schwankende Gebiet eines neuen Sachwerthes von problematischem Gehalt kein allzu jäher werde, daß nicht bei diesem Uebergange, die handfeste Leistungsfähigkeit der Banknote zur schemenhaften Gewinnchance sich verflüchtige? Diese Frage bejahen, hieße dem Gesetze Unmögliches zumuthen; sie verneinen, hieße den Staat mit jenem Heer der billigsten Argumente aus der Rumpelkammer einer veralteten Socialpolitik, welche in der bekannten Lehre von denen gipfelt, „die nicht alle werden", von einer seiner wesentlichsten Aufgaben abdrängen wollen, einer Aufgabe, die doch zum mindesten gleichwerthig ist mit dem Aufstellen von Warnungstafeln und Schifffahrtszeichen, welche sich aber auch wie jene darin erschöpft, daß jeder, den es angeht, in den Stand gesetzt wird, diejenigen Thatsachen, welche für die Beurtheilung der Gefahr alias für die Bildung eines Werthurtheils von Erheblichkeit werden könnten, einer Prüfung zu unterziehen.

Oeffentlichkeit der Gründungsvorgänge heißt die erste Etappe in dem Grenzcordon der schützenden Cautelarbestimmungen, welche jenen vorhin gekennzeichneten Uebergangsproceß aus der Sphäre des Währungsmetalls in die des neu zu producirenden Sachwerthes von unerschöpflich mannigfaltiger Eigenart zu bewachen haben. Oeffentlichkeit der Gründungsvorgänge, d. h. derjenige Complex von Bestimmungen, welche im Hinblick auf die künftige Emission, i. e. das öffentliche Angebot marktgängiger Waaren zum Zwecke der Capitalsanlage, den künftigen Erwerber in den Stand setzen sollen, objective Kriterien für seine etwaigen Werthurtheile zu gewinnen, falls er eines solchen bedürfen und nicht vielmehr in dieser „Capitalsanlage" lediglich die Gelegenheit erblicken sollte, sich den ganz uncontrolirbaren Wechselfällen eines rein aleatorischen Geschäfts blindlings zu unterwerfen.

Hierher gehören in erster Linie die Vorschriften des Artikel 209b, 209c, 209h und 222a (Nachprüfung durch Revisoren auf Antrag von Minoritäten), als deren praktisch wirksamstes Element die Pflicht der Betheiligten (Gründer, Mitglieder des Aufsichtsraths und Vorstandes) bei qualificirten Gründungen erscheint, die im Hinblick auf die Gründung und zur Vorbereitung derselben geschlossenen Verträge, Abmachungen, Verordnungen, sowie die Berechnung des Gründungsaufwandes u. s. w. in rechtswirksamen Urkunden erkennbar zum Ausdruck zu bringen. Ich halte die Ausgestaltung dieses Princips für eine nicht zu unterschätzende Errungenschaft der Gesetzesnovelle von 1884. Daß sich diese Vorschriften „bewährt" haben, kann man ohne Weiteres annehmen, soweit ihre „Bewährung" lediglich in ihrer Verwirklichung liegt und für die letztere liegt ja ein wirksames Compelle in der registerrichterlichen Prüfung, welche der Eintragung in das Handelsregister vorauszugehen hat. Diese aber bewegt sich innerhalb der durch die Natur der Sache gezogenen Grenzen. Freilich handelt es sich hierbei um Formvorschriften, welche zur Sicherung eines der Privatwillkür entzogenen allgemeinen Zweckes, ohne Rücksicht auf die Individualität des Falles, erlassen sind. Mehr kann aber auch das Gesetz nicht thun, als dafür Sorge tragen, daß die einzelnen Stadien, welche der zum marktgängigen Capitalanlagewerthe zu verarbeitende Rohstoff zu durchlaufen hat, einem Verfahren unterworfen werde, dessen einzelne Phasen erkennen lassen, wie viel von demselben bei und in Folge dieser Verarbeitung verloren geht.

Die Gründungstechnik in bestimmte öffentlich-rechtliche Formen gebannt, diesen Formen durch die präventive Thätigkeit des Register- und die repressive des Strafrichters zu rechtserzeugenden Factoren im Sinne des Privatrechts, zur festgefügten Grundlage civilrechtlicher Ansprüche gemacht zu haben, deren Erzwingbarkeit im Wege Rechtens in ausgiebigster Weise erleichtert wird, ist ganz gewiß ein außerordentliches Verdienst der Novelle, deren Wirksamkeit an einem anderen Kriterium als an ihrer inneren Tragfähigkeit zu prüfen, als ein müßiges Beginnen mir erscheinen will. Die „objectiven Grundlagen" hierfür sind aber, wenn anders solche verlangt werden könnten, nicht in den „Beilage-Acten", sondern in den richterlichen Entscheidungen zu finden. Und diese hinwiederum vermögen nur die Frage zu beantworten, ob die öffentlich-rechtliche Construction des Gründungsherganges mit seinen auf die Sicherung des Grundcapitals, auf die Herstellung der Voraussetzungen für die Verantwortlichkeit der Gründer, auf die Wahrung von Treu und Glauben bei den für die Controlinstanzen gemachten Angaben abzielenden Polizeivorschriften dem hierauf gegründeten privat- und öffentlich-rechtlichen Anspruch den erforderlichen Rechtsschutz gewähren. Ob die Existenz dieses Rechtsschutzes für sich allein schon genügt, den von dem Gesetzgeber beabsichtigten Gesammteffect, die Gründung von Actiengesellschaften von der „Unsolidität" zu befreien, erreicht, in welchem Umfange dies geschehen, läßt sich ebenso wenig sagen, als sich für die Güte und Wirksamkeit dieser Bestimmungen etwa die thatsächliche Erzwingung der bezüglichen Privatrechte im Wege der Zwangsvollstreckung als geeigneter Maßstab verwerthen läßt. Auch die Möglichkeit der Umgehung dieser Vorschriften beweist für deren Unzweckmäßigkeit nichts, sofern diese „Umgehung" nicht geeignet ist, die Rechtsfolgen, die sich aus den umgangenen Vorschriften ergeben, zu beseitigen. Denn „Umgehung" ist in der Regel Verletzung. Daß es die Rechtsprechung unseres höchsten Gerichtshofes gerade auf diesem Gebiete zu einer großen Virtuosität gebracht hat, bedarf keiner Ausführung. Je schlauer und verwegener sie angelegt, desto ungeeigneter ist die „Umgehung", ihren Zweck zu erreichen, d. h. die Rechtsfolgen der offenen Gesetzesverletzung zu vermeiden. Daß die wirklichen Gründer hinter „Strohmännern" verschwinden und daß der Gerichtsvollzieher à la fin des fins vermögenslose Figuranten antrifft, wo man zahlungsfähige Börsenmatadore zu fassen hoffte, ist nicht Schuld des Gesezes. Für die Solvenz der Gründer hat dieses die Gewähr nicht übernommen.

Daß die ihren Sparpfennig diesen Leuten anvertraut, die auf die „wahrheitsgemäßen" Angaben der Beilage-Acten und der obligatorischen Prospecte bauten, ist nur ein fernerer Beweis dafür, wie wenig ernst es ihnen darum zu thun gewesen ist, von der ihnen durch das Gesetz gegebenen Möglichkeit, diesen Factor zu prüfen, ausgiebigen Gebrauch zu machen. Auch die haarsträubenden Ueberschätzungen, von denen Herr Hecht — wir müssen es ihm aufs Wort glauben, denn Genaueres zu verrathen, verbietet ihm die Discretion — uns erzählt, beweisen nichts dagegen, daß das Gesetz dafür Sorge getragen hat, den Unkundigen, soweit er der Belehrung zugänglich ist, zu schützen. Und sollen nicht bei qualificirten Gründungen die Gründer „die Umstände" darzulegen haben, „mit Rücksicht auf welche ihnen die Höhe der für die eingelegten oder übernommenen Gegenstände gewährten Beträge gerechtfertigt erscheint" (Art. 209g)? Sollen sie nicht insbesondere — also nicht ausschließlich — die dem Erwerbe der Gesellschaft vorausgegangenen Rechtsgeschäfte, welche auf denselben hingezielt haben, sowie die früheren Erwerbs- und Herstellungspreise aus den letzten zwei Jahren angeben? Kommt dann nicht die Ueberprüfung dieser Angaben durch die Mitglieder des Vorstandes und des Aufsichtsraths, und falls diese mit den Gründern identisch ist, erscheinen nicht die „besonderen Revisoren" auf dem Plan? Es ist dabei festzuhalten, daß nach der ganzen Tendenz des Gesetzes hier die mala fides hinter der Unverantwortlichkeit der Meinungsäußerung Deckung vergebens suchen würde. Die Angabe der „Umstände", welche das Gesetz postulirt, enthält zugleich die Forderung, nichts zu verschweigen, was etwa den aus diesen Umständen zu ziehenden Schlüssen entgegenstehen könnte. Das Gesetz geht in seinen Ansprüchen an die Wahrhaftigkeit der Betheiligten und in der Herstellung objectiver Grundlagen für deren Erzwingbarkeit so weit als irgend möglich. Ja, ich suche in fremden Gesetzgebungen vergebens nach einer ähnlichen Bestimmung, und ich kann wohl begreifen, daß es einer geraumen Zeit bedurfte, um diejenigen Geschäftskreise, bei denen die juristische Verantwortung eine ernsthafte Sache ist, zu bewegen, sich an der Gründung von Actiengesellschaften zu betheiligen.

Fraglich könnte es erscheinen, ob nicht das Institut der Revisoren, wie es sich in der Praxis auf der Grundlage dieser Bestimmungen entwickelt hat, einer gesetzlichen Aenderung bedürftig erscheint.

Beide Gutachter haben gerade diesem Punkte ihre besondere Sorgfalt gewidmet und stimmen darin überein, daß mangels einer scharfen Präcisirung der durch die Revisoren zu versehenden Functionen im Gesetz — die Praxis zu widersprechenden Auffassungen über Wesen und

Tragweite derselben gelangt sei. Dieser Auffassung schließe ich mich auf Grund eigener Erfahrungen unbedenklich an.

De lege ferenda erblicke ich in den „besonderen Revisoren“ des Art. 209h eine nicht unerhebliche Belastung des actienrechtlichen Cautelarsystems, welche dieses letztere auf die abschüssige, durch das Gesetz vom 11. Juni 1870 verlassene Ebene der Staatsconcession hindrängen würde, wenn die strenge Auffassung die Oberhand gewinnen sollte, die sich schon jetzt in der Praxis vielfach zu erkennen gegeben hat. Diese Auffassung kann ich indessen für zutreffend nicht erachten. Die in demselben Artikel den Mitgliedern des Vorstandes und des Aufsichtsrathes auferlegte Verpflichtung, den Hergang der Gründung zu prüfen und über die Prüfung einen schriftlichen Bericht zu erstatten, hat sich auf die Richtigkeit und Vollständigkeit der Angaben zu erstrecken, welche rücksichtlich der Zeichnung und Einzahlung des Grundcapitals und in Betreff der „besonderen Vortheile“ und der inferenda gemacht sind. Auch haben die Revisoren die Motivirung der Taxe der eingebrachten Werthe, welche die Gründer als solche nach Art. 209g zu erstatten haben, noch einmal zu superrevidiren. Diese Superrevision „erstreckt“ sich mithin nach dem klaren Wortlaute des Gesetzes auf folgende Fragen:

1. Ist das Grundcapital baar eingezahlt oder, falls die Einzahlung ganz oder zum Theil nicht in baar erfolgt ist, sind die in dem Statut in Bezug genommenen Einlagen thatsächlich gemacht?
2. Welche besonderen Vortheile sind zu Gunsten der Gründer „bedungen“?
3. Sind die von den Gründern angegebenen Umstände, mit Rücksicht auf welche ihnen die Höhe der für die eingelegten oder übernommenen Gegenstände gewährten Beträge gerechtfertigt erscheinen, richtig und vollständig angegeben?

Ist nun auf den ersten Blick klar, daß dieser Prüfungsbericht nur dann von Werth sein kann, wenn es sich um facta aliena, d. h. um solche Thatsachen handelt, für welche ein von dem Prüfenden verschiedener Dritter in erster Linie verantwortlich ist, so muß die Sache freilich dann zu einer reinen Farce herabsinken, wenn es sich um facta propria der Prüfenden handelt. Soweit dabei eine lediglich berichtende Thätigkeit in Frage kommt, möchte ein solches Formale der besseren Uebersicht wegen noch hingehen, wenngleich nicht abzusehen ist, inwiefern der Registerrichter oder das Publicum dabei interessirt sein sollen, daß dieser „Hergang der Gründung“, welcher sich schon ohnehin aus den in Art. 210 aufgezählten übrigen Requisiten ergiebt, noch einmal in erzählender Form in den Archiven des Handelsregisters gebettet werde. Allein die vollständige Bedeutungslosigkeit einer solchen durch Vorstand und Aufsichtsrath vorzunehmenden Nebenprüfung in dem Falle, wenn in Folge ihrer Personenidentität mit den Gründern der Gegenstand ihrer Prüfung sich auf ihre eigenen Handlungen erstreckt, springt so sehr in die Augen, daß das Gesetz im Hinblick auf diese sehr häufig wiederkehrende Erscheinung sich genöthigt sehen mußte, ein Surrogat zu postuliren, oder richtiger einen Ersatz durch Einfügung eines außerhalb der Organisation der Actiengesellschaft stehenden Elements, dessen Wahl principaliter dem für die Vertretung des Handelsstandes berufenen Organe, eventuell — und hier liegt allerdings eine Wunderlichkeit — den Organen der Gesellschaft selbst überlassen wird.

Aus dem Wesen und der Natur dieses Elements als eines Ersatzes für ein von dem Gesetz in erster Reihe postulirtes Requisit folgt aber, ohne Weiteres, daß seine Functionen keine anderen sein können, als die des ersteren, d. h. daß auch diesen „besonderen Revisoren" lediglich die Aufgabe zufällt, den „Hergang der Gründung" zu prüfen und damit im Zusammenhange zu untersuchen, ob die Angaben über Zeichnung des Grundcapitals, besondere Vortheile und Einlagen, sowie endlich die Angaben der Gründer über die mehrerwähnten „Umstände", welche den Illationspreis rechtfertigen sollen, richtig und vollständig sind.

Unter „Hergang der Gründung" ist also im Hinblick auf Art. 210 H.G.B. die chronologische Reihenfolge der durch das Gesetz zum Zweck der Errichtung der Actiengesellschaft vorgeschriebenen constructiven Acte allein nicht zu verstehen, denn diese stehen ja urkundlich fest; sondern der Inbegriff aller derjenigen Umstände, welche der Gründung ihr specifisches Gepräge verleihen. Hierunter sind bei qualificirten Gründungen in erster Reihe auch die Werthtaxen sowie alle diejenigen Handlungen vorbereitender Art zu verstehen, welche im Hinblick auf die Gründung von den dabei Betheiligten und Dritten vorgenommen sind, etwaige Vorverträge, eventuelle Abmachungen, deren Kenntniß für die Beurtheilung des Unternehmens von Werth sein könnte, wie die Erwerbs- und Herstellungspreise in den letzten zwei Jahren, ohne daß damit die Reihe der hierher gehörigen Momente erschöpft werden sollte. Daß die Erwerbs- und Herstellungspreise allein nicht genügen können, versteht sich von selbst, wenn man bedenkt, daß es bei manchen Inferendis an diesen Kriterien überhaupt fehlt. Man denke nur an Patente, Erfindungen, oder aber solche, die für die Beurtheilung des Werthes nicht ausschlaggebend sind, wie bei älteren gewerblichen Anlagen, Eisenbahnen, Telegraphen, Verkehrsanstalten 2c. 2c. der Kostenpreis der Maschinen, Gebäude 2c. Man sieht, daß wir es hier allerdings mit einer Bestimmung zu thun haben, welche je nachdem man sie als Essentiale für die rechtliche, mit der Eintragung beginnende Existenz der Actiengesellschaft, oder nur als eine Bestimmung auffaßt, deren Beobachtung nichts Anderes bezweckt, als dem Publicum ein weiteres Kriterium für die Beurtheilung des Tauschwerthes der in der Production begriffenen Actienwaare in die Hand zu geben, zu den verschiedensten praktischen Ergebnissen führen muß. Im ersteren Falle würde eine im verneinenden Sinne ausfallende Superrevision in Betreff der „Richtigkeit" und „Vollständigkeit" die Eintragung in das Handelsregister und somit die Entstehung der Actiengesellschaft hindern, im letzteren würde sie gegebenen Falls pro futuro dem geschädigten Actionär, vielleicht auch dem geschädigten Gläubiger Material für die Geltendmachung seiner etwaigen Ersatzansprüche gegen die Gründer gewähren. Im ersteren Falle würden wir uns aber wieder glücklich da angelangt sehen, von wannen wir vor 25 Jahren uns entfernen zu müssen geglaubt haben, und der Kreislauf der Ideen' von der Staatsconcession zur Staatsconcession wäre auf indirectem Wege vollendet. Im letzteren Falle würden wir uns zwar einer lex imperfecta gegenüber befinden, einer Gesetzesvorschrift, welcher es an jeder Erzwingbarkeit fehlt, soweit es sich um die Kriterien der „Vollständigkeit" handelt, einer lex imperfecta freilich, deren Tendenz sich hinlänglich aus ihrem Zusammenhange mit den auf dem Princip der Oeffentlichkeit beruhenden Vorschriften ohne Weiteres ergiebt und sich mit der dadurch geschaffenen Möglichkeit erschöpft, die Bildung eines eigenen Urtheils über Werth oder Unwerth der angebotenen Betheiligung zu fördern und zu erleichtern! Mit jener verschleierten Rückkehr zum Concessionssystem würden wir uns aber auch allen Bedenken gegenübergestellt sehen, welche dasselbe im Jahre 1870 zu Fall gebracht haben, verstärkt durch das neue Bedenken, daß alsdann das Zustandekommen des neuen Unternehmens allen Gefahren preisgegeben wäre, welche unter Umständen persönliche Concurrenz-Interessen der Revisoren oder persönliche Mißgunst und Uebelwollen heraufzubeschwören im Stande sind. Aber auch die etwaige Einführung von Revisoren mit amtlichem Charakter, umgeben mit allen Garantien der Unparteilichkeit würde das Uebel nur nach einer anderen Richtung ableiten, nicht aber es beseitigen. Denn diese würde gerade das vereiteln, was durch die Tendenz der auf die Oeffentlichkeit abzielenden Vorschriften der Novelle gewährleistet werden soll und die eigene Prüfung des Publicums auf einem Gebiete lahm legen, auf welchem Staat und Gemeinde jede Verantwortung ablehnen müssen, weil sie sie nicht zu tragen vermögen. Und hierin stimme ich mit dem von Herrn Hecht gewonnenen Resultat, daß das „Publicum" in Betreff der Werthansätze bei „qualificirten Gründungen" sein eigener Revisor sein müsse (Nr. 12), vollkommen überein. Dagegen vermag ich nicht einzusehen, warum die Revisoren nicht Taxatoren sein sollen, wenn sie die Werthtaxe der Gründer nicht für richtig halten. Sie müssen es m. E. sein, wenn sie nicht durch Ablehnung dieser Pflicht in oberflächlichen Klugsprechereien sich ergehen sollen, oder soweit sie es nicht sind und nicht sein können, müssen sie auf die Hilfe Anderer recurriren. Selbstverständlich erscheint es, daß die Revisoren in erster Reihe für diesen Zweck „geeignete" Personen sein müssen, in zweiter Reihe auch angesehene Mitglieder des Handelsstandes sein können (Nr. 15). Die moralische Verantwortung der „Organe des Handelsstandes" (Nr. 15) würde aber von selbst in Wegfall kommen, wenn das Gegentheil von dem einträte, was Herr Hecht unter Nr. 16 seiner „Resultate" fordert, daß nämlich die Revisionsberichte für den Registerrichter nicht „Monologe" sein sollen. Soll damit gesagt sein, daß der Registerrichter bei der Annahme des Revisionsberichts zu seiner eigenen Belehrung und Unterhaltung, sofern er solcher bedarf, eine Rücksprache mit dem Revisor nicht scheuen soll, so ist dies jedenfalls ein wohlgemeinter Wink, von welchem die betreffenden Herren, je nach ihrem Temperament, den ihnen geeignet scheinenden Gebrauch machen können. Soll aber damit gesagt sein, daß er sie bei der Eintragung so weit zu berücksichtigen hat, daß er unter Umständen die Eintragung in das Handelsregister ablehnen darf — dies scheint doch mit dem einschränkenden Nachsatz: „bestimmte Normen des Verhaltens lassen auch für den Registerrichter sich nicht aufstellen" angedeutet werden zu sollen — so steht dem meine principielle Auffassung des Instituts entgegen, wonach der Revisionsbericht allerdings als „Monolog", d. h. als ein die Eintragung nicht beeinflussender, vom Gesetz zu anderen Zwecken postulirtes Formale anzusehen ist, welches nur unter den die Eintragung bedingenden Urkunden ebenso wenig fehlen darf, als das übrige „schätzbare Material". Dieses Material auf seinen sachlichen Inhalt zu prüfen, kann dem Registerrichter ebenso wenig zugemuthet werden, als etwa dem preußischen Grundbuchrichter die objective Richtigkeit der Taxe oder der Feuerversicherungssumme. Mit derlei Prüfungen hat die ausschließlich beurkundende Thätigkeit des Registerrichters nichts zu schaffen, und es würde die auf diesem Gebiete schon jetzt, wenn auch ohne Noth, weil durch das im Wege der Declaration leicht zu beseitigende, durch den Erlaß des Reichsjustizamtes m. E. ganz zutreffend auch beseitigte Mißverständniß des Gesetzes herrschende Rechtsunsicherheit nur wesentlich steigern, wollte man nicht bloß praeter, sondern geradezu contra legem den Registerrichter mit einer Aufgabe belasten, für welche unter allen öffentlichen Organen schwerlich ein für diesen Zweck weniger geeignetes gefunden werden möchte. Die besonders günstigen persönlichen Verhältnisse, deren sich die Stadt Mannheim in dieser Hinsicht erfreut, sind leider für das übrige Deutschland nicht maßgebend.

Sehr geringen Werth lege ich ferner auf die Publication oder Nichtpublication der Namen der Revisoren, sowie auf den Umstand, daß sich in großen Städten, wie in Berlin, ein „gewerbsmäßiges Revisorenthum" herausgebildet hat. Die Wirkung der Revisionsberichte dem Publicum gegenüber wird von den Herren Gutachtern wesentlich überschätzt. Auch die vereideten Bücherrevisoren nehmen für sich ein gewisses Maß öffentlicher Autorität in Anspruch, ohne daß man behaupten könnte, es hätte sich im großen Publicum eine Ueberschätzung ihrer Thätigkeit bemerkbar gemacht. Alle diese Erwägungen führen zu dem Ergebniß, daß auch im Wege der gesetzlichen Ausgestaltung des Instituts der Revisoren innerhalb des Rahmens der Actiennovelle nichts Erhebliches zu ändern ist und daß etwaige Mißbräuche und Zweckwidrigkeiten, die sich hier und da bei diesem verhältnißmäßig noch jungen Institut herausgestellt haben, nur durch eine verständnißvolle und dem Geiste des Gesetzes mehr als bisher entsprechende Praxis werden beseitigen lassen. Hier können namentlich die Organe des Handelsstandes, welchen es ja an der erforderlichen Belehrung über zweifelhafte Rechtsfragen nicht fehlen kann, die mehrgedachten Uebelstände durch tactvolle Auswahl geeigneter Persönlichkeiten auf ein geringes Maß zurückführen!

Ich kann daher im Ganzen auch in Bezug auf diese Neuerung der Actiennovelle mit dem Berichterstatter Herrn Hecht die Frage der ständigen Deputation bejahen, indem ich mit dem letzteren annehme, daß damit jedenfalls ein weiterer Schritt in der Beschaffung desjenigen Materials gethan ist, welches dem Actionär bei künftigen Rechtsansprüchen gegen die Organe von Actiengesellschaften und Verletzungen von Treu und Glauben im Stadium der Gründung zur Verfügung steht.

Meine Herren! Denjenigen von Ihnen, welche nach dieser letzten Ausführung etwa glauben sollten, daß ich auf dem Standpunkt des seligen Panglosse (in Voltaire's Candide), in Bezug auf die Cautelen der Actiennovelle stehend der Ansicht bin, que tout est au mieux dans le meilleur des mondes! muß ich indessen eine kleine Enttäuschung bereiten.

Nein, meine Herren, ich halte den jetzigen Zustand keineswegs für über alle Zweifel befriedigend.

Nicht als ob ich annähme, es ließe sich die actienpolizeiliche Vorsorge des Gesetzgebers noch weiter entwickeln, als es nach dem Stande der Dinge durch die Actiennovelle vom 18. Mai 1884 geschehen ist, noch weniger, als ob ich die Anspannung der casuistischen Phantasie des Gesetzgebers in dieser Richtung für wünschenswerth hielte. Das Gegentheil ist der Fall. Nach meiner Ueberzeugung leistet die Actiennovelle das Menschenmögliche unter den modernen Actienpolizeigesetzen, bei denen es kein einziges zu einer mit solcher Bravour ausgestalteten Technik des Gründerfanges auch nur annähernd gebracht hat. Je länger das Gesetz in Kraft ist, desto mehr müssen wir, bei aller Schärfe und polizeilichen Handfestigkeit auch die feine constructive Gedankenarbeit bewundern, welche ein Gesetz ermöglicht hat, dessen Gegenstand zu den allerschwierigsten gehört, mit denen sich die Gesetzgebungspolitik dieses Jahrhunderts befaßt hat. Der dogmatischen Ergründung der leitenden Principien durch die Wissenschaft völlig freie Bahn lassend, widerlegt die „Actiengesellschaft" des modernen deutschen Rechts alle Befürchtungen auf das Glänzendste, die man beim Inkrafttreten des Gesetzes hegte, daß sie nämlich Handel und Wandel auf das Prokrustesbett engherziger, abstracter Rechtsnormen spannen würde, welche mit dem Wesen der Sache nichts gemein hätten! Aber auch diejenigen Prophezeiungen haben sich nicht bewahrheitet, welche in der Actiennovelle überwiegend ein indifferentes, ja die Umgehung geradezu provocirendes System polizeilicher Chicanen, ohne jeden inneren Werth erblicken wollten. Selbst ein so vorsichtiger und von der Heilkraft solcher socialpolitischer Versuche so wenig überzeugter Gewährsmann, wie Herr Justizrath Levy, geht nicht so weit, um zu behaupten, daß die Cautelen der Novelle *spurlos* vorübergegangen wären! Wenn aber beide Gutachter in ihren Endresultaten scheinbar vollständig divergiren, so entnehme ich daraus, daß die Ansichten hier offenbar nur über den *Umfang* auseinandergehen, in welchem das Gesetz „Spuren" seiner Wirksamkeit hinterlassen hat. Inzwischen, d. h. seit dem Juristentage in Augsburg, sind wiederum zwei weitere Jahre ins Land gegangen und das letzte ist gerade eines von denjenigen, in welchen für die uns beschäftigende Frage ein nicht zu unterschätzendes Material gegeben ist. Die Verhältnisse an der Börse befinden sich wiederum in aufsteigender Bewegung. Die Statistik der Börsencurse ergiebt zwischen dem Jahre 1892 und der Gegenwart für die überwiegende Mehrzahl der Effecten eine erhebliche *Steigerung*, täglich werden neue Anlagewerthe theils in der verschämten Form der Gesellschaft mit beschränkter Haftung, theils in der weniger verschämten der Actiengesellschaften, theils in der der Prioritäten, Anleihen, Pfandbriefe u. s. w. geschaffen. Im Mittelpunkte des Interesses für die Cautelen der Novelle steht jetzt vielleicht mehr als jemals die Bedeutung des Revisionsberichts. Eine beachtenswerthe Schrift (*Sattler*, Die Revision bei der Gründung von Actiengesellschaften. Vahlen 1893), welche bereits das Ergebniß der beiden Gutachten kritisch verwerthet, hat die auf diesem Gebiete gemachten „Erfahrungen" gesammelt und damit einen werthvollen Beitrag zur Beantwortung unserer Frage geliefert. Auch Sattler weist darauf hin, daß die Praxis auf diesem Gebiete keine einheitliche sei, daß über den Umfang der Thätigkeit und die rechtliche Stellung der Revisoren verschiedene Ansichten zu Tage getreten wären, daß die einen den Revisionsbericht zu einem sehr ausgiebigen Mittel materieller Prüfung der Gründungsvorgänge, insbesondere aller Werthfestsetzungen hinaufgeschraubt, auf welche das Gesetz Gewicht legt, die anderen dagegen zu einem wirkungslosen Formale degradirt hätten; daß aber trotz alledem die günstigen Wirkungen überwögen; daß in einzelnen Fällen sogar die Furcht vor dem Revisionsberichte und die Schwierigkeiten, die sich demselben entgegengestellt, fraudulose Gründungen im Keime erstickt hätten; daß auch die Registerrichter sich hie und da der ihnen durch die Latitude der betreffenden Bestimmungen gewährten Handhabe zu bedienen gelernt, indem sie auf Vervollständigung des Berichts in einzelnen Fällen mit Erfolg gedrungen hätten; daß in jedem Falle der gesetzgeberische Gedanke, wenn auch seine Ausgestaltung Manches zu wünschen übrig lasse, ein gesunder und praktisch verwerthbarer, und daß endlich auch sowohl de lege lata, im Wege der Initiative der betheiligten Kreise (Handelskammer, Revisoren-Conferenzen) durch Ausführungsbestimmungen der Landesgesetzgebung, die rechtlichen Zweifel beseitigt, eine einheitliche Praxis im Sinne des materiellen Prüfungsrechts hergestellt und damit die Intention des Gesetzes um ein Erhebliches praktisch gefördert, als auch de lege ferenda durch redactionelle Verbesserungen des Gesetzestextes und durch obligatorische Veröffentlichung des Revisionsberichts im Reichsanzeiger ein nicht zu unterschätzendes Element der Aufklärung des Publicums über den Werth der einzelnen Emissionen geschaffen sein dürfte. Auf die Specialitäten (Art der Bestellung, Honorar, Publication der Namen der Revisoren u. s. w.) einzugehen, muß ich mir versagen. Man kann hierüber mit dem Verfasser verschiedener Meinung sein. In der Grundanschauung stimme auch ich mit ihm überein. Ich möchte den Revisionsbericht in der Oekonomie der Gründungscautelen nicht missen. Aber die von Sattler vorgeschlagenen Wege sowohl de lege lata als auch de lege ferenda würden meines Erachtens dem Grundgedanken des Instituts, der Oeffentlichkeit der Gründungsvorgänge, als eines Mittels, die selbstthätige Prüfung des Publicums und die Bildung eines selbständigen Urtheils zu fördern, nur unvollkommen dienen. Das hier etwa in Frage kommende Remedium, meine Herren, liegt nicht auf dem Gebiete der Actiengesetzgebung, sondern auf dem der Börsenreform!

Diese letztere ist bereits durch den sogenannten Prospectenzwang angebahnt. Kein neues Effect gelangt an unsere Börsen und kann der Ehre der täglichen Coursnotiz theilhaftig werden, es sei denn, daß die Emittenten eine beträchtliche Anzahl von dicta promissa dem Publicum gegenüber erklären. Zu der juristischen Verantwortung der Gesellschaftsorgane tritt dann die im Actiengesetz bereits angebahnte der Emissionshäuser in verstärktem Maße hinzu, deren Personenidentität mit den ersteren ja keine nothwendige ist, nicht selten sogar wegen der Verschiedenheit der Interessensphäre des Gründungs- und des Emissionsgeschäfts in Wegfall kommen kann.

Damit ist dem Gedanken der Publicität noch ein weiteres Herrschaftsgebiet erobert! Was damit praktisch gewonnen ist, läßt sich mit einem Worte nicht sagen. Immerhin fügt sich diese außergesetzliche Cautel in das System der gesetzlichen organisch ein; ja, ich möchte sagen, sie giebt dem ersteren erst die praktische Abrundung. Denn selbst auf die Gefahr hin, daß der obligatorische Prospect in der Hauptsache nichts weiter enthalten sollte, als was die publicirten Auszüge aus dem Handelsregister bereits ergeben, so ist doch diese Wiederholung in dem kritischen Momente, welcher der Emission unmittelbar vorhergeht, von viel actuellerer Bedeutung, als die inzwischen in den „Beilageacten des Handelsregisters" sanft gebetteten Urkunden, deren Inhalt zur Zeit der Eintragung der Gesellschaft in das Register für die künftigen Zwecke der Emission ohne jedes praktische Interesse gewesen ist. So lange die Actien in den wenigen, durch die Simultangründung bestimmten Händen ruhen, hat die Publication aus dem Handelsregister für das Publicum nur einen sehr bescheidenen Werth. Denn es ist klar, daß selbst die ausgiebigste Publicität ihren Zweck verfehlt, wenn sie nicht zur rechten Zeit und am richtigen Orte, in geeigneter Form und mit den geeigneten Mitteln in's Werk gesetzt wird.

Ganz zutreffend hat daher auch Wiener in seiner Kritik des Entwurfs der Novelle im Jahre 1884 die Art, wie das Princip der Oeffentlichkeit hier zur Geltung gebracht ist, für unzureichend erklärt. Er hat mit Recht die Publicität der Beilageacten u. s. w. eine fictive genannt. Diese Ansicht, welche ich auf Grund langjähriger practischer Erfahrungen als eine absolut zutreffende erachte, ist auch durch die persönlichen Erlebnisse des Herrn Hecht (cf. Sattler) nicht widerlegt. „Zum Mindesten," sagt Wiener ganz treffend, „müßte bei Gesellschaften mit Sacheinlagen oder Uebernahmen dem Vorstand aufgegeben werden, binnen bestimmter, kurzer Frist nach Eintragung des Gesellschaftsvertrages den Gründerbericht und die dem Handelsrichter vorgelegten, zur Ausführung des Erwerbes durch Gesetz abgeschlossenen oder demselben zu Grunde liegenden Rechtsgeschäfte nach vollem Inhalte im Reichsanzeiger einmal zum Abdruck zu bringen."

Sehr feinsinnig ist hier meines Erachtens das Mindestmaß des Wünschenswerthen angedeutet und damit der Gedanke nahe gelegt, ob es denn, wenn schon einmal mit dem Principe der „Oeffentlichkeit" der Gründungsvorgänge Ernst gemacht wird, nicht richtiger wäre, sich seine fernere Ausgestaltung einmal in der Nähe anzusehen und auf ihren rechtspolitischen Werthgehalt zu untersuchen? ....

Die durch die Publication von Actenstücken im Auszuge und in extenso vermittelte Oeffentlichkeit der Gründungsvorgänge hat, wie Wiener gleichfalls ganz richtig hervorhebt, für den künftigen Rechtsschutz des geschädigten Actienerwerbers einen gewiß nicht zu unterschätzenden Werth und nach dieser Richtung soll auch den Beilageacten ihr Anspruch auf Beachtung nicht verkümmert werden. Als prophylaktische Maßregel zum Schutze des späteren Actienerwerbers ist sie aus Gründen, die auf der Hand liegen, wenig brauchbar. Ja, es könnte sogar meines Erachtens erwogen werden, ob denn nicht, so lange an eine Emission nicht gedacht wird, die gesammten durch die Publication der Auszüge aus den Gründungsurkunden in öffentlichen Blättern verursachten, recht kostspieligen Inserate auf die Anzeige beschränkt werden könnten, daß unter dem Datum pp. eine Actiengesellschaft mit einem Grundcapital von pp. in Actien pp. unter der Firma pp. mit dem Zwecke pp. unter Nr. pp. eingetragen ist! ...., daß das Capital baar eingezahlt oder in Anrechnung auf dasselbe Einlagen gemacht seien 2c.! Damit würde denjenigen Interessenten, welche auf eine derartige Veröffentlichung gleichfalls angewiesen sind, nämlich den künftigen Gläubigern vollauf Rechnung getragen sein. Wer der Gesellschaft Credit gewährt, ist ebenso darauf angewiesen, sich die Basis anzusehen, wie bei jedem Privatmann, und nicht selten ist die Ermittelung der Creditbasis bei den letzteren mit weit größeren Schwierigkeiten verknüpft, als bei der Actiengesellschaft, auf Grund der noch so dürftigen Contenta der Acten und ihrer publicirten Auszüge.

Das Interesse des künftigen Actienerwerbers ist aber damit nur in sehr ungenügender Weise gewahrt, wenn ihm zugemuthet wird, das Studium eines nicht immer sehr klaren, in der Sprache der Fachleute abgefaßten Schriftstücks womöglich durch das aus allerlei äußeren Gründen wenig reizvolle Studium der „Beilageacten“ zu ergänzen, um alsdann — so klug zu sein als wie zuvor!

Aber wie den Zweck erreichen, ohne dem verhaßten Concessionsprincip wieder in die Schlinge zu fallen? Soll das Oeffentlichkeitsprincip auch dann seine vorbeugenden Dienste versagen, wenn trotz aller formellen Voraussetzungen für die Eintragung in das Handelsregister sich die Gründung als eine „unreelle“, der Illationspreis als ein erschwindelter, der Gründergewinn als ein exorbitanter, der Gründungsaufwand als ein simulirter, das Unternehmen selbst als ein durch und durch „faules“ erweist? Soll das Gesetz diesem in Form eines ad hoc zugestutzten Rechtssubjectes einherwandelnden speculativen Wechselbalg die rechtliche Existenz sichern, indem es den Registerrichter zwingt, bei einem Acte mitzuwirken, dessen Wirkungen, wenn auch erst in Zukunft, offenbar darauf berechnet sind, den Staatsanwalt in Thätigkeit zu setzen? Die Frage ist nicht leicht zu beantworten, ohne nach der einen oder anderen Seite einen unaufgelösten Rest zurückzulassen.

Für den vorliegenden Gegenstand ist sie indessen nicht von so wesentlicher Bedeutung, als es auf den ersten Blick erscheinen möchte. Denn die eigentliche Gefahr beginnt bei der Simultangründung, die wir in erster Linie im Auge haben, nicht mit der Eintragung, sondern mit der Emission, weil sich ja erst in diesem Stadium der Kreis der individuell bestimmten Interessenten in die wogende und fluthende Interessengemeinschaft der persona incerta auflöst. Sind auch schon im Stadium der Gründung die Elemente gegeben, welche offenbar auf den Schaden der künftigen Schicht von Actionären abzielen, so fehlt es doch noch in dieser Urformation an Beschädigten und wird so lange daran fehlen, als die jetzt schon durch den obligatorischen Prospect bewachte Grenze nicht überschritten ist.

An dieser Stelle gilt es nun den zweiten Grenzcordon des Oeffentlichkeitsprincips zu ziehen oder, um es kurz herauszusagen: die öffentliche Zugänglichkeit der Urkunde zur Oeffentlichkeit der Discussion zu steigern! Doch davon später. Bevor ich dazu übergehe, lassen Sie mich, so kurz als möglich, meinen principiellen Standpunkt den Reformvorschlägen des Herrn Collegen Levy gegenüber darlegen. Sie betreffen die Minimalbeträge der Actien, des Gründungscapitals und die Emissionssperre!

A. Minimalbetrag der Actien und des Grundcapitals.

Ich gehe zunächst davon aus, daß die Actienwerthe ihrer ökonomischen Substanz nach — ich verstehe hierunter den Inbegriff der ihr immanenten wirthschaftlichen Zwecke — Individualwerthe sind, juristisch species d. h. solche, deren größere oder geringere Fähigkeit, gegen Geld umgetauscht zu werden, bis zu einem gewissen Grade durch den reellen Bedarf geregelt ist. Mag nun auch dieser Bedarf nicht nur bei denjenigen Fungibilien, welche zur Befriedigung constanter, physischer und Culturbedürfnisse dienen, dem Befriedigungsmittel zeitlich nachfolgen, so liegt doch sicherlich, sobald er vorhanden ist, für die Wirthschaftspolitik ein genügender Grund vor, sei es die spontane Entwickelung der Factoren der Preisbildung zum Mindesten ungestört gewähren zu lassen, sei es, ihnen die hierauf bezüglichen Functionen durch entsprechende Veranstaltungen zu erleichtern. Zu diesen Veranstaltungen gehören die Börsen. Hier finden die verschiedenen, zum Theil entgegengesetzten Interessen ihren wirthschaftlichen Ausgleich in Gestalt des Börsen- oder Marktpreises. Aber dieser Ausgleich ist nur da möglich, wo die thatsächlichen Voraussetzungen dafür vorhanden sind. Denn nicht Alles, was auf den „Markt" kommt, ist darum, weil es dahin kommt, marktfähige Waare. Häuser, Hypotheken, Juwelen, Kunstwerke, Fabriken, Erfindungspatente mögen wohl an einer Centralstelle zum Kauf oder Verkauf an- oder ausgeboten werden. Von einem durchschnittlichen Marktpreise oder einer täglichen Coursnotiz kann bei solchen Werthen schon um deswillen keine Rede sein, weil sich hier die Schwingungen jener mehrerwähnten Factoren der Preisbildung aus Gründen, die auf der Hand liegen, in ungleich langsamerem, schwerfälligerem Tempo bewegen, als bei den sogenannten generischen Werthen.

Die Actie dient, unter Anderem, dem Bestreben, die natürlichen Grenzen, welche die Marktfähigkeit des Genus von der der Species scheiden, bis zur Unkenntlichkeit zu verwischen und eine der schlimmsten Ausartungen dieses — innerhalb seiner Schranken legitimen — Bestrebens ist die Agiotage.

Was man die schlimmen Erfahrungen der sogenannten „Gründerzeit" nennt, ist recht eigentlich mit diesem Worte gesagt. Nicht der Bankerott, die nothgedrungenen Liquidationen, die Dividendenlosigkeit und was dergleichen specifische Krankheiten der Actiengesellschaften mehr sind, haben jenes Hilfegeschrei nach der Klinke der „Gesetzgebung" so markerschütternd ertönen lassen, wie sie uns noch aus den 70er und 80er Jahren in den Ohren gellen. Nein, meine Herren! sondern die Agiotage war es, in deren Höllenschlund Millionen und Milliarden versunken sind. Gründung und Agiotage verhielten sich damals wie Mittel und Zweck zu einander. „Gegründet" wurde zum Zweck des Börsenspiels. Alles, was die Gesetzgebung bisher geleistet hat, bisher hat leisten können, um die Wiederkehr des Hexensabbaths der 70er Jahre thunlichst zu verhindern, waren aber jene „Cautelen", welche den innigen Bund zwischen Gründungs- und Börsenschwindel durch Einfügung eines dritten Elements, der Gründerverantwortlichkeit nicht unerheblich zu lockern geeignet sind. Aber der eigentliche Schwerpunkt der Reform liegt doch, wie Herr College Levy richtig erkannt hat, in denjenigen Maßregeln, welche der Agiotage entgegenzuarbeiten bestimmt sind, und diese hinwiederum ist nicht im Wege der specifischen Actien-, sondern im Wege der Börsenreform zu treffen!

Es ist nun ein glücklicher Gedanke des Entwurfes eines Reichs-Börsengesetzes, bei der Zulassung von Werthpapieren zur Börsennotiz den bereits aus der Initiative der Börsenvorstände hervorgegangenen obligatorischen Prospect gesetzlich zu sanctioniren. Damit ist zugleich die Möglichkeit gegeben, sämmtliche in den Börsenhandel eindringenden Werthpapiere auch unter dem Gesichtspunkte ihrer Marktfähigkeit zu prüfen.

In den diesem Entwurfe vorausgegangenen Verhandlungen der Enquête-Commission ist daher in gerechter Würdigung jenes Umstandes die Frage erörtert worden, ob es sich bei der Zulassung **aller** Effecten zum Börsenhandel nicht empfehlen möchte, einen Mindestbetrag des Gesammtquantums festzusetzen. Man war fast durchgängig der Ansicht, welche auch von hervorragenden Sachverständigen getheilt wurde, daß für Papiere, die nur in sehr geringen Quantitäten zur Emission gelangen, ein Bedürfniß für eine gleichmäßige Behandlung mit solchen, in denen ein regelmäßiges „Geschäft" sich an der Börse zu entwickeln vermöchte, nicht vorhanden sei. Freilich ist man dabei von der Organisation des Effectenmarktes an der Berliner Börse ausgegangen und hat deshalb die Möglichkeit offen gelassen, diese Werthpapiere an anderen Börsen aus localen Erwägungen heraus zu gestatten.

In dem Berichte der Börsen-Enquête-Commission heißt es*):

> Durch die Emissionsbehörden ist für die Zulassung von Actien ein Mindestbetrag des Grundcapitals festzusetzen und es würde zu empfehlen sein:
>
> a) für Berlin ein Mindestbetrag von 3 Millionen,
>
> b) für Frankfurt a. M. und Hamburg ein Mindestbetrag von 2 Millionen,
>
> c) für andere Börsen ein Mindestbetrag von einer halben Million.
>
> Diese Mindestcapitalien dürfen durch Sperren von Stücken bei der Emission nicht vermindert werden.

*) S. 60 ff.

Zur Begründung dieses Vorschlages wird in dem Berichte der Commission (S. 61) gesagt:

> Wenn sich schon bisher die Börsenvorstände genöthigt gesehen haben, für die Zulassung von Actien zum Börsenhandel einen gewissen Mindestbetrag des Grundcapitals vorzuschreiben, um zu verhindern, daß Actien kleiner und kleinster Unternehmungen an der Börse Eingang finden, so glaubt die Commission sich mit diesen Tendenzen nicht nur vollständig einverstanden erklären, sondern auch, wenigstens für die größeren Börsen, eine entsprechende Erhöhung des gegenwärtig bestehenden Mindestbetrages befürworten zu sollen, indem sie von der Ansicht ausgeht, daß die Actien kleiner gewerblicher Unternehmungen zum Börsenhandel an sich ungeeignet sind Mit Rücksicht auf die Bestimmungen des Handelsgesetzbuches, nach denen der Börsenpreis eine außerordentlich praktische Bedeutung insbesondere für den Commissionär hat, können nur Unternehmungen mit größerem Capital und größeren Umsätzen an der Börse zugelassen werden, da nur diese eine geeignete Grundlage für die Festsetzung von Börsenpreisen bilden können. Finden bei einem kleinen Grundcapital zeitweise gar keine oder nur vereinzelte Umsätze statt, so kann man auf Grund derselben nicht Börsenpreise feststellen, die für andere Rechtsgeschäfte als maßgebend anzusehen sind.
>
> Dazu kommt, daß die größeren Börsen schon jetzt an einer solchen Ueberfüllung von Material leiden, daß eine sachgemäße und zuverlässige Controle der notirten Börsenpreise sich kaum mehr ermöglichen läßt, weil die Arbeitskräfte, die eine solche Controle beanspruchen würde, nicht zur Verfügung stehen. Aus diesem Grunde und im Interesse des nützlichen Provinzialbanquierstandes ist die Commission der Ansicht, daß es sich empfiehlt, Unternehmungen, deren Bedeutung über einen eng begrenzten localen Kreis nicht hinausgeht, möglichst auf die Provinzialbörsen zu verweisen. Einerseits ist man dort leichter im Stande, die finanzielle Entwickelung eines solchen Unternehmens zu beurtheilen und zu verfolgen, und ferner ist an den kleinen Börsen die Beeinflussung des Curses der Actien derartiger kleiner Unternehmungen erheblich erschwert und kann sich jedenfalls nicht so lange der Oeffentlichkeit entziehen, wie das an den größeren Börsen vielfach der Fall gewesen ist und zu bedauerlichen Verlusten für das Privatpublicum geführt hat.

Der Entwurf eines Börsengesetzes „folgt“ im Princip, wie die Begründung (S. 48) ergiebt, „den Vorschlägen der Enquête-Commission“ auch in diesem Punkte. Gleichwohl enthält derselbe keine auf den Actienverkehr an der Börse bezügliche Specialbestimmung, spricht vielmehr, wie die Ueberschrift zu den einschlägigen §§ 36—44 ergiebt, lediglich von der „Zulassung von Werthpapieren zum Börsenhandel“ im Allgemeinen, indem er im § 40 „weitere Bestimmungen über die Aufgaben der Zulassungsstelle und die Voraussetzungen der Zulassung zu treffen“, dem Bundesrathe überläßt. Dem letzteren sollen hiernach auch, wie die Begründung (S. 50) ergiebt, auch „Anordnungen“ vorbehalten bleiben, welche die Festsetzung eines „Mindestbetrages des Grundcapitals für Unternehmungen, deren Werthe zum Börsenhandel zugelassen werden“, betreffen.

Die Frage der Festsetzung von Minimalbeträgen der Actien ist in der Enquêtecommission nur promiscue mit dem Minimalbetrage der Obligationen insbesondere der ausländischen gestreift und auch die hierauf bezüglichen etwaigen Anordnungen dem Bundesrathe überlassen worden.

Ich stehe nicht an, mich im Wesentlichen dem von mir citirten Vorschlage der Commission anzuschließen. Die Formulirung einer hierauf bezüglichen Resolution glaube ich indessen nicht vorschlagen zu sollen. Bei dem engen Zusammenhange dieser Frage mit einer Menge börsentechnischer Fragen, auf welche des Näheren einzugehen ich mir an dieser Stelle versagen muß, erscheint mir die Zurückhaltung, welche der Entwurf eines Börsen-Gesetzes in diesem Punkte geübt hat, indem er die Festsetzung der hierauf bezüglichen Grundsätze dem Bundesrathe vorbehält, durchaus gerechtfertigt. Meinen Standpunkt vermag ich nur negativ dadurch zum Ausdruck zu bringen, daß ich den Vorschlag des Herrn Justizrath Levy, den Minimalbetrag des Grundcapitals der Actiengesellschaften festzusetzen, nicht zu befürworten vermag. Denn, wenn mir auch die Tendenz seines Vorschlages, so weit sie gegen die Agiotage gerichtet ist, durchaus sympathisch ist, so möchte ich doch die Privatwillkür in diesem Punkte so lange nicht beschränkt wissen, als dieselbe nicht mit unmittelbaren Gefahren für das Publicum verknüpft ist. Welche Gefahr soll aber für das Publicum daraus erwachsen, daß eine kleine Actiengesellschaft gegründet und in das Handelsregister eingetragen wird, so lange nicht ihre Actien Gegenstand des Börsenverkehrs geworden sind! Dieses aber können sie schon nach der bisherigen Praxis nicht ohne Weiteres werden. Vielleicht hat keine Maßregel der Agiotage in kleinen Werthen mit künstlichem Marktverkehr in höherem Grade entgegengearbeitet, als gerade die erwähnte Praxis der Börsenvorstände, wie sie sich bereits in dem letzten Jahrzehnt entwickelt hat und mit dem Inkrafttreten des Börsengesetzes voraussichtlich noch mehr entwickeln wird. Ich möchte bei dieser Gelegenheit noch einmal hervorheben, daß mir eine principielle Gegnerschaft gegen die Form der Actiengesellschaft als solcher ganz fern liegt. Wird die der Actie gleichsam immanente Gefahr, zum spielartigen Einsatz auszuarten, dadurch beseitigt, daß ihre Circulationsfähigkeit auf das ihr zukommende Maß der Begebbarkeit eines Inhaberpapiers eingeschränkt wird, so liegt kein Grund vor, die Bildung kleiner Actiengesellschaften deshalb zu verbieten, weil die Actiengesellschaft die „adäquate Form" großer Capitalsansammlungen sein soll. Es läßt sich ja freilich nicht verkennen, daß, wenn das Gesetz die Gründung von Actiengesellschaften unter 5 Millionen verbietet, sie damit das Operationsgebiet der Actiengesellschaften pro futuro so erheblich einschränkt, daß für die Börsengesetzgebung nur noch die Erhöhung dieser Minimalziffer für den Börsenverkehr übrig bliebe, um die Actiengesellschaften überhaupt nur den allergrößten Unternehmungen zugänglich zu machen! Ob das ein Glück wäre, wage ich nicht zu entscheiden. An sich — so glaube ich — sind die strengen Gründungsvorschriften und das damit schon nach der bisherigen Gesetzgebung verbundene sehr ausgiebige Maß von Publicität für die Interessenten der kleinen, vom Börsentreiben ausgeschlossenen Actiengesellschaften immer noch nützlicher als die nach dieser Richtung weit weniger ausgiebigen Bestimmungen bei der Gesellschaft mit beschränkter Haftung, obschon der principielle ökonomische oder socialpolitische Unterschied zwischen dieser und der Actien-Gesellschaft schwerlich wird nachgewiesen werden können. Mit anderen Worten, da nach unseren bisherigen Einrichtungen von einer Agiotage in Actien außerhalb des Börsenverkehrs nicht die Rede sein kann, so muß auch füglich von einer Bestimmung abgesehen werden, die für diesen Zweck gleichgültig, in das Gebiet der Privatwillkür übermäßig eingreifen würde.

B. Minimalbetrag der Actien.

Aber auch die Erhöhung des Minimalbetrages der Actie auf 5000 Mk. möchte ich nicht befürworten. Eher wäre ich geneigt, den bereits durch die Novelle von 1884 festgesetzten von 1000 Mk. für eine wenig glückliche Neuerung anzusehen.

Die französische Actiennovelle vom 1. August 1893 hat den Mindestbetrag der Actien im § 1 bei Gesellschaften mit einem Capital von weniger als 200 000 fr. auf 25 fr., bei den großen auf 200 fr. ermäßigt.

Bekanntlich hatte das Actiengesetz von 1867 für Gesellschaften mit mehr als 200 000 fr. — 500 fr., für Gesellschaften mit weniger als 200 000 fr. — 100 fr. als Minimalbeträge festgesetzt. Ursprünglich war in den ersten Stadien der Berathung der französischen Actiennovelle für alle Actiengesellschaften und Commanditgesellschaften auf Actien ohne Rücksicht auf das Grundcapital ein Minimalbetrag von 25 fr. pro Actie in Aussicht genommen und zwar im Hinblick auf die Concurrenz englischer Actien, deren Appoints von 1 £ in kolossalen Summen in Frankreich circuliren. Mit Rücksicht auf die nach dem noch jetzt geltenden Gesetz von 1867 zulässige Liberirung*) von Actien nach Einzahlung von 1/4 des Minimalbetrages = 6 fr. 25 c. hat man indessen, wie es scheint, davon abgesehen. Der Senateur Thévenel, welcher diesen Vorschlag bekämpfte, bemerkte hierbei: Nous avons pensé que c'était aller trop loin; nous avons cru qu'il n'était pas prudent d'assimiler l'action à un simple billet de loterie et nous nous sommes arrêtés au taux de 100 fr., dont le quart est de 25 fr. représentant une somme, qui peut-être à peu près est à la portée de toutes les bourses et qui nous paraît suffisamment faible pour favoriser l'accès des sociétés anonymes même aux ouvriers. Gleichwohl fand der Gegenvorschlag des Herrn Poirrier, wie er schließlich zum Gesetz erhoben ist, mehr Beifall, wobei, wie ich nach dem Laufe der Debatte annehmen muß, gerade die Rücksicht auf die „petite épargne" einer- und die Concurrenz der englischen Actienwerthe (1 £), andererseits den Ausschlag gegeben haben dürfte. Poirrier hatte in der zweiten Lesung zur Begründung seines Amendements darauf hingewiesen, daß der Zudrang zu den kleinen Actiengesellschaften in Frankreich ein sehr großer ist. „Man bildet sich im Allgemeinen ein", meint er, „daß die Actiengesellschaft eine Gesellschaft mit großem Capital („à gros capital") wäre! Im Gegentheil!" Nach den publicirten statistischen Ausweisen des Finanzministeriums seien von den 365 im Jahre 1889 gegründeten Actiengesellschaften 192 Gesellschaften (also die größere Hälfte) mit einem Grundcapital von weniger als 200 000 fr. gebildet und zwar: 102 mit 50 000 fr. und weniger; 37 mit 50 000 bis 100 000 fr., 53 mit 100 000—200 000 fr.! „Ich glaube", bemerkte Poirrier, „daß wir ein großes Interesse daran haben, die Bildung dieser kleinen Gesellschaften zu fördern, welche im Allgemeinen im Stadium ihrer Entstehung (au moment de leur formation) in ihren

*) Dalloz 1893 S. 68.

Apports alle erdenkliche Aufrichtigkeit darbieten" („presentent dans les apports toute la sincérité que nous devons désirer"). Der Minimalbetrag von 100 fr., welcher von anderer Seite proponirt war, sei zu hoch. Dann kommt die Furcht vor der Concurrenz der englischen Gesellschaften, zwar nicht an der Börse — denn hier kann ihnen ja das Decret von 1880 (eine Art Börsengesetz) den Eintritt wehren — aber auf dem „marché libre". „Je me demande", sagt Herr Poirrier, „pourquoi nous laisserions bénévolement notre épargne grande et petite aller à des sociétés étrangères, qui, je le répète, présentent beaucoup moins de garanties que nos sociétés françaises et pourquoi nous ne chercherions pas, au contraire, à les retenir et à les attirer, vers nos sociétés."

Poirrier weist auf England hin, wo sogar Gesellschaften mit einem Grundcapital von 300 000 £ = 6 Millionen Mark Actien von 1 £ ausgeben.

„Il faut donc écarter cette crainte", sagt Poirrier weiter, „de voir la petite épargne attirée vers l'anonymat. Ce sont ces placements qui, il est vrai, présentent des aléas, comme tout ce qui touche au commerce, à l'industrie, mais qui en offrent beaucoup moins, cependant que certains autres qu'elle n'hésite pas à faire."

In der That scheint mir auch vom Standpunkte unserer einheimischen Verhältnisse die Hinaufschraubung des Minimalbetrages der Actie auf 5000 Mark sehr bedenklich aus Gründen, die in der letzten Periode unseres Börsenwesens zu Tage getreten sind und die eine ähnliche Erscheinung darbieten, wie das Hineinströmen der petite épargne, auf die die Franzosen mit Recht stolz sind, in die ausländische Anlage. Hr. Thévenet, Berichterstatter in der Deputirtenkammer sagte u. A., indem er die Anträge des Herrn Poirrier bekämpfte: nulle part dis-je l'épargne n'a autant d'importance qu'en France, et nulle part elle n'est sollicitée avec plus d'instance; il faut donc la protéger mieux qu'ailleurs. Die Börsenenquête hat ähnliche Bedenken zu Tage gefördert. Und springt nicht die Thatsache in die Augen, daß der Schwerpunkt der Enquête über die Zulassungsbedingungen zum Börsenhandel gar nicht in den Actien, sondern in den ausländischen Anleihewerthen gelegen hat? „In welchem Umfange der deutsche Nationalwohlstand innerhalb weniger Jahre durch Emissionen ausländischer Anleihen beeinflußt worden ist, wird ersichtlich", heißt es in dem Enquêtebericht, „wenn man auch nur die einschneidendsten Fälle überblickt.

So sank:

bei einem Emissions-capital von	der Emissionscurs von	binnen weniger Jahre auf
50 000 000 Mk.	$80\frac{1}{2}$	$37\frac{1}{4}$
10 200 000 Pesos	90	44,60
158 000 000 Mk.	95	$31\frac{3}{4}$
19 000 000 Pesos	85,80	38,40
5 000 000 £	90	38
170 000 000 Mk.	$97\frac{5}{8}$	$31\frac{3}{4}$
96 000 000 fr.	82	66,20
500 000 £	$77\frac{1}{8}$	50,70
3 500 000 £	$92\frac{5}{8}$	59,20
25 000 000 Lire	$92\frac{3}{4}$	$60\frac{1}{2}$
14 000 000 fr.	$99\frac{1}{2}$	53
16 000 000 Mk.	101	$28\frac{1}{2}$".

Man sieht, wie gefährlich es ist, Uebelstände von so complicirtem Innenbau, wie die Agiotage mit derartigen, anscheinend radicalen, in Wirklichkeit aber vielleicht ganz indifferenten, weil das Uebel schließlich nur in andere Formen drängenden Remedien beseitigen zu wollen.

Daß aber die Actie kleiner Gesellschaften sich für den großen Börsenverkehr nicht eignet, scheint mir nicht bloß aus den praktischen, rein empirischen Erwägungen der Enquêtecommission, sondern aus der tieferen Begründung, welche in dem Wesen der Actie als eines relativen Genus-Werthes von überwiegend speciesartiger Beschaffenheit zu suchen ist, unumstößlich zu folgen. Daraus ergiebt sich aber, daß es verfehlt wäre, die Unwahrheit, die in dem Begriffe des „Marktes" für kleine Actienwerthe zu Tage tritt, da zu bekämpfen, wo sie gar nicht in Frage kommt, nämlich bei der Gründung, und daß der einzige Weg, der Agiotage zu steuern, direct an die Schwelle der Börsen führt. Für diejenigen Tendenzen, welche die Actiengesellschaft zwar nicht aus unserem Wirthschaftsleben ganz verbannen, aber aus Gründen des öffentlichen Wohles die Zahl der Opfer der Börsenagiotage möglichst einschränken wollen, muß m. E. schon der gesetzliche Minimalbetrag von 1000 Mk. genügen.

Was nun den zweiten Vorschlag (II, 2) des Herrn Justizrath Levy betrifft:

> daß zwischen der Eintragung der Actiengesellschaft in das Handelsregister und der Zulässigkeit einer Einführung der Actien an der Börse eine obligatorische Sperrfrist von angemessener Dauer (sechs bis neun Monate) eingeführt werde,

so liegt derselbe vollständig auf dem Gebiete der Börsenreform und scheint mir gleichfalls einer Beachtung nicht unwerth zu sein.

Allein ich verhehle mir auch hier nicht, daß die ausnahmslose Durchführung dieses Princips — denn darauf deutet ja der Ausdruck „obligatorische" hin — nicht ganz bedenkenfrei erscheint, weil derselbe nicht selten die Emissionshäuser ohne zureichenden Grund von der Uebernahme eines geschäftlichen Risicos abhalten würde, dessen lange Dauer der Natur des Emissionsgeschäftes widerspricht. Für die Emissionsthätigkeit der solidesten Häuser kann nämlich der „innere Werth" des Papiers allein nicht immer ausschlaggebend sein, es ist dabei auch die jeweilige Aufnahmefähigkeit und Aufnahmewilligkeit des Geldmarktes in Betracht zu ziehen. Das ist die legitime Conjunctur, mit welcher das Emissionshaus rechnen muß. Es giebt Zeiten, wo auch die solidesten und besten Papiere nicht an den Mann zu bringen sind. Dem Emissionshause aber zumuthen, einen günstigen Zeitpunkt vorübergehen zu lassen und 6 bis 9 Monate lang zu warten, heißt das Emissionsgeschäft zu einem so überaus gefährlichen Speculationsgeschäft machen, daß es, wenn überhaupt, nur um den Preis einer wesentlichen Vertheuerung für solide Häuser möglich werden würde. Ich zweifle nicht, daß auch hier der Strom der legitimen Interessen des Effectenemissionsgeschäfts sich mit der Zeit ein anderes Bett graben würde, vielleicht unter Zuhilfenahme des Lombard- und des Versicherungsgeschäftes; ob aber die damit unvermeidlich verknüpfte Vertheuerung dem Anlagewerthe suchenden Publicum zu Statten kommen möchte, wage ich zu bezweifeln.

Ich möchte deshalb auch diesen Punkt der vom Bundesrathe — wie ich hoffe, nach genauer Erforschung des hier in Frage kommenden Thatbestandes — zu erlassenden Ausführungsverordnung überlassen, welche sich über das gesammte Gebiet der Zulassungsbedingungen für den Börsenhandel zu erstrecken haben wird. Handelt es sich doch gerade bei der Frage der obligatorischen Vinculirung der Actienemissionen mehr um Fragen der Börsenpolitik als der Actiengesetzgebung. Sie ist m. E. nur einzeln und nur im Zusammenhange mit einer Reihe administrativer, börsentechnischer Fragen zu beantworten und scheint mehr als andere dem Juristentage zur Beantwortung unterbreitete Fragen der Actien- und Börsenreform der Zuständigkeit des letzteren nur in bescheidenem Maße zu unterliegen.

Gleichwohl möchte ich bei diesem Punkt eine Ausnahme machen. Sie betrifft die Einbringungs-Actien bei qualificirten Gründungen. Hier empfiehlt sich m. E. die Vinculirung für eine bestimmte Zeitdauer — ich würde nach dem Vorgange der französischen Actiennovelle vom

3. August 1893 zwei Jahre vorschlagen — nicht aus börsentechnischen, sondern aus actienrechtlichen Erwägungen heraus!

Daß bei den Umwandlungen industrieller Einzelunternehmungen in Actiengesellschaften das treibende Motiv zum größten Theil der Wunsch der Besitzer ist, ihren sonst schwer oder gar nicht veräußerlichen Besitz zu mobilisiren, ist eine an sich ebenso legitime, als die Production schwindelhafter Actienwerthe in hohem Grade fördernde Thatsache. Je schneller dieser Zweck erreicht wird, desto geringer das Interesse an den ferneren Schicksalen des Unternehmens, ja, desto größer die Möglichkeit, der rechtlichen, durch das Gesetz begründeten Gründerverantwortlichkeit die reale Basis zu entziehen. An sich ist übrigens die Vinculirung der Apportactien in unserer Gründungstechnik kein Novum. Wir begegnen ihr außerordentlich häufig in Gestalt der hierauf bezüglichen Syndicatsbedingungen. Allein der Zweck dieser letzteren ist ein von demjenigen, welchen ich mit diesem Vorschlage anstrebe, wesentlich verschiedener, ja sogar ein ihm bis zu einem gewissen Grade zuwiderlaufender. Die sogenanten „syndicirten" Gründeractien sollen nicht an die Börse kommen, um dem Syndicat, Consortium rc. die Beeinflussung des Börsencurses des zu emittirenden Papieres nicht zu erschweren. Dieser Zweck findet aber namentlich in Zeiten einer größeren Verkäuflichkeit derartiger Werthe oftmals sehr bald seine Erledigung. Die natürliche Tendenz des Geschäftes treibt zu einer möglichst schnellen Abwickelung des Engagements. Sobald also die syndicirten Actien der übrigen Consortialmitglieder an den Markt gebracht sind, hört vielfach das Interesse des führenden Emissionshauses an der Cursentwickelung des Papieres auf und es beginnt, sobald die Rücksicht hierauf in Wegfall kommt, vielfach sogar ein entgegengesetztes speculatives Interesse sich geltend zu machen, bei welchem gerade ein verstärktes Angebot desselben Papiers förderlich erscheint. Dann kommt es nicht selten vor, daß der Effect der Vinculirung der Apport-Actien im Wege eines Lombardvorschusses für den Inferenten ausgeglichen wird. In diesen Fällen wirkt auch hier vielfach der Wunsch des Emissionshauses, das Engagement möglichst schnell glatt zu stellen, dem ursprünglich ins Auge gefaßten Zweck, das „flottante" Material an der Börse möglichst zu beschränken, entgegen und die vereinbarte Vinculirung wird unter beiderseitigem Einverständniß aufgehoben, sobald das treibende Motiv dieser Abmachung in Wegfall kommt.

Die von mir ins Auge gefaßte Reform würde also hier zwar den äußeren juristischen Umrissen, nicht aber dem rechtspolitischen Grunde nach an eine bereits dem Verkehr bekannte Gepflogenheit anknüpfen, wenn man dahin gelangte, die Apport-Actien während einer bestimmten Zeit nicht bloß von der Börse, sondern überhaupt von dem Verkehr auszuschließen. Sie würde sich mit Leichtigkeit in das System der Cautelarvorschriften der Novelle von 1884 einfügen, andererseits aber auch den im Wege der Börsenreform angestrebten Effect, den Markt von einer Menge speciesartiger, an sich marktunfähiger Waare zu entlasten, wesentlich fördern. Denn allem Anscheine nach würde bei der künftigen Zulassung der neuen Actienwerthe zum Börsenhandel nicht die Höhe des Grundcapitals, sondern die Menge des Emissionsmaterials in Frage kommen und bei diesem würde das vinculirte Material außer Betracht bleiben müssen.

Zur Erreichung des von mir postulirten Zwecks wäre nun ferner die äußere Kenntlichmachung der betreffenden Actien, etwa durch den Stempel: „Einbringungsactien" nebst dem Datum der Eintragung der Gesellschaft in das Handelsregister erforderlich. So bestimmt denn auch Art. 3 der citirten französischen Actiennovelle:

> „Les actions représentant des apports devront être intégralement libérées au moment de la constitution de la société. Ces actions ne peuvent être détachées de la souche et ne sont négociables que deux ans après la constitution définitive de la société. Pendant ce temps, elles devront, à la diligence des administrateurs, être frappées d'un timbre indiquant leur nature et la date de cette constitution."

Dieser Artikel verdankt gleichfalls seinen Ursprung dem Vorschlage des Herrn Poirrier, welchem der Berichterstatter Herr Thévenet entgegengetreten war.

„Der Industrielle und der Kaufmann, welcher seine Werkstatt und sein Haus," so führt Herr Thévenet aus, „in eine Actiengesellschaft umwandelt, verfolgt im Allgemeinen den Zweck, einen von ihm festgelegten Werth wieder flüssig zu machen. Weshalb sollte man ihn nun verhindern, diese Absicht im Wege des Anonymates redlich ins Werk zu setzen? Unzweifelhaft würde diese Unveräußerlichkeit der Apportactien eine Menge von Gesellschaften paralysiren und ihrer Entwickelung nachtheilig werden. Es steht aber auch dieser Maßregel das Princip der freien Güterbewegung (le principe de la libre circulation des biens) entgegen." Es war nicht schwer, diesen Widerstand zu überwinden. Mit Recht wies demgegenüber Poirrier darauf hin, daß nach dem dermaligen Stande der französischen Actiengesetzgebung die berühmte vérification des apports die auch durch Erbgang im Wege der Novelle vom 11. Juli 1870 auf die „constituirende Generalversammlung" übergegangen und auch in der Novelle von 1884 in den Art. 209g und 209h eine freilich wesentlich consistentere Gestalt gewonnen hat, keinen hinreichenden Schutz gegen fraudulose Einbringungen gewähre. „Wir verlangen," ruft Poirrier den Inferenten zu, „daß Eure Actien nicht gerade Eurer Verfügung entzogen (indisponibles), aber während jener zwei Jahre nicht „negociabel" bleiben, weil während jener Zeit, wenn Eure Einbringung nicht seriös, wenn, was Ihr eingebracht habt, nichts werth ist, wenn Ihr die baarzahlenden Actionäre getäuscht habt, Eure Böslichkeit (fraude) entdeckt und Ihr alsdann einer sehr wirksamen Verantwortung unterliegen werdet; mehr noch, Ihr werdet selbst von der durch Euch ins Werk gesetzten Arglist keinen Nutzen ziehen."

„Ich bin überzeugt," schließt Poirrier, „daß die auf fraudulose Weise constituirten Gesellschaften die Ausnahme bilden, aber eben diese Ausnahme ist es, gegen welche man sich schützen muß; gerade weil die leichtfertig constituirten Gesellschaften die Ausnahme bilden, wird die von mir vorgeschlagene Cautel kein Hinderniß, keine gêne, keinen Nachtheil für die in ehrlicher Weise gegründeten Gesellschaften bilden."

Und damit wäre auch das erschöpft, was ich im Anschluß an den Vorschlag des Herrn Justizrath Levy, seinem Gedankengange folgend, aber ihn auch andererseits nicht unwesentlich einschränkend, in Betreff der Ausgestaltung der Gründungscautelen zu sagen hätte, und es bliebe mir nur noch die Erörterung eines Punktes, welchen ich bereits im Laufe meines Vortrages wiederholt gestreift, ohne indessen zu einer präcisen Formulirung zu gelangen.

Ich meine die Ausgestaltung des die Cautelarvorschriften der Novelle von 1886 beherrschenden Princips der Oeffentlichkeit im Wege der Börsenreform!

Daß die Publicität des Handelsregisters und seiner Beilage-Acten nicht genügt, ist, wie ich glaube, heut ausnahmslos anerkannt. Das von Wiener bereits vor der Emanation der Novelle verlangte Mindestmaß im Wege der Publication des erheblichen Gründungsmaterials durch den Reichsanzeiger würde freilich einen Schritt nach vorwärts bezeichnen, aber immer noch weit hinter demjenigen zurückbleiben, was dem Appell der Emittenten an die Oeffentlichkeit gegenüber an entsprechenden Requisiten zu ihrer Controle verlangt werden darf. In der Börsen-Enquête-Commission ist die Frage eingehend erörtert worden, ob der Prospectenzwang nicht dadurch an materieller Wirkung verliere, daß zwischen Publication des Prospectes und Subscription bezw. Einführung der Papiere an der Börse ein genügend langer Zeitraum festgesetzt werden solle, innerhalb dessen dem Publicum Gelegenheit geboten werde, sich über die Emissionsofferte ein Urtheil zu bilden. Die Commission hatte in ihrem dem Reichskanzler überreichten Berichte folgendes „Verfahren vor der Emissionsbehörde“ in Vorschlag gebracht:

„Der Antrag auf Zulassung ist mit Bezeichnung des Emittenten, des Emissionsbetrages und der Art des einzuführenden Werthpapieres an der Börse auszuhängen und zu veröffentlichen.

Insbesondere ist die Emissionsbehörde berechtigt, unter Umständen auch die Vorlegung der zwischen dem Emissionshaus und dem betreffenden Anleiheschuldner geschlossenen Verträge zu verlangen.

Nach Verlauf von 6 Tagen entscheidet die Emissionsbehörde über die Zulassung unter Würdigung der dagegen etwa erhobenen Einwände.

Von der Ablehnung eines Antrages auf Zulassung hat die Emissionsbehörde, den Umständen nach, unter Angabe der Gründe den Vorständen der übrigen deutschen Börsen, bei welchen nach Lage der Verhältnisse das betreffende Werthpapier zur Einführung gelangen könnte, Mittheilung zu machen. Wird an einer dieser Börsen die Genehmigung zur Einführung nachgesucht, so darf dieselbe nur mit Zustimmung derjenigen Emissionsbehörde erfolgen, welche die Zulassung abgelehnt hat. Im Falle der Zulassung ist der Prospect durch Aushang an der Börse und Veröffentlichung in der Presse bekannt zu machen.

Handelt es sich um **auswärtige** Anleihen, Obligationen, Pfandbriefe oder **Actien** und weiß der Emittent, daß das Papier, für welches er die Emission nachsucht, auch gleichzeitig an anderen deutschen Börsen zur Zulassung angemeldet ist, so muß er dies der Emissionsbehörde mittheilen. Die Emissionsbehörden der betreffenden deutschen Börsen müssen sich sodann in Verbindung setzen, und keine dieser Börsen darf die Zulassung früher aussprechen, ehe das Urtheil der anderen Börsen bekannt ist. Sobald die Emissionsbehörde einer Börse die Zulassung ablehnt, darf das Papier auch an keiner anderen Börse zugelassen werden, bevor nicht die ablehnende Emissionsbehörde ihren Widerspruch zurückzieht.“

Der Entwurf des Börsengesetzes enthält hierüber keine besondere Bestimmung; in dem § 38 wird lediglich der bereits gewohnheitsrechtlich eingebürgerte Prospectzwang gesetzlich festgelegt. Aber auch hier sind die Detailbestimmungen anscheinend der Ausführungsverordnung überlassen. Mein Vorschlag, den Grundsatz der Oeffentlichkeit im Sinne eines

Verfahrens zu kräftigen, welches freilich, wie ich anerkennen muß, sich als eine principielle Neuerung darstellt, scheint mir indessen nur eine consequente Weiterbildung der unsere Cautelargesetzgebung schon jetzt beherrschenden, aber in ihrer Wirksamkeit gehemmten Grundsätze zu sein. Ich weiß sehr wohl, daß sich hiergegen mancherlei einwenden läßt. Man wird auf der einen Seite auf die Gefahren hinweisen, welche in dem Anreiz zu chicanösem Widerspruch gegen die Zulassung eines Papiers zum Börsenhandel gegeben sein möchten. Allein dieses Bedenken wiegt nicht schwer, denn nicht jeder Widerspruch soll den Zulassungsbeschluß hemmen. Das Correctiv gegen chicanöse Angriffe liegt gerade in der Discussion, und wenn irgendwo, scheint mir gerade hier eine Art von Enquête in verkleinertem Maßstabe und mit einem ständigen, ad hoc sich mit der Zeit immer mehr vervollkommnenden Apparate sich zu empfehlen. Dem Staatscommissarius, dem ja in dem Entwurfe eine weit größere Einwirkung auf die Börsenverhältnisse eingeräumt werden soll, würde hier gerade die beste Gelegenheit geboten, seines Amtes als Hüter des öffentlichen Interesses zu walten, ohne daß ihm ein besonderes Uebergewicht über die übrigen Elemente eingeräumt würde. Die technische Ueberlegenheit der letzteren würde im Falle eines Conflicts sicherlich zur Geltung kommen. Die Functionen der Commission würden aber damit keine Erweiterung, noch auch eine substantielle Veränderung erfahren. Durch die Oeffentlichkeit ihrer Verhandlungen würden gerade diejenigen Garantien für die Unparteilichkeit der Zulassungsbeschlüsse gewonnen werden, auf deren Mangel sich die Gegner des Zulassungsprincips mit einem gewissen Schein von Begründung berufen. Für die sonstigen, subjectiven Garantien einer sachgemäßen und objectiven Behandlung hat bereits der Entwurf des Börsengesetzes Sorge getragen. Im § 36 ist vorgesehen, daß von den „Mitgliedern der Zulassungsstelle" mindestens der dritte Theil aus Personen bestehen müsse, welche sich nicht gewerbsmäßig am Börsenhandel mit Werthpapieren betheiligen. Dagegen vermag ich es nicht zu billigen, wenn in dem Entwurfe die Zulässigkeit einer Beschwerde gegen die Entscheidungen der Commission den Börsenordnungen vorbehalten wird. Es ist kein Grund abzusehen, weshalb gerade hier die Einheitlichkeit im Wege der Bundesrathsverordnungen nicht gewährleistet sein soll!

Mein Vorschlag würde daher etwa dahin gehen, im Wege der Börsenreformgesetzgebung im Anschluß an die unter „III. Zulassungen von Werthpapieren zum Börsenhandel (§ 36 ff. des Entwurfes eines Börsengesetzes)" aufgeführten Bestimmungen etwa Nachstehendes festzusetzen:

§ 38b.

Wird die Zulassung von Actien zum Börsenhandel nachgesucht, so haben die Antragsteller außer den in Art. 210 H.G.B. aufgeführten Urkunden in beglaubigter Abschrift die Eröffnungsbilanz zu überreichen und damit gleichzeitig die Erklärung abzugeben, ob und welche Veränderungen in der Zusammensetzung des Vorstandes und Aufsichtsraths, in dem Vermögensbestande und in den ursprünglichen Anlagen seit der Eröffnung des Geschäftsbetriebes der Gesellschaft eingetreten sind, sowie die auf diese Veränderungen bezüglichen Rechtsgeschäfte darzulegen.

Sämmtliche Urkunden sind nebst dem Zulassungsantrage in den von der Zulassungsstelle für diesen Zweck zu bestimmenden Geschäftsräumen während dreier Tage vom Tage der Publication des Prospectes ab zu Jedermanns Einsicht öffentlich auszulegen. In dem Prospecte ist Zeit und Ort der Einsichtnahme anzugeben.

§ 38c.

Nach Ablauf von 3 Tagen (§ 38b al. 2) findet eine öffentliche Sitzung der Commission unter Zuziehung des Staatscommissars statt. Die Commission kann die persönliche Anwesenheit der Gründer, der Mitglieder des Vorstandes und Aufsichtsrathes, sowie der Revisoren verlangen. In dieser Sitzung ist zunächst über den Hergang der Gründung von einem hierzu bestellten Mitgliede der Commission Bericht zu erstatten und dem Staatscommissar sowohl, als auch jedem Dritten, welcher sein Interesse an der Zulassung der in Rede stehenden Werthpapiere zum Börsenhandel in glaubhafter Weise darthut, Gelegenheit zu geben, etwaige, die Zulassung hindernde Umstände zur Sprache zu bringen und hierauf bezügliche Anträge zu stellen.

Die Commission ist in diesem Falle berechtigt, von den Gründern Mitgliedern des Vorstandes und des Aufsichtsraths und von den Revisoren die ihr nach pflichtmäßigem Ermessen erforderlich scheinenden Aufklärungen zu verlangen.

Ergeben sich im Laufe der Verhandlung Umstände, welche die Zulassung des Werthpapiers zum Börsenhandel bedenklich erscheinen lassen, so hat die Commission nach freier, aus dem Inbegriff der Verhandlungen geschöpfter Ueberzeugung zu beschließen, ob die Zulassung zu versagen oder aufzuschieben ist.

§ 38d.

Der Commission steht das Recht zu, alle ihr, nach pflichtmäßigem Ermessen, zur Aufklärung dienlich scheinenden Auskünfte, Urkunden und sonstigen Beweismittel von den im § 38c genannten Personen zu verlangen. Sie kann außerdem Zeugen und Sachverständige vernehmen, die Geschäftsbücher einsehen und Besichtigungen an Ort und Stelle vornehmen. Das Verfahren vor der Commission und die Anfechtung ihrer Beschlüsse ist im Wege der Ausführungsverordnung durch den Bundesrath zu regeln.

Ich habe zur Erläuterung dieses Vorschlages nur wenig zu bemerken: Derselbe eignet sich m. E. aus formellen Gründen nicht zum Gegenstande einer von diesem Juristentage zu fassenden Resolution. Wenngleich im engsten Zusammenhange mit der von der ständigen Deputation des deutschen Juristentages zur Begutachtung vorgelegten Frage stehend, gehört er in das Gebiet der von der Actienreform principiell zu scheidenden Börsenreform. Auch ist kein Grund abzusehen, weshalb nicht alle übrigen Werthpapiere einer gleichen Behandlung unterworfen werden sollen, was aber freilich außerhalb der mir gesteckten Grenzen liegt. Gleichwohl schien es mir geboten, auf die nothwendige Ergänzung hinzuweisen, ohne welche die Cautelargesetzgebung der Novelle nur einen Theil ihres Zweckes zu erreichen vermag, nämlich die Herstellung der unerläßlichen Grundlagen für den künftigen Rechtsschutz des Actionärs, nach welcher Richtung ich kein Bedenken trage, die Frage der ständigen Deputation mit Herrn Dr. Hecht zu bejahen, während ich andererseits als einzigen legislativen Vorschlag die Vinculirung der Apports-Actien empfehlen möchte. Alles Andere liegt auf dem Gebiete der Börsenreform, welcher der Juristentag freilich, namentlich seit der Publication des im hohen Grade beachtenswerthen Materials der Börsen-Enquête-Commission, seine Aufmerksamkeit zuzuwenden mehrfach in die Lage kommen dürfte.

Ich beantrage:

Der deutsche Juristentag wolle als seine Ueberzeugung aussprechen:

1. Eine anderweitige Gestaltung der durch die Novelle vom 18. Juli 1884 geschaffenen Cautelen im Wege der specifischen Actiengesetzgebung ist mit alleiniger Ausnahme einer Bestimmung, wonach Actien, welche die Einbringer von Einlagen in Anrechnung auf das Grundcapital erhalten haben, vor Ablauf von 2 Jahren seit der Eintragung der Gesellschaft in das Handelsregister nicht weiter begeben werden dürfen, nicht zu empfehlen.
2. Es empfiehlt sich dagegen bei der bevorstehenden Börsenreformgesetzgebung in Erwägung zu ziehen:
   1. Ob die Zulassung von Actien im Gesammtbetrage von weniger als 3 Millionen Mark (oder mehr) zum Börsenhandel zu versagen;

2. ob das auf die Zulassung von Actien einer Gesellschaft zum Börsenhandel bezügliche Verfahren nicht dahin auszugestalten wäre, daß die Zulassung nur auf Grund eines, nach öffentlicher Verhandlung mit den Interessenten ergangenen, durch Beschwerde anfechtbaren Beschlusses gegebenen Falles zu versagen ist.

(Bravo!)

Vorsitzender: Das Wort hat jetzt Herr Justizrath Levy. Ich fürchte, wir werden mit der Verhandlung kaum zu Ende kommen, es wird sich empfehlen, nur auf die Hauptcautelen einzugehen.

Justizrath **Levy** (Berlin): M. H., in der Frage, die uns heute beschäftigt, bin ich durch das von mir erstattete Gutachten zum Wort gelangt und beabsichtige deshalb, nur ganz kurz meinen Standpunkt zu präcisiren.

Ich kann mich dem Vorschlage des ersten Referenten Herrn Dr. Reatz nicht anschließen, daß der Juristentag seine Ueberzeugung aussprechen solle, ein abschließendes Urtheil über die vorliegende Frage sei zur Zeit nicht möglich. Ich glaube in meinem Gutachten nachgewiesen zu haben, daß wir bald nach Emanation der Actiennovelle eine Gründungsperiode gehabt haben, welche zwar nicht so verheerend gewirkt hat, wie die in den 70er Jahren, aber doch das Nationalvermögen ganz erheblich geschädigt hat. Es ist ganz unmöglich, die Verluste, welche durch diese Gründerperiode entstanden sind, auf allgemein wirthschaftliche Verhältnisse zu schieben, vielmehr muß wenigstens nach den von mir angegebenen Daten angenommen werden, daß der größte Theil dieser Verluste auf die Agiotage, auf die Gründergewinne zurückzuführen ist.

Die Erfahrungen also, welche wir mit den Cautelen des Gesetzes vom Jahre 1884 gemacht haben, sind meines Erachtens keine günstigen gewesen. Ich will gern zugeben, daß das Gesetz, wie der zweite Herr Referent bemerkte, das Menschenmögliche geleistet hat in Bezug auf die Cautelengesetzgebung, aber man muß sich sagen, auch dieses Menschenmögliche hat nicht das erzielt, was es hat erzielen wollen. Ich stehe mit dieser Ansicht auch keineswegs allein. Ich will nur auf dasjenige verweisen, was in der von dem Herrn Correferenten bereits erwähnten Schrift des Herrn Sattler über eine sehr wichtige, fast die allerwichtigste Cautel, die der Revision, gesagt ist. Die Schrift von Sattler beschäftigt sich sehr eingehend in statistischer Weise mit diesen Revisionen. Der Verfasser hat eine große Enquête vorgenommen, dieselbe auf das

Gründlichste geprüft und kommt dann zu dem Schluß mit folgenden Worten:

> Die Revisionen haben nicht das geleistet, was man von ihnen erwartet hat und was man billigerweise erwarten darf, sie haben sich namentlich bei qualificirten Gründungen als unzulänglich erwiesen. Die Berichte sind in vielen Fällen mangelhaft, sie sind daher im Allgemeinen eher schlecht zu nennen als gut.

Also zu behaupten, die Frage sei gegenwärtig noch nicht schlüssig, nachdem wir so schlimme Erfahrungen seit der ersten Actiennovelle gemacht haben, dazu kann m. E. der Juristentag sich nicht verstehen; es wäre dies geradezu eine Bankerotterklärung unseres Urtheils. Wie von anderer Seite angedeutet ist, stehen wir jetzt eben wieder an dem Vorabend einer neuen Gründungsperiode, und da wäre es wohl nicht an der Zeit, ein Urtheil über die Actiennovelle zurückzuhalten.

Die weitere Frage, was nun geschehen soll und ob es möglich ist, durch anderweite Gestaltung der Cautelen einen besseren Zustand zu schaffen, ist allerdings eine viel schwierigere, und ich begegne mich bei der Beantwortung derselben mit beiden Herren Referenten darin, daß eine weitere Fortführung der Cautelen auf dem Wege, wie ihn die Actiennovelle beschritten hat, auch nicht zum Ziele führen wird. Das werden nur Palliativmittel sein, die irgend einen durchschlagenden Erfolg nicht haben können. Nur in einem Punkte, bin ich der Meinung, kann wenigstens dafür gesorgt werden, daß das Institut der Actiengesellschaft auf dasjenige Gebiet beschränkt wird, das ihm nach seinem eigenen Wesen zukommt, nämlich auf die großen Capitalassociationen. Die eigenthümlichen Gefahren der Actiengesellschaft liegen darin, daß sie das Capital aus den weitesten Schichten der Gesellschaft wirbt und aufsaugt, und daß sie zu diesem Zweck ein negociables Papier braucht, welches auf dem Markt große Capitalien zusammenbringen soll, um das Unternehmen zu fördern. Ich meine, ein so gefährliches Privilegium, wie das ist, einer Gesellschaft die Ausgabe eines solchen Papiers anzuvertrauen, darf man nicht ohne Noth geben. Ich meine, wenn früher sich die verschiedensten kleineren Associationen unter die Form der Actiengesellschaft geflüchtet haben, so ist das vielfach deshalb geschehen, weil nicht alle Formen für die Bildung von geringeren Capitalassociationen gegeben waren. Seitdem aber das Gesetz über die Gesellschaft mit beschränkter Haftung diese Lücke ausgefüllt hat, ist meines Erachtens kein Grund, der Actiengesellschaft einen größeren Spielraum zu belassen, als ihr zukommt.

Ich bin deshalb der Meinung, daß zur Beschränkung der Actiengesellschaften auf das ihr eigentlich gehörige Feld es nothwendig ist, daß die Gesetzgebung ein Minimalgrundcapital von einer gewissen Höhe vorschreibt. Ueber diese Höhe kann man streiten. Der Eine nennt 3 Millionen, der Andere 5 Millionen. Ich bin für 5 Millionen, will aber eine bestimmte Zahl in meinem Antrag nicht angeben.

Zweitens glaube ich, daß ein so gefährliches Instrument wie die Ausgabe von Actien nicht dazu benutzt werden soll, wie es in Frankreich geschieht, das Kleincapital heranzuziehen, sondern es soll nur auf die großen Capitalisten beschränkt sein. Gerade darin liegt das Gefährliche für unsere Volkswirthschaft, daß durch Ausgabe kleiner Stücke, jetzt von 1000 Mk. — früher war es noch weniger — das kleine Capital herangezogen wird. Dem will ich entgegentreten und den Vorschlag wiederholen, der schon in früheren Regierungsvorlagen gemacht worden ist, den Betrag der Actie zu erhöhen. Es war vorgeschlagen, ihn auf 5000 Mk. zu erhöhen, Wiener hatte 3000 Mk. vorgeschlagen, der Reichstag ist aber auf 1000 Mk. heruntergegangen. Dies war kein glücklicher Griff.

Was gegen die von mir vorgeschlagene Erhöhung eingewendet worden ist, scheint mir durchaus nicht durchschlagend zu sein. Daß allerdings in einem einzelnen Falle, wie der Herr Referent bemerkt hat, das Actiencapital künstlich erhöht worden ist und wohl auch noch in der Zukunft erhöht werden kann, will ich gern zugeben, aber das ist doch immer eine sehr schwierige Sache und es werden sich nicht oft Gründer finden, die eine so grobe und plumpe Täuschung des Publicums unternehmen. Ich stehe hiernach nicht an, Ihnen einen Antrag zu unterbreiten, der dem in meinem Gutachten begründeten Desiderate Ausdruck giebt.

Im Uebrigen aber, muß ich allerdings sagen, stehe ich ebenso rathlos da, wie die beiden Herren Referenten hinsichtlich der Reform der Actiengesetzgebung. Auch den Vorschlag, welchen der Herr Correferent Dr. Goldschmidt zu I seines Antrags gemacht hat, kann ich nicht für wirksam erachten; er will bestimmen, daß Actien, welche die Einbringer von Einlagen in Anrechnung auf das Grundcapital erhalten haben, vor Ablauf von 2 Jahren nicht weiter begeben werden dürfen. Wenn man sich auch mit diesem Antrage principiell einverstanden erklären, ich meine, theoretisch ihn billigen könnte, so würde er doch, glaube ich, praktisch keinen Erfolg haben; denn es ließe diese Bestimmung sich sehr leicht umgehen, es würde nicht der Weg der Illation gewählt, sondern eine Geldgesellschaft gegründet werden, und es würden die Erwerbungen der Gesellschaft dann später erfolgen. Ich kann also nicht glauben, daß von diesem Vorschlag irgend ein Vortheil zu erwarten ist.

Ich habe Ihnen aber dann noch einen weiteren Vorschlag zu machen Ich beharre auf meinem Standpunkt, daß eine Sperrfrist von der Eintragung der Actiengesellschaft in das Handelsregister bis zum Erscheinen der Actien an der Börse eine angemessene Maßregel ist, um der Gründung von Actiengesellschaften zur Agiotage entgegenzutreten. Der Vorschlag rührt eigentlich von Otto Baehr her, wenngleich ich auch, ohne ihn zu kennen, auf denselben Gedanken gekommen bin. Baehr sagt zur Begründung dieses Vorschlages Folgendes:

> „Wohl aber kann man die Frage erheben, ob im Falle einer Simultangründung wirklich ein Bedürfniß anzuerkennen sei, die Actien sofort an die Börse zu bringen. Wir meinen, wenn es den Gründern wirklich ernst sei", (nämlich daß sie selbst Actionäre sein sollen — bei der Simultangründung wird doch die Gesellschaft von allen Actionären gebildet —) „brauchten sie ihre Actien nicht gleich loszuschlagen, und es ließe sich die Frage erheben, ob es nicht legislatorisch rathsam sei, vorzuschreiben, daß bei den Simultangründungen die Actien eine gewisse Zeit lang nicht an die Börse gebracht werden dürften. Bisher darf man annehmen, daß der größte Theil der Simultangründungen lediglich für den Zweck der Agiotage übernommen werde; dem sollte das Gesetz ein Ziel setzen".

Daß die Emissionshäuser ein Interesse daran haben, die Conjunctur zu benutzen, ist ja ganz richtig, aber auf der anderen Seite hat die Gesetzgebung und das öffentliche Wohl ein Interesse daran, daß die Emissionshäuser diese Conjuncturen nicht dazu benutzen, um Gewinn zu machen zum Nachtheil des Publicums. Einer so rücksichtslosen Ausnutzung der Conjunctur muß entgegengetreten werden.

Ich will noch bemerken: wenn ich den Bericht des Herrn Referenten richtig verstanden habe über die Beschlüsse der Börsenenquêtecommission, so hat diese Commission selbst eine solche Sperrfrist vorgeschlagen. Sie will sie nur bei einem Eisenbahn-Unternehmen nicht anwenden und will sie wesentlich auf die qualificirten Gründungen beschränken. Also der Gedanke der Sperrfrist ist in kaufmännischen Kreisen doch auch durchgedrungen. Daß sich aber sogenannte Börsensachverständige dagegen erklärt haben, begreift sich außerordentlich leicht. Angesichts der Beschlüsse der Enquête-Commission können die erhobenen Bedenken bezüglich der Benutzung der Conjuncturen doch nicht so durchgreifend erscheinen. Auch ich will keineswegs diese Sperrfrist in allen Fällen eingeführt wissen und will auch dahin ein Votum des Juristentags nicht provociren, das würde zu weit gehen, denn es muß anerkannt werden, daß sich Ausnahmen rechtfertigen. Diesem Gesichtspunkt wird aber auch die Fassung des von mir zu stellenden Antrages Rechnung tragen.

Dieser Theil meines Antrags liegt allerdings auf dem Gebiete der Börsengesetzgebung, aber ich meine, diese hängt so sehr mit der Actiengesetzgebung zusammen, daß der Juristentag nicht Anstand nehmen kann, bei Gelegenheit der Erörterung einer Reform der Actiengesetze zu prüfen und sein Votum abzugeben, ob nicht auf andere Weise als durch neue Cautelen für die Gründung von Actiengesellschaften zu helfen sei.

Mein Antrag hat folgenden Wortlaut:

> Es empfiehlt sich, die Cautelen gegen die Ausbeutung des Publicums durch unsolide Gründungen von Actiengesellschaften dadurch zu verschärfen, daß
>
> 1. der Mindestbetrag des Grundcapitals der Actiengesellschaft und der Mindest-Nominalbetrag der Actien beträchtlich erhöht, mindestens aber die Einführung der Actien an der Börse von einer solchen Erhöhung gesetzlich abhängig gemacht werde.

Bei diesem eventuellen Punkte berühre ich mich mit dem Antrage des zweiten Herrn Referenten.

> 2. daß zwischen der Eintragung der Actiengesellschaft in das Handelsregister und der Zulassung der Actien zum Börsenhandel in der Regel, namentlich bei qualificirten Gründungen, eine obligatorische Sperrfrist von angemessener Dauer eingeführt werde.

Ich bitte, diesen Antrag anzunehmen und dagegen die Anträge der Herren Referenten abzulehnen, und namentlich auch den Antrag unter 2 des Herrn Collegen Dr. Goldschmidt. Diesem Antrage steht schon ent- entgegen die Art der Fassung

> Es empfiehlt sich dagegen, im Wege der bevorstehenden Börsenreformgesetzgebung in Erwägung zu ziehen, ob u. s. w.

Ich meine, der Juristentag ist nicht dazu da, bloß anheimzugeben, ob die gesetzgebenden Factoren etwas in Erwägung ziehen sollen. Wir haben wenigstens bisher immer unsere Beschlüsse, unsere Ansichten definitiv ausgesprochen. Dazu sind wir meines Erachtens nicht da, um bloß solche Erwägungen anheimzugeben.

Zweitens aber möchte ich bemerken: Die öffentliche contradictorische Verhandlung mit den Interessenten über die Zulassung von Actien zum

Börsenhandel ist ein Institut, von dem ich mir nicht viel verspreche. Ein mit der Praxis der Actiengesellschaften sehr vertrautes Mitglied des Juristentages sagte mir vorhin, und ich muß ihm darin beistimmen: Das könnte möglicher Weise noch als Reclame ausgenutzt werden, die Gründer werden sich leicht Opponenten verschaffen, die unerhebliche Einwendungen in der öffentlichen Verhandlung vorbringen, demnächst werden diese Einwendungen glänzend widerlegt und dies in den Zeitungen öffentlich bekannt gemacht werden. Jedenfalls verspreche ich mir von dem Vorschlage keine besonderen Vortheile.

Vorsitzender: Das Wort hat jetzt Herr Rechtsanwalt Dr. Klöppel (Leipzig).

Rechtsanwalt Dr. **Klöppel** (Leipzig): M. H., soweit ich zu meinem Theile die uns gestellte Frage zu beantworten habe, bin ich durch das Gutachten des Herrn Justizrath Levy noch mehr überzeugt worden, daß sie zu verneinen, d. h. zu erklärten ist, daß die durch die Actiennovelle vom 18. Juli 1884 geschaffenen Cautelen sich nicht zur Verhinderung unsolider Gründungen als ausreichend bewährt haben. Ich bin in dieser Auffassung auch nur bestärkt worden durch die Ausführungen des zweiten Gutachtens trotz seiner anscheinend entgegenstehenden Conclusion, und habe von den Herren Referenten heute nichts gehört, was mich in dieser Auffassung irre gemacht hätte. Insbesondere muß ich gestehen, daß ich nichts gebe auf die Gutachten von Interessentenorganen, die eine möglichst große Rente als angeborenes Menschenrecht ansehen, und daß ich noch weniger gebe auf die Ergebnisse von Enquêten, bei denen Büreaukraten von Interessenten sich übertölpeln lassen, und auch darin hat mich das Ergebniß der Börsenenquête nur bestärkt. So lange unsere berufsmäßigen Gesetzgeber sich die größtmögliche Erleichterung des größtmöglichen Rentenbezugs als wirthschaftliches Bedürfniß aufreden lassen, ist über diese Dinge juristisch im Ernste nicht zu discutiren und es werden die besterwogenen Beschlüsse des Juristentages dann in den Wind geredet sein.

Ich würde Sie also bitten, heute den von Herrn Justizrath Levy gestellten Antrag anzunehmen, und bin so wenig im Stande, für den Antrag des Herrn Referenten zu stimmen, der die Frage für nicht spruchreif erklärt, als für den ersten Antrag des Herrn Correferenten, obwohl ich seinem positiven Vorschlage durchaus geneigt bin, weil ich die Negative, die der Satz enthält, daß nichts weiter als Aenderung vorzuschlagen sei, nicht aussprechen kann, dem zweiten Theile des Goldschmidt'schen Antrages stehe ich aber keineswegs so gegenüber, wie Herr Justizrath Levy. Ich würde meinerseits auch durch formelle Bedenken mich nicht abhalten lassen, bei getrennter Abstimmung für diesen zweiten Theil zu stimmen.

Was nun kurz die Begründung dieser Auffassung anlangt, so wird es ja wesentlich darauf ankommen: in welcher Richtung erwartet man Wirkung von den Cautelen gegen unsolide Gründungen?

Wer soll durch diese Cautelen geschützt werden? Da scheint mir allerdings bei den heutigen Rednern die Auffassung vorzuwiegen, die wohl auch durchweg bei der Verhandlung dieser Frage vorgewogen hat, nämlich, daß es sich um den Schutz derjenigen handele, die ihr Geld in Actien anlegen wollen, um den Schutz der Actionäre. Ja, diejenigen, die ihr Geld in Actien anlegen, gehören wirthschaftlich genau zu derselben Classe, wie diejenigen, die Actiengesellschaften gründen, und ob diese Leute sich gegenseitig ausrauben, das ist wirthschaftlich vollständig gleichgültig, womit ich nicht gesagt haben will, daß es sich nicht aus anderen Gründen empfiehlt, einer solchen Ausraubung möglichst entgegenzutreten. Ich kann auch Herrn Justizrath Levy darin nicht beistimmen, daß eine Schädigung des Nationalvermögens darin liegt, daß die Actionäre ihr Geld verlieren; denn dieses Geld bekommen andere Leute, und für das Nationalvermögen ist es gleichgiltig, ob Hinz oder Kunz es hat.

Für mich scheidet dieser Gesichtspunkt vollständig aus, jedenfalls tritt er in den Hintergrund. Für mich ist die Hauptsache der Schutz der Gläubiger der Actiengesellschaften gegen unsolide Gründungen. Ich glaube auch nicht, daß man sich mit dem abspeisen lassen kann, was auch bei dem Gesetzentwurf über die Gesellschaften mit beschränkter Haftung gesagt worden ist, es könne sich ja jeder überlegen, ob er solchen Gesellschaften Credit geben wolle oder nicht. Nein, das ist nicht wahr; im heutigen Getriebe der Concurrenz ist es nicht möglich, daß der Creditgeber sich so ängstlich überlege, ob er einem im Betriebe befindlichen Unternehmen einer solchen Gesellschaft Credit geben will oder nicht. Vor Allem ist es bei diesen Gesellschaften nicht möglich, sich eine genaue Kenntniß ihrer Creditfähigkeit zu verschaffen, viel weniger als bei den Actiengesellschaften.

Um nun über diesen Gesichtspunkt meine Auffassung näher zu begründen, werde ich den Satz, daß das Wesen der Actiengesellschaft und aller ähnlichen Gesellschaften darin besteht, mit begrenztem Einsatz unbegrenzten Gewinn zu machen, und daß dies ein Privilegium ist, welches der Staat jeder solchen Gesellschaft gewährt, kurz auszuführen suchen.

Jedes wirthschaftliche Unternehmen ist mit zweierlei gesellschaftlichen Abgaben belastet — ich bin ganz kurz, fürchten Sie nicht, daß ich lange doctrinäre Auseinandersetzungen gebe — der Grundrente und dem Capitalzins. Eine Abgabe ist wirthschaftlich so berechtigt oder unberechtigt wie die andere, und wenn wir den Ruf gehört haben, der Boden braucht keine Rente abzuwerfen, so kann ebenso gut gesagt werden, das Capital braucht keinen Zins zu geben. Ich habe das nur vorausgeschickt, um den Boden für die entscheidende Frage zu gewinnen.

Worum es sich bei der Anlegung von Geld in Actiengesellschaften und ähnlichen Gesellschaften mit beschränkter Haftbarkeit handelt, das ist: über den üblichen Capitalzins hinaus einen Antheil an dem zu gewinnen, was man wirthschaftlich Unternehmergewinn nennt, ohne entsprechende persönliche Gegenleistung. Der reine Unternehmergewinn ist nicht Entgelt für irgend welche körperliche oder geistige Arbeit; denn das zeigen gerade am schlagendsten die Actiengesellschaften, die ihre den Zins übersteigenden Dividenden vertheilen, nachdem alle geistige Arbeit, die dem Unternehmen geleistet wird, abgelohnt ist. Indem so viel übrig bleibt, daß mehr als der übliche Zins an die Actionäre vertheilt werden kann, so ist das Unternehmergewinn. Nun ist der einzig mögliche wirthschaftliche Grund für Unternehmergewinn der, daß er eine Gegenleistung für die Verantwortlichkeit des Unternehmers sei. Nur so lange der Unternehmer die Verantwortlichkeit trägt, so lange hat er auch wirthschaftlich Anspruch auf den Unternehmergewinn. Aber das Wesen dieser Gesellschaften mit beschränkter Haftung, zu denen die Actiengesellschaft gehört, ist gerade, daß sie die Verantwortlichkeit beschränkt. Der persönliche Unternehmer haftet auch mit seinem ganzen Vermögen, und wenn gesagt werden mag, daß auch dieses beschränkt ist, so haftet er zugleich mit seiner ganzen wirthschaftlichen Persönlichkeit, und das zeigt sich dann, wenn mit der Concursgesetzgebung im Concurs Ernst gemacht wird. Da ist es nicht gleichgültig, ob der Betreffende bloß sein Vermögen einsetzt oder auch seine ganze Persönlichkeit verantwortlich macht für das Unternehmen.

Nun können in der wirthschaftlichen Entwicklung Umstände eintreten, die es wünschenswerth machen, Capital dadurch anzulocken, daß man ihm eine gewisse Betheiligung am Unternehmergewinn in Aussicht stellt. Ich habe keine Neigung, hier die Frage zu behandeln, ob gerade unter diesem Gesichtspunkt die Actiengesellschaften ihre Berechtigung gehabt haben oder zum Theil noch haben. Aber dann ist immer festzuhalten, daß das Ausnahmefälle sind, und daß um so mehr, wenn hier ein Privilegium, mit beschränktem Einsatz unbeschränkten Gewinn zu ziehen, ertheilt wird, dieses Privilegium nur nach ernster Prüfung ertheilt werden darf. Daran kann auch keine Gesetzgebung etwas ändern und auch unsere Actiengesetzgebung hat daran nichts geändert, daß die Actiengesellschaft eine privilegirte Gesellschaft ist. Es ist auch im Wesentlichen nichts daran geändert, daß dieses Privilegium durch den Staat ertheilt wird, daß also eine Concession stattfindet. Die Concession ist nur von der Verwaltungsbehörde auf eine Gerichtsbehörde übergegangen, und sie ist aus einer unbeschränkten, nach freiem Ermessen ertheilten eine gesetzlich beschränkte geworden. Der Handelsrichter, der über den Eintrag oder Nichteintrag einer Gesellschaft entscheidet, hat dies nach gesetzlichen Normativbestimmungen zu thun. Der Herr Correferent scheint zwar der Meinung zu sein, als ob die Thätigkeit des Handelsrichters auf eine rein formelle Prüfung beschränkt sei. Aber gerade aus dem Hecht'schen Gutachten, auf welches er sich stützt, ergiebt sich schlagend, daß diese Auffassung nicht durchführbar ist; gerade Hecht sieht das Befriedigende der gegenwärtigen Cautelen nach dem Gesetz von 1884 darin, daß die Möglichkeit gegeben ist, durch sorgfältige Ausübung der Befugniß des Handelsrichters ungesunde Gründungen zu verhüten. Dann aber, meine ich, ist es klar, die Concession ist nur von der Verwaltungsbehörde auf diese Gerichtsbehörde übergegangen, und dann stimme ich dem Herrn Correferenten darin bei, daß es fraglich ist, ob diese Behörde zur Erfüllung einer Aufgabe, wie sie ihr im Hecht'chen Gutachten gestellt wird, sich besser eignet, als eine Verwaltungsbehörde. Also an dem Wesen der Sache hat sich nichts geändert, noch ändern können: die Zulassung der Actiengesellschaft wie jeder Gesellschaft mit beschränkter Haftung ist ein Privilegium, mag dieses Privilegium nach Prüfung gemäß eines allgemeinen Rechtssatzes oder nach freiem Ermessen ertheilt sein.

Hiernach besteht für mich nicht der geringste Grund, durch die Gesetzgebung die Gründung von Actiengesellschaften zu erleichtern, um so weniger, als gerade dadurch, daß demjenigen, der Capitalanlage sucht, ermöglicht wird, über den üblichen Zinsfuß einer sicheren Capitalanlage hinaus noch einen Theil des Unternehmergewinns zu ziehen, der Credit des persönlichen Unternehmers untergraben wird. Ja, die Actiengesellschaften sind die schlimmsten Schädiger des Credits der selbsthaftenden Unternehmer, und aus diesem Grunde ist mir durchaus sympathisch, was Herr Justizrath Levy beantragt, daß durch Fixirung eines Minimalactiencapitals die Verwendung der Actiengesellschaften für solche Unternehmungen ausgeschlossen wird, für die sie offenbar keine wirthschaftliche Bedeutung haben. Es hat durchaus keinen wirthschaftlichen Zweck und es ist keine Nothwendigkeit, daß Bierbrauereien und ähnliche Unternehmungen im Wege von Actiengesellschaften errichtet werden, und wenn, worauf ich zurückkommen muß, die Actiengesellschaft ein Privilegium ist, so sollen wir ein solches Privilegium für solche Zwecke nicht geben, wofür es nicht erforderlich ist. Aus diesem Grunde stimme ich für den Antrag im Gutachten des Herrn Justizrath Levy und werde auch stimmen für den zweiten Theil des Antrags des Herrn Rechtsanwalt Dr. Goldschmidt, da ich durchaus nicht gegen die Vorschläge bin, die der Herr Correferent bezüglich der Börsenreform gemacht hat.

Ich will Ihre Zeit nicht länger in Anspruch nehmen. In erster Reihe bitte ich also für den Antrag Levy und in zweiter Reihe für den zweiten Theil des Antrags Goldschmidt zu stimmen.

Vorsitzender: Das Wort hat jetzt Herr Geheimer Justizrath Dr. Lesse aus Berlin.

Geheimer Justizrath **Lesse** (Berlin): Ich werde sehr kurz sein. Für den Antrag des Herrn Referenten kann ich nicht stimmen, weil er ausspricht, daß die Sache noch nicht so weit geklärt ist, daß wir im Stande sind, uns über die Mängel der Actiengesetznovelle auszusprechen. Ich bin anderer Meinung. Ich bin der Meinung, daß wir über eine Reihe von Fragen klar sind, daß in mancher Beziehung die Actiennovelle mangelhaft ist, daß sie verbessert und erweitert werden soll. Ich könnte also für einen solchen Antrag nicht stimmen. Dagegen würde es sehr schwierig sein, heute schon über einzelne Reformfragen abzustimmen. Ich sehe, daß die Meinungen sehr auseinandergehen und fürchte, daß es dem Zufall unterworfen sein wird, ob diese oder jene Frage, die heute angeregt ist, die Majorität findet oder nicht. Ich würde deshalb — und ich hoffe damit bei Ihnen Anklang zu finden — einen Antrag stellen, der allgemein ausspricht: 1., daß die bisherigen Cautelen gegen unsolide Gründungen nicht genügt haben. Ich glaube, dieser Meinung werden Sie zum großen Theile auch sein. Und 2., — nun kommt eine große Schwierigkeit — weiter auszusprechen, darüber sind beide Referenten einig: daß ein großer Theil der Schäden auf dem Wege der Börsenreform geändert werden kann.

Als die Frage, die heute den Gegenstand der Berathung bildet, an uns gestellt wurde, lag das Börsengesetz noch nicht vor. Wir sind heute auch noch nicht aufgefordert, über dieses Börsengesetz zu sprechen und Beschlüsse zu fassen und es ist sehr fraglich, ob wir etwas herausreißen können, ohne das Börsengesetz in toto zu kritisiren resp. in Erwägung zu ziehen. Ich glaube, das wird seine großen Schwierigkeiten haben und muß sorgfältig vorbereitet werden.

Ich würde Ihnen, in der Hoffnung, daß Sie damit einverstanden sind, zuerst vorschlagen, daß die Cautelen der Actiennovelle nicht genügt haben, und dann zu sagen: wir empfehlen eine Erweiterung derselben auf dem Wege der Börsen- resp. der Actiengesetzgebung. Heute hat z. B. hinsichtlich der Börsengesetzgebung der Herr Correferent sehr bedeutsame Andeutungen und Vorschläge gemacht und die können auch nur auf dem Wege der Börsengesetzgebung erledigt werden. Dazu bedarf es keiner Actiennovelle.

Nach diesen Vorausschickungen möchte ich noch in aller Kürze auf einzelne Punkte eingehen.

Zunächst habe ich mich gefreut, daß beide Herren Referenten über die Frage der Revisoren sich für dieselben ausgesprochen und beide anerkannt haben, daß sie bis jetzt in der Praxis noch nicht das geleistet haben, was sie leisten könnten. Z. B. ist es sehr übel, daß in großen Städten sich berufsmäßige Revisoren gebildet haben, darin erblicke ich einen großen Uebelstand. Ich bin nicht der Meinung, daß die Handelskammer die Sache vorbereiten und das Publicum dann sagen soll: was die Handelskammer geprüft und vorgeschlagen hat, dabei können wir uns betheiligen. Die Handelskammern sollen weiter nichts thun, als Revisoren ernennen, und ich sollte meinen, sie müßten ihr Augenmerk darauf richten, daß in den meisten der Fälle verschiedene Revisoren ernannt werden, und zwar aus den Reihen der angesehensten Kaufleute, die ein möglichst objectives Urtheil über die Fragen haben, und da meine ich, daß die Revisoren unter Umständen auch Taxatoren sein können. Ich bin auch der Meinung, daß sie nicht nur formal sich äußern sollen, wie viele es thun, sondern auch materiell, damit diese Berichte dann für den Handelsrichter eine gute Grundlage für seine weiteren Entschließungen bilden. Ferner bin ich der Meinung, daß das, was Dr. Hecht über die Handelsrichter gesagt hat, nicht so unbeachtet zu lassen ist. Ich habe gehört, daß auch noch bei anderen Gerichten als dem Mannheimer der Handelsrichter sehr bedeutsam eingewirkt hat, wenn er sich bemüht hat, zunächst Aufforderungen an die Interessenten erlassen hat; er hat dann zuweilen erreicht, daß entweder die Bedingungen der Gründung verbessert wurden oder in einzelnen Fällen die Gründung unterblieb, und wenn eine faule Gründung unterbleibt, so ist das recht gut. Die Thätigkeit des Handelsrichters kann in der That durch Gesetz nach dieser Richtung hin etwas erweitert werden.

Was nun Herr Justizrath Levy weiter vorgeschlagen hat, so muß ich sagen, daß die Frage der Sperrfrist mir sehr bedenklich ist. Denn, m. H., es giebt doch auch legitime Emissionen und die können durch eine Sperrfrist sehr geschädigt werden. Ich bin der Meinung, daß Herr College Goldschmidt mit Recht hierauf aufmerksam gemacht hat. Ich meine, man wälzt mit der Sperrfrist das ganze Risico auf die Schultern der Emittenten und nimmt es von denen der Actionäre herunter, und das ist zu weit gegangen. Nehmen Sie einmal an, es wollen einige Leute eine ganz solide Gründung machen, sie kaufen große Grundstücke und Fabriken zusammen und nun soll eine Sperrfrist von 1/2 Jahr eintreten; jetzt entstehen politische Verwickelungen, nach 6 Monaten will kein Mensch mehr an das Actiennehmen bei diesem Unternehmen denken, da sitzen sie mit der ganzen Sache fest. Das scheint mir zu weitgehend. Da ist die ganze Gefahr auf ihre Schultern gelegt, sie können dabei ihr ganzes Vermögen verlieren. Jedenfalls darf die Verantwortung für die Frage, ob eine politische Verwickelung eintreten wird, nicht auf die Schultern der Emittenten, sondern muß auch auf die Schultern eines Jeden, der sich an dem Unternehmen betheiligen will, gelegt werden. Ich meine also, die Frage wegen der Sperrfrist ist bedenklich.

Was die Prospecttheorie anlangt, so würde ich beistimmen können. Das gehört auch in das Börsengesetz hinein, das hat Herr Dr. Goldschmidt ausführlich auseinandergesetzt.

Ich möchte nun noch eins erwähnen. Herr College Levy hat in seinem Antrage es nicht gesagt, aber er hat in seinem Gutachten geäußert, die Commanditgesellschaften auf Actien müßten aufhören. Darin kann ich ihm nicht zustimmen. Ich entsinne mich, als wenn es heute wäre, wie der Bundescommissar bei der Berathung des Actiengesetzes vom Jahre 1870 sagte, mit dem Actiengesetz würde die Commanditgesellschaft auf Actien so gut wie unnütz. Da haben wir widersprochen, wir haben erreicht, daß sogar noch Verbesserungen von Bestimmungen über die Commanditgesellschaft auf Actien angenommen wurden und sie blieb bestehen. Und wenn ich erwäge, welch' ausgezeichnete und gut fundirte Gesellschaften gerade in dieser Form in verschiedenen Orten unseres Vaterlandes bestehen, so glaube ich, wäre es nicht richtig, daran zu rütteln. Es wurde damals betont, daß es für die Betheiligten sehr vortheilhaft wäre, wenn Leute an der Spitze ständen, die mit ihrem ganzen Vermögen verantwortlich wären. Daß, nachdem das Actiengesetz erlassen war, von der Form der Commanditgesellschaft auf Actien viel weniger Gebrauch gemacht worden, ist zwar zuzugeben, aber sie ganz aufzuheben, daß das wünschenswerth wäre, dafür giebt die Praxis keinen Beweis, sondern im Gegentheil hat sich gezeigt, daß sie mit Ehren weiter bestanden hat und für manche Fälle alle Veranlassung ist, sie weiter bestehen zu lassen.

M. H., ich weiß nicht, ob ich damit Ihre Ansicht treffe, aber ich glaube, wir können heute nicht mehr thun als aussprechen:

> Die durch die Actiennovelle vom 18. Juli 1884 geschaffenen Cautelen gegen unsolide Gründungen von Actiengesellschaften

haben nicht voll genügt und empfiehlt sich eine Erweiterung derselben auf dem Wege der Börsenreformgesetzgebung resp. der Actiengesetzgebung.

In dieser allgemeinen Fassung würde ich vorschlagen, einen Beschluß zu fassen, nicht einen so speciellen, wie die Herren Referenten wünschen, obgleich ich mit dem, was die Herren Referenten gesagt haben, in mancher, wenn auch nicht in jeder Beziehung einverstanden bin. Ob der Juristentag sich später mit der Börsenreformgesetzgebung beschäftigen wird, das ist eine weitere Frage, jedenfalls steht sie heute nicht auf der Tagesordnung und ich glaube nicht, daß wir heute sie erledigen können.

Mein Antrag lautet:

> Die durch die Actiennovelle vom 18. Juli 1884 geschaffenen Cautelen gegen unsolide Gründungen von Actiengesellschaften haben nicht voll genügt und empfiehlt sich eine Erweiterung derselben auf dem Wege der Börsenreformgesetzgebung resp. der Actiengesetzgebung.

Vorsitzender: Die Commanditgesellschaften waren nicht angegriffen und es empfiehlt sich nicht, heute darauf einzugehen.

Herr Syndicus Dr. Endemann aus Bremen hat das Wort.

Syndicus Dr. **Endemann** (Bremen): Gestatten Sie mir, m. H., einige Bemerkungen über die Fragen, die mit dem Gebiet des Börsenwesens direct im Zusammenhang stehen. Es kann keinem Zweifel unterliegen, daß die Frage der Reform der Actiengesetzgebung mit der Börsenreform in engem Zusammenhang steht; denn, wie der Herr Referent Dr. Goldschmidt richtig hervorhob, beginnen die eigentlichen Gefahren für das große Publicum erst in dem Moment, wo die Actien an die Börse kommen. Ich kann mich aber mit den einzelnen Vorschlägen, die hier gemacht worden sind, nicht einverstanden erklären. Ich glaube nicht, daß diese Dinge im Wege der Gesetzgebung selbst reglementirt werden können, sondern ich glaube, daß der Börsengesetzentwurf, wie er vorliegt, in dieser Beziehung das Richtige getroffen hat. Die Börsenenquêtencommission hat über den Mindestbetrag der an die Börse zuzulassenden Actien gewisse Vorschläge gemacht; diese waren aber nur für die Börsenordnungen bestimmt, und sie hatte nicht die Absicht, im Gesetze selbst jene Mindestbeträge zu fixiren. Der Börsengesetzentwurf hat daher nach meiner Meinung das Richtige getroffen, indem er diese Fragen aus dem Gesetz ausscheidet und dem Bundesrath die weitere Ausführung überläßt. Ich halte es für unthunlich, im Wege der Gesetzgebung zu sagen, das Grundcapital soll etwa 3 Millionen betragen. Zunächst ist dieser Betrag z. B. für unsere hiesige kleine Effectenbörse zu hoch gegriffen. Warum soll ein solides Unternehmen nur deshalb nicht an die Bremer Börse kommen, weil es nur 2½ Millionen Grundcapital hat? Das würde nicht im allgemeinen wirthschaftlichen Interesse liegen. Dem Anlagebedürfniß des mobilen Capitals würden da Schranken gesetzt werden, die meines Erachtens nicht zu billigen sind. Ich glaube, daß diese Fragen, bei denen locale Verhältnisse mitspielen, z. B. die Größe der Börse, die wirthschaftliche Entwicklung des Umkreises, in dem die Börse liegt u. s. w., am besten den Börsen selbst und damit selbstverständlich der Aufsicht der Landesregierung, die ja im Wege des Reichsgesetzes für alle Börsen eingeführt werden soll, überlassen bleiben. Will man das nicht, so mag man die Regelung dem Bundesrath vorbehalten.

Ich muß mich demnach gegen den Vorschlag erklären, daß im Wege der Börsenreformgesetzgebung — es ist allerdings in der milden Form „in Erwägung zu ziehen" ausgedrückt — ein bestimmter Betrag des Grundcapitals festgelegt werde, unter dem Actien an der Börse überhaupt nicht zugelassen werden sollen. Es kommt in dieser Beziehung ferner der Gesichtspunkt in Frage, daß es seine großen Bedenken hat, den Actien und überhaupt unseren deutschen Papieren den Zutritt an der Börse zu sehr zu erschweren. Die Entwickelung der neueren Zeit lehrt, daß die Tendenz gewisser Kreise immer mehr dahin geht, sich mit Papieren zu beschäftigen, die nicht an der Börse eingeführt sind, so mit Goldshares, mit Transvalminenactien u. s. w., deren Umsätze in Deutschland nach zuverlässigen Berichten einen kolossalen Umfang annehmen. Diese Papiere sind an keiner deutschen Börse zugelassen. In welchem Umfange ausländische Papiere in das deutsche Publicum gelangen, ohne an einer deutschen Börse eingeführt zu sein — unsere Statistik ist in dieser Beziehung lückenhaft —, ergiebt eine vom Hamburger Stempelcomtoir aufgestellte Uebersicht, verglichen mit der Emissionsstatistik der Hamburger Handelskammer. Seit 1880—1892 sind in Hamburg von ausländischen Effecten 678 verschiedene Arten mit ca. 558 Millionen Nennwerth abgestempelt worden, d. h. in das deutsche Publicum gelangt, und davon waren 549 mit 208 Millionen nicht an der Börse eingeführt.

Das Bedenkliche dieser Entwicklung liegt darin, daß der deutsche Erwerber keinen zuverlässigen Maßstab für den Werth des Papiers hat. Ist es an der deutschen Börse notirt, so kann er im Allgemeinen annehmen, daß der Cours richtig festgestellt ist. Hat er nun den Courszettel etwa von London oder Brüssel, so fehlt ihm jede Controle über das, was an der Börse vorgeht. Ich glaube, auch von diesem Gesichtspunkte aus sollte man hier mit gesetzgeberischen Eingriffen gegen die Freiheit des Verkehrs vorsichtig sein.

Dasselbe gilt von der Sperrfrist. Es wird schwer sein, die richtige Frist zu finden. Man kann ein Jahr nehmen, wie die Börsenenquêten-commission, für die sog. Umgründungen, von denen manche ja in dieser oder jener Beziehung Bedenken haben können, andererseits aber doch auch viele wirthschaftlich von allergrößtem Nutzen sind. Wenn man aber nun die Frist auf ein Jahr beschränkt, so liegt die Gefahr nahe, daß die Bilanz des ersten Jahres besonders günstig gefärbt und so wieder Schaden angestiftet wird anstatt des erhofften Nutzens. Ich glaube, daß die Frage der Sperrfrist, wenn man sie auf alle Actiengesellschaften gleichmäßig ausdehnen will, noch nicht spruchreif ist, um in die Form eines concreten Vorschlages gebracht zu werden. Ich meine, daß auch dies späterer Erwägung vorbehalten werden muß. Uebrigens haben die Behörden, die über die Zulassung entscheiden sollen, die Sachverständigen-Commissionen u. s. w., es ja in der Hand, bei Umgründungen durch vorläufige Ablehnung der Zulassung die Frist von selbst herbeizuführen. In dieser Beziehung kann also da, wo es nöthig ist, die Praxis die nöthige Abhilfe schaffen.

Herr Dr. Goldschmidt hat dann noch einige Vorschläge über die Regelung des Verfahrens bei der Zulassung gemacht. Diese Sache ist auf das Allereingehendste in der Börsenequêten-Commission und nachher auch im Schoße des Bundesraths berathen worden; man ist aber dazu gelangt, in dieser Beziehung dem Bundesrathe das Weitere zu überlassen.

(Zuruf.)

Die Oeffentlichkeit des Verfahrens ist allerdings ein neuer Gesichtspunkt, der hier hineingetragen worden ist, gegen den aber aus den betheiligten Kreisen heraus der lebhafteste Widerspruch laut werden muß; denn eine Verhandlung, bei der die Solidität eines neu einzuführenden Papiers kritisirt wird, eröffnet der Möglichkeit der Chicane böswilliger Concurrenten Thür und Thor, und wenn der Herr Referent diesem Gesichtspunkte keine besondere Beachtung schenken will, so glaube ich doch, daß in der Praxis gerade dieser Gesichtspunkt ein sehr wichtiger und ausschlaggebender sein wird.

Für den Schutz des Publicums aber, das ja heute notorisch meistens nicht einmal die Prospecte liest, geschweige denn die Verhältnisse der Gesellschaft, deren Actien es erwirbt, genauer prüft, — ich sage, für den Schutz dieses Publicums wird auch die Oeffentlichkeit des Zulassungsverfahrens wirkungslos sein, da es eben die Berichte über diese Verhandlungen auch nicht studiren wird.

Ich möchte deshalb im Anschluß an die Worte des Herrn Vorredners, dem ich ganz beistimmen kann, mir den Vorschlag erlauben, etwa folgenden Beschluß zu fassen:

> „Es ist späterer Erwägung vorzubehalten, welche Maßnahmen zur Beseitigung der auf dem Gebiete des Actienwesens hervorgetretenen Mißstände in den gemäß § 40 des Börsengesetzentwurfes dem Bundesrath überlassenen Ausführungsbestimmungen getroffen werden können."

Ist es noch erwünscht, dann könnten die einzelnen Punkte, die hier zur Sprache gekommen sind, besonders fixirt werden, damit ein Anhalt für das gegeben wird, was an neuen Gesichtspunkten in der Verhandlung hervorgetreten ist. Ich möchte aber Werth darauf legen, es in dieser Form auszusprechen; damit anerkennt der Juristentag, daß das Gesetz nicht selbst Bestimmung treffen soll, sondern daß dies dem Bundesrath überlassen sein soll.

Wenn ich mir zum Schluß noch eine mehr persönliche Bemerkung gestatten darf, so hat einer der Herren Vorredner unter deutlicher Bezugnahme auf die Börsenenquêten von den Enquêten gesprochen, in denen Bureaukraten von den Interessenten sich übertölpeln lassen. Als Schriftführer der Börsenenquêten-Commission möchte ich doch Anlaß nehmen, hier auszusprechen, daß diejenigen Herren, die hier als „Bureaukraten" in Betracht kommen könnten, nämlich die Vertreter der Reichsbehörden und Reichsämter in der Enquêtecommission, wahrlich nicht die Männer waren, sich von irgend Jemandem übertölpeln zu lassen. Die Enquêtecommission war aus allen Kreisen angehörenden hervorragenden Männern zusammengesetzt, unter denen die eigentlichen Börseninteressenten eine kleine Minderheit bildeten; und deshalb kann ich auch Herrn Justizrath Levy nicht beistimmen, der einen Beschluß dieser Commission als „eine Stimme aus kaufmännischen Kreisen" bezeichnete. Das gab ja die Natur der Sache, daß die kaufmännischen Mitglieder der Börsen-Enquêtecommission durchaus nicht in der Mehrzahl waren.

Ich fasse demnach meine Ansicht dahin zusammen, daß es späterer Erwägung vorbehalten bleiben möge, was auf dem Gebiete des Actienwesens geschehen kann durch Bestimmungen, die die Zulassung der Actien zur Börse betreffen, und daß die nähere Regelung nicht im Wege der Gesetzgebung selbst, sondern durch Ausführungsbestimmungen des Bundesraths erfolgen soll.

Vorsitzender: Ich weiß nicht, soll das ein Hauptantrag sein oder bloß ein Amendement zum Antrag Lesse?

(Das Letztere wird bejaht.)

Also neben den zwei angegebenen Gesichtspunkten noch ein dritter.

Das Wort hat Herr Justizrath Levy.

Justizrath **Levy** (Berlin): M. H.! Dem ersten Theile des Antrags Lesse stimme ich natürlich zu. Es liegt der Gedanke, daß die Cautelen bisher nicht genügt haben, in meinem Antrage mit ausgesprochen. Ich habe deshalb nichts dagegen, daß der Juristentag ausdrücklich erklärt, die Cautelen haben bisher nicht genügt.

Was den zweiten Theil betrifft, so ist er mir allerdings zu allgemein. Das bloße Bedürfniß einer Erweiterung der Cautelen auszusprechen, halte ich nicht für genügend, ich glaube, daß die Sache bereits so weit geklärt ist, daß wenigstens die Hauptgesichtspunkte vom Juristentage hervorgehoben werden können. Ich selbst habe mich hier auf zwei Punkte beschränkt, obwohl ich im Gutachten mehrere hervorgehoben habe, weil ich glaube, daß es die wichtigsten sind.

Was zuerst die Feststellung des Mindestbetrags der an der Börse einzuführenden Actien anbetrifft, so kann die Entscheidung darüber m. E. nicht, wie der Herr Vorredner meint, den Börsenvorständen überlassen bleiben, weil dort häufig andere Interessen hinter den Coulissen spielen, die die Entscheidung beeinflussen. So weiß ich mich zu erinnern, daß an einer deutschen Börse die Absicht bestand, den Mindestbetrag des Grundcapitals für die Einführung von Actien an der Börse zu erhöhen, daß man aber davon Abstand genommen hat, lediglich, weil man fürchtete, damit die kleinen Banquiers in ihrem Erwerbe und Verdienst zu schädigen. Dergleichen Gesichtspunkte spielen in Börsenkreisen gelegentlich eine größere Rolle, als in gesetzgebenden. Darum hat die Gesetzgebung den Mindestbetrag festzustellen, das praktische Bedürfniß einer solchen Einschränkung ist von den Börsenvorständen selbst thatsächlich anerkannt.

Was die Sperrfrist anbetrifft, so ist die actuelle Bedeutung derselben wesentlich die, der Gründung von Actiengesellschaften zum alleinigen Zwecke des Gründergewinns, der Agiotage entgegenzutreten. Gründungen zum Zwecke der bloßen Agiotage werden so leicht nicht ins Werk gesetzt werden können, wenn die Gründer durch die Sperrfrist verhindert werden, die gerade herrschende blinde Kauflust des Publicums für sich auszunutzen, sondern warten müßten, bis der erste Taumel vorüber ist. Der Staat hat an sich kein Interesse daran, wie auch Herr College Klöppel treffend hervorgehoben hat, die Begründung von Actiengesellschaften besonders zu fördern. anderentheils freilich auch kein Interesse, der Capitalassociation direct entgegenzutreten. Die Gründer mögen getrost bedeutende Capitalien aus weiten Kreisen zusammenbringen, um ein Unternehmen ins Werk zu setzen, das allgemeinen Nutzen bringt; aber Gründungen zu fördern, welche lediglich zu dem Zweck der Bereicherung weniger Personen gemacht werden, die unbesonnenen Leuten das Geld aus der Tasche locken, dafür hat der Staat kein Interesse. Haben die Gründer ein ernstliches Interesse daran, das Unternehmen als solches ins Leben zu rufen, nicht bloß Gewinn durch den Verkauf ihrer Actien zu machen, dann können sie mit dem Losschlagen der Actien auch warten.

Wenn sie aber bloß darauf ausgehen, bei einer günstigen Conjunctur der Geldverhältnisse, bei einem gerade herrschenden Speculationsfieber den Leuten, die sich darauf einlassen, das Geld abzunehmen und in ihre Tasche zu stecken, dann braucht der Staat nicht seine hilfreiche Hand herzugeben, und darum ist m. E. das empfehlenswertheste und wirksamste Gegenmittel gegen die Gründung der Agiotage die vorgeschlagene Sperrfrist. Daß sie nicht unter allen Umständen nöthig sei, habe ich zugegeben, das ist in meinem Antrage zum Ausdruck gekommen, indem ich sage: in der Regel und namentlich bei qualificirten Gründungen soll sie eingeführt werden. Ich glaube hiernach, daß Sie ohne Bedenken meinem Antrage zustimmen können.

Geh. Justizrath **Lesse** (Berlin): Zur Geschäftsordnung! Ich möchte meinen Antrag so fassen:

„Die Cautelen haben nicht voll genügt."

Das Compliment haben ja die Herren mit Recht alle der Novelle gemacht, daß sie gut gewirkt hat. Ich wollte nicht unterlassen, darauf aufmerksam zu machen.

Vorsitzender: Ehe ich dem Herrn Referenten das Wort gebe, möchte ich bemerken: Ich nehme an, daß keiner von den drei Herren, weder Herr Goldschmidt, noch Herr Levy, noch Herr Lesse, darauf bestehen, daß ihr Antrag als ein Ganzes angesehen wird, sondern daß Theile desselben gesondert zur Abstimmung gebracht werden können.

Zunächst Herr Correferent.

Correferent Justizrath Dr. **Goldschmidt** (Berlin): Ich möchte mir zur Erläuterung meines Antrags die Bemerkung gestatten, daß ich darüber nicht im Zweifel gewesen bin, daß namentlich die Nummer II 2 desselben, das Ergebniß meiner grundlegenden Auffassung der nächsten Ziele der Reform, einer scharfen Kritik ausgesetzt sein wird. Wenn aber gegen die Formulirung dieses Antrages geltend gemacht wird, daß die Worte „es solle im Wege der bevorstehenden Börsenreformgesetzgebung in Erwägung gezogen werden" so unbestimmt gefaßt sind, daß sich ein Beschluß auf dieser Grundlage nicht empfehle, so muß ich darauf erwidern, daß mir gerade eine Zurückhaltung, wie sie in dieser Fassung liegt, durch die Verhältnisse im gegenwärtigen Stadium unbedingt geboten erscheint. M. H.! Wann sollen wir denn unserer Gesetzgebung Vorschläge machen, wenn nicht zu der Zeit, wo das betreffende Gesetz noch nicht erlassen ist, d. h. im Stadium der gesetzgeberischen Vorbereitung! Und gerade mit Rücksicht darauf, daß wir es mit verschiedenen thatsächlichen Verhältnissen zu thun haben, über welche man zur Zeit noch sagen muß: „ignorabimus", halte ich es für geboten, wenn wir einen gesetzgeberischen Gedanken der Discussion für werth halten, die Aufmerksamkeit der maßgebenden Factoren der Gesetzgebung darauf zu lenken und ihnen anheimzugeben, zu prüfen, ob dieser Gedanke nicht einer sachgemäßen Formulirung fähig und bedürftig erscheint.

Was nun die Frage der Minimalbeträge anbetrifft, so will ich hier nur Folgendes bemerken:

Meine principielle Stellung zur Sache wird wohl keinem der Herren zweifelhaft sein. Daß ich die Zahl der kleinen Speculanten in Actien nicht gerade vergrößern will, darüber, glaube ich, habe ich klar und deutlich mich ausgesprochen. Ich würde deshalb dem Vorschlage des Herrn Justizrath Levy, die Minimalbeträge sowohl beim Grundcapital als auch bei den Antheilen zu erhöhen, unbedingt zustimmen, wenn ich nicht die positive Ueberzeugung hätte, daß diese Maßregel für die Erreichung des in Rede stehenden Zwecks absolut unbrauchbar ist.

M. H.! Wir haben es hier mit Erfahrungen zu thun, mit Erfahrungen, die durch zahlreiche Statistiken belegt sind. Es hat sich herausgestellt, daß die Erhöhung der Minimalbeträge die kleinen speculativen Capitalien, welche aus den Actiengesellschaften hinausgedrängt wurden, nun in die viel zweifelhafteren ausländischen Anleihewerthe hineingedrängt hat. Derjenige, der nicht im Stande ist, für eine Actie 1000 Mark zu zahlen, nimmt ferner seinen Credit in Anspruch, um 800 Mark zu borgen und belastet für die Zukunft seine ökonomische Existenz noch schwerer als dies mit dem Erwerb einer Actie im Betrage von 200 Mark der Fall gewesen sein würde.

Ich sehe also hierin keinen wirksamen Schutz für den „kleinen Mann"; auch nicht unter dem Gesichtspunkt, welcher von Herrn Justizrath Levy hervorgehoben worden ist, daß nämlich die Actiengesellschaft die „naturgemäße" Form für große Unternehmungen sei, eine Behauptung, die nicht richtig ist und die namentlich durch den Gang der gesetzgeberischen Verhandlungen vor der letzten französischen Actiennovelle durchaus widerlegt worden ist. Ich meine, selbst wenn man von dem Gesichtspunkt ausgeht, die Actiengesellschaft sei die gewöhnliche Form der großen Unternehmungen, so ist auch dann die Hinaufschraubung des Minimalbetrages verfehlt. Es liegt hier — ich bitte um Entschuldigung, wenn ich mich vielleicht etwas scharf ausdrücke — nach meiner Ueberzeugung ein Denkfehler vor. Je größer das Unternehmen, desto wünschenswerther ist es, daß ihm möglichst viele Mittel zugeführt werden. Von diesem Standpunkte ist denn auch die englische Gesetzgebung oder richtiger die englische Praxis, die sich gerade bei Unternehmungen, welche einer bedeutenden Capitalkraft bedürfen, eines Minimalbetrages von einem Pfund Sterling bedient, weit consequenter.

Hier sind überhaupt nur zwei Standpunkte denkbar: entweder man gestattet die Actiengesellschaft als solche, hält sie für legitim, dann muß man ihr auch die erforderlichen Existenzmittel gewähren, oder man hält sie nicht für legitim, sondern für gemeinschädlich — an solchen Anschauungen hat es auch nicht gefehlt! Vor 20 Jahren haben Herr Perrot und eine deutsche Handelskammer vorgeschlagen, die Actiengesellschaft überhaupt zu beseitigen — dann schaffe man sie eben aus der Welt! Das ist, wie gesagt, auch ein Standpunkt! So bald man aber davon ausgeht: die Actiengesellschaft spielt in unserer Wirthschaftsordnung eine legitime Rolle, so darf man ihr das Leben nicht sauer machen.

Mit der Frage, ob und in wie weit für den Börsenhandel die Festsetzung von Mindestbeträgen wünschenswerth ist, brauchen wir uns hier nicht abzuquälen. Das ist eine Frage, die bei Gelegenheit der Börsengesetzgebung zur Entscheidung kommen wird, und diese werden wir nur vorbereitend streifen dürfen, ohne Anträge zu stellen, von denen wir von vornherein annehmen können, daß sie an maßgebender Stelle a limine abgelehnt werden. Auch dieser Umstand spricht für meine Fassung und wenn gesagt wird, der Juristentag sei nicht dazu da zu empfehlen, etwas „in Erwägung zu ziehen", so ist, wie ich glaube, der Juristentag noch weniger dazu da, Vorschläge zu machen, von denen er wissen muß, daß sie abgelehnt werden. Das aber würde geschehen, wenn Sie auf das Gerathewohl irgend eine Minimalziffer herausgreifen und sie der Gesetzgebung zur Annahme empfehlen.

Was ferner den zweiten Punkt meines Antrages anlangt, nämlich das Verfahren betreffend die Zulassung von Actien zum Börsenhandel, so ist das freilich ein neuer Gedanke. Aber ich muß zu meinem Bedauern zugestehen, daß ich die Originalität dieses Gedankens nicht ganz für mich in Anspruch nehmen kann. Nachdem ich nämlich diesen Gedanken gedacht und auch zu Papier gebracht hatte, habe ich — nicht ohne „gemischte" Empfindungen — wahrgenommen, daß nach dem Dichterworte: „Du kannst nichts Kluges, kannst nichts Dummes denken, was Andere nicht vor dir schon gedacht!" mir ein Anderer bereits zuvorgekommen war. In der Broschüre des Professors Baron in Bonn über die Börsenenquete fand ich einen ganz ähnlichen Vorschlag.

Professor Baron steht ebenfalls auf dem Standpunkte, daß diese unsere papierne Oeffentlichkeit, wie ich sie nennen möchte, die Oeffentlichkeit der Beilageacten zum Handelsregister und auch die Oeffentlichkeit des Prospectenzwangs einen **nur geringen** Werth hat und daß diese „Oeffentlichkeit", von der wir seit 25 Jahren als dem Heilmittel für alle möglichen Schäden auf dem Gebiete der Actiengesellschaften reden, so lange nur ein todter Buchstabe bleibt, als sie nicht ausgestaltet wird im Sinne der öffentlichen und — mündlichen Verhandlung!

Das ist der leitende Gedanke, aber, wie gesagt, bei der Neuheit desselben würde ich es für verfehlt halten, den gesetzgeberischen Factoren diesen Vorschlag in einer bestimmt formulirten Fassung zu unterbreiten. Ich bitte Sie daher, diese meine — wie ich zugeben will — etwas skeptische Fassung anzunehmen.

Referent Justizrath Dr. **Reatz** (Gießen): Nur drei bis vier Minuten! Die Ergebnisse der Verhandlungen sind folgende. Ein Theil der Versammlung sagt — das ist der erste Herr Gutachter und ich als Referent —, es ist ein abschließendes Urtheil über die Frage, ob die Cautelen sich bewährt haben oder nicht, derzeit nicht möglich, und es liegt auch kein dringendes Bedürfniß vor, es hat sich wenigstens ein solches nicht geltend gemacht, um eine gesetzgeberische Aenderung vorzunehmen. Andere Herren haben erklärt, die Cautelen haben sich nicht bewährt; aber sie fragen sich, was sollen wir machen? Der eine Theil meint, der Juristentag solle bloß aussprechen, die Cautelen hätten sich nicht bewährt und man solle es der Börsenreform oder der Actiengesetzgebung überlassen, zu ändern. Ein anderer Theil der Herren meint, die Cautelen haben sich nicht bewährt, wir wollen aber einzelne Vorschläge machen, namentlich soll das Grundcapital auf 3 Millionen Mark u. s. w. und die Actie auf einen Minimalbetrag von 5000 Mark festgesetzt werden und es soll eine Sperrfrist eintreten. Hierzu gehört vor allen Dingen der zweite Gutachter, der Herr College Levy. Derselbe führt einen allgemeinen Grund und zwei specielle an. Der allgemeine Grund ist: trotz der Novelle von 1884, von der wir uns so außerordentlich große Wirkungen in gutem Sinne versprochen haben, ist nach 1884 die zweite Gründungsperiode eingetreten. Das ist richtig, aber, so muß man fragen, waren die Cautelen daran Schuld oder lag die Schuld auf ganz anderem Gebiete? Ich habe Ihnen schon bei meinem ersten Vortrag gesagt, daß ich das ganze geldgierige, habsüchtige, unvorsichtige Publicum mit seinen Helfershelfern verantwortlich mache und nicht den Gesetzgeber mit seinen Vorschriften. Als erster Specialgrund wurde die Agiotage angeführt. Wenn das Capital im Minimum auf 5 Millionen erhöht werden soll, ist da etwa die Agiotage ausgeschlossen? Ist bei einem Capital von 20 Millionen unter allen Umständen eine Agiotage ausgeschlossen? Das ist meines Erachtens kein richtiger Grund. Als zweiter besonderer Grund wird angeführt, es finden bei den Actienunternehmungen außerordentlich große Ueberschätzungen der Realeinlagen statt. Das ist auch nicht bewiesen. Schützt denn aber ein großes Capital vor unsoliden Gründern, die ihre Realeinlagen in unerhörter und unverschämter Weise fixiren? Das sind keine Gründe, um das Capital auf mindestens 5 Millionen Mark festzusetzen.

Sodann wurde die Sperrfrist erwähnt. Es ist wahr, daß bei der Umwandlung Fälle vorkommen, die einem das Blut in die Wangen treiben, wenn man sie ansieht. Auf der anderen Seite aber giebt es, wie einige Herren mit Recht bemerkt haben, legitime Unternehmer, welche die Umwandlung ihres Geschäftes in eine Actiengesellschaft nothwendig haben, z. B. weil Gelder an die Erben oder an Miteigenthümer ausgezahlt werden müssen. Von Herrn Geh. Justizrath Lesse sind noch weitere Beispiele angeführt worden, die diese Nothwendigkeit darthun. Es darf eine solche Beschränkung nicht stattfinden, da ein derartiger Eingriff in die Freiheit des Handels und Verkehrs, wenn nicht besondere Verhältnisse vorliegen, zu vermeiden ist. Ich werde also gegen jede Sperrfrist stimmen. In der Praxis macht sich das Alles wirklich von selbst. Die Leute, die zur Umwandlung ihres Unternehmens in eine Actiengesellschaft schreiten müssen, machen das nicht von heute auf morgen, sondern nehmen sich Zeit dazu und sie finden auch nicht so leicht ein Emissionshaus, welches die Sache in die Hand nimmt, und die Gefahr für die Actionäre ist auch nicht so groß.

Herr College Klöppel hat ebenfalls die Meinung ausgesprochen, daß diese Cautelen sich nicht bewährt haben, und hat uns darauf aufmerksam gemacht, daß für ihn der Schutz der Actionäre gar nichts sei, die gehörten zu derselben Classe, wie die Gründer auch.

Ein bißchen Wahrheit liegt in diesen Worten, allein er irrt jedenfalls darin, daß er den Schwerpunkt darin findet, daß die Cautelen ein Schutz der Gläubiger seien. Daran hat man nie gedacht; mit demselben Rechte könnte man dann auch bei einem jeden einzelnen Kaufmann einen solchen Schutz der Gläubiger verlangen.

Mit dem Antrag Lesse dürfen wir uns nicht ein Zeugniß dahin ausstellen: wir haben zwar die Empfindung, daß die Cautelen nicht genügen, wir machen aber keine positiven Vorschläge, wir wollen Alles der Zukunft überlassen, einer neuen Börsenordnung und einem neuen Actiengesetz.

M. H., der Herr Justizminister in Preußen möchte gern positive Vorschläge in unserer Frage haben, und ich glaube, wir sind es der Autorität des Juristentages schuldig, daß wir uns auf eine einfach ablehnende Antwort nicht einlassen.

Das sind im Wesentlichen die Ansichten, die bei der Discussion unserer Frage geltend gemacht worden sind.

Was nun die Börsenreform oder den Antrag Goldschmidt betrifft, so, glaube ich, sind wir nicht zuständig, heute diese Frage zu beantworten. Materiell hat schon Herr Dr. Endemann m. E. mit vollem Rechte gesagt, daß diese Fragen, soweit sie die Börse betreffen, noch nicht reif sind, und, m. H., wir dürfen den Antrag Goldschmidt nicht zum Beschluß erheben, weil ein großer Theil der Anwesenden, unter denen ich mich selbst befinde, heute nicht so vorbereitet ist, um über diese Fragen sprechen zu können. Jedenfalls müßten wir uns doch über das gesammte Material, welches der Börsenreformentwurf uns bringt, gehörig aussprechen.

Ich halte auch diese Frage nicht für spruchreif. Außerdem würde ich uns nicht für zuständig halten, einen Beschluß in dieser Sache zu fassen.

Vorsitzender: Der Antrag des Referenten, m. H., geht dahin:

> Der Juristentag wolle als seine Ueberzeugung aussprechen, daß ein abschließendes Urtheil über die Frage, ob sich die durch die Actiennovelle vom 18. Juli 1884 geschaffenen Cautelen gegen unsolide Gründungen von Actiengesellschaften bewährt haben, zur Zeit nicht möglich ist, daß sich auch eine andere Gestaltung derselben nicht empfiehlt.

Dem gegenüber stehen alle anderen Anträge, aber einer ist allgemeiner und muß zunächst zur Abstimmung kommen, nämlich der erste Theil des Antrags Lesse, der dahin geht:

> Die durch die Actiennovelle vom 18. Juli 1884 geschaffenen Cautelen gegen unsolide Gründungen von Actiengesellschaften haben nicht voll genügt.

Wird dieser Antrag von Lesse angenommen, dann würde der Antrag des Herrn Referenten gefallen sein, und kommen die Specialanträge einzeln zur Abstimmung. Ich werde mich über die Reihenfolge aussprechen. Werden einzelne von ihnen angenommen, so fallen damit die beiden Anträge, welche, wie der zweite Theil des Antrags Lesse, das weitere Generelle der Börsenreformgesetzgebung und der Actiengesetzgebung und der Antrag Endemann, der das Materielle den Bundesrathsausführungen überlassen will. Wird keiner von den Specialanträgen angenommen, dann erst kommen diese beiden Anträge zur Abstimmung, und zwar der von Endemann zuerst als Amendement zum Antrag Lesse. Wird aber einer oder der andere von den Specialanträgen angenommen, so fallen diese beiden Anträge unter den Tisch.

Nun bin ich der Ansicht, worüber sich ja streiten läßt, es kommt aber wenig darauf an, mir scheint, wenn der Antrag Lesse angenommen ist, daß die Cautelen nicht voll genügen, der sich aber nicht darüber ausspricht, in welchen einzelnen Theilen dies der Fall ist, so gebührt vor Allem hier dem Antrage des Herrn Correferenten die erste Stelle.

Natürlich muß die Bezeichnung „alleinige" Ausnahme wegfallen. Der Antrag lautet also:

> Actien, welche die Einbringer von Einlagen in Bezug auf das Grundcapital gebracht haben, sollen vor der Eintragung in das Handelsregister nicht weiter begeben werden.

Ob der Antrag angenommen wird oder nicht — und das gilt von allen übrigen — es kommen die übrigen auch zur Abstimmung.

Wenn Sie mir erlauben, daß ich die Anträge nicht noch einmal verlese, so würde ich nacheinander folgen lassen: erst den ersten, dann den zweiten Antrag von Levy und dann erst die beiden letzten Anträge, unter II 1 und 2 rubricirt, des zweiten Referenten Dr. Goldschmidt. Sind die Herren damit einverstanden?

Zur Geschäftsordnung hat das Wort Herr Justizrath Dr. Herz (Wiesbaden).

Justizrath Dr. **Herz** (Wiesbaden): Ich möchte vorschlagen, daß bei der Abstimmung über den ersten Antrag des Herrn Correferenten zuerst darüber abgestimmt wird:

> „Eine anderweitige Gestaltung der durch die Novelle vom 18. Juli 1884 geschaffenen Cautelen im Wege der specifischen Actiengesetzgebung ist nicht zu empfehlen,"

und dann über die Ausnahme, denn man kann den ersten Satz annehmen und die Ausnahme ablehnen.

Vorsitzender: Dem wird durch meine Fragestellung Rechnung getragen werden.

Ich ersuche nun diejenigen Herren, die, entgegen dem Antrage des Referenten, daß einstweilen nichts zu thun ist, annehmen wollen den von Herrn Lesse gestellten Antrag:

Die Abtheilung wolle beschließen:

Die durch die Actiennovelle vom 18. Juli 1884 geschaffenen Cautelen gegen unsolide Gründungen von Actiengesellschaften haben nicht voll genügt.

Die Herren, die dieser Ansicht sind, bitte ich, sich zu erheben.

(Geschieht.)

Das ist die Minderheit. Alle übrigen Anträge sind gefallen.

Jetzt kommt noch der Gegenantrag des Referenten zur Abstimmung und ich bitte diejenigen Herren, welche den Antrag Reatz genehmigen wollen:

Der Juristentag wolle als seine Ueberzeugung aussprechen, daß ein abschließendes Urtheil über die Frage, ob sich die durch die Actiennovelle vom 18. Juli 1884 geschaffenen Cautelen gegen unsolide Gründungen von Actiengesellschaften zur Zeit nicht bewährt haben und daß sich auch eine anderweite Gestaltung der Actiengesetzgebung zur Zeit nicht empfiehlt,

sich zu erheben.

(Geschieht.)

Das ist die Mehrheit.

Geheimer Justizrath **Lesse** (Berlin): Herr Präsident, könnten wir nicht über beide Anträge die Gegenprobe anstellen?

Vorsitzender: Einer ist die Gegenprobe von dem anderen.

Die Herren, die der Ansicht sind, daß die Abstimmung möglicher Weise zweifelhaft sein kann, und die wünschen, daß noch einmal abgestimmt wird, bitte ich die Hand zu erheben.

(Geschieht.)

Das ist die Minderheit.

Ich bitte Herrn Justizrath Dr. Reatz, die Mittheilung zur Kenntnißnahme für das Plenum zu übernehmen.

Wir gehen jetzt über zum letzten Gegenstand unserer Verhandlung zu der Frage 8:

Soll der Erfolg als gesetzliche Voraussetzung der gemeinschaftlichen Haverei beibehalten werden?

Referent ist Herr Prof. Dr. Pappenheim in Kiel.

Referent Prof. Dr. **Pappenheim** (Kiel): M. H., in der Frage, über die ich die Ehre habe, Ihnen Bericht zu erstatten, liegt ein Gutachten nicht vor. Es besteht daher für den Referenten die Schwierigkeit, ohne die gemeinsame Basis, welche ein solches Gutachten den Betheiligten bietet, sein Referat zu beginnen. Sollte er bei der Bemessung des zu

Gebenden nach der Seite des Zuviel oder des Zuwenig irren, so möge ihm Ihre Nachsicht zu Theil werden.

Die Frage, welche zur Erörterung gelangen soll, lautet:

Soll der Erfolg als gesetzliche Voraussetzung der gemeinschaftlichen Haverei beibehalten werden?

Sie knüpft in ihrer Fassung an das geltende deutsche Recht an durch das Wort „beibehalten". Es handelt sich darum, ob ein Rechtssatz, den wir in unserem Gesetz haben, fortbestehen soll oder nicht. Welcher Rechtssatz das ist, wird zuvörderst festzustellen sein. Er lautet: Der Erfolg bildet eine gesetzliche Voraussetzung der gemeinschaftlichen Haverei. Was ist unter dem Erfolg zu verstehen? Zunächst muß einem Mißverständniß vorgebeugt werden: Wenn trotz des Opfers, das zur Rettung aus der Gefahr gebracht wurde, Schiff und Ladung danach untergegangen sind, so kann eine Havereivertheilung nicht stattfinden. In diesem Sinne könnte Jemand daran denken zu sagen, der Erfolg sei für die Havereivertheilung eine Vorbedingung. Indessen hat dieser Rechtssatz mit der Frage nach dem Erforderniß des Erfolges nichts zu thun. Er beruht auf einem anderen Princip, das in Art. 728 Abs. 1 des Handelsgesetzbuches zum Ausdruck gelangt ist, nach welchem eine persönliche Verpflichtung zur Entrichtung des Beitrags durch den Havereifall nicht begründet wird. Niemand soll mehr riskiren, als er selbst der See anvertraut hat, Rheder und Ladungsinteressent können deshalb im ungünstigsten Falle nur Schiff und Ladung einbüßen. Wenn Schiff und Ladung untergegangen sind, kann von einer Haftung nicht die Rede sein. Deshalb ist es selbstverständlich, daß eine Havereivertheilung nicht stattfinden kann, wenn nicht, sei es vom Schiff oder von der Ladung, wenigstens etwas gerettet worden ist.

Die Frage des Erfolgs ist eine darüber hinausliegende. Erst wenn festgestellt ist, was wir eben gesehen haben, entsteht die weitere Frage, ob ein Erfolg als gesetzliche Voraussetzung für die Havereivertheilung nothwendig ist. Die praktische Bedeutung dieser Frage ergiebt sich aus folgenden Erwägungen: Es kann, wenn ein Opfer gebracht und etwas von Schiff und Ladung erhalten ist, die Sache trotzdem so liegen, daß diese Erhaltung nicht dem Opfer verdankt wird. Beispielsweise ist Ladung geworfen worden, um das Schiff zu erleichtern, aber nicht in Folge der Erleichterung, sondern in Folge eines anderen günstigen Umstandes, z. B. durch ein anderes hinzukommendes Schiff, wird das Schiff geborgen. Oder der Schiffer hat unter den obwaltenden Umständen eine Maßregel für geeignet gehalten, die Gefahr abzuwenden, aber diese Maßregel war, wie sich nachher zeigt, nicht geeignet, die Gefahr abzuwenden. Das Schiff wird zwar gerettet, aber es geschieht nicht durch das Opfer. Das Opfer ist zwar gebracht worden, hat aber nicht zum Ziel geführt. Das ist die Frage, um die es sich hier handelt. Soll also in diesem Sinne ein Erfolg die Voraussetzung der Havereivertheilung bilden?

Das Handelsgesetzbuch widmet der Feststellung der Voraussetzungen für eine Havereivertheilung die Vorschriften des Art. 702 und des Art. 705. In Art. 702 werden abgesehen von dem, was hier nicht weiter in Betracht kommt, als Haverei bezeichnet „alle Schäden, welche dem Schiff oder der Ladung oder beiden zum Zweck der Errettung beider aus einer gemeinsamen Gefahr vorsätzlich zugefügt werden". In dieser Bestimmung ist ein Erfolg des Opfers nicht verlangt. Es heißt nur: zum Zweck der Errettung. Es ist gefordert, daß die Schadenszufügung einen bestimmten Zweck gehabt, nicht auch, daß sie ihn erreicht habe. Wir müssen sogar weitergehen und sagen, daß in der Fassung des Gesetzes nicht einmal das Vorhandensein einer Gefahr als nothwendig ausgedrückt ist. Es steht nicht da: im Falle einer gemeinsamen Gefahr, sondern es steht da: zum Zweck der Errettung aus einer gemeinsamen Gefahr. Der Schiffer hat das Opfer gebracht, weil er das Vorhandensein einer Gefahr irrthümlich, wenn auch mit Grund, als gegeben ansah; er hat zum Zweck der Errettung aus einer Gefahr gehandelt, obwohl eine solche nicht vorlag. Gerade für diesen Fall wurde in der Handelsgesetzbuchs-Conferenz darauf hingewiesen, das es erwünscht sei, eine Havereivertheilung eintreten zu lassen, obwohl hier doch von einer Errettung aus der Gefahr, also von einem Erfolg der Opferhandlung nicht die Rede sein kann. Art. 702 also kennt das Erforderniß des Erfolges nicht.

Dagegen ist Art. 705 speziell der Statuirung dieses Erfordernisses gewidmet. Er lautet: „Die Havereivertheilung tritt nur ein, wenn sowohl das Schiff als auch die Ladung, und zwar jeder dieser Gegenstände ganz oder theilweise wirklich gerettet worden ist.

Dieselbe Bestimmung findet sich wörtlich ebenso im neuen Binnenschifffahrtsgesetz vom 15. Juni 1895, nur daß sie, was gewiß richtig ist, mit der dem Art. 702 entsprechenden Vorschrift auch äußerlich verbunden ist. Sie fügt zu den durch Art. 702 geschaffenen Voraussetzungen für die Havereivertheilung eine weitere hinzu.

> „Die Havereivertheilung tritt nur ein, wenn sowohl Schiff als Ladung entweder ganz oder theilweise wirklich gerettet worden ist."

Die Bedeutung dieser Worte ist nicht unstreitig und nicht unzweifelhaft. Es stehen sich namentlich zwei Auffassungen gegenüber, nämlich die: ob gefordert wird eine Rettung durch das Opfer oder ob auch genügt eine Rettung nach dem Opfer, ob also ein Causalnexus zwischen Opfer und Rettung vorhanden sein muß oder nicht. Gegen die Annahme, daß das Gesetz einen Causalnexus fordert, ist ein Moment verwerthet worden, welches auch für den Verfasser der neuesten Darstellung dieser Frage, Seeliger, entscheidend gewesen ist. In der ersten Instanz des Handelsgesetzbuchs wurde die Bestimmung des jetzigen Art. 705 unzweifelhaft im Sinne des Erfordernisses eines Causalnexus angenommen. In zweiter Lesung wurde nun beantragt, vor den Worten „wirklich gerettet worden ist" einzuschalten die Worte „durch die angeordneten Maßregeln". Es ist deutlich, daß, wenn dies angenommen worden wäre, ein prägnanter Ausdruck für das Erforderniß des Causalnexus damit gegeben gewesen wäre. Aber dieser Antrag ist abgelehnt worden, allerdings nur mit 6 gegen 4 Stimmen, indessen doch abgelehnt. Für die Ablehnung wurde geltend gemacht, daß bei Annahme des Antrags in doppelter Beziehung Consequenzen sich ergeben würden, die nicht erwünscht schienen. Einmal hielt man es für unbillig, daß, wenn gezeigt werde, es sei nachträglich Rettung eingetreten, aber nicht durch das Opfer, keine Havereivertheilung stattfinden sollte. Den zweiten Grund bildete die Schwierigkeit des Beweises dafür, daß die Rettung eben durch die angeordneten „Maßregeln" erfolgt sei. Der beantragte Zusatz wurde abgelehnt. Ich bemerke aber, daß es in den Protokollen nicht einmal steht „aus diesen Erwägungen wurde er abgelehnt", sondern es heißt nach Angabe der gegen den Antrag vorgebrachten Gründe: „Schließlich wurde der beantragte Zusatz abgelehnt". M. H., auf die unter solchen Umständen erfolgte Ablehnung des Antrages kann man nicht zu viel stützen. Namentlich kann man m. E. nicht so weit gehen, aus ihr zu folgern, daß damit die in erster Lesung durchgängig hervortretende und auch in zweiter Lesung bei anderen Anlässen zum Ausdruck gebrachte Grundanschauung des Gesetzes, die den Causalnexus fordert, aufgegeben worden sei. Diese Grundanschauung, die allerdings, wie gezeigt, nicht konsequent durchgeführt wurde, tritt besonders deutlich in der Behandlung des sogenannten Totalopfers seitens des Gesetzes hervor. Nach Art. 705 muß, wenn Havereivertheilung stattfinden soll, von Schiff und Ladung etwas gerettet sein. Wenn der Schiffer die ganze Ladung wirft, um das Schiff zu retten, oder wenn er das Schiff vernichtet, um die Ladung zu retten, kann keine Havereivertheilung stattfinden. Daraus ergeben sich Consequenzen, welche durchaus unbillig erscheinen, aber andererseits so sehr auf der Hand liegen, daß sie nicht übersehen werden konnten. Wenn nämlich der Schiffer neun Zehntel der Ladung wirft, um das Schiff und den Rest der Ladung zu retten, so wird der an der Ladung entstandene

Schaden vom Schiffe mit getragen. Wenn aber der Schiffer auch das letzte Zehntel mitwirft, nimmt das Schiff an dem Schaden der Ladung nicht Theil. Darin liegt offenbar eine Ungerechtigkeit. Weiter aber ist zu bedenken, daß der Schiffer in dieser Frage selber die Entscheidung zu treffen hat, daß er Vertreter verschiedener, collidirender Interessen ist, daß er vor der Frage steht: behältst du den letzten Teil der Ladung, um dem Rheder die Mithaftung aufzubürden, oder befreist du durch gänzliches Opfern der Ladung den Rheder von dieser Haftung? Es kann nicht erwünscht sein, daß das Gesetz den Schiffer vor eine Entscheidung stellt, bei welcher er in einen solchen inneren Conflict gerathen kann. Wenn das Gesetz gleichwohl mit der Vorschrift des Art. 705 diese ihre Consequenzen angenommen hat, so beruht dies auf dem zu Grunde liegenden Gedanken, daß die Havereivertheilung nur stattfinden solle, wenn der mit dem Opfer angestrebte Zweck auch erreicht worden sei. Nach Art. 702 ist dieser Zweck die Rettung von Schiff und Ladung aus einer gemeinsamen Gefahr. Es war zwar nicht richtig, aber es ist erklärlich, daß man diesen Zweck nur dann für erreicht hielt, wenn Schiff und Ladung wenigstens theilweise in natura gerettet waren. Dafür, daß diese Auffassung dem Art. 705 zu Grunde liegt, spricht weiter noch ein in ihm enthaltenes, kleines, aber gewichtiges Wort. Es heißt im Gesetz: „wenn sowohl das Schiff als auch die Ladung, und zwar jeder dieser Gegenstände wirklich gerettet worden ist". Dieses „wirklich" weist hin auf die Verwirklichung des Zweckes, der mit dem Opfer verfolgt wurde. Es läßt sich historisch zurückverfolgen aus dem Handelsgesetzbuch, durch den preußischen Entwurf und das Allgemeine Landrecht hindurch bis in das preußische Seerecht vom Jahre 1727, welches wahrscheinlich unmittelbar unter dem Einfluß der kurz vorher erlassenen, auf der Erfolgstheorie beruhenden Vorschriften der Ordonnance de la marine jenes „wirklich" aufgenommen hat. Also die Fassung des Gesetzes und seine Entstehungsgeschichte weisen gleichmäßig entschieden darauf hin, daß dasselbe trotz der vorher erwähnten Ablehnung der Worte „durch diese Maßregeln" das Erforderniß des Erfolges in dem Sinne eines Causalzusammenhanges zwischen Opfer und Rettung für die Havereivertheilung aufgestellt hat. Wenn man das nicht annimmt, so ist schlechterdings nicht erkennbar, was Art. 705 überhaupt gewollt hat.

Woher stammt nun aber dieses ganze Erforderniß des Erfolges?

Ich halte es nicht für meine Aufgabe, Sie, m. H., hier mit langen historischen Erörterungen zu behelligen, die für die Behandlung der Frage de lege ferenda minder erheblich sein würden, indessen ist eine kurze geschichtliche Bemerkung doch erforderlich, weil sie allein das Verständniß des geltenden Rechts erschließt.

Das Erforderniß des Erfolgs in dem uns interessirenden Sinne wird nämlich für das römische Recht mit mehr oder weniger Grund als geltend in Anspruch genommen. Es ist zuvörderst aus dem in den Quellen begegnenden Erforderniß der salva navis entnommen und von der gemeinrechtlichen Doctrin dann generalisirt worden. Der Einfluß dieser Doctrin ist, wie gerade bei uns in Deutschland, auch in den geltenden Bestimmungen mancher Gesetze noch zu erkennen, während andere sich von ihm frei gehalten oder frei gemacht haben. Das Bild, welches die auf dem Gebiete des kosmopolitisch angelegten Seerechts besonders wichtige Rechtsvergleichung von unserer Frage erkennen läßt, ist daher ein recht buntes. Ohne weiter auf Einzelheiten einzugehen, will ich nur bemerken, daß unser deutsches Handelsgesetzbuch mit seiner weitgehenden Forderung hinsichtlich des Erfolgs isolirt dasteht. Ihm gegenüber stehen, indem sie die Havereivertheilung von dem Erfolge nicht abhängig machen, besonders das englisch-americanische Recht und die Gruppe der nordischen Rechte.

Innerhalb dieser letzteren kommen in erster Linie die scandinavischen Seegesetze von 1891, 1892 und 1893 in Betracht. Sie enthalten zwei ausdrückliche Vorschriften darüber. Einmal: „Die Havereivertheilung wird dadurch nicht ausgeschlossen, daß der mit dem Opfer beabsichtigte Zweck durch dasselbe nicht erreicht wird"; also Ablehnung der Erfolgstheorie. Die zweite Bestimmung besagt, daß, wenn das ganze Schiff oder die ganze Ladung geopfert wird (Fall des Totalopfers), oder wenn Schiff oder Ladung nachher zu Grunde gehen, Havereivertheilung gleichwohl stattfinden soll. Ich halte diese Bestimmungen für sehr bedeutsam, wie überhaupt die neuen scandinavischen Seegesetze für eine außerordentlich wichtige Erscheinung. Ich nehme damit einen anderen Standpunkt als denjenigen ein, welcher in der vorigen Sitzung dieser Abtheilung von einem in Seerechtssachen wohlbewanderten Redner aus Anlaß einer speciellen Frage vertreten worden ist. Derselbe sagte, es handle sich hier zwar um eine neue Gesetzgebung, aber das Neue sei nicht immer das Beste. Ich würde nicht Veranlassung genommen haben, bei einer Specialfrage ein allgemeines Urtheil auszusprechen, welches ich hier nicht näher begründen kann, wenn es mir nicht darauf ankäme, gegenüber jener Ansicht von der Minderwerthigkeit der scandinavischen Seegesetze ausdrücklich Widerspruch zu erheben.

Wir kommen nunmehr zu der Frage, auf welchen Standpunkt de lege ferenda hinsichtlich des Erfordernisses des Erfolges für die Havereivertheilung wir uns zu stellen haben. Wenn eine Aenderung unseres geltenden Rechts stattfinden würde, so würde damit unser deutsches Recht nicht etwa eine singuläre Stellung einnehmen im Gegensatz zu den übrigen, sondern es würde, wie aus dem schon Bemerkten hervorgeht, eine von ihm gegenwärtig eingenommene, singuläre Stellung aufgeben. Die Herstellung einer Uebereinstimmung mit wichtigen, namentlich uns so nahestehenden Rechten, wie dem anglo-americanischen und dem scandinavischen Rechte, ist aber bei der Weiterentwickelung unseres eigenen Rechtes nicht außer Acht zu lassen; das bedarf keiner Erläuterung.

Es hat nun die früher weit verbreitete Erfolgstheorie in neuerer Zeit hauptsächlich im Anschluß an einen praktischen Fall Angriffe erfahren. Es ist das der berühmte Fall des Schiffes St. Anne. Der Sachverhalt lag sehr einfach. Ein Schiffer wirft einen Theil seiner Ladung, um den verfolgenden Piraten zu entgehen. Trotzdem wird sein Schiff von ihnen erreicht und gekapert, aber es gelingt ihm bald danach, ihnen wieder zu entkommen, und nun entsteht die Frage, ob das Schiff zur Vergütung des der Ladung durch den Seewurf erwachsenen Schadens beitragen soll. Emérigon, welcher in der Sache Schiedsrichter war, beantwortete die Frage mit nein; es seien unzweifelhaft Schiff und Ladung nicht durch das Opfer gerettet worden; trotz des Werfens der Ladung sei das Schiff gekapert worden, nur einem späteren, günstigen Zufall verdanke es die Rettung, also habe die Ladung den durch das Opfer ihr zugefügten Schaden allein zu tragen. Daß das nicht dem Rechtsgefühl entspricht, ist, glaube ich, nicht zweifelhaft, und es hat sich Widerspruch alsbald gegen die jenem Schiedsspruch zu Grunde liegende Auffassung erhoben. Dieser Widerspruch hat, wie bemerkt, in neueren Seerechten gesetzlichen Ausdruck gefunden. Die schon erwähnte Stellungnahme der scandinavischen Gesetze zu der Frage ist dabei um so beachtenswerther, als noch der dänische Entwurf von 1873 durchaus den deutschen Standpunkt einnahm, und dann der dänische Entwurf von 1882, der die Basis für die neuen Gesetze geworden ist, ihn vollbewußt aufgegeben hat.

In der Literatur hat sich namentlich der hervorragende dänische Jurist Oersted im Anfang unseres Jahrhunderts gegen die Erfolgstheorie ausgesprochen, sodann in Holland Molengraaff. Von Deutschen sind es neben Beneke, der namentlich in England großen Einfluß ausübte, in neuerer Zeit Franck, Heck und Seeliger gewesen, die sich übereinstimmend gegen die Erfolgstheorie geäußert haben.

Fragen wir nun, was für und was gegen die Erfolgstheorie spricht, so läßt sich für sie eigentlich nichts weiter anführen, als eine bestimmte, allgemeine Anschauung von dem Grundgedanken der großen Haverei.

Das ist die Rettungstheorie, die z. B. von Pöhls vertreten wird. Wenn man davon ausgeht, daß in großer Haverei der Schaden deshalb vertheilt wird, weil durch das Opfer Schiff und Ladung gerettet worden sind, so muß man allerdings folgern, daß eine Vertheilung nur erfolgen kann, wenn die Rettung durch das Opfer bewirkt worden ist. Selbst wenn diese Theorie vom Standpunkte des geltenden Rechts zutreffend erschiene, würde sie doch selbstredend in keiner Weise den Gesetzgeber binden, der sich um Constructionen nicht zu kümmern, sondern lediglich die Lebensverhältnisse in angemessener Weise zu regeln hat; aber jene Theorie entspricht gar nicht dem geltenden Rechte, abgesehen natürlich von der positiven Vorschrift eben des Art. 705 unseres Handelsgesetzbuches.

Schon nach römischem Rechte soll von Allen gemeinsam getragen werden, „quod pro omnibus datum est", was im gemeinsamen Interesse geopfert worden ist. Eben hierin muß auch jetzt noch der Grundgedanke der Havereivertheilung erblickt werden: Es ist das zur Rettung aus Gefahr gebrachte Opfer, welches erheischt, daß die Schadenstragung gemeinsam ist; es ist nicht die Rettung, es ist auch nicht die Gefahrgemeinschaft allein, wie vielfach gesagt wird. Denn es giebt auch im Seeverkehr eine Menge von Fällen der Gefahrsgemeinschaft, bei denen keine Schadensvertheilung eintritt. Ich erinnere an alle zufälligen Gefahren, wie Blitzgefahr; auch sie ist gemeinsam für Schiff und Ladung, und dennoch, wenn der Blitz einschlägt und die Ladung beschädigt, trägt diese ihren Schaden allein. In Wahrheit gründet sich die Havereivertheilung auf das Opfer, durch welches ein Theil der gefährdeten Interessen mit Rücksicht auf das Uebrige dem sicheren Untergang geweiht wird. Den dadurch entstandenen Schaden sollen alle Interessenten gemeinsam tragen.

Die praktischen Ergebnisse der Opfertheorie sind denen der Erfolgstheorie bei Weitem vorzuziehen. Wer die Letztere annimmt, darf bei einer vermeintlichen Gefahr niemals eine Schadensvertheilung zulassen. Wenn nämlich der Schiffer mit Grund geglaubt hat, es liege eine Gefahr vor und sich nachher herausstellt, daß keine Gefahr vorlag, so würde auch, wenn der Schiffer das Werfen von Ladung unterlassen hätte, diese gleichwohl gerettet worden sein; das Opfer wäre also nicht nöthig gewesen und die Rettung ist nicht durch dasselbe bewirkt worden. Aber der Billigkeit entspricht es, daß nicht der objective, zur Zeit der Opferhandlung vielleicht nicht erkennbare Sachverhalt über die Frage der Vertheilung entscheide, sondern daß, wenn der Schiffer sachgemäß geprüft und das Opfer für nöthig befunden hat, der durch dasselbe herbeigeführte Schaden gemeinschaftlich getragen würde. Ferner wird, wenn man das Erforderniß des Erfolgs streicht, die Herrschaft des Zufalls beseitigt, der die Erfolgstheorie ein erhebliches Gebiet überläßt.

Sehr oft entscheidet, wie bereits hervorgehoben, der Zufall darüber, ob das Opfer Erfolg hat oder nicht. Es kann das Opfer sachgemäß gewesen sein, aber die begleitenden Umstände haben es bewirkt, daß es keinen Nutzen hat. Das kann beispielsweise in Folge einer plötzlichen Aenderung des Wetters sein und dann soll nach der Erfolgstheorie diese zufällige Aenderung des Wetters bewirken, daß die geopferten Interessen von den verschonten keinen Ersatz erhalten! Bildet also der Erfolg eine Voraussetzung für die Schadensvertheilung, so hängt auch das Stattfinden oder Nichtstattfinden dieser letzteren zum Theil vom Zufall ab. Diese Herrschaft des Zufalls widerstreitet der Billigkeit. Die verschiedenen an das Schiff geknüpften Interessen sind alle derselben Gefahr ausgesetzt und haben an sich alle auf gleichmäßige Berücksichtigung Anspruch. Indem nun aber der Schiffer behufs Erhaltung der übrigen einen Theil von ihnen opfert, trifft er eine Auswahl unter ihnen und giebt er einen Theil dem sicheren Verderben anheim, um damit das Andere zu erhalten. Indem er die geopferten Interessen der Chance der Rettung beraubt, benachtheiligt er sie den anderen gegenüber. Diese Verletzung des Anspruchs aller Interessen auf gleichmäßige Berücksichtigung soll durch die Schadensvertheilung wieder gut gemacht werden und diese Zurücksetzung ist nicht minder geschehen, wenn durch das Opfer die Rettung nicht bewirkt worden, wie wenn das Opfer von Erfolg begleitet gewesen ist.

Indem die Havereivertheilung auf das Opfer allein gegründet wird wird auch den schon erwähnten Gefahren vorgebeugt, die sich aus der Collision der Pflichten mit Bezug auf die Wahrung der verschiedenen Interessen durch den Schiffer ergeben. Wenn dieser weiß, daß das Geopferte ohne Rücksicht auf den Erfolg gemeinsam getragen werden muß, hat er keinen Anlaß, bei der Auswahl des zu Opfernden ein Interesse dem anderen gegenüber, insbesondere das Schiff der Ladung gegenüber, zu bevorzugen. Unter der Herrschaft der Erfolgstheorie dagegen könnte er die Chance ins Auge fassen, die sich für die nicht geopferten Interessen daraus ergäbe, daß sie trotz des Opfers wegen mangelnden Erfolges an der Schadenstragung nicht theilzunehmen hätten. Dieses Risico des Erfolges der Opferhandlung würde die geopferten Interessen dauernd ungünstiger stellen, als die verschonten, während das ganze Institut der Havereivertheilung eben dazu dienen soll, beide Interessengruppen im Ergebniß gleichzustellen.

Das, m. H., sind im Wesentlichen die Gründe, aus denen es sich m. E. empfiehlt, daß der Juristentag sich dahin ausspreche:

> Der Erfolg soll als gesetzliche Voraussetzung der gemeinschaftlichen Haverei nicht beibehalten werden.

Ich habe diesem meinem Antrage aber noch einige Worte hinzuzufügen.

Es entsteht die Frage, wenn beschlossen wird, den Erfolg als Voraussetzung der Havereivertheilung zu beseitigen, in welcher Weise dies geschehen soll, ob lediglich durch Streichung des Art. 705 des Handelsgesetzbuchs oder, wie in den scandinavischen Gesetzen, durch Aufnahme eines besonderen, den Erfolg für unwesentlich erklärenden Satzes. Ich bin dafür, es bei der Streichung des Art. 705 bewenden zu lassen, weil ich der Meinung bin, daß Dinge, die nicht nothwendig sind, zweckmäßiger Weise nicht in das Gesetz hineinkommen. Wenn aber der Art. 705 gestrichen wird, so ist jeder Zweifel über die Bedeutung dieser Thatsache ausgeschlossen.

Aus diesem Grunde füge ich meinem Antrage:

> „Der Erfolg soll als gesetzliche Voraussetzung der gemeinschaftlichen Haverei nicht beibehalten werden"

die Worte hinzu:

> „Deshalb ist Art. 705 des Handelsgesetzbuchs zu streichen."

Ich bitte Sie, m. H., diesem Antrage Ihre Zustimmung zu ertheilen.

Vorsitzender: Der zweite Referent, Herr Prof. Dr. Heck (Halle a. S.) ist nicht anwesend; es kommen also jetzt die Herren, die sich zum Worte gemeldet haben, zur Debatte.

Herr Oberlandesgerichtsrath Dr. Martin (Hamburg)!

Oberlandesgerichtsrath Dr. **Martin** (Hamburg): Meine geehrten Herren, ich glaubte anfänglich, ich würde mit dem geehrten Herrn Referenten nur auf halbem Wege zusammengehen können, nämlich insoweit, als ich mit ihm der Meinung sein möchte, daß der Art. 705 des H.G.B. allerdings dahin abgeändert werden kann, daß es nicht länger heißt:

> Die Havereivertheilung tritt nur ein, wenn sowohl das Schiff als auch die Ladung, jedes ganz oder theilweise, wirklich gerettet worden sind;

daß man diese Bestimmung fallen lassen könnte und, sich damit an andere Rechte, an andere Rechtsauffassungen anschließend, bezeugen könnte, daß das Schiff oder die Ladung gerettet wurde. Diesem Antrage würde ich mich deshalb anschließen mögen, zunächst schon, weil das H.G.B. diese

Fassung seiner Zeit erlangt hat bei sich sehr entschieden einander entgegenstehenden Ansichten. Es waren in der Commission die Meinungen getheilt und die Entscheidung für das geltende Gesetz gab die Stimme des Präsidenten. Dann sind allerdings auch sehr hervorragende Autoritäten, in meinen Augen wenigstens, derselben Meinung. Es ist schon erwähnt worden, daß Benecke schon in seinem englischen Buche, Principles of indemnity, diesen Standpunkt vertreten hat. In neuerer Zeit sind dafür eingetreten Leute wie de Courcy und der verstorbene Jacobs, der Präsident der Brüsseler Conferenz, wo dieser Gedanke ganz unbeanstandet Anklang gefunden hat, obgleich sich hervorragende Juristen der verschiedensten Nationen da vertreten fanden, und so glaube ich, daß kein Bedenken ist, diesem Antrage zuzustimmen.

Anfänglich war mir nun die weitere Fassung des Antrages des Referenten bedenklich, daß man überhaupt die Voraussetzung des Erfolges aufgeben sollte, aber ich habe aus einer vorher gehabten Privatbesprechung mit dem Herrn Referenten und auch aus seinem Vortrag entnommen, daß damit nur gemeint ist der unmittelbare, also causale Zusammenhang zwischen Opfer und Rettung. Darin bin ich mit ihm vollständig einverstanden, daß keine Notwendigkeit vorhanden ist dafür, daß das gefordert wird. Nothwendig ist nur, daß schließlich einer dieser Gegenstände, Schiff oder Ladung, gerettet worden ist. Dafür daß einer dieser Gegenstände genügen muß, möchte ich noch auf einen Gesichtspunkt hinweisen, der vielleicht bisher weniger hervorgehoben worden ist, daß nämlich in Haverie große nicht nur contribuirt, was gerettet worden ist, sondern daß contribuirt wird auch mit demjenigen Beitrag, welchen man als Vergütung in Haverie große empfängt, so daß ein vollständig contributionsfähiger Gegenstand vorhanden ist, auch wenn von Schiff und Ladung, für deren gemeinschaftliche Rettung ein Opfer gebracht ist, nur das eine oder die andere gerettet worden ist.

Um wieder auf den „Erfolg“ zurückzukommen, so bin ich der Meinung und glaube, daß dies auch die Auffassung des H.G.B. ist, wie auch die Auffassung der Rechte anderer Länder, wie der Herr Referent betont hat, daß der unmittelbare Erfolg nicht nothwendig ist, sondern daß es genügt, wenn überhaupt einer der beiden Gegenstände aus der gemeinsamen Gefahr gerettet worden ist.

Ich möchte bei der vorgerückten Zeit nicht auf Weiteres eingehen, ich trete dem Herrn Referenten in diesem Sinne bei, daß unter „Erfolg“ der unmittelbare Erfolg verstanden wird; das geht auch aus seinem Vortrage entschieden hervor.

Ich werde in dem Sinne für den Antrag des Herrn Referenten stimmen, in dem ich ihn verstanden habe.

Landgerichtsdirector **Barkhausen** (Bremen): Ich stimme dem Herrn Referenten bei, daß es sich empfiehlt, eine gesetzliche Bestimmung zu erlassen, so fern sie nicht etwa schon bestehen sollte, dahin, daß es auf den Causalzusammenhang zwischen den Maßregeln und der nachherigen Rettung nicht ankommen soll. Aber ich kann nach dem, was der Herr Referent selber mitgetheilt hat, nicht annehmen, daß im H.G.B. etwas Anderes ausgesprochen ist. Nach dem Wortlaut des Gesetzes, den der Herr Referent mittheilte, kommt es nicht darauf an, ob gerade diese Maßregeln diesen Erfolg haben. Der Herr Referent hat selbst angeführt, daß eine Bestimmung, wodurch etwas Anderes ausgesprochen wurde, abgelehnt worden ist, und die einzelnen Motive für die Ablehnung, die aus den Commissionsprotokollen mitgetheilt sind, gehen dahin, daß nicht gesagt ist, es ist auch ohne die erwähnte Bestimmung Voraussetzung der großen Haverei, daß die betreffende Maßregel den Erfolg gehabt hat, sondern dahin, daß es nur darauf ankommen soll, ob eine Rettung überhaupt eingetreten ist, und wenn in dem Protokoll nicht ausdrücklich bemerkt ist, daß aus diesen Gründen die Bestimmung abgelehnt worden ist, so kann ich dem keine Bedeutung beimessen, denn der Protokollführer kann nicht wissen, was für Gründe die einzelnen Commissionsmitglieder gehabt haben. Er führt nur die ausgesprochenen Gründe an und dann, daß die betreffenden Worte aus dem Antrag gestrichen wurden.

Endlich spricht dafür, was der Herr Referent aus anderen Seerechten mitgetheilt hat. Es soll danach nicht auf den Erfolg in obigem Sinne ankommen. Es ist nicht anzunehmen, daß das deutsche Seerecht hier ganz abweichen will.

Wenn man die Frage beantwortet, soll der Erfolg als gesetzliche Voraussetzung der gemeinschaftlichen Haverei beibehalten werden, dann würde man sich dahin also aussprechen, nach dem jetzigen H.G.B. kommt es auf den Erfolg in dem Sinne an, daß große Haverei nur dann angenommen werden soll, wenn gerade die zur Rettung aufgewendeten Maßregeln den Erfolg der Rettung gehabt haben. Es scheint mir unter diesen Umständen das Richtigste zu sein, die Frage überhaupt nicht zu beantworten, sondern eine jede Beantwortung der Frage abzulehnen.

Privatdocent Dr. **Burchard** (Berlin): M. H.! Zu den Ausführungen des Herrn Referenten möchte ich mir einige Bemerkungen erlauben, die in Folge der vorgerückten Zeit möglichst kurz sein werden. Wenn Herr Prof. Pappenheim Art. 702 dahin auslegt, es sei darin nicht vorgeschrieben, daß thatsächlich der Zweck erreicht sei, daß es nicht darauf ankomme, daß eine Rettung vorgenommen sei, und wenn er auch den weiteren Punkt im Art. 702 dahin auslegt, daß es heißt „aus einer vermeintlichen Gefahr", so glaube ich, wird man den Bestimmungen des Gesetzes nicht gerecht. Wenn hier die Rede davon ist, so ist nach der ganzen Construction des H.G.B. anzunehmen, daß „zum Zweck der Errettung" nicht nur heißen soll „zum Zweck einer beabsichtigten Errettung", sondern „zum Zweck einer wirklich eingetretenen Errettung". Ich glaube, es soll diese Rettung eingetreten und insofern der Zweck, diese Rettung herbeizuführen, bei der Opferung beabsichtigt sein. Ebenso wenn es heißt „zum Zweck der Rettung aus einer gemeinsamen Gefahr", ist ausgesprochen, daß im H.G.B. die Absicht davon ausgeht, die Gefahr als eine wirklich vorhandene gemeinsame Gefahr anzunehmen, selbst wenn es nicht in den Verhandlungen zur Sprache gekommen wäre, daß eine eingebildete Gefahr ausgeschlossen sein soll.

Ich glaube, daß auch im Art. 705 die Auffassung aufrecht erhalten werden muß, wo es heißt: „wenn sowohl das Schiff als auch die Ladung, und zwar beide Gegenstände entweder ganz oder theilweise gerettet worden ist." Auch hier wird man fragen können, ob nicht unter „gerettet worden ist" etwas mehr zu verstehen ist, als daß dies nur bei einer vorübergehenden Gefahr der Fall gewesen ist, sondern daß es heißen soll, eine definitive Rettung muß geschehen sein. Es muß also die Gefahr thatsächlich vollständig vorüber gewesen sein. Wenn dann eine neue Gefahr eintritt, so ist es nicht ausgeschlossen, daß Havarie große thatsächlich stattfindet.

Ich kann im Princip mich mit dem Herrn Referenten dahin aussprechen, daß es richtiger ist, von der Erfolgstheorie, wie sie aufgestellt ist, abzusehen; es kommen aber einige Punkte dabei in Betracht. Wenn von Gefahrsgemeinschaft die Rede ist, so spricht das H.G.B. immer nur von „Schiff" auf der einen und „Ladung" auf der anderen Seite und will eine Havarie-große-Vertheilung nicht stattfinden lassen, wenn z. B. das Schiff ganz untergegangen ist. Ich halte es theoretisch nicht für richtig und praktisch, auch nicht zu rechtfertigen, daß man Schiff und Ladung immer nur als Ganzes behandelt, da die Ladung in sehr vielen Fällen sich zusammensetzt aus dem Eigenthum verschiedener Personen und auch bei Wegfall des Schiffes doch ein Interesse dahin vorhanden ist, daß die Ladungsinteressenten, in deren Interesse ein Theil der Ladung geworfen worden ist, einen theilweisen Ersatz in der Havarievertheilung erhalten. Es ist eigentlich kein rechter Grund de lege ferenda vorhanden, weshalb man von einer Havarievertheilung unter den einzelnen Ladungsbetheiligten deshalb absehen soll, weil das Schiff zu Grunde gegangen ist. Die gegenwärtige Consequenz geht dahin, daß, wenn das Schiff untergegangen ist, die sonst stattfindende Vertheilung des Schadens unter den einzelnen Ladungsinteressenten ebenfalls in Wegfall kommt.

Wenn der Herr Referent der Meinung ist, man könnte einfach Art. 705 wegstreichen und damit wäre Alles erledigt, so fürchte ich, wird eine derartige Bestimmung nicht ausreichend sein, weil Art. 708 eine ganze Reihe von Fällen enthält, Bestimmungen, die man nicht dadurch aus der Welt schaffen kann, daß man Art. 705 streicht.

Vorsitzender: Der Herr Referent hat seinen Zusatz wegen Streichung des Art. 705 aufgegeben, weil es überhaupt nicht Sache des Juristentages ist, über die Ausführung Vorkehrungen zu treffen.

Privatdocent Dr. **Burchard** (Berlin): Dann würde die Sache anders liegen, und ich kann auf diese Ausführungen verzichten.

Ich stimme im Prinzip mit dem Herrn Referenten überein und würde dafür sein, in positiver Form dies auszusprechen. Ich möchte nur noch die Gelegenheit benutzen, darauf hinzuweisen, daß die scandinavischen Seegesetze, so weit ich nähere Kenntniß habe, mit ihren Motiven ein ganz vorzüglich ausgearbeites Werk sind, das unseren Gesetzen nur zur Nachahmung empfohlen werden kann.

Vorsitzender: Der Antrag lautet:

> Die Havarievertheilung tritt nur ein, wenn Schiff sowohl als Ladung, und zwar beide Gegenstände entweder ganz oder theilweise, gerettet ist.

Es hat sich niemand weiter zum Wort gemeldet, die Debatte ist geschlossen. Der Herr Referent hat das Schlußwort.

Referent Professor Dr. **Pappenheim** (Kiel): Ich verzichte auf das Wort, ich will nur bemerken, daß ich den letzten Satz meines Antrages gestrichen habe.

Vorsitzender: Es hat sich Niemand weiter zum Wort gemeldet.

Der Herr Referent!

Referent Prof. Dr. **Pappenheim** (Kiel): Mein Antrag lautet:

> Der Erfolg soll als gesetzliche Voraussetzung der gemeinschaftlichen Havarie nicht beibehalten werden.

Vorsitzender: Die Herren, welche den eben gehörten Antrag annehmen wollen, bitte ich, sich zu erheben.

(Geschieht.)

Das ist die Mehrheit.

Damit sind unsere Gegenstände erledigt.

Herr Referent, Sie übernehmen wohl den Vortrag im Plenum, eine kurze Mittheilung über den Beschluß?

(Referent erklärt sich bereit.)

[Schluß der Sitzung 1 Uhr 50 Minuten.]

Erste Sitzung der dritten Abtheilung

Dienstag, den 10. September, Vormittags 11 Uhr.

Senatspräsident Dr. **von Stoeßer** (Karlsruhe): Hochgeehrte Herren! Mit der Unterstellung, daß Sie, wie im Plenum, den Vorsitzenden dieser Abtheilung durch einfachen Zuruf zu erwählen geneigt sind, erlaube ich mir — da hiergegen Widerspruch nicht erhoben wird — als Vorsitzenden dieser Abtheilung Herrn Ober-Landesgerichtspräsidenten Dr. von Köstlin (Stuttgart) vorzuschlagen. Sind Sie damit einverstanden?

(Zustimmung.)

Ich bitte Herrn von Köstlin, den Vorsitz zu übernehmen.

Vorsitzender Ob.-Landesger.-Präs. Dr. **v. Köstlin:** M. H.! Ich danke Ihnen für diesen Beweis des Vertrauens.

Meine Aufgabe ist zunächst, das Bureau zu constituiren. Ich möchte Ihnen vorschlagen, als stellvertretenden Vorsitzenden Herrn Senatspräsidenten Dr. v. Stoeßer (Karlsruhe) zu wählen. — Wenn kein Widerspruch erfolgt, bitte ich Herrn v. Stoeßer, hier Platz zu nehmen. Sodann möchte ich bitten, die Geschäfte als Schriftführer zu übernehmen, die Herren Rechtsanwalt Hobelmann von hier und Rechtsanwalt Burgheim (Minden a. W.).

Wie Sie aus der Festschrift S. 10 erfahren, sind folgende 4 Gegenstände zur Berathung in der Abtheilung gestellt:

1. Empfiehlt sich die Einführung von Verschärfungen der Freiheitsstrafen im Sinne des österreichischen Entwurfs?

   Gutachten 1. des Landgerichtsraths Dr. Kronecker zu Berlin, Bd. III Seite 1 der Verhandlungen des 22. Juristentages, 2. des Landgerichtsraths Dr. Felisch zu Berlin, ebendas. S. 43.

   Referenten: Reichsgerichtsrath Stenglein zu Leipzig.
   Landrichter Dove zu Frankfurt a. M.

2. Ist die Eideszuschiebung im Civilproceß durch Vernehmung der Parteien als Zeugen zu ersetzen?

Gutachten 1. des Professors Freiherrn v. Cannstein zu Graz in den Verhandlungen des 22. Juristentages, Bd. II Seite 3, 2. des Privatdocenten Dr. Kleinfeller zu München, ebendas. S. 67.

Referenten: Geh. Justizrath Dr. v. Wilmowski zu Berlin.
Ober-Staatsanwalt Geh. Ober-Justizrath Hamm zu Cöln.

3. Empfiehlt sich ein allgemeiner Rechtsschutz gegen unlauteren Wettbewerb?

Gutachten: 1. des Rechtsanwalts Dr. Scherer zu Bremen; 2. des Rechtsanwalts Dr. Richard Alexander Katz zu Berlin.

Referenten: Professor Dr. Pfaff zu Wien.
Ober-Staatsanwalt Geh. Ober-Justizrath Hamm zu Cöln.

4. Empfiehlt sich hinsichtlich der Geldstrafe

a) die Zulassung und Begünstigung des freiwilligen Abverdienens derselben?

b) die Androhung des erzwungenen Abverdienens in einer Anstalt (Arbeitshaus) für den Fall, daß der Mangel guten Willens zur Tilgung der Strafe festgestellt ist?

Gutachten des Landgerichtsraths Dr. Felisch zu Berlin.

Referenten: Oberlandesgerichts-Senatspräsident Staatsrath Dr. v. Köstlin zu Stuttgart.
Professor Dr. Merkel zu Straßburg.

Ich erlaube mir mitzutheilen, daß seitens des Herrn Professor Dr. Merkel eine Umstellung der Gegenstände insofern gewünscht worden ist, daß die Frage 4, welche in Augsburg nicht mehr zur Erledigung kam und deshalb weiterer Berathung vorbehalten wurde, nicht bis an's Ende verschoben werde. Andererseits wird Werth darauf gelegt, daß die Frage Nr. 3, wenn irgend möglich, hier in der Abtheilung zum Austrage gebracht werde, da, wie Sie wissen, anderenfalls dieser Gegenstand für den Juristentag wahrscheinlich gegenstandslos wird, weil seine demnächstige Erledigung im Gesetzgebungswege bevorsteht und es doch wünschenswerth wäre, wenn der Juristentag sein Votum über die Frage, zu welcher auch Gutachten vorliegen, abgeben würde.

Ich erlaube mir nun die Versammlung zu fragen, in welcher Reihenfolge die Gegenstände behandelt werden sollen.

Professor Dr. **Merkel** (Straßburg): Nur ein Wort zur Begründung meiner Anregung. Mir schien es logisch, daß man eine angefangene Arbeit erst zu Ende führt, ehe man neue Arbeiten in Angriff nimmt. Wir haben den Gegenstand Nr. 4 bereits in Augsburg in Angriff genommen und die Frage, die hier zur Discussion steht, damals bereits erörtert. Die Verhandlung ist bloß suspendirt worden, und mir scheint es das Natürliche zu sein, daß man eine solche abgebrochene Verhandlung bei nächster Gelegenheit erst erledigt. Ich überlasse die Entscheidung im Uebrigen der Versammlung.

Geh. Justizrath Dr. **v. Wilmowski** (Berlin): Ich würde vorschlagen, die Ordnung so zu lassen, wie sie das Programm giebt. Die beiden ersten Fragen sind solche, die schon ein paar Mal im Juristentage behandelt worden sind, und es ist eine wahre Tortur für die Referenten, sowohl wie für die anderen Herren, wenn dieselbe Frage wie eine Seeschlange immer wiederkehrt. Es ist nicht gut erträglich für die Referenten sich 2, 3 Mal vorbereiten zu müssen, um dann zu erfahren, daß die Frage nicht zu Ende kommt. Das gilt für die beiden ersten Fragen, die wiederholt hier zurückgestellt worden sind.

Was die dritte Frage betrifft, so ist doch von Wichtigkeit, daß die Angelegenheit des unlauteren Wettbewerbs jetzt behandelt wird; denn wenn sie jetzt beiseite gelassen würde, so würde sie wahrscheinlich beim nächsten Juristentage durch die Gesetzgebung überholt sein; es ist bekannt, daß das Gesetz über den unlauteren Wettbewerb schon in Vorbereitung ist. Demgegenüber wiegt es meines Erachtens nicht, daß die 4. Frage, die allerdings die Fortsetzung einer früher gestellten ist, vorweg genommen werde, weil diese Frage ihre Bedeutung noch für den nächsten oder die zwei nächsten Juristentage haben wird. Ich bitte also die Reihenfolge so zu lassen, wie sie im Programm aufgestellt ist.

(Bravo!)

Reichsgerichtsrath Dr. **Stenglein**: Obgleich ich Referent in der ersten Frage bin, muß ich im Gegensatze zum Herrn Vorredner doch bitten, dieselbe für heute zurückzusetzen. Wenn ich auch selbst dringend wünsche, daß sie erledigt werde, so möchte ich doch aus einem rein äußerlichen Grunde um Verschiebung bitten. Ich habe einen Antrag gestellt, der wesentlich von dem Gutachten abweicht. Derselbe konnte bis jetzt nicht gedruckt werden, allein er wird hoffentlich im Laufe des Tages vertheilt werden. Es ist immerhin wünschenswerth, wenn bei der Abstimmung der Antrag schwarz auf weiß den Abstimmenden vorliegt und deshalb bitte ich um Zurückstellung der Frage 1.

Geh. Justizrath Dr. **v. Wilmowski** (Berlin): Unter diesen Umständen bitte ich, die Frage 1 auf morgen zu verschieben und heute mit Frage 2 zu beginnen, deren Erörterung, da die gedruckten Anträge in Ihren Händen sind, nichts im Wege steht. Die zweite Frage ist ebenso wie die erste eine von früheren Juristentagen her zurückgestellte.

Vorsitzender: Nach diesen Erörterungen stelle ich die Frage, ob wir jetzt mit der zweiten Frage beginnen wollen, indem wir uns die Festsetzung der Reihenfolge der Behandlung der übrigen noch vorbehalten. — Die Versammlung beschließt beinahe einstimmig demgemäß.

Wir nehmen sonach in Behandlung die Frage:

Ist die Eideszuschiebung im Civilprocesse durch Vernehmung der Parteien als Zeugen zu ersetzen?

Ich bitte die Herren Referenten, ihren Bericht geben zu wollen.

Geh. Justizrath **von Wilmowski** (Berlin): Die Erneuerung der Frage, ob die Eideszuschiebung im Civilprocesse durch die Vernehmung der Parteien als Zeugen zu ersetzen sei, obgleich die Frage vom 8. Juristentage bereits verneint ist, ist dadurch veranlaßt, daß sich längst in Literatur und Praxis die Reformbedürftigkeit unseres Systems des Parteieneides geltend gemacht hat. Außer den beiden, jetzt für den Juristentag erstatteten Gutachten des Prof. v. Canstein und des Privatdocenten Kleinfeller sind die früheren Gutachten und Verhandlungen des 8. Juristentages und die vielfachen literarischen Behandlungen der Frage zu berücksichtigen. Ziemlich allgemein hat sich die Erkenntniß Bahn gebrochen, daß der Parteieneid mit größerer Rücksicht auf die Glaubwürdigkeit, auf den inneren Werth und die richterliche Ueberzeugung zu behandeln ist. Indeß gehen die Ansichten noch darüber auseinander, wie weit dabei der Parteibestimmung ein ausschlaggebendes Gewicht einzuräumen sei. Von den beiden Literaten, deren Gutachten uns vorliegen, hat Dr. Kleinfeller die Frage unbedingt bejaht. Er geht davon aus, daß die heutige Gestattung der Eideszuschiebung, namentlich in unserer deutschen Civilproceßordnung, durch die geschichtliche Entwickelung kein Recht auf unantastbares Bestehen auf Grund des Alters oder nationaler Besonderheit geltend machen könne. Bei der Reception der fremden Rechte, welche namentlich unter Einwirkung der italienischen Proceßpraxis und des kanonischen Rechts erfolgte, wurde in verschiedener Weise in den einzelnen Territorien theils die römischrechtliche Eideszuschiebung als formales Entscheidungsmittel eingeführt, wofür die deutsche schlichte Klage auf Eid als analog galt, obgleich sie abweichend vom römischen Rechte darauf beruhte, daß der das Klagerecht verneinende Eid des Beklagten ein Recht desselben zum Beweise seiner Unschuld gewährte und die Zurückschiebung nicht kannte. Theils wurde der Grundsatz des kanonischen Rechts für möglichste Wahrheitserforschung mehr hervorgehoben. Mit der, unter dem Einfluß des sächsischen Rechts und des jüngsten Reichstagsabschiedes erfolgten größeren Specialisirung der Behauptungen und der Beweisführung entwickelte sich allmählich immer mehr die dem römischen Rechte fremde Auffassung des Eides als eines Beweis- und Ueberzeugungsmittels und die größere Berücksichtigung der Thatsachen. Die Gesetzgebung des 19. Jahrhunderts beförderte dies dann durch die möglichste Zurückdrängung des Glaubenseides über Thatsachen, welche nicht in eigenen Handlungen oder Wahrnehmungen bestanden. Die geschichtliche Entwickelung führte dazu, daß im Gegensatze zum römischen Rechte, für welche der zugeschobene Eid ein der Parteidisposition unterliegendes Mittel zur Feststellung von Ansprüchen und Rechtsverhältnissen war, und die Rücksicht auf die Wahrheit des Beschworenen für die Wirksamkeit des Eides zurücktrat, der zugeschobene Eid des heutigen Rechts, namentlich auch der deutschen Civilproceßordnung ein, von der Rücksicht auf die materielle Wahrheit beherrschtes Mittel zur Feststellung der Thatsachen sein soll.

Gegenüber diesem Zwecke und dem auch von der Civilproceßordnung angenommenen Systeme freier richterlicher Beweiswürdigung hebt Dr. Kleinfeller hervor, daß die Civilproceßordnung in mehrfachen Bestimmungen dem Zwecke der Wahrheitserforschung geradezu widerspricht. Dahin gehört, daß der, der beweispflichtigen Partei zugeschobene Eid nicht zu beachten ist, § 412; daß nicht immer die Partei zu schwören hat, welche das bessere Wissen hat und für welche der Richter die Voraussetzung des besseren Wissens annimmt; daß Ueberzeugungs- und Ignoranzeide in ihren Wirkungen für Wahrheits- und Unwahrheitsannahme dem Wissenseide gleichgestellt sind, daß die Zulässigkeit der Eideszuschiebung nicht in allen Fällen davon abhängt, ob die Parteien von fremden Handlungen und Wahrnehmungen wirklich unterrichtet sind, sondern betreffs der Vertreter und Rechtsvorgänger des Schwörenden auf der abstracten Möglichkeit zuverlässigen Unterrichtetseins basirt; vor Allem, daß vor einer persönlichen Erklärung der Partei durch eine im Wesentlichen unabänderliche Norm ein bestimmter Satz als zu beschwören festgestellt wird und der Entscheidung der Partei, nicht des Richters unterstellt ist, ob die concreten Thatsachen unter den zu beschwörenden Satz zu subsumiren sind, und ob die Partei das nöthige Verständniß dafür hat. Kleinfeller rügt nebenbei, daß das System der Civilproceßordnung oft zur Abnahme überflüssiger Eide führt und oft durch die

Streitigkeiten und Rechtsmittel, welche der Thatsachenbegriff für den Eid bei Feststellung der Norm vor näherer Vernehmung der Partei herbeiführe, zur Proceßverschleppung diene.

Von den vorgeschlagenen Mitteln zur Abhilfe verwirft Kleinfeller die Herstellung des formalen römischen Schiedseides, welcher der heutigen Auffassung von der Bedeutung des Eides nicht entspreche; er lehnt ferner die Beschränkung der Eideszuschiebung auf eigene Handlungen und Wahrnehmungen als ungenügend für die dadurch entstehende Lücke im Beweissysteme zur Beurtheilung der Sachlage ab; er erklärt auch den Ausweg der früheren bayerischen Proceßordnung von 1869, welche eine eingehende Erklärung des Schwörenden erst nach der Festsetzung der Eidesnorm verlangt, als unzulässige Halbheit. Auf den Parteieneid könne auch nicht ganz verzichtet werden, da die Nichtberücksichtigung der Parteiaussagen und das dann häufige Resultat eines non liquet eine unerträgliche Härte wäre und das Vertrauen zur Rechtspflege erschüttern müßte.

Als Reformmittel empfiehlt Kleinfeller die Vernehmung der Parteien als Zeugen, und zwar derartig, daß sie nicht bloß subsidiär in Ermangelung anderer Beweismittel, sondern auch ohne vorgängige andere Beweisführung zulässig ist; daß dem Antrage auf zeugeneidliche Vernehmung des Gegners gesetzlich die Bedeutung beizulegen sei, daß stets beide Parteien, zunächst unbeeidigt, zu vernehmen sind und der Richter dann prüft, welche Partei zu vereidigen ist. Der Richter solle die Vernehmung auch von Amtswegen anordnen können, die Beeidigung beider Parteien und einen provisorischen Eid vor der Vernehmung vermeiden, keine Zwangsmaßregeln zur Erwirkung einer Aussage anwenden und die Weigerung des Eides und der Aussage im Ganzen oder Einzelnen nicht mit der Wirkung der Annahme der Wahrheit des Gegentheils ausstatten, sondern stets nach freier Ueberzeugung unter Würdigung aller Umstände entscheiden, und nach diesem Grundsatze freier Ueberzeugug auch mit unbeeidigten Aussagen sich begnügen, sowie die Parteienvernehmung bei Anbietung anderer Beweismittel seitens einer Partei unterlassen oder aussetzen dürfen. Er findet den Hauptvorzug darin, daß die vor eingehender Erklärung der Parteien erfolgende Zuspitzung der Kernfrage in einen, oft unvollständigen oder mehrfacher Deutung unterworfenen Eidessatz beseitigt wird und statt dieser denkbar schlechtesten Garantie für die Zuverlässigkeit der Aussage die denkbar beste für die Wahrheitserforschung in der zeugenartigen Vernehmung der Parteien geboten wird.

Auf etwas abweichendem Standpunkt steht Herr Prof v. Canstein. Er erkennt Mängel der heutigen Eidesdelation und Vortheile der zeugenartigen Vernehmung der Parteien an; aber er will den Schiedseid mit

Modificationen beibehalten und daneben die Parteienvernehmung als neues Beweismittel zulassen, indeß nur derartig, daß jede Partei berechtigt sein soll, ihre eigene eidliche Vernehmung zu beantragen, keine Partei aber berechtigt, die Vernehmung des Gegners zu fordern. Dies sei eine Seelenfolter für die Partei, welche schwören soll; wenn ihr dies gegen ihren Willen auferlegt werden sollte, so würde dies ein inquisitorisches Verfahren zur Folge haben, der Verhandlungsmaxime widersprechen und die Disposition der Partei unnöthig beschränken.

Prof. v. Canstein meint, es sei zur Schaffung formeller Wahrheit und Erwirkung eines bestimmten Resultats der Schiedseid, das Recht zur Entscheidung durch Eideszuschiebung nöthig und Zurückschiebung müsse der Parteidisposition überlassen bleiben; die materielle Wahrheit sei nur so weit zu erforschen, als der Grundsatz der Parteidisposition nicht entgegenstehe. In Betreff der Vernehmung der Partei als Zeuge dürfe dieser eine Verpflichtung dazu gegen ihren Willen nicht auferlegt werden, weil die Partei nicht schlechter gestellt werden dürfe, wie ein Zeuge, welcher sein Zeugniß verweigern könne, wenn er oder seine nächsten Verwandten durch sein Zeugniß einen unmittelbaren Schaden erleiden können.

Eine Reform für die Eideszuschiebung hält aber v. Canstein in folgenden Punkten für nöthig: Wenn dem beweispflichtigen Deferenten der Eid über das Beweisthema zurückgeschoben wird, soll derselbe nur durch seinen Eid über die Wahrheit, nicht durch seinen Eid über die Ueberzeugung von der Wahrheit den vollen formellen Wahrheitsbeweis herstellen können. Der Delat soll durch einen Wahrheitseid oder durch seinen Eid über die Ueberzeugung von der Unwahrheit des Behaupteten vollen Beweis hegen, dasselbe begründen können. Der Ignoranzeid des Delaten soll nicht das Gegentheil des Beweisthemas als wahr feststellen können, sondern dem Gegner den anderweiten Beweis nicht abschneiden und namentlich auch dessen Selbstanerbieten zur eigenen Vernehmung als Zeuge nicht beseitigen. Mit dieser Modification könne die Eideszuschiebung für jede Thatsache zum Beweise verwendet werden; der Delat habe sich zu erklären, ob er den Wahrheitseid über das Beweisthema und über seine thatsächlichen Ergänzungen und Berichtigungen des Beweisthemas oder den Ueberzeugungseid über die Unwahrheit oder den Ignoranzeid, daß er keine Ueberzeugung über Wahrheit oder Unwahrheit gewonnen habe, schwören will oder ob er den Eid zurückschieben oder seine eidliche Vernehmung als Zeuge anbieten will. Für den in dieser Weise zulässigen Schiedseid müsse auch der normirte Eid bleiben, da allerdings eine Zeugenaussage, welche eine Partei auf Befragen abgebe, der freien

Beweiswürdigung des Gerichts überlassen bleiben müsse. Der Gefahr, daß beim Schiedseid die Partei und nicht der Richter entscheide, ob der concrete Fall unter die allgemeinere Eidesnorm falle, könne dadurch begegnet werden, daß der Beweispflichtige, statt die Eideszuschiebung zu wählen, seine Vernehmung als Zeuge anbieten und der Delat statt der Beschwörung des abstracten Eidesthemas seinerseits seine Vernehmung als Zeuge fordern könne. Hierauf beruhen die Anträge v. Canstein's, wie sie im ersten Gutachtenbande des 22. Juristentags S. 65, 66 vorliegen.

Abweichend von den Ausführungen des Herrn Prof. von Canstein muß ich mich dem radicaleren Resultate Kleinfeller's im Wesentlichen anschließen.

Die Mängel des Systems unserer Eideszuschiebung bestehen nicht nur darin, daß, wie v. Canstein hervorhebt, der Eid des Deferenten über die eigene Ueberzeugung im Falle der Zurückschiebung und der Eid des Delaten über sein Nichtwissen zu Unrecht für die Annahme von Wahrheit oder Unwahrheit entscheidend sein soll, und die, von v. Canstein ferner richtig hervorgehobene Gefahr, daß über die Subsumtion der concreten Thatsachen unter die abstracte Eidesnorm die schwörende Partei und nicht der Richter entscheidet, kann nicht dadurch beseitigt werden, daß die eine oder die andere Partei sich zur Vernehmung als Zeuge anbieten kann. Der Mangel des Systems unserer Eideszuschiebung liegt in weiterem Umfange allgemein darin, 1. daß die Parteidisposition darüber, wessen Eid entscheidend sein soll und worüber der Eid zu normiren ist, ohne Berücksichtigung des besseren Wissens, der größeren Glaubwürdigkeit und Gewissenhaftigkeit und der Bedeutung für die richterliche Ueberzeugung entscheidet, und 2. daß die Norm des Eides vor der eingehenden persönlichen genauen Erklärung der Parteien bestimmt wird. Für die Frage, ob für das Beweisverfahren die Parteidisposition oder die freie richterliche Ueberzeugung entscheidend sein soll, ist ein Compromiß nicht angebracht, und sind nicht gleichzeitig beide Grundsätze nach Wahl der einen oder der anderen Partei anwendbar; man muß sich für den einen oder den anderen Grundsatz entscheiden, weil sie sich ausschließen. Und zwar der historischen Entwickelung folgend, welche uns zur Erforschung der materiellen Wahrheit innerhalb der Verhandlungsmaxime vermittelst der freien richterlichen Beweiswürdigung geführt hat, und zugleich der rationellen Richtigkeit des Grundsatzes entsprechend, müssen wir uns dafür entscheiden, das Princip der freien richterlichen Ueberzeugung consequent zu verfolgen.

Daher sind negativ alle, diesem Principe widersprechenden oder nicht freie Haltung lassenden Vorschriften zu beseitigen. Zu beseitigen ist, daß der Ueberzeugungseid über Handlungen und Wahrnehmungen der Rechtsvorgänger oder Vertreter des Schwurpflichtigen ohne Rücksicht auf Thatsächlichkeit, Wahrscheinlichkeit oder auch nur Möglichkeit des Wissens und Erkundigens für die Annahme einer Wahrheit oder Unwahrheit entscheidet; während andererseits die Zulässigkeit des Ueberzeugungseides über fremde Handlungen und Wahrnehmungen, soweit eine Wissenschaft bezw. Erkundigung danach thatsächlich behauptet wird und glaubhaft ist, zu statuiren ist. Auszuschließen ist die Vorschrift, daß die Festsetzung der Eidesnorm unabänderlich bindet, so daß ohne Genehmigung des Gegners auch bei späterer anderweiter Information keine Aenderung erwirkt werden und die richterliche Ueberzeugung keinen Einfluß betreffs des Beweisthemas ausüben kann. Zu beseitigen ist die Vorschrift, daß durch Leistung oder Erlaß des Eides unbedingte Wahrheitsfeststellung erwirkt wird, ohne Rücksicht auf begleitende oder nachträglich ermittelte Umstände und auf die Ueberzeugung des Gerichts. Unerträglich ist es ferner, daß ein rechtskräftiges bedingtes Urtheil auf Parteieneid zugelassen wird, welches eine Aenderung des Urtheils, selbst auf Grund der im Eidesleistungstermine sich ergebenden Erörterungen des Schwurpflichtigen, nicht mehr zuläßt. Rationeller Weise ist der Zeitpunkt für die Erörterung der Parteien vor die Festsetzung der Eidesnorm und vor die Entscheidung des Gerichts zu legen, damit dann erst das Gericht entscheidet, ob, was und von wem zu beeidigen ist, und entweder nach einer Parteibeeidigung oder ohne eine solche durch ein unbedingtes, nicht noch durch Eid bedingtes Urtheil entscheidet, was als wahr anzunehmen ist und auf das Urtheil einen Einfluß hat. Die vorgängigen Erörterungen darüber unter den Proceßbevollmächtigten genügen zur Beseitigung dieser Parteierörterungen nicht, weil sie nur die Auffassungen der Bevollmächtigten von den von ihnen erheblich erachteten und von ihnen nicht immer unbefangen gewürdigten Erklärungen der Parteien wiedergeben. Das bedingte Urtheil ist ein unzulässiger Rest der gemeinrechtlichen Beweisinterlocute, welche den Nachtheil haben, daß spätere Feststellungen, obgleich sie eine andere Sachlage ergeben, als bei Erlaß des Interlocuts angenommen war, nicht mehr zu berücksichtigen sind. Erfahrungsmäßig werden von den Gerichten Versuche zur entsprechenden Aenderung mit Mißtrauen angesehen und oft mit Recht in Rücksicht auf das Gesetz abgelehnt. Die Praxis zeigt, wie oft das System der Parteidisposition und der formalen Entscheidung durch den Schiedseid dazu führt, die Erforschung der Wahrheit zu fälschen, die Verschiedenheit der subjectiven Schärfe der Auffassung, der Erinnerungsfähigkeit, der Unterstellung der concreten Sachlage unter den formulirten Satz, sowie den Einfluß unwesentlicher Nebenpunkte auf die Zulässigkeit und den Werth der Eidesleistung nicht zu berücksichtigen.

Positiv können alle diese Mängel nur durch die Vernehmung der Parteien als Zeugen beseitigt werden; wie man ja auf die Beurtheilung der Zeugenaussage und der Frage, wie weit ein Zeuge über Thatsachen bekundet oder eigene Schlüsse und Urtheile fällt, nicht nach der Erklärung des Zeugen über einfache Bejahung oder Verneinung einer normirten Frage, sondern nur nach eingehender Erklärung des Zeugen eintreten läßt und das Urtheil erst nach einer solchen, und nicht bedingt durch bejahende oder verneinende Zeugenerklärung fällen läßt.

Die Einwendungen, welche Prof. v. Canstein in Uebereinstimmung mit den sonstigen Gegnern der Ersetzung des Schiedseides durch die Zeugenvernehmung der Parteien erhebt, halte ich für hinfällig. Daß der Schiedseid ein bestimmtes Resultat giebt und ein Bedürfniß für die Gewinnung eines solchen befriedigt, ist kein Vorzug, wenn dies auf Kosten der Wahrheit gewonnen werden soll. Die Verhandlungsmaxime muß allerdings unberührt bleiben; nur über die bestrittenen Behauptungen der Parteien ist Beweis durch Vernehmung der Parteien über die sie betreffenden näheren Umstände zu erheben; soweit es sich jedoch um die Beweisführung für die Parteibehauptungen handelt, kann rationell nur als bewiesen bezw. unwahr gelten, was das Gericht als Resultat seiner Ueberzeugung oder Nichtüberzeugung gewinnt. Die Disposition der Partei über die Natur der Beweismittel soll ihr ebenfalls bleiben; ohne den Antrag einer Partei soll eine Parteienvernehmung nicht stattfinden, und insofern weiche ich von Kleinfeller ab, als ich nicht die Parteivernehmung des Gerichts von Amtswegen statuiren möchte. Aber sobald ein Parteieid als Beweismittel beantragt und vom Gerichte beschlossen ist, soll die Entscheidung nicht von der einfachen Bejahung oder Verneinung einer vorbestimmten Norm abhängen, welche so häufig ein für die Wahrheit bedenkliches und uncontrollirbares Resultat giebt. Die Inquisition bei der Parteivernehmung ist nicht größer, als sie die Partei bei vernünftiger Selbstprüfung für sich selbst vornehmen sollte und als sie der Richter auch beim jetzigen Verfahren der Eidesabnahme bewirken sollte unter Erkundigung nach den Gründen und der Bestimmtheit des Wissens und nach den concreten näheren Umständen dessen, was behauptet werden soll.

Es muß ebenso, wie bei der Abnahme eines zugeschobenen Eides täglich geschieht, bei der Parteienvernehmung gestattet sein, durch Erforschung der näheren Umstände zu ermitteln, ob mit der Behauptung und dem Eide, es sei etwas geschenkt, geliehen, gekauft, der concrete Vorgang und der daraus sich ergebende Willensausdruck sich deckt. Das ist eine Forderung gewissenhafter Gerechtigkeit für jede verständige Eidesabnahme. Das Gleiche gilt hinsichtlich der Feststellung der Gründe des Wissens oder der Ueberzeugung. Sachgemäß muß daher die Partei auch die Vernehmung des Gegners über dessen Wissenschaft oder Ueberzeugung und deren Begründung fordern können, wie auch beim Schiedseide die Eideserklärung des Gegners verlangt werden kann, und nur in unvollkommenerer Form und mit unsichererem Resultate verlangt und gegeben wird. Das Selbstanerbieten genügt nicht, um ein Beweisresultat zu erzielen.

Der Einwand, daß es gegen die Partei ungerecht wäre, wenn sie ihr Zeugniß nicht ablehnen dürfe, obgleich ein Zeuge in Fällen, worin er oder seine Angehörigen unmittelbaren Schaden zu fürchten haben, sein Zeugniß ablehnen könnte, verkennt den Unterschied zwischen der Parteistellung und der Bürgerpflicht des Zeugen hinsichtlich Dritter. Der Einwand würde auch ebenso den Schiedseid treffen, durch welchen die Partei ebenfalls eidliches Zeugniß in eigener Sache ablegt. — Die Beweislast ist dabei nicht zu ändern. Wer zu beweisen hat, und nicht durch die beiderseitigen Parteierklärungen und Indicien dem Gerichte die Ueberzeugung vom Beweisthema beibringen kann, gegen den muß seine Behauptung als unbewiesen unberücksichtigt bleiben. Mehrfach ist eingewendet, die Eidesdelation mit der Befugniß des Delaten zur Annahme oder Zurückschiebung des Eides sei in Fällen, in welchen für die Ueberzeugung des Gerichts nichts erbracht sei, nicht zu entbehren, als ein Mittel, auch ohne richterliche Ueberzeugung festzustellen, ob eine Thatsache als richtig der Entscheidung zu Grunde zu legen sei. Indeß die hierfür nöthige Vorfrage, ob der Beweispflichtige ein Recht zu einem solchen Feststellungsmittel hat, muß unbedingt verneint werden. Als Grund wird dafür angeführt, der Delat müsse auf Verlangen des Deferenten seine bona fides beeidigen, um festzustellen, daß er mit Grund und mit gutem Gewissen und nicht bloß zur Gefährde des Gegners und weil er wisse, daß dieser keine Beweismittel habe, die behauptete Thatsache bestritten habe. Dies ist namentlich die Stellung des Dr. Trutter zu München, „Processuale Rechtsgeschäfte“ S. 324, 334; „Schiedseid oder Parteienvernehmung“; und „bona fides im Civilprocesse“; theilweise auch der Standpunkt des Prof. v. Canstein. Aber ein solcher Eid wäre ein wahres juramentum calumniae und wäre vernünftiger Weise doch nur gerechtfertigt, wenn der Beweispflichtige wenigstens etwas dafür beigebracht hätte, daß ein derartiges sachwidriges grundloses Bestreiten vorliegt, und in diesem Falle würde das Gericht sachgemäß von der einen oder anderen Partei einen Eid zu erfordern haben. Wer weder durch die Vernehmung seines Gegners noch durch seine eigenen Erklärungen oder durch andere Beweismittel aus der Sachlage irgend wie glaubhaft machen kann, daß seine Behauptung richtig ist, hat kein Recht, zu fordern, daß der Gegner entweder beschwören soll, er sei nicht davon überzeugt oder wisse nichts davon, oder daß er durch Zurückschiebung des Eides lediglich von der subjectiven Gewissenhaftigkeit des Deferenten die Feststellung der Thatsache abhängig machen lassen soll. Andererseits hat der Delat, wenn es sich darum handelt, ob eine oder die andere Partei vereidigt werden soll, sachgemäß kein Recht, seinen Eid mit dem Erfolge abzulehnen, daß das Gegentheil nur dann als festgestellt dem Urtheile zu Grunde gelegt werden darf, wenn der Gegner dasselbe bezw. seine Ueberzeugung davon beeidigt. Er muß sachgemäß die Gründe seiner Ablehnung des Eides und seines etwaigen Verlangens, daß von seinem Gegner ein Eid erfordert wird, der Beurtheilung des Gerichts überlassen. Ein Mittel, welches, ohne auf objective Ueberzeugung zu wirken, bestrittene Thatsachen als Grundlage zur Entscheidung feststellen soll, hat keinen inneren Werth. — Ich stimme den Vorschlägen des Dr. Kleinfeller auch darin bei, daß der Beweispflichtige den Antrag auf Parteienvernehmung als Beweismittel auch ohne vorgängige Beweisführung durch andere Beweismittel zu stellen befugt sein muß, so wie auch jetzt die Eideszuschiebung als principales Beweismittel benutzt werden darf. Vorbehalten muß dabei bleiben, daß der Gegner berechtigt bleibt, statt seiner Vernehmung das Gegentheil durch andere Beweismittel zu beweisen.

Das Verfahren ist sachgemäß dahin zu ordnen, wie Dr. Kleinfeller vorschlägt, daß der Antrag auf Vernehmung des Gegners gesetzlich selbstverständlich die Erklärung enthält, daß auch der Antragsteller selbst über seine Wissenschaft vernommen wird, daß in der Regel beide Parteien und zwar vor der Entschließung über eine Vereidung vernommen werden, und nur eine der Parteien zum Eide über dasselbe Thema zu verstatten ist.

Zwangsmaßregeln zur Erwirkung der Zeugnißablegung sind abweichend von der Erzwingung der Bürgerpflicht gegen dritte Zeugen, zur Vermeidung eines inquisitorischen Systems nicht anzuregen und auch nicht nöthig. Die Beurtheilung der Gründe und Folgen einer Weigerung des Eides oder einer Erklärung im Ganzen oder Einzelnen muß ebenso wie die Beurtheilung des Ausgesagten der richterlichen freien Würdigung überlassen bleiben.

Ich muß daher im Princip den Antrag stellen:

I. Es empfiehlt sich, die Eideszuschiebung im Civilprocesse durch Vernehmung der Parteien als Zeugen zu ersetzen.

Vielfach ist einem solchen allgemeinen Satze vorgeworfen, daß das Verfahren bei einem System der Vernehmung der Parteien als Zeugen sehr verschieden sein könne und daß man seine Zustimmung nur je nach den Einzelheiten des vorzuschlagenden Systems erklären könne. Meines Erachtens ist das System auch bei Abweichung des Verfahrens in Einzelheiten vorzuziehen; und ich würde es genügend finden, wenn der Juristentag seiner Gewohnheit folgend, auch nur jenen allgemeinen Grundsatz aussprechen wollte. Ich habe indeß auch kein Bedenken, für das System näher eingehend vorzuschlagen den Zusatz:

II. und zwar derartig, daß ohne Aenderung der Verhandlungsmaxime und der Beweislast statt der Eideszuschiebung der Antrag auf Vernehmung der Parteien gestellt werden kann, und ohne Anwendung von Zwangsmaßregeln gegen die Parteien die Vereidigung einer der Parteien, die Würdigung der beeidigten oder unbeeidigten Aussagen, sowie die Würdigung einer Ablehnung der Vernehmung oder des Eides der richterlichen Beweiswürdigung zu überlassen ist.

III. Die Vereidigung einer Partei ist durch Beweisbeschluß (nicht durch bedingtes Urtheil) zu bestimmen.

(Beifall.)

Correferent Geh. Ober-Justizrath **Hamm** (Cöln): M. H.! Ich hatte meinen Antrag, der dahin ging:

„Die Abnahme des zugeschobenen, des zurückgeschobenen und des richterlichen Eides wird stets durch Gerichtsbeschluß angeordnet und erfolgt durch Vernehmung der betreffenden Partei als Zeuge“

gestellt, ehe ich den Antrag des Herrn Referenten gelesen hatte, und so stimmt er zu diesem nicht ganz. Ich glaube, es wäre besser, wenn ich meinen Antrag so formulirte:

Nr. 1 wörtlich wie Herr Geheimrath v. Wilmowski.

Zu Nr. 2 würde ich sagen:

„und zwar derartig, daß ohne Aenderung der Verhandlungsmaximen und der Beweislast, wie der formalen Beweiskraft des Eides die Abnahme des Eides durch Vernehmung der betreffenden Partei geschieht.“

Ich wünsche damit auszudrücken,

1. daß ich wie die Regelung der Beweislast, so auch die formale Beweiskraft des Eides nicht geändert haben will, und

2. daß ich nicht nur auf Antrag der Parteien, sondern jedesmal die Abnahme des Eides durch Vernehmung geschehen lassen will.

Nr. 3 der Anträge des Herrn Referenten würde ich annehmen, aber als

Nr. 4 hinzufügen:

„Das Gleiche gilt auch vom richterlichen Eide."

Denn auch da würde ich wünschen, daß die Abnahme des Eides durch Vernehmung der Parteien als Zeugen geschieht.

Mein Antrag geht also dahin, die Aenderung als eine rein formale vorzunehmen, nicht als eine Aenderung, die in das materielle Beweisrecht eingreift, nicht zu ändern die Theorie der Beweislast, der Beweispflicht des einen Theils, nicht zu ändern die formale Beweiskraft des zugeschobenen oder zurückgeschobenen Eides, sondern lediglich als ein dringendes Bedürfniß der Praxis formell zu sagen: Da, wo bis jetzt der Eid zugeschoben und formulirt abgenommen wird, kann die Zuschiebung mit derselben Formel erfolgen, wie jetzt, aber die Abnahme erfolgt, indem der Richter über diese Formel die Partei vernimmt, und ebenso bei der Relation. Dagegen bleibt bei der Beurtheilung dieses Eides der Richter nach meinem Vorschlage gebunden an die Theorie der Beweispflicht, wie an die formale Beweiskraft des Eides.

Wenn ich mich auf diesen Standpunkt stelle, muß ich mich zur Begründung meines Antrages nach zwei Seiten vertheidigen. Erstens nach der Seite hin, die völlig freie Beweiswürdigung will, gar keine Eideszuschiebung mehr kennt, auch keine Vertheilung der Beweislast, sondern einfach sagt: Der Civilrichter wie der Strafrichter ist da, um die materielle Wahrheit zu suchen. Er hat daher die Mittel zur Erforschung derselben zu nehmen, wo er kann; er muß dabei berechtigt sein, die eine und die andere Partei zu hören und darf dann nach seinem Ermessen sagen: „Das ist meine Meinung: du bist glaubwürdig, und du nicht." — ganz so, wie der Strafrichter mit den Beweismitteln schaltet und waltet — er nimmt, wie dieser, die Beweismittel, wo er sie findet. Das ist das, was Kleinfeller will. Etwas eingeschränkter sagt Herr v. Wilmowski: „Ich will die Vertheilung der Beweislast beibehalten, aber statt der formalen Beweiskraft des Eides gebe ich freie Beweiswürdigung." Eigentlich läßt er dabei zum Theil auch die Beweislastvertheilung fallen, denn er geht so weit, daß er von dem Ermessen des Richters abhängen läßt, welche Partei den Eid schwören soll. Dagegen muß ich mich also zunächst wenden, und dann an zweiter Stelle die Gründe anführen, welche mir die rein formelle Aenderung dringend wünschenswerth machen, daß wir nicht mehr formulirte Eide abnehmen, sondern die Eidesabnahme durch Vernehmung der Parteien als Zeugen bewirken.

Was das Erste betrifft, so stehe ich auf dem Standpunkte, daß der Civilproceß eine Vertheilung der Beweislast nicht entbehren kann. Die radicale Theorie von der freien Beweiswürdigung im Civilprocesse lehnt immer an den Strafproceß an: ich muß im Civilproceß ebenso wie im Strafproceß materielle Wahrheit haben, ich hole sie mir also im Civilprocesse auf dieselbe Weise. Meiner Ansicht nach ist diese Analogie ganz verfehlt. Im Strafprocesse handelt es sich um ein öffentliches Interesse, im Civilprocesse um ein Privatinteresse der Partei; im Strafprocesse ist die Oeffentlichkeit in jedem einzelnen Falle interessirt und nicht bloß dahin, daß der Schuldige bestraft wird, sondern vor Allem auch dahin, daß der Unschuldige nicht bestraft wird. Im Civilprocesse ist der Staat zwar auch interessirt, daß im Allgemeinen recht entschieden wird, aber an dem einzelnen Civilprocesse hat er kein Interesse. Wenn der Staat nur die allgemeinen Maßregeln so trifft, daß im Civilprocesse der Richter im Allgemeinen möglichst in die Lage gesetzt ist, das Richtige zu treffen, so ist genug geschehen; der Staat ist nicht interessirt, daß der einzelne Fall richtig entschieden wird. Der zweite Unterschied ist der, daß der Strafrichter nur zu untersuchen hat, ob die Schuld bewiesen ist; ist sie nicht bewiesen, so sagt er: non liquet und muß freisprechen. Der Civilrichter kann kein non liquet geben; er muß Einem Recht geben; er kann nicht, wie der Strafrichter, sagen: ich weiß nicht, wer Recht hat, Einer muß Recht haben, also muß es im Civilproceß ein Mittel geben, um für den Fall, wo kein Beweis zu Gebote steht, zu bestimmen, wer den Proceß gewinnen soll. Im Strafprocesse ist dann einfach freizusprechen. Der Grundsatz für die Regelung der Beweislast im Civilprocesse ist in der Form dasselbe wie im Strafprocesse: actore non probante reus absolvitur, nur daß der Satz im Civilproceß eine andere Bedeutung hat. Nicht der Kläger hat zu beweisen, auch selbst nicht immer derjenige, der den Anspruch erhebt, sondern der, der nach der Natur des Rechtsverhältnisses den Beweis zu erbringen hat. Bei der negatoria hat nicht der Eigenthümer zu beweisen, daß auf seinem Grundstücke keine Servitut ruht, sondern der Beklagte muß beweisen, daß seinem Grundstücke eine solche an dem Grundstücke des Klägers zusteht. Das richtet sich nach der Natur des Rechtsverhältnisses, und damit hängt dann noch der entscheidende Hauptgrund zusammen, der mich bestimmt, für die Beweisregelung im Civilprocesse zu stimmen und auch für die formelle Beweiskraft des Eides. Das ist der, daß im Civilprocesse die Regelung der Beweislast und die Art der Erhebung des Beweises dazu dienen müssen, um im Voraus der

Partei die Sicherheit zu geben, daß sie, wenn sie sich hiernach ihre Beweise im Voraus sichert, einen etwaigen Proceß gewinnen wird. Eine Partei muß, wenn sie einen Vertrag eingehen will, wissen, ob sie zu beweisen hat oder der Gegner, denn darnach richtet es sich, welche Beweismittel sie sich für ihren Anspruch sichert. Wenn ich auf Credit verkaufe und mache keinen schriftlichen Kaufvertrag, so weiß ich, daß ich, wenn es zum Proceß kommt, beweisen muß, einmal, daß der Verkauf zu Stande gekommen ist, und dann, daß ich die Waare geliefert habe. Lasse ich mir darüber kein Anerkenntniß geben oder ziehe keinen Zeugen zu, so ist es meine Schuld, und darnach richtet sich im Processe die Beweislast. Wenn der Käufer zahlt und läßt sich keine Quittung geben, so ist es seine Schuld, daß er sich keinen Beweis für seine Zahlung verschafft hat und er wird daher im Proceß bei Regelung der Beweislast zu beweisen haben, daß er bezahlt hat. Wenn er keine Quittung hat, hat er im Proceß Zeugen der Zahlung zu bringen oder der Gegenseite den Eid über die Zahlung zuzuschieben. Ich erachte es im Civilprocesse für unbedingt nöthig, daß die Regelung der Beweislast dem Verkehr Sicherheit gewährt; sie soll nicht bloß dazu dienen, daß der Proceß richtig entschieden wird, sondern auch dazu, daß Processe möglichst vermieden werden.

Ich soll im gewöhnlichen Verkehr wissen: Was habe ich zu meiner Sicherheit für den Fall eines Processes zu thun? Bin ich auf das Gewissen und die Gewissenhaftigkeit meines Gegners angewiesen, oder kann ich selbst durch meine Vernehmung mich als Zeugen stellen? Dadurch können wir nur eine Sicherheit des Geschäftsverkehrs bekommen. Auch die Grundsätze über die Schriftlichkeit der Verträge beruhen hierauf; wir rheinischen Juristen sind immer noch der Meinung, daß man, nachdem man uns die Unzulässigkeit des Zeugenbeweises bei hohen Objecten genommen, die Schriftlichkeit als Form für Consensual-Verträge einführen müsse. Das gehört nun allerdings nicht hierher, aber es beruht auf der gleichen Berücksichtigung der Bedürfnisse des Geschäftsverkehrs wie meine Ueberzeugung, daß wir im Civilproceß die Regelung der Beweislast nicht entbehren können. Sie ist das Rückgrat des Verfahrens. Das Verfahren wird vollständig zum Tohuwabohu, wenn der Richter nicht vorher weiß, wer zu beweisen hat. Ueberdies, Sie mögen noch so radical die volle freie Beweiswürdigung in dem Civilproceß anführen, wenn kein voller Beweis da ist, wenn ein non liquet vorliegt, kommt es doch immer wieder zu einer Regelung der Beweislast. Der Richter wird dann immer wieder sagen müssen: Welche von den beiden Parteien hatte sich den Beweis zu sichern? Es ist kein Beweis geliefert, folglich wird diese und nicht die andere abgewiesen. Das ist doch nichts anderes, als eine Regelung der Beweislast. Wenn wir aber an der Regelung einer Beweislast festhalten, müssen wir auch an der formalen Beweiskraft des Eides festhalten.

Der Herr Referent und der eine der Herren Gutachter finden etwas ganz ungemein Befremdliches und Willkürliches in der Definirung des Eides. Meines Erachtens ist es etwas ganz Natürliches. Unnatürlich war nur, was ursprünglich aus dem römischen Formularprocesse stammte, daß der Eid über Rechtsbegriffe zugeschoben wurde; aber jetzt haben wir ihn nur über Thatsachen und nur über facta propria. Der Wahrheitseid über facta propria hat nach meinem Erachten nichts Unnatürliches, und auch die Grundsätze über die Beweiskraft des Parteien-Eides sind nach meiner Ansicht ganz von selbst gegeben.

Was zunächst die Beweiskraft des von dem Delaten ausgeschworenen Eides betrifft, so nennt allerdings die Civilproceßordnung das auch eine Beweiskraft. Es handelt sich aber dabei in der That nicht um eine Beweiskraft des Eides, sondern um die nothwendige Folge der Beweispflicht des Gegners. Wenn nach der Natur des Rechtsverhältnisses mir die Beweislast obliegt, wenn ich z. B. als Verkäufer den creditirten Kaufpreis einklage und der Richter mir sagt: „Bei dem Bestreiten des Beklagten mußt Du beweisen, daß der Verkauf zu Stande gekommen ist und daß Du die Waare geliefert hast“ — dann folgt daraus, daß ich, wenn ich keinen Beweis beibringe, mit meiner Klage abgewiesen werde. Das ist die Folge der mir obliegenden Beweislast. Das Gesetz thut ein Uebriges, wenn es sagt: Du hast Dir keine Schrift, kein Anerkenntniß über Ablieferung der Waare geben lassen, Du hast keine Zeugen; da es sich um ein factum proprium der anderen Seite handelt, der Du Dein Vertrauen geschenkt hast und von der Du Dir aus diesem Grunde kein Anerkenntniß hast geben lassen, so kannst Du nun von dem Anderen, dem Du das Vertrauen geschenkt hast, verlangen, daß er sich eidlich erklärt. Es ist dies das Natürlichste von der Welt, daß, wenn ich einen Vertrag abgeschlossen und dem Anderen Vertrauen geschenkt habe, ich zu demselben sagen darf: „Du bestreitest es, ich bin beweislos, dann beschwöre Du wenigstens Dein Bestreiten.“ Wenn der Delat dann den Eid über die Behauptung des Deferenten negativ schwört, wird der Kläger oder der, der den Anspruch erhoben hat, nicht deshalb abgewiesen, weil der Delat negativ geschworen hat und dessen Eid formellen Beweis liefert, sondern deswegen, weil der Deferent keinen Beweis erbracht hat und weil das letzte Mittel, durch welches er den Beweis bringen wollte, die Delation des Eides, fehlgeschlagen ist, indem der Delat den Eid negativ ausgeschworen hat. Wenn wir genauer zusehen, ist also hierbei von formaler Beweiskraft des Eides nicht die Rede, sondern bloß davon, daß der Kläger, wenn er nicht beweist, abgewiesen wird, oder vielmehr, daß derjenige, der den Anspruch erhoben hat und beweisen muß, abgewiesen wird, wenn er keinen Beweis hat, und es ist ein Uebriges, daß man ihm noch gestattet, der Gegenseite den Eid zuzuschieben. Wenn der Eid dann negativ geschworen wird, fehlt eben der Beweis.

Dagegen liegt allerdings beim referirten Eide eine formale Beweiskraft des Eides vor. Wenn der Delat den Eid nicht schwören kann, denselben referirt und der Deferent schwört dann den ihm referirten Eid, so macht der Eid formelle Beweiskraft und der Delat gewinnt den Proceß.

Das einzige Eigenthümliche besteht hiernach bei der Eideszuschiebung nur darin, daß einmal der Beweispflichtige, wenn er keinen anderen Beweis hat, verlangen kann, daß sein Gegner sich über die facta propria, die der Beweispflichtige behauptet, eidlich erklärt, und dann darin, daß, wenn dieser sich nicht erklärt, der Beweispflichtige durch seinen Eid die Thatsache erhärten kann. Diese Beweiskraft des referirten Parteieneides hatte etwas Bedenkliches, so lange der Parteieneid über Rechtsbegriffe, wie etwa über den Abschluß von Verträgen geschworen wurde. Nachdem der Parteieneid aber nur mehr über facta propria zugelassen ist, scheint mir diese Beweiskraft völlig sachgemäß. Ich halte es im öffentlichen Verkehr für durchaus nicht unbillig, daß ich, wenn es sich z. B. um angebliche Erklärungen von mir handelt, in denen der Abschluß eines Vertrages gefunden werden soll, jeden Augenblick wissen muß, ob ich solche Erklärungen abgegeben habe oder nicht. Falls es sich um große, nicht von einem Einzelnen übersehbare Verhältnisse handelt, muß ich eben Einrichtungen treffen, woraus ich jederzeit eine sichere Information über die Richtigkeit der behaupteten Thatsachen schöpfen kann; es müssen Bücher geführt werden oder zuverlässige Leute angestellt sein, auf deren Angaben ich mich verlassen kann. Man darf im geschäftlichen Verkehr verlangen, daß, so lange Geschäfte auf Treu und Glauben abgeschlossen werden, der aus einem solchen Geschäft in Anspruch Genommene weiß, ob er das Geschäft abgeschlossen hat oder nicht. In großen Verhältnissen müssen Einrichtungen getroffen sein, die dies dem Betreffenden ermöglichen. Sonst ist kein Abschluß von Geschäften auf Treu und Vertrauen mehr möglich. Diese Argumentation paßt allerdings nur bei Verträgen und Rechtsgeschäften, sie paßt nicht, wenn wir an Ansprüche aus Delicten denken. Es liegt aber auch in der Natur der Sache, daß ich, wenn ich aus einer Unredlichkeit der Gegenseite klage, die Unredlichkeit beweisen muß, oder wenn ich aus einer Körperverletzung klage, die mir die Gegenseite zugefügt haben soll, daß ich die Verletzung beweisen muß. Und aus dem einfachen Grunde, daß ich sonst das Delict in den meisten Fällen nicht nachweisen könnte, und daß Jeder wissen muß, ob er ein Delict begangen hat, kann ich mit Recht verlangen, daß der Beklagte darüber, ob er das Delict oder Quasidelikt begangen hat, sich eidlich auslasse. Weigert er sich dessen, so kann der Kläger als Relat die Schuld der Gegenseite durch seinen Eid beweisen. Auch das folgt aus der Natur der Sache, aus dem Grundsatze, daß der Kläger regelmäßig in der Unmöglichkeit sein wird, sich über das Delict einen Beweis zu verschaffen, und aus dem öffentlichen Interesse, daß Jeder gegen Delicte geschützt wird. Man kommt also zu keinem anderen Resultate, als zu dem, daß die Regulirung der Beweispflicht absolut nöthig für den Civilproceß ist, daß, wie diese aber auch die formelle Beweiskraft des deferirten Eides in dem Sinne, wie ich entwickelt habe, beizubehalten ist und ebenso der Eideszwang dahin, daß Jeder über facta propria schwören muß, und daß er sich gefallen lassen muß, wenn er darüber nicht schwören will, daß die Gegenseite die von ihr behaupteten Thatsachen durch ihren Eid als referirten Eid feststellt. Beides entspricht der Natur der Sache und einem Bedürfniß des Verkehrs. Es mag unter dieser formellen Beweiskraft des Parteieneides die Ermittelung der materiellen Wahrheit im einzelnen Falle einmal leiden, aber auf der anderen Seite erhält der Verkehr dadurch eine große Sicherheit; es wird Jedem dadurch möglich gemacht, im Voraus zu beurtheilen, ob er sich schriftlichen Beweis oder Zeugen verschaffen muß. Ich weiß dann im Voraus, ich bin gesichert, ich muß eventuell in dem Proceß gewinnen, oder, wenn ich mich auf Treu und Glauben verlasse, so weiß ich eben auch im Voraus, daß ich von der Gewissenhaftigkeit der anderen Partei abhängig bin und daß ich, wenn ich mein Vertrauen falsch geschenkt habe, im Proceß unterliegen muß. Wollen Sie dagegen in der radicalen Weise des Herrn Dr. Kleinfeller oder in der eingeschränkteren des Herrn v. Wilmowski mit der Regelung der Beweislast und der formalen Beweiskraft des Eides brechen, wollen Sie entscheiden lassen, welche von den beiden Parteien, die der Richter beide hört, deren Eide sich schroff gegen einander stellen müssen, am glaubwürdigsten ist, dann hört es mit der Sicherheit des Verkehrs auf. Ich bin nicht mehr in der Lage, mich im Voraus zu sichern, denn es hängt dann ganz davon ab, ob die eine odere andere Partei dem Richter glaubwürdiger erscheint. Daß paßt nicht zu dem Ziele, das meines Erachtens das Civilproceßverfahren als leitend im Auge behalten muß: den Civilproceß so zu gestalten, nicht bloß, daß richtig entschieden wird, sondern daß die Processe möglichst vermieden werden.

Wenn die Processe vermieden werden sollen, muß Sicherheit darüber bestehen, von wem und wie der Beweis zu führen ist. Aus diesen Gründen bin ich mit aller Entschiedenheit gegen eine Aenderung der materiellen Grundsätze über den Eid.

Was aber dann an zweiter Stelle die formale Frage betrifft, so halte ich es für dringend nöthig, daß wir mit dem unglücklichen formulirten Eide brechen und den Eid in der Form abnehmen, daß die Partei als Zeuge vernommen wird. In dieser Beziehung hat namentlich Herr Freiherr v. Cannstein ein sehr reiches Material und viele Gründe beigebracht, die meines Erachtens sehr überzeugend sind, über die Schwierigkeiten und Unrichtigkeiten, die durch die jetzige Art der Eidesabnahme entgegenstehen.

Was von ihm zunächst und unzweifelhaft mit Recht hervorgehoben wird, ist Folgendes. Wir haben zwar in die Civilproceßordnung aufgenommen, daß der Eid nur über Thatsachen zugeschoben werden kann; das ist aber in der Praxis nicht immer durchzuführen; jeden Tag werden Eide über den Abschluß von Verträgen zugeschoben. Das Reichsgericht hat selbst für zulässig erklärt, daß ein Eid zugeschoben werden kann darüber, ob ein Darlehn oder ein Verkauf abgeschlossen worden ist. Dann beschwört offenbar die Partei nicht bloß eine Thatsache, sondern sie beschwört auch die Subsumtion der Thatsache unter den Rechtsbegriff, wird also Richter in eigener Sache. Wenn wir den Abschluß eines Immobilienkaufvertrages annehmen in einer großen Stadt, wo die Mäkler die kleinen Leute überlaufen, um Häuser zu kaufen und zu verkaufen, so kann es bei derartigen Verhandlungen oft sehr zweifelhaft sein, ob die Einigung, der Zuschlag wirklich erfolgt ist, oder ob in dem Hin und Her der Rede die betreffende Partei eine Vertragsbedingung, etwa ein Rückkaufsrecht, das der Verkäufer verlangte, angenommen hat. Ist dann der Partei nach der jetzigen Einrichtung gestattet, einfach den Eid zu schwören: ich schwöre, daß der Verkauf zu Stande gekommen ist oder nicht, so ist die Gegenseite nicht bloß von der Gewissenhaftigkeit der anderen Partei abhängig, sondern auch von deren Rechtsverständniß, davon, wie intelligent sie ist und wie viel sie vom Rechte versteht. Jeder Rechtsanwalt macht alle Tage die Erfahrung, daß, wenn auf den formulirten Eid erkannt ist, die gewissenhafte Partei zu ihm kommt und fragt: kann ich den Eid schwören? Und der Rechtsanwalt läßt sich die Sache im Einzelnen auseinandersetzen und sagt dann: „Ja, nach den einzelnen Thatsachen, die Sie mir gegeben, können Sie den Eid schwören.“ Wie viel natürlicher ist es, daß die Partei das dem Richter sagt, daß der Richter sie fragt: wie ist es hergegangen? — und dann seine Schlüsse daraus zieht. Es ist doch der

Richter, der die Thatsachen subsumiren muß; der Richter muß sagen: wenn das gemäß dem Eide der Partei so geschehen ist, finde ich darin, daß der Vertrag zu Stande gekommen oder nicht zu Stande gekommen ist. Das Andere ist ganz künstlich und führt zu Verclausulirungen der Eide und zur Verschanzung hinter diesen Clauseln. Um das zu hindern, um der Partei zu ermöglichen, sich hinter falschen Subsumtionen zu verschanzen, hat natürlich der den Eid Zuschiebende das Interesse, den Eid möglichst specialisirt auf Thatsachen zu stellen. Sobald er das thut, kommt er in die andere Gefahr, daß er in der einen oder anderen Thatsache irrt und damit der anderen Partei eine Hinterthür öffnet, so daß sie das Specielle mit gutem Gewissen verneinen kann, während sie die erheblichen Thatsachen nicht verneinen könnte, sondern zugeben müßte. Der den Eid Zuschiebende braucht sich dann nur in einem Punkte zu irren, so kann der Andere das ganz gut beschwören, ohne wegen Meineids verfolgt werden zu können, und doch hatte der Deferent Recht. Oft kennt auch der Deferent die Details gar nicht, wenn es sich um facta propria der anderen Partei handelt.

Hiernach läßt sich nicht verkennen, daß die Art, wie jetzt die Parteieneide abgenommen werden, wenig geeignet ist, materielle Wahrheit zu schaffen; wir bekommen ein viel zuverlässigeres Beweismittel, um die materielle Wahrheit zu finden, wenn es möglich gemacht wird, die Parteien im Einzelnen zu hören, unter Vorhaltung von der Gegenseite. Bei der eidlichen Vernehmung von Zeugen ist es dem Richter zur Pflicht gemacht, Fragen zu stellen und die Sache aufzuklären. Bei Abnahme des Parteieneides kann er das nicht. Der Richter hat allerdings das Recht, der Partei, bevor ihr der Eid abgenommen wird, Vorhalte zu machen; aber die Partei, die den Eid leisten soll, ist nicht einmal verpflichtet, diese Fragen zu beantworten, und wenn sie sie beantwortet, beantwortet sie sie außereidlich, steht nicht unter der Garantie einer Bestrafung wegen Meineides. Die Partei sagt einfach: ich schwöre es, und der Richter muß ihr den Eid abnehmen. In Goltdammers Archiv, 40. Bd., befindet sich eine interessante Zusammenstellung des Landgerichtsraths Rötering von Fällen, bei welchen in Folge zu specialisirter Fassung der Eidesformel die schwörende Partei in der Lage war, die Specialisirung zu verneinen, und in welchen die Verfolgung wegen Meineids unmöglich war, obschon sich hinterher herausgestellt hatte, daß die andere Partei völlig im Rechte war. Oder die Partei, welche den Eid zu leisten hatte, war in der Lage gewesen, sich hinter einer falschen Subsumirung zu verstecken, ohne straffällig zu sein. In allen diesen Fällen hatte der Eid seine Bedeutung als Mittel zur Ermittelung der materiellen Wahrheit völlig verloren. Ich bin der Meinung, wenn Sie diese mäßige Aenderung in der Form machen, daß das von großem Vortheile sein wird; Sie werden dadurch die Bedeutung des Eides als Mittel zur Feststellung der materiellen Wahrheit erhöhen, den Gewissensdruck des Mannes, der jetzt eine Subsumtion von Thatsachen unter einen Rechtsbegriff auf sein Gewissen nehmen muß, der vor der Frage steht, ob er die verclausulirte Formel schwören kann, — beseitigen, endlich die Möglichkeit der Verfolgung wegen Meineids erhöhen, damit die Bedenken der Parteien, einen Meineid zu schwören, vermehren und also den Meineid möglichst verhindern. Es ist doch unzweifelhaft, daß gerade in den Parteieneiden alle Tage sehr viel Meineide geschworen werden, und daß das vielfach herkommt aus einer unglücklichen Formulirung des Eides, die zum Theil ohne Zuthun der Parteien aufgestellt wird von rechtsgelehrten Leuten, und die sie dann, wenn sie vor den Richter kommen, nolens volens schwören müssen, wollen sie nicht ihren Proceß verlieren. Das Schlimmste dabei ist noch, daß nach der Civilproceßordnung auf den Eid regelmäßig durch ein bedingtes Urtheil erkannt werden soll. Ich habe in mehreren Fällen von anständigen Parteien gehört, in welch' unglückliche Lage sie dadurch gerathen sind; sie gingen zu ihrem Anwalte, erzählten ihm den ganzen Hergang und sagten ihm: „Ich habe ja Recht, aber die Formel paßt in einer Einzelheit nicht; ich kann nur so und so schwören." Da der Eid in wesentlichen Punkten nicht geändert werden kann, so mußte die Partei nun den Proceß verlieren, während sie, wenn der Eid richtig formulirt gewesen wäre, ihn hätte gewinnen müssen. Jetzt hätte die Partei einen Meineid schwören müssen, wenn sie den Proceß gewinnen wollte. Dadurch, daß die Formel nicht mehr geändert werden kann, bringt man die Partei in eine unerträgliche Zwangslage. Daß das bei der Vernehmung der Partei als Zeuge nicht mehr vorkommen kann, ist auch ein großer Vortheil derselben.

Der Herr Referent ist in dieser Beziehung der Ansicht, daß die Vernehmung einer Partei, da von bedingten Urtheilen keine Rede mehr sein kann, stets durch Beweisbeschluß zu bestimmen sei. Es wird das das Zweckmäßigste sein.

Im Einzelnen denke ich mir das Verfahren bei der Vernehmung der Partei als Zeuge folgendermaßen. Es wird ganz wie bisher die Beweislast vom Richter vertheilt, wenigstens in seiner Prüfung der Sache, ehe er die Eidesabnahme anordnet; der Eid wird in der Form aufgelegt, wie bisher, und dann wird die Partei, ganz wie jeder Zeuge über die in der Eidesformel enthaltenen Thatsachen vernommen, und nach der Vernehmung sagt der Richter, was er in der eidlichen Aussage der Partei enthalten findet, insbesondere auch, ob er darin die Erklärung der Wahrheit der Thatsachen enthalten findet oder vielleicht bloß die Erklärung der Ueberzeugung von der Wahrheit. Im letzteren Falle prüft er weiter, ob die Partei verpflichtet war, in diesem Falle die Wahrheit zu beschwören oder nach den Ausnahmen der Civilproceßordnung nur ihre Ueberzeugung von der Wahrheit und entscheidet auf Grund dessen: durch das, was du als Zeuge gesagt hast, finde ich den deferirten Eid ausgeschworen oder finde ihn nicht geschworen. Dann hat er die gleichen materiellen Grundsätze über die Beweiskraft des Parteieneides anzuwenden wie früher. Ebenso geschieht auch die Abnahme des referirten Eides. Wir brauchen auf diese Weise die materiellen Grundsätze nirgend zu ändern, haben aber durch die bloße Aenderung der Form der Eidesabnahme eine viel größere Sicherheit dafür erzielt, daß die eidliche Erklärung der Partei die materielle Wahrheit erbringt.

Ich möchte also meinen gedruckt vorliegenden Antrag zurückziehen und bitte Sie, folgende Anträge anzunehmen:

1. Es empfiehlt sich, die Eideszuschiebung im Civilprocesse durch Vernehmung der Parteien als Zeugen zu ersetzen,
   — nach der Fassung des Herrn Referenten —,
2. und zwar derartig, daß ohne Aenderung der Verhandlungsmaximen und der Beweislast wie der formalen Beweiskraft des Eides die Abnahme des Eides durch Vernehmung der betreffenden Partei geschieht.
3. Die Vereidigung einer Partei ist durch Beweisbeschluß (nicht durch bedingtes Urtheil) zu bestimmen
   — in der Fassung des Herrn Referenten —.
4. Das Gleiche gilt von dem richterlichen Eide.

Auf die letzte Nummer muß ich noch mit einem Worte eingehen. Dasselbe, was gegen die Abnahme des zu- und zurückgeschobenen Eides in der Form eines formulirten Eides spricht, spricht auch gegen die Abnahme des an Stelle des suppletorium getretenen richterlichen Eides; auch da wünsche ich, daß derselbe abgenommen wird durch Vernehmung der Partei als Zeugen. — Die anderen Nummern passen nicht überall für den richterlichen Eid. Die Nr. 4 will nur sagen: der richterliche Eid soll abgenommen werden durch Vernehmung der betreffenden Partei als Zeugen.

(Bravo!)

Rechtsanwalt Dr. **Klöppel** (Leipzig): M. H.! Gestatten Sie, daß ich mich kurz, aber nachdrücklich für die Anträge des Herrn Referenten und gegen den modificirten Antrag des Herrn Correferenten ausspreche.

Was mich von dem Herrn Correferenten trennt, ist wesentlich die Aufrechterhaltung der formalen Kraft des Parteieides. Ich befinde mich ihm gegenüber in der eigenthümlichen Lage, daß ich alles das, was er von der Nothwendigkeit der formalen Vertheilung der Beweislast im Civilprocesse sagt, vollkommen anerkenne, aber durchaus nicht finden kann, daß durch die Anträge des Herrn Referenten in die Frage der Beweislast irgendwie eingegriffen wird. Vielmehr ist, so viel ich sehe, die formale Kraft des Eides etwas ganz Anderes als eine Frage der Beweislast. Ich kann ja dem Herrn Correferenten vollständig zugeben: wenn Jemand kein anderes Beweismittel hat, schiebt er den Eid zu und wird der geschworen, so verliert er den Proceß nicht wegen der formalen Kraft des Eides, sondern weil er keinen anderen Beweis hat.

Aber ich habe mich gewundert, daß der Herr Correferent nicht auf den Fall gekommen ist, wo die formale Kraft des Eides erst zu Tage tritt, nämlich, wenn die Partei wirklich andere Beweismittel hat. Ich will sagen, sie hat sie in der ersten Instanz nicht vorgebracht und nun wird ihr in der zweiten Instanz gesagt: ja, gegen den ausgeschworenen Eid des Gegners kannst du kein Beweismittel mehr bringen, während du gegen das Zeugniß eines Unbetheiligten Beweis bringen kannst.

Was diese formale Beweiskraft des Eides anlangt, so muß ich sagen, ich kenne kaum irgend einen Rechtsstoff, bei dem das Wort so zutreffend wäre: Es erben sich Gesetz und Rechte wie eine ew'ge Krankheit fort. Ich will auf die Bedeutung des Eides im deutschen Rechte nicht eingehen, das würde mehr oder weniger auf unfruchtbare Gelehrsamkeit hinauslaufen. Unser Eid hat sich entwickelt aus dem römischen Eide. Der römische Eid geht nicht auf die Thatsache, sondern auf das Recht, er ist, wie man mit vollem Grunde sagt, eine Art des Vergleichs, eine Art römischer Wette: ich will einmal wetten, ob du diesen Eidessatz beschwören kannst oder nicht. Wenn ich mich auf diesen Boden stelle, finde ich nicht das geringste Bedenken dabei, daß die Parteien über einen Rechtsbegriff schwören, denn so weit es sich um die Verfügung über ihre Rechte handelt, kann ich der Partei das ruhig überlassen, ob sie darüber schwören will oder nicht. Dieser Boden des römischen Eides ist nun in unserer Proceßordnung, wie ich sie nach ihrem klaren Wortlaut verstehe, grundsätzlich verlassen.

Der Eid soll nur Beweismittel sein, und das ist am schärfsten ausgesprochen darin, daß der Eid nur über Thatsachen zulässig ist. Damit ist meines Erachtens die sogenannte Vergleichsnatur des Eides vollständig aufgegeben. Denn es ist für mich ein Unding, sich über Thatsachen zu vergleichen. Thatsachen sind Gegenstand der Wahrheitserforschung. Darüber, ob Thatsachen wahr sind oder nicht, giebt es keinen Vergleich, während ich über meine Rechte verfügen, sie bedingt aufgeben kann, wenn ich einen Eid zuschiebe. Dagegen, wie man sich über Thatsachen vergleichen soll, ist unfaßlich, und wenn die Proceßordnung von dem Satze ausgeht: es ist eine Eideszuschiebung nur über Thatsachen möglich, so hat sie sich auf den Boden gestellt, daß der Eid ausschließlich Beweismittel ist. Und dann halte ich es für gänzlich unangebracht, die Bestimmungen der Proceßordnung noch danach auszulegen, daß diese oder jene auf die Vergleichsnatur des Eides zurückgeht, denn die Proceßordnung kennt in ihrem Wortlaute keine Vergleichsnatur des Eides. Sie ist unvereinbar mit der Natur des Eides als Beweismittel. Gleichwohl wird die Proceßordnung dahin ausgelegt, daß gegen den ausgeschworenen Eid ein Gegenbeweis schlechthin ausgeschlossen ist, aber ich warte immer noch auf einen Schatten von Grund für diese ganz ungeheuerliche Folgerung; ich warte auf einen Schatten von Grund dafür, warum der Eid eines Betheiligten heiliger sein soll, als der Eid des unbetheiligten und glaubwürdigsten Zeugen, gegen den ich, wenn sonst die Proceßlage es gestattet, in der höheren Instanz den Gegenbeweis erbringen kann. Warum soll ich gegen den Eid meines Gegners nicht Gegenbeweis erbringen? Hier liegt der springende Punkt der formalen Beweiskraft des Eides, und hier muß aufgeräumt werden; das ist eine Fessel, die wir nachschleppen, von einer ganz anderen Vorstellung über die Bedeutung des Eides, die wir in der That gänzlich aufgegeben haben.

In dieser Voraussetzung bin ich zunächst mit dem Herrn Referenten vollständig einverstanden, daß der Satz 1 vom Juristentage ausgesprochen werde, und würde meinerseits auch gern zufrieden sein, daß wir uns darauf beschränken, da wir doch einmal nicht in der Lage sind, formulirte Gesetzentwürfe zu machen. Gleichwohl aber denjenigen gegenüber, die sagen können: wir müssen ungefähr wissen, wie ihr das denkt, — habe ich auch nichts dagegen, daß der Sinn, in welchem die Nr. 1 gemeint ist, durch Nr. 2 erläutert wird, daß also etwa den mit der Gesetzgebung beauftragten Personen, die auf dem Boden des Beschlusses einen Entwurf ausarbeiten wollen, eine Erläuterung gegeben ist, wie wir diesen allgemeinen Satz verstanden haben. Aber soweit es sich um diese Erläuterung handelt, würde ich es für unfruchtbar halten, daß Jeder seiner persönlichen Ansicht den vollsten Ausdruck zu verschaffen sucht; wir müssen uns mit einem Ausdrucke begnügen, der im Allgemeinen zufriedenstellen kann, mit der Beruhigung, daß wir keine ausgearbeiteten Gesetzentwürfe vorzuschlagen haben. In dieser Beziehung lasse ich auch dahingestellt sein, ob in Nr. 2 ausgesprochen sein soll, daß der Richter von Amtswegen die Partei vernehmen und dann über ihre Beeidung beschließen kann oder nicht, insofern dort gesagt ist, daß auch die Verhandlungsmaxime nicht geändert werden soll. Ich möchte dazu nur bemerken, daß der Richter auch heute in der Lage ist, von Amtswegen die Parteien persönlich zu vernehmen, und nach der freien Beweiswürdigung kann er es — und thut es auch, es sind mir eine Menge Fälle bekannt — er kann also aus den Aeußerungen, wie aus dem Stillschweigen der vernommenen Partei Schlüsse ziehen und darauf seine Beweiswürdigung bauen, wenn er der Partei glaubt, auch ohne sie zu vereiden; endlich kann er, da er in jedem Augenblicke richterlichen Eid auferlegen kann, der so vernommenen Partei auch den Eid über dasjenige aufgeben, was sie ausgesagt hat.

Wenn ich das zusammennehme, weiß ich nicht, warum die Verhandlungsmaxime es hindern sollte, daß der Richter auch von Amtswegen die Vernehmung der Partei als Zeuge vornehmen und die Partei vereiden kann, wenn er das für angezeigt hält.

Ich habe schon bemerkt, ich kann nicht einsehen, wie in dieser Anordnung, die unter Nr. 2 des Antrags des Herrn Referenten angedeutet ist, die Beweislast irgendwie berührt wird. Ich finde auch in dieser Beziehung einen wesentlichen Unterschied zwischen Strafprozeß und Civilproceß nicht. Im Strafprozeß führt das non liquet zur Freisprechung des Angeklagten, im Civilprocesse führt es zur Abweisung der Klage. Wenn der Richter zu dem Ergebnisse kommt, auch die Vernehmung der Partei hat für mich keinen durchschlagenden Erfolg, es stehen sich Aussagen gegenüber, die an sich gleichwerthig, d. h. gleich glaubwürdig sind u. s. w., wird er immer darauf zurückkommen: wer ist denn beweispflichtig? — und er wird sagen: wenn der Beweis nicht erbracht ist, wird die Klage abgewiesen, ebenso wie die Anklage abgewiesen wird, wenn der Angeklagte nicht überführt werden kann.

Gegen den Antrag des Herrn Correferenten möchte ich mich aber aus dem besonderen Grunde noch erklären, weil, wenn ich ihn richtig verstehe, dadurch die Subsidiarität des Eides als Beweismittels aufrecht erhalten würde, damit aber das Beweismaterial, das durch die Parteivernehmung geschafft werden soll, in ganz künstlicher und meines Erachtens völlig unglücklicher Weise losgerissen würde von dem übrigen Beweismaterial; es würde dann immer dahin kommen, daß der Richter erst allen anderen Beweis erheben und sich dann erst schlüssig machen müßte, ob er die Partei noch vernehmen will, während es viel correcter wäre, daß er die Parteivernehmung mit allen übrigen Beweismitteln Hand in Hand gehen läßt und dann seine Schlüsse aus dem Gesammtergebnisse zieht.

Ich meine, das ist auch ein Grund gegen die Fassung des Herrn Correferenten, und bitte also, die Anträge des Herrn Referenten unverändert anzunehmen.

Rechtsanwalt **Rausnitz** (Berlin): M. H.! Mir scheint es, daß, so viele Angriffe auch gegen die Civilproceßordnung vor und seit der Zeit ihres Bestehens gerichtet worden sind, noch keiner so gefährlich gewesen ist, wie der jetzt uns vorliegende Antrag, so harmlos er auch in die Erscheinung tritt. Es handelt sich für mich gar nicht darum, ob diese neue Art der Vernehmung praktisch besser ist oder manchmal zu besseren Resultaten führt, als die bisherige Eidesabnahme, — was ich übrigens leugne; es handelt sich auch nicht darum, ob das jetzige Verfahren bei der Eidesannahme einer Verbesserung bedarf, was ich gern zugebe, sondern es handelt sich darum, ob dieser neue Vorschlag überhaupt mit den Principien der Civilproceßordnung vereinbar ist, und das leugne ich. Wenn Sie jetzt diese Bestimmung einführen, so schaffen Sie meiner Meinung nach einfach den Parteiproceß ab und setzen an seine Stelle den Inquisitionsproceß, und zwar in einer Form, wie er in Deutschland noch nicht existirt hat, in einer Form, wie selbst Friedrich der Große ihn sich in der allgemeinen Gerichtsordnung noch nicht auszudenken getraute. Der Richter inquirirt nicht bloß, sondern er läßt die Partei auch noch beschwören, was er aus ihr herausgepreßt hat. Den Unterschied zwischen Inquisitions- und Parteiproceß brauche ich Ihnen, meine Herren, nicht auseinanderzusetzen. Wesentlich ist: im Parteiprocesse sagt jede Partei, was sie will, und nicht mehr; im Inquisitionsprocesse hat der Richter das Recht, die Partei zu drängen, bis sie das sagt, was er für Wahrheit hält, was aber keineswegs immer die Wahrheit ist. In ihrer Aufregung, ihrer Sucht, den Proceß zu gewinnen, stellt die Partei häufig, ja meistens die Sache derart dar, daß der Richter bei der kurzen Zeit, die er bei der Geschäftslage unserer Gerichte auf die Vernehmung verwenden kann, nothwendigerweise ein falsches Bild von der Sache gewinnen muß. Nun kommen Sie zum Inquisitionsprocesse selbst bei der mildesten Form des Antrags Hamm; denn wo der Richter die Partei vorbekommt und vernimmt, hat er sie in der Hand und inquirirt aus ihr heraus, was er herausbekommen kann; wir haben dann den reinen Inquisitionsproceß, mögen Sie auch Cautelen einführen, welche sie wollen.

Ich erinnere an einen ähnlichen Vorgang im Strafprocesse. Sie haben dem Angeklagten das Recht gegeben, die Aussage zu verweigern. Wo in aller Welt wagt es der Angeklagte, seine Aussage zu verweigern? Ebenso wird es hier sein; die Parteien werden dem Richter Rede stehen, und damit schaffen Sie den Parteiproceß ab. Wollen Sie das leichten Herzens, dann nehmen Sie den Antrag an; wer aber überzeugter Anhänger des Parteiprocesses ist, muß die Anträge ablehnen; für ihn kann es keine Discussion über dieselben geben.

Auch ein zweiter Punkt kommt in Betracht. Der Anwalt ist heute eine gewichtige Person im Civilproceß, er ist der Vermittler zwischen der rechtsverständigen Partei und dem rechtsprechenden Richter, er hat auch die Leitung der Processe wesentlich in der Hand — ich rede nur vom Landgerichtsprocesse. Führen Sie dieses neue Princip ein, dann nehmen Sie dem Anwalt den Proceß aus der Hand; er wird bloß Marionette. Nachdem wir den Gerichtshof und uns ermüdet haben, kommt der Richter, und alles bisher Geschehene ergiebt sich als überflüssig. Was nun geschieht, dient aber nicht zur Erforschung der Wahrheit, wie Sie annehmen, sondern führt oft zum geraden Gegentheil, wie ich Ihnen oben gezeigt habe.

Um noch auf einen nebensächlichen Punkt zu kommen: ich halte es nicht für unnatürlich, wie Herr Ober-Staatsanwalt Hamm, daß die Partei an den Anwalt sich wendet, statt an den Richter, denn nach unserer Civilproceßordnung ist gerade der Anwalt derjenige, an welchen die Partei sich zu wenden hat; der Anwalt ist Vertreter der Partei. Unnatürlich wäre es im Gegentheil, wenn die Partei unter Uebergehung Ihres Vertrauensmanns sich direct an den Richter wenden wollte. Aus allen diesen Gründen stelle ich den Antrag:

> Die Vernehmung der Parteien als Zeugen widerspricht den in der Civilproceßordnung enthaltenen Principien des Parteiprocesses und kann aus diesem Grunde vom Juristentage nicht empfohlen werden,

und ich bitte alle Anhänger des Parteiprocesses, dem zuzustimmen.

Rechtsanwalt Dr. **Goldfeld** (Hamburg): M. H.! Ich muß sagen, es hat mich in hohem Maße überrascht, eine so große Einstimmigkeit sowohl der Herren Gutachter als der Herren Referenten über die Reformbedürftigkeit der Civilproceßordnung in dem Punkte, der uns hier beschäftigt, wahrzunehmen. Es handelt sich um ein wohlerwogenes Princip, um ein Stück der ererbten Weisheit der Jahrhunderte, und daran sollte man wirklich nicht mit leichter Hand die Axt der Neuerung anlegen. Ich darf daran erinnern, m. H., es ist ja nicht eine neue Erfindung, daß man an Stelle des Parteieides die Vernehmung der Parteien als Zeugen angeregt hat. Der Vorschlag ist eingehend erwogen worden bei der Emanation der Civilproceßordnung und abgelehnt; er ist auch auf einem früheren Juristentage, dem VIII., eingehend erwogen worden und nach einer glänzenden, überzeugenden Rede des Herrn Dr. Wolffson, die ich nachzulesen bitte, mit Majorität abgelehnt worden. Ich habe mich gefreut, daß wenigstens der Herr Vorredner seinerseits dieser Anregung widersprochen hat. Es hat der Herr Vorredner bereits hervorgehoben, daß Sie mit der Neuerung in einen Official-Inquisitionsproceß hineinkommen, wie er kaum jemals bestanden hat.

Ich glaube aber, dieses theoretische Princip ist nicht allein dasjenige, was gegen den Vorschlag spricht. Eine Fülle von Gründen! Vor Allem, m. H., die öffentliche Discussion bezüglich der Eide bewegt sich in den letzten Jahren ganz besonders in der Richtung, wie die erschreckende Zunahme der Meineide beseitigt werden kann. Und da wollen Sie hier im Civilproceß eine Einrichtung neu einführen, die dazu angethan ist, die Meineide nicht etwa zu vermindern, sondern zu verdoppeln, zu verzehnfachen!

(Widerspruch.)

Nein, m. H., heute liegt die Sache so: heute ist der Parteieid nach dem Principe der Civilproceßordnung das ultimum remedium. Die Partei ist derjenige Betheiligte, dessen Interesse am stärksten dahin geht, eventuell die Wahrheit zu verschleiern, zu lügen. Deshalb, sagt das Gesetz, soll ein Eid der Partei nur auferlegt werden, wenn es unbedingt nothwendig ist, wenn durch andere unparteiische Beweismittel ein Beweis nicht beschafft werden kann. Das ist das Princip unseres heutigen Rechtes, und ich glaube, das ist ein gesundes und vernünftiges Princip, und aus demselben ergiebt sich auch, daß principiell der Eid nicht auferlegt werden soll durch Beweisbeschluß. Damit wird auch erreicht, daß überflüssige Eide vermieden werden, daß nicht die erste Instanz einen Eid abnimmt, während die zweite Instanz sagt: auf diesen Eid kommt es nicht an u. s. w. Damit erklärt sich auch das Princip, das der Herr Justizrath Dr. Klöppel angefochten hat, das der formellen Bedeutung des Eides. Er hat gesagt, man möge ihm den Schein eines Grundes dafür zeigen, weshalb gegen den ausgeschworenen Eid ein neuer, weiterer Beweis nicht erbracht werden kann. Ja, der Grund ist eben: der Eid ist im Sinne des Gesetzes das ultimum remedium; das Beweismaterial soll vorher erschöpft sein. Ich gebe zu, daß das nicht mehr zutrifft auf den Eid, der durch Beweisbeschluß auferlegt ist, und insofern würde ich Herrn Rechtsanwalt Klöppel vollständig beistimmen, daß es da gestattet werden möge, neue Beweismittel gegen diesen Eid später zuzulassen; aber für den Eid, der durch bedingtes Endurtheil auferlegt ist, folgt es aus dem Principe: es sollen vorher alle übrigen Beweismittel erschöpft werden, er soll nur im Nothfall abgenommen werden.

Nun hat man hervorgehoben, daß durch die Rechtskraft des bedingten Endurtheils Mißstände entstehen könnten. Es ist besonders von Herrn Frhrn. v. Cannstein in seinem Gutachten eine Reihe von Fällen zusammengestellt, in welchen offenbar Mißlichkeiten des bestehenden Rechts zum Vorschein gekommen sind, ich will das auch nicht bestreiten. Man zeige mir die menschliche Institution, welche ohne Mängel ist! Glauben Sie mir, m. H., wenn Sie zehn Jahre lang die eidliche Vernehmung der Parteien als Zeugen, so wie es vorgeschlagen ist, gehabt haben, läßt sich auch eine solche Musterkarte von Mißständen aufstellen, die in einzelnen Processen hervorgetreten sind. Man sieht nur die Mängel des Zustandes, den man hat, und nur die Vorzüge des Zustandes, den man nicht hat. Haben Sie erst den anderen Zustand, dann werden Sie auch die Schattenseiten sehen; dann werden Sie sehen, wie die Heiligkeit des Eides leiden muß, wenn die Parteien fortgesetzt in den Gerichten gegen einander schwören. Denn das, was der Herr Referent und Herr Dr. Klöppel vorgeschlagen haben in Uebereinstimmung mit dem Gutachten des Herrn Prof. Kleinfeller, das geht dahin, daß der Richter, principiell wenigstens, beide Parteien eidlich vernehmen soll oder kann.

(Zuruf: Kann er nicht!)

Herr Dr. Klöppel stimmt mir zu! Es soll jedenfalls das Recht des Richters sein, beide Parteien eidlich zu vernehmen, d. h. daß sie beide gegen einander schwören.

(Widerspruch.)

(Zuruf: Er vernimmt sie beide und sagt, wer schwören soll.)

Es ergiebt sich das aus den Anträgen, so wie sie gestellt sind, nicht.

(Zuruf: es heißt: „einer der Parteien!")

Wenn es die Meinung ist, daß nur eine der Parteien soll vereidigt werden können, dann fällt allerdings dieses Bedenken weg; ich muß aber bemerken, daß unter den literarischen Vertretern dieses Systems meines Wissens es solche giebt, die die Beeidigung beider Parteien haben wollen.

Aber auch abgesehen hiervon scheint mir eine Zunahme der Meineide zu befürchten. Heute hat man gegen die Eidesauflage durch bedingtes Endurtheil geltend gemacht, dann wäre ein bestimmtes Beweisthema formulirt, die Partei sei dann gezwungen, sich zu überlegen, ob sie es mit ihrem Gewissen abmachen könne, das zu beschwören, und es komme mitunter vor, daß in Folge verkehrter Formulirung eines Beweisthemas eine Partei, welche materiell im Rechte ist, doch den Eid nicht leisten kann, weil der Eid verkehrt formulirt ist. M. H., wenn gegen das bedingte Endurtheil weiter kein Argument geltend zu machen wäre, so ist das gewiß nicht entscheidend: die Partei hat sich das selbst zuzuschreiben, und man braucht mit ihr kein Mitleid zu haben. Die Partei konnte ja vorher dem Richter den Sachverhalt genau darstellen, und wenn das bedingte Endurtheil den Eid unrichtig formulirt hatte, so war es ihre Sache, im Wege der Berufung eine Abänderung zu erwirken. Es werden freilich ganz seltene Fälle übrig bleiben, wo in einem nicht appellablen Urtheile ohne Schuld der Partei auf Grund eines Mißverständnisses vielleicht ein verkehrter Eid auferlegt wird. Das ist ein Fall, wo das Gericht geirrt hat, der vorkommen kann, der aber nicht dazu führen darf, eine an sich vernünftige Institution zu beseitigen. Es hat aber andererseits die Nothwendigkeit für die Partei, auf Grund des Urtheils sich eine ganz bestimmte Behauptung zu Gewissen zu nehmen und sich zu fragen, ob sie die auf den Eid nehmen kann, ihre großen Vorzüge; gerade dadurch werden, glaube ich, Meineide verhütet. Bei der persönlichen Vernehmung der Partei, bei der Beantwortung improvisirter Fragen, auf die sie nicht gefaßt ist, wird sie möglicherweise in der Uebereilung und um nicht als Lügner dazustehen, leichter etwas Unrichtiges beeiden, was sie nicht beeiden würde, wenn sie vorher hätte überlegen können, ob sie das beschwören kann.

Vor Allem aber würde eine unendliche Vermehrung der Eidesleistungen herbeigeführt werden, eine Vermehrung der Eide besonders nach der Menge der beschworenen Thatsachen. Heute werden Eide auferlegt nur über diejenigen Punkte, die nach genauer Prüfung des Sachverhalts das Gericht schließlich für relevant erklärt; bei der eidlichen Vernehmung der Parteien und besonders, wenn sie nach dem Vorschlage des Herrn Referenten und des Herrn Dr. Klöppel vor Erschöpfung der gesammten Beweisaufnahme stattfinden kann und soll, werden die Parteien veranlaßt, über eine Menge von Dingen sich eidlich zu äußern, auf die es schließlich für den Proceß nicht ankommt. Es ist aber die Partei in Folge ihrer Stellung zur Sache der ungeeignetste Zeuge und derjenige, den man möglichst davor bewahren soll, Eide zu schwören.

Ich glaube, m. H., eine Beseitigung der heutigen Bestimmungen der Civilproceßordnung würde ein ganz bedenklicher Sprung ins Dunkle sein, der sich nicht empfiehlt, und ich bitte Sie aus diesem Grunde, die gestellten Anträge abzulehnen, oder, wenn Sie wollen, den Antrag des Herrn Collegen Rausnitz anzunehmen, in welchem ich in diesem Falle bitten würde, die Begründung zu streichen und lediglich die Ablehnung auszusprechen. Ich glaube aber, dasselbe erreichen Sie durch Ablehnung der Sätze 1 und 2 der Herren Referenten. Wenn Sie aber etwas annehmen wollen, meine geehrten Herren, dann bitte ich Sie, wenigstens die Anträge des Herrn Correferenten Hamm anzunehmen und nicht die Anträge des ersten Herrn Referenten, die sehr viel weiter gehen.

Justizrath Dr. **Herz** (Wiesbaden): M. H.! Der Herr Vorredner hat auf den VIII. Deutschen Juristentag verwiesen und namentlich auf die Rede des von uns hochverehrten Herrn Dr. Wolffsohn, welcher ja auch Mitglied der Reichstagscommission gewesen ist. Dessen Autorität und die Autorität aller derer in Ehren, die sich um die Civilproceßordnung verdient gemacht haben, weiche ich doch von den Herren ab, und zwar aus dem einfachen Grunde, weil wir seit 1879 eine 16jährige Erfahrung für uns haben, die die Herren damals noch nicht gehabt haben, die nur — ich möchte sagen — theoretisch argumentiren konnten und in Anlehnung an die Praxis in anderen Ländern, aber nicht auf Grund von Erfahrungen, wie wir sie heute haben. Ich bin auch ganz damit einverstanden, daß die Klagen über Meineide vielfach daher kommen, daß wir die formale Natur des Eides haben, aber nicht nur aus dem Grunde, der vom Herrn Geh. Rath v. Wilmowski angeführt worden ist, daß die Partei dann etwa schwört, was sie nach ihrem Rechtsgefühle glaubt beschwören zu können, wenn es auch materiell und thatsächlich unrichtig ist, sondern auch, weil die Gegenpartei sich an Einzelheiten, an Kleinigkeiten klammert, — wir haben die Erfahrung gemacht, daß das Datum oder der Vorname irgend eines Mannes unrichtig gewesen ist, und dann hat man die Anklage wegen Meineides erhoben und hat sich auf die formale Natur des Eides gesteift.

Nun hat einer der Herren Collegen hervorgezaubert die großen Schwierigkeiten, die entstehen könnten und hat das Gespenst des Inquisitionsprocesses an die Wand gemalt. Ich glaube, dadurch können wir uns nicht beirren lassen. Was er uns da gesagt hat, das haben wir heute: wir haben ja heute die Vernehmung der Parteien im Civilproceß. Der Richter kann, wie der Herr College gesagt hat, die Parteien quetschen, das kann er ja schon heute, — und wenn er weiter sagt, der Angeklagte weiß sehr wohl, was es für eine Bedeutung im Strafproceß hat, wenn er keine Antwort giebt, — so erwidere ich ihm aus meiner Erfahrung — und Sie werden mir beistimmen, — die Partei, die auf Aufforderung des Gerichts im Civilprocesse nicht erscheint, um persönlich vernommen zu werden, weiß sehr wohl, welche Nachtheile das hat: daß dann der Richter der Partei, die glaubhaft die Sache darstellt, mehr glaubt, als derjenigen, die durch ihr Nichterscheinen zu erkennen giebt, daß sie sich nicht getraut, vor den Richter zu treten.

Nun hat der Herr College gesagt: wo soll es hinkommen: wir haben den Anwaltszwang, und Sie zerstören den Anwaltsproceß, wenn der Richter die Partei kommen läßt und sie ihm ihre Angaben macht. Sind denn die Parteien der Anwälte wegen da, soll denn der Anwalt etwas Anderes vorbringen, als was die Partei vorbringt?

(Sehr richtig!)

Ich meine doch, der Anwalt ist nur das Organ, das Sprachrohr für die Partei; und wenn der Richter aus der Partei einmal sehen will, ob das Sprachrohr richtig functionirt, ob da nicht Fehler vorgekommen sind durch falsche Auffassung, ob das, was der Richter für erheblich hält, auch wirklich so ist, wie es vorgetragen, ob das, was der Anwalt gesagt hat, auch wirklich der Wille der Partei ist, — wollen Sie das Beweismittel, das ihr dadurch gegeben wird, abschneiden? Sie haben aber auch nach einer anderen Richtung die Inquisition. Wenn die Partei kommt und soll den formulirten Eid leisten, haben Sie nicht die Erfahrung gemacht, daß es Fälle giebt, wo der Richter sagt: Sie können den Eid nicht leisten nach dem, was Sie gesagt haben; ich finde darin ein Geständniß des Gegentheils und werde, wenn auch formell das Urtheil da ist, Ihnen den Eid nicht abnehmen und gegen Sie entscheiden, oder, wenn ich genöthigt werde, den Eid abzunehmen, gebe ich die Acten sofort nach der Eidesleistung an die Staatsanwaltschaft ab. Ist das kein Mittel — um bei dem Ausdrucke des Herrn Collegen zu bleiben —, um Inquisition zu üben? Diese Inquisition wollen wir aber; wir wollen das materielle Recht haben und wollen nicht durch die Form der Eidesleistung Unrecht schaffen. Das scheint mir doch erheblich zu sein.

(Sehr richtig!)

Nun bin ich aber der Ansicht, daß, so anerkennenswerth die Ausführungen des Herrn Referenten und des Herrn Correferenten sind, wir uns doch dem Antrage Klöppel anschließen und die Details streichen sollten. Das entspricht einmal der Praxis des Juristentages, und wir kommen auch mit den Details zu weit.

Zum Schlusse will ich noch einen Punkt berühren, der meines Erachtens noch nicht genügend erörtert worden ist. Wir müssen uns auch die Frage vorlegen, wenn wir gewissermaßen Gesetzesartikel machen wollen: wie soll es denn sein, wenn der Richter eine Partei nicht selbst hören kann? Das ist doch eine eminent wichtige Frage. Soll er dann durch einen anderen, sei es beauftragten oder ersuchten Richter, vielleicht in America, die Partei vernehmen? Ist es dann nicht vielleicht nothwendig, daß wir da doch eine formulirte Eidesleistung beibehalten? Ich rege die Frage nur an, ich will sie nicht entscheiden; ich gebe sie lediglich als Motiv dafür, daß ich bitte, nur den Antrag des Herrn Referenten unter Nr. 1 anzunehmen, dem auch der Herr Correferent beigestimmt hat.

Ich komme aber noch zu einer anderen Frage, die mir von großer Erheblichkeit ist.

(Zuruf: Nr. 3?)

Ich möchte bitten, auch Nr. 3 zu streichen. Man könnte sie auch allenfalls beibehalten, müßte aber einen Zusatz machen betreffend den Beweisbeschluß mit der Natur eines Zwischenurtheils. Sie opfern die ganze zweite Instanz, wenn Sie durch Beweisbeschluß den Eid erheben und die Sache damit häufig inappellabel machen. Nun kann man ja der Ansicht sein, man sollte die Berufungsinstanz in Civilsachen wie im Leonhardtschen Entwurfe nicht haben. Ich streite darüber jetzt nicht, ob das eine oder andere besser ist; ob überhaupt die Oberlandesgerichte sich in der Weise, wie wir es gedacht haben, bewährt haben; das ist mir heute ganz gleichgültig. Ich möchte nur jener Frage nicht präjudiciren und das thun wir, wenn wir sagen: „Die Vereidigung einer Partei ist durch Beweisbeschluß (nicht durch bedingtes Urtheil) zu bestimmen.“ Wollen Sie den 3. Satz, dann würde ich Ihnen vorschlagen, lieber zu sagen:

„Die Vereidigung einer Partei erfolgt auf Grund eines Zwischenurtheils.“

Dann haben wir wenigsteus die Frage frei, ob wir Berufung zulassen wollen oder nicht; wie es jetzt hier steht, ist der Richter zweiter Instanz gebunden. Aber ich wiederhole, wir sollten uns auf diese Details überhaupt nicht einlassen und uns beschränken auf den Antrag Nr. 1.

(Bravo!)

Prof. Dr. **Kleinfeller** (Kiel): Meine verehrten Herren! Es ist sehr dankenswerth, daß der Herr Correferent die Frage angeregt hat, daß bezüglich des richterlichen Eides formell die gleiche Behandlung eingeführt werden muß, wie bezüglich des zugeschobenen Eides. Ich knüpfe deshalb an diesen letzten Punkt an und möchte Ihnen anheimgeben, für jeden Fall den richterlichen Eid und die Eideszuschiebung gleich zu behandeln. Gerade der Antrag des Herrn Correferenten, den ich hiermit empfohlen haben möchte, scheint mir aber zugleich einen Theil der Argumentation des Herr Correferenten zu widerlegen. Wenn wir bei der Abnahme des richterlichen Eides die Parteien zunächst vernehmen und zwar ausführlich vernehmen in der Form des Zeugenbeweises, und dann event. dem Einen oder dem Anderen — niemals beiden — den Eid abnehmen, ja, dann kann man doch nicht von der Aufrechterhaltung der Beweislastregeln sprechen; dann wird der Eid nicht demjenigen auferlegt, — das gilt auch vom heutigen richterlichen Eide, — der der Gegner der die Beweislast tragenden Partei ist, sondern wir legen den Eid demjenigen auf, welcher am glaubwürdigsten erscheint. Es kann daher absolut nicht richtig sein, zu sagen: das Gleiche gilt vom richterlichen Eide, wenn man vorher gesagt hat, daß die Beweislastverhältnisse nicht geändert werden sollen. Aber ich bin dafür, wenn die Ziffer 2 gesondert zur Abstimmung kommen sollte, den Passus: „ohne Aenderung der Verhandlungsmaxime und der Beweislast" und selbstverständlich auch die Worte: „sowie der formellen Beweislast" wegzulassen. Es ist das vor Allem mißverständlich; es erzeugt das Mißverständniß, als ob durch die Einführung der Vernehmung der Partei als Zeugen überhaupt nun an der Verhandlungsmaxime und an der Beweislast grundsätzlich etwas geändert werden sollte. Davon ist keine Rede. Soweit der Zeugenbeweis, Urkundenbeweis, Augenscheinbeweis oder der Sachverständigenbeweis in Betracht kommt, soweit müssen wir immer die bisherige Beweislastregel handhaben, und deswegen kann auch nicht die Rede davon sein, daß nun die Parteien nicht im vornherein sich sichern könnten, nicht im vornherein wüßten, wie sie sich zu sichern haben für den Fall, daß es zum Processe kommt; sie wissen: wenn es zum Processe kommt, muß ich zunächst Zeugen und Urkunden haben; das ist das sicherste Mittel, um zu siegen. Daran wird durch unsere Vorschläge absolut nichts geändert. Wenn wir dagegen zur Vernehmung der Partei als Zeugen greifen, so hat es keinen Zweck und es erscheint mir als eine Halbheit, bloß diejenige Partei zu vernehmen und zu beeidigen, die gerade der Gegner des die Beweislast Tragenden ist, sondern ein Hauptvorzug der Neuerung soll ja darin bestehen, daß der Eid demjenigen abgenommen wird, der am glaubwürdigsten ist. Und wenn wir uns auf diesen Standpunkt stellen, hat die Beweislast rücksichtlich der Vernehmung der Partei gar nicht mitzusprechen.

(Sehr richtig!)

Ich habe bereits betont, daß es sich in jedem Falle nur darum handeln kann, eine der Parteien, die glaubwürdigste, zu vernehmen, niemals beide zu beeidigen. Gerade ich bin sowohl in der Schrift über die geschichtliche Entwickelung des Thatsacheneides, als in meinem Gutachten energisch dagegen aufgetreten, daß beide Parteien beeidigt werden sollen.

Ferner möchte ich noch davor warnen, daß man etwa sich einnehmen läßt gegen die Neuerung durch das Wort „zeugenschaftliche Vernehmung" oder „Vernehmung der Partei als Zeugen". Es sollen damit nicht die Parteien zu Zeugen gemacht werden in dem Sinne, daß nun der Unterschied zwischen Parteien und Zeugen verwischt wird, sondern es soll lediglich die Form der Vernehmung damit betont werden.

Endlich möchte ich Ihnen, allerdings auch im Sinne des letzten Herrn Vorredners, empfehlen, sich nur principiell auszusprechen: „Es empfiehlt sich, die Eideszuschiebung und den richterlichen Eid im Civilprocesse durch Vernehmung der Parteien als Zeugen zu ersetzen." Für den Fall aber, daß die Herren eine Abstimmung über die Details belieben, würde ich eine Verbindung der Anträge des ersten und des zweiten Herrn Referenten empfehlen in der Weise, daß der erste Satz lautet:

„Es empfiehlt sich — zu ersetzen"

nach dem Antrage des ersten Herrn Referenten.

Der zweite Satz würde ebenfalls nach dem Antrage des ersten Herrn Referenten anzunehmen sein, jedoch unter Streichung der Worte: „ohne Aenderung der Verhandlungsmaxime und der Beweislast", der dritte Satz in der Fassung:

„Die Vereidigung einer Partei ist durch Beweisbeschluß (nicht durch bedingtes Urtheil) anzuordnen"

und der 4. Satz nach dem Antrage des Herrn Correferenten:

„Das Gleiche gilt vom richterlichen Eide."

Rechtsanwalt Dr. **Beckh** (Nürnberg): Meine geehrten Herren! Mehrere Vorredner haben bereits solche Punkte berührt, die mir wesentlich erschienen sind, und ich brauche deshalb wohl nicht auf diese zurückzukommen. Insbesondere kann ich mich im Allgemeinen den Ausführungen des Herrn Collegen Herz von ganzem Herzen anschließen. Als ich die Anträge zu lesen bekam, habe ich mir die Frage vorgelegt: wird eigentlich durch diese Anträge bezw. Anregungen das berechtigte Streben erfüllt, der Häufigkeit der Eide und der Art und Weise, wie die Eidesabnahme dermalen stattfindet, in irgend einer Weise zu steuern und dadurch die Uebel, die dabei offenbar hervorgetreten sind, soviel als möglich zu beseitigen? M. H., dieses Bestreben ist auch in der Justizcommission des Reichstages im letzten Winter aufs Neue hervorgetreten, und man wird sich bemühen, in der nächsten Session des Reichstages dem allgemein aufgetretenen Wunsche möglichst nachzukommen.

Nun habe ich aber gefunden, daß doch eigentlich die Vorschläge, wie sie hier vorliegen, auf diese Frage keinen Einfluß haben. Es handelt sich hier lediglich eigentlich um eine processualische Aenderung der Frage der Eidesauflage: ob diese Eidesauflage gemacht werden soll als ein Parteieid oder als Zeugeneid. Und da muß ich sagen, das ist eigentlich nur ein Wortstreit. Die Hauptsache ist nicht, ob Jemand als Zeuge oder Partei vernommen wird, sondern die Hauptsache ist die, daß die betreffende Partei, welche zum Eide zugelassen werden will oder betreffs welcher der Richter die Annahme hat, daß sie zum Eide zugelassen werden soll, aber auch die andere Partei — auf diesem Standpunkte stehe ich trotz des sogenannten Inquisitionsprocesses — erst einmal gehört wird, ehe es zu einer Eidesauflage an eine der Parteien kommt. Das ist m. E. das Allerwesentlichste. Es ist mit Recht hervorgehoben worden von dem Herrn Collegen Herz, daß, wenn wir die Zeugenvernehmung der Partei stattfinden lassen durch einen bloßen Beweisbeschluß, damit dann die ganze Sache in der ersten Instanz entschieden ist und nichts mehr gemacht werden kann in der zweiten Instanz, wenn nicht eine Meineidsuntersuchung eingeleitet werden sollte. Aber das ist doch ganz gewiß nicht der Wunsch der weitaus größeren Zahl der Juristen, und ich glaube auch nicht, daß die Reichsregierung und die gesetzgebenden Körperschaften auf eine derartige Aenderung der Civilproceßordnung eingehen.

Nehmen Sie nur den Fall an: wenn in erster Instanz eine ganze Anzahl Beweismomente erhoben worden sind, wenn so und so viele Zeugen vernommen worden sind, auch Urkunden producirt, der Richter aber findet, daß das Alles noch nicht genügend ist, um ihm die volle Ueberzeugung nach der einen oder anderen Richtung zu geben, und nun eine Eidesauflage gewissermaßen in Form eines richterlichen Eides mit Beschluß anordnet, da kann doch möglicherweise der Richter zweiter Instanz eine ganz andere Anschauung davon haben, wie viele Beweismomente bereits erbracht worden sind und nach welcher Richtung sich das Uebergewicht neigt. Das läßt sich also nur dann vermeiden, meine verehrten Herren, wenn wir die Partei als solche von dem Richter vernehmen lassen, und zwar bevor der Richter zur Eidesauflage schreitet. Das ist das Wesentliche, was m. E. angestrebt werden muß, und was mit Recht anzustreben ist. Es kann daraus keineswegs ein Vorwurf gemacht worden, insbesondere vom Standpunkte des Princips des Anwaltsprocesses, wenn dem Richter das Recht eingeräumt wird, die Parteien genau auszufragen. Wir haben das Fragerecht schon, aber da ist es bloß ein Fragerecht in unserem bisherigen Processe. Nun möchte ich aber, daß, bevor zu einem Parteieide geschritten wird, nicht bloß das Recht des Richters bestehen soll, sondern die Pflicht des Richters, daß also der Richter die betreffende Partei vernehmen muß, um sich ein richtiges Bild von der Persönlichkeit und der Aussage der Partei selbst und über die Sachlage auf Grund der Vernehmung zu schaffen. Deswegen glaube ich auch, daß wir alle die Einzelheiten, wie sie von dem Herrn Referenten und einigen anderen Herren vorgeschlagen worden sind, vollkommen beiseite lassen können, wenn wir auf den Kernpunkt der Sache eintreten, nämlich das Anhören der beiden Parteien vor der Eidesabnahme. Da wird der Richter sich die Ueberzeugung verschaffen können, nachdem er vorher die Ausführungen der Anwälte gehört hat, und, wenn er über die Sachlage noch nicht so weit informirt ist, daß er sagen kann: so liegen die Thatsachen, sich entscheiden können, nach welcher Seite der Eid aufzulegen ist. Dann darf das aber niemals geschehen in einem unappellablen Urtheile, sondern in einem appellablen, mag das Zwischenurteil oder sonst wie heißen, oder wir können einfach das bisherige bedingte Urtheil belassen. Wenn Sie aber dem Richter erster Instanz zugestehen, lediglich durch einen solchen Beweisbeschluß das anzuordnen, dann öffnen Sie allerdings einer Willkür Thür und Thor, die wir keineswegs gewillt sind einzuführen. Ich möchte deshalb unter Hinweisung auch vom praktischen Standpunkte aus darauf, daß auch bereits heute unsere Beweisbeschlüsse ohne Begründung so gefaßt sind, daß bedeutende Bedenken dadurch herbeigeführt werden, entschieden dafür eintreten, daß unter keinen Umständen auf solche Eide Prälocute im Beschlußwege erlassen werden dürfen. Im Anwaltsprocesse ist der Mangel an Feststellung des Thatbestandes ja einigermaßen vermieden; da sind die Thatsachen durch Schriftsätze festgestellt; aber nehmen Sie den einfachen Proceß vor den Amtsgerichten! Es werden da zwar auch, wie ich aus der Praxis erfahren habe, im Norden häufig Schriftsätze gewechselt, — aber in Süddeutschland ist das eigentlich nicht der Fall. Da macht sich eben der Richter Notizen, — soweit er dies kann, wohl auch stenographisch — und fällt dann seinen Beweisbeschluß; es werden dann Beweise und vielleicht wieder andere Beweise erhoben, und schließlich, wenn es zum Endurtheile kommt, sind die Vorträge der Parteien häufig vollständig vergessen, es ist auch den Parteien etwas entfallen, was in der ersten Verhandlung vorgebracht war. Ich habe in dieser Hinsicht Erfahrungen gemacht und von verschiedenen älteren Anwälten auch Mittheilungen über ihre Erfahrungen gehört, daß es in vielen Fällen bedauerlich ist, daß die Beweisinterlocute nicht wenigstens mit Gründen so weit versehen sind, daß die einzelnen Behauptungen festgestellt werden. Es ist aber jedenfalls unbedingt nothwendig, daß bei einem Urtheile auf Eid eine solche Feststellung erfolge und daß hier eine Appellabilität besteht.

Ich möchte Ihnen vorschlagen, die ganze Frage mit einem kurzen Satze zu beantworten, — es ist mit Recht schon hervorgehoben worden, daß es hergebracht ist, daß man beim Juristentage in kurzen Sätzen ein Princip aufstellt, — indem man einfach sagt:

„Jeder Eidesauflage hat eine Vernehmung der Parteien über die Sachlage voranzugehen."

Dadurch, m. H., ist der Parteistandpunkt gewahrt, ist diese nicht in das System des Processes passende Subsumirung der Parteien in die Zeugenrolle beseitigt, und dasjenige, was Sie wollen, ist damit erreicht.

Ich würde Ihnen also vorschlagen, statt der verschiedenen anderen Vorschläge meinen Antrag anzunehmen.

Reichsgerichtsrath Dr. **Olshausen:** Ich möchte ein Amendement zum Antrage des Herrn Referenten einbringen und zwar dahingehend, hinter Nr. 2 als neue Nummer einzuschieben:

> „Die eidliche Vernehmung einer Partei kann auch ohne vorausgegangene Eideszuschiebung richterlicherseits angeordnet werden",

und dann die jetzige Nr. 3 als Nr. 4 zu bezeichnen. Es ist das nur der Ausdruck eines Gedankens, der heute von verschiedenen Seiten ausgesprochen worden ist; ich meine aber, daß dieser Gedanke in den Anträgen des Herrn Geheimrath von Wilmowski bisher keinen Ausdruck gefunden hat.

Nun ist von verschiedenen Seiten angeregt worden, Nr. 2 nicht anzunehmen. Ich kann dem nicht zustimmen, und meine vielmehr, daß, wenn der Juristentag sich über bestimmte Detailfragen einigen kann, das für den Gesetzgeber ein wichtiger Fingerzeig ist; wir verzichten nur häufig darauf, weil wir nicht die nöthige Majorität dafür gewinnen, und begnügen uns dann lediglich mit dem leitenden Grundsatze; ich sehe aber nicht ein, weshalb wir uns nicht in dem Sinne der Nr. 2 aussprechen sollten, wenn wir die Ueberzeugung gewinnen, daß diese Vorschläge richtig sind.

Auch für die Nr. 3 des Herrn Referenten werde ich stimmen, — gegen deren Annahme auch Bedenken erhoben worden sind, — weil sonst der Gedanke, den Herr von Wilmowski hineingelegt haben will, ganz unter den Tisch fallen würde. Mein Antrag unterscheidet sich in diesem Punkte kaum von dem des Herrn Prof. Kleinfeller, aber doch durch die Stellung. Ich spreche also in Nr. 1, 2 und 3 den Grundgedanken aus, während die jetzige Nr. 3, später Nr. 4 doch nur eine formelle Ausführung ist, eine processuale Frage: wie wird das gehandhabt werden: durch Beschluß, durch Interlocut? Deshalb, glaube ich, dürfte mein Antrag sich zur Annahme empfehlen. Mögen auch die jetzigen Nrn. 2 und 3 gestrichen werden, so bleibt doch ein klar erkennbarer Satz. Darum, glaube ich, wird das beste Urtheil herauskommen, wenn wir abstimmen zunächst über die Eideszuschiebung und dann übergehen zu meinem Amendement betreffs des richterlichen Eides.

Mein Antrag geht also wesentlich dahin, hinter der Nr. 2 des Herrn Referenten als neue Nummer einzuschieben:

„Die eidliche Vernehmung einer Partei kann auch ohne vorangegangene Eideszuschiebung richterlicherseits angeordnet werden."

Reichsgerichtsrath Dr. **Stenglein:** Ich beantrage Schluß der Debatte.

Vorsitzender: Es ist der Schluß der Debatte beantragt.

Ich bitte, daß die Herren, welche den Antrag annehmen wollen, sich erheben.

(Geschieht.)

Der Antrag ist angenommen. Das Schlußwort haben noch die Herren Referenten.

Referent Geh. Justizrath Dr. **v. Wilmowski:** M. H., ich kann mich nach dem, was ich bereits in meinem Referate gesagt habe, mit Nr. 1 im Wesentlichen begnügen, um das Princip festzustellen. Aber ich bin mit dem Herrn Reichsgerichtsrath Olshausen insofern einig, daß, wenn es möglich ist, eine Majorität auch über die anderen Punkte zu gewinnen, wir das nicht versäumen und jedenfalls versuchen sollen. In Betreff der Nr. 1, daß überhaupt die Eideszuschiebung — und ich will gleich sagen — auch der richterliche Eid durch Vernehmung der Parteien als Zeugen ersetzt werden soll, sind im Großen und Ganzen nach meiner Schätzung die Ausführungen zu Gunsten des neuen Systems weit richtiger und ausführlicher gewesen, als zu Gunsten des Gegentheils.

Ich habe nach dem, was von sehr berufenen Seiten bereits gesagt worden ist, nur eine kleine Nachlese zu halten, um zu den Ausführungen und Anträgen Stellung zu nehmen. Im Wesentlichen trete ich den Ausführungen, namentlich des Herrn Rechtsanwalts Klöppel und des Herrn Dr. Herz bei. Seitens der Vertreter des alten Systems ist als Haupteinwand geltend gemacht worden, daß das neue System zum Inquisitionsprocesse führen würde. Ich habe bereits in meinem Referate gesagt: die Inquisition haben wir schon jetzt: einmal die Inquisition, die jeder Zeuge bezw. jede Partei mit sich selbst vornehmen soll, und dann noch die Befragung seitens des Richters nach den Einzelheiten, nach den Gründen des Wissens, nach dem Umfange des Wissens, nach der Glaubwürdigkeit; also die Inquisition haben wir schon jetzt und jeder Richter muß sie anwenden. Eine größere Inquisition ist nicht nöthig. Die Aufrechterhaltung des Verhandlungsprincips hat den Zweck, zu sagen, daß nur über bestrittene Behauptungen die Inquisition erfolgen soll, nicht über jede beliebige, und deshalb ist es mir von Werth, daß diese Bestimmung in dem Antrage bleibt, wenn über die Specialien überhaupt etwas gesagt werden soll. Das müssen wir behalten: nur über bestrittene Behauptungen soll Inquisition stattfinden, und das ist ausgedrückt durch die Worte: „ohne Aenderung der Verhandlungsmaxime".

Der weitere Einwand, daß jetzt der Anwalt den Proceß in der Hand hält, und künftig nicht der Anwalt, sondern der Richter entscheiden soll, geht von der unzutreffenden Voraussetzung aus, daß der Anwalt jetzt überhaupt über den Proceß zu bestimmen hat. So weit geht die Parteidisposition nicht. Die Parteidisposition kann gehen und soll gehen — und das entspricht der Civilproceßordnung — die Thatsachen zu unterstellen, welche dem Gericht unterbreitet werden sollen. Wenn beide Parteien in Betreff einer Thatsache einig sind, hat der Richter überhaupt nicht zu inquiriren; dann bedarf es auch keiner Zuschiebung und keines richterlichen Eides. Der Anwalt hat es weder jetzt noch künftig in der Hand, und entscheiden soll überhaupt der Anwalt nicht, das soll eben der Richter nach der Civilproceßordnung, und es wird vernünftiger Weise auch kein Anwalt etwas Anderes verlangen. Der Richter kann nach dem Inhalte der Verhandlungen entscheiden, er kann also, ohne eine Partei zu vernehmen, nach den Schriftsätzen sagen: das, was der Kläger sagt, ist unerheblich; der Kläger wird abgewiesen; er kann sagen: die Thatsachen sind geradezu unmöglich; er hat die Entscheidung nach der freien richterlichen Beweiswürdigung, und es ist nicht einmal ein Zusatz, den wir in meinem Antrage machen. Ich will gleich hinzusetzen gegenüber einer Einrede des Herrn Correferenten, daß ich der Meinung bin, daß die formale Beweiskraft allerdings aufzuheben ist, aber daß dies die Beweislast durchaus nicht trifft, und in der Beziehung gebe ich vollständig den zutreffenden Ausführungen des Herrn Rechtsanwalt Klöppel Recht, der sagt: das ist im Civilproceß durchaus nicht anders, als im Criminalproceß; im Criminalproceß wird, wenn nichts bewiesen ist, der Angeklagte freigesprochen, im Civilprocesse wird, wenn nichts bewiesen ist, die Thatsache für nicht bewiesen gehalten, das ist nicht non liquet, sondern was nicht bewiesen ist, fällt ins Freie, ist nicht zu berücksichtigen. Die Beweislast wird dadurch nicht geändert, im Gegentheil, derjenige bleibt immer beweispflichtig, der nichts bewiesen hat.

Weiter ist eingewendet worden, es würden die Meineide gefördert. Das ist mir geradezu unverständlich. Die Meineide werden nicht befördert, sondern im Gegentheil: das gegenwärtige System dient der Beförderung der Meineide, da auf ganz bestimmte Punkte, über ganz abstracte Sätze der Eid geleistet werden soll, und, wie ja ausgeführt ist, der jusjurandus in die Lage kommt, entweder sagen zu müssen: ja, eine Kleinigkeit ist anders; so wie es hier steht, ist es nicht genau, das muß geändert werden. Derjenige, der es nicht geändert erhält, etwa weil rechtskräftig entschieden ist, kommt in das Dilemma, entweder sein Gewissen zu beugen und die Kleinigkeit der Abweichung von der Wahrheit wegen sachlicher Unbedeutenheit gelten zu lassen und doch zu schwören, oder aus Gewissenhaftigkeit nicht zu schwören, obgleich er das hellste Recht hat. Ich habe die Erfahrung gemacht an zwei Clienten aus dem Richterstande, die in dieses Dilemma hineingerathen sind und die den Eid nicht haben schwören können; beide Male hat glücklicher Weise ein Vergleich zum Ziele geführt. Das Dilemma war für einen Juristen wo möglich noch viel größer, als für einen Anderen. Nicht befördert werden die Meineide bei dem neuen System, sondern im Gegentheil, es beseitigt die Möglichkeit mancher Mißverständnisse und Meineide durch die vorherige eingehendere Vernehmung der Parteien. Noch weniger dient es zur Vermehrung der Eide. Gerade im Gegentheil: wenn der Richter die Parteien vernimmt, zunächst uneidlich, so kommt er sehr oft dazu, daß er, ohne den Eid aufzuerlegen, entscheiden kann, während bei dem jetzigen System der Eidesdelation er auf den Eid erkennen muß; es bleibt ihm gar nichts übrig. Der Antrag dient also nicht zur Vermehrung, sondern zur Verminderung der Eide.

Ich will noch Eins berühren. Ich habe in meinem Antrage Nr. 3 nicht bloß die Eideszuschiebung gemeint; das ist auch nicht gesagt. Nr. 1 betrifft die Eideszuschiebung und Nr. 2 enthält eine nähere Ausführung für die Eideszuschiebung. In Nr. 3 heißt es aber: „die Vereidigung einer Partei," d. h. „jede Vereidigung einer Partei". Dies bezieht sich also nicht bloß auf die Eideszuschiebung, sondern auf jede Vereidigung; ich umfasse also den richterlichen Eid auch. Ich bin deshalb der Meinung, daß die vom Herrn Correferenten beantragte Nr. 4: „das Gleiche gilt von den richterlichen Eiden", deshalb nicht nöthig ist, weil in Nr. 3 dasselbe gesagt ist. Aber ich habe nichts dagegen, wenn Sie es aussprechen wollen und wenn nach dem Vorschlage des Herrn Reichsgerichtsrath Olshausen das erklärt wird. Es kommt auf dasselbe hinaus, da ich unter Nr. 3 gemeint habe, nicht bloß die Eideszuschiebung zu treffen, sondern eine jede Vereidigung einer Partei.

Herr College Herz hat gemeint, Nr. 3 könne wegbleiben; man opfere die zweite Instanz; der Richter der zweiten Instanz wäre gebunden, wenn der Richter erster Instanz Eide abgenommen habe. Wir haben das jetzt schon. Wir haben schon Abnahme durch Beweisbeschluß in vielen Fällen, eigentlich den meisten Fällen, und wenn es möglich ist, wird auch jetzt durch Beweisbeschluß der Eid abgenommen; wir haben es absolut im Urkundenprocesse, — da giebt es kein bedingtes Urtheil. Ich sehe nicht ein, warum wir das, was wir im Urkundenprocesse jetzt haben, nicht auch vollständig durchführen wollen. Die Bindung des zweiten Richters ist eine so gefährliche nicht, namentlich nicht, wenn der Richter erster Instanz von seiner Befugniß discretionären Gebrauch macht und nur im Nothfall und nach entsprechender Prüfung den Eid abnimmt. Geschieht das, so wird die Gefahr nicht groß sein.

Stellung genommen habe ich bereits zu den Anträgen des Herrn Reichsgerichtsrath Olshausen und zu dem Antrage Nr. 4 des Herrn Correferenten. Wenn die Nr. 3 nicht angenommen würde, dann würde mir allerdings wünschenswerth sein, nach dem Vorschlage des Herrn Prof. Kleinfeller unter 1 mit einzuschieben: „Es empfiehlt sich, die Eideszuschiebung und den richterlichen Eid im Civilproceß durch Vernehmung der Parteien als Zeugen zu ersetzen." Ich wiederhole aber, daß ich allerdings Gewicht darauf lege, wenn das Einverständniß der Majorität gewonnen werden kann für Nr. 2, so würde ich deren Annahme auch empfehlen.

Den Vorschlag des Herrn Collegen Beckh: „Jeder Eidesauflage hat eine Vernehmung der Parteien voranzugehen", würde ich bitten, abzulehnen. Dazu brauchen wir einen Beschluß nicht; wir haben das schon, daß die Parteien vorher befragt werden: kannst du den Eid leisten? Das bedingt sachgemäß die Vernehmung über den Inhalt des Eides, und jeder vernünftige Richter wendet sie auch an. Der Beschluß würde also nichts sagen, als daß es bleiben soll, wie bisher bestimmt ist. Wenn Sie das wollen, können Sie es durch Ablehnung der desfallsigen Anträge ausdrücken. Ich wiederhole, daß ich principaliter bitte, die Anträge so, wie sie gestellt sind, anzunehmen, event. den Antrag 1 mit der Einschiebung des Herrn Professor Kleinfeller.

Correferent Geh. Oberjustizrath **Hamm** (Cöln): Ich bitte bloß für einige Worte um Ihre Geduld! Ich wollte nur zu den Nrn. 3 und 4 ein paar Bemerkungen machen.

Was Nr. 3 betrifft:

> „Die Vereidigung einer Partei ist durch Beweisbeschluß (nicht durch bedingtes Urtheil) zu bestimmen",

so ist es die nothwendige Folge von Nr. 1. Wenn Sie Nr. 1 annehmen, müssen Sie auch für Nr. 3 stimmen. Sobald Sie die Vernehmung der Parteien als Zeugen annehmen, ist es unmöglich, daß der Richter den Beweis feststellt: wenn die Partei das und das sagt, wird so entschieden.

Das ist die nothwendige Consequenz; nur hat Herr Rechtsanwalt Herz ganz recht, wenn er sagt, nothwendig sei nur, daß die Auflage des Eides nicht mehr durch bedingtes Urtheil geschehe, sie könne aber ebenso gut durch Zwischenurtheil, wie durch Beweisbeschluß erfolgen. Nur durch bedingtes Urtheil ist unmöglich. Ich kann nicht ferner sagen: die Partei soll sich über die Thatsache frei auslassen und dann schon im Voraus je nach ihrer Aussage die Entscheidung bestimmen. Die Entscheidung hängt erst von der demnächstigen richterlichen Würdigung der Bedeutung dieser Aussage ab. Sie müssen also, wenn Sie Nr. 1 annehmen, auch Nr. 3 annehmen.

Was Nr. 4 betrifft, so muß ich auch darüber noch einige Worte sagen. Es ist von Herrn Prof. Kleinfeller bemerkt worden, ich sei inconsequent; wenn ich in Nr. 4 für den richterlichen Eid die Parteienvernehmung zuließe, dann hätte ich damit die Aufhebung der Regelung der Beweislast ausgesprochen. Das ist wohl ein Irrthum. Unter dem richterlichen Eide habe ich verstanden, was in § 437 der Civilproceßordnung behandelt ist, das frühere suppletorium und purgatorium. Dort heißt es:

> „Ist das Ergebniß der Verhandlungen und einer etwaigen Beweisaufnahme nicht ausreichend, um die Ueberzeugung des Gerichts von der Wahrheit oder Unwahrheit der zu erweisenden Thatsache zu begründen, so kann das Gericht der einen oder der anderen Partei über eine streitige Thatsache einen Eid auferlegen."

Die Civilproceßordnung gestattet keineswegs, daß der Kläger, der nichts bewiesen hat, sofort zum richterlichen Eide zugelassen, also künftig nach meinem Vorschlage als Partei vernommen wird, sondern es ist ein suppletorium. Die Partei muß etwas bewiesen haben; wenn sie etwas bewiesen hat, das aber nicht ausreicht, dann kommt § 437. Das ist der richterliche Eid, den ich meine. Gegen den richterlichen Eid, den Herr Prof. Kleinfeller will, daß ohne Regelung der Beweislast der Richter diejenige Partei als Zeuge vernehmen kann, die ihm als die glaubwürdigste erscheint, muß ich mich ganz entschieden aussprechen.

Ich halte daran fest, daß der große Unterschied zwischen Strafproceß und Civilproceß der ist: im Strafprocesse wird Mangels Beweises der Schuld freigesprochen; im Civilprocesse wird nicht die Klage abgewiesen, wenn der Kläger nicht beweisen kann, sondern der Anspruch, wenn derjenige, der bezüglich desselben beweispflichtig ist, nicht beweisen kann. Ich muß im Civilproceß immer erst wissen, wer den Beweis zu führen hat. Wenn die Forderung bewiesen ist und der Beklagte behauptet die

Zahlung, kann sie aber nicht beweisen, so wird nicht der Kläger Mangels Beweises, daß nicht bezahlt ist, abgewiesen, sondern der Beklagte verurtheilt. Sie kommen im Civilproceß um die Regelung der Beweislast nicht herum; das Verfahren wird geradezu uferlos, wenn Sie nach der Ansicht des ersten Herrn Gutachters beschließen.

Vorsitzender: Die Debatte ist geschlossen. Wir kommen zur Fragestellung.

Referent Geh. Justizrath Dr. **v. Wilmowski:** Ich will den Antrag Nr. 3 dahin vereinfachen, daß es heißt:

> „Die Vereidigung einer Partei ist durch Beschluß zu bestimmen."

Die Entscheidung durch Zwischenurtheil würde wieder nur zum bedingten Endurtheil führen.

Vorsitzender: Zunächst würde es sich um den Antrag Rausnitz handeln, welcher dahin geht:

> Die Vernehmung der Parteien als Zeugen widerspricht den in der Civilproceßordnung enthaltenen Principien des Parteiprocesses und kann aus diesem Grunde vom Juristentage nicht empfohlen werden.

Wird dieser Antrag abgelehnt, so würde der Antrag Beckh folgen:

> Jeder Eidesauflage hat eine Vernehmung der Parteien über die Sachlage voranzugehen.

Würde dieses angenommen, so hätten wir uns über die weiter erörterten Fragen nicht auszusprechen.

Dann kommen die Anträge, wie sie der Herr Referent gestellt hat, vorher aber der primäre Antrag Kleinfeller,
zu Frage 10 bloß zu sagen:

> Es empfiehlt sich, die Eideszuschiebung und den richterlichen Eid im Civilprocesse durch Vernehmung der Parteien als Zeugen zu ersetzen.

Bei der nun folgenden Abstimmung werden der Antrag Rausnitz und der Antrag Beckh abgelehnt.

Vorsitzender: Es folgt die Abstimmung über den Antrag Kleinfeller.

Geh. Oberjustizrath **Hamm** (zur Abstimmung): Auch wenn wir diesen Antrag annehmen, wird doch noch über die anderen Anträge abgestimmt werden müssen. Das wird nicht anders angehen.

(Zustimmung.)

Reichsgerichtsrath Dr. **Olshausen:** Ich glaube, der Antrag Kleinfeller kann nur an Stelle der Nr. 1 des Referenten treten.

Vorsitzender: Er ist als primärer Antrag bezeichnet und als Eventualantrag; dann kommen die Modalitäten.

Prof. Dr. **Kleinfeller** (Kiel): Es war meine Intention allerdings, eine Abstimmung darüber herbeizuführen, ob lediglich das Princip angenommen werden soll und die Details weggelassen werden sollen oder nicht. Aber ich bin allerdings der Ansicht, daß die Annahme des Antrags 1 doch nicht ausschließt, daß nachträglich noch über die übrigen Sätze abgestimmt wird. Ich müßte meinem ersten Antrage einen Zusatz beifügen etwa des Inhalts:

Der Juristentag spricht lediglich den folgenden Satz aus.

Dann enthält die Ablehnung keine Präjudicirung der weiteren Abstimmung.

Rechtsanwalt Dr. **Holdheim** (Frankfurt a. M.): Ich möchte Herrn Prof. Kleinfeller bitten, seinen Antrag zu Gunsten des ersten Absatzes des Antrags des Herrn Referenten zurückzuziehen, und dann bitten, daß getrennt abgestimmt wird.

Dann kommen wir zu dem Resultate, das wir wollen. Diejenigen Herren, welche lediglich das Princip aussprechen wollen, stimmen für Nr. 1 und gehen nicht weiter; diejenigen, die noch für Modalitäten sind, stimmen dann für die weiteren Nummern.

(Sehr richtig!)

Reichsgerichtsrath Dr. **Olshausen:** Die Schwierigkeit entsteht daher, weil Verschiedenes in einem Punkt zusammengeworfen ist. Schließen Sie sich meinen Anträgen an und wird beides angenommen, dann ist das Ergebniß das, was Herr Prof. Kleinfeller will, und wer nichts weiter will, lehnt Nr. 2 u. 4 ab. Wir kommen zu demselben Resultate, aber wir trennen die einzelnen Punkte, und das ist auch das, was ich gegen die jetzige Fassung der Nr. 3 des Herrn Referenten einzuwenden habe, daß zwei Gedanken zusammengeworfen sind.

Professor Dr. **Kleinfeller** (Kiel): Ich ziehe meinen primären Antrag zurück und bitte lediglich um eine Abstimmung darüber, ob bloß das Princip festgestellt werden soll oder ob auch über Details abgestimmt werden soll.

(Zuruf: Das ergiebt sich von selbst!)

Dann ziehe ich den primären Antrag schlechthin zurück.

Vorsitzender: Wir kommen zu Ziffer 1 der Anträge des Herrn Referenten:

1. Es empfiehlt sich, die Eideszuschiebung im Civilprocesse durch Vernehmung der Parteien als Zeugen zu ersetzen,

der sich auch der Herr Correferent angeschlossen hat, und mit der sich der Antrag Olshausen deckt.

Wer dafür ist, den bitte ich sich zu erheben.

(Geschieht.)

Beinahe einstimmig angenommen.

Wir kommen zu Ziffer 2 der Anträge des Herrn Referenten:

2. und zwar derartig, daß ohne Aenderung der Verhandlungsmaxime und der Beweislast statt der Eideszuschiebung der Antrag auf Vernehmung der Parteien gestellt werden kann, und daß ohne Anwendung von Zwangsmaßregeln gegen die Parteien die Vereidigung einer der Parteien, die Würdigung der beeidigten oder unbeeidigten Aussagen, sowie die Würdigung einer Ablehnung der Vernehmung oder des Eides der richterlichen Beweiswürdigung zu überlassen ist.

Hierzu hat Herr Professor Kleinfeller beantragt die Streichung der Worte:

„ohne Aenderung der Verhandlungsmaxime und der Beweislast",

und vom Herrn Correferenten Hamm ist beantragt, zu sagen:

„und zwar derartig, daß ohne Aenderung der Verhandlungsmaxime und der Beweislast noch der formalen Beweiskraft des Eides die Abnahme des Eides durch Vernehmung der betreffenden Personen geschieht."

Referent Justizrath Dr. **von Wilmowski** (zur Fragestellung): Ich würde vorschlagen, zunächst über den Vorschlag des Herrn Prof. Kleinfeller als den weitestgehenden abzustimmen, sodann über meinen und event. über den des Herrn Correferenten.

Vorsitzender: Ich bitte die Herren sich zu erheben, welche dem Antrage des Herrn Prof. Kleinfeller zustimmen wollen.

(Geschieht.)

Er ist abgelehnt.

Sodann bitte ich die Herren, welche den Antrag 2 nach der Fassung des Herrn Referenten annehmen wollen, sich zu erheben.

(Geschieht.)

Ich bitte um die Gegenprobe.

(Geschieht.)

Derselbe ist abgelehnt.

Wir kommen zum Antrage des Herrn Correferenten Hamm.

Ich bitte die Herren sich zu erheben, welche demselben zustimmen wollen.

(Geschieht.)

Mit 28 gegen 19 Stimmen angenommen.

Jetzt folgt der Antrag des Herrn Dr. Olshausen, als Nr. 3 einzufügen:

Die eidliche Vernehmung einer Partei kann auch ohne vorausgegangene Eideszuschiebung richterlicherseits angeordnet werden.

Wer dafür ist, den bitte ich, sich zu erheben.

(Geschieht.)

Der Antrag ist abgelehnt.

Es folgt die Nr. 3 der Anträge des Herrn Referenten in der neuen Fassung:

„Die Vereidigung einer Partei ist durch Beschluß zu bestimmen."

Die Herren, welche den Antrag annehmen wollen, bitte ich, sich zu erheben.

(Geschieht.)

Ich bitte um die Gegenprobe.

(Geschieht.)

Der Antrag ist abelehnt.

Nun ist noch abzustimmen über den Antrag des Herrn Correferenten:

„Das Gleiche gilt von der Abnahme des richterlichen Eides."

Ich bitte die Herren, welche so beschließen wollen, sich zu erheben.

(Geschieht.)

Der Antrag ist angenommen.

Mit der Berichterstattung im Plenum, welchem der Gegenstand zur Kenntnißnahme unterbreitet werden soll, wird der Referent von Wilmowski beauftragt.

Ein Antrag auf Abhaltung einer Sitzung am Nachmittage wird sodann nach längerer Besprechung abgelehnt.

(Schluß der Sitzung: 2 Uhr.)

Zweite Sitzung der dritten Abtheilung

Mittwoch, den 11. September, Vormittags 9 Uhr.

Vorsitzender: Bevor wir in unserer Tagesordnung weiter fortfahren, erlaube ich mir die Vorschläge Ihnen zu unterbreiten, welche das Büreau hinsichtlich der Wahl der Vertrauensmänner macht:

Rechtsanwalt Burgheim (Minden),
Oberstaatsanwalt Hamm (Cöln),
Reichsgerichtsrath Dr. Olshausen (Leipzig),
Reichsgerichtsrath Dr. Stenglein (Leipzig),
Rechtsanwalt Hobelmann (Bremen),
Landesgerichtsrath Dr. Felisch (Berlin),
Prof. Dr. Merkel (Straßburg),
Prof. Dr. Pfaff (Wien),
Geh. Justizrath v. Wilmowski (Berlin),
Ober-Landesgerichtspräsident Dr. Köstlin (Stuttgart).

Da sich Widerspruch gegen diese Liste nicht erhebt, erkläre ich die genannten Herren für gewählt.

Es liegen uns noch 3 Fragen zur Behandlung vor. Was die Frage des unlauteren Wettbewerbes betrifft, so ist zu erwarten, daß unser Herr Präsident kraft seiner Präsidialbefugniß morgen diese Frage zur Berathung und Beschlußfassung im Plenum stellen wird.

Ich habe erfahren, daß weder von der I. noch von der II. Abtheilung ein Gegenstand dem Plenum zur Berathung überwiesen werden wird, so daß also kein Hinderniß vorliegen würde, diese Frage dem Plenum vorzubehalten.

Reichsgerichtsrath Dr. **Stenglein** (zur Geschäftsordnung): Ich bin nun seit ca. 30 Jahren Mitglied des Juristentages, aber der Fall, daß eine in die Abtheilung verwiesene Frage vom Präsidium nachträglich ins Plenum verwiesen wurde, ist mir nicht vorgekommen.

(Zuruf: Schöffengerichte!)

Diese Sache war, so viel ich weiß, vorher in der Abtheilung berathen.

Da wir aber bisher nur eine Mittheilung über den Plan des Herrn Präsidenten erhalten haben, glaube ich, es wäre am sichersten, wenn wir in der Abtheilung den Beschluß faßten, die Sache dem Plenum zu überweisen.

(Zuruf: Dann müssen wir sie erst berathen haben.)

Wir können sie auch unberathen überweisen.

Vorsitzender: Auf dem Augsburger Juristentage ist die Frage der Schöffengerichte — um es kurz zu sagen — nach Besprechung in der Abtheilung an das Plenum verwiesen und dort erledigt worden.

Landesgerichtsrath Dr. **Kronecker** (Berlin): Ich erinnere mich auch, daß früher die meisten Sachen, die an das Plenum verwiesen wurden, erst in der Abtheilung berathen waren, und ich halte es doch auch für richtig, daß die Abtheilung die Sachen vorberäth und dem Plenum das Ergebniß ihrer Berathung und Beschlußfassung unterbreitet. Gerade bei der vorliegenden, sehr schwierigen Frage möchte ich das besonders angeregt haben.

Senatspräsident Dr. **v. Stößer** (Karlsruhe): Ich glaube, wir brauchen nicht viel über die Sache zu sprechen. Ich erlaube mir daran zu erinnern, was § 7 der Satzungen bestimmt:

> Der Präsident bestimmt die Tagesordnung und kann einzelne Gegenstände ohne Vorberathung in den Abtheilungen (§ 6) unmittelbar zur Plenar-Berathung stellen. Auch ist er befugt, Nichtmitglieder als Zuhörer zuzulassen.

Wenn wir nun die bestimmte Erklärung erhalten haben, daß es die Absicht des Herrn Präsidenten Dr. Drechsler ist, diese Frage vor das Plenum unmittelbar zu ziehen, so glaube ich, liegt es in unserem Interesse, sie einstweilen zurückzustellen, und wenn Sie ganz vorsichtig sein wollen, können wir ja noch vor Schluß unserer heutigen Berathung uns durch eine Anfrage beim Herrn Präsidenten Dr. Drechsler vergewissern, ob er diese Absicht wirklich hege.

Ich würde also vorschlagen, zunächst mit den anderen Gegenständen der Tagesordnung uns zu beschäftigen.

Vorsitzender: Ist dies die Meinung der Abtheilung, daß wir heute von der Berathung und Beschlußfassung über die Frage absehen?

(Zustimmung.)

Es erfolgt kein Widerspruch.

Rechtsanwalt **Burgheim** (Minden a. W.): Soweit ich die Meinung der Abtheilung verstanden habe, soll vorläufig abgewartet werden, bis Herr Präsident Drechsler hier ist und uns die Erklärung gegeben hat, ob er die Sache ins Plenum bringen will. Es ist vorhin vom Herrn Vorsitzenden erwähnt worden, daß von den anderen Abtheilungen kein Gegenstand dem Plenum zur Berathung überwiesen werden würde. Das kann doch nur soviel heißen, daß von den gestrigen Berathungsgegenständen keiner zur Berathung überwiesen worden ist; man kann aber nicht wissen, ob nicht heute noch eine Verweisung an das Plenum beantragt wird.

Es ist das Sicherste, wenn vorläufig abgewartet wird, bis wir die Erklärung des Herrn Präsidenten Dr. Drechsler haben; schlimmstenfalls, glaube ich, schadet es nicht, wenn über die Frage des unlauteren Wettbewerbes die Abtheilung mit dem Plenum in Wettbewerb tritt.

Vorsitzender: Wir lassen also die Frage dahingestellt und wenden uns zur Berathung der Frage 9:

> Empfiehlt sich die Einführung von Verschärfungen der Freiheitsstrafen im Sinne des österreichischen Entwurfs?

Referent Reichsgerichtsrath Dr. **Stenglein:** Ueber die uns beschäftigende Frage liegen zwei Gutachten vor: von den Herren Collegen Dr. Kronecker und Dr. Felisch. Beide sprechen sich der Frage gegenüber bejahend aus, Herr College Kronecker in bestimmtester Weise, dagegen Herr College Felisch in sehr verclausulirter und zurückhaltender Weise; immerhin kommt auch er zu dem Resultate, die Frage zu bejahen.

Ich bin anderer Ansicht und glaube insbesondere den Herren Gutachtern einen Einwand nicht vorenthalten zu können, und das ist der, daß sie eigentlich die Frage nicht direct beantwortet haben. Sie haben sich nicht an den österreichischen Entwurf gehalten, der in der Frage zu Grunde gelegt ist, sondern sie haben die Frage mehr in dem Sinne behandelt, als wenn sie laute: Sollen Strafschärfungen in das deutsche Strafsystem eingeführt werden? unter welchen Umständen? mit welchen Beschränkungen? — also weitaus allgemeiner, als die Frage gestellt ist. Ich glaube vielmehr, wir sind gezwungen, uns zu fragen: was sind denn die hauptsächlichen, charakteristischen Merkmale des österreichischen Entwurfs? und nur, wenn wir uns damit einverstanden erklären könnten, würden wir in der Lage sein, die Frage zu bejahen. Als solche charakteristischen Merkmale des Entwurfs sehe ich nun an vor Allem natürlich die drei Schärfungsgründe, die der österreichische Strafgesetzentwurf kennt und nehme an, daß hiermit der letzte Entwurf — ich glaube, er trägt die Nummer 7 — gemeint ist. Es ist das die Kostentziehung — um es kurz so zu bezeichnen —, das harte Lager und der Dunkelarrest.

Außerdem aber ist es ein Charakteristicum gegenüber eines Einwandes, man könne die Strafschärfungen als Vollzugsmaßregeln den Verwaltungsbehörden überlassen, daß eine gesetzliche Anordnung in diesem Sinne stattfindet; und ich glaube, darüber wird wohl im deutschen Juristentage kaum eine Meinungsverschiedenheit herrschen, daß eine solche schwer wiegende und persönlich eingreifende Maßregel nur im Wege des Gesetzes eingeführt werden kann. Ich glaube also von dieser Modalität absehen zu können. Die Herren Gutachter sind auch beide damit vollständig einverstanden.

Ferner ist ein Charakteristicum des österreichischen Entwurfs, daß dem Richter ohne wesentliche Fingerzeige eine vollständige freie Verfügung über die Strafschärfung eingeräumt ist. Das erscheint mir sehr bedenklich; ich werde aber darauf zurückkommen.

Als ein viertes Charakteristicum scheint mir nun aufgestellt werden zu können, daß der österreichische Entwurf Strafschärfungen als eine generelle Maßregel für alle Gattungen von strafbaren Handlungen nur mit zwei Ausnahmen — Zweikampf und politische Verbrechen — zuläßt, daß also auch z. B. bei allen Eigenthumsverbrechen, nicht, wie viele Stimmen verlangen, lediglich bei Roheits- und Sittlichkeitsverbrechen oder ähnlichen Gattungen strafbarer Handlungen, die Strafschärfungen Anwendung finden sollen.

Was nun die Strafschärfungsmaßregeln betrifft, so haben die beiden Herren Gutachter sich dagegen erklärt, daß der Dunkelarrest angewendet werde. Sie müßten hiernach consequent dahin kommen, die ganze Frage zu verneinen, denn auch der Dunkelarrest spielt eine große Rolle im österrreichischen Strafgesetze. Ich schließe mich in diesem Punkte den Herren Gutachtern an. Der Dunkelarrest ist vom sanitären Standpunkte aus durchaus noch nicht als ein Strafmittel anerkannt, welches ohne Bedenken zugelassen werden kann. Man empfiehlt es, um dem Arrestanten Gelegenheit zu geben, im Dunkel des Gefängnisses seine Gedanken zu rectificiren, zu verbessern. Ich gestehe aber, daß ich gerade diesem Zwecke dieses Strafschärfungsmittels einen ganz entschiedenen Unglauben entgegenbringe. Es ist auch dem Gebildeten die Nacht nicht immer ein Freund, besonders wenn er sie schlaflos zubringen muß. Von einem Uebelthäter, einem rohen Menschen, dem man eine Strafschärfung dictirt, weil er ein Roheitsdelict begangen hat, zu glauben, daß er im Dunkel der Nacht auf bessere Gedanken kommt, ist etwas, wogegen sich meine Ueberzeugung sträubt. Ich glaube, daß, wenn er im Dunkeln nachbrütet, er nur empfindet, daß er das Unglück gehabt hat, in Strafe zu verfallen, und es wird ihn nur noch viel mehr verbittern, aber keineswegs erziehend, keineswegs bessernd wirken.

Ich bin also mit den Herren Gutachtern einverstanden, daß, wenn wir überhaupt zu einer Bejahung der Frage kommen, wir den Dunkelarrest von der Liste derjenigen Maßregeln streichen, welche für die deutsche Strafjustiz zu empfehlen wären.

Auf alle die Mannigfaltigkeiten einzugehen, die man sonst noch als Strafschärfungen angewendet hat, glaube ich, liegt keine Veranlassung vor; es liegt keine vor in der Frage und es liegt vor Allem auch keine Veranlassung in der Sache selbst, denn der menschliche Geist war so erfinderisch, daß wir vor einer unerschöpflichen Liste stehen würden. Wir würden dadurch nur die Discussion zersplittern, aber zu keinem Resultate kommen. Ich glaube also, wir haben gute Gründe, uns an diejenigen Strafschärfungsmaßregeln zu halten, welche der österreichische Entwurf aufgestellt hat, nachdem die Frage dahin beschränkt ist.

Wende ich mich nun zu den anderweitigen Gründen, welche von den Herren Gutachtern für die Bejahung der Frage angeführt sind, so hat Herr College Kronecker sich ziemlich kurz gefaßt und erklärt, daß die Roheitsdelicte in einer Weise um sich griffen, daß nothwendigerweise eine intensivere Strafzumessung und Vollzug gegen dieselben nothwendig wäre, und er findet das Abhilfmittel in den Strafschärfungen. Die Behauptung, daß die Roheitsdelicte sich ganz erheblich mehren, findet man vielfach aufgestellt; sie findet viele Gläubige, aber bewiesen scheint sie mir noch nicht zu sein. Ja, ich glaube sogar, sie entzieht sich einigermaßen dem Beweise. Der Beweis könnte nur in einem sehr eingehenden statistischen Material gefunden werden. Ein solches Material liegt aber nicht vor, und an und für sich dürften, wenn man die Roheitsdelicte als solche bestimmt definiren wollte, sich schon einige Schwierigkeiten ergeben. Der Beweis also, daß die Roheitsdelicte sich in einem so erheblichen Maße mehren, daß eine gesetzliche Maßregel dagegen nothwendig wäre, scheint mir noch nicht geliefert zu sein. Aber wir haben es noch mit einer Reihe anderer Erwägungsgründe zu thun, über die Frage, ob denn gerade die Strafschärfungen das richtige Mittel wären, wenn wirklich die Roheitsdelicte sich in einem sehr erheblichen Maße vermehrt haben sollten. Herr College Felisch hat ziemlich erschöpfend alle die Gründe für und wider aufgeführt; ich glaube aber, es tritt in seinem Gutachten nicht so ganz klar hervor, was eigentlich von ihm für die Bejahung, was von ihm für die Verneinung angeführt wurde, denn selbstverständlich kommen bei den einzelnen Gründen auch wieder Bedenken zum Vorschein, durch diese schwächt er die Wirkung ab, gegen einige erklärt er sich direct und ich kann ihm in diesen Bemerkungen nur folgen, denn viele der Gründe, die man für die Strafschärfungen geltend gemacht hat, sind für die Bekämpfung unverwendbar. Es ist das die Zunahme der strafbaren Handlungen im Allgemeinen. Es ist ja richtig, daß statistisch nachgewiesen ist, daß die strafbaren Handlungen sich im Ganzen gemehrt haben. Ob das aber der Fall ist, weil mehr verfolgt wird, oder ob es der Fall ist, weil mehr delinquirt wird, ist schon eine Frage, die sich der Beobachtung entzieht. Ferner, was das Vorkommen der Roheitsdelicte betrifft, so können wir doch kaum verkennen, daß die öffentlichen Blätter heutzutage eine Rubrik für alle strafbaren Handlungen haben, welche irgendwo in der civilisirten Welt begangen werden, daß ein Blatt von dem anderen diese Nachrichten abdruckt und daß dadurch alles das, was auf der Welt geschieht, in einer Weise an die Oeffentlichkeit gezogen wird, wie es früher nicht der Fall war. Daß man davon den allgemeinen Eindruck bekommt, die Delicte überhaupt und die Roheitsdelicte mehrten sich in einem ganz ungeheuren Grade, ist sehr natürlich, aber eigentlich liegt der Gegensatz darin, daß wir früher viel weniger davon erfahren haben, als bei unserem jetzt sehr ausgebildeten Zeitungswesen, und deswegen scheint mir der Beweis noch problematisch zu sein. Aber auch angenommen, es wäre der Fall, es hätten sich die Delicte so sehr gemehrt: glaubt man denn wirklich, daß man in einer sehr erheblichen Weise das dadurch mindern kann, daß man die Leute an der Kost schmälert oder ihnen ein hartes Lager anweist? Ich gestehe, ich setze einer solchen Schlußfolgerung Unglauben entgegen. Ich thue das um so mehr, als ja die Quellen der Vermehrung der Delicte solche sind, die man mit solchen kleinen Maßregeln nicht abdämmen kann. Wir können doch nicht verkennen, daß social eine Verhetzung der Stände gegeneinander stattgefunden hat, welche auch eine Reihe von Brutalitätsdelicten zur Folge hat. Ich will gar nicht etwa die socialistische Theorie unbedingt und unmittelbar dafür verantwortlich machen, wenn irgend ein roher Mensch in seiner Verbitterung und seinem Hasse sich in einer rohen Weise gegen einen besser Situirten vergeht. Mittelbar wird die Agitation immer dahin wirken. Und daß eine Reihe von solchen Roheitsdelicten dieser socialen Verbitterung entstammt, das wird wohl kaum einem Zweifel unterliegen. Sollte man diese sociale Verbitterung auch nur mindern können durch die kleinen Maßregeln des harten Lagers, der Kostentziehung oder auch des Dunkelarrestes? M. H., dafür habe ich einen sehr entschiedenen Unglauben.

Ein weiterer Grund, von den Strafschärfungen abzusehen — welchen College Felisch geltend macht —, ist die geschichtliche Entwickelung.

Er sagt mit Recht: Wir hatten früher in den verschiedenen Gesetzgebungen eine ganze Reihe von Strafschärfungen. Sie sind allmählich verschwunden und im deutschen Strafgesetzbuch sind sie bereits vollständig gestrichen; auf das österreichische werde ich aus einem besonderen Grunde noch zurückkommen. Es wäre eine anachronistische Entwickelung, wenn wir jetzt wieder zu den Strafschärfungen zurückkommen wollten. Ganz überweisend ist der Grund natürlich nicht. Wir sehen dies z. B. in der Frage der Berufung, wo wir geglaubt haben, einen großen Fortschritt durch die Beseitigung zu machen, sich aber in einer für mich äußerst verwunderlichen Weise — denn ich bin Gegner der Berufung — die öffentliche Meinung alsbald für Wiederherstellung ausspricht. Also denkbar wäre es, daß man früher geglaubt hat, die Strafschärfungen seien nicht richtig, daß man sie in Folge dessen abgeschafft hat, und dann zur Erkenntniß kommt, daß man sie doch nicht entbehren könne. Der geschichtliche Grund würde also nicht überweisend sein!

Man hat ferner angeführt: Die Strafschärfungen als körperliche Maßregeln seien eine abschüssige Bahn, man würde zur Prügelstrafe kommen. Ich glaube, man kann doch dem Gesetzgeber zutrauen, daß er eine Consequenz dieser Art nicht ziehen würde. Wenn der Juristentag bei verschiedenen Gelegenheiten erklärt hat, daß die Prügelstrafe eine verwerfliche Maßregel sei, so schließt dies ein Votum für die Strafschärfungen nicht aus. Wenn auch eine gewisse Verwandtschaft nicht geleugnet werden kann, so kann doch nicht zugegeben werden, daß die Consequenz von den Strafschärfungen nothwendig zur Wiedereinführung körperlicher Züchtigungen führen müsse. Man hat eingewendet, man käme dadurch zu einer außerordentlich verschiedenartigen Verurtheilung. Herr Dr. Felisch hat mit Recht erwidert: Das ist eine Folge der menschlichen Strafjustiz überhaupt, der Anwendung von Strafmitteln durch verschiedene Gerichte, die von verschiedenen Anschauungen ausgehen. Dies hat nothwendig zur Folge, daß eine gewisse Verschiedenheit in der Verurtheilung eintrete. Ob das bei einem Strafmittel mehr oder minder geschieht, ist ohne Belang. Dies ist von menschlichen Einrichtungen untrennbar. Dieser Grund ist also nicht überweisend.

Ein weiterer Grund, den man gegen die Schärfungen aufgeführt hat, ist die Gesundheitswidrigkeit. Wäre das über allem Zweifel erhaben, so wäre damit die Frage entschieden. Ich glaube nun aber allerdings — und ich werde darauf in der Begründung meines Antrages zurückkommen —, daß die Gesundheitswidrigkeit eine große Rolle bei der Entscheidung der Frage spielen soll. Ich habe sie bei der Frage des Dunkelarrestes bereits erwähnt. Es scheint mir bei dem Dunkelarrest die überwiegende Mehrheit sich dafür ausgesprochen zu haben, daß er vom gesundheitlichen Standpunkte aus nicht zulässig sei, und deswegen habe ich im Einklang mit den Herren Gutachtern diese Frage bereits von unserer Discussion ausgeschlossen. Aber auch Kostschmälerung und hartes Lager bedürfen noch sehr der Erwägung, ob sie gesundheitlich zulässig sind. Man hat ferner angeführt, daß diese Strafschärfungen, wenn sie geboten erscheinen und angewendet würden, keine genügende Berücksichtigung der Individualität des Strafbaren zuließen. Auch das ist, glaube ich, ein Einwand, der so ziemlich bei allen Strafarten gemacht werden kann, der sich also nicht hier speciell aufnehmen läßt. Man hat ferner gesagt, es würden sociale Ungleichheiten entstehen. Es würde weniger der besser Situirte, als der minder gut Situirte diesen Strafschärfungen unterworfen werden. Man hat das kurz ausgedrückt: es würde eine Unterscheidung zwischen honestiores et humiliores eintreten. Ich glaube nicht, daß man den deutschen Gerichten das zutrauen kann. Es hat auch die Freiheitsstrafe für die honestiores einen sehr üblen Beigeschmack. Wenn sich einer der Gebildeten zu einem Roheits- oder Sittlichkeitsdelict oder irgend einem anderen Delict hinreißen läßt, für welches man Strafschärfungen angemessen findet, so glaube ich, würde er unbedingt denselben Strafmitteln unterworfen werden, wie jeder andere.

Ein sehr schwerwiegender, wenn auch nicht entscheidender Grund scheint mir dieser zu sein: Was bleiben denn eigentlich den Strafanstaltsvorständen für Disciplinarmittel übrig, wenn wir ihnen schon in der Strafe die wesentlichsten Mittel von denjenigen nehmen, die sie bisher als Disciplinarmittel anwenden konnten? Ich glaube fast, wir entwaffnen damit die Strafanstaltsvorstände. Wir können doch nicht annehmen, daß neben der bereits als Strafe dictirten Kostentziehung noch weitere Entziehungen als Disciplinarmittel angewendet werden. Zu welchen Resultaten kämen wir dann? Das scheint mir ein sehr schwerwiegender Grund gegen die Strafschärfungen zu sein. Man hat ja allerdings noch eine ganze Musterkarte von kleinen Annehmlichkeitsentziehungen u. dgl. ausgeführt, welche als Disciplinarmittel übrig blieben. Aber diese Mittel sind sehr schwach und ihre Wirkung ist, glaube ich, sehr problematisch.

Man hat angeführt, es läge noch keine Statistik für diejenigen Delicte vor, gegen die man die Strafschärfungen einführen wollte. Das ist richtig, könnte aber fast allen Reformen entgegengehalten werden. Man hat endlich angeführt, man würde mit einer nachträglichen Einführung der Strafschärfungen eine Flickarbeit an unserem Strafgesetzbuche vornehmen, man würde das ganze System stören. Das ist allerdings richtig, aber es ist ein Beweis, der sich überhaupt gegen jede Reform anführen läßt; denn daß wir schließlich nicht jedesmal, wenn eine solche Frage auftaucht, eine systematische Revision unserer Gesetzgebung vornehmen können, ist klar. Würden sich aus anderen Gründen die Strafschärfungen empfehlen, so nehme ich durchaus keinen Anstand, mich bereit zu erklären, einer solchen Einrichtung zuzustimmen.

Als besonders für die Strafschärfungen sprechend hat Herr College Felisch angeführt, die Maßregel hätte sich in Oesterreich bewährt. Gegen diese Behauptung muß ich nun ganz entschieden Protest einlegen. Nicht, als wenn ich behaupten wollte, sie hätten sich nicht bewährt, aber es liegt meiner Meinung nach ein non liquet vor. Die Strafschärfungen sind allerdings in Oesterreich seit langen Jahren eingeführt und in Uebung — ich werde auch auf dieses Capitel noch etwas zu sprechen kommen —, aber es haben sich zahlreiche und ganz erhebliche Stimmen dagegen erklärt, und gerade die Reihenfolge von Entwürfen, welche in Oesterreich zu Stande kamen, zeigt am besten, welche Zweifel man in Oesterreich an der Wirksamkeit der Maßregel hat; denn man hat in einer ganzen Reihe dieser Entwürfe die längst in Uebung befindlichen Strafschärfungen wieder weggelassen, man hat sich auf den Standpunkt der deutschen Strafgesetzgebung gestellt und ohne Strafschärfungen auskommen zu können geglaubt. Später sind sie ohne irgend ein ersichtliches Motiv wieder in die Entwürfe eingesetzt worden; aber ein Beweis dafür, daß nun anerkanntermaßen in Oesterreich die Strafschärfungen von guter Wirkung gewesen seien, ist, glaube ich, bis zur Stunde nicht geliefert, und auch unter den heutigen Criminalisten in Oesterreich haben sich sehr erhebliche Stimmen dagegen erklärt.

Man sagt, der Eindruck einer solchen Strafe sei wesentlich nachhaltiger auf den Bestraften, das glaube ich allerdings auch. Aber ob er günstig nachhaltig ist, das ist eine ganz andere Frage. Nachhaltig würde ganz gewiß z. B. die Anwendung der Prügelstrafe auch sein; aber deswegen werden wir sie doch nicht wollen. Also die nachhaltige Wirkung allein kann uns nicht bestimmen, eine Maßregel, die sich nicht von selbst empfiehlt, aufzunehmen.

Diese Strafen sollen für Brutalitätsdelicte hauptsächlich am Platze sein. Dem stimme ich zu, jedoch nur mit der Einschränkung, daß die Brutalitätsdelicte selbst sehr schwer zu definiren sind. Endlich kam man darauf, daß unser Strafsystem zu milde sei. Ich möchte das in Abrede stellen. Etwas Anderes ist es mit dem endlichen Einwurf, daß die Judicatur zu milde sei. Das allerdings, glaube ich, müssen wir zugeben, daß das vielfach der Fall ist. Aber immerhin bietet unser Strafgesetzbuch

Strafmittel in einer solchen Stärke und Schwere, daß sich damit würde auskommen lassen, wenn man sich überhaupt von Seiten der Richter würde veranlaßt sehen, strengere Strafen zu erkennen.

Trotz aller dieser Erwägungen, welche, wie mir scheint, dahin führen, daß wir sagen müssen, die Frage ist durchaus noch nicht ganz entschieden, komme ich im Großen und Ganzen zu einer Verneinung der gestellten Frage.

Gestatten Sie mir, die Gründe hierfür in Kürze aufzuführen. Um sich über eine solche Einführung auszusprechen, ist es vor Allem nothwendig, sich klar zu machen, wie man sich denn die Strafe denkt.

Die Strafe ist ohne allen Zweifel ein Uebel — mag man im Lager derer stehen, die sie als absolutes Gebot der Gerechtigkeit, als Ausgleich zwischen Recht und Unrecht betrachten, oder mag man sich in das Lager derer denken, die bestimmte Zwecke mit der Strafausführung verbinden wollen. Denn auch diejenigen, die mittels der Strafe erziehen wollen, müssen sich dieselbe als ein Uebel denken, welches man dem zu Bestrafenden zufügt. Ist sie aber ein Uebel, dann muß man sie auch mit Ernst als Uebel auffassen. Gestatten Sie mir, einen Gegensatz zu machen, bei dem ich natürlicher Weise, um den Gegensatz prägnanter hervortreten zu lassen, nicht an actuelle Zustände anknüpfe, sondern etwas Fractur spreche. Denken wir uns ein fideles Gefängniß, in dem man täglich dem Gefangenen ein opulentes Diner servirt, ein sehr bequemes Lager anweist, wie er es in der Freiheit kaum genießt, natürlich fehlen ihm auch Licht, Beschäftigung, Unterhaltung nicht. Eine solche Strafzumessung läßt natürlich der Schärfungen unendlich viele zu. Ich denke mir die Strafe anders. Ich denke mir, daß dem Bestraften nicht mehr an Kost zugemessen werden soll, als die Gesundheit und die Erhaltung seiner Arbeitskraft absolut gebieten, und ich denke mir, daß ihm ein Lager zugewiesen wird, so daß er es in der Freiheit in der Regel besser hat, ein Lager, welches nicht gerade als eine Annehmlichkeit, sondern ebenfalls nur als eine Deckung des dringendsten Bedürfnisses zu gelten hat. Und nun komme ich zu dem ganz einfachen Resultate: Wenn wir wirklich die Strafmittel auf dieses allernothwendigste Maß reduciren, dann dürfen wir sie nicht noch weiter reduciren, denn wir würden sonst die Gesundheit wie die Arbeitskräfte des Bestraften angreifen, und das wäre nicht nur unmenschlich, sondern es wäre dem Strafzwecke geradezu entgegen, deswegen komme ich ganz entschieden zur Verneinung der Frage, ob wir für Strafen von längerer Dauer Strafschärfungen einführen dürfen. Ich glaube aber auch, erziehlich sind für solche länger dauernde Strafen die Strafschärfungsmittel so übel wie möglich bemessen. Ich komme hier auf die Exemplication auf Oesterreich. Es kommen dort Urtheile vor: 2, 3 Jahre Zuchthaus, jeden Monat ein- oder zweimal geschärft durch Entziehung der Kost, durch Anweisung eines harten Lagers, durch Dunkelarrest.

Glauben Sie, daß bei einer so langen Dauer der Bestrafte der Ansicht ist: „ich empfange damit eine gerechte Strafe", nachdem man ihm bereits die Freiheit entzogen hat?

Wenn ich die Erfahrung, so weit sie mir zu Gebote steht, wenn ich logische Schlußfolgerungen in Betracht ziehe, so komme ich zu dem Resultate, daß solche Maßregeln, auf eine lange Zeitdauer vertheilt und immer wiederkehrend, mag sich der betreffende Bestrafte gut oder schlecht im Gefängniß benehmen, ihn nur erbittern, aufregen und nur das Gefühl der Chicane in ihm erwecken, also nur das Gegentheil von dem hervorrufen, was man mit der Strafe erzielen will.

Etwas Anderes ist es aber, wenn wir uns kurze Strafen denken, die dadurch intensiver gemacht werden sollen, und — man mag sagen, was man will — über diese kurzen Freiheitsstrafen kommt man nicht hinweg. Denken wir uns, es wird ein Mann, der irgend eine brutale, aber in ihren Folgen nicht schwere That begeht, zu 3 Tagen Gefängniß bei Wasser und Brod verurtheilt, so hat er eine einheitliche Strafe, er weiß, er erleidet eine intensive Strafe. Aber das fällt weg bei einer langdauernden Strafe und sporadisch immer wiederkehrenden Schärfungen, wo er sich trotz guten Benehmens immer wieder von Neuem bestraft fühlt, immer wieder — ich habe es bereits einmal so bezeichnet — in einer chicanösen Weise sich bestraft fühlt.

Ich hätte also nichts gegen die Strafschärfungen des harten Lagers und der Kostentziehung bei solchen ganz kurzen Strafen von Tagen, höchstens von einer Woche angewendet und auch nicht auf die ganze Scala von strafbaren Handlungen, sondern auf Roheitsdelicte, auf körperliche Vergewaltigungen angewendet, wie sie leider häufig vorkommen. Aber darauf möchte ich sie auch beschränken und deswegen in der Hauptsache die gestellte Frage verneinen, daß nach dem Muster des österreichischen Entwurfs eine Strafschärfung in der deutschen Strafgesetzgebung eingeführt werde.

Ich bitte Sie deshalb, m. H., die neueren Anträge um so mehr anzunehmen, als ich fürchte, daß, wenn wir auf die verschiedenen Thesen, welche die Herren Gutachter aufgestellt haben, eingehen, die Debatte allzu sehr zersplittert wird. Ich glaube nicht, daß solche Detail geeignet sind, beim Juristentag in Berathung gezogen zu werden.

Mein Antrag lautet:

Der deutsche Juristentag spricht sich dahin aus:

1. Die Einführung von Verschärfungen der Freiheitsstrafen im Sinne des österreichischen Entwurfs empfiehlt sich nicht.
2. Strafschärfungen sind nur zulässig bei kurzen Freiheitsstrafen, welche für Roheits- und Sittlichkeitsdelicte verhängt werden.
3. Als solche Schärfungen empfehlen sich Kostentziehung und hartes Lager.

(Bravo!)

Correferent Landgerichtsrath **Dove** (Frankfurt a. M.): M. H.! Nachdem Sie durch einen hervorragenden Criminalisten über die in Betracht kommenden Gesichtspunkte informirt sind, glaube ich mich ziemlich kurz fassen zu können, indem ich, da ich auch im Wesentlichen mit ihm übereinstimme, kurz diejenigen Punkte hervorhebe, in denen wir zu demselben Resultat kommen und diejenigen, in welchen wir doch auch Abweichungen zeigen.

Der erste Herr Berichterstatter hat die Frage allgemein aufgefaßt, und ich glaube, das ist auch vollkommen zutreffend. Als die Frage aufgestellt wurde, handelte es sich nur um einen österreichischen Entwurf. Inzwischen ist sie auch für uns in Deutschland durch Gesetzesvorschläge praktisch geworden. Ich werde speciell die Verhältnisse des Deutschen Reiches ins Auge fassen, weil die nationalen und culturellen Verhältnisse Oesterreichs uns ja ferner liegen, und weil unter den Anwesenden hier im hohen Norden nur wenige Oesterreicher sind. Der erste Herr Berichterstatter hat auch schon hervorgehoben, daß die beiden Herren Gutachter zu demselben Resultate kommen, aber aus wesentlich verschiedenen Gründen. Mir ist dieser Gegensatz bei der Lectüre so aufgefallen, daß ich sagen muß: fast jeder der Gründe, die Herr College Kronecker für seine Ansicht aufführt, wird von Herrn Collegen Felisch widerlegt, und ich muß ferner sagen, daß ich bei der Lectüre des Gutachtens des Herrn Collegen Felisch erwartet habe, daß er zu dem entgegengesetzten Resultate kommen würde.

Ich hatte den Eindruck, daß das Zünglein der Waage nach der anderen Richtung stände, als er selbst annimmt. Es ist das ein Zeichen für die große Objectivität, mit welcher er verfahren ist und ich als Gegner der Schärfungen der Freiheitsstrafe bin ihm hierfür sehr dankbar.

Die Differenz zwischen uns beruht vielleicht darin, daß wir in einem Punkte, in der Frage nach dem Verhältniß der vorgeschlagenen Verschärfungen zur Prügelstrafe allerdings verschiedener Ansicht sind.

M. H.! Wenn man gefragt wird, ob Strafschärfungen sich empfehlen, so glaube ich, daß diese Frage nach einem dreifachen Gesichtspunkte zu prüfen ist. Erstens haben sich die bestehenden Strafvorschriften als unzureichend erwiesen, um den Zweck, den die Strafen haben sollen, die Gesellschaft zu schützen, zu erfüllen? Wenn diese Frage bejaht wird, wird weiter zu fragen sein: Sind die empfohlenen Strafschärfungen geeignet, ein besseres Resultat zu zeitigen? Und endlich, wenn auch diese Frage bejaht werden sollte, würde drittens die Frage auftauchen, ob nicht trotzdem mit den vorgeschlagenen Strafschärfungen Nachtheile verbunden sind, die die erhofften Vortheile wesentlich übersteigen und die dann doch dahin führen müssen, die Hauptfrage zu verneinen.

Den ersten Punkt hat der erste Berichterstatter bereits erörtert, und ich kann sagen, ich kann mich ihm darin nur unbedingt anschließen.

Herr College Kronecker geht von einem Dogma aus. Er sagt: es ist nicht zweifelhaft, die Roheitsdelicte, die Sittlichkeitsdelicte, die Criminalität überhaupt hat sich erheblich vermehrt. Schon hier widerspricht ihm Herr Dr. Felisch. Er giebt eine gute Darlegung von dem Werth oder vielmehr Unwerth des in 12. oder eigentlich in 13. Stunde zusammengerafften Materials, das der deutschen Reichstagscommission auf ihr Verlangen zur Verfügung gestellt ist. Er bezeichnet richtig die Aeußerungen der Behörden als reine Sentiments, er weist auch darauf hin, daß diese kurze Statistik wesentliche locale Verschiedenheiten aufweist, ein Umstand, der doch darauf zu deuten scheint, daß auch locale Ursachen von wesentlicher Erheblichkeit auf die Steigerung der Criminalität und auf die Steigerung gewisser, besonders gearteter Delicte wirken können. Fehlt es so an jedem wirklich brauchbaren statistischen Material, so ist es ja, selbst wenn dieses vorliegen würde, eine außerordentlich schwierige Sache, aus statistischen Thatsachen Folgerungen zu ziehen, und hier hat der erste Herr Berichterstatter mit vollem Rechte hervorgehoben, daß die Zahl der Verurtheilungen nicht allein von der Zahl der Strafthaten, sondern wesentlich von der Energie der Strafverfolgung abhängt. Man sieht auch heutzutage Manches als strafbar an, was man früher nicht als strafbar angesehen hätte, und ich glaube, wenn z. B. zu Immermann's Zeiten bereits die Auffassung der heutigen Rechtsprechung von der schweren Kuppelei, die bei Duldung der anticipirten Ehe von Seiten Verlobter als vorliegend erachtet und an den Eltern mit Zuchthaus bestraft wird, gegolten hätte, daß der Sittlichkeitsstandpunkt verschiedener Gegenden des deutschen Vaterlandes als ein äußerst niedriger erschienen wäre. Alle diese Umstände wirken erheblich mit, das statistische Material zu einem sehr zweifelhaften zu machen.

Was nun den allgemeinen Eindruck betrifft, so hat auch der erste Herr Berichterstatter hingewiesen auf die wachsende Oeffentlichkeit, auf das Sensationsbedürfniß des Publicums — und welches Publicum ist sensationslüsterner als der Leserkreis der Gerichtsverhandlungen? — dem die Presse gern nachgiebt. Ich möchte noch einen anderen Grund für den Eindruck, als stiege die Criminalität, anführen: es ist der allgemein menschliche Zug zum Pessimismus, der die Gegenwart gern als die Zeit des Verfalls ansieht, während ihm die Vergangenheit im Lichte des goldenen Zeitalters erscheint.

Alle pessimistischen Elemente finden nun gerade in unserer Zeit von den verschiedensten Seiten her mannigfache Nahrung.

Weiter, m. H., kommt es auch sehr darauf an, wie weit man die Perioden greift; das ist auch ein bekanntes statistisches Gesetz. Man geht gewöhnlich davon aus, als wenn eben alles Unglück erst durch die Gesetzgebung des Deutschen Reichs gekommen wäre, und man übersieht, daß, wenn man die Perioden etwas größer greift, wenn man Schilderungen zur Hand nimmt, wie die von Avé L'Allemand von den Zuständen Deutschlands noch um die Mitte des vorigen Jahrhunderts, wir doch sagen können, daß wir trotz der größeren Humanisirung unseres Strafrechtes ein erhebliches Stück vorwärts gekommen sind.

Würde nun auch die erste Frage bejaht werden, so würde die zweite auftauchen. Sind die vorgeschlagenen Bestimmungen geeignet, ein besseres Resultat zu zeitigen? Auch diese Frage wird von dem Herrn Gutachter Kronecker damit bejaht, daß er sagt: Ja, denn die Bestimmungen haben sich bewährt. Auch hier muß ich sagen: es ist das eine reine Behauptung! Wo haben sie sich bewährt? Herr College Kronecker verweist vor Allem auf die Bestimmungen des Militärstrafgesetzbuches, und auch hier muß ich den Gutachter Felisch gegen den Gutachter Kronecker ausspielen, der mit vollem Rechte darauf hinweist, wie verschiedene Gesichtspunkte das sind, der Gesichtspunkt der Aufrechterhaltung der Disciplin im Heere und diejenigen Zwecke, die die ordnungsmäßigen Strafen im Civilstrafrecht zu verfolgen haben. Er citirt die schönen Worte, die bei Berathung des Militärstrafgesetzbuchs damals Moltke gesprochen hat. Weiterhin sagt Herr College Kronecker: In den Particularrechten haben sich die Strafschärfungen bewährt. Das ist auch eine Behauptung, die meines Erachtens durch nichts bewiesen ist. Haben sich die Strafschärfungen da besser bewährt, wie in Preußen der Fortfall der Strafschärfungen? Man stellt es heute, wie bereits erwähnt, so dar, als wenn vor 25 Jahren und zur Zeit des Norddeutschen Bundes verfahren worden wäre wie bei der französischen Revolution, als habe man das Unterste zu oberst gekehrt, als wenn alle heilsamen Einrichtungen, die wir früher irgendwo gehabt haben, nun plötzlich durch ein ganz radicales System beseitigt wären. Das ist doch keineswegs der Fall. Es handelt sich sehr vielfach um Uebertragung der preußischen Einrichtungen auf das Reich. Preußen hat, wie gesagt, schon seit Mitte des vorigen Jahrhunderts geglaubt, ohne qualificirte Strafen auskommen zu können. Ich will auf ein anderes Gebiet verweisen, wo ähnliche Irrthümer sich geltend machen, wo es sich noch um altpreußische Einrichtungen handelt: ich meine die Freizügigkeit und die Gewerbefreiheit.

Es ist wunderbar, daß gerade dieses Preußen, welches die Tortur zuerst abgeschafft hat, welches ohne qualificirte Strafen auskommen konnte, an die Spitze Deutschlands gekommen ist, und keiner der anderen Staaten, der vielleicht noch so viel Strafschärfungen in seinem Strafgesetzbuch aufgewiesen hat.

(Bravo!)

Nun gehe ich dazu über, die Frage deductiv zu prüfen — man kann sie auch deductiv stellen, und so geschieht es auch. Es heißt, unsere Strafen wirkten nicht abschreckend. Wenn das begründet werden soll, so wird gewöhnlich ein Idealbild von unseren Gefängnißzuständen entworfen, beinahe so, wie der erste Herr Berichterstatter das uns eben als nicht der Wirklichkeit entsprechend dargestellt hat. M. H.! Ich sehe natürlich von all den Zuständen ab, die auf die Vernachlässigung der Verwaltung zurückzuführen sind, ich sehe ab von den schlimmen Folgen, die sich auch hier geltend machen, von unserem Sparsystem, das bei den Bauten, durch den Mangel eines genügenden Aufsichtspersonals u. s. w. hervortreten mag. Kurzum, ich sehe von alledem ab, was unter dem vulgären Ausdruck „fideles Gefängniß" zusammengefaßt werden soll. Was den normalen Zustand unserer Gefängnisse betrifft, so glaube ich, daß das Idealbild, das z. B. in den Schilderungen des preußischen Bevollmächtigten in der Reichstagscommission Geh. Oberjustizrath Lucas entworfen wurde, das förmlich etwas Anheimelndes hat — ich möchte sagen, man hört da ordentlich das Heimchen hinter dem Herde zirpen —

(Heiterkeit.)

daß das doch nicht vollkommen der Wirklichkeit entspricht. Herr Landgerichtsrath Dr. Felisch hat schon angeführt, daß ein Praktiker, d. h. einer, der viel gesessen hat, in der Reichstagscommission gesagt hat: „härter, als die Lager sind, können sie nicht werden." Ich kann dem ein anderes Urtheil an die Seite setzen. Auch mir hat ein „Praktiker", ein Redacteur, der öfters zu sitzen gehabt hat, als er wieder eine mehrmonatliche Gefängnißstrafe anzutreten hatte, gesagt: „Ich gehe ganz gern nach N. — hier nannte er den Namen der Anstalt —; ich komme einmal aus meinem täglichen Getriebe heraus, ich kann mich mit meinen alten Classikern beschäftigen; nur eins ist furchtbar, das ist die Kost, dabei kommt man körperlich herunter.“ Ich glaube daher, daß die Wirklichkeit nicht ganz jenen Schilderungen entspricht, die uns entworfen werden, wenn man damit die Nothwendigkeit von Strafschärfungen begründen will. Ich glaube überhaupt, daß man heutzutage etwas sehr geneigt ist, den abschreckenden Charakter zu überschätzen. Man hat ihn vielleicht lange unterschätzt, aber heute ist man zur Ueberschätzung geneigt. Es taucht da immer der bekannte Mann auf, der die Spiegelscheibe einwirft, um in das Gefängniß zu kommen. Das mag einmal vorkommen, aber so häufig, wie es citirt wird, glaube ich doch nicht. Ich glaube, er hat sich zur ständigen Figur in der Presse herausgebildet, die mitunter in Ermangelung sonstiger Seeschlangen herhalten muß. Es mag aber vorkommen, und es ist gewiß richtig, daß unsere socialen Verhältnisse vielfach so traurig sind — in der Beziehung bin ich nicht ganz mit dem ersten Herrn Redner einverstanden — daß demjenigen, der den täglichen Kampf ums Dasein zu führen hat, dagegen unsere nicht idealen Gefängnißzustände immer noch als besser erscheinen. Indessen bin ich der Ansicht, daß uns das dahin führen soll, zu versuchen, die bessernde Hand wo anders anzulegen, zu versuchen, vor Allem unsere socialen Zustände zu bessern, nicht aber, nun das Gefängniß zu verschärfen; denn das scheint mir der Gerechtigkeit zu widersprechen. Es ist doch keine Frage, daß, je größer die Noth des täglichen Lebens, desto größer auch der Antrieb zu strafbaren Handlungen ist. Es würde also die Folge sein, daß, je größer der Antrieb zu strafbaren Handlungen ist, desto härter auch die darauf folgenden Strafen sein müßten. Nun meine ich, rein Zweckbegriff sind doch die Strafen auch nicht. Etwas hat doch der Rechtsgesichtspunkt dabei mitzusprechen.

Würde ich aber selbst bejahen müssen, daß die vorgeschlagenen Strafschärfungen — ich glaube, ich kann mich wohl auf diejenigen beschränken, die die Herren Gutachter und in beschränktem Maße der erste Herr Berichterstatter empfehlen — geeignet seien, ein besseres, ein abschreckenderes Resultat herbeizuführen, so glaube ich doch, daß die Bedenken, die geltend zu machen sind, weit überwiegen. Auch bezüglich dieser Bedenken kann ich mich in vielen Punkten den Gründen, die der erste Herr Berichterstatter angeführt hat, anschließen.

Derselbe hat hauptsächlich die Wirkung auf die Seele behandelt. Ich will zunächst einmal die Wirkung auf den Körper behandeln. Ich glaube, wir stehen hier vor einem dunklen Capitel. Herr College

Kronecker sagt auch hier: Die Bestimmungen haben sich bewährt und er weist wieder auf das Militär hin. Auch hier muß ich Herrn Collegen Felisch gegen Herrn Collegen Kronecker ausspielen. Mit vollem Recht sagt Felisch: Erstens sind die Aeußerungen der Militärärzte überhaupt nicht gerade über allem Zweifel erhaben, zweitens aber, wenn sie es auch wären, haben wir es hier mit einem ganz besonderen Material zu thun, mit Leuten, die im kräftigsten Mannesalter stehen und die auf ihre Gesundheit und Leistungsfähigkeit hin geprüft sind und denen solche Zumuthungen vielleicht nicht schaden. So, wie Herr Landgerichtsrath Kronecker es schildert, wird es auch nicht sein. Da gewinnt der strenge Arrest die Function, die man anderweit der Caserne zugeschrieben hat, als eine Art Feriencolonie zu wirken. So wird es auch nicht sein.

(Zuruf.)

Diesen Ausdruck haben Sie allerdings nicht gebraucht.

(Heiterkeit.)

Ich glaube, daß auch diese Thatsachen, die uns angeführt werden, mit großer Vorsicht aufgenommen werden müssen. Das geht doch aus den Vorschlägen hervor, die gemacht werden. Der Herr College Felisch hat eine ganze Musterkarte der gemachten Vorschläge aufgestellt und mit Humor vorgetragen, die sich von 24 Stunden bis zur lebenslänglichen Strafe mannigfach abstufen, und auch die Art, wie die Strafvollstreckung geordnet werden soll, ist sehr mannigfaltig. Man ist noch nicht klar, wie weit man den Körper herunterkommen lassen kann, um ihn dann wieder aufzupäppeln; denn darum handelt es sich. Es wird eine Einwirkung auf den Körper beabsichtigt, die wesentlich dem widerspricht, was wir bisher als den Inhalt und Sinn der Strafe angesehen haben. Da sagt der Eine: Natürlich, zwei Tage hintereinander darf nicht gehungert werden, da muß ein Tag mit guter Kost eingeschoben werden. Da fällt ihm Herr College Kronecker in das Wort und ruft: Um Gottes Willen, erst am zweiten Tage zeigen sich die sittigenden Folgen des Hungerns und harten Lagers,

(Heiterkeit)

da geht es unmöglich, daß dazwischen ein Tag eingeschoben wird. Es scheint, daß wir uns hier auf einem außerordentlich schwierigen Gebiete bewegen. Dem Urtheile der Militärärzte steht das Urtheil der sächsischen Anstaltsärzte gegenüber, die die Sache für außerordentlich gefährlich halten.

Ich möchte namentlich noch auf einen Punkt kommen, der heute noch nicht erwähnt ist. Die Landstreicher werden vielfach als solche, die der Strafschärfung würdig sind, behandelt. Nun kommt ein armer Landstreicher, der meist den Magen auch nicht voll hat, in eine solche Anstalt und soll so behandelt werden. Es ist keine Frage, daß der Körper, wenn er zumal noch täglich schwere Arbeit zu verrichten hat, wie das bei Handarbeitern der Fall ist, dann in einer Weise heruntergebracht und so erheblich geschädigt wird, daß dadurch meines Erachtens nicht eine Verminderung, sondern möglicherweise in Folge Schädigung der Erwerbsfähigkeit noch eine Vermehrung der strafbaren Handlungen herbeigeführt wird; denn wie schwer es heutzutage für den nicht normal gesunden Menschen ist, Arbeit zu finden, darüber, m. H., habe ich meine eigenen Erfahrungen auf einem anderen Gebiete, als Vorstand eines Arbeitsnachweisebureaus gemacht. Darüber ist man wohl überhaupt heutzutage etwas anderer Ansicht als noch vor Kurzem, seitdem Leute wie Göhre die Sache in aufopferungsvoller Weise selbst praktisch versucht und ihre Erfahrungen mitgetheilt haben.

Damit möchte ich zum zweiten Punkte, zur socialen Auffassung, übergehen. Hier bin ich etwas anderer Ansicht, wie der erste Herr Berichterstatter. Ich habe auch Vertrauen zu unseren Gerichten, aber unser ganzes Urtheil ist ein socialbefangenes, und, m. H., auch das Urtheil der Gesetzgebung. Es sind vor Allem die Roheitsdelicte hervorgehoben; die Sachbeschädigung spielt eine große Rolle. M. H., wenn angeheiterte Studenten in einer Universitätsstadt etwas entzweiwerfen, so erscheint es uns leicht als Ausfluß jugendlichen Uebermuths, wenn dasselbe aber von schnapsbetrunkenen Arbeitern gethan wird, so erscheint es uns als Ausfluß furchtbarer Roheit.

(Sehr richtig!)

Ja, m. H., es ist das doch eben gewissermaßen eine Befangenheit des Urtheils und auch in unserer Gesetzgebung ist sie, wie gesagt, noch nicht ganz überwunden. Als es sich darum handelte, die academische Gerichtsbarkeit abzuschaffen, glaubte man in Preußen, daß man die Strafvollstreckung im Carcer für die Studenten reserviren sollte. Im Carcer aber wird weder gehungert, noch ist das Lager hart. Das wird mir vielleicht ein „Praktiker" aus dieser Versammlung bestätigen können

(Heiterkeit.)

Was für einen Eindruck macht das nun aber auf einen Handwerksburschen, welcher diese verschiedene Behandlung sieht! Ich bin aber auch der Ansicht — und auch da weiche ich von den Herren Gutachtern und von dem erstern Herrn Berichterstatter ab —, das Verhältniß zur Prügelstrafe ist ein ganz anderes. Herr College Kronecker sagt: „Die vorgeschlagenen Strafschärfungen werden einen Damm gegen die Prügelstrafe bilden." Ich glaube das nicht, m. H., ich glaube, sie werden als eine Abschlags=

zahlung an das Begehren nach der Prügelstrafe aufgefaßt werden. Woher kommt die ganze Bewegung? Die ganze Bewegung kommt doch von der Berufung auf die populären Stimmen. Sie liegt insofern in der gleichen Richtung wie die Zunahme der Roheitsdelicte, in einer Richtung, die dem Gange der geschichtlichen Entwicklung, dem Gange der Cultur entgegengesetzt ist. Ja, m. H., die populären Stimmen werden Sie nicht mit hartem Lager und Kostentziehung befriedigen, die wollen die Prügelstrafe. Das sind die großen Gegensätze, die uns bewegen. Die Prügelstrafe wollen die Herren Gutachter nicht, die will auch der erste Herr Berichterstatter nicht und auch ich nicht. Ich glaube, Herr College Felisch citirt das Wort des Geheimrath Krohne: „Sind wir Halb-Asien, so schlagen wir.“ Ja, m. H., ich sage: Wollen wir nicht Halb-Asien werden, so schlagen wir diese Richtung nicht ein. So harmlos sind die Sachen doch nicht, die hier vorgeschlagen werden. Sie liegen in der Richtung, statt der Freiheitsentziehung ein anderes Moment, eine Quälerei einzuführen, etwas, was auf den Körper einwirkt.

(Sehr richtig!)

Und das ist meines Erachtens das Bedenkliche! Es ist die falscheste Politik, wenn man einem Verlangen, das man für unberechtigt hält, gegenübersteht, zu sagen: Da ist ein Körnchen Wahrheit darin, ich will das concediren!

Ich will mich da auf ein anderes Gebiet berufen. Alljährlich wird an unserer Gewerbeordnung herumgedoctert. Man glaubt, man befriedigt die Stimmen, die nach dem Extrem rufen und statt sie zu befriedigen, wird das Geschrei immer größer. Wenn man diesen populären Stimmen nachgiebt und wenn man dann sieht, daß hartes Lager und Kostschmälerung nicht helfen, so wird das Geschrei nach der Prügelstrafe sich in erheblichem Maße erhöhen.

Nun, m. H., ich sagte, die Auffassung zwischen uns beiden Berichterstattern sei meines Erachtens keine sehr große. Aber bis zu einem gewissen Grade will der erste Herr Berichterstatter die Strafschärfungen doch für zulässig erklären; nämlich bei kurzen Freiheitsstrafen, welche für Roheits- und Sittlichkeitsdelicte verhängt werden. Darüber sind die Herren Gutachter einig, und ich glaube, auch der erste Herr Referent wird mir zustimmen: man will die Strafschärfungen nicht allgemein einführen, sondern man will dem Richter die Möglichkeit geben, auf sie bei besonders gearteten Fällen zu erkennen. Nun, wenn es sich da um besondere Roheiten oder um Sittlichkeitsdelicte handelt, so weiß ich nicht, weshalb wir da überhaupt zu kurzzeitigen Freiheitsstrafen gelangen sollten. Geben wir doch den Leuten lange Freiheitsstrafen! Warum denn kurzzeitige Freiheitsstrafen? Ich sehe nicht ein, was für einen Zweck das haben soll. Also ich glaube, daß wir die Straffchärfungen auch auf dem kleinen Gebiete, für welches der erste Herr Berichterstatter sie vorschlägt, entbehren können. Wir suchen ja nach einem Ersatz für die kurzzeitige Freiheitsstrafe. Ich bin ein großer Freund der bisher eingeschlagenen Wege, der Hinausrückung der Grenze der Strafmündigkeit und desgleichen, der bedingten Verurtheilung u. s. w.; ich glaube aber, hier ist man auf falschem Wege, hier hat man ein unglückliches Ersatzmittel für die kurze Freiheitsstrafe, das gerade zum Gegentheil zu führen geeignet ist.

Die übrigen Punkte sind schon alle von dem ersten Herrn Berichterstatter berührt worden und ich will daher zum Schluß eilen. Ich hatte auch einen Antrag formulirt, ich ziehe ihn aber zurück. Er stimmt überein mit dem ersten Antrag des Herrn Reichsgerichtsrath Stenglein. Auch ich schließe mich dem Antrag an und bitte Sie, nur Nr. 1 zum Beschluß zu erheben.

M. H.! Wir haben dieses Jahr das erste Jubiläum des Deutschen Reiches gefeiert. Ich glaube, so sind unsere Zustände denn doch noch nicht, daß wir in diesem Jahre die Hoffnung aufgeben sollten, daß wir der Schäden unseres Volksleben noch Herr werden können ohne Hunger und ohne Peitsche!

(Lebhaftes Bravo!)

Landgerichtsrath Dr. **Kronecker** (Berlin): M. H.! Als ich die Thesen des Herrn Reichsgerichtsrath Stenglein las, sagte ich mir, ich brauche mich eigentlich nicht zum Worte zu melden, denn im Wesentlichen ist das ja das, was auch wir wollen. Herr Reichsgerichtsrath Stenglein sagte, ich und mein College Felisch hätten in dem Gutachten die gestellte Frage eigentlich nicht beantwortet; wir hätten nicht gesagt, ob sich die Einführung von Verschärfungen im Sinne des österreichischen Entwurfs empfehle, sondern ob sich die Einführung von Verschärfungen überhaupt empfehle. M. H., ich und ich glaube auch mein Herr College, haben die Frage nicht so eng aufgefaßt. Wir haben die Bezeichnung „im Sinne des österreichischen Entwurfs" nur als eine Art „demonstratio" aufgefaßt, die Frage also dahin verstanden: „Sind die Verschärfungen, wie sie im österreichischen Entwurf vorgeschlagen sind, nämlich Kostentziehung und hartes Lager, zu empfehlen?" In diesem Sinne haben wir die Frage beantwortet. Wir haben nicht sagen wollen, ich wenigstens nicht, daß die Einführung dieser Verschärfungen in der Form des österreichischen Entwurfs, also als periodisch wiederkehrender Erschwerungen der Strafe, wie sie auch das frühere österreichische Strafrecht und die deutschen Particularrechte kennen, sich empfehle. Das glaube ich selbst nicht.

Ich will auch die Verschärfungen nur für kurze Freiheitsstrafen eingeführt wissen, wenngleich nicht für so kurze, wie Herr Reichsgerichtsrath Stenglein das will, nämlich nur bis zu einer Woche. Ich würde wenigstens wie beim militärischen Arrest bis zu 6 Wochen gehen. Nun hat aber die Begründung des Herrn Reichsgerichtsrath Stenglein ganz abweichend gelautet. Sie steht einmal in grellem Widerspruch mit seiner 2. und 3. These. Wenn er seiner Begründung consequent gefolgt wäre, so müßte er genau auf das hinausgekommen sein, auf was Herr Landgerichtsrath Dove hinausgekommen ist, nämlich auf die gänzliche Ablehnung der Verschärfungen. Wären diese Maßregeln wirklich nicht nothwendig, weil sich die Roheitsdelicte nicht gemehrt haben, wären sie nicht zweckentsprechend, weil man einerseits mit langen Freiheitsstrafen auskommen kann, und weil man anderseits dem Gefängnißvorsteher die Möglichkeit entzieht, Disciplinarstrafen zu verhängen, wäre ihre Gesundheitsschädlichkeit festgestellt, dann dürfe man sie eben nicht einführen. Trotzdem sagt Herr Reichsgerichtsrath Stenglein mit uns: Die Strafschärfungen sollen nur zulässig sein bei kurzen Freiheitsstrafen, welche für Roheits- und Sittlichkeitsdelicte verhängt werden.

M. H., ich muß mich nun gegen die einzelnen Argumente wenden, welche in wesentlicher Uebereinstimmung die beiden Herren Referenten vorgebracht haben. Ich werde mich möglichst kurz fassen, ich müßte sonst mein ganzes Gutachten wiederholen. Die beiden Herren sagen übereinstimmend: es ist nicht bewiesen, daß sich die Criminalität und speciell die Roheitsdelicte vermehrt haben. Ich war, offen gestanden, auf diesen Einwurf nicht gefaßt. Ich glaube, die ganze neuere Criminalistik ist darüber einig, daß diese Vermehrung stattgefunden hat; sie ergiebt sich für diese Strafthaten, speciell bezüglich der gefährlichen Körperverletzungen aus der Reichscriminalstatistik. Herr Reichsgerichtsrath Stenglein sagt, das könnte aus ganz anderen Ursachen herkommen, es könnten z. B. mehr Delicte verfolgt werden, es könnten mehr Delicte als gefährliche Körperverletzungen aufgefaßt sein, als früher. Ja, m. H., dazu liegt aber nicht der geringste Anhaltspunkt vor. Es werden ungefähr ebenso oft und in denselben Fällen wie früher die Polizeibehörden einschreiten und die Verletzten, die mit dem Seidel oder sonst geschlagen worden sind, sich an die Polizei oder an die Staatsanwaltschaft wenden. Warum sollte das in der letzten Zeit mehr stattgefunden haben als früher? Die gefährlichen Körperverletzungen haben in erschreckender Weise überhand genommen. Fast in jedem Band der Liszt'schen Zeitschrift findet sich ein Hinweis darauf. Es ist kein Frage, daß wir dagegen ein Mittel brauchen, wenn wir nicht mit Hegel die Strafe als bloße Negation des Unrechts auffassen wollen, wenn der Staat nicht unthätig in der „reinen Aetherluft der Philosophie" schwebend zusehen will, wie mehr und mehr an seinen Grundlagen gerüttelt wird. Was soll der Staat thun? Herr College Dove sagt, er soll die Strafe verlängern. Damit ist im Allgemeinen nichts gethan. Es giebt allerdings manche Criminalisten, die das für alle Fälle thun wollen; auch Liszt früher, er hat sich dann aber zu uns bekehrt. Es ist ja richtig, daß manche Delinquenten, bankerotte Kaufleute u. s. w. die heutige Freiheitsstrafe als eine schwere Strafe empfinden, vielleicht noch nicht am ersten Tage, aber später, da tragt die Länge der Last. Bei Delinquenten aus dem Volke ist das vielfach ganz anders. Es ist ja richtig, wir haben im Allgemeinen nicht solche fidele Gefängnisse, wie sie in America existiren und wie wir sie auch mißbräuchlich in Preußen an einzelnen Stellen gehabt haben. Das Lager ist im Allgemeinen nicht sehr weich und die Kost nicht sehr reichlich. Trotzdem hat ein Theil der Delinquenten es in der Haft besser, als sie es zu Hause gewohnt sind, und es kann nicht anders sein, wenn man nicht schwere Epidemien herbeiführen, die Leute social ruiniren und zu untauglichen Elementen der Gesellschaft machen will. Man muß im Allgemeinen die Gefängnisse auf dem jetzigen Zustande belassen. Ich weiche darin vom Herrn Reichsgerichtsrath Stenglein ab. Nun muß man nach einer Schärfung suchen. Die meisten Leute aus dem Volke empfinden die längere Dauer als solche nicht in dem Maße als Strafe, daß man diese wirklich als Abschreckungsmittel betrachten kann. Man muß also nach einem anderen Mittel suchen, abzuschrecken, und wenn man es extensiv nicht machen kann, muß man es intensiv machen. Nun ist gesagt worden: es ist noch nicht bewiesen, daß Kostschmälerung oder hartes Lager nicht gesundheitsschädlich ist. Da sprechen doch mindestens die Erfahrungen für uns, die bis jetzt gemacht worden sind, sowohl die Erfahrungen mit den Disciplinarstrafen in den Gefängnissen, als auch die Erfahrungen der früheren deutschen Particularstrafgesetzgebung und diejenigen mit dem Militärstrafrecht. Die beiden Herren Referenten sagen, speciell im Anschluß an eine Aeußerung des Herrn Collegen Felisch, es liegen hier nach einer doppelten Richtung andere Bedingungen vor; es handle sich erstens um die Aufrechterhaltung der Disciplin. Das ist richtig, der Zweck ist ein anderer, aber darauf kommt es hier nicht an, sondern auf das Abschreckungsmittel und dessen Wirkung. Dieses Mittel und die Wirkung seiner Androhung und Anwendung sind in beiden Fällen gleich. Wenn dem Soldaten gesagt wird: du mußt ordentlich putzen, sonst giebt es 3 Tage, dann putzt er. Und ebenso, wenn man Jemandem, der ein Verbrechen begehen will, zuruft: du darfst das nicht begehen, sonst giebt es 3 Tage stramm, — dann wird er es nicht begehen; wenigstens wird diese Drohung ein viel größeres Abschreckungsmittel sein, als eine einfache Freiheitsstrafe. Wenn Herr Reichsgerichtsrath Stenglein sagt, ein großer Theil der Verbrechen käme von den herrschenden socialen Zuständen und von der socialdemokratischen Aufreizung, so will ich das vollkommen zugeben. Ich will auch zugeben, daß bei Verbrechen, die aus derartigen Motiven hervorgegangen sind, die Verschärfungen sehr wenig ausmachen werden. Aber die Schlägereien mit Bierseideln und sonstige Körperverletzungen kommen nicht von socialen Zuständen und socialdemokratischer Aufreizung, sondern von Roheit her und die Roheit will und kann man mit solchen Mitteln zurückdämmen.

Nun ist weiter gesagt worden, sowohl vom Herrn Collegen Felisch als auch, daran anknüpfend, vom zweiten Herrn Berichterstatter, man habe es beim Militär mit anderem Material zu thun, mit ausgesucht kräftigen Leuten, denen jene Maßregeln nichts schaden. Glauben Sie denn, daß Körperverletzungen und Roheiten vorzugsweise von alten, gebrechlichen Damen begangen werden?

(Heiterkeit.)

Ich glaube das nicht, ich glaube, daß es auch meistentheils recht kräftige Leute sind, die das thun, und man wird durch die Einführung dieser Maßregeln nicht mehr Fälle von Gesundheitsschädigung haben, als man beim Militär gehabt hat. Ich will nur erwähnen, daß auch im Ausland sich diese Verschärfungen gut bewährt haben, wo sie angewendet worden sind. Ich habe im Gutachten einen Bericht aus Norwegen erwähnt, wo seit Einführung derartiger Verschärfungen die Roheitsdelicte ganz wesentlich abgenommen haben.

Ich bitte zum Schluß — gegen die Nr. 1 der Stenglein'schen Anträge habe ich nichts einzuwenden — in Nr. 2 einzufügen hinter „nur zulässig" „aber auch nothwendig", also:

> Strafschärfungen sind nur zulässig, aber auch nothwendig, bei kurzen Freiheitsstrafen, welche für Roheits- und Sittlichkeitsdelicte verhängt werden.
>
> Als solche Schärfungen empfehlen sich Kostentziehung und hartes Lager.

Ich denke mir die kurze Freiheitsstrafe anders als Herr Reichsgerichtsrath Dr. Stenglein. Ich würde sie ferner außer für Roheits- und Sittlichkeitsdelicte auch noch für andere Fälle, z. B. für Landstreicherei einführen, aber ich verzichte bei dem gegenwärtigen Stande der Discussion auf derartige Specialitäten. Es soll mir genügen, wenn im

Gegensatz zu dem Antrag des Herrn Landgerichtsrath Dove die Zulässigkeit und Nothwendigkeit der Strafschärfungen in der gegenwärtigen Zeit betont wird.

Landrichter Dr. **Aschrott** (Berlin): M. H.! Ich lasse es dahingestellt, ob eine Vermehrung der Roheitsdelicte, wie sie behauptet worden ist, thatsächlich mit Bestimmtheit festzustellen ist oder nicht. Die behauptete Vermehrung der Roheitsdelicte ist für mich jedenfalls nicht der Grund, für Strafschärfungen zu stimmen. Der Grund, weshalb ich für Strafschärfungen stimme und schon vor vielen Jahren dafür eingetreten bin, ist der, daß nach meiner Ueberzeugung ein großer Theil der Delinquenten die einfache Freiheitsentziehung nicht als Strafe übel empfindet. Eine Strafe, wenn sie einmal erkannt wird, muß aber ein wirkliches Uebel sein und es entspricht nicht dem Volks- und Rechtsbewußtsein, wenn der Delinquent aus dem Gefängnis herauskommend sich darüber lustig macht, daß er bessere Kost und bessere Lage gehabt hat, als er in der Freiheit sie sich verschaffen kann. Und das ist heute thatsächlich gar nicht selten der Fall. Dieses Moment ist für mich das allein ausschlaggebende, um für Strafschärfungen zu stimmen.

Nun entsteht die Frage, was würde gegen die Strafschärfungen sprechen? Herr College Dove hat gesagt, die Strafschärfungen seine Quälereien, wir wollten die Leute quälen. Das bestreite ich ganz entschieden. Die Strafschärfungen sind weiter nichts als Entziehungen von Genüssen, die wir heute den Gefangenen gewähren, auf die aber eine ganze Classe von Gefangenen einen begründeten Anspruch nicht machen kann. Der Richter soll in dem einzelnen Falle entscheiden; ist das ein Mann, auf den die einfache Freiheitsentziehung wirklich als Uebel wirkt, von dem sie als ein Strafübel empfunden wird, oder ist das ein Mann, auf den die bloße Freiheitsentziehung nicht wirkt und wo man diese verschärfen muß, indem man die Kost schmälert, das harte Lager einführt.

Das bringt mich auch gleichzeitig auf diejenigen Punkte, in denen ich von den beiden Herren Referenten abweiche. Die beiden Herren wollen bestimmte Voraussetzungen für die Verhängung der Strafschärfungen in das Gesetz aufnehmen. Ich will es gänzlich in das Ermessen des Richters stellen, allerdings mit der Einschränkung, daß gewisse Delicte, z. B. politische und Preßdelicte, vielleicht auch noch einige andere Delicte, principiell davon ausgenommen werden. Aber die Verschärfungen bloß für Roheits- und Sittlichkeitsdelicte einzuführen, entspricht dem Gesichtspunkt, von dem auch ich für die Strafschärfungen eintrete, nicht. Der Richter soll im Einzelfalle entscheiden: ist nach der Person des Delinquenten Freiheitsentziehung in einfacher oder in qualificirter Form das geeignete Strafmittel? Ich sagte, ich würde gewisse Delicte ausscheiden. Ich scheide aber auch gewisse Delinquenten aus. Das sind insbesondere die Jugendlichen. Für diese will ich die Strafschärfungen nicht. Ich hebe das ausdrücklich hervor. Für die jugendlichen Delinquenten brauchen wir überhaupt ein ganz neues Strafsystem; es würde zu weit führen, das bei dieser Gelegenheit auszuführen, und ich möchte mich nur vor der Annahme verwahren, daß ich auch für die jugendlichen Delinquenten die Strafschärfungen eingeführt haben wollte.

Es ist gegen die Strafschärfungen angeführt worden: ja, wenn wir Strafschärfungen haben, was bleibt dann als Disciplinarstrafe? Ich verstehe diesen Standpunkt wirklich nicht. Als Disciplinarstrafen bleiben nicht bloß die kleinen Entziehungen, die übrigens von den Gefangenen oft recht sehr empfunden werden, wie Untersagung der Correspondenz, des Besuchs, der Lectüre u. s. w., es giebt auch Disciplinarstrafen, die stets als sehr wirksam angewendet werden, insbesondere der Dunkelarrest. Das ist eine außerordentlich wirksame Disciplinarstrafe.

Ich komme nun zu der Frage: soll bei allen Strafen eine Strafschärfung eintreten können und auf wie lange soll sie eintreten?

Herr Reichsgerichtsrath Stenglein sagt, er wolle sie nur bei kurzen Freiheitsstrafen.

Ich bin gegen solch einen vagen Begriff, wie „kurze Freiheitsstrafen". Denn was „kurz" in dieser Zusammensetzung bedeutet, darüber streitet man sich eben, und, wie Herrn Reichsgerichtsrath Stenglein auch bekannt ist, giebt es sehr viele, die drei Monat Strafe als kurze Freiheitsstrafe auffassen. Ich gehe nicht soweit. Ich möchte die Strafschärfung auf eine Dauer von 6 Wochen zulassen. Ich stimme da vollkommen mit Herrn Collegen Kronecker überein. Die 6 wöchentliche Frist rechne ich aber nicht so, daß lediglich bei Strafen von 6 Wochen diese Strafschärfungen zulässig sein sollen, sondern daß bei allen Strafen Strafschärfungen bis zur Dauer von 6 Wochen zulässig sein sollen. Es ist das ein wesentlicher Unterschied gegen die aufgestellten Thesen. Ich kann es nicht verstehen, wie wir es rechtfertigen wollen, daß einem Mann, der zu 6 Wochen verurtheilt ist, die Strafschärfung zuerkannt werden kann, daß der Richter bei einem anderen dagegen, den er zu 2, zu 3 Monaten verurtheilt, gesetzlich gehindert sein soll, auf die Strafschärfung zu erkennen.

Was wir wollen, ist keine unnütze Quälerei, und deshalb sollen die Strafschärfungen nicht über die Maximaldauer von 6 Wochen hinausgehen. Und ferner wollen wir nicht ein derartiges, rein mechanisches Wiederholen von Strafschärfungen, wie es der österreichische Entwurf hat, der von vornherein bestimmt: Du bekommst alle Monate oder alle Wochen die und die Strafschärfungen, sondern wir sagen: die erste Zeit der Strafe, bei Strafen bis zu 6 Wochen die Strafe überhaupt, soll bei gewissen Leuten in dieser energischen Weise vollstreckt werden.

Das ist der Standpunkt, den ich schon früher vertreten habe und dieser Standpunkt hat mich dazu geführt, Ihnen vorzuschlagen, an Stelle der These 2 des Herrn Reichsgerichtsrath Stenglein folgende These zu setzen:

> Strafschärfungen sind bei solchen Delinquenten zulässig, an welchen nach dem Ermessen des Richters die einfache Freiheitsentziehung als ein wirkliches Strafübel nicht empfunden wird.
>
> Die Strafschärfung darf jedoch die Dauer von 6 Wochen nicht übersteigen und setzt den Vollzug der Freiheitsstrafe in Einzelhaft voraus.

Zu diesem letzteren Passus habe ich nur noch einige Worte hinzuzufügen. Ich glaube, mit Herrn Reichsgerichtsrath Stenglein in dieser Beziehung übereinzustimmen. Ich glaube, er wünscht auch den Vollzug der geschärften Strafe in Einzelhaft. Ich lege aber Werth darauf, daß das ausdrücklich in die Thesen aufgenommen wird; denn den Vollzug der verschärften Freiheitsstrafe kann ich mir nur in Einzelhaft denken.

Das ist die These 2, wie ich sie zu Ihrer Annahme empfehle. Die Thesen 1 und 3 des Herrn Reichsgerichtsrath Stenglein stimmen vollständig mit meinen eigenen Anschauungen überein. Ich bitte, dieselben anzunehmen.

Landgerichtsrath Dr. **Felisch** (Berlin): M. H.! Gestatten Sie, daß ich mich zunächst gegen zwei kleine mißverständliche Auffassungen des Herrn Reichsgerichtsrath Stenglein wende. Bei all' dem Wohlwollen, das er meiner Beurtheilung der Frage entgegengebracht hat, ist von ihm geäußert, ich hätte mich nicht streng genug an den österreichischen Entwurf und deshalb auch nicht an die Fragestellung, die uns vorgelegt ist, gehalten, während ich thatsächlich meine Arbeit in 4 Abschnitte getheilt habe: Welches sind die im österreichischen Strafgesetzentwurfe vorgeschlagenen Verschärfungen der Freiheitsstrafe? Sind dieselben grundsätzlich zu verwerfen? Verneinendenfalls: empfiehlt sich deren Einführung in ihrem vollen Umfange? Falls nicht: mit welchen Abänderungen? Ich glaube, daß ich die Fragestellung im Gegensatz zu Herrn Collegen Kronecker genau beachtet habe.

Ein zweites kleines Mißverständniß liegt darin, daß Herr Reichsgerichtsrath Stenglein sagte, ich hätte die österreichischen Erfahrungen als gute bezeichnet. Ich habe vielmehr auch meinerseits und zwar auf

Seite 71 gesagt, daß die Entwürfe I und IV verschiedene Behauptungen über die gemachten Erfahrungen aufstellen, und stehe gleichfalls auf dem Standpunkt, daß in Oesterreich ein non liquet vorliegt. Ich theile diese Auffassung um so mehr, als ich jetzt wiederholt Gelegenheit genommen habe, in Oesterreich mit Strafanstaltsdirectoren, deren Anstalten ich besucht habe, über diesen Punkt zu sprechen, und als mir dort gesagt worden ist: im Großen und Ganzen sind unsere Erfahrungen derart, daß jedenfalls die langen und wiederholten Strafschärfungen von außerordentlichem Uebel sind. Es ruft große Schädigungen in der Besserung eines Gefangenen hervor, wenn der Mann sich Jahre lang gut geführt hat, und nun plötzlich wieder gegen ihn trotzdem nach 5, 6, 10, 20 Jahren an dem Tage, wo die That begangen wurde, oder sonst die Strafschärfungen eintreten.

Im Uebrigen haben die österreichischen Strafanstaltsdirectoren, mit denen ich gesprochen habe, die Erfahrungen für die erste Zeit der Detention als gut bezeichnet; im Großen und Ganzen sind die Erfahrungen in Oesterreich so, wie Herr Reichsgerichtsrath Stenglein behauptet.

M. H., ich glaube, die Sache liegt heute in der Versammlung folgendermaßen: ein Theil der Mitglieder ist mit dem zweiten Herrn Berichterstatter der Meinung, daß überhaupt alle Schärfungen zu verwerfen sind. Damit ist die principielle Frage erledigt, und es bedarf keiner weiteren Aeußerung. Ein anderer Theil ist mit dem ersten Herrn Berichterstatter und den beiden Gutachtern der Ansicht, daß gewisse Schärfungen einzuführen sind. Ich glaube, wir werden im Uebrigen darin alle einig sein, daß wir uns nicht zu weit in Detailfragen verlieren dürfen, sonst ist die Debatte uferlos,

(Sehr richtig!)

und ich bin den Herren dankbar, daß bisher nur die Principienfragen angeschnitten worden sind. Ich möchte mich meinerseits auch nur auf wenige Principienfragen beschränken, die seitens des zweiten Herrn Berichterstatters gegen die Verschärfung der Freiheitsstrafen angeführt worden sind. Er sagte: den Hauptwerth lege ich darauf, daß die Gesundheit und Arbeitskraft nicht geschädigt werden. M. H., die Gesundheit darf nicht geschädigt werden. Wenn das der Fall wäre, würden wir wohl Alle ausnahmslos die Verschärfungen verwerfen. Wir, die wir sie befürworten, stehen eben auf dem Standpunkt, daß es möglich ist, Strafschärfungen ohne Schädigung der Gesundheit durchzuführen. Die Arbeitskraft wird zweifellos geschädigt. Wer hungern muß, kann nicht ordentlich arbeiten. Daraus folgt aber der weitere Schluß, daß ich denjenigen, welcher hungert, nicht in demselben Maße während der Strafschärfung arbeiten lassen darf, wie denjenigen, welcher die volle Gefängnißkost erhält, und das wird und muß geschehen; auch in Oesterreich und den vielen in meinem Gutachten genannten anderen Ländern, wo die Strafschärfungen existiren, wird so verfahren, die Arbeitskraft darf, solange der Mann hungert, gar nicht oder nur in geringem Maße angestrengt werden. Ich glaube also, daß dieser Einwand nicht durchschlagend ist

Der zweite hauptsächlichste Einwurf, den Herr College Dove geltend machte, war das etwas gefühlvolle Vorbringen: wir feiern in diesem Jahre das 25jährige Jubiläum der Errichtung des Deutschen Reichs; sollen wir da den Glauben an das deutsche Volk verlieren, sollen wir da das deutsche Volk mit Strafschärfungen drangsaliren? Ich glaube nicht, daß dieser Gedanke für uns durchgreifend sein wird. Es steht nicht zur Debatte, ob wir das Vertrauen zum deutschen Volke haben, daß dieses ohne Strafschärfungen seine Culturaufgabe wird verrichten können. Man kann ein Anhänger der Strafschärfungen sein, wie ich es bin, und trotzdem einen tiefen und unerschütterlichen Glauben an die Tüchtigkeit des deutschen Volkes und an seine große Zukunft haben. Ich meine, diese Frage muß außer der Debatte bleiben. Wir alle hoffen mit absoluter Sicherheit, daß unser deutsches Volk sich durch alle Erschütterungen, die ihm bevorstehen mögen, ob mit, ob ohne Strafschärfungen, siegreich durcharbeiten wird. Mir ist für den Vorschlag, Strafschärfungen einzuführen, der Umstand ausschlaggebend, daß wir durch dieselben die relativ stärkste Wirkung, insbesondere auch eine Verminderung der Straffälle, mit den relativ geringsten Mitteln erreichen. Es giebt keine andere Maßnahme, die bei gleichem Kräfteaufwande in der Weise intensiv wirkte wie die verschärfte Freiheitsstrafe. Aus diesem Gesichtspunkt heraus würde ich Sie bitten, die Strafschärfungen anzunehmen, aber nicht bloß für kurzzeitige Freiheitsstrafen, das wäre eine Ungerechtigkeit gegenüber den anderen Gefangenen, welche eine ein wenig längere Strafe zu verbüßen haben, wie Herr College Aschrott richtig hervorgehoben hat. Was wollen die Gegner dazu sagen, wenn das deutsche Volk ihnen erwidern wird: die Leute, die ein paar Tage und ein paar Wochen sitzen, laßt ihr hungern; aber wenn so ein Herr Zuchthäusler kommt, dem gebt Ihr volle Kost! Das ist eine sociale Ungerechtigkeit, und die dürfen wir nicht billigen. Ich bin entschieden dafür, die Strafschärfungen für alle diejenigen Fälle, welche ihre Einführung erheischen — sagen wir Roheitsdelicte und derartige Thaten — in Wirksamkeit treten zu lassen, aber nur für die erste Zeit — es ist mir gleichgiltig, ob für 4 oder 6 Wochen, ob für eine etwas längere oder kürzere Frist — und für alle diejenigen Personen, welche irgend ein Merkmal dafür an sich tragen, daß die

Strafschärfungen gegen sie anzuwenden sind. Ich glaube, daß wir ohne sociale Ungerechtigkeit und ohne Schärfung des Classenhasses, die zu vermeiden außerordentlich wesentlich ist, die Strafschärfungen durchführen können. Im Uebrigen bitte ich Sie dringend, sich im Princip für die Strafschärfungen auszusprechen und es zur Annahme zu bringen. Ich werde aber bitten, die These 2 des Herrn Reichsgerichtsrath Stenglein ein wenig zu ändern — ich werde mir erlauben, dem Präsidium den Antrag dann schriftlich vorzulegen — nämlich dahin, daß wir sagen:

> Verschärfungen der Freiheitsstrafe sind nur in den vom Gesetz einzeln aufzuführenden Fällen

— darauf lege ich großen Werth, daß das Gesetz die Fälle benennt —

> gegen Rückfällige und gegen solche Personen zulässig, bei welchen bestimmte, gesetzlich bezeichnete Merkmale einer moralischen Verworfenheit vorliegen.

Ich habe diesen etwas allgemeinen Ausdruck gewählt, um uns nicht bloß auf Roheits- und Sittlichkeitsdelicte festnageln zu lassen. „Solche Personen, bei welchen bestimmte, gesetzlich bezeichnete Merkmale einer moralischen Verworfenheit vorliegen", das ist die eine Classe, die getroffen werden muß. Eine zweite sind die Rückfälligen, und ob dann noch andere Classen abzugrenzen sind, das ist nicht unsere Sorge, das ist cura posterior des Gesetzgebers.

Ich richte an die Versammlung meine dringende Bitte, uns diese Strafmittel neu zu geben, beziehungsweise wieder in unsere Gesetzgebung einzuführen, auch deshalb, weil nach den gesammelten Erfahrungen in der That ein gewisser, ich sage absichtlich nur ein „gewisser" Bankerott unserer vorhandenen Strafmittel vorliegt. Man mag sich drehen und wenden, wie man will, die Strafmittel, welche wir zur Zeit verwenden dürfen, haben nicht den Erfolg herbeigeführt, welchen wir in jedem Culturlande der Welt von der Gesetzgebung und Rechtspflege erwarten müssen. Wir haben nicht die Wirkung erzielt, daß die Strafe als das Uebel, das sie sein muß, allgemein empfunden wird, daß der Vollzug der Strafe einen wirklich abschreckenden und bessernden Charakter trägt. Um nun unser Strafmittelsystem, über dessen Reformbedürftigkeit kaum noch unter den Criminalisten Zweifel herrschen, in seiner Wirksamkeit zu erhöhen, bitte ich Sie, diese Strafschärfungen anzunehmen, und ich darf mich wohl noch darauf berufen, daß die Sache seit Abfassung der Gutachten durch die dazwischen liegenden zwei Jahre ein theilweise anderes Aussehen dadurch bekommen hat, daß dieselbe Frage in Antwerpen im vorigen Jahre außerordentlich eingehend erörtert worden ist. Wir sind dort in einer internationalen Versammlung zusammen gewesen, welcher ein Gutachten von mir vorgelegen hat, das sich im Wesentlichen mit den Grundzügen des heutigen deckte. Es haben außerdem 4 andere Gutachter aus verschiedenen Ländern die Frage bearbeitet, und es hat sich die ganz merkwürdige Thatsache, die man kaum von einem internationalen Congreß erwartet hatte, herausgestellt, daß, so viel Angehörige verschiedener Länder auch gesprochen haben — man kann wohl sagen — fast kein einziger aufgetreten ist, der gegen das Princip der Strafschärfungen Widerspruch erhoben hätte. Es herrschte eine vollkommen internationale Uebereinstimmung: wir müssen schärfere, wirksamere Mittel in die Hände bekommen, als wir jetzt haben. Das war um so charakteristischer, als dieser Congreß sich aus zwei Theilen zusammensetzte. Derjenige, welcher das Strafrecht behandelte, war nur eine Art Appendix zu dem großen Congreß, wo die Maßregeln der Schutzfürsorge erörtert wurden, wo alle Erschienenen, wenn ich so sagen darf, von Humanität trieften.

Trotzdem wir aus humanitären Gründen zusammengetreten waren, hat sich weder in der Abtheilung noch im Plenum, wo ich referirt hatte, Jemand gefunden, der gesagt hätte: die Strafe zu schärfen, ist ein verwerfliches Princip.

Wenn bei dieser Gelegenheit eine solche internationale Einigkeit herrschte — und der Congreß war von Hunderten von Theilnehmern besucht — so meine ich, sollten wir das doch auch nicht ganz unbeachtet lassen, und ich hoffe, daß die heutige Versammlung den Erfolg haben wird, welchen die Augsburger, wo die Frage zuerst anstand, bei ihrer Zusammensetzung mit mathematischer Sicherheit nach sich gezogen haben würde, nämlich, daß das Princip, Strafschärfungen einzuführen, von unserer Versammlung mit überwiegender Mehrheit angenommen wird.

(Bravo!)

Prof. Dr. **Merkel** (Straßburg): Ich will die Verhandlungen nicht verlängern. Ich möchte einem subjectiven Bedürfniß entsprechend, nur ausdrücklich erklären, daß ich mich dem Herrn Vorredner anschließe und speciell jedes Wort, was Herr College Felisch gesprochen hat, unterschreibe.

Mir scheint, daß die Herren Gegner die Gründe, die für die Zulässigkeit der Verschärfung sprechen, etwas zu leicht genommen haben.

Der Herr Correferent hat mit sehr viel Glück gegen einen gewissen Pessimismus geeifert, der auf unserem Gebiete sich breit mache, aber seine eigenen Ausführungen scheinen mir von einem gewissen Sanguinismus und Optimismus getragen gewesen zu sein, der mehr subjectiv als durch Thatsachen begründet erscheint. Ich habe die Meinung, daß die Gründe, die für die Zulässigkeit der Verschärfung geltend gemacht worden sind, keineswegs, wie es nach den Ausführungen des Herrn Correferenten scheinen könnte, der bloßen Einbildung angehören. Sie scheinen mir im Gegentheil sehr greifbar und gewichtig zu sein. Ich hebe, um nicht zu viel zu wiederholen, nur eins hervor. Nach meiner Ansicht hat die kurzzeitige Freiheitsstrafe, über die wir nicht wegkommen werden, gewissen Gruppen von Individuen gegenüber nicht die Bedeutung einer zweckmäßig wirkenden Sanction, und es scheint mir völlig außer Frage zu sein, daß diesen Strafen durch eine rationelle Einführung von Schärfungen die ihnen fehlende Wirksamkeit verliehen werden könne.

Vorsitzender: Nachdem sich kein Redner weiter zum Wort gemeldet hat, schließe ich die Debatte und ertheile dem Herrn Referenten das Schlußwort.

Referent Reichsgerichtsrath Dr. **Stenglein:** M. H., es haben sich durchaus keine solchen Gegensätze ergeben, welche es nothwendig machen würden, ein Resumé der Debatte zu geben. Ich bitte also, mir zu gestatten, mich auf wenige einzelne Bemerkungen zu beschränken. Herr College Aschrott erwähnte, daß die Schärfungen nichts als eine Entziehung von Genüssen seien, auf welche ein Anspruch nicht bestehe. Ich glaube, er hat darin die Strafschärfung doch etwas zu optimistisch gemalt. So, wie ich mir die Behandlung der Strafgefangenen denke, handelt es sich durchaus nicht um Genüsse, auf die kein Anspruch besteht, sondern es handelt sich darum, dem Bestraften nicht das Allernothwendigste zu entziehen, und darauf besteht doch, glaube ich, ein Anspruch. Wir müssen den Gefangenen ernähren und wir müssen ihm gestatten, seinem nothwendigen Schlafbedürfnisse nachzukommen. Auf diese beiden Dinge hat er Anspruch. Außerdem hat Herr College Aschrott in seinen Thesen Details angeführt, über die man sehr wohl discutiren kann. Aber insbesondere möchte ich dringend warnen, auf eine Discussion oder Abstimmung über Ziffer 1 einzugehen.

Herr College Aschrott nennt als Grenze 6 Wochen. Möglicherweise ist diese Grenze richtig. Aber warum sind 8 Wochen unrichtig?

Ich habe ganz absichtlich und mit gutem Bewußtsein nur von kurzzeitigen Strafen gesprochen, weil die Versammlung überhaupt nicht darüber discutiren kann, ob es richtiger ist, die Schärfung für ein paar Tage mehr oder weniger einzuführen, sondern weil man sich darauf beschränken muß, ein Princip zu bezeichnen. Will man eine praktische Maßregel beschließen, die aber an einem anderen Orte als beim Juristentag beschlossen werden sollte, dann wird man natürlich auf diese Details eingehen müssen. Ebenso bin ich bezüglich der Frage der Einzelhaft vollständig seiner Meinung. Ich gehe noch weiter. Ich bin dermaßen ein

Anhänger der Einzelhaft, daß, wenn es durchführbar wäre, alle Strafen in Einzelhaft vollzogen werden müßten. Damit aber, daß Strafschärfungen nur in Einzelhaft vollzogen werden können, bin ich vollständig einverstanden. Die Frage hat aber eine Erledigung dieses Punktes durchaus nicht veranlaßt.

Herr College Felisch hat hervorgehoben, daß es eine Ungleichheit wäre, wenn man kurzzeitige Freiheitsstrafen geschärft, längere nicht geschärft anwenden wollte. Er will deshalb auch auf Zuchthausstrafen, die sich auf Jahre erstrecken, die Strafverschärfungen angewendet wissen, wenigstens zu Beginn derselben. Ich glaube jedoch, daß, wenn Jemandem, dem auf Jahre hinaus die Freiheit entzogen ist, dem also ein Strafübel zugefügt wird, das durch seine Dauer schon schwer ins Gewicht fällt, was bei den kurzzeitigen, nach Tagen bemessenen Freiheitsstrafen nicht der Fall ist, in den 6 Anfangswochen Strafschärfungen dictirt werden, und wenn der Betreffende nach mehreren Jahren wieder in die Freiheit kommt, die Strafschärfung ihre Wirkung so vollständig verloren hat, daß sie absolut nicht mehr ins Gewicht fällt! Und wird der Betreffende dadurch, daß er in den ersten 6 Wochen geschärfte Freiheitsentziehung genießt, ein ganz besonderes Gefühl des Mehrgestraftseins empfinden? Ich glaube, das nicht. Ich glaube es ist zwischen den kurzzeitigen Freiheitsstrafen, von denen auch anerkannt wurde, daß sie nicht entbehrt werden können, und den langandauernden ein solch' specifischer Unterschied, daß auch der Unterschied in Bezug auf die Schärfung ein wohl motivirter ist. Ich muß deshalb bei meinen Thesen stehen bleiben und bitte dieselben anzunehmen.

Correferent Landgerichtsrath **Dove:** M. H., ich will mich auch auf einige wenige Worte beschränken. Zunächst möchte ich gegen den Antrag Aschrott hervorheben, daß mir derselbe doch dem Richter eine Aufgabe zu stellen scheint, die zu hoch ist, nämlich die Aufgabe, die Individualität des ihm gegenüberstehenden Angeklagten in einer Weise zu beurtheilen, wozu, glaube ich, unsere heutige Hauptverhandlung nicht gerade geeignet ist, ihm den nöthigen Maßstab an die Hand zu geben

(Sehr richtig!)

und gerade dieses Bedenken wird sich desto mehr steigern, je weniger die Justizverwaltungen — und sie sind ja nicht alle geneigt — geneigt sind, dem Rufe nach Vermehrung der Richterkräfte nachzugeben.

Im Uebrigen, m. H., will ich mich auf einige persönliche Bemerkungen ganz kurzer Art beschränken.

Zunächst hat Herr College Felisch einen Haupteinwand, wie er es bezeichnet hat, von mir bekämpft, den ich als solchen nicht vorgebracht habe.

(Heiterkeit.)

Es handelt sich um eine Floskel, deren wesentlich oratorische Bedeutung ich einräumen will. Er hat aber einige wesentliche sonstige Gründe nicht berührt, so z. B. den socialen Gesichtspunkt nicht, und ebenso wenig den Gesichtspunkt, den ich auch hervorgehoben habe, daß die vorgeschlagenen Strafschärfungen dem Gange unserer Geschichte und unserer ganzen Culturentwickelung widersprechen.

Herrn Professor Merkel will ich nur erwidern: wenn es richtig sein mag, daß in Bezug auf die Beurtheilung der bestehenden Verhältnisse er als Pessimist und ich als Sanguiniker und Optimist uns darstellen, so glaube ich, kann ich ihm in Bezug auf die Beurtheilung der Wirksamkeit der vorgeschlagenen Strafschärfungen das Compliment oder den Vorwurf — wie er es auffassen will — Sanguiniker und Optimist zu sein, zurückgeben.

(Heiterkeit.)

Vorsitzender: Wir schreiten zur Abstimmung. Zur Fragestellung hat das Wort Herr Landgerichtsrath Dr. Kronecker.

Landgerichtsrath Dr. **Kronecker:** Ist es zulässig, ein Amendement zu stellen?

(Zustimmung.)

Dann würde ich das Amendement zu dem Antrag Stenglein, Ziffer 2, stellen, zu sagen statt „sind nur zulässig" „empfehlen sich".

Meinen Antrag zu Satz 1 ziehe ich dagegen zurück.

Reichsgerichtsrath Dr. **Stenglein:** Wenn die hohe Versammlung damit einverstanden ist, so bin ich bereit, das zu acceptiren. Ich glaube, dieser rein redactionelle Unterschied ist nicht groß.

Vorsitzender: Es liegen vor: einmal der gedruckte Antrag Stenglein:

Der deutsche Juristentag spricht sich dahin aus:

1. Die Einführung von Verschärfungen der Freiheitsstrafen im Sinne des österreichischen Entwurfs empfiehlt sich nicht.

2. Strafschärfungen sind nur zulässig bei kurzen Freiheitsstrafen, welche für Roheits- und Sittlichkeitsdelicte verhängt werden.

3. Als solche Schärfungen empfehlen sich Kostentziehung und hartes Lager.

In Ziffer 2 ist also nach dem Amendement Kronecker und mit

Zustimmung des Herrn Reichsgerichtsrath Stenglein anstatt „sind nur zulässig" „werden empfohlen" zu lesen.

(Landgerichtsrath Dr. Kronecker constatirt, daß außer Herrn Reichsgerichtsrat Stenglein auch Herr Landgerichtsrath Dr. Felisch sich damit einverstanden erklärt hat, daß in den bezüglichen Anträgen statt „sind nur zulässig" gesetzt werde „werden empfohlen".)

Es ist ferner von Herrn Landrichter Dr. Aschrott der Antrag zu Ziffer 2 gestellt, zu sagen:

„Strafschärfungen sind bei solchen Delinquenten zulässig, von welchen nach dem Ermessen des Richters die einfache Freiheitsentziehung als ein wirklich ausreichendes Strafübel nicht empfunden wird.

Die Strafschärfung darf jedoch die Dauer von 6 Wochen nicht übersteigen und setzt den Vollzug der Strafe in Einzelhaft voraus."

Des Weiteren ist von Herrn Collegen Felisch beantragt, als Ziffer 2 zu setzen:

„Verschärfungen der Freiheitsstrafe werden in den vom Gesetz einzeln aufzuführenden Fällen gegen rückfällige und gegen solche Personen empfohlen, bei welchen bestimmte, gesetzlich bezeichnete Merkmale einer moralischen Verworfenheit vorliegen.

Wir kommen zur Abstimmung. Ich bitte diejenigen, welche mit Ziffer 1 einverstanden sind, sich von ihren Plätzen zu erheben.

(Geschieht.)

Das ist die Mehrheit; die Ziffer 1 ist angenommen.

Wir kommen nunmehr zur Abstimmung über die Anträge, die zur Ziffer 2 gestellt sind.

Das Wort hat Herr Reichsgerichtsrath Olshausen.

Reichsgerichtsrath Dr. **Olshausen:** Wir müssen nach meiner Meinung zunächst über den am weitesten sich entfernenden Antrag abstimmen — das ist meines Erachtens der Antrag Aschrott — sodann über den Antrag Felisch und des Weiteren über den Antrag Stenglein.

(Zustimmung.)

Vorsitzender: Wir stimmen also zunächst über den Antrag Aschrott ab, demnächst über den Antrag Felisch und sodann über den Antrag Stenglein.

(Die vorgenommene Abstimmung ergiebt die Ablehnung der Anträge Aschrott und Felisch [letzterer wird mit 24 gegen 36 Stimmen abgelehnt] und die Annahme des Antrags Stenglein mit 35 gegen 24 Stimmen.)

Zur Geschäftsordnung hat das Wort Herr Rechtsanwalt Dr. Alexander Katz.

Rechtsanwalt Dr. **Katz** (Berlin): Wir sind durch diese Art der Abstimmung in eine außerordentlich ungünstige Lage gebracht worden. Es ist von uns über den Antrag Felisch und über den Antrag Stenglein abgestimmt worden. Wenn über den Antrag Felisch nach dem Antrag Stenglein abgestimmt worden wäre, so hätten wir uns für den Antrag Felisch noch zum Schluß entscheiden können; denn der Antrag Felisch ist unzweifelhaft der mildere. Diejenigen, die für das Mildere stimmen wollten, sind durch diese Art der Abstimmung ganz aus der Linie gedrängt. Ich muß deshalb bitten, daß uns die Möglichkeit gegeben wird, nachdem der Antrag Stenglein angenommen ist, über den Antrag Felisch noch einmal abzustimmen.

(Widerspruch.)

Vorsitzender: Es ist vorher über die Reihenfolge der Anträge Beschluß gefaßt worden und ich glaube nicht, daß auf diesen Einwurf noch eingegangen werden kann.

Wir kommen zur Abstimmung über Ziffer 3.

Ich bitte diejenigen Herren, die dieser Ziffer ihre Zustimmung geben wollen, sich von den Plätzen zu erheben.

(Geschieht.)

Die Ziffer ist angenommen.

Es wird sich nun fragen, ob dieser Gegenstand im Plenum zur Kenntnißnahme mitgetheilt werden soll?

(Zustimmung.)

Dann dürfen wir wohl Herrn Reichsgerichtsrath Dr. Stenglein bitten, im Plenum hierüber zu referiren.

Damit ist dieser Gegenstand erledigt.

Das Wort zur Geschäftsordnung hat Herr Rechtsanwalt Katz.

Rechtsanwalt Dr. **Katz**: Ich möchte einen Antrag dahin stellen, dem Plenum diesen Gegenstand zur Berathung vorzulegen, damit wir die Möglichkeit haben, unseren Willen zum Ausdruck zu bringen und in der Versammlung unseren Standpunkt darzulegen, nachdem wir in diese schiefe Lage gekommen sind. Ich beantrage, daß das Plenum darüber berathe.

Vorsitzender:

„Es findet eine Erörterung und Entscheidung

— sagt § 6 unseres Statuts —

im Plenum nur dann statt, wenn dieselbe von der betreffenden Abtheilung vorgeschlagen, oder wenn sie von mindestens zehn Mitgliedern beantragt und von der Plenarversammlung beschlossen wird."

Ich lasse darüber abstimmen, ob die Abtheilung die Verweisung an das Plenum zur Berathung beschließen will. Wer für diese Verweisung durch die Abtheilung ist, den bitte ich, sich zu erheben.

(Geschieht.)

Das ist die Minderheit; der Antrag Katz ist abgelehnt.

Reichsgerichts-Senatspräsident Dr. **Drechsler:** Ich habe die Absicht, auf Grund des § 6 unserer Statuten die Frage:

„Empfiehlt sich ein allgemeiner Rechtsschutz gegen unerlaubten Wettbewerb?"

zur Berathung im Plenum zu stellen, also eine Berathung in der heutigen Abtheilung nicht stattfinden zu lassen.

(1/2stündige Pause.)

Vorsitzender: Die Abtheilung hat noch die Frage 12 zu erledigen:

Empfiehlt sich hinsichtlich der Geldstrafe

a) die Zulassung und Begünstigung des freiwilligen Abverdienens derselben?

b) die Androhung des erzwungenen Abverdienens in einer Anstalt (Arbeitshaus) für den Fall, daß der Mangel guten Willens zur Tilgung der Strafe festgestellt ist?

Da ich zu dieser Frage mit als Referent bestellt bin, so darf ich wohl den Herrn stellvertretenden Vorsitzenden ersuchen, den Vorsitz zu übernehmen.

(Oberlandesgerichts-Senatspräsident Dr. v. Stößer übernimmt den Vorsitz.)

Stellvertretender Vorsitzender Dr. **v. Stößer:** Ich eröffne die Verhandlung und gebe dem Referenten, Herrn Professor Dr. Merkel, das Wort.

Professor Dr. **Merkel** (Straßburg): Die zu beantwortenden Fragen lauten:

Empfiehlt sich hinsichtlich der Geldstrafen

a) die Zulassung und Begünstigung des freiwilligen Abverdienens derselben?

b) die Androhung des erzwungenen Abverdienens in einer Anstalt (Arbeitshaus) für den Fall, daß der Mangel guten Willens zur Tilgung der Strafe festgestellt ist?

Ich erinnere kurz an den Zusammenhang, dem die Aufstellung dieser Fragen angehört.

Unsere Abtheilung hat sich beim vorigen Juristentage eingehend mit dem Institut der Geldstrafe beschäftigt. Wie seine Bedeutung erhöht und seine Anwendung wirksamer gestaltet und zugleich in besseren Einklang mit den Anforderungen der Gerechtigkeit gebracht werden könne, das war in Frage. Durch eine Reihe von Beschlüssen in Bezug auf Androhung, Bemessung und Exequirung der Geldstrafen ist ihr die Abtheilung näher getreten. Der letzte der gefaßten Beschlüsse ging dahin, daß die Leistung der Strafen denjenigen Verurtheilten, welche keinen exequirbaren Besitz haben, durch die Zulassung und genauere Regelung von Theilzahlungen erleichtert werden solle. Dieser Beschluß entspricht dem allseitig anerkannten Bedürfniß, die Fälle, wo Geldstrafen nicht zur Vollziehung gelangen, nach Möglichkeit zu beschränken. Es blieb die Frage, was geschehen soll, wenn eine Baarzahlung sich trotz der Zulassung und Begünstigung von Theilzahlungen und einer von Haus aus richtigen Bemessung der Strafe nicht herbeiführen läßt.

Meine Meinung ist, daß an Stelle der Pflicht zur Baarzahlung hier die Pflicht zum Abarbeiten der Strafe zu treten habe. Nicht absitzen soll der Verurtheilte die Strafe, wie es zur Zeit geschieht, sondern abarbeiten.

Die Anträge aber, welche ich dieser Auffassung gemäß dem vorigen Juristentage unterbreitete, Anträge, welche ihrer wesentlichen Tendenz nach mit den Ihnen heute unterbreiteten harmoniren, sind damals auf Antrag des Herrn Landgerichtsrath Felisch als noch nicht spruchreif von der Tagesordnung abgesetzt und zu neuer Verhandlung auf Grund weiterer Vorbereitung dem diesjährigen Juristentage zugewiesen worden.

Dies Verfahren war nicht unbegründet. Die sonstigen Fragen, mit welchen wir uns damals beschäftigten, waren in ausgezeichneten Gutachten gründlich und allseitig durchgearbeitet. Von der Frage des Abverdienens der Geldstrafe galt dies nicht in gleichem Maße.

Speciell konnte ich mich zu Gunsten meiner erwähnten Anträge hier auf keines der vorliegenden Gutachten stützen. Darin ist nun Wandel geschaffen. Herr Felisch selbst hat das Verdienst, den damals fehlenden Unterbau hergestellt zu haben. In seinem trefflichen Gutachten hat er meine eigenen Untersuchungen so weit überflügelt, daß ich nun bei der

Wiederaufnahme meiner damaligen Anregungen im Wesentlichen in seinem Gefolge erscheine und ihn als Führer anerkennen muß.

Die uns vorliegenden Fragen correspondiren mit meinen damaligen Anträgen. Doch sehe ich nun von der Vorgeschichte ab und wende mich den jetzt vorliegenden Anträgen zu.

Mein Antrag I enthält zunächst die principielle Ablehnung des Absitzenlassens der uneinbringlichen Geldstrafen, also der Ersatzstrafe an der Freiheit. Die Meinung ist, daß die Umwandlung der uneinbringlichen Geldstrafen in Freiheitsstrafen so schwerwiegende Gründe gegen sich habe, daß sie nur dort beibehalten werden sollte, wo wir uns schlechterdings nicht anders zu helfen vermögen, wenn wir auf Bestrafung nicht überhaupt verzichten wollen.

Wer darin nicht mit uns übereinstimmt, der wird schwerlich für das System des Abverdienens sich erwärmen können, denn die Durchführung des Systems des Abverdienens, das ich proponire, bietet zweifellos viel größere Schwierigkeiten, und bürdet den Behörden eine größere Arbeitslast auf, als das bisherige System des Absitzenlassens.

Wer daher die Umwandlung uneinbringlicher Geldstrafen in Freiheitsstrafen nicht anstößig findet, der wird zur Ablehnung meiner Anträge Gründe nicht erst zu suchen haben; sie liegen zur Hand. In einem gewissen Sinne hat der Juristentag indessen zu der Frage schon Stellung genommen. Der Beschluß über die ratenweise Tilgung der Geldstrafen wurzelt in dem Verlangen, die Geldstrafen einbringlich zu machen, um das Uebel der Ersatzstrafe an der Freiheit nach Möglichkeit in Wegfall zu bringen, und ich hoffe, daß die Abneigung gegen diese Ersatzstrafe an der Freiheit heute noch zu einem schärferen Ausdruck gelangen wird, als damals.

Die Ersatzstrafe an der Freiheit gehört ihrer Bedeutung und ihren geschichtlichen Antecedentien nach zu der Gruppe von Instituten, welche den Gegensatz zwischen den Bevölkerungsklassen innerhalb der Rechtspflege zum Ausdruck bringen, dieser also den Charakter einer Klassenjustiz verleihen.

Es sei gestattet, mit wenigen Worten etwas auszuholen. Der Rolle, welche das Geld in der Rechtspflege spielt, haftet von Haus aus eine Beziehung auf die Klassengegensätze an, und diese Beziehung ist der Natur der Sache nach nicht völlig aufzuheben, aber sie ist in ihrer Bedeutung veränderlich, und der Fortschritt in der Rechtspflege hat zu einem wesentlichen Bestandtheile die fortschreitende Abschwächung der durch diese Rolle des Geldes begründeten Ungleichheit in der Behandlung der Klassen.

Für vergangene Zeitalter ist einmal die ausgedehnte Verwendung des Geldes bei der Sühnung von Verbrechen charakteristisch, und andererseits die rücksichtslose Art, wie dem Gelde bei dem Armen andere Güter substituirt worden sind. Wo der Besitzende sich als Schuldner und als Verbrecher durch Geldleistungen frei machen konnte — und er konnte dies in weitgehendem Umfange, selbst bei Tödtungsverbrechen — haftete der Arme mit Leib, Leben oder Freiheit, das letztere bekanntlich auch auf civilrechtlichem Gebiete. Wir sind nun hier über vieles hinausgekommen, einerseits in Folge einer Ausbildung und Verfeinerung der Werthanschauungen über die in Betracht kommenden Güter: Freiheit, Ehre, Vermögen u. s. w., und in Folge ferner einer wachsenden Bedeutung der Gleichheitsidee, und andererseits in Folge einer Entwickelung der Vorstellungen über die Aufgaben der Strafrechtspflege. Die ersteren Vorgänge haben Schuldknechtschaft und Schuldhaft verschwinden lassen, die letzteren die Geldstrafen als Hauptstrafen bei schweren Verbrechen und damit die Frage nach einem Ersatze derselben bei diesen Verbrechen für die Armen in Wegfall gebracht.

Aber wir sind noch nicht am Ziel, sondern mitten auf dem Wege. Wenn wir die kleineren Geldstrafen des heutigen Rechts in Freiheitsstrafen umwandeln, so hat dies principiell keinen anderen Charakter, wie die ehemalige Wandlung der schweren Geldbußen des alten Rechts in Leibes- und Lebensstrafen bei den Armen. Der Entwickelungsproceß aber, der die alten Formen der Ungleichheit verschwinden ließ, schreitet weiter und schließt ein Stehenbleiben bei der jetzt erreichten Station auf jenem Wege für die Dauer aus. Die Macht der Gleichheitsidee ist bekanntlich noch immer im Wachsen und die vergleichenden Werthanschauungen verfeinern sich noch immer und beides wird die Gleichsetzung von Geld- und Freiheitsstrafen zu Ungunsten derjenigen, welche nichts haben — während diese Strafen im Uebrigen als in Art und Schwere wesentlich verschieden behandelt werden — mehr und mehr als Ungerechtigkeit empfinden lassen und der bestehenden Rechtsordnung, wenn wir diesen Flecken an ihr nicht austilgen, neue Feindschaft zu der schon reichlich vorhandenen schaffen.

Strafumwandlungen sollen sich — das ist ein Grundsatz, der keiner Begründung bedarf — von dem Inhalt des primären richterlichen Urtheils, in welchem die strafbare Handlung nach Art und Schwere ihre rechtliche Werthung gefunden hat, so wenig als möglich entfernen. Bei der Umwandlung von Geld- in Freiheitsstrafe ist aber diese Entfernung im Sinne unserer heutigen Rechtsanschauungen eine große; denn Geld- und Freiheitsstrafe stehen in der Werthscala dieser Anschauungen auf einer sehr verschiedenen Stufe und dementsprechend die Strafen, welche diese Güter treffen. Freiheitsstrafen berühren anerkanntermaßen die Ehre in weit intensiverer Weise als Geldstrafen. Hat nun die Umwandlung lediglich ihren Grund in Armuth, so ist hier das Ergebniß, daß der Arme lediglich um seiner Armuth willen an der Ehre gestraft wird. Ob der Einzelne, der die Geldstrafe absitzt, eine Empfindung davon hat, oder das Absitzen vielleicht jeder sonstigen Leistung vorzieht, darauf kommt es nicht an. Den socialen Klassen, zu welchen die meist Betroffenen gehören, fehlt das Verständniß für diese Verhältnisse nicht, und es werden sich die Vertreter und Führer dieser Klassen auch nicht die Gelegenheit entgehen lassen, gelegentlich diese Verhältnisse ins Spiel zu bringen.

Wandeln wir ferner die Geldstrafe in einfache Freiheitsentziehung, Freiheitsstrafe mit Müssiggang, wie Herr Reichsgerichtsrath Dr. Stenglein sagt, um, so wenden wir eine Strafe an, die für die schlechtesten, hier in Betracht kommenden Elemente keine abschreckende Kraft besitzt und zugleich im Allgemeinen überdies eine demoralisirende Wirkung äußert. Wandeln wir sie dagegen, wie es im Norden vielfach geschehen ist, in geschärfte Freiheitsstrafe um, so erhöhen sich die principiellen Bedenken, die ich zuvor hervorgehoben habe. Wenn nun aber die Umwandlung der Geldstrafe in Freiheitsstrafe grundsätzlich zu verwerfen ist, was soll bei Uneinbringlichkeit der Geldstrafe geschehen? Gegenüber der Prügelstrafe und gegen Ehrenstrafen im engeren Sinne machen sich dieselben grundsätzlichen Bedenken geltend, wie gegen die Ersatzstrafe an der Freiheit. Von Strafen einfach abzusehen im Falle der Uneinbringlichkeit der Geldstrafe wäre freilich das einfachste; allein wir werden uns dazu doch nicht entschließen können; wir würden damit einer bestimmten Klasse unmittelbar ein Privilegium zu strafloser Uebertretung der bezüglichen Gesetze verleihen, was nicht angeht, und wir würden zugleich auf einen Impuls zur Abtragung der Geldstrafe verzichten, den wir schwer entbehren können.

Mit alledem sind wir auf das System des Abverdienens der Strafe hingewiesen und wir gelangen damit zum positiven Inhalt meines ersten Antrages. Dem nicht zu erlangenden Gelde sollen Geldwerthe substituirt werden. Mit dieser Umwandlung entfernen wir uns von dem primären Inhalte des richterlichen Urtheils nicht in wesentlicher Weise, wie bei der Umwandlung in Freiheitsstrafe, wir halten vielmehr den Kern der Sache fest und treffen nur die Form. Diejenigen, welche keinen exequirbaren Besitz haben, können ja nur mittelst ihrer Arbeit zahlen; ob sie diese Arbeit erst in Geld umsetzen und dem Staate den Erlös darbieten oder direct mit der Arbeit selbst zahlen, ist ein formaler Unterschied, der an sich nicht geeignet ist, der Strafe einen wesentlich anderen Charakter zu verleihen. Beide Male ist die Persönlichkeit in ihrer wirthschaftlichen Existenz getroffen. Das Wesen der Geldstrafe liegt ja darin, daß dem Verurtheilten wirthschaftliche Werthe, die ihm nach allgemeinen Rechtsgrundsätzen zukommen würden, zur Strafe aberkannt, entzogen bezw. vorenthalten werden. Dies aber geschieht beim Abverdienen der Geldstrafe wie bei der Zahlung in baar. Freilich die aufgestellte Gleichung hängt von der Art ab, wie die Durchführung der Geldleistung einerseits und die Arbeitsleistung andererseits erfolgte. Der freien Geldzahlung entspricht offenbar nur die freie Arbeitsleistung. Wenn wir denjenigen, der zahlen möchte, aber nicht kann, ins Arbeitshaus oder ins Gefängniß sperren und daselbst durch Zwangsarbeit die Strafe abverdienen lassen, so kann nicht davon die Rede sein, daß nur eine unwesentliche Formveränderung stattgefunden habe. Der Verurtheilte ist dann nicht mehr bloß in seiner wirthschaftlichen Existenz getroffen, sondern zugleich aufs Empfindlichste in seiner Freiheit und in seiner ganzen bürgerlichen Existenz. Kaum besser ist es, wenn wir einer Zwangsarbeit außerhalb jener Anstalten den Vorzug geben, die an der Stelle der uneinbringlichen Zahlung in baar treten soll. Auch eine solche Zwangsarbeit außerhalb der Anstalt berührt ja selbstverständlich die Ehre und berührt sie in einer Weise, für welche zunächst eine Rechtfertigung nicht zu erbringen ist.

Wie derjenige Verurtheilte, der sein Geld freiwillig zu der Gerichtskasse bringt, seine Schuld tilgt, so muß es auch für denjenigen gelten, der freiwillig geldwerthe Arbeit darbietet, und wie es verkehrt wäre, darauf zu bestehen, daß die Einziehung des Geldes im Wege des Zwangsverfahrens erfolgt, so auch hier darauf zu bestehen, dem Abverdienen der Strafe von vornherein einen Zwangscharakter aufzuprägen. Wie aber einerseits die zwangsweise Einziehung des Geldes bei demjenigen gerechtfertigt ist, der nicht freiwillig zahlt, so auch die Zwangsarbeit bei demjenigen, der sich nicht freiwillig zur Arbeit bereit finden läßt. Der allgemeine Gedanke, Geldleistungen bei denjenigen, die nicht zahlen können, Arbeitsleistungen zu substituiren, ist nun bekanntlich nichts weniger als neu; er hat in der Gesetzgebung vieler Länder Ausdruck gefunden. Unser Gutachten giebt einen Ueberblick über das, was in dieser Beziehung gesetzgeberisch geleistet bezw. angestrebt worden ist. Ein Reichthum von mannigfachen Systemen tritt uns hier entgegen. Aber wir können wohl sagen: zu einer befriedigenden Durchführung ist der Gedanke bisher nirgends gekommen. Man dachte bei den aufzuerlegenden Arbeiten zunächst nur an Zwangsarbeiten, an Zwangsarbeiten mit oder ohne Einsperrung, und gerieth damit von vornherein in falsche Wege. Deshalb haben die Erfahrungen, die man mit dem Abarbeiten der Strafen bisher gemacht hat, für uns nur relativen Werth. Vor Allem aber fügen sich unsere Vorschläge — ich spreche von unseren Vorschlägen, indem ich dabei an das Uebereinstimmen der meinigen mit denen des Herrn Landgerichtsrath Felisch denke — in ein System ein, das nur als Ganzes richtig gewürdigt werden kann. Die bisherige Gesetzgebung kannte aber von diesem System nur Theile. Deshalb würden die Erfahrungen, die man bisher gemacht hat, selbst dann nichts gegen unsere Vorschläge beweisen, wenn sie lediglich ungünstige wären. Das ist aber nicht der Fall.

Ich gehe nun auf eine nähere Charakterisirung unseres Systems ein. Als die Hauptsache erscheint es uns, worauf der Eingang meiner Anträge hinweist, die Fälle der Uneinbringlichkeit der Geldstrafen auf ein Mindestmaß zurückzuführen. Das Abverdienen an Stelle des Abzahlens soll einen Ausnahmefall darstellen. Nur als solcher wird sich das System befriedigend regeln lassen. Aber dieses Ziel erscheint uns nicht als ein imaginäres, sondern als ein erreichbares. Schon jetzt giebt es Bezirke in Deutschland, in welchen die Uneinbringlichkeit der Geldstrafe als eine Seltenheit erscheint. Nun ist aber hier eine Reihe von Formen und Maßnahmen ins Auge gefaßt, welche die Erreichung dieses Zieles verbürgen dürften. Zunächst kommt hier in Betracht die richtige Bemessung der Geldstrafen unter Berücksichtigung der gesammten öconomischen Lage des zu Verurtheilenden. In dieser Richtung hat der vorige Juristentag Stellung genommen und hat eine derartige Bemessung gefordert. In zweiter Linie kommt in Betracht die von mir bereits erwähnte Begünstigung und Regelung der Theilzahlungen. Schon hierdurch wird erreichbar werden, daß diejenigen Verurtheilten, welche laufende Einnahmen haben, die Strafe in baar erlegen können, wenn man ihnen die nöthige Zeit läßt. Es läßt sich ferner behaupten, daß die mögliche Abtragung in der Regel wirklich erfolgen wird, wenn man dem Verurtheilten zureichende Beweggründe dafür giebt, und dafür wird es bei der großen Mehrzahl ausreichen, wenn man ihnen die Ueberzeugung beibringt, daß sie durch Säumigkeit oderBöswilligkeit in der Abtragung ihrer Schuld nichts erreichen können, als formelle Umwandlungen der Strafe, die in steigender Progression die geforderte wirthschaftliche Leistung unter immer ungünstigeren Bedingungen, in immer empfindlicheren Formen abfordern und zuletzt abzwingen. Auf diese Eventualitäten der Säumigkeit und Böswilligkeit würde der Verurtheilte bei der ersten Zahlungsaufforderung in den hierzu verwendeten Formularen von vornherein hinzuweisen sein.

Es soll aber ferner die Abtragung der Geldstrafe in baar noch durch weitere Maßnahmen erleichtert werden. Es ist ja selbstverständlich, von allem Anderen abgesehen, durchaus wünschenswerth, daß der Verurtheile seine Strafschuld abtragen könne, ohne aus seinem gewohnten Arbeitsverhältnisse herausgerissen zu werden. Das Letztere aber wird beim Abverdienen in der Regel der Fall sein. Um nun also diese Abtragung aus den gegebenen Arbeits- und Einkommensverhältnissen heraus zu ermöglichen, macht Herr Landgerichtsrath Felisch, dem ich mich hierin anschließe, die folgenden Vorschläge. Dem verurtheilten Lohnarbeiter ist anheim zu geben, sich entweder mit dem Schutzfürsorgevereine seines Bezirks oder mit seinem Arbeitgeber zum Zwecke der Abtragung seiner Schuld in Verbindung zu setzen. Herr Felisch nimmt auf Grund von Erkundigungen an, daß die Schutzfürsorgevereine sich wohl bereit finden lassen würden, in festem Arbeitsverhältnisse stehenden Arbeitern durch Vorschußzahlungen an die Staatskasse behilflich zu sein, und dann den vorgeschossenen Betrag sich von den Arbeitgebern unter Zustimmung des Verurtheilten durch ratenweise Lohnabzüge erstatten zu lassen. Der Verurtheilte könnte aber auch direct mit seinem Arbeitgeber eine Verständigung dahin treffen, daß dieser den Betrag der Geldstrafe entweder sofort vorschußweise im Ganzen an die Staatskasse bezahlt oder auf Grund wöchentlicher Abzüge vom Lohn an die Staatskasse gelangen läßt. Auch kann sich's nach Umständen empfehlen, dem Verurtheilten Arbeitsgelegenheit bei Privaten, z. B. Waldbesitzern, mit welchen zu diesem Zwecke Vereinbarungen zu treffen wären, nachzuweisen. Herr Felisch empfiehlt weiter, zum Behufe der Erleichterung speciell der Tilgungsweise mit Hilfe der Arbeitgeber die Einführung von bei den Postanstalten käuflichen Gerichtskostenmarken, welche der Arbeitgeber in dazu übergebene Formulare in Höhe der Lohnabzüge wöchentlich bis zur Tilgung der Schuld einzukleben hätte.

Bei alledem würde der Grundsatz der Freiwilligkeit durchzuführen sein, nur im Einverständniß mit dem Arbeiter darf der Arbeitgeber bei der Vollziehung der Strafe mit ins Spiel gezogen werden. Nur unter dieser Voraussetzung wird seine Mitwirkung die bestehende Kluft zwischen der Classe der Arbeitgeber und Arbeitnehmer nicht vertiefen. Eine Beschlagnahme des Lohnes zum Behufe der Tilgung der Geldstrafe ist daher zu verwerfen.

Auch sonstige Härten der Executionsführung sind in diesem Stadium zu vermeiden. Die „erbarmungslose Eintreibung der Strafbeträge“, die von Manchen verlangt wird, ist abzulehnen. Speciell die Versagung der im Civilproceß gewährten Executionsbefreiungen. „Dieselben volkswirthschaftlichen und socialpolitischen Erwägungen, welche die Gesetzgebungen zu zahlreichen Executionsprivilegien im Civilverfahren geführt haben, verlangen," wie Friedmann in seinem ausgezeichneten Gutachten ausführte, „gebieterisch auch bei der Geldstrafe Berücksichtigung." Bei denjenigen nun, bei welchen die Abzahlung der Geldstrafe trotz all der empfohlenen, dies erleichternden Maßregeln sich nicht erreichen läßt, kommt das Abverdienen in Frage. Wir dürfen mit Felisch annehmen, daß es sich hierbei in der Hauptsache um stellenlose Personen handle, daneben um eine Anzahl von Leichtsinnigen und von widerspenstigen Personen, welche zu keiner anständigen Regelung ihrer Angelegenheiten zu bestimmen sind. Die Aufgabe des Abverdienenlassens gewinnt hiernach bescheidene Dimensionen und es kann keine Rede davon sein, daß sie in diesen sich nicht bewältigen lassen würde.

Das Abverdienen ist, wie schon ausgeführt war, zunächst als ein freiwilliges gedacht. Dem Verurtheilten soll es gestattet und ermöglicht werden, sich im Anschluß an straffreie Arbeiter an Arbeiten auf Rechnung des Staates, der Provinz, des Kreises oder der Gemeinde zu betheiligen, ohne daß ein directer Zwang in dieser Beziehung geübt und ohne daß der Arbeit selbst ein Strafcharakter aufgeprägt würde. Die Strafe soll in der Entziehung eines Theiles der Arbeitsvergütung, nicht an sich in der Arbeit gefunden werden, und es ist weder begründet noch irgendwie zweckmäßig, dieses Verhältniß des Arbeiters zum Entgelt für seine Arbeit öffentlich zu machen.

Gründe für dieses System der Freiwilligkeit sind schon angegeben worden. Ich wiederhole: Dem Abarbeiten das Moment des äußeren Zwanges und damit der Unehre anzuhängen, ist bei demjenigen, der gewillt ist zu arbeiten und seine Strafe zu zahlen, nicht gerechtfertigt. Dazu gesellen sich weitere Gründe. Die erzwungene Arbeit hat einen geringen ökonomischen Werth, und ebenso einen geringen moralischen. Der Zwang zur Arbeit selbst ist ohne Einsperrung nur unvollkommen durchzuführen. In der Oeffentlichkeit ausgeführt discreditirt er die Arbeit und tangirt das Ehrgefühl der straffreien Arbeiter, welche der gleichen Arbeit obliegen.

Allerdings wird nicht allen, welche ihre Strafe abzuverdienen haben, die Wohlthat des Abverdienens durch freie Arbeit zuzuwenden sein. Bei arbeitsscheuen Vagabunden erscheint diese Form der Abtragung der Geldstrafe nicht als prakticabel, weil sie die ihnen gelassene Freiheit nur benutzen würden, sich der Strafe zu entziehen. Felisch sieht das für den Richter entscheidende Moment hier in der Fluchtverdächtigkeit und ich habe mich ihm in meinen Anträgen angeschlossen. Wo diese Fluchtverdächtigkeit von vornherein gegeben ist, da muß das Stadium des freien Abverdienens übersprungen und alsbald das Abverdienen in einer Anstalt angeordnet werden.

Diese Gruppe von Delinquenten scheidet also auch noch aus der Zahl derjenigen aus, für welche Gelegenheit zu freiem Abverdienen der Strafe zu beschaffen ist. Für den Rest würde sich wohl überall durch eine der genannten Organisationen solche Gelegenheit finden lassen, gleichviel ob Gelegenheit zu Arbeiten im Freien oder in geschlossenen Räumen. Hauptsächlich kämen natürlich Arbeiten in Frage, die keine besondere Ausbildung voraussetzen. Als geeignet werden von verschiedenen Sachverständigen sehr verschiedene Arbeitsweisen angegeben. Auf dem Lande kommen vor Allem Wegearbeiten, forst- und landwirthschaftliche Arbeiten in Betracht, in den Städten u. a. Arbeiten bei Verschönerungsanlagen, in Schlachthöfen, Gasanstalten, Schneeschippen, Straßenreinigen, nach Umständen bei vorhandener Fähigkeit auch Zeichnen, Correspondiren, Abschreiben; für Frauenspersonen: Waschen, Reinigen, Ausbessern, Nähen, Stricken, Flicken für Kranken-, Besserungs-, Rettungs-, Erziehungshäuser. Aus naheliegenden Gründen wird von unserem Gutachter die Zuweisung der Arbeiten im Stücklohn bevorzugt. Diese Zuweisung soll am Wohn- oder Aufenthaltsorte des Abverdieners erfolgen.

Den Gemeinden sind die Arbeitskräfte der Verurtheilten unentgeltlich zu überlassen, da, wie Felisch ausführt, das System des Abverdienens ohne willige Mitarbeit der Gemeinden undurchführbar ist, diese willige Mitarbeit aber nur zu erwarten ist, wenn der von dem Arbeitslohn zu machende Abzug, also der Werthbetrag der Geldstrafe, der Gemeindecasse zufließt. Die Kosten der Aufsicht über die Abverdiener 2c. würde der arbeitgebende Verband zu tragen haben. In der Regel würde wohl ein Theil des Arbeitsverdienstes dem Abverdiener auszuzahlen sein, da diejenigen, welche die Geldstrafe, selbst in Theilzahlungen, nicht abzutragen vermögen, meist auch nicht im Stande sein werden, sich während der Zeit des Abverdienens aus eigenen Mitteln zu erhalten. Der ausgezahlte Theil des Lohnes würde selbstverständlich für die Tilgung der Strafe nicht in Ansatz kommen und gleichfalls abzuverdienen sein.

Die Arbeit des Abverdienens ist unter Berücksichtigung der ortsüblichen Entlohnung, jedoch allgemein um bestimmte Bruchtheile niedriger zu bewerthen, als die der straffreien Arbeiter. Felisch will hier Spielraum gelassen haben; er empfiehlt die geringere Bewerthung (mit $^2/_3$ des ortsüblichen Lohnes) nur als Regel. Für eine geringere Bewerthung läßt sich zunächst geltend machen, daß der wirthschaftliche Werth des von den Abverdienern Geleisteten durchschnittlich unter dem Normalmaß bleiben wird. Dies vor Allem dort, wo die zugewiesene Arbeit der bisherigen Beschäftigung des Verurtheilten nicht entspricht und ihm ungewohnte körperliche oder intellectuelle Leistungen auferlegt. Dieser Gesichtspunkt würde indessen an sich für den Antrag Felisch sprechen, da die Arbeit des Abverdienens ausnahmsweise ja auch vollwerthig sein kann.

Aber die grundsätzlich geringere Bewerthung entspricht m. E. erstlich dem Gedanken, daß der Verurtheilte womöglich zu bestimmen sei, die Geldstrafe in baar abzutragen. Er soll sich um eine diese Abtragung ermöglichende Arbeit selbst bemühen und die Regelung der Angelegenheit selbstthätig betreiben; nur im Nothfalle soll die Hülfe der Gemeinde in Frage kommen, diese an der Sorge für die Abtragung der Schuld betheiligt werden. Steht die normale Werthung der von der Gemeinde zugewiesenen Arbeit in Aussicht, so entfällt ein nicht unwichtiger Impuls für die Selbstthätigkeit des Verurtheilten. Weshalb sich um Arbeit bemühen, die Gemeinde ist ja verpflichtet, voll zu werthende Arbeit zuzuweisen. Ferner liegt in der geringeren Taxirung der Arbeit des Abverdieners eine Ausgleichung dafür, daß die Gemeinde bezw. der weitere Verband gerade ihm, dem Verurtheilten, Arbeitsgelegenheit zu beschaffen hat, während straffreien Arbeitern gegenüber eine Verpflichtung dieser Art nicht besteht. Bei gleicher Werthung der Arbeiten entsteht hier der Schein einer Privilegirung der Verurtheilten, dem selbstverständlich nach Kräften zu wehren ist. Endlich läßt sich der fragliche Abzug unter dem Gesichtspunkte eines Entgelts für die Verschaffung von Arbeitsgelegenheit und für die Generalunkosten, welche mit diesem System des Abverdienens für den bezüglichen Verband verknüpft sind, vertreten.

Der Verwaltung dieses Verbandes würden die Functionen der Vollzugsbehörde in diesem Stadium zufallen.

Doch gehe ich hier auf weitere Details nicht ein. Das Gesagte mag genügen, um den Eindruck hervorzubringen, daß das Abverdienenlassen hinsichtlich seiner Durchführbarkeit allseitig durchdacht ist. Wem in dieser Hinsicht noch Zweifel bleiben, den bitte ich, sich in unser Gutachten zu vertiefen.

Der Enquête muß jedoch Erwähnung geschehen, welche unser Gutachter veranstaltet hat. Derselbe hat nämlich 39 gutachtliche Aeußerungen von Oberbürgermeistern, Bürgermeistern, Landräthen, Kreisdirectoren und Oberamtmännern aus verschiedenen Theilen Deutschlands über die einschlagenden Fragen eingezogen. Diese im Auszug mitgetheilten Aeußerungen enthalten ein sehr werthvolles Material, welches bei der staatlichen Regelung der Angelegenheit berücksichtigt sein will.

Dem Princip des Abverdienenlassens gegenüber verhalten sich nur wenige Gutachten ablehnend. Die meisten aber weisen auf Schwierigkeiten der Ausführung hin. Die Vertreter der Städte über 100 000 Einwohner halten das Abverdienenlassen für ihr Bereich überhaupt nicht für praktisch durchführbar. Die geltend gemachten Gründe weisen jedoch auf Voraussetzungen hin, welche bei Durchführung unserer Vorschläge nicht vorliegen würden. Vor Allem scheinen dabei kleine Armeen von Abverdienern vorzuschweben, deren Beschäftigung freilich kaum überwindliche Schwierigkeiten bieten und große Mißstände begründen müßte. Gelingt es, das Abverdienlassen, wie es hier angestrebt wird, zu einem Ausnahmefall zu machen, so werden jene Gründe ihre Bedeutung in der Hauptsache verlieren.

Unter den geltend gemachten Unzuträglichkeiten steht die Gefahr der Concurrenz mit der freien Arbeit in der vordersten Linie. Die Vertreter aller Großstädte und der meisten Mittelstädte machen sie geltend, während sie auf dem Lande nicht befürchtet wird. In den Städten glaubt man, da die Nachfrage nach Arbeit hier im Allgemeinen größer sei als das Angebot, daß das Abverdienen eine Zunahme der allgemeinen Noth und vermehrte Erbitterung der freien Arbeiter begründen würde. Dagegen ist zunächst geltend zu machen, daß es sich bei den Abverdienern, wie schon erwähnt worden ist, in der Hauptsache um stellenlose Arbeiter handeln wird. Soweit dies aber der Fall, würde eine Concurrenz durch das Abverdienen nicht erst begründet, sondern nur zum Ausdruck gebracht werden. Das Abverdienen wäre hier nicht eine Ursache, sondern nur eine Erscheinungsform des Mißverhältnisses zwischen der Nachfrage nach Arbeit und der Nachfrage nach Arbeitern. Daneben freilich kann es Fälle geben, wo Leute, die bisher nicht arbeiteten und sich von Anderen erhalten ließen, als Abverdiener die bestehende Concurrenz vermehren würden. Allein abgesehen davon, daß diese Fälle im Großen nicht ins Gewicht fallen könnten, würde die hier erfolgende Nutzbarmachung brachliegender Arbeitskräfte und das erziehliche Moment, das in der Beschäftigung solcher Leute läge, zu Gunsten der Einrichtung sprechen. Ein wirklicher Uebelstand kann sich aber daraus ergeben, daß Leute in einer Arbeitsbranche beschäftigt werden, in der sie bisher nicht gearbeitet haben. Hierdurch würde zwar nicht die Concurrenz überhaupt, aber doch die Concurrenz innerhalb dieses bestimmten Arbeitsgebietes vorübergehend erhöht werden. Der Mehrung der Concurrenz auf diesem Punkte würde freilich eine Minderung derselben an einem anderen Punkte entsprechen. Immerhin aber könnte durch jene Mehrung eine Mißstimmung erzeugt werden. Aber sollen wir deshalb Leute, die arbeiten wollen, zur Faulenzerei in Haftlocalen verurtheilen?

Schwerer wiegt m. E. ein principielles Bedenken, zu dem die Betrachtung dieser Verhältnisse führen kann, und das denn auch von verschiedenen Seiten geltend gemacht worden ist. Es ist in der Frage ausgesprochen, ob die befürwortete Einrichtung nicht ein Recht der zu Geldstrafen Verurtheilten auf Arbeit begründen würde und ob damit nicht, da die Verurtheilten keine Vorzugsstellung anderen Arbeitern gegenüber in Anspruch nehmen können, überhaupt ein Recht auf Arbeit anerkannt sei. Wäre dies der Fall, so würde darin wohl ein Grund zur Absetzung des Abverdienens von unserer Tagesordnung liegen. Denn es kann nicht beabsichtigt werden, die Frage des Rechts auf Arbeit so nebenbei hier aufzurollen. Jenes Bedenken bedarf daher der näheren Prüfung.

Man könnte dem Abverdienen allerdings eine Form geben, in welcher es die angedeutete Folgerung auf ein Recht auf Arbeit zulassen würde. Aber im Zusammenhang meiner Anträge hat es eine solche Form nicht. Die rechtliche Stellung, welche darin dem Verurtheilten und bezw. dem Abverdiener gegeben ist, läßt keine Verallgemeinerung zu und schließt Folgerungen zu Gunsten der straflosen Arbeiter in der Richtung der socialistischen Postulate aus. Es handelt sich dabei nur um verschiedene Weisen, wie der Verurtheilte unter immer ungünstigeren Bedingungen seiner strafrechtlichen Haftung ledig werden kann. Die Pflicht zur Geldleistung wandelt sich bei dem Zahlungsunfähigen nicht in ein Recht auf Arbeit, sondern in eine Pflicht zu wenigstens theilweise unentlohnt bleibender Arbeit um, und diese Pflicht ist in gesetzlich geregelter Weise zu erfüllen. Dabei erfolgt diese Regelung so, daß die Lage des Verurtheilten bis zur Tilgung der Schuld die strafrechtliche Belastung nicht verleugnet. Nicht bloß bleibt seine Arbeit bis zur Höhe des geschuldeten Werthbetrages unvergütet, sondern sie wird überdies geringer gewerthet, als die des straffreien Arbeiters. Endlich ist das Pflichtmoment in seinem Verhältniß zur Arbeit dadurch aufs Schärfste als das Primäre charakterisirt, daß hinter dem freien Abverdienen der Arbeitszwang mit Einsperrung steht.

Die Fassung meiner Anträge, speciell die Betonung des Pflichtmoments, steht im Zusammenhang mit diesen Erwägungen.

Sie will u. A. auch den Gedanken an ein Wahlrecht des Verurtheilten ausschließen. Die Form des Abverdienens ist dabei freilich von dem Willen des Verurtheilten abhängig gemacht; aber nicht im Sinne der Anerkennung eines Wahlrechts. So wenig die Execution gegen einen säumigen Schuldner als Gegenstand eines Wahlrechts gedacht ist, obgleich es in dem Willen des Schuldners steht, die Execution durch freiwillige Leistung abzuwenden, ebenso wenig der Arbeitszwang gegen denjenigen Abverdiener, der ihn nicht durch freiwillige Arbeiten abwenden wollte.

Meine Anträge machen die Ermöglichung des freien Abverdienens ferner nicht von einem Antrage des Verurtheilten abhängig, wie ein französischer Gesetzentwurf von 1887, ein Gesetzentwurf Getz in Norwegen, die italienische Gesetzgebung. Ein Antragsrecht des Verurtheilten paßt nicht in den dargelegten Zusammenhang. Es würde dem Verurtheilten eine andere als die hier ins Auge gefaßte Stellung geben, die Pflichtseite in dem Verhältniß des Abverdieners zu der dargebotenen Arbeitsgelegenheit verwischen und als das Normale die Zwangsarbeit erscheinen lassen, die bei Nichtstellung des Antrages einzutreten hätte.

Noch ist hier, ehe ich mich dieser Zwangsarbeit näher zuwende, einiger besonderen Verhältnisse und Personengruppen zu gedenken:

Bei absolut arbeitsunfähigen Personen entfällt das Abverdienen. Da auch ihnen ein Freibrief in Bezug auf Gesetzesverletzungen nicht gegeben werden kann, so bleibt nichts übrig, als es bezüglich ihrer bei dem bisherigen Systeme, d. h. bei der Umwandlung der Geldstrafe in Freiheitsstrafe wenigstens für die Regel zu belassen. Es würde dabei nur einfache Haft ohne Arbeitszwang in Frage kommen. Felisch befürwortet hierbei die Zulassung der bedingten Verurtheilung. Obwohl kein unbedingter Bewunderer dieses Instituts kann ich mich ihm hier anschließen, da die Fälle von Umwandlung von Geld- in Freiheitsstrafe, soviel nur immer möglich, beschränkt werden sollen und die Ungeeignetheit der Ersatzstrafe an der Freiheit gerade bei den hier in Frage stehenden, zumeist bemitleidenswerthen Personen sich besonders fühlbar machen kann. Würde das Institut in dem von dem 21. Juristentage befürworteten Umfange zur Einführung gelangen, so wäre es jedenfalls consequent, seine Anwendbarkeit auch auf diese Fälle zu erstrecken. Will man hier aber eine bedingte Verurtheilung in Haft zulassen, so empfiehlt es sich, über die Frage der Haft auch bei denjenigen Personen, deren Arbeitsunfähigkeit von vornherein feststeht, nicht schon im ersten Urtheile, sondern nachträglich auf Grund einer Prüfung der Verhältnisse nach Constatirung der Uneinbringlichkeit der Geldstrafe durch richterlichen Beschluß entscheiden zu lassen, wie dies Antrag III vorsieht.

Bloß relative Arbeitsunfähigkeit ist bei Zutheilung und Bewerthung der Arbeiten zu berücksichtigen und in den Ausführungsverordnungen sind darauf bezügliche Regeln aufzustellen. Ich wende mich dem Antrag IV speciell zu.

Das freiwillige Abverdienen kann nicht den Abschluß des Systems bilden. Die Vollziehung der Strafe kann ja nicht überhaupt, sondern nur hinsichtlich bestimmter Modalitäten vom Willen des Verurtheilten abhängig gemacht werden. Was nun soll mit denjenigen geschehen, welche von der dargebotenen Gelegenheit zu freiem Abverdienen keinen Gebrauch machen wollen, oder welche durch Faulheit oder liederliche Arbeit die Tilgung der Schuld innerhalb der gesetzten Fristen nicht zu Stande kommen lassen? Die Umwandlung der Strafe in Freiheitsstrafe ist bereits verworfen worden. Die Haft ohne Arbeitszwang würde gerade bei denjenigen, die eines besonderen Antriebes zur Arbeit bedürfen, einen dem entgegengesetzten Einfluß üben, d. h. sie würde ihnen ein Motiv zur Versagung der Arbeit geben. Geschärfter Freiheitsstrafe aber fehlt die innere Berechtigung. Es bleibt daher nur übrig, an die Stelle der verschmähten freien Arbeit die erzwungene Arbeit treten zu lassen. Und da Arbeitszwang in der Freiheit sich nur höchst unvollkommen durchführen läßt und überdies andere schon erwähnte Bedenken gegen sich hat, so ergiebt sich als Abschluß des Systems das erzwungene Abverdienen in einer Anstalt. Dasselbe ist hier lediglich als eine Executionsform zu denken und dementsprechend zu gestalten. Die Härte dieser Form aber findet dem Sträfling gegenüber ihre Rechtfertigung in seinem passiven Widerstande gegen die staatlichen Anforderungen. Der freien Erfüllung der Strafpflicht substituirt sich die erzwungene gemäß dem allgemeinen Grundsatze, daß der nicht freiwillig geleistete Gehorsam erzwungen wird. Indessen fehlt es hier nicht an Gegnerschaft. Derjenige unserer Gutachter, der die Materie der Geldstrafe überhaupt in der umfassendsten Weise bearbeitet hat, und auf dessen eindringende und scharfsinnige Arbeiten ich mich bei meinen früheren Anträgen hauptsächlich gestützt habe, Friedmann, verwirft entschieden das vorgeschlagene Abverdienungssystem. Er sieht in dem Abverdienungszwang ein Wiederaufleben der Schuldhaft mit einem Anklange an die alte Schuldknechtschaft, und er meint, daß alle Einwände, welche einst siegreich gegen die Schuldhaft überhaupt ins Feld geführt worden seien, auch gegen diese Form derselben sprächen, ohne daß sie den Vorzug der civilrechtlichen Schuldhaft, diejenige Leistung, auf welche es ankommt, wirklich zu erzwingen, habe. Auf öffentlich-rechtlichem Gebiete habe die Entwickelung von der Schuldhaft zur subsidiären Freiheitsstrafe geführt, das vorgeschlagene System enthalte daher eine Rückbildung, welche nicht gutgeheißen werden könne. Ich kann aber Friedmann hier überall nicht zustimmen. Die siegreich gegen die Schuldhaft geltend gemachten Gründe hängen doch mit der Natur der privatrechtlichen Obligationen und der privaten Creditverhältnisse zusammen und passen insoweit nicht auf unsere Vollziehungsform einer öffentlichen Strafe. Die Leistung aber, auf welche es ankommt, wird durch den Abverdienungszwang thatsächlich herbeigeführt, nämlich ein Strafleiden der wirthschaftenden Persönlichkeit als solcher. Die Entwickelung endlich, welche zur subsidiären Freiheitsstrafe führt, hat zu ihrem Ausgangspunkte Bestimmungen, welche mit der hier vorgeschlagenen Stufenfolge von Maßregeln nicht gleichen Geistes sind.

Die Frage b unserer Tagesordnung ist daher, insoweit sie den Abverdienungszwang in einer Anstalt als Executionsform ins Auge faßt, zu bejahen; Felisch findet die Fassung der Frage unglücklich, insofern sie als eine Voraussetzung dieses Zwangs die Feststellung eines Mangels an gutem Willen bei dem Verurtheilten zur Tilgung seiner Strafe hinstellt. Es sei nicht klar, was damit gemeint sei. Der Sinn ergiebt sich indessen wohl aus dem Zusammenhang der Fragen a und b, sowie dieser Fragen mit den Beschlüssen der vorigen Tagung: Dem freiwilligen Abverdienen soll sich das erzwungene substituiren bei denjenigen, welche von der Gelegenheit zu jenem schuldhafter Weise keinen Gebrauch gemacht haben. Es war ferner an diejenigen gedacht, welchen eine solche Gelegenheit nicht dargeboten würde, welche aber die Abzahlung der Strafe aus Faulheit, Leichtsinn oder Widersetzlichkeit innerhalb der gesetzten Fristen nicht bewerkstelligen würden. Da nunmehr angenommen wird (was ich früher nicht anzunehmen wagte), daß Arbeitsgelegenheit allgemein dargeboten werde, so scheidet die letztere Kategorie als eine besondere aus. Felisch will anscheinend nur die Thatsache, daß nicht gezahlt und nicht abverdient worden ist, als Voraussetzung des Zwangsverfahrens gelten lassen. Dem entsprechen die Worte seiner 5. These: „gleichgültig, worin die Nichtentrichtung der Strafe ihren Grund hat."

Aber der Gegensatz ist doch wohl kein sachlicher. Wenn der Grund der Nichtentrichtung der Strafe in Versäumnissen oder sonstigem Verschulden der Behörden liegt, wenn etwa dem Verurtheilten Arbeiten zugemuthet wurden, die er zu verrichten schlechthin unfähig ist, so wird auch Felisch die Einsperrung in eine Anstalt nicht für gerechtfertigt ansehen. Auch er findet ja die Rechtfertigung dafür in dem Willensverhalten des Verurtheilten. Spricht er doch gelegentlich von den leichtsinnigen, faulen und widerspenstigen Leuten, welche die Wohlthat des Abverdienens verwirkt haben, und davon, daß die in die Anstalt Verwiesenen sich nicht beklagen könnten: „de se queri debent". Dies aber setzt offenbar voraus, daß es von ihrem Willen abhängig gewesen ist, sich der Wohlthat des freien Abverdienens zu bedienen, oder was dasselbe ist, daß die Nichtentrichtung der Strafe in einem Mangel an gutem Willen bei ihnen ihren Grund hat.

Indessen kommt es auf die Anwendungen gerade dieser Ausdrücke nicht an. Wenn wir in Felisch's 5. These den hervorgehobenen Satztheil: „gleichgültig worin die Nichtentrichtung der Strafe ihren Grund hat" streichen, so ergiebt sich aus dem Zusammenhang für eine verständige

Interpretation eben das, was ich ausgeführt habe und worauf die uns vorliegende Frage hinweist.

Aber wer soll hier beschließen? Wer feststellen, daß der Verurtheilte die Wohlthat des freien Abverdienens verwirkt habe und die Verweisung desselben in die Anstalt verfügen?

Felisch denkt hier offenbar an die Vollzugsbehörde. Auch spricht dafür, daß es sich bei dieser Verweisung nur um eine gesetzlich geregelte Vollzugsart der Strafe handelt. Gleichwohl kann ich mich damit nicht befreunden.

Ich hatte in Augsburg die Einschiebung einer richterlichen Beschlußfassung befürwortet und halte sie auch jetzt noch für angezeigt. Der Uebergang von freiem Abverdienen zur Zwangsarbeit mit Einsperrung ist, obgleich es sich nur um eine Aenderung der Vollstreckungsform derselben Strafe handelt, doch ein so einschneidender und bedeutsamer, und wir sind so sehr gewöhnt, die bürgerliche Freiheit unter richterlichen Schutz gestellt zu sehen, daß es mir geboten zu sein scheint hier auf den Richter zurückzugreifen. Das richterliche Urtheil hat im Sinne unserer Vorschläge bei den hier in Frage stehenden Delinquenten lediglich auf Geldstrafe zu lauten. Eine Beziehung auf die eventuelle Freiheitsentziehung würde also zunächst nicht gegeben sein. Ein näherer Zusammenhang dieser Freiheitsentziehung mit der richterlichen Autorität würde daher nur durch einen nachträglichen richterlichen Beschluß gewonnen werden. Einen solchen Zusammenhang aber möchte ich nicht missen. Auch im Stooß'schen Strafgesetzbuch für die Schweiz fand sich diese nachträgliche richterliche Beschlußfassung vorgesehen.

Die Frage ist nur, ob die Vollziehungsweise der Geldstrafen, die ja nach unseren Vorschlägen ohnedies einen etwas complicirten Charakter gewinnen würde, durch diese Einschaltung einer nachträglichen richterlichen Beschlußfassung nicht allzu schwerfällig und künstlich werden würde. In dieser Hinsicht bin ich auf Einwürfe gefaßt. Aber nur der, wie ich glaube nicht zu erbringende, Nachweis, daß das Ganze von uns ins Auge gefaßte System des Abverdienens der Geldstrafe durch diese Einschaltung eines richterlichen Beschlusses unpraktischer würde, könnte mich bestimmen, in diesem Punkte zu resigniren.

Mit denjenigen, welche die Wohlthat des freien Abverdienens verwirkt haben, würden sich in der Anstalt die früher erwähnten Fluchtverdächtigen zusammenfinden. Bei diesen bedürfte es keiner besonderen richterlichen Beschlußfassung, da hier bereits im richterlichen Urtheil auf das Abverdienen der Strafe in einer Anstalt im Falle der Nichtzahlung hingewiesen werden soll.

Hinsichtlich der Bewerthung der in den Anstalten ausgeführten Arbeiten ist: wie Felisch des Näheren ausführt, ein festes Werthmaß anzulegen. Ein Tag Arbeit ist hier, ohne Rücksicht auf Verschiedenheiten der individuellen Leistungen, mit einer bestimmten Zahl von Pfennigen zu bewerthen. Die Verpflegungskosten würden bei der Berechnung selbstverständlich in Ansatz zu bringen sein. Den Verhältnissen entspricht ferner eine geringere Bewerthung der Zwangsarbeiten als der entsprechenden freiwillig geleisteten Arbeiten.

Noch bleibt die Frage, in welcher Anstalt der Abverdienungszwang durchzuführen sei. Ich hatte früher das Arbeitshaus in erster Linie ins Auge gefaßt. Manches weist auf dieses hin. Vor Allem, daß wir es bei dem Abverdienungszwang mit derselben Kategorie von Personen zu thun haben werden, aus welcher sich die Insassen des Arbeitshauses recrutiren, im Wesentlichen mit arbeitsscheuen und schwer disciplinirbaren Personen.

Der bisherigen Bestimmung des Arbeitshauses entspricht es freilich nicht, den Abverdienungszwang zur Durchführung zu bringen. Dies kann jedoch, da wir Anstalten zu diesem Zweck überhaupt nicht besitzen und bestimmte Anstalten für ihn nicht schaffen werden, an sich nicht entscheiden.

Es bleibt nichts übrig, als irgend welche bestehende Anstalten, unbekümmert um ihre sonstige Bestimmung, zugleich der hier gestellten Aufgabe dienstbar zu machen.

Dagegen liegt in der geringen Zahl der bestehenden Arbeitshäuser und der starken Inanspruchnahme derselben für ihren besonderen Zweck ein ernstliches Hinderniß gegen ihre Verwendung für unsere Aufgabe.

Mit Rücksicht hierauf habe ich in meinen jetzigen Anträgen vom Arbeitshause abgesehen und im Anschluß an Felisch das Gefängniß als Ort der Vollstreckung des Abverdienungszwangs vorgeschlagen.

Damit schließe ich mein Referat, indem ich mir vorbehalte, je nach dem Gang der Debatte das Gesagte zu vervollständigen.

(Bravo!)

Der Antrag des Referenten lautet:

Unter der Voraussetzung, daß die Zahlung der Geldstrafen im Sinne der hierauf bezüglichen Beschlüsse des vorigen Juristentages (1 und 6), sowie durch weitere Vorkehrungen (Einführung von Gerichtskostenmarken zur Erleichterung der Ratenzahlungen, Vereinbarungen mit Arbeitgebern und mit Schutzfürsorgevereinen in Bezug auf vorschußweise Zahlungen) erleichtert und die Uneinbringlichkeit der Geldstrafen hierdurch auf eine mäßige Zahl von Ausnahmefällen eingeschränkt werde, empfehlen sich folgende Grundsätze:

1. Die nicht beizutreibenden Geldstrafen sind, von dauernder Arbeitsunfähigkeit der Verurtheilten abgesehen, nicht in Freiheitsstrafen umzuwandeln, sondern abzuverdienen. Die Pflicht zur Geldzahlung wandelt sich in die Pflicht zu geldwerthen Arbeitsleistungen.
2. Den nicht fluchtverdächtigen Verurtheilten ist die Erfüllung dieser Pflicht in der Form freier Betheiligung an Arbeiten für öffentliche Zwecke, ohne jede Unterscheidung von straffreien Arbeitern, zu ermöglichen. Ihre bezüglichen Leistungen sind mit Berücksichtigung des ortsüblichen Tagelohnes, unter Abzug gewisser Bruchtheile desselben, zu bewerthen.
3. Beschränkte Arbeitsfähigkeit ist bei Regelung des Abverdienens zu berücksichtigen. Bei absolut Arbeitsunfähigen tritt an die Stelle desselben einfache Haft, in geeigneten Fällen nach den Grundsätzen der bedingten Verurtheilung.
4. Gegen fluchtverdächtige Verurtheilte, sowie gegen diejenigen, welche von der Begünstigung des Abverdienens keinen Gebrauch gemacht oder dieselbe durch ihr Verhalten verwirkt haben, ist auf Grund richterlicher Beschlußfassung das erzwungene Abverdienen in einer Anstalt (Gefängniß) durchzuführen. Dieser Abverdienungszwang ist eine Vollstreckungsform der Geldstrafe, nicht Ersatzstrafe. Die erzwungene Arbeit ist geringer zu bewerthen, als die freiwillig geleistete (2).

Correferent Oberlandesgerichts-Präsident, Staatsrath **Dr. v. Köstlin** (Stuttgart): M. H.! Das umfassende Referat des Herrn Berichterstatters, sowie das gründliche, erschöpfende Gutachten unseres Herrn Collegen Felisch nöthigen mich eigentlich geradezu zur Wiederholung. Ich werde mich darauf beschränken, eventuell im Laufe der Debatte einzugreifen. Ich verkenne nicht, daß die Durchführung der Vorschläge, welche von dem Herrn Collegen Felisch und dem Herrn Berichterstatter gemacht werden, ihre Schwierigkeiten finden wird, hauptsächlich auch in den Personen, mit denen wir es zu thun haben und ohne deren Mitwirkung und Fürsorge ein ordentliches Resultat und eine Durchführung der Bestimmungen überhaupt nicht zu erreichen ist. Es wird überhaupt angesichts der seitherigen Entwickelung in verschiedenen deutschen Ländern schwer halten, die nöthige Mitwirkung z. B. bei den Behörden hervorzubringen. Wenn ich z. B. daran denke, daß wir in Württemberg in unserem Forststrafgesetz vom Jahre 1879 in Artikel 5 die Bestimmung haben: „Zwangsweises Abverdienen von Geldstrafen findet nicht statt", so würde wahrscheinlich, auch wenn noch ein Reichsgesetz — will ich einmal annehmen — zur Durchführung käme, bei uns die Ausnahmebestimmung des § 2 des Einführungsgesetzes zum Strafgesetzbuch zur Anwendung kommen, und gerade für Forstvergehen wurde das Abverdienen eigentlich als das Passendste angesehen; indessen war es bei uns schon durch eine Verfügung des Finanzministeriums vom 23. November 1853 abbestellt worden, da die Einrichtung vom finanziellen Gesichtspunkt aus betrachtet wenig erfolgreich und in der Anwendung schwierig war.

Zunächst also erlaube ich mir zu schließen und möchte nur das Bedenken hervorgehoben haben, daß die Sache sehr schwer durchführbar sein wird.

Landgerichtsrath Dr. **Kronecker** (Berlin): Ich habe bloß einen Antrag lediglich redactioneller Art überreicht, den ich zu verlesen bitte. Ich habe nur hinzuzufügen, daß ich damit keinen neuen Gedanken aussprechen, sondern nur eine formelle Aenderung im Interesse der Kürze vornehmen will.

Stellvertretender Vorsitzender Dr. **v. Stoeßer:** Herr Landesgerichtsrath Dr. Kronecker schlägt vor, unter Ziffer 1 die Worte:

> „Die Pflicht zur Geldzahlung wandelt sich in die Pflicht zu geldwerthen Arbeitsleistungen"

zu streichen.

Im Uebrigen herrscht vollständige Uebereinstimmung.

Bei Ziffer 3 streicht er die Worte:

> „in geeigneten Fällen nach den Grundsätzen der bedingten Verurtheilung",

und überdies zieht er die Sätze 2 und 4 in den Anträgen Merkel dahin zusammen:

> „Beschränkte Arbeitsfähigkeit ist bei Regelung des Abverdienens zu berücksichtigen. Bei absolut Arbeitsunfähigen tritt an die Stelle desselben einfache Haft."

Es ist also im Wesentlichen der Antrag Merkel vollständig wiedergegeben; nur sind die Einzelheiten, welche im Absatz 1 und namentlich in 2 und 4 sich verbinden, und außerdem die Schlußworte in Absatz 3 weggeblieben.

Sie werden damit einverstanden sein, daß ich mich auf diese Mittheilung beschränke.

Das Wort hat Herr Reichsgerichtsrath Dr. Stenglein.

Reichsgerichtsrath Dr. **Stenglein**: M. H.! Principiell stehe ich den Ausführungen außerordentlich sympathisch gegenüber, welche uns soeben von dem Herrn Referenten gemacht wurden. Aber leider muß ich gestehen, daß ich an ihrer Durchführbarkeit so vollständig zweifle, daß ich zu dem Schluß komme: Wir werden, wenn es zum Versuche kommen sollte, nach verhältnißmäßig kurzer Zeit sagen: es wär' recht schön gewesen, aber es hat nicht sollen sein.

M. H., in einem früheren Stadium der ganzen Frage hat man ausschließlich auf öffentliche Arbeiten und auf staatliche Veranstaltungen dieser Arbeiten hingewiesen. Wie man das nun durchführen wollte, war mir vollständig unerfindlich: Große Arbeiterarmeen, die staatlich organisirt, staatlich beschäftigt werden sollen und für deren Unterhalt schließlich der Staat wieder sorgen muß! Es scheint, die Freunde des Abverdienens haben selbst all' die Schwierigkeiten eingesehen, welche sich dabei ergeben und haben ihr System wesentlich modificirt. Ich finde einen Anklang an die frühere Gestaltung der Frage nur darin, daß Herr Referent Prof. Merkel in seinen Thesen sagt:

> „in der Form freier Betheiligung an Arbeiten für öffentliche Zwecke."

Nun ist der Ausdruck „öffentliche Zwecke" ja immerhin etwas weiter als „staatliche Arbeitsanstalten"; es würden auch die gemeindlichen und dergleichen Zwecke mit hineinzuziehen sein. Wenn ich ihn richtig in seinem Vortrage verstanden habe, so legt er aber ein ganz wesentliches Gewicht darauf, daß auch Privatarbeit mit hineingezogen werden kann. Wenn ich mich nun in folgende Lage versetze: Ein bestrafter Arbeiter kommt zu einem Arbeitgeber und sagt: ich bin bestraft, ich erkläre mich aber freiwillig bereit, einen Theil des verdienten Lohnes zur Tilgung der Strafe abzulassen, sei so gut und ziehe mir so und so viel ab und zahle es an die Casse — was wird die Antwort des Arbeitgebers sein? „Mein Gott, ich soll mich plagen und soll in Berührung mit allen möglichen Gerichtsbehörden kommen und mich all' den Chicanen der Finanzverwaltung aussetzen, soll mich verpflichten und nachher selbst exequiren lassen? — Hier, mein Lieber, mach' die Thür von außen zu, ich habe Arbeiter zur Disposition, wo ich das nicht zu befürchten habe; mit solchen Leuten lasse ich mich nicht ein." Und wo ist dann das ganze schöne Bild des Abverdienens durch Arbeit? Das ganze wichtige Gebiet des Privat-Arbeitsverdienstes fällt damit weg, und es bleiben die öffentlichen Zwecke übrig, die große, organisirte Arbeiterarmee, von der ich einfach nicht sehe, wie, wenn man das Recht auf Arbeit nicht an die Spitze stellen will — und auch der verehrte Herr Referent hat das perhorrescirt — man dann überhaupt auskommen will. Aber was sind denn überhaupt öffentliche Zwecke? Denken wir uns die großen Arbeiten: Bergarbeiten, Flußcorrectionen, Eisenbahnarbeiten u. s. w. -- ja, das sind Arbeitsmittel, die so groß sind und die so in die Wagschale fallen, daß, wenn wir damit die Arbeiter beschäftigen können, für den uns beschäftigenden Zweck ein Resultat erzielt werden würde. Aber ich muß leider sagen: es würde ein unerwünschtes Resultat ergeben. Wie können wir es uns denn denken, daß, wenn im Norden von Deutschland eine Eisenbahn gebaut wird oder sonst eine große Arbeit ist, wir aus irgend einem Landestheil nun per Etappe die zu Bestrafenden hinschaffen? Ich kann es mir nicht vorstellen. Und wo soll man denn gerade an den Orten, wo man die Arbeiter braucht, sie herbeischaffen? Aber es kommt mir noch ein weiteres Bedenken. Solche große Arbeiten werden heutzutage nicht mehr in Regie, sondern durch Unternehmer ausgeführt. Ein Unternehmer wirbt eine ganze Armee von Italienern,

(Zuruf.)

— ruft damit den stärksten Widerstand der einheimischen Arbeiter hervor? Ganz recht! Aber er ist Unternehmer und hat das Recht dazu. Und jetzt soll man ihm sagen: Du bist verpflichtet, so und so viel Bestrafte zu beschäftigen? Das desorganisirt das ganze Arbeitssystem, wenn man eine Pflicht der Arbeitgeber, solche Leute zu beschäftigen, einführen wollte. Ich glaube, diese Andeutung genügt und ich brauche sie nicht im Detail auszuführen. Ich möchte überhaupt nur meine Stellung in großen Zügen charakterisiren. Ein zweites großes Bedenken habe ich bezüglich der finanziellen Ergebnisse. Es hat auch der Herr Referent nicht umhin gekonnt, Ihnen zu betonen, daß der Mensch vor Allem leben muß, daß er Nahrung bedarf. Er bedarf sie aber nicht nur für sich, sondern auch für seine Familie. Nun, m. H., man muß in Sachsen gelebt haben, wo die Leute mit 16 Jahren heirathen, um mit 20 Jahren ihre Frauen mit einer möglichst großen Anzahl von Kindern sitzen zu lassen, um zu wissen, was bei unserer jetzigen Heirathsfreiheit für Schwierigkeiten erwachsen. Denken wir uns aber, die Sache sei ganz normal. Jeder Familienvater hat das Bewußtsein der Pflicht, für seine Familie zu sorgen; dann fällt dem Arbeitgeber noch zur Last, daß er die Familie auch mit ernähre. Nun frage ich Sie, wie viel bleibt dann, wenn der Arbeitnehmer seinen Arbeitsverdienst auf den Unterhalt der Familie verwendet hat, übrig? Einige wenige Pfennige für den Tag, wenn es gut geht, und wenn die Strafe 5 Mk. war, so würde vielleicht ein ganzes Jahr vergehen, ehe diese 5 Mk. abverdient sind, nach Abzug dessen, was auf die Unterhaltung des Arbeiters entfällt. M. H., das sind alles Schwierigkeiten, bei denen ich noch auf das Rechnungswesen dieser pfennigweisen Abzahlungen gar nicht eingehe. Es will mir das Ganze als ein schönes Phantasiebild erscheinen, aber an die praktische Durchführbarkeit kann ich einfach nicht glauben, und für das, was ich praktisch für undurchführbar halte, kann ich als Mitglied des Juristentages leider auch nicht stimmen!

(Bravo!)

Stellvertretender Vorsitzender Dr. **v. Stoeßer:** Stellen Sie einen besonderen Antrag?

(Wird verneint.)

Bei der Abstimmung wird es gleichwohl am einfachsten sein, wenn wir vorab über die Ziffer 12 gestellte Frage einfach eine Bejahung oder Verneinung bringen werden.

Reichsgerichtsrath Dr. **Stenglein:** Das ergiebt sich von selbst, wenn sämmtliche Anträge abgelehnt werden.

Amtsgerichtsrath **Stelling** (Rothenburg, Hannover): M. H.! Es ist keineswegs meine Absicht, Sie länger aufzuhalten. Ich werde mich ganz kurz fassen bei der vorgeschrittenen Zeit.

Vor einigen Jahren wurde in Hamburg bei dem Nordwestdeutschen Verein für Gefängnißwesen die Frage der bedingten Verurtheilung gestellt. Damals habe ich an die 15. Jahresversammlung des Vereins schriftliche Sätze gerichtet. Ich wurde damals ersucht, dieselben für das Vereinsheft auszuarbeiten. Dem habe ich entsprochen und eine Arbeit für das Heft des Jahres 1890 eingeschickt, auf welche ich verweise. Vielleicht ist das einigen von den Herren bekannt. Es geht daraus hervor, daß ich ein Anhänger der von Herrn Professor Merkel gestellten Anträge bin. Und wenn ich das Wort ergriffen und Anträge gestellt habe, so hat es keinen anderen Zweck, als daß ich einige Einzelheiten gern berücksichtigt haben möchte.

Auf die Sache selbst gehe ich nur insoweit ein, um Herrn Reichsgerichtsrath Stenglein auf einiges, was er gesagt hat, zu antworten. Ich möchte zweierlei bemerken; erstens, daß die Unausführbarkeit der Sache auch noch nicht erwiesen ist und daß sie nicht dadurch allein erwiesen wird, daß man sagt, man halte sie für unausführbar oder werde sie nicht ins Praktische übersetzen können. Es ist im Jahre 1890 ein Versuch von mir gemacht worden, auf welchen ich verweise, wie die Sache praktisch durchgeführt werden könnte. Wenn derselbe unrichtig wäre, dann müßte das erwiesen werden.

Dann möchte ich noch ein zweites hervorheben. Es handelt sich nicht darum, daß dieses neue Institut, welches ich als eine neue Strafe betitele, nämlich als die Strafe der (freiwilligen und unentgeltlichen) Arbeitsleistung bei Meidung von Freiheitsstrafe, gleich überall für die ganze Monarchie eingeführt werden soll. Das geht natürlich nicht. Aber es kann versuchsweise eingeführt werden. Es ginge doch vielleicht, daß damit an einer Stelle, wo das freiwillige Abverdienen geschehen könnte, angefangen würde. Ich habe in dieser Hinsicht folgenden Vorschlag gemacht, ich habe gesagt: „Von dieser Neuerung kann man den Wunsch hegen, daß sie versuchsweise, zunächst auf beschränktem Gebiete und mit kleinen Anfängen, eingerichtet werden kann, entsprechend ihrer Natur, da ein Arbeitsbetrieb aus kleinen Anfängen herauswachsen muß. Schaden von irgend welcher Bedeutung kann diese Neuerung nicht verursachen. Es dürfte sich empfehlen, daß es in die Hände der Justizverwaltung gelegt wird, mit der Einrichtung eines Arbeitsbetriebes zu beginnen, wo und in welchem Umfange die Justizverwaltung es für passend hält, der Richter aber zur Verhängung der neuen Strafe nur bezüglich des Gebiets befugt ist, für welches die Justizverwaltung einen Arbeitsbetrieb fraglicher Art begonnen hat und noch unterhält."

Ich komme nun zu den Anträgen, die ich stelle. Der erste Antrag geht dahin, im Antrage 2 des Herrn Referenten die Worte: „unter Abzug gewisser Bruchtheile desselben" zu streichen. M. H., es widerspricht meiner Meinung nach durchaus dem Princip, wenn diese Einschränkung gemacht wird. Das Princip ist, daß die Arbeit entgeltlich geleistet werden soll und daß auch dasjenige geschehen soll, was wirklich als Arbeit gelten kann. Es ist ein wesentliches Moment in der Arbeit, daß sie bezahlt wird. Eine Arbeit, welche nicht bezahlt wird, hat meiner Meinung nach nicht Anspruch darauf, in vollem Sinne als Arbeit gelten zu können. Und von einer Arbeit, die nur halb bezahlt wird, trifft das, was ich eben sagte, zur Hälfte zu. Es müßten also bestimmte Gründe vorliegen, welche es nothwendig machen, hier Abzüge eintreten zu lassen. Solche Gründe sind mir nicht bekannt und ich möchte deshalb bitten, daß diese Einschränkung gestrichen wird.

Mein zweiter Antrag bezieht sich auf Antrag 4 des Herrn Referenten und geht dahin, daß die Worte: „Gegen fluchtverdächtige Verurtheilte, sowie" gestrichen werden. M. H., warum sollen denn die fluchtverdächtigen Verurtheilten nicht auch dieser Wohlthat theilhaftig werden? Die Fluchtverdächtigen sind noch lange nicht geflohen, und wie viele von 100 Fluchtverdächtigen werden trotz des auf ihnen ruhenden Verdachtes noch kommen und von dieser Wohlthat Gebrauch machen? M. H., diese Frage kann ich nicht beantworten, aber es ist leicht möglich, daß vielleicht 50 von diesen 100 Fluchtverdächtigen die Flucht doch nicht ergreifen. Wie es aber gemacht werden kann, daß man auch gegen die Fluchtverdächtigen das Princip ausführt, habe ich auch in meiner Arbeit niedergelegt. Ich kann darauf hier nicht näher eingehen, die Zeit ist hierzu zu kurz, ich darf wohl darauf verweisen. Ich stütze mich für meinen Antrag hauptsächlich darauf, daß kein Grund vorliegt, die Fluchtverdächtigen anders zu behandeln.

Mein dritter Antrag geht dahin, ebenfalls im Antrag 4 des Herrn Referenten die Worte: „oder dieselbe durch ihr Verhalten verwirkt haben“ zu streichen. M. H., ich glaube, daß das auch ein Widerspruch ist, wenn man auf der anderen Seite sagt, man gestatte, die Strafe durch freiwilliges Abverdienen zu leisten, und dann, wie geschehen muß, die Modalitäten feststellt. Es wird eine Arbeit aufgegeben, es wird eine Zeit bestimmt, in welcher sie zu leisten ist, und es werden die Bedingungen vorgeschrieben, daß Alles ordnungsmäßig zugeht, — davon kann der Betreffende Gebrauch machen oder auch nicht. Führt er sich so auf, wie er sich nicht aufführen darf, so heißt das nichts anderes, als daß er die Sache abgelehnt hat. Das ist in Wirklichkeit gar nicht möglich, daß man diese Wohlthat verwirken kann, man kann wohl durch sein Verhalten zeigen, daß man keinen Gebrauch davon machen will. Es ist deshalb meines Erachtens kein Raum für diese Worte vorhanden. Es steht das schon vorher, daß gegen diejenigen, welche von der Begünstigung keinen Gebrauch machen, dasjenige eintreten soll, was unter 4 bestimmt ist. Das braucht deshalb nicht mehr dazustehen, daß es auch gegen diejenigen eintreten soll, welche die Begünstigung verwirkt haben. Es ist das auch nicht bloß von redactioneller Bedeutung; denn es würde sehr schwer festzustellen sein, daß die Betreffenden die Begünstigung verwirkt haben. Das kann doch unmöglich durch Verwaltungsbeamte, durch den Director des Instituts, bestimmt werden. Es ergeben sich schon aus diesen Bedenken die Schwierigkeiten. Ich brauche deshalb nicht näher darauf einzugehen und bitte Sie, meine Anträge anzunehmen.

Landrichter Dr. **Aschrott** (Berlin): M. H.! Ich stimme im Allgemeinen mit demjenigen überein, was Herr Reichsgerichtsrath Dr. Stenglein über die Schwierigkeiten ausgeführt hat, Arbeiten für öffentliche Zwecke, überhaupt freie Arbeiten für diese Leute, die Geldstrafe nicht zahlen können, zu finden. Ich stimme auch weiter mit ihm darin überein, daß, selbst wenn es möglich wäre, überall solche Arbeit zu finden, ein recht bedenklicher Eingriff in den Arbeitsmarkt und in unsere ganzen volkswirthschaftlichen Verhältnisse durch diese Concurrenz mit den freien Arbeitern herbeigeführt würde. Aber trotz dieser Uebereinstimmung komme ich nicht zu dem Schlusse, den Herr Reichsgerichtsrath Stenglein gezogen hat, daß er einfach alle die gestellten Anträge ablehnen will.

Nach meiner Meinung liegt die Sache nicht so, daß es sich überhaupt — es ist das auch von Herrn Professor Merkel hervorgehoben worden — um große Arbeiterheere, wie sie Herr Reichsgerichtsrath Stenglein uns vorgeführt hat, handelt, sondern daß vielmehr, wenn die Geldstrafen in der Weise geregelt und erkannt werden, wie es den Beschlüssen des Augsburger Juristentags entspricht, die Zahl derjenigen Leute, für welche wir ein Abverdienen der Geldstrafe noch ins Auge zu fassen haben, sich sehr erheblich einschränkt. Wenn nach den Augsburger Beschlüssen die Geldstrafe in jedem einzelnen Falle unter Berücksichtigung aller concreten Verhältnisse nur in der Höhe und mit denjenigen Modificationen auferlegt wird, daß der Richter annehmen muß, der Verurtheilte kann die Geldstrafe in dieser Form, d. h. also vor allen Dingen auch in diesen Raten, zahlen, so werden die Fälle, wo die Geldstrafe nicht einbringlich ist, sich auf das allererheblichste vermindern. Ich kann mir eigentlich nur 2 Gruppen von Fällen noch denken, wo dies eintritt. Die eine Gruppe umfaßt die Fälle, wo sich die Verhältnisse des Verurtheilten inzwischen geändert haben. Es ist möglich, daß der Mann zur Zeit des Urtheils arbeitsfähig war und sich in Folge dessen das Geld verdienen konnte, um die Geldstrafe zu bezahlen, daß er aber nachher die Arbeitsfähigkeit ganz oder zum größten Theil verloren hat. Ein anderer, bereits erwähnter hierher gehöriger Fall ist der: der Mann hat bisher eine gute Arbeitsgelegenheit gehabt, verliert jedoch dieselbe und kann momentan keine andere Arbeit finden. — — Die andere Gruppe umfaßt die Fälle, wo der Verurtheilte nicht arbeiten will, — es handelt sich hier ja ausschließlich um die Classe von Leuten, die von ihrer Hände Arbeit lebt, die also lediglich durch die Arbeit die Mittel zur Bezahlung der Geldstrafe erwirbt.

Also entweder veränderte Umstände, die der Richter nicht berücksichtigen konnte, weil sie damals nicht vorhanden waren oder ihm nicht momentan bekannt waren, oder eine Arbeitssäumigkeit des Verurtheilten.

Für den Fall der veränderten Umstände, glaube ich, brauchen wir keine besonders weitgehenden Bestimmungen zu treffen. Es muß hier vor Allem durch die Möglichkeit weiterer Fristen zur Zahlung der Geldstrafe diesen veränderten Umständen Rechnung getragen werden. Wenn der Mann heute eine Arbeitsgelegenheit, die ihn in die Lage gesetzt hat, die Geldstrafe zu bezahlen, verliert, so wird er nach einiger Zeit wohl wieder eine finden. Es muß dann der Vollzugsbehörde überlassen bleiben, — resp. dem Richter, der die Strafe erkannt hat —, weitere Fristen zu bewilligen. Wird der Mann gänzlich arbeitsunfähig, dann ist nach meiner Meinung das Richtige, ihn auf den Gnadenweg zu verweisen: Der Richter hat bei ihm die Geldstrafe für das Richtige erachtet, in der Erwartung, daß der Mann arbeitsfähig sei und das Geld erwerben kann; nun hat er die Arbeitsfähigkeit verloren; das ist ein Fall, der sich zur Behandlung im Gnadenwege eignet und bedarf man hierfür keiner weiteren gesetzlichen Bestimmungen.

Es bleibt also eigentlich nur die Classe derjenigen, die nicht arbeiten wollen, obgleich sie die Arbeitsfähigkeit besitzen. Für diese ist nach meiner Meinung die richtige Strafe: das Abverdienen der Geldstrafe in der Anstalt. Das ist auch durchzuführen. Ich stehe also auf dem Standpunkte, diejenige Strafe, die der Geldstrafe hier zu substituiren ist, soll nicht Freiheitsstrafe sein, sondern soll der Zwang zum Abverdienen der Geldstrafe in einer Anstalt sein, und zwar das Abverdienen nach Stücklohn, nach dem Producte der Arbeit, nicht nach Tagelohn.

Was nun die vorgeschlagenen Thesen betrifft, so glaube ich, wir sollten uns darauf beschränken, als Princip es auszusprechen, daß die nicht beizutreibende Geldstrafe abzuverdienen ist, und dabei hinzufügen, daß die Strafvollzugsbehörden sich zu bemühen haben, Arbeit für das Abverdienen zu beschaffen. Wo dies möglich ist, ist es schön, aber es wird nicht überall möglich sein, und von Gesetzeswegen zu decretiren: überall ist das Abverdienen in der Form freier Betheiligung an Arbeiten für öffentliche Zwecke zu ermöglichen, halte ich nicht für richtig. Die Nichtdurchführbarkeit ergiebt sich nach meiner Meinung aus den Antworten, die Herr College Felisch auf seine Anfragen von den verschiedenen Magistraten bekommen hat. Es geht einfach in einer großen Zahl der Bezirke nicht; die Gemeindebehörden werden sich weigern, auch wenn sie die Arbeit unentgeltlich bekommen, die Leute zu beschäftigen. Schließlich wird doch immer die Strafvollzugsbehörde sich um Beschaffung von Arbeit für das Abverdienen bemühen müssen. Es wird dabei an einzelnen Orten, wie Herr College Stelling angeführt hat, ganz zweifellos auch möglich sein, Arbeit zu finden, aber doch nicht überall, und darum können wir etwas Derartiges nicht als gesetzlichen Vorschlag vorbringen, sondern lediglich den Wunsch aussprechen, daß sich die Strafvollzugsbehörden bemühen, möglichst solche Arbeitsgelegenheit zu finden. Wo es aber nicht zu ermöglichen ist, sowie ferner bei der Gruppe von Fällen, die ich vorhin erwähnt habe, wo die Betreffenden aus Arbeitsfäumigkeit keinen Gebrauch von der gebotenen Arbeitsgelegenheit machen, bleibt nichts übrig, als der Zwang zum Arbeiten in der Anstalt. Was ich ausgeführt habe, möchte ich in folgende Thesen, die sich eng an die Merkel'schen anschließen, zusammenfassen:

1. Die nicht beizutreibende Geldstrafe ist nicht in Freiheitsstrafe umzuwandeln, sondern abzuverdienen.

2. Die Strafvollzugsbehörden sollen nach Möglichkeit Gelegenheit zum freien Abverdienen schaffen. Wo dies nicht möglich ist, oder der Verurtheilte von der Begünstigung des freien Abverdienens keinen Gebrauch macht, ist das Abverdienen in einer Anstalt durchzuführen. Die bezüglichen Leistungen sind mit Berücksichtigung des ortsüblichen Tagelohns — im Allgemeinen unter Abzug gewisser Bruchtheile desselben — zu bewerthen.

Das ist dasjenige, was nach meiner Anschauung wirklich praktisch durchführbar ist. Weiter gehen können wir nach meiner Meinung nicht. Ich bitte um Annahme meiner eben verlesenen Thesen.

Ober-Staatsanwalt, Geh. Ober-Justizrath **Hamm** (Cöln): Ich bitte mir einige Worte zu gestatten, um ein Bild davon zu geben, wie die Sache jetzt in der Praxis, insbesondere in meinem Bezirk, gehandhabt wird. Ich will auf das Theoretische nicht eingehen. Ich glaube, wir sind alle im Großen und Ganzen theoretisch damit einverstanden, daß das Verfahren, wie es von Herrn Professor Merkel vorgeschlagen wird, das ideal-beste ist. Praktisch wird aber die Sache kaum zu machen sein. Ich würde mich daher dem Antrag des Herrn Collegen Aschrott anschließen, daß wir nicht positiv sagen: es soll geschehen — denn es wird nicht geschehen können —, sondern daß wir sagen: es ist unser Wunsch, daß es geschehe, wenn es möglich ist. Wir haben in Preußen bereits ein ähnliches Verfahren für Forstdiebstahlstrafen. In Staats- und Gemeindewäldern wird der Versuch gemacht, der aber meist mißglückt, die Leute Zwangsarbeiten in den Forsten machen zu lassen. In den Forsten läßt sich nicht immer Stückarbeit geben und wenn das nicht der Fall ist, arbeiten diese Leute in der Zwangsarbeit meist so schlecht, daß der Förster nichts damit zu thun haben mag. Der Privatbesitzer hat überall darauf verzichtet; er will keine solchen Arbeiter haben. Bei den Gemeinden wird es versucht. Die Förster sehen es jedoch viel lieber, wenn sie die Leute nicht zu beschäftigen brauchen und wenn dieselben die Strafe absitzen. Ihre Arbeit ist eben nicht viel werth. Machen läßt sich bloß etwas, wenn Stückarbeit im Walde gemacht wird. Und selbst da ist die Verwendung einzelner Zwangsarbeiter schwer, weil meist ein Consortium von mehreren Arbeitern die Stückarbeit übernimmt. Bei Zwangsarbeitern geht das schlecht, sofern freiwillige Arbeiter mit denselben zusammenarbeiten sollen. Auch was das Abverdienen in der Strafanstalt, das vorgeschlagen wird, anbetrifft, so ist das sehr leicht gesagt. Man kann die Leute nicht, wenn es sich etwa nur um das Arbeitspensum eines Tages handelt, in große ferngelegene Arbeitshäuser schaffen, sondern man muß sie in die kleinen Gefängnisse der Amtsgerichte bringen. Die wenigsten Amtsgerichte sind nun aber überhaupt in der Lage, in ihren kleinen Gefängnissen einen Arbeitsbetrieb einzurichten. Der Amtsrichter plagt sich fortwährend, aber er bekommt keine Arbeit für seine Gefangenen mit kurzzeitigen Strafen. Was soll er denn arbeiten lassen? Kaffeebohnen lesen, Düten kleben? Selbst darauf gehen die Arbeitgeber nicht ein, wenn sie bloß Arbeiter zur Verfügung bekommen, die nur einen Tag oder ein paar Tage da sind. Da müßten wir schließlich dazu übergehen, große Arbeitsanstalten für diese zu kleinen Geldstrafen verurtheilten Leute einzurichten. Sie können die Leute aber, wenn in jeder Provinz etwa 1 oder 2 solcher Anstalten existiren, nicht auf so weite Entfernungen dahin schaffen. Ideal sind die gemachten Vorschläge, aber ihre praktische Durchführung ist nicht wohl möglich. Manchem ist vielleicht nicht bekannt, daß nach dem französischen Code pénal bei den kleinen Geldstrafen für Uebertretungen nicht eine subsidiäre Freiheitsstrafe ausgesprochen, sondern die Geldstrafe, wie im Civilanspruch, durch Körperhaft vollstreckt wurde. Da das aber viele Kosten verursachte, war die Sache so eingerichtet, daß der Staatsanwalt von den betreffenden Strafurtheilen immer nur stichweise ein paar herausnahm. Die Sache ist eben sehr schwer zu machen. Theoretisch sind die Anträge von Herrn Professor Merkel ja richtig. — Ich bitte Sie daher, die Anträge mit der Modification anzunehmen, die Herr College Aschrott vorgeschlagen hat, daß wir es nicht als positive Forderung, sondern mehr als frommen Wunsch, mehr ideal als praktisch, aussprechen.

Etwas anderes aber ist es, darauf hinzudeuten, wie in Augsburg beschlossen worden ist, daß möglichst viel Geldstrafen eingezogen werden. Die in Augsburg vorgeschlagenen Mittel sind durchaus praktisch und wirksam. Erstens muß der Richter bei Zumessung der Strafe Rücksicht auf die persönlichen Verhältnisse nehmen, sich darüber genau informiren und muß dann die Strafe so bemessen, daß die Möglichkeit vorhanden ist, daß der Mann bezahlen kann. Und zweitens muß er bei Bestimmung des Verhältnisses der Geldstrafe zur subsidiären Haftstrafe die Höhe des Arbeitslohnes in seinem Bezirke berücksichtigen. Er muß es fertig bringen, daß die Leute ein Interesse daran haben, zu zahlen, statt zu sitzen. Das gelingt bei uns, wo der Arbeitslohn hoch ist, durchweg. Bei uns sind die Arbeitslöhne so hoch, daß, wenn der Richter verständig ist und die subsidiäre Haftstrafe derart bemißt, daß der Mann ein Interesse hat, seinen Arbeitslohn nicht zu verlieren, wir die Geldstrafe immer bekommen, sofern wir Terminzahlungen bewilligen, und das geschieht bei uns in ausgedehntestem Maße. Ich hoffe, daß wir später zu einer Gesetzgebung kommen, die den Richter ermächtigt, Terminzahlungen schon im Urtheil zu bewilligen. Denn sonst stößt die Bewilligung von Terminzahlungen oft auf Widerstreben bei den Subalternbeamten. Dem Gerichtsschreiber ist es als Verwalter der Gerichtscasse sehr unbequem, wenn den Verurtheilten Terminzahlungen bewilligt werden. Die Gerichte können hier wirklich sehr viel thun, wenn sie vernünftige Strafen bemessen, wenn sie das Verhältniß der Strafe zum Arbeitslohn in Betracht ziehen, auf den localen Arbeitslohn des Bezirks Rücksicht nehmen, und wenn der Richter oder der Staatsanwalt Terminzahlungen in möglichst humaner Weise bewilligt. Wir haben bei uns Fälle gehabt, wo bei höheren Geldstrafen auf ein halbes Jahr Termine bewilligt wurden und wo die Leute auch wirklich bezahlten und uns sehr dankbar waren.

(Bravo!)

Landgerichtsrath Dr. **Kronecker:** Ich wollte bloß zwei Bemerkungen machen. Einmal möchte ich Herrn Collegen Aschrott erwidern, der bemerkte, daß in fast allen Fällen der Richter in der Lage sein würde, zu bemessen, ob der Mann die Geldstrafe zahlen kann oder nicht, und daß daher eigentlich der Fall der Uneinziehbarkeit der Geldstrafe nicht vorkommen würde. Das trifft deshalb nicht zu, weil in dem Moment, wo der Richter erkennt, der Verurtheilte sehr vielfach Arbeit hat, sie aber öfter später verliert, häufig in Folge des Strafurtheils, und gerade diese Fälle müssen besonders berücksichtigt werden. Diese Fälle werden immer übrig bleiben. Sonst sind die Anträge Aschrott so gefaßt, daß ich eventuell, falls die meinigen oder die Merkel'schen Anträge verworfen werden, gern dafür stimmen will.

Bezüglich dessen, was Herr Oberstaatsanwalt Hamm sagte, will ich nur eins bemerken. Er meinte, besondere Schwierigkeiten würden die kurzen, namentlich die eintägigen Freiheitsstrafen machen. Es ist schon auf dem Augsburger Juristentage eine diesbezügliche These angenommen worden; es muß dafür gesorgt werden, daß solche eintägige subsidiäre Strafen ganz ausgeschieden werden; diese kurzen Freiheitsstrafen dürfen gar nicht mehr vorkommen. Im Uebrigen bin ich mit dem, was Herr Oberstaatsanwalt Hamm sagte bezüglich der Bemessung der Geldstrafe nach dem Arbeitslohn und bezüglich der Bewilligung von Theilzahlungen in vollem Maße einverstanden. Es ist das eine alte Forderung der Internationalen Criminalistischen Vereinigung und wenn ich nicht irre, ist auch in Augsburg ein diesbezüglicher Beschluß gefaßt worden.

Amtsgerichtsrath **Stelling** (Rothenburg, Hann.): Ich wollte nur erklären, daß ich mit Herrn Landgerichtsrath Kronecker übereinstimme. Wenn also dessen Antrag angenommen wird, so würde mein Antrag zurückgezogen werden.

Landrichter **Bozi** (Aurich): Ich möchte mir nur einige Worte erlauben. Mit Herrn Reichsgerichtsrath Stenglein bin ich einverstanden, daß es absolut unmöglich ist, die Sache in der Weise durchzuführen, daß an Stelle der Geldstrafe gewissermaßen der Staat sich selbst um eine Arbeitsleistung bemüht. Ich denke aber an ein anderes Institut, nämlich an die Arbeitercolonien. Da ist mir speciell die Arbeitercolonie Wilhelmsdorf bekannt. Dort bekommen die Leute, gegen die Verpflichtung zu arbeiten, einen Vorschuß. Sie kommen dahin, vollständig entblößt von allen Mitteln; man giebt ihnen Kleidung, Nahrungsmittel u. s. w. und sagt ihnen: das bekommt Ihr, aber nur unter der Bedingung, daß Ihr es abverdient. Nun ist die Anstalt diesen Leuten gegenüber im Vorschuß. Ich frage nun: Läßt sich dieses Princip nicht bei den Geldstrafen so anwenden; kann die Anstalt nicht ebenso, wie sie den Leuten Rock und Hose giebt, auch bestimmte Summen Geldes geben, zumal bei diesen Leuten die Geldstrafe sich immer in bestimmten Grenzen halten wird? Sollte nicht der Staat die Einrichtung von solchen Anstalten begünstigen und es so ermöglichen, daß sie dem Verurtheilten die Geldstrafe vorschießen gegen die Verpflichtung, sie in den Anstalten zwangsweise abzuverdienen? Ich werde mir erlauben, einen Antrag einzubringen, dahingehend:

> Es sind von Staats wegen Arbeitercolonien einzuführen, welche den Verurtheilten die Strafsumme gegen zwangsweise Abverdienung vorschießen.

Das ließe sich vielleicht durchführen und es hätte der Staat in diesem Falle direct gar nichts mit der Strafe und den Verurtheilten zu thun.

Landgerichtsrath Dr. **Felisch**: M. H.! Ich bin darauf angewiesen, Ihnen eine kleine Blumenlese von Bemerkungen zu geben, die alphabetisch an Einwände anknüpfen, welche gegen das von mir aufgestellte System erhoben worden sind.

Um zunächst dem letzten Herrn Redner, Herrn Collegen Bozi, zu antworten, so ist der von ihm angeregte Gedanke, daß Arbeitercolonien das Geld als Vorschuß geben sollen, ein solcher, den auch ich in meinem Gutachten erwähnt habe. Ich habe hauptsächlich die Schutzfürsorge-Vereine hervorgehoben. Herr Referent Merkel hat in den gedruckten Anträgen gesagt:

> „Weitere Vorkehrungen (Einführung von Gerichtskostenmarken zur Erleichterung der Ratenzahlungen, Vereinbarungen mit Arbeitgebern und mit Schutzfürsorgevereinen in Bezug auf vorschußweise Zahlungen)."

Ich glaube also, der Antrag Bozi würde sich nach dieser Richtung erübrigen und der weitergehende Antrag, daß der Staat Arbeitercolonien einrichten solle, welche Vorschüsse an Leute zahlen, die Geldstrafen zu entrichten haben, ist ein solcher, daß er nebenher sich nicht abmachen läßt. Er hat Tendenzen, die ich nicht unterstützen würde.

M. H., Herr Professor Merkel hat gesagt, es müsse die Arbeit, die freiwillig abverdient wird, stets geringer bewerthet werden, weil sich sonst die Verurtheilten nicht genügend nach Arbeit umsehen würden und weil Abzüge für Generalunkosten gemacht werden müßten. Ich unterscheide mich in diesem Punkte von ihm, während sich sonst meine Anschauungen mit dem decken, was er hier hat drucken lassen. Es sind ja eigentlich diese Anträge Merkel nur eine redactionell andere Fassung dessen, was ich am Schlusse meines Gutachtens als Thesen gegeben habe. Ich sage nämlich so: An und für sich muß immer die freiwillige Arbeit, wie Herr Professor Merkel hervorhebt, geringer bewerthet werden. Das ist außer Frage. Aber es giebt gewisse Fälle, wo Ausnahmen eintreten können. Ich erinnere Sie an Folgendes: Es verdient Jemand seine Strafe dadurch ab, daß er an einer Eisenbahn, die im Bau ist, Sand karrt. Dieses Sandkarren kann überhaupt nicht anders erfolgen, als daß der Mann des Morgens, sagen wir um sechs Uhr, antritt, die zweite Karre nimmt und immer in der Reihenfolge zwischen 1 und 3 bleibt, abkippt und wieder zwischen 1 und 3 eintritt und so fort. Dieser Mann leistet absolut dieselbe Arbeit, wie jeder freie Arbeiter, und es würde ungerecht sein, den Mann, weil er Abverdiener ist, schlechter zu bezahlen, als den freien Arbeiter, da doch seine Arbeit nicht um ein Sandkorn im Werthe geringer ist, als die des letzteren. Es giebt auch noch andere Fälle; ich habe z. B. noch das Schieben von Hunden in Bergwerken in meinem Gutachten genannt. Deshalb werde ich bitten, daß die Worte:

„unter Abzug gewisser Bruchtheile desselben“

in Nr. 2 gestrichen werden.

Ferner bitte ich — das ist ein neuer Antrag — in der letzten These die Worte zu streichen:

„auf Grund richterlicher Beschlußfassung“.

Es handelt sich um diejenigen Leute, welche von dem freiwilligen Abverdienen keinen Gebrauch gemacht haben und zwangsweise abarbeiten. Warum soll hier formell ein richterlicher Beschluß gefaßt werden? Richterliche Thätigkeit tritt ja ein. Die Gemeindebehörde, welche hat abverdienen lassen, nimmt die Liste, schickt sie dem Richter zurück und sagt: Nr. 3, 5, 20 u. s. w. haben keine Arbeit geleistet. Dann erläßt der Richter eine Verfügung, daß das Abverdienen im Gefängnisse einzutreten hat. Warum soll da erst ein großer richterlicher Beschluß gefaßt werden? Der Verurtheilte steht gerade so unter der richterlichen Autorität, ob nun eine Verfügung oder ein Beschluß vorangeht. Sachlich kommt es auf dasselbe hinaus.

Der principielle Widersacher gegen das in Vorschlag gebrachte System, Herr Reichsgerichtsrath Stenglein, sagt: Ihr seid zunächst auf das Gebiet der freien Arbeit angewiesen und der Privatarbeitgeber wird nicht wollen, er wird sagen: ich will mit den Behörden nichts zu thun haben. Wenn allerdings der Arbeitgeber einer großen Scheererei von Staatswegen gegenübersteht, dann wird er es nicht thun. Aber ich habe mich bemüht, mein System so zu gestalten, daß ein umständliches Listenwesen nicht eintritt. Wenn der Verurtheilte mit der Zahlungsaufforderung eine Karte mitbekommt, die in Felder eingetheilt ist, wo er weiter nichts zu thun hat, als eine Marke an die andere hineinzukleben, so ist die Sache trotz aller Abneigung gegen das Klebegesetz einfach und in die praktisch am wenigsten umständliche Form gekleidet.

Der zweite Einwurf ist der: Ihr werdet die Leute nicht an eine Eisenbahn, die im Norden gebaut wird, von München aus transportiren können. Das können wir allerdings nicht, aber ich stehe auch auf dem Boden, daß die Arbeit mehr in der Heimathgemeinde geleistet werden soll. Das ist das Princip, mit dem das ganze System steht und fällt. Falls wir die Leute durch das Reich in der Weise verschicken, daß der Posener z. B. seine Arbeit in Nürnberg macht, so ist die Sache undurchführbar. Wenn eine Strafe von 10 Mk. abverdient werden soll, dabei aber 20 Mark Kosten verursacht werden, so ist das natürlich widersinnig. Das wird Niemand empfehlen. Die Arbeit muß in der Heimathgemeinde geleistet werden und die Frage ist nur die: Kann sie dort erfolgen, wird man dem Abverdiener Arbeit geben?

Herr Reichsgerichtsrath Stenglein wendet ferner ein: Der Mann muß im Stande bleiben, seine Familie zu erhalten; wenn er nun bloß die Hälfte des Tagelohns bekommt, kann er doch seine Familie nicht ernähren. Aber, m. H., wenn der Mann in das Gefängniß gesetzt wird, so kann er seine Familie erst recht nicht ernähren, weil er überhaupt keine Zahlung bekommt, während er doch so wenigstens den halben Lohn hat. Nun mag uns das sehr schwer werden, wenn wir uns mit dem halben Tagelohn einrichten müssen — bei dem knappen Richtergehalt! —

(Heiterkeit.)

aber der Arbeiter ist einmal leider daran gewöhnt, öfter darben zu müssen, und wer in die Stätten des Elends hineingeblickt und gesehen hat, mit wie kolossal wenig eine Familie, wenn die Noth da ist, ihr Leben fristen kann, der muß, wenn auch zu seinem Schmerze, sagen: es ist zwar betrübend, aber es ist möglich, daß man sich mit dem halben Arbeitsverdienst wenigstens ohne Verhungern für eine gewisse Zeit durchfristet, wie es auch sonst im Elend geschieht, wo die Leute auf die Unterstützung ihrer ebenso armen Nachbarn auf demselben Flur angewiesen sind. Es geht schwer, aber es geht zu machen, und es ist jedenfalls segensreicher, dem Mann den halben Arbeitslohn zu geben und ihn in Freiheit zu lassen, als ihm jeden Arbeitslohn zu nehmen und ihn in das Gefängniß zu stecken.

Zu Herrn Collegen Stelling habe ich schon in meinem Gutachten auf Seite 295 Stellung genommen und sein System der unentgeltlichen Arbeitsleistung daselbst besprochen. Er weicht in wesentlichen Punkten von mir ab, in anderen kommen wir überein. Ich will die Versammlung nicht damit aufhalten und möchte nur das Eine bemerken. Wenn Herr College Stelling meint, die Strafe verwirken wäre etwas, was er sich nicht vorstellen könnte, so will ich ihm nur das eine classische Beispiel sagen: Ein Arbeiter kommt, meldet sich zur freiwilligen Arbeit, ist einen halben oder ganzen Tag thätig, sagt dann aber: die Geschichte paßt mir nicht, und wirft die Arbeit hin. Dann hat der Mann angefangen zu verdienen, also von der Wohlthat Gebrauch gemacht, aber diese Wohlthat dadurch verwirkt, daß er selbst erklärt, ich danke, ich mache die Arbeit nicht.

Ich glaube, daß die Anträge, welche Herr College Aschrott gestellt hat, sich außerordentlich von dem unterscheiden, was von Herrn Professor Merkel und mir in Vorschlag gebracht wird, so daß ich Sie dringend bitten möchte, die Thesen Aschrott abzulehnen. Er beschränkt sich darauf, zu sagen: Das Princip ist ein gutes und die Strafvollstreckungsbehörden werden ersucht, sich nach Arbeit umzusehen. Wenn sie es thun, ist es gut, wenn nicht — dann bleibt es beim Alten, die Leute werden in das Gefängniß gesetzt.

M. H., nehmen Sie das an, so wäre es ein Beschluß, wie er schon oft seit dem Londoner Gefängnißcongreß von gelehrten Vereinigungen gefaßt worden ist, so daß der Juristentag damit nichts Neues in die Welt setzen würde. Wenn die Strafanstaltsbehörden gebeten werden, Arbeit zu beschaffen, so ist das ein frommer Wunsch, den Niemand zu erfüllen braucht. Es handelt sich nach meiner Meinung, wenn der Juristentag diese Frage in der Form, wie es geschehen ist, auf's Tapet gestellt hat, nicht wesentlich darum, zu fragen: Ist das Princip gut? — Darüber ist, soweit ich die Meinung kenne, wohl ziemliche Einstimmigkeit in der Versammlung vorhanden — sondern darum, zu fragen: Ist es ausführbar? Das ist die viel wichtigere Frage. Des bloßen Principes wegen würde der Juristentag die Frage nicht noch einmal aufgeworfen haben. Aber ist das Princip ausführbar? Und ich habe mich bemüht, durch das Material, das ich aus der Praxis der Verwaltungsbeamten gesammelt habe, und das mir durch die liebenswürdigen Mittheilungen der Herren in so umfangreicher Menge zu Theil geworden ist, darzuthun: es geht, wenn auch schwer. Der Weg ist da; wollen wir den Weg betreten? Dasjenige, was Herr Professor Merkel aus meinem Gutachten herausgezogen hat, ist immerhin noch sehr lang, länger als gewöhnlich die Beschlüsse des Juristentags zu lauten pflegen. Aber, m. H., wenn wir nicht ein wirkliches System aufstellen, wenn wir nicht sagen, es geht in dieser oder jener Weise, so brauchen wir überhaupt keine großen Beschlüsse in unserer Frage zu fassen. Der Juristentag muß hier einmal einen gangbaren Weg für die Praxis weisen und sagen: so ist der Gedanke, den so und so viel Congresse als richtig anerkannt haben, zu verwirklichen.

M. H., ich kann sagen, ich bin sehr schwer an die Arbeit herangegangen und habe, je mehr ich mich ihr hingab, zunächst die Empfindung gehabt: das Princip, so treffend es ist, läßt sich im realen Leben nicht durchführen, die Hände sind uns gebunden. Je mehr ich mich aber in den Gedanken hineinversetzt und mich in der Praxis umgeschaut und Leute zugezogen habe, die mitten im Gemeindeleben stehen, desto mehr habe ich mir dann sagen müssen: und doch! wir können dem Gedanken auch Gestaltung geben. Der Weg ist da, mit redlichem Willen läßt er sich finden. M. H., gehen wir auch auf dem Wege, damit wir in unserer Rechtsentwickelung fortschreiten können.

(Bravo!)

Stellvertretender Vorsitzender Dr. **v. Stoeßer:** M. H., unsere Reihen haben sich erheblich gelichtet. Es wird sich fragen, ob wir jetzt noch den Vortrag des Herrn Professor Merkel bezw. denjenigen des Herrn Oberlandesgerichtspräsidenten v. Köstlin anhören und dann zur Abstimmung schreiten, oder ob wir entweder heute Nachmittag oder morgen früh vor dem Plenum zusammenkommen wollen. Was die Zeit von heute Nachmittag oder morgen früh vor dem Plenum betrifft, so befürchte ich, daß dann unsere Reihen noch weniger gefüllt wären und deswegen möchte ich Ihnen für meine Person vorschlagen und Sie dringend bitten, noch womöglich vollzählig hier zu bleiben, bis wir mit unserer Aufgabe fertig sind.

(Zustimmung.)

Ich gebe das Schlußwort dem Herrn Referenten.

Referent Professor **Merkel:** M. H.! Ich werde mich bemühen, mich möglichst kurz zu fassen, umsomehr, weil ich im Grunde genommen dem, was ich früher ausgeführt habe und was jetzt Herr College Felisch ausgeführt hat, nichts hinzuzufügen habe. Wollte ich alles das, was hier gegen unsere Anträge vorgebracht worden ist, berücksichtigen, so bliebe mir wohl kaum etwas Anderes übrig, als mein Referat Ihnen noch einmal vorzutragen; denn die gegen uns geltend gemachten Gesichtspunkte sind darin von vornherein eingehend in Betracht gezogen worden.

Der Gegensatz zu den entschiedensten Gegnern ist ein zwiefacher. Einmal stellen die Herren sich nicht auf unseren Boden, sie treten nicht auf die Voraussetzung ein, von welcher wir ausgehen. Die Hauptvoraussetzung aber ist, daß die Uneinbringbarkeit der Geldstrafen sich auf ein Minimum von Fällen reduciren lasse. Ich habe gleich erklärt, wenn das nicht möglich ist, so streiche ich alle meine Anträge, dann ist es nichts mit dem Abverdienen der Strafe. Gleichwohl hat man mit der Armee von Abverdienern argumentirt. Da bleibt allerdings ein Gegensatz, der nicht zu überwinden ist. Wir sind davon überzeugt, daß, wenn der gute Wille da ist, sich dieses Ziel erreichen lasse, und für diese Ueberzeugung haben wir Thatsachen geltend gemacht. Geht man aber von der bezeichneten Voraussetzung aus, so gewinnt die Sache ein ganz anderes Antlitz, als von den Gegnern angenommen wird. Die allgemeine Behauptung: das sind utopistische Dinge, scheint mir dann in der Luft zu schweben. Der zweite Gegensatz betrifft die Beurtheilung des geltenden Systems. Diejenigen, die mit ihm zufrieden sind, die so Alles schön und gut, die es in der Ordnung finden, daß Delinquenten, die nicht zahlen können, weil sie stellenlos sind, eingesperrt werden, die das in alle Ewigkeit hinaus conserviren wollen, die haben keinen Grund, auf unsere Anträge einzugehen. Wir gehen davon aus, daß diese Dinge nicht mehr haltbar sind. Wir stehen vor der Alternative: entweder sind die Leute, die nicht zahlen können, während sie doch vielleicht gern zahlen wollen, wie bisher einzusperren, oder sie dienen die Strafe ab. Da wir das erstere verwerfen, so müssen wir uns für das letztere entscheiden.

Man hat gesagt, daß das, was ich ausgeführt habe, idealistisch gedacht richtig sei, aber man könne wegen der praktischen Schwierigkeiten nicht beschließen: so solle es geschehen. M. H., wir können zur Beseitigung der bestehenden Schwierigkeiten viel thun, indem wir deutlich machen, daß sie bei gutem Willen zu überwinden sind. Dies ist der Sinn unserer Anträge. Wir bezeichnen das Ziel, dem wir zuzustreben haben, nachdem gezeigt wurde, daß der Weg dahin nicht ungangbar ist. Ich befinde mich dabei nicht in principiellem Gegensatz zu Herrn Oberstaatsanwalt Hamm. Auch ich meine nicht, daß nun mit einem Schlage die Anträge, wie sie aufgestellt sind, in ganz Deutschland zur Durchführung zu bringen seien. Es würde sich vielleicht empfehlen, in einer preußischen Provinz kraft gesetzlicher Anordnung einen ernsten Versuch zu machen, auf diese Dinge einzugehen. Ich wäre damit einverstanden und zufrieden. Ich bin nicht der Meinung, daß wir jetzt decretiren können: das muß morgen so geschehen! Dies also ist der Sinn unserer Anträge.

Ich habe im Uebrigen keinen Grund, einen Punkt meiner Anträge fallen zu lassen. Auch in Bezug auf die Differenzen mit Herrn Collegen Felisch möchte ich bei meinen Anträgen stehen bleiben. Ich bin der Meinung, daß in der That die Arbeit der Abverdiener geringer zu bewerthen sei, und ich habe die Gründe hierfür in meinem Referate dargelegt. Diese Minderwerthung ist als ein Aequivalent für die Beschaffung der Arbeitsgelegenheit gedacht, durch welches vermieden wird, daß diese Beschaffung der Arbeitsgelegenheit den Schein einer gehässigen Bevorzugung der Verurtheilten denen gegenüber gewinne, die nicht zu Strafen verurtheilt sind und denen Arbeitsgelegenheit nicht beschafft wird. Auch die von mir vorgeschlagene richterliche Beschlußfassung kann ich nicht für so geringwerthig ansehen, wie Herr College Felisch es thut. Im Uebrigen verzichte ich darauf, in die Debatte weiter einzutreten.

(Correferent Oberlandesgerichts-Senatspräsident Staatsrath Dr. von Köstlin verzichtet auf das Schlußwort.)

Stellvertretender Vorsitzender Dr. **v. Stoeßer:** Ich erkläre die Verhandlungen für geschlossen und werde zur Abstimmung schreiten.

Ich schlage Ihnen vor, dieselbe dahin vorzunehmen, daß ich zunächst im Sinne des Herrn Reichsgerichtsrath Dr. Stenglein dessen Ausführungen dahin auffasse, daß er lediglich aus praktischen Gründen den Antrag stellt, die Frage in Ziffer 12 der gedruckten Tagesordnung zu verneinen. Bei Annahme dieses Antrags bezw. Verneinung der Frage in Ziffer 12 entfallen alle weiteren Anträge. Bei dessen Ablehnung aber würden diejenigen, welche für diesen Antrag sind, jeweils gegen alle anderen Anträge stimmen.

Am weitesten von den Anträgen des Herrn Berichterstatters geht dann der Antrag Bozi, welcher lautet:

> Es sind von Staats wegen Arbeitercolonien einzuführen, welche dem Verurtheilten die Strafsumme gegen zwangsweise Abverdienung vorschießen.

Dann käme der Antrag Aschrott:

1. Die nicht beizutreibenden Geldstrafen sind nicht in Freiheitsstrafen umzuwandeln, sondern abzuverdienen.
2. Die Strafvollzugsbehörden sollen nach Möglichkeit Gelegenheit zum freien Abverdienen schaffen. Wo dies nicht möglich ist oder der Verurtheilte von der Begünstigung des Abverdienens keinen Gebrauch macht, ist das Abverdienen in einer Anstalt durchzuführen.
3. Die bezüglichen Leistungen sind mit Berücksichtigung des ortsüblichen Tagelohns, jedoch im Allgemeinen unter Abzug gewisser Bruchtheile desselben, zu bewerthen.

Dann kommt der Antrag Kronecker, welcher im Wesentlichen allerdings mit dem Antrag Merkel übereinstimmt, aber diese Anträge in der Form abkürzt. Ich erlaube mir, ihn Ihnen vorzulesen:

1. In Ziffer 1 der Merkel'schen Anträge ist der letzte Satz zu streichen.
2. Ziffer 2 und 4 werden dahin zusammengezogen:

   Der Verurtheilte soll diese Pflicht durch Betheiligung an Arbeiten für öffentliche Zwecke erfüllen. Anderenfalls ist das Abverdienen in einer Anstalt zu erzwingen und

3. beschränkte Arbeitsfähigkeit ist bei Regelung des Abverdienens zu berücksichtigen. Bei absolut Arbeitsunfähigen tritt an die Stelle desselben einfache Haft.

Wenn dieser Antrag Kronecker angenommen wird, würden die weiteren Anträge wegfallen. Wird er aber abgelehnt, so kommen wir dann an die sogenannten Unteranträge zu den Anträgen Merkel. Diese Unteranträge sind theils von Herrn Collegen Stelling, theils von Herrn Collegen Felisch gestellt.

Ersterer bentragt:

Im Antrag 2 der Anträge Merkel die Worte:

„unter Abzug gewisser Bruchtheile desselben"

zu streichen und ebenso in Nr. 4 der Anträge die Worte

„oder dieselbe durch ihr Verhalten verwirkt haben"

zu streichen.

Und endlich ist der Unterantrag Felisch zu berücksichtigen, der in Nr. 4 gestrichen haben will die Worte:

„auf Grund richterlicher Beschlußfassung".

Wenn diese Anträge angenommen bezw. abgelehnt werden, werde ich zu den dann schließlich übrig bleibenden Anträgen Merkel übergehen. Dieselben lauten:

Unter der Voraussetzung, daß die Zahlung der Geldstrafen im Sinne der hierauf bezüglichen Beschlüsse des vorigen Juristentages (1 und 6), sowie durch weitere Vorkehrungen (Einführung von Gerichtskostenmarken zur Erleichterung der Ratenzahlungen, Vereinbarungen mit Arbeitgebern und mit Schutzfürsorgevereinen in Bezug auf vorschußweise Zahlungen) erleichtert und die Uneinbringlichkeit der Geldstrafen hierdurch auf eine mäßige Zahl von Ausnahmefällen eingeschränkt werde, empfehlen sich folgende Grundsätze:

1. Die nicht beizutreibenden Geldstrafen sind, von dauernder Arbeitsunfähigkeit der Verurtheilten abgesehen, nicht in Freiheitsstrafen umzuwandeln, sondern abzuverdienen. Die Pflicht zur Geldzahlung wandelt sich in die Pflicht zu geldwerthen Arbeitsleistungen.
2. Den nicht fluchtverdächtigen Verurtheilten ist die Erfüllung dieser Pflicht in der Form freier Betheiligung an Arbeiten für öffentliche Zwecke, ohne jede Unterscheidung von straffreien Arbeitern, zu ermöglichen. Ihre bezüglichen Leistungen sind mit Berücksichtigung des ortsüblichen Tagelohnes, unter Abzug gewisser Bruchtheile desselben, zu bewerthen.
3. Beschränkte Arbeitsfähigkeit ist bei Regelung des Abverdienens zn berücksichtigen. Bei absolut Arbeitsunfähigen tritt an die Stelle desselben einfache Haft, in geeigneten Fällen nach den Grundsätzen der bedingten Verurtheilung.
4. Gegen fluchtverdächtige Verurtheilte, sowie gegen diejenigen, welche von der Begünstigung des Abverdienens keinen Gebrauch gemacht oder dieselbe durch ihr Verhalten verwirkt haben, ist auf Grund richterlicher Beschlußfassung das erzwungene Abverdienen in einer Anstalt (Gefängniß) durchzuführen. Dieser Abverdienungszwang ist eine Vollstreckungsform der Geldstrafe, nicht Ersatzstrafe. Die erzwungene Arbeit ist geringer zu bewerthen, als die freiwillig geleistete (2).

Zur Geschäftsordnung hat das Wort Herr Landgerichtsrath Dr. Kronecker.

Landgerichtsrath Dr. **Kronecker:** Ich bitte über den Antrag Stenglein nicht zuerst abzustimmen, denn ich meine, daß die Annahme dieses Antrages auf Ablehnung sämmtlicher übrigen Anträge sich von selber ergiebt. Zuerst über denselben abzustimmen, halte ich nicht für richtig.

Stellvertretender Vorsitzender Dr. **v. Stoeßer:** Ich habe bei der Einleitung bemerkt, daß ich lediglich aus praktischen Gründen die verneinende Stellung des Herrn Stenglein als Antrag zur Vorab-Abstimmung über Ziffer 12 zu behandeln gedenke. Ich vermuthe zwar, daß er verneint wird. In diesem Falle würden wir zu den übrigen Anträgen schreiten.

Zur Geschäftsordnung hat das Wort Herr Reichsgerichtsrath Dr. Stenglein.

Reichsgerichtsrath Dr. **Stenglein:** Ich bin damit einverstanden. Wir ersparen eine Masse Abstimmungen, wenn meine Stellung die Majorität erlangen sollte. Ich würde nur das eine anregen, daß wir die Anträge, die auf theilweise Streichung gehen, durch eventuelle Abstimmung erledigen.

Stellvertretender Vorsitzender Dr. **v. Stößer:** Wir beginnen nunmehr mit der Abstimmung. Das Ergebniß derselben ist zunächst folgendes: Der Antrag Stenglein wird gegen 4 Stimmen abgelehnt, desgleichen wird der Antrag Bozi abgelehnt, ferner die Anträge Aschrott (gegen 8 Stimmen), Kronecker (gegen 8 Stimmen), weiter die Unteranträge Stelling und Felisch (mit 16 gegen 13 Stimmen).

Wir kommen jetzt zu den Anträgen Merkel.

(Zwischenrufe.)

Zur Geschäftsordnung hat das Wort Herr Rechtsanwalt Burgheim.

Rechtsanwalt **Burgheim** (Minden): Ich höre eben, daß einer von den Herren gegen die Einleitung stimmen will, weil ihm die Gerichtskostenmarken unannehmbar seien. Ich glaube, die Versammlung wird nichts dagegen haben, wenn ein Herr den Antrag auf Streichung der Gerichtskostenmarken stellt.

(Widerspruch.)

Oberlandesgerichtspräsident Staatsrath Dr. **v. Köstlin:** Ich habe Bedenken dagegen, daß jetzt, nachdem die Debatte geschlossen ist, noch Anträge eingebracht werden können.

(Zustimmung.)

Reichsgerichtsrath Dr. **Stenglein:** Vielleicht würde es sich empfehlen, die Abstimmung über die Einleitung als eine eventuelle Abstimmung vorzunehmen. (Die Versammlung stimmt dem zu, erklärt aber den Antrag auf Streichung der Gerichtskostenmarken nach Schluß der Debatte für unzulässig.)

Stellvertretender Vorsitzender Dr. **v. Stößer:** Wir haben nunmehr über die Anträge Merkel abzustimmen. (Die Abstimmung ergiebt Annahme der Einleitung und der sämmtlichen 4 Anträge.)

Ich stelle also nochmals fest, daß nach Ablehnung der übrigen Anträge die Anträge 1—4 angenommen sind und stelle weiter fest, daß die eventuelle Abstimmung über die Einleitung nunmehr eine endgültige geworden ist.

Wir dürfen wohl Herrn Prof. Merkel bitten, über diesen Gegenstand morgen im Plenum zu referiren.

(Schluß der Sitzung 1/2 3 Uhr.)

Zweite Plenarsitzung

Donnerstag, den 12. September, Vormittags 11 Uhr.

Präsident Dr. **Drechsler:** Ich eröffne die zweite Plenarsitzung des Juristentages.

Wir beginnen mit einigen geschäftlichen Angelegenheiten. Zunächst ist der Kassenbericht zu erstatten.

Ich ersuche Herrn Justizrath Dr. Makower, diesen Bericht zu erstatten.

Justizrath **Makower** (Berlin): M. H., unsere Kasse wird immer von der ständigen Deputation in der Pfingstwoche geprüft. Ich glaube, es wird für die Versammlung lediglich von Interesse sein, den ungefähren Bestand zu erfahren. Wir sind augenblicklich im Besitze eines Vermögens von etwa 22 000 Mk., die in Pfandbriefen angelegt sind. Außerdem haben wir den üblichen Beitrag von 6000 Mk. zu den Kosten der hiesigen Versammlung bereits geleistet.

Ich glaube, daß ich nicht etwas Weiteres hinzuzufügen brauche, da mit den gedruckten Verhandlungen dieses Juristentages ein vollständiger Kassenbericht veröffentlicht werden wird.

(Bravo!)

Präsident: Ich darf noch ergänzend hinzufügen, daß dieses Jahr der Bericht noch günstiger lautet als in Augsburg, und ich theile Ihnen mit, daß die ständige Deputation in der Versammlung am 3. Juli 1895 einmüthig beschlossen hat, dem Juristentage die Gewährung einer Beihilfe von 1000 Mk. zu empfehlen zur Vorbereitung der Herstellung eines deutschen Wörterbuches für Rechtsausdrücke, welcher Betrag Herrn Prof. Dr. Schröter in Heidelberg zur Annahme von Hilfskräften zur Verfügung zu stellen sein wird. Da dieser Beschluß von der Deputation einmüthig gefaßt ist und unsere Kasse diese Ausgabe, wie Sie nach Anhörung des Berichts des Herrn Justizraths Makower anerkennen werden, sehr gut verträgt, so glaube ich, wird eine weitere Begründung nicht verlangt werden.

Da Widerspruch nicht erhoben wird, nehme ich an, daß der Juristentag diese 1000 Mk. bewilligt hat.

Entsprechend Ihrem vorgestern gefaßten Beschlusse ist an Frau v. Gneist folgendes Telegramm abgegangen:

> In dankbarer Erinnernng an seinen langjährigen Vorsitzenden, Ihren seligen Mann, hat der Juristentag beschlossen, Ihnen seine herzliche Theilnahme an dessen Verluste auszudrücken.

Darauf ist folgendes Antworttelegramm eingegangen:

> Ich sage meinen tiefgefühlten Dank für das treue und — darf ich wohl sagen — wohlverdiente Gedenken an meinen theueren Mann. Marie v. Gneist.

Eingegangen ist ferner ein Schreiben des Vereins zur Verbreitung des Deutschthums in den Ostmarken, welches dahin geht, es zu veranlassen, daß nach Möglichkeit deutsche Rechtsanwälte sich bei den Gerichten in den Ostmarken niederlassen. Ich theile dies mit, damit diejenigen Herren, welche sich dafür interessiren, das Schreiben, das nicht weiter vervielfältigt worden ist, einsehen können.

Wir können jetzt zu unserer eigentlichen Tagesordnung übergehen, der Entgegennahme der Berichte über die Verhandlungen und Beschlüsse der drei Abtheilungen.

Wir beginnen mit der I. Abtheilung und zwar mit der Frage:

> Sind die Grundsätze des Entwurfs des Bürgerlichen Gesetzbuchs II. Lesung über eingetragene Vereine zu billigen?

Referent ist Herr Justizrath Levy.

Referent Justizrath **Levy** (Berlin): M. H., den ersten Gegenstand der Berathungen der I. Abtheilung des Juristentages bildete die Frage:

> Sind die Bestimmungen des Entwurfes eines Bürgerlichen Gesetzbuches zweiter Lesung über eingetragene Vereine zu billigen?

Für diese Frage lag ein Gutachten des Herrn Professor Dr. Leonhard vor, in welchem zwar die Grundzüge jener Bestimmungen, namentlich das System der Normativbestimmungen und des Registerzwanges gebilligt, dagegen die grundsätzliche Ausschließung der sogenannten wirthschaftlichen Vereine von dem gemeinen Vereinsrechte und die im Entwurf zugelassene Auflösung von eingetragenen Vereinen, welche entgegen ihren ursprünglichen idealen Zwecken, sich einem wirthschaftlichen Geschäftsbetrieb widmen, bekämpft, sowie an Stelle des der Staatsbehörde eingeräumten

Einspruchsrechts gegen die Eintragung politischer, socialpolitischer und religiöser Vereine vorgeschlagen wurde, solche Vereine überhaupt nicht für eintragungsfähig zu erklären. Von den beiden Herren Referenten beharrte Herr Prof. Gierke dem Entwurfe gegenüber zwar bei seinem schon vor dem 19. Juristentag geltend gemachten Standpunkte freier, von jeder besonderen Förmlichkeit unabhängiger Körperschaftsbildung, wollte jedoch von diesem Standpunkte aus, wohl mit Rücksicht auf die Aussichtslosigkeit seiner Verwirklichung, keinen positiven Abänderungsantrag stellen. Dagegen trat er dem Gutachten in dem Angriffe gegen die Ausschließung der wirthschaftlichen Vereine bei. Wenngleich er selbst anerkennen mußte, daß das Bedürfniß für die Entstehung und Entwickelung derselben durch anderweitige Formen reichsrechtlich hinreichend sichergestellt sei, so begründete er doch seine Mißbilligung dieses Punktes durch den Hinweis auf die großen Schwierigkeiten der Grenzbestimmung zwischen Vereinen mit wirthschaftlichen und solchen mit idealen Zwecken. Besonders scharf aber tadelte er das Einspruchsrecht der Verwaltungsbehörde gegen die Eintragung politischer und namentlich socialpolitischer Vereine, sowie die im Entwurf denjenigen Vereinen angedrohte Auflösung, welche als nicht politische eingetragen, sich demnächst in politische oder socialpolitische verwandeln sollten. Er gab der Besorgniß lebhaften Ausdruck, daß durch diese Bestimmung das bestehende Vereinsrecht besonders zum Nachtheile der arbeitenden Classen erheblich verkümmert werden könnte, eine Gefahr, gegen welche das im Entwurfe den Betheiligten gewährte Anfechtungsrecht im Wege des Verwaltungsstreitverfahrens keinen genügenden Schutz gewähre, weil die Anfechtung erfolglos bleiben müsse, wenn nur festgestellt werde, daß der von dem Verein verfolgte Zweck ein politischer, socialpolitischer oder religiöser sei, mag derselbe sich auch als ein noch so harmloser erweisen. Dies falle um so mehr ins Gewicht, als man bei sämmtlichen Vereinen mit idealen Zwecken, besonders aber bei Fachvereinen aller Art einen socialpolitischen Charakter entdecken könne. Herr Professor Gierke stellte demgemäß folgenden Antrag:

> „Die Grundsätze des Entwurfes II über „eingetragene Vereine" sind insofern unannehmbar, als sie durch die Sonderbestimmungen über Vereine für wirthschaftliche und für politische, religiöse oder socialpolitische Zwecke dem Vereinsleben den Rechtsschutz entziehen.
>
> Will Entwurf II die Anerkennung der Rechtspersönlichkeit eines Vereins von der Eintragung in ein Vereinsregister abhängig machen, so muß er sich anf die Aufstellung formeller

Erfordernisse der Eintragung beschränken und jedem Vereine, dessen Bestand vom öffentlichen Rechte anerkannt wird, den Erwerb der Privatrechtsfähigkeit ermöglichen."

Demgegenüber beantragte ich als Correferent, die Billigung der Grundsätze des Entwurfes über eingetragene Vereine auszusprechen. Hinsichtlich des Systems der Normativbestimmungen und des Registerzwangs erklärte ich mein Einverständniß mit dem Herrn Gutachter, indem ich auf den früher von Schulze-Delitzsch eingebrachten Gesetzentwurf, das Gutachten von Rosin und andere gewichtige Stimmen der Literatur verwies, das Bedürfniß der Praxis nach einem äußeren, allgemein erkennbaren Merkmal hervorhob und geltend machte, daß das von dem 19. Juristentag proclamirte Princip der freien Körperschaftsbildung durch das System des Entwurfes grundsätzlich nicht angetastet, sondern gerade im Gegentheil anerkannt werde. Hinsichtlich der Ausschließung der wirthschaftlichen Vereine zeigte ich, daß durch dieselben nur die eigentlichen Erwerbsgesellschaften getroffen werden, für welche anerkanntermaßen gegenwärtig nach Reichsrecht, besonders seit dem Erlasse des Gesetzes über die Gesellschaften mit beschränkter Haftung völlig ausreichende Formen bestehen, und nahm auf die entsprechende Bestimmung des bayerischen Vereinsgesetzes Bezug. Auch die Sonderbestimmungen über politische, socialpolitische und religiöse Vereine glaubte ich in Schutz nehmen zu müssen, allerdings unter einem Vorbehalte, daß nämlich das Einspruchsrecht der Verwaltungsbehörde und das entsprechende Auflösungsrecht nicht als ein bloß formales aufzufassen sei, sondern, daß dasselbe der materiellen Remedur durch die Verwaltungsbehörde bezw. die höheren Verwaltungsinstanzen unterliege, indem diese Behörden den Einspruch bezw. die Auflösung nur in solchen Fällen für rechtmäßig erklären dürfen, wenn nach dem öffentlichen Recht des betreffenden Bundesstaates den Vereinen die Existenzberechtigung — wegen Gefährdung des Gemeinwohls, der Sittlichkeit oder Religion u. s. w. — abgesprochen werden müsse, eine Auslegung, welche bereits von einer anderen Stimme in der Literatur als die richtige bezeichnet worden war. Nachdem jedoch diese Auslegung aus der Mitte der Versammlung für bedenklich erklärt und sogar von einem anwesenden Mitgliede der Commission geäußert worden war, daß er wenigstens persönlich diese Auffassung nicht theilen könne, erklärte ich mich mit einem von Herrn Professor Enneccerus gestellten und eingehend begründeten Antrag einverstanden, welcher folgenden Wortlaut hatte:

„Die Bestimmungen des Bürgerlichen Gesetzbuches zweiter Lesung über die eingetragenen Vereine sind im Wesentlichen zu billigen, namentlich ist die Wahl des Systems der Normativbedingungen mit Registerzwang anzuerkennen.

Das Einspruchsrecht gegen die Eintragung politischer, socialpolitischer und religiöser Vereine sowie die behördliche Auflösung der Vereine bedürfen einer Veränderung oder Klarstellung, indem den Vereinen gegen ungerechtfertigte Einsprüche oder Auflösungen ein wirksamerer Schutz zu gewähren ist."

Dieser Antrag wurde nach eingehender Discussion und nach Ablehnung der Gierke'schen Anträge, sowie eines Amendements, welches den zu gewährenden Schutz auf die Verwaltungsgerichtsbarkeit beschränken wollte, von der Abtheilung zum Beschlusse erhoben und zwar in seinem ersten Theile gegen nur 2 Stimmen, in seinem zweiten Theile mit überwiegender Majorität. Die Abtheilung beauftragte mich, diesen Beschluß zur Kenntniß des Plenums zu bringen, was ich hiermit in aller Kürze gethan habe, indem ich leider darauf verzichten muß, ein Bild von der inhaltreichen Debatte zu geben, an welcher sich außer den Genannten noch der Herr Gutachter Professor Leonhard, sowie die Herren Wilke und Lesse betheiligten.

Ich gestatte mir wegen der Einzelheiten auf den stenographischen Bericht Bezug zu nehmen und die Hoffnung auszusprechen,

daß der gefaßte Beschluß der Förderung des nationalen Gesetzgebungswerkes auf einem hochwichtigen Gebiete zum Segen gereichen möge.

(Bravo!)

Präsident: Herr Geh. Justizrath Enneccerus wird uns über die zweite Frage berichten.

Referent Geh. Justizrath Prof. Dr. **Enneccerus:** Die erste Abtheilung ging bei der Frage des Anerbenrechts aus von der wirthschaftlichen und politischen Nothwendigkeit, einen leistungsfähigen Bauernstand zu erhalten. Wenn auch in manchen Gegenden in Folge der besonderen Fruchtbarkeit, in Folge günstiger Absatzverhältnisse, in Folge von Nebenverdiensten eine Kleingüterwirthschaft mit Bau von Wein, Hopfen, Tabak und anderen Gewächsen möglich, ja unter Umständen nützlich ist, so ist doch für das Gros der landwirthschaftlichen Thätigkeit, namentlich für den Körnerbau und die Viehzucht eine gewisse mittlere Größe der Güter dringend erforderlich. Aber nicht nur dem kleinen Besitz, sondern auch dem Großbesitz gegenüber bietet der mittlere bäuerliche Besitz erhebliche Vortheile. Der Bauer ist in einer Person der Leiter, der Ueberwacher und der Vorarbeiter, und die gleiche Rolle trifft die Bäuerin, bezüglich des Haushalts und der Viehwirthschaft, während die Kinder als die natürlichen Gehilfen derselben erscheinen, und der dadurch geweckte gemeinschaftliche Geist gleichsam einer natürlichen Productivgenossenschaft pflanzt sich von selbst fort auf das Gesinde. Viel schwerer aber als diese Momente fällt für die Erhaltung des Bauernstandes ein staatlicher Gesichtspunkt ins Gewicht. Wir bedürfen für unser communales, auf Selbstverwaltung gegründetes Leben, wir bedürfen für unser Heer, wir bedürfen für die Erhaltung unseres staatlichen und unseres gesellschaftlichen Lebens eines tüchtigen festen Mittelstandes, eines Mittelstandes, der zugleich die höheren Berufskreise verjüngt und zu dem die unteren Berufskreise aufzusteigen im Stande sind. Ein solcher Mittelstand aber ist auf dem Lande fast ausschließlich der Bauernstand, und derselbe ist um so wichtiger, als in den Städten der Mittelstand durch die Concurrenz der Großindustrie schwer leidet. Dieser bäuerliche Mittelstand ist nun — und das wurde in der Abtheilung fast allgemein anerkannt — durch das geltende Intestaterbrecht, durch die römische Theilung erheblich geschädigt.

Er unterliegt zunächst der Gefahr der Realtheilung, welche, wo sie Platz greift, in wenigen Generationen allen Mittelstand vernichtet und das Zwerggüterthum herbeiführt mit seiner wirthschaftlichen Noth und mit seinen moralischen Schäden. Schon giebt es Gegenden bei uns, in denen die alte Erbsitte der Uebernahme des Gutes durch einen Erben im Schwinden begriffen, ja zum Theil geschwunden ist, und wenn wir ins Ausland blicken, so sehen wir aus der Geschichte Norditaliens wie die Theilung zum Zwerggüterthum und wie das Zwerggüterthum zum Latifundienbesitz führt. In den meisten Fällen wird allerdings heute durch die Erbsitte die Realtheilung noch vermieden. Bei Lebzeiten überweisen die Eltern einem der Erben das Gut gegen Abfindung an die Uebrigen, und selbst, wo das versäumt ist, erweist sich in den meisten Fällen die Erbsitte stark genug, um nach dem Tode eine Uebernahme durch einen Erben gegen Abfindung der übrigen Geschwister herbeizuführen. Allein die Abfindungen erreichen in diesen Fällen sehr häufig eine bedrohliche, in manchen Fällen sogar eine unmittelbar verderbliche Höhe und das gilt namentlich, wo der Vormundschaftsrichter im Interesse der minderjährigen Erben mitwirkt und eine Abschätzung des Gutes veranlaßt. Dadurch droht die Gefahr der Ueberschuldung, und daß dem so sei, ist nicht nur von den Anhängern des Anerbenrechts ausgesprochen, sondern auch von den schärfsten Gegnern desselben, wenngleich widerwillig, vollkommen zugestanden. Durch die Abfindung der Erben nach dem Verkaufswerthe wachsen die Schulden in einer bedenklichen Höhe.

Wenn man nun aus wirthschaftlichen und staatlichen Rücksichten die

Forderung aufstellen muß, daß das Gut möglichst in der Hand eines Erben erhalten bleibe, dann, m. H., ist es eine schwere Ungerechtigkeit, die Abfindungen nach dem Verkaufswerth zu bemessen, während der Gutsübernehmer selbst, der diese Abfindungen zahlen muß, nur den Ertragswerth, der durchschnittlich weit niedriger ist, zu ziehen im Stande ist.

Soll der Gutsübernehmer nach dem Verkaufswerth bemessene Abfindungen verzinsen, so hat er in sehr vielen Fällen mehr als Zinsen zu zahlen, als das Gut zu tragen im Stande ist. Ist das aber richtig, droht dem Bauernstand die Gefahr der Ueberschuldung, dann ist es höchste Zeit, ein Intestaterbrecht einzuführen, welches der Erbsitte, dem Uebergang des Gutes auf einen Erben entspricht und nicht mit derselben im schärfsten Widerspruch steht.

Ein solches Intestaterbrecht, welches die Abfindungen der Geschwister nach der dauernden Leistungsfähigkeit des Gutes und nicht nach dem Verkaufswerth bemißt, fand denn auch in der 1. Abtheilung nicht bloß viele Anhänger, sondern eine ganz überwiegende Vertretung. Zwar wurde gegen dieselbe eingewendet, daß es der Gerechtigkeit nicht entspreche, allein dieser Grund fällt in demselben Momente weg, wo man den Uebergang des Gutes auf einen Erben für nothwendig erklärt im staatlichen und wirthschaftlichen Interesse.

Es widerstreitet der Gerechtigkeit, dem Gutsübernehmer Abfindungen nach dem Maßstabe eines höheren Werthes (des Verkaufswerthes) aufzulegen als derjenige Werth ist, den das in seiner Hand zu erhaltende Gut für ihn hat, d. i. des Ertragswerthes. Soll das Gut in seiner Hand bleiben, so kann es nur nach Maßgabe der Ertragsfähigkeit mit Abfindungen belastet werden.

Während die große Mehrheit von diesen Erwägungen ausging, bestritt nur eine verhältnißmäßig kleine Minderheit die Einführung eines Intestaterbrechts.

Unter den Anhängern des Anerbenrechts herrschte auch über die Gestaltung desselben in der Hauptsache Einigkeit, kein Zwangsintestaterbrecht; für diejenigen Gegenden, in denen die Erbsitte der Uebernahme des Gutes von einem Erben besteht, ein Intestatanerbenrecht, während für die anderen Gegenden nur die Höferolle oder die Eintragung in das Grundbuch auf Antrag des Eigenthümers empfohlen werden konnte; die Beschränkung des Pflichttheilsrechts; im Uebrigen engster Anschluß an die Ortssitte und landesgesetzliche Regelung alles Einzelnen.

In anderer Beziehung waren namentlich anfangs einige Meinungsverschiedenheiten vorhanden.

Einige Mitglieder wünschten die Anerkennung eines Zwangsanerbenrechts für Ansiedlungsgüter und Rentengüter. Sie erkannten indessen an, daß diese besondere Frage einer genaueren Vorbereitung und Beratung von Seiten des Juristentags bedürfen würde. Man einigte sich daher dahin, das Zwangsanerbenrecht unter Vorbehalt einer späteren Erwägung eines solchen Sonderrechts für Renten- und Ansiedlungsgüter nur im Allgemeinen als nicht empfehlenswerth zu bezeichnen.

Sodann wünschten einige Mitglieder die Aufnahme des Grundsatzes, daß für gewisse Fälle, wo die Erhaltung des Gutes in einer Hand es verlangt, auch Modificationen des ehelichen Güterrechts zu empfehlen seien. Dies wurde allseitig zugestanden und dem entsprechend ein darauf bezüglicher Satz in die Anträge mit aufgenommen.

Das Gleiche geschah bezüglich des Wunsches, die Abfindungen der übrigen Geschwister „thunlichst" in Rente zu gewähren, obgleich allerdings betont werden mußte, daß dies in manchen, ja vielleicht in vielen Fällen aus Rücksicht auf die Abzufindenden eben nicht thunlich sein werde. In anderen Fällen dagegen, wo dieses Bedenken nicht vorhanden ist, wurde anerkannt, daß in der Rentenabfindung ein Vorzug zu finden sei.

Eine wirkliche Differenz blieb bezüglich der Aufnahme von Bestimmungen über das Anerbenrecht in das Bürgerliche Gesetzbuch. Von einer Seite wurde die Aufnahme eines Rahmens allgemeiner Prinzipien in das Gesetzbuch gewünscht, aber doch auch anerkannt, daß gegenwärtig bei der schon getroffenen Entscheidung der Commission in zweiter Lesung diese Frage kaum noch ein actuelles Interesse habe. Bei der Abstimmung ergab sich hier, wie bei den anderen Punkten, eine nicht bloß große, sondern sehr stark überwiegende Majorität für die im Ganzen durch meinen bisherigen Vortrag charakterisirten Anträge. Ich glaube, m H., dieses Ergebniß als ein besonders erfreuliches bezeichnen zu können. Während in einzelnen Gegenden der Juristenstand sich der Schöpfung eines Intestatanerbenrechts kühl, ja manchmal fast theilnahmlos gegenübergestellt hat, hat hier das einzige Organ, welches den gesammten Juristenstand Deutschland zu umfassen bestimmt ist, nicht allein mit Majorität, sondern mit einer ganz überwiegenden Majorität, die in den Hauptpunkten sogar an Einstimmigkeit grenzte, sich für ein derartiges Anerbenrecht erklärt. Ich glaube, daß der Juristentag einer guten Sache damit einen guten Dienst gethan hat.

(Bravo!)

Präsident: Wir kommen zur Frage 3. Referent ist Herr Geh. Justizrath Prof. Dr. Brunner.

Geh. Justizrath Prof. Dr. **Brunner:** M. H., die erste Abtheilung beschäftigte sich mit der Frage:

„Empfiehlt sich die Verleihung der Wassernutzungen nach Maßgabe des Entwurfs des preußischen Wassergesetzes?

Der Entwurf des preußischen Wassergesetzes v. J. 1894 beruht auf dem Grundsatze der Verleihung der Wassernutzungsrechte von Seiten des Staates. Die projectirte Neuerung hat in der Verleihung des Bergwerkeigenthums von Seiten des Staats ihr juristisches Vorbild.

Unter gewissen Voraussetzungen kann jedermann für ein wasserwirthschaftliches Unternehmen durch Verleihung von Seiten des Staates das Recht auf Benutzung oder Veränderung des Wasserlaufs erwerben, mag er nun Anlieger des betreffenden Wasserlaufs sein oder nicht. Dem Antrag auf Verleihung folgt dann ein Aufgebotsverfahren. Das Unternehmen wird öffentlich bekannt gemacht und zwar mit Festsetzung einer Frist für die Anmeldung von Einwendungen, über welche das Wasseramt zu entscheiden hat. Bei der Verleihung der Wasserrechtsnutzungen hat das Ermessen des Wasseramtes einen sehr weitgehenden Spielraum. Die Verleihung kann nach dem Entwurf auf die Dauer, sie kann auf Zeit, sie kann unter Einschränkungen und Auflagen geschehen.

Der Eigenthümer des Wasserlaufs als solcher hat kein Vorrecht, auch dann nicht, wenn er etwa der Verleihung widerspricht mit Rücksicht auf eine von ihm selbst erst beabsichtigte Benutzung des Wasserlaufs. Die Verleihung begründet ein im ordentlichen Rechtswege verfolgbares Privatrecht. Die Einrichtung von Wasserbüchern, wie sie von verschiedenen Seiten vorgeschlagen worden waren, hat der Entwurf abgelehnt. Eine Eintragung der verliehenen Wassernutzungsrechte in besondere Wasserbücher findet nicht statt. Die Abtheilung billigte nun, ohne daß von irgend einer Seite ein Widerspruch erfolgt war, den Grundsatz der Verleihung und faßte demgemäß den Beschluß unter Ziffer 1:

Der Grundsatz der Verleihung der Wassernutzungsrechte ist zu empfehlen.

Andererseits war aber die Abtheilung der Ansicht, daß die Verleihung in der Regel nur auf Zeit erfolgen solle; in der Regel, d. h. abgesehen von bestimmten, wo möglich gesetzlich festzulegenden Ausnahmefällen. Sie erklärte sich für die Verleihung nur auf Zeit, weil sonst leicht eine dauernde Monopolisirung der Wasserkräfte des Staats durch das in wasserwirthschaftlichen, industriellen Unternehmungen angelegte Großcapital eintreten könnte. Nach Ablauf der Verleihungsfrist ist dem bisherigen Benutzer ein Vorrang vor concurrirenden Verleihungsgesuchen zu gewähren. Die Abtheilung faßte demgemäß den weiteren Beschluß:

„Die Verleihung soll in der Regel nur auf Zeit erfolgen. Bei Erneuerung der Verleihung nach Ablauf der Zeit ist dem bisherigen Benutzer unter bestimmten Voraussetzungen ein Vorrecht zu gewähren.“

Die Abtheilung hat sich ferner im Einklang mit den aus landwirthschaftlichen Kreisen hörbar gewordenen Wünschen für die Einführung von Wasserbüchern ausgesprochen und zwar von Wasserbüchern, welche nicht den Charakter eines Grundbuchs, sondern nur den Charakter eines Wasserkatasters haben sollen. Dem entspricht der Beschluß Ziffer 3:

„Die Einrichtung von Wasserbüchern ist wünschenswerth.“

Eine längere Debatte veranlaßte nur die vierte der vom Referenten aufgestellten Thesen, nämlich die These:

Auf die bestehenden Wassernutzungsrechte und auf die Interessen der Anlieger ist größere Rücksicht zu nehmen als der Entwurf vorsieht.

Von Seiten des Herrn Gutachters, des Rechtsanwalts Dr. Baumert wurde beantragt, die Worte „und auf die Interessen der Anlieger“ zu streichen. Die Mehrheit der Versammlung hat aber diesen Abänderungsantrag abgelehnt. Obwohl man zugab, daß der Eigenthümer eines Wasserlaufs als solcher kein Recht auf die ausschließliche Benutzung des Wassers habe, wenn er es bis dahin ungenutzt vorüberströmen ließ, so glaubte man doch eine gewisse Berücksichtigung der Interessen der Anlieger empfehlen zu müssen und zwar namentlich in Bezug auf folgenden Punkt. Wenn der Eigenthümer des Wasserlaufs der von einem anderen beantragten Verleihung mit Rücksicht auf eine von ihm selbst beabsichtigte Benutzung widerspricht, dann soll ihm nach dem Vorbild des bayerischen und österreichischen Wasserrechts eine angemessene Frist gesetzt werden und die Verleihung an den Concurrenten soll erst erfolgen, wenn jener — der Eigenthümer des Wasserlaufs — bis dahin entweder nicht in den Nutzungsbesitz gelangt ist oder die Verleihung nachgesucht hat. Daher der Beschluß unter 4:

Auf die bestehenden Wassernutzungsrechte und auf die Interessen der Anlieger ist größere Rücksicht zu nehmen als der Entwurf vorsieht.

Die Abtheilung hat mich beauftragt, ihre Beschlüsse dem Plenum zur Kenntniß zu bringen. (Bravo!)

Oberlandesgerichts-Präsident Dr. **Struckmann:** Der vierte Gegenstand der Tagesordnung, nämlich die Frage des Heimstätterechts, ist heute berathen worden.

Zum Berichterstatter ist ernannt worden Herr Stadtrath Dr. Flesch-Frankfurt a. M.

Referent Stadtrath Dr. **Flesch**: Die Berichterstattung über diese Frage kann eine ziemlich kurze sein. Es waren, wie Sie aus der Einladung gesehen haben, zu Berichterstattern ernannt worden die Herren Professor Dernburg und Rechtsanwalt Millanich. Da beide verhindert waren, so fiel es mir, der ich auch das Gutachten zu erstatten die Ehre gehabt hatte, zu, den Inhalt dieses Gutachtens kurz vorzutragen. Die Frage war von Seiten der ständigen Deputation dahin formulirt worden:

> Inwiefern empfiehlt sich eine besondere Behandlung des kleinen Mobiliarbesitzes im Sinne des Heimstättenrechts?

Die Frage war eine Weiterführung derjenigen, die den Augsburger Juristentag beschäftigt hatte, der sich damals dahin ausgesprochen hatte, daß eine Erweiterung des Kreises der unpfändbaren Mobilien durchaus nothwendig und zu fordern sei. Da jedoch die Frage des Heimstättenrechts aufgenommen war, so war nöthig gewesen, festzustellen, daß dieser eine doppelte Bedeutung habe, je nachdem man darunter das Rechtsinstitut verstehe, das durch einen gegenwärtig dem Reichstag vorgelegten Gesetzentwurf geschaffen werden solle oder dasjenige Rechtsinstitut, welches z. B. in fast allen Staaten der nordamericanischen Union thatsächlich als homestead law geltendes Recht ist. Der Unterschied zwischen beiden besteht wesentlich darin, daß das letztere nur Familienvätern zugänglich ist, sich aber nicht auf Ackergrundstücke beschränke, sondern unter Umständen auch andere Grundstücke (Wohnhäuser u. s. w.) in sich begreift und daß es erlischt, sowie der Familienvater oder seine Wittwe oder seine minderjährigen Kinder nicht mehr auf dem Gut wohnen, beziehungsweise sowie die minderjährigen Kinder die Großjährigkeit erreicht haben. Es ist, nachdem dieser Unterschied festgestellt war, ein Antrag gestellt worden, der dahin ging:

> Der Erlaß von Vorschriften, welche den Schuldner gegen die zwangsweise Entziehung desjenigen Grundbesitzes schützen, dessen er nach den obwaltenden örtlichen Verhältnissen zur Sicherung eines Obdachs für sich und seine Angehörigen oder zur Verwerthung seiner Arbeitskraft bedarf, erscheint principiell gerechtfertigt. Ob die Voraussetzungen zum Erlaß solcher Vorschriften vorliegen, kann nur nach den localen Verhältnissen einzelner Gegenden entschieden werden. Die Reichs- oder Landesgesetzgebung hat sich daher auf den Erlaß von Normativ-

vorschriften zu beschränken, für deren Inhalt sich die Bestimmungen der nordamericanischen homestead laws als geeignetes Vorbild empfehlen.

In der Discussion ward diesem Antrag mit Entschiedenheit widersprochen. Unser geltendes Recht gehe von der Voraussetzung aus, daß jeder im Stande sei, sich ein Obdach zu verschaffen. Diese Voraussetzung entspreche auch den thatsächlichen Verhältnissen, es sei also nicht einmal ein Bedürfniß zum Erlaß von Vorschriften, die derart seien, daß sie Familienväter vor anderen bevorzugten, die noch dazu, wie sie vorgeschlagen, nicht einmal im Wege eines einheitlichen Rechtes eingeführt werden sollten und dadurch principielle Rechtsverschiedenheiten schaffen würden. Dem gegenüber ward insbesondere seitens des Herrn Geh. Rath Gierke geltend gemacht, daß die Frage zu wichtig sei, um bei der Verhinderung der beiden für die mündliche Verhandlung in Aussicht genommenen Referenten hier sofort verhandelt zu werden. Gerade jemand, der, wie er selbst für sich erklären müsse, daß er im Allgemeinen auf dem Standpunkt des Referenten stehe und namentlich die Unterscheidung zwischen den „Heimstätten" und den „homesteads" als richtig anerkenne, müsse wünschen, daß eine genauere, durch weitere Referate vorbereitete Discussion stattfinde. Diesem Antrag, dem seitens des Referenten nicht widersprochen ward, ward stattgegeben und demgemäß die ständige Deputation ersucht, für eine Weiterführung der Debatte auf dem nächsten Juristentag besorgt zu sein.

Präsident: Es ist anzuerkennen, daß sich Herr Stadtrath Dr. Flesch hierher begeben hat, um an dieser Discussion theilzunehmen.

Ich bemerke übrigens, daß sich in der vorläufigen Tagesordnung ein Druckfehler findet. Es muß heißen: Inwiefern empfiehlt sich eine besondere Behandlung des kleinen Immobiliarbesitzes im Sinne des Heimstättenrechts?

Wir kommen jetzt zu den Beschlüssen der zweiten Abtheilung. Zur Frage 5 ersuche ich Herrn Justizrath Reatz den Bericht zu erstatten.

Referent Justizrath Dr. **Reatz:** Ueber die Frage:

> Haben sich die durch die Actiennovelle vom 18. Juli 1884 geschaffenen Cautelen gegen unsolide Grundlagen von Actiengesellschaften bewährt oder empfiehlt sich eine andere Gestaltung derselben?

waren für den XXII. Juristentag, der im Jahre 1893 in Augsburg abgehalten wurde, zwei Gutachten erstattet worden, das eine von Herrn Hofrath Dr. Hecht (Mannheim) und das andere von Herrn Justizrath

Levy (Berlin). Das erstere gelangt zu dem Resultate, daß derzeit ein abschließendes Urtheil noch nicht möglich sei; das andere, daß sich die in Rede stehenden Cautelen nicht genügend bewährt hätten und daß es sich im Wesentlichen empfehle, diese Cautelen dahin zu erweitern, einmal, daß der Mindestbetrag des Grundcapitals einer Actiengesellschaft auf fünf Millionen Mark und der regelmäßige Mindestnominalbetrag der Actie auf 5000 Mark festgesetzt werde, und dann, daß zwischen der Eintragung der Actiengesellschaft in das Handelsregister und der Einführung der Actien an der Börse eine obligatorische Sperrfrist von angemessener Dauer (sechs bis neun Monate) eingeführt werde. Der 1893er Juristentag hat sich mit dieser Frage nicht beschäftigt, weil es ihm an der dafür erforderlichen Zeit gebrach. In der gestrigen Verhandlung haben sich folgende Hauptgesichtspunkte geltend gemacht. Zunächst: Ein abschließendes Urtheil über diese Frage ist zur Zeit noch nicht möglich, weil es zur Zeit noch an den dazu erforderlichen Erfahrungen gebricht und die gegen die Wirksamkeit der Cautelen gemachten Gründe nicht stichhaltig sind. Dies war der Standpunkt des Referenten. Sodann: Die Actiennovelle hat als Actiengesetz auf diesem Gebiete das Menschenmöglichste geleistet und es dürfte nur eine kleine unbedeutende Aenderung vorzunehmen sein. Dagegen muß die Börsenreform-Gesetzgebung einiges dazu beitragen, um jene Cautelen wirksamer zu machen. Das war der Standpunkt des Herrn Correferenten, des Herrn Dr. Goldschmidt, der sich in dessen Antrag widerspiegelt:

Der deutsche Juristentag wolle als seine Ueberzeugung aussprechen

1. eine anderweitige Gestaltung der durch die Novelle vom 18. Juli 1884 geschaffenen Cautelen im Wege der specifischen Actiengesetzgebung ist mit alleiniger Ausnahme einer Bestimmung, wonach Actien, welche die Einbringer von Einlagen in Anrechnung auf das Grundcapital erhalten haben, vor Ablauf von zwei Jahren seit der Eintragung der Gesellschaft in das Handelsregister, nicht weiter begeben werden dürfen, nicht zu empfehlen.

Und sodann:

Es empfiehlt sich dagegen im Wege der bevorstehenden Börsenreformgesetzgebung in Erwägung zu ziehen,

1. ob die Zulassung von Actien im Gesammtbetrage von weniger als drei Millionen Mark oder mehr zum Börsenhandel zu versagen;
2. ob das auf die Zulassung von Actien einer Gesellschaft zum Börsenhandel bezügliche Verfahren nicht dahin auszugestalten wäre, daß die Zulassung nur auf Grund eines

nach öffentlicher Verhandlung mit den Interessenten ergangenen, durch Beschwerde anfechtbaren Beschlusses gegebenen Falles zu versagen ist.

Das war der Antrag des Herrn Dr. Goldschmidt.

Ein weiterer Gesichtspunkt war der: Die durch die Novelle geschaffenen Cautelen haben sich nicht genügend oder nicht voll bewährt. Dies ist der Standpunkt der Herren Collegen Lesse und Levy, und beide unterscheiden sich nur dadurch, daß Ersterer eine Erweiterung der Cautelen auf dem Wege der Börsenreform- bezw. Actiengesetzgebung im Allgemeinen empfiehlt, ohne positive Vorschläge zu machen, und Letzterer seine früheren Vorschläge mit wenig Abänderungen wiederholt, nämlich dahingehend:

> Es empfiehlt sich, die Cautelen gegen die Ausbeutung des Publicums durch unsolide Gründungen von Actiengesellschaften dadurch zu verschärfen, daß
>
> einmal der Mindestbetrag des Grundcapitals der Actiengesellschaft und der regelmäßige Mindest-Nominalbetrag der Actien beträchtlich erhöht, mindestens aber die Einführung der Actien an der Börse von einer solchen Erhöhung abhängig gemacht werde; und dann, daß zwischen der Eintragung der Actiengesellschaft in das Handelsregister und der Zulassung der Actien zum Börsenhandel in der Regel namentlich bei qualificirten Gründungen eine obligatorische Sperrfrist von angemessener Dauer eingeführt werde.

Bei der Abstimmung entschied sich die Mehrheit für den Antrag des Referenten, welcher Antrag dahin geht:

> Der Juristentag wolle als seine Ueberzeugung aussprechen, daß ein abschließendes Urtheil über die Frage, ob sich die durch die Actiennovelle vom 18. Juli 1884 geschaffenen Cautelen gegen unsolide Gründungen bewährt haben, zur Zeit nicht möglich ist, und daß sich auch eine anderweite Gestaltung derselben zur Zeit nicht empfiehlt.

Die Abtheilung hat mich beauftragt, diesen Beschluß zur Kenntniß des Plenums zu bringen.

(Bravo!)

Referent Justizrath **Boyens** (Stettin): Die 2. Abtheilung beschäftigte sich mit der Frage, ob sich die gleichartige rechtliche Behandlung von Bergung und Hilfsleistung in Seenoth empfehle. Unser

H.G.B. unterscheidet zwischen Bergung und Hilfsleistung: wenn im Falle der Seenoth das der See anvertraute Gut verloren gegangen ist, aber durch die Thätigkeit einer dritten Person wiedergewonnen und dem Eigenthümer zurückgegeben wird, so liegt der Fall der Bergung vor; wenn dagegen die Gefahr, die durch die Seenoth entsteht, durch die Hilfsleistung eines Dritten abgewendet wird, bevor ein Verlust eingetreten war, so liegt der Fall der bloßen Hilfsleistung vor. Das H.G.B. behandelt beide Fälle ungleichartig, indem es einmal bei dem Fall der Bergung den Lohn in ein directes Verhältniß zum Werth des Geborgenen setzt, dagegen diesem Werth bei der Bemessung des Hilfslohns nur eine untergeordnete Bedeutung beilegt, und ferner noch verordnet, daß der Hilfslohn in jedem Falle geringer anzusetzen sei, als in einem gleichen Falle ein Bergelohn anzusetzen gewesen wäre.

Bei der Berathung unserer Strandungsordnung im Jahre 1874 wurde diese Unterscheidung und die Festhaltung der ungleichartigen Behandlung beider von der Reichstagscommission angefochten, deren Berichterstatter damals Herr Dr. Wolffsohn in Hamburg war, und es wurde auf seinen Antrag von dem Reichstag eine Resolution angenommen, die dahin ging, diese Unterscheidung künftig abzuschaffen. Auf dem Seerechtscongreß in Antwerpen im Jahre 1885, der sich damit beschäftigte, den Entwurf eines internationalen Seerechts zu construiren, dessen Einführung den einzelnen Staaten empfohlen werden sollte, wurde ebenfalls in Betreff dieser Frage beschlossen, eine Unterscheidung beider Fälle nicht eintreten zu lassen, sondern sie unter einen gemeinschaftlichen Begriff zu bringen und in Betreff des Lohns beider dem Richter die Berücksichtigung gewisser Umstände, u. a. auch die Berücksichtigung des Werthes nach seinem Ermessen zu gestatten. Man schloß sich in dieser Beziehung der englischen Auffassung an, die beide Begriffe der Bergung und Hilfsleistung unter dem gemeinsamen Namen der Salvage umfaßt.

Das über die Frage vorliegende Gutachten des Herrn Dr. Burchard schließt sich derselben Ansicht an, indem es davon ausgeht, daß der Umstand, daß das Gut bereits verloren war, nur als ein die Gefahr steigerndes Moment anzusehen sei, daß beide Löhne im Wesentlichen Arbeitslöhne seien und daher eine ungleichartige Behandlung, wie unser H.G.B. sie statuirt habe, nicht gerechtfertigt sei. Er verwies dabei besonders auch auf die neuen scandinavischen Gesetze, die ebenfalls diesen Unterschied nicht beibehalten haben.

Der Herr Correferent schloß sich den Ausführungen des Gutachters an, dagegen empfahl der Referent, die gleichartige rechtliche Behandlung von Bergung und Hilfsleistung nicht zu empfehlen, und es waren dafür namentlich folgende Gründe maßgebend. Es ist nicht bloß ein Arbeitslohn, der dem Berger gewährt wird, sondern im Wesentlichen handelt es sich bei dem Bergelohn um einen Fundlohn, während beim Hilfslohn lediglich ein Arbeitslohn vorliegt. Dies führt schon zur ungleichartigen Behandlung beider Fälle. Dazu tritt aber zweitens der Gesichtspunkt, daß, wenn wir jetzt in Deutschland eine abweichende Behandlung dieser Frage empfehlen wollten, in der That die Furcht begründet ist, daß für die bloße Hilfsleistung ganz übertriebene Ansprüche nach Art der Bergelöhne gemacht würden, zum Schaden unseres Handels. Drittens kommt hinzu, daß die Hinweisung auf das englische System für unsere Verhältnisse nicht recht paßt, da die Jurisdictionsverhältnisse in England andere sind, indem dort der Schwerpunkt der ganzen seerechtlichen Rechtsprechung in der Hand einer Behörde, des Court of Admiralty, liegt, die nicht bloß in jure, sondern auch in facto entscheidet, und damit also eine größere Stetigkeit und auch eine größere Gewähr dafür, daß stets die richtigen Gesichtspunkte bei Abmessung der Löhne zur Geltung kommen, vorhanden ist, als bei uns, wo wir 6 verschiedene Oberlandesgerichte in den Seebezirken haben. Diesen Gründen ist die überwiegende Majorität der Abtheilung beigetreten und es ist zum Beschluß erhoben worden:

> Die gleichartige rechtliche Behandlung von Bergung und Hilfsleistung in Seenoth empfiehlt sich nicht.

Ich bin beauftragt, diesen Beschluß zur Kenntnißnahme im Plenum mitzutheilen.

(Bravo!)

Präsident: Wir kommen zur Frage 7:

> Empfiehlt es sich, einen gesetzlichen Lohnanspruch für Rettung von Menschenleben in Seegefahr zu gewähren?

Referent der II. Abtheilung ist Herr Privatdocent Dr. Burchard in Berlin.

Referent Privatdocent Dr. **Burchard** (Berlin): Meine hochverehrten Herren. Der Herr Vorredner hat soeben darauf hingewiesen, daß das H.G.B. die Gewährung von Lohn speciell nur in den Fällen kennt, in denen ein Schiff oder die Ladung oder beides aus einer Seenoth gerettet worden ist, dagegen erwähnt das deutsche Handelsgesetzbuch die Frage nicht weiter, wie weit für Rettung von Menschenleben ein Lohnanspruch zu gewähren ist, als daß es in Art. 750 bestimmt, wenn in derselben Gefahr neben Gütern, wie Schiff und Ladung, auch Menschenleben gerettet sind, so sollen diejenigen Personen, welche sich der Rettung der Menschen gewidmet haben, berechtigt sein, an dem Lohn theilzunehmen, der für die Rettung von Schiff oder Ladung gewährt wird. Es ist dieser Satz in die Bestimmungen des H.G.B. aufgenommen, obwohl der preußische Entwurf in seinen Motiven ausdrücklich erklärte, für Rettung von Menschenleben könne überhaupt irgend etwas nicht gegeben werden, weil solche Rettung unschätzbar sei und den Grundsätzen des römischen Rechts widerspreche. Nicht erwähnt worden ist derzeit bei den Berathungen der Hamburger Commission, daß in England bereits seit dem Jahre 1854 gesetzliche Bestimmungen existiren, nach denen von Seiten des Rheders ein erheblicher Betrag, reasonable amount, zu bezahlen sei, wenn Menschen gerettet sind, und daß lediglich in denjenigen Fällen, in denen nach Deckung der Unkosten das der See anvertraute Vermögen des Rheders, die fortune du mer, nicht ausreichen sollte, einen derartigen privilegirten Anspruch zu befriedigen, aus öffentlichen Mitteln ein angemessener Betrag zu bezahlen sei. Ursprünglich beschränkten sich diese Bestimmungen auf die in englischen Küstengewässern vorgenommenen Rettungen. Sie sind später auf alle Rettungen ausgedehnt worden, die von englischen Schiffen, activ oder passiv, vorgenommen waren.

Es haben sich eine Reihe von Schriftstellern mit der Frage beschäftigt, ob es sich empfehle, für das Deutsche Reich entsprechende Bestimmungen aufzunehmen. So hat sich im Jahre 1860 ein Holländer, Namens Brugmans, in einer Dissertation damit beschäftigt. Herr Prof. Köhler in Berlin vertritt den Standpunkt, daß es der Sittlichkeit ins Gesicht schlagen hieße, wenn man es unterlassen wollte, einen Lohnanspruch des ärmeren Retters gegen den im Vollgefühl seines Lebens schwelgenden Millionär zu begründen. Es hat endlich in neuerer Zeit in Veranlassung eines Falles, wo auf hoher See 734 Passagiere eines dänischen Dampfers von einem englischen Dampfer aus der Gefahr des Unterganges gerettet wurden, eine Dissertation von F. Busch sich mit der Frage beschäftigt, und schließlich hat Herr Prof. Pappenheim in der Goldschmidt'schen Zeitschrift einen Aufsatz veröffentlicht, in dem er seinerseits noch empfiehlt, die Rhedereien zu verpflichten, in derartigen Fällen, in denen Menschenleben gerettet worden sind, aus dem vorhandenen Schiffsvermögen entsprechende Beträge zu zahlen, während in anderen Fällen, in denen das möglich sei, staatliche Prämien zu bewilligen seien. Diese Abhandlung von Herrn Prof. Pappenheim ist dann als Gutachten in den Verhandlungen des Juristentages abgedruckt worden. Ich habe bei der Abtheilung beantragt, auszusprechen, daß es sich nicht empfehle, einen gesetzlichen Lohnanspruch für die Rettung von Menschenleben in Seenoth zu gewähren, und zwar ist hier einmal die Auffassung maßgebend gewesen, welche aus den betheiligten Rhederkreisen und auch vom Verein der Hamburger Rheder mir mitgetheilt worden war, und die gewiß auch allgemeinen Beifall findet, wonach unsere deutsche seemännische Bevölkerung nicht auf dem Standpunkte steht, daß für Rettung von Menschenleben ein Lohn in klingender Münze zu bezahlen sei, und daß es eine Beleidigung des deutschen Seemannsstandes mit sich bringe, wenn man annehmen wolle, diese Leute würden ihre Mitmenschen kaltblütig zu Grunde gehen lassen, nur weil keine begründete Aussicht auf Belohnung vorhanden sei. Auch von Seiten des Herrn Oberlandesgerichtsraths Martin wurde in der Discussion darauf hingewiesen, daß er während seiner langjährigen Thätigkeit in Ritzebüttel auch den Eindruck gewonnen habe, daß die seemännische Bevölkerung auf dem Standpunkt stehe, daß das, was heute dem einen geschehe, morgen dem anderen passiren könne, und daß wer heute rettet, morgen selbst in die Lage kommen kann, gerettet zu werden. Es ist ferner darauf hingewiesen worden, daß in Deutschland, soweit es sich um die Rettung von Verunglückten von den Küsten aus handele, eine großartige Organisation angelegt worden sei, die jetzt ganz in den Händen der deutschen Gesellschaft zur Rettung Schiffbrüchiger liege, welche ihrerseits alle Maßregeln trifft, in sehr wirkungsvoller Weise dafür zu sorgen, daß gerettet wird; die große Anlagen in der Weise macht, daß z. B. die Boote ohne Weiteres jetzt über die Deiche ohne großen Aufwand von Pferdekräften geschafft werden können; daß Mannschaften zur Stelle sind, daß Apparate und Signale gegeben werden können. Diese Gesellschaft steht jetzt auch im Begriffe, noch Dampfschiffe einzuführen, damit noch wirksamer als bisher Hilfe geleistet werden kann. Es ist darauf hingewiesen worden, daß eine große Gefahr darin liege, wenn ein Beschluß, wie der vom Herrn Gutachter empfohlene, zur Annahme gelangte, daß nämlich die Theilnahme, die in ganz Deutschland in Folge der Bestrebungen dieser Gesellschaft existire, sehr erlahmen würde, weil man mit Recht sagen würde: weshalb sollen wir Beiträge für die Rettung von Menschenleben bezahlen, wenn andere Personen verpflichtet sind, ihrerseits ihr Geld dazu herzugeben, um die Belohnung auszuwerfen. Maßgebend ist ferner der Gesichtspunkt gewesen, daß es nicht nur außerordentlich schwierig sei, sondern auch zu bedenklichen Consequenzen führen würde, wenn man den Versuch macht, abzuschätzen, was im concreten Falle für ein Menschenleben gegeben werden solle, daß es unumgänglich abzuweisen sei, z. B. das Leben des Millionärs höher als das Leben des Arbeiters zu schätzen, welcher auf derselben Fahrt in der gleichen Gefahr sich befindet, und daß es auch heiße die Pflicht der Dankbarkeit zu degradiren und möglicherweise die Dankbarkeit ganz zu beseitigen, wenn an Stelle der reichlich bemessenen Belohnung, die freiwillig gegeben werde, ein gesetzlicher Anspruch, welcher nur in bestimmter Höhe sich bewege, festgesetzt werden könne. Es bleiben nach der Auffassung, der die Abtheilung beigetreten ist, eigentlich nur wenige Fälle, in denen man sagen kann, daß keine genügende Belohnung gegeben werde, wenn die Gesellschaft für Rettung Schiffbrüchiger, wie anzunehmen ist, auch in Zukunft den übernommenen Pflichten gegen die Retter nachkommt. So würden nur solche Fälle in Betracht zu ziehen sein, wo auf hoher See Rettungen vorgenommen werden, und auch da hat die Gesellschaft Prämien ausgesetzt, damit in concreten geeigneten Fällen eine Anerkennung zu Theil werden kann.

Die Abtheilung hat nun auch den Standpunkt vertreten, daß es besser sei, wenn auch in Zukunft die Rettung von Menschenleben, die ja als sittliche Pflicht erscheint, von diesem Standpunkt aus behandelt und daß ein gesetzlicher Lohnanspruch nicht zugebilligt werde.

Ich bin beauftragt, diesen Beschluß zu Ihrer Kenntniß zu bringen.

(Bravo!)

Vorsitzender: Wir kommen nun zur Frage 8. Berichterstatter ist Herr Professor Pappenheim.

Professor Dr. **Pappenheim** (Kiel): M. H., als Nr. 8 war die Frage auf die Tagesordnung der zweiten Abtheilung gesetzt

> Soll der Erfolg als gesetzliche Voraussetzung der gemeinschaftschaftlichen Haverei beibehalten werden?

Ein Gutachten war über diese Frage nicht erstattet worden.

Der Herr Correferent war verhindert zu erscheinen. In Folge dessen ist die Beschlußfassung auf Grund einmal des Berichts des Referenten und sodann einer sich an denselben anschließenden kurzen Discussion erfolgt. Diese Beschlußfassung hat zu der Verneinung der gestellten Frage geführt, so daß also der Erfolg als gesetzliche Voraussetzung der gemeinschaftlichen Haverei nicht beibehalten werden soll. Indem ich den mir ertheilten Auftrag ausführe, dem Plenum von dieser Beschlußfassung Kenntniß zu geben, will ich in kurzen Worten auf die Bedeutung hinweisen, welche ein diesem Beschlusse gemäß geändertes Recht haben würde. Nach unserem geltenden Recht ist der Erfolg gesetzliche Voraussetzung der gemeinschaftlichen Haverei, d. h. wenn zur Errettung von Schiff und Ladung aus einer gemeinsamen Gefahr ein Opfer gebracht, also beispielsweise ein Theil der Ladung geworfen wird, damit der Rest derselben und das Schiff gerettet werden, soll der dadurch entstandene Schaden, welcher nach dem Grundsatz der gemeinschaftlichen Haverei über Schiff und Ladung zu vertheilen ist, nur dann von dem geretteten Schiff und von der geretteten Restladung gemeinsam getragen werden, wenn ein Erfolg der Aufopferung eingetreten, wenn die Rettung durch das Opfer bewirkt worden ist. Wirft also, wie es in einem berühmt gewordenen Falle, der immer noch das beste Beispiel bietet, geschah, ein Schiffer Ladung, um den ihn verfolgenden Piraten zu entgehen, das Schiff wird aber gleichwohl gekapert, und es gelingt dann dem Schiffer, durch List aus der Gefangenschaft der Seeräuber zu entkommen und das Schiff und die übrig gebliebene Ladung in Sicherheit zu bringen, so soll nach unserem geltenden Recht ein Ersatz des Geopferten durch das Gerettete nicht stattfinden, sondern die geworfene Ladung endgiltig verloren sein und ihrem Eigenthümer nichts vergütet werden, weil hier der Erfolg fehlt, weil zwar die Restladung und das Schiff gerettet sind, weil sie aber nicht gerettet worden sind durch das Opfer. Das ist unser geltendes Recht und dieses geltende Recht erschien der Abtheilung als der Billigkeit und dem Grundgedanken des Instituts nicht entsprechend. Dieser Grundgedanke ist, daß sich die gemeinsame Schadenstragung eben auf das Opfer gründet. Was im gemeinsamen Interesse aufgeopfert worden ist, soll von allen Betheiligten gemeinsam getragen werden. Derjenige, dessen Ladung geworfen wird, soll sicher sein, daß später diejenigen, die davon den Vortheil haben, mit ihm den Schaden zusammen tragen. Darüber sollen aber nicht spätere Zufälligkeiten entscheiden, die möglicherweise eintreten und Erfolg des Opfers verhindern. Sonst würde man sich vielleicht scheuen, derartige Opfer zu bringen, weil man nicht wissen könnte, ob nicht durch einen besonderen begleitenden Umstand der Erfolg vereitelt wird. Derartige spätere Zufälle sollen nicht von Bedeutung sein. Dieser Standpunkt, welcher der Billigkeit und den Interessen der Betheiligten gleichmäßig zu entsprechen scheint, ist auch bereits zu einem erheblichen Theil in anderen Staaten der Standpunkt des geltenden Rechts geworden; insbesondere hat die neueste wichtige Seegesetzgebung, die der drei skandinavischen, uns in so mannigfachen Beziehungen nahestehenden Länder den Grundsatz angenommen, daß der Erfolg des Opfers keine Voraussetzung für die Havereivertheilung bilden soll. Ebenso ist die englisch-americanische Praxis seit langer Zeit von diesem Grundsatz allein getragen.

Indem die Abtheilung empfiehlt, den Erfolg als gesetzliche Voraussetzung der gemeinschaftlichen Haverei zu streichen, befürwortet sie daher die Annahme eines Rechtssatzes, der nicht nur der Billigkeit und Zweckmäßigkeit entspricht, sondern der überdies dazu beitragen würde, die Uebereinstimmung des Seerechts, welche auf diesem internationalen Rechtsgebiete von besonderer Bedeutung ist, auch in dieser Frage zu fördern.

(Bravo!)

Präsident: Ueber Frage 9 wird Herr Reichsgerichtsrath Stenglein berichten.

Referent Reichsgerichtsrath **Stenglein:** M. H., der dritten Abtheilung lag die Frage vor:

> Empfiehlt sich die Einführung von Verschärfungen der Freiheitsstrafen im Sinne des österreichischen Entwurfs?

Die dritte Abtheilung hat nach eingehender Discussion diese Frage in der Hauptsache verneinen zu müssen geglaubt, indem sie den Beschluß gefaßt hat:

> Die Einführung von Verschärfungen der Freiheitsstrafe im Sinne des österreichischen Entwurfs empfiehlt sich nicht.

Sie hat aber zwei weitere Sätze beifügen zu sollen geglaubt:

> Strafschärfnngen werden empfohlen bei kurzen Freiheitsstrafen, welche für Roheits- und Sittlichkeitsdelicte verhängt werden.
>
> Als solche Schärfungen empfehlen sich Kostentziehung und hartes Lager.

Die leitenden Gesichtspunkte waren die. In dem österreichischen Entwurf finden sich drei Schärfungsarten. Das harte Lager, die Kostschmälerung und der Dunkelarrest. Der Abtheilung schien es, als wenn vom sanitären Standpunkt aus der Dunkelarrest durchaus nicht als eine Maßregel angesehen werden könnte, welche ohne Gefahr für den Arrestanten ist. Außerdem schien es der Abtheilung, daß erziehliche, bessernde Zwecke durch den Dunkelarrest voraussichtlich nicht erzielt werden würden. Ein weiterer Gesichtspunkt, den der österreichische Entwurf festgestellt hat, ist, daß die Strafschärfungen auch bei Strafen von längerer Dauer zur Anwendung kommen, so daß mithin auf viele Jahre hinaus sich einzelne Schärfungen nach Monaten oder noch längeren Perioden wiederholen. Man glaubte nun annehmen zu müssen, daß solche Schärfungen, die nach längerer Dauer und ohne Rücksicht auf das Verhalten des Sträflings sich wiederholen, nothwendigerweise dem Sträfling als chicanös erscheinen, also dem Strafzweck direct entgegenwirken. Der österreichische Entwurf hat ferner angenommen, daß bei allen Delicten mit Ausnahme der politischen Verbrechen und des Zweikampfs die Strafschärfungen anzuwenden seien, während die Abtheilung ein Bedürfniß nach Strafschärfung nur dann anerkennen konnte, wenn Roheitsdelicte oder Sittlichkeitsdelicte in Frage stehen, bei welchen eine intensivere Strafanwendung nothwendig sei, insbesondere dann, wenn es sich um ganz kurze Strafen handelt, welche bei solchen Delicten den Zweck leicht verfehlen können. In Folge dessen wurden die beiden Sätze angefügt, welche sich für die

Zulässigkeit von Strafschärfungen bei kurzen Freiheitsstrafen aussprechen. Und nur auf diese Strafschärfungen wurde der Beschluß beschränkt. Weiter ins Detail zu gehen, auch die Modalitäten zu bestimmen, unter welchen die Strafschärfungen angewendet werden könnten, in welchen Perioden u. dgl. schien dagegen der Abtheilung nothwendig, der Gesetzgebung vorzubehalten, da solche Details zur Berathung und Beschlußfassung im Juristentag sich überhaupt nicht eignen. Ich bin beauftragt, hiervon der hohen Versammlung Kenntniß zu geben und habe hiermit meinen Auftrag erfüllt.

(Bravo!)

Präsident: Es ist zu dieser Frage ein von zehn Mitgliedern unterzeichneter Antrag eingegangen: das Plenum des Juristentags wolle die Frage 9 in Berathung nehmen. Nach dem Statut habe ich zunächst bloß dem Herrn Antragsteller das Wort zu ertheilen und dann zur Erwiderung dem Herrn Referenten der Abtheilung.

Zur Begründung des Antrags, die Berathung im Plenum vorzunehmen, ertheile ich dem Herrn Antragsteller das Wort.

Rechtsanwalt **Burgheim** (Minden): M. H., die Frage dürfte wohl wichtig genug sein, um nicht nur in der Abtheilung, sondern auch im Plenum behandelt zu werden, und die Beschlüsse sind mit verhältnißmäßig geringer Mehrheit gefaßt. Ein Beschluß ist abgelehnt mit 36 gegen 24 Stimmen, also mit drei Fünfteln, ein anderer Beschluß ist angenommen mit 35 gegen 25, also mit sieben Fünfteln. Ich glaube, daß eine derartige verhältnißmäßig geringe Mehrheit wohl dafür sprechen würde, daß die Sache im Plenum zur Verhandlung kommt. Es war sodann von einem der Mitantragsteller darauf hingewiesen, daß es zweifelhaft war, ob der eine Antrag, welcher vor dem anderen vorgenommen wurde, weiter oder enger war, daß er also bei der Abstimmung in dieser Beziehung präjudicirt war. Ueber diese Frage läßt sich streiten. In der einen Beziehung ist der Antrag enger gefaßt, in der anderen weiter. Das wäre auch ein Gesichtspunkt, welcher für die Berathung im Plenum spricht.

Nun kommt auf der anderen Seite ja in Betracht, daß wir noch eine wichtige Frage hier vor dem Plenum zu erledigen haben, nämlich die Frage des unlauteren Wettbewerbs, und diese Frage — das gebe ich ja ausdrücklich zu — ist insofern besonders actuell, weil die Gesetzgebung in dieser Beziehung schon vorbereitet ist und wir mit dieser Frage nicht erst bis zum nächsten Juristentag warten können, weil uns dann die Gesetzgebung überholt.

Unter diesen Umständen möchte ich vorschlagen, daß über die Frage, ob die Strafschärfungen vor das Plenum gezogen werden sollen, erst dann entschieden wird, wenn die Berathung und Beschlußfassung über den unlauteren Wettbewerb zu Ende ist. Demgemäß bitte ich also zur Geschäftsordnung, den Antrag zurückzustellen, bis die Frage des unlauteren Wettbewerbs erledigt ist. Wir haben dann die Unbequemlichkeit, daß die Discussion sich nicht unmittelbar an den Bericht des Herrn Berichterstatters anschließt, aber das läßt sich jetzt nicht mehr ändern.

Präsident: Diese Art der Behandlung möchte sich wohl kaum empfehlen. Ich möchte zunächst den Herrn Referenten bitten, sich zu erklären.

Referent Reichsgerichtsrath **Stenglein:** Der Antrag hat auch der Abtheilung vorgelegen, und dieselbe hat den Antrag verneint. Ich glaube die Verneinung nicht nur namens der Abtheilung, sondern auch im eigenen Namen befürworten zu sollen. Die Differenzen innerhalb deren sich die Discussion bewegte, waren so außerordentlich gering, daß ein sehr bedeutender Gewinn für die künftige Ausbildung unseres Strafrechts kaum erzielt werden wird, ob nun der eine oder andere Antrag angenommen wird. Nachdem sich aber doch eine entschiedene Majorität dafür ausgesprochen hat, was Beschluß der Abtheilung wurde, möchte ich glauben, daß solche Unterfragen ganz specieller Natur, weshalb ja gerade der Juristentag sich in Abtheilung theilt, um die speciellen Kenntnisse dabei zur Geltung zu bringen, in das Plenum zu bringen sich durchaus nicht empfiehlt.

(Bravo!)

Präsident: Ich frage die Herren, ob sie geneigt sind, die Frage, nachdem sie den Herrn Antragsteller und den Herrn Berichterstatter gehört haben, noch weiter im Plenum zu berathen. Diejenigen, welche dem Antrag zustimmen, bitte ich, sich zu erheben. — Das ist eine geringe Minderheit.

Wir gehen nun über zu Nr. 10.

Referent ist Herr Geh. Justizrath Dr. v. Wilmowski.

Referent Geh. Justizrath Dr. **v. Wilmowski** (Berlin): Die Frage, ob es sich empfiehlt, die Eideszuschiebung, sowie auch den richterlichen Eid im Civilprocesse durch Vernehmung der Parteien als Zeugen zu ersetzen, ist von der großen Majorität der stark besuchten dritten Abtheilung im Princip bejaht. Anträge, welche grundsätzlich das jetzige System der Eideszuschiebung und der Eidesabnahme beibehalten lassen wollten, sind gegen geringe Minoritäten abgelehnt. Hinsichtlich der Ausgestaltung des Verfahrens im Einzelnen war man innerhalb der principiellen Majorität darüber einverstanden, daß die Verhandlungsmaxime und die Beweislast nicht zu ändern seien, daß die Parteien nur über behauptete und bestrittene Thatsachen zu vernehmen und daß für denjenigen, welcher dem Gerichte seine erheblichen Behauptungen, für welche er beweispflichtig ist, nicht beweist, dieselben nicht zu berücksichtigen sind. Man empfand als Mängel des jetzt gesetzlichen Systems der Eideszuschiebung, daß hinsichtlich der Parteidisposition darüber, welcher Eid und wessen Eid entscheidend sein soll, auf das bessere Wissen, die größere Glaubwürdigkeit und Gewissenhaftigkeit, sowie der Bedeutung für die richterliche Ueberzeugung nicht genügend Rücksicht genommen werde; und noch mehr, daß die Norm des Eides vor eingehender persönlicher genauer Erklärung der Parteien selbst bestimmt wird. Dadurch würde namentlich nach bedingten rechtskräftigen Endurtheilen die Partei häufig in das Dilemma gerathen, den Proceß in Folge der Aufnahme oder Auslassung specieller Momente trotz materiellen Rechts zu verlieren, oder einen Eid zu leisten, welchen sie in unzweifelhafter Correctheit nicht leisten kann. Die vorangegangenen Erklärungen der Vertreter könnten als Mittel dagegen nicht helfen, weil nicht immer das erheblich oder auch nur behauptet sein soll, was der Vertreter dafür halte und angebe. Ebenso war man darüber einverstanden, daß immer nur eine der Parteien über dieselbe Thatsache zu vereidigen ist. Dagegen gingen die Ansichten darüber auseinander, ob das Gericht an die formale Beweiskraft des Parteieides gebunden sein soll. Ein von mir gestellter Antrag wollte dies verneinen und die gesammte Würdigung der beeidigten und unbeeidigten Aussagen der richterlichen Ueberzeugung überlassen. Dagegen nahm die Majorität einen, eventuell auch von mir acceptirten Antrag des Correferenten, Oberstaatsanwalt Hamm, an, daß nicht nur, wie auch ich wollte, ohne Aenderung der Verhandlungsmaxime und der Beweislast, sondern auch ohne Aenderung der formalen Beweiskraft des Eides dessen Abnahme durch Vernehmung der betreffenden Partei geschieht.

Die Majorität nahm auch an, daß die gleichen Grundsätze, wie für die Zu- und Zurückschiebung des Eides, ebenso für den richterlichen Eid Anwendung finden sollen.

Dagegen sind die Anträge, welche als in der Consequenz dieser Grundsätze liegend dahin gingen, ausdrücklich auszusprechen, daß die Entscheidung über die Vereidigung einer Partei zur Leistung eines zugeschobenen oder richterlichen Eides nicht durch bedingtes Endurtheil, sondern durch Beschluß erfolgen solle, abgelehnt.

Dahin gingen die Beschlüsse der III. Abtheilung, die ich auch nur beauftragt bin, Ihnen zur Kenntniß mitzutheilen.

(Bravo!)

Präsident: Wir gehen jetzt über zu Frage 12:

Empfiehlt sich hinsichtlich der Geldstrafe

a) die Zulassung und Begünstigung des freiwilligen Abverdienens derselben?

b) die Androhung des erzwungenen Abverdienens in einer Anstalt (Arbeitshaus) für den Fall, daß der Mangel guten Willens zur Tilgung der Strafe festgestellt ist?

Ich bitte Herrn Professor Dr. Merkel aus Straßburg, das Referat vorzutragen.

Referent Professor Dr. **Merkel** (Straßburg): Die III. Abtheilung hat verhandelt über die Frage:

> ob sich hinsichtlich der Geldstrafe im Falle ihrer Uneinbringlichkeit das freiwillige Abverdienen empfehle und im Falle mangelnden guten Willens zu diesem freiwilligen Abverdienen der Abverdienungszwang in einer Anstalt.

In Augsburg hatte die Abtheilung sich in sehr eingehender Weise mit der Geldstrafe befaßt und dabei die Reformbedürftigkeit der Bestimmungen des geltenden Rechts anerkannt. Eine Reihe von Beschlüssen wurde gefaßt bezüglich richtigerer Verwendung, Bemessung und Eintreibung dieser Strafen. Diese Beschlüsse forderten aber noch eine Ergänzung bezüglich der Frage: was geschehen soll, wenn die Abzahlung der Geldstrafen trotz aller sie begünstigenden Maßregeln sich nicht bewirken lassen wird; soll es hier bei dem bisherigen System sein Bewenden haben, wonach die uneinbringliche Geldstrafe in Freiheitsstrafe umgewandelt wird, oder soll ein System des Abverdienens der Strafe an dessen Stelle treten? Diese Frage stand bereits auf der Tagesordnung des vorigen Juristentags, und ich hatte diesbezügliche Anträge damals eingebracht, welche dem System des Abverdienens der Strafe den Vorzug geben vor dem des Absitzenlassens derselben. Die Entscheidung aber hierüber wurde dem diesjährigen Juristentage vorbehalten.

Ein umfassendes Gutachten des Herrn Landgerichtsrath Dr. Felisch schuf eine geeignete Grundlage für die neue Verhandlung über diese Frage. In wesentlicher Uebereinstimmung mit diesem Gutachten stellte ich eine Reihe von Anträgen, die das Abverdienenlassen der uneinbringlichen Geldstrafen, und zwar zunächst das Abverdienenlassen durch freiwillige Arbeit, eventuell den Abverdienungszwang in einer Anstalt befürworten und zugleich die Grundlinien für eine gesetzliche Regelung dieses Instituts an die Hand geben.

Diese Anträge sind von der Mehrheit der Versammlung angenommen worden. Es fehlte indessen nicht an einer sehr entschiedenen Opposition. Uebereinstimmung herrschte wohl darüber, daß das in den Anträgen aufgestellte System des Abverdienens ideale Vorzüge habe vor dem jetzt geltenden System des Absitzenlassens; allein die praktische Durchführbarkeit des ersteren Systems wurde bestritten. Namentlich Herr Reichsgerichtsrath Stenglein bekämpfte die sämmtlichen von mir gestellten Anträge mit Rücksicht auf ihre behauptete praktische Unausführbarkeit. Andere Redner gingen minder weit in der Bekämpfung dieser Anträge, forderten indessen verschiedenerlei Abschwächungen derselben und auch sonstige Aenderungen. Auch die Freunde des Abverdienungssystems erkennen die großen Schwierigkeiten, welche die Durchführung desselben bieten wird, an, halten aber diese Schwierigkeiten nicht für unüberwindlich und sind zugleich der Meinung, daß diese Ueberwindung angestrebt werden müsse, weil das gegenwärtige System verwerflich und auf die Dauer unhaltbar sei. Der Gedankengang, der den gefaßten Beschlüssen zu Grunde liegt, ist in der Hauptsache dieser: Die Umwandlung der uneinbringlichen Geldstrafen in Freiheitsstrafen ist ungerecht und unzweckmäßig. Sie macht die Geldstrafe zu einer Classenstrafe; sie führt dahin, daß der Arme seiner Armuth wegen an Freiheit und Ehre gestraft wird, während der Besitzende sich mit Geld löst. Dies widerstreitet unseren modernen Rechtsanschauungen und ist socialpolitisch unzweckmäßig. Diese Umwandlung ist ferner mit schuld an der Ueberzahl der kurzzeitigen, mit so mannigfachen Unzuträglichkeiten verknüpften Freiheitsstrafen. Daraus ergiebt sich zunächst nun die Forderung, daß die zu erkennenden Geldstrafen nach Möglichkeit einbringlich gemacht werden, und dies soll durch eine Reihe von Maßregeln erreicht werden. Dahin gehört zunächst, daß die Geldstrafen von vornherein mit Rücksicht auf die gesammte wirthschaftliche Lage des Verurtheilten bemessen werden. Ist das der Fall, so wird natürlich auch in einer Vielzahl von Fällen die Strafe einbringlich sein — darauf geht auch ein Beschluß des vorigen Juristentages. Ferner gehört hierher, die Abtragung der Geldstrafe in Theilzahlungen zuzulassen, zu begünstigen und specieller zu regeln. Auch dafür hat der vorige Juristentag sich ausgesprochen. Noch weitere hierher gehörige Maßregeln sind in den alsbald vorzutragenden Beschlüssen der Abtheilung genannt. Durch alles dies soll erreicht werden, daß der Fall der Uneinbringlichkeit der Geldstrafe zu einem Ausnahmefall werde. In diesem Ausnahmefalle nun soll das System des Abverdienens eingreifen, soll an die Stelle der Pflicht zur Zahlung der Geldstrafe die Pflicht zum Abverdienen derselben treten. Zunächst soll dem Verurtheilten die Möglichkeit geboten werden, seine Strafe durch freie Arbeit im Dienst des Staates, der Gemeinde, des Kreises oder der Provinz im Anschluß an freie Arbeiter abzutragen, weil es weder als gerecht noch als zweckmäßig erscheint, der Arbeit desjenigen, der seine Strafe tilgen und arbeiten will, einen Zwangscharakter öffentlich aufzuprägen. Also zunächst freies Abverdienen! Im Falle der Verurtheilte aber von dieser Begünstigung keinen Gebrauch machen will oder sie durch Faulheit, Leichtsinn oder Widerspenstigkeit verwirkt, dann soll das Abverdienen zwangsweise in einer Anstalt, in einem Gefängniß zur Durchführung gelangen.

Die Ueberzeugung derjenigen, welche die Anträge angenommen haben, ist, daß wir von dem System der Ersatzstrafe an der Freiheit loskommen müssen und daß sich hierfür kein anderer Weg eröffnet, als der des Abverdienenlassens der Strafe; daß ferner, wenn man sich hierüber im Klaren ist, daß dieser Weg zu betreten sei, auch die Möglichkeit sich werde gewinnen lassen, die Hindernisse, die sich auf demsesben entgegenstellen, zu überwinden und früher oder später zum Ziele zu gelangen. Wenn nur erst der Wille da ist, so wird es auch zuletzt an einem Vollbringen nicht fehlen. Wie wir uns die Ausführung des Systems specieller denken, wird aus den gefaßten Beschlüssen selbst erkennbar werden. Diese Beschlüsse lauten:

> Unter der Voraussetzung, daß die Zahlung der Geldstrafen im Sinne der hierauf bezüglichen Beschlüsse des vorigen Juristentages (1 und 6), sowie durch weitere Vorkehrungen (Einführung von Gerichtskostenmarken zur Erleichterung der Ratenzahlungen, Vereinbarungen mit Arbeitgebern und mit Schutzfürsorgevereinen in Bezug auf vorschußweise Zahlungen) erleichtert und die Uneinbringlichkeit der Geldstrafen hierdurch auf eine mäßige Zahl von Ausnahmefällen eingeschränkt werde, empfehlen sich folgende Grundsätze:
>
> 1. Die nicht beizutreibenden Geldstrafen sind, von dauernder Arbeitsunfähigkeit der Verurtheilten abgesehen, nicht in Freiheitsstrafen umzuwandeln, sondern abzuverdienen. Die Pflicht zur Geldzahlung wandelt sich in die Pflicht zu geldwerthen Arbeitsleistungen.
> 2. Den nicht fluchtverdächtigen Verurtheilten ist die Erfüllung dieser Pflicht in der Form freier Betheiligung an Arbeiten für öffentliche Zwecke, ohne jede Unterscheidung von straffreien Arbeitern, zu ermöglichen. Ihre bezüglichen Lei-

stungen sind mit Berücksichtigung des ortsüblichen Tagelohnes, unter Abzug gewisser Bruchtheile desselben, zu bewerthen.

3. Beschränkte Arbeitsfähigkeit ist bei Regelung des Abverdienens zu berücksichtigen. Bei absolut Arbeitsunfähigen tritt an die Stelle desselben einfache Haft, in geeigneten Fällen nach den Grundsätzen der bedingten Verurtheilung.

4. Gegen fluchtverdächtige Verurtheilte, sowie gegen diejenigen, welche von der Begünstigung des Abverdienens keinen Gebrauch gemacht oder dieselbe durch ihr Verhalten verwirkt haben, ist auf Grund richterlicher Beschlußfassung das erzwungene Abverdienen in einer Anstalt (Gefängniß) durchzuführen. Dieser Abverdienungszwang ist eine Vollstreckungsform der Geldstrafe, nicht Ersatzstrafe. Die erzwungene Arbeit ist geringer zu bewerthen, als die freiwillig geleistete (2).

Das sind die gefaßten Beschlüsse.

Ich muß indessen noch erwähnen, daß einige Mitglieder, speciell Herr Oberstaatsanwalt Hamm, mit der Annahme der gestellten Anträge nur ihre Zustimmung zu dem Ideale ausdrücken wollten, das sie in diesen Anträgen gezeichnet finden, nicht aber die alsbaldige Realisirung dieses Ideals anerkennen. Es entspricht das der Auffassung, die ich für richtig halte und vertreten habe, daß es dem Juristentag in Bezug auf große und schwierige gesetzgeberische Probleme obliege, nicht bloß das heute oder morgen Erreichbare ins Auge zu fassen, sondern darüber hinaus Richtungen zu bezeichnen, in welchen die staatliche Arbeit in kommenden Decennien sich bewegen soll.

Ich glaube damit die mir gestellte Aufgabe erfüllt zu haben.

(Bravo!)

Präsident: Ich habe auf Grund des § 7 unserer Statuten die Frage:

Empfiehlt sich ein allgemeiner Rechtsschutz gegen unerlaubten Wettbewerb?

in das Plenum verwiesen. Ehe wir jedoch zur Berathung dieser Frage schreiten, habe ich aber noch einen Antrag an den Juristentag mitzutheilen, der das Plenum zu beschäftigen hat.

Die Herren Makower, Lesse, Enneccerus, Dr. Struckmann, Köstlin, M. Levy, Staub, Dr. Stenglein, Leonhard, Dr. K. von Stoeßer, Dr. Olshausen, Merkel, Hamm, Dr. Kronecker, Dr.

Herz, L. Pfaff, Dr. E. Noltenius, Freund, Kletschke, Thomsen, Dr. Aschrott haben beantragt:

Der deutsche Juristentag wolle beschließen:

Nachdem der Entwurf des bürgerlichen Gesetzbuchs in zweiter Lesung wesentliche Verbesserungen erfahren hat, erklärt der deutsche Juristentag als wünschenswerth, daß Bundesrath und Reichstag das baldige Zustandekommen des Gesetzbuchs herbeiführen.

(Bravo!)

Ich frage, ob jemand hierzu das Wort nehmen will.

Ich ertheile das Wort Herrn Geheimen Justizrath Professor Dr. Gierke.

Geh. Justizrath Prof. Dr. **Gierke:** Ja, m. H., ich bedauere lebhaft, in die, wie der Beifall zu dem Antrag zeigte, vermuthlich vorhandene günstige Stimmung für denselben einen Mißton hineinrufen zu müssen, aber mich zwingt eine Gewissenspflicht, wider den Antrag, wie er vorliegt, zu stimmen, und nur mit zwei Worten muß ich denn doch dieses mein Verhalten Ihnen gegenüber begründen.

Ich kann ja dem Anfange des Antrages voll zustimmen, der thatsächlichen Bemerkung, daß der Entwurf erster Lesung in zweiter Lesung sehr wesentliche Verbesserungen erfahren hat, aber ich verstehe den Sinn des Antrages doch dahin, daß es nun der Verbesserungen genug sein soll und daß mit möglichster Beschleunigung das vorliegende Werk, wenn auch nichts daran geändert wird, zum Gesetzbuch des deutschen Volkes erhoben werden soll. Und das ist es, was ich nicht befürworten kann. Gerade, m. H., die außerordentliche Größe der Verbesserungen des ersten Entwurfs, die großentheils in der Richtung liegen, für die ich immer eingetreten bin, sie bestimmt mich, dafür einzutreten, daß ein Versuch mit noch weiteren Verbesserungen gemacht werde. Denn alles oder wenigstens das meiste, was an dem Entwurf erster Lesung geändert ist, kann ich freudig begrüßen; aber viel und allzuviel von dem ersten Entwurf ist noch stehen geblieben, und es würde, wenn noch einmal eine verbessernde Hand an diesen Entwurf gelegt wird, möglicherweise ja ein Werk herausspringen, aus dem ganz ausgetilgt wäre der Geist des ersten Entwurfs, der es einem so großen Theil des Volkes damals unmöglich machte, ihm zuzustimmen, — ein Werk, das ganz von einem wirklich großen gesetzgeberischen deutschen volksthümlichen und socialen Geiste erfüllt wäre. Allerdings, m. H., ist es ja nun ganz unmöglich, hier in eine Discussion über den Inhalt des neuen Gesetzbuches einzutreten, unmöglich also auch für mich, dieses mein Votum materiell zu begründen, zumal uns ja das Werk noch nicht einmal vollständig vorliegt. Uns fehlt das Einführungsgesetz, das doch erst die Tragweite dieser gewaltigen Neuordnung unseres Privatrechts ermessen lassen kann, wir wissen noch nicht einmal, wie man sich im Einführungsgesetz zum Gewohnheitsrecht oder zu der gestern von uns erörterten Frage des Anerbenrechts u. s. w. stellen wird. Aber auch davon abgesehen, wie sollte es denkbar sein, in dieses gewaltige, dieses ungeheuere Gebiet, das vor uns liegt, nur hineinzutauchen und in der uns verbleibenden Zeitspanne irgendwie ein vorhandenes Urtheil über den Entwurf zu erschüttern oder das bestehende Urtheil auch nur zu befestigen! Ich kann also nur meiner Ueberzeugung Ausdruck geben, daß der Entwurf so, wie er vorliegt, noch nicht das fertige deutsche Gesetzbuch sein kann, daß er in der Form und im Inhalt noch wesentlicher Veränderungen bedarf. In der Form muß er volksthümlicher werden, im Inhalt deutscher und socialer. Bestimmungen, wie die über das Körperschaftsrecht, das wir hier verhandelt haben, oder wie die, daß nur die in das Grundbuch eingetragenen Servituten gelten sollen, oder auch die Verödung des deutschen Familienrechts, wie ich sie im vierten Buch finde, das Zerreißen der Einheit der Familie und ein allgemein aufgezwungenes eheliches Güterrecht, das die ganze Errungenschaft in allen Ständen dem Manne zuweist und der Frau keinen Antheil daran giebt, und so unendlich vieles Andere, was an Wichtigkeit hinter diesen herausgegriffenen Beispielen nicht zurücksteht, das, m. H., darf meines Erachtens in dem Entwurf nicht bleiben. Ich bin ja der festen Ueberzeugung, daß rein vom Standpunkte des Juristentages, des Juristenstandes aus betrachtet vielleicht der Wunsch begreiflich ist, lieber ein recht verbesserungsbedürftiges Gesetzbuch bald zu haben und die Verbesserungen auf die Zukunft zu vertagen, als nun noch wieder eine Spanne von Jahren auf die Einheit des Rechts zu warten. Denn das Interesse, das an der Rechtseinheit für den Juristenstand besteht, ist ja ein außerordentlich großes. Der Juristenstand, der Rechtsanwalt, der Richter, sie alle haben unter der Zerrissenheit unseres Privatrechts zu leiden. Aber, m. H., wir haben doch nicht bloß an uns zu denken, sondern an das deutsche Volk, und das deutsche Volk kann ein anderes Gesetzbuch verlangen; es kann, wenn nun doch einmal so viel von dem eingewurzelten bestehenden Recht geopfert werden soll, wenn so vielfach der Einklang zerrissen werden soll zwischen dem bestehenden Rechtsbewußtsein und dem, was wirklich gilt, ein durch und durch gesundes Recht verlangen, das die Controversen mindert und nicht mehrt, und das vor allen Dingen geboren ist aus einem deutschen und socialen Geist, wie er in der Gegenwart allein das vollbringen kann, was wir alle hoffen, daß auf der Grundlage dieses neuen Privatrechts ein gesundes wirthschaftliches und sittliches Leben erblühen könne. Die Wichtigkeit des Privatrechts ist eine so ungeheuere, daß ich den Schaden, noch einige Jahre mit der Rechtseinheit warten zu müssen, für geringer ansehen muß, als den Schaden, der entsteht, wenn wir ein in so wesentlichen Punkten noch unvollkommenes Gesetzbuch, um eben nur früher diese langjährige Zerrissenheit zu enden, so ziemlich unbesehen annehmen wollen. Zu meinem Bedauern muß ich also gegen den Antrag stimmen.

Geh. Justizrath Prof. Dr. **Enneccerus:** Ich gebe Herrn Geh. Rath Gierke gewiß darin recht, daß es ihm nicht möglich ist, im gegenwärtigen Moment auf die einzelnen Ausstellungen, die er an dem Entwurfe des Bürgerlichen Gesetzbuches zu machen hat, einzugehen, ich betone aber auf der anderen Seite, daß es mir noch viel weniger möglich ist, Sie durch eine Darlegung in einer Rede von dem Werthe dessen, was geschaffen ist, zu überzeugen, es würde dazu nicht einer Verhandlung des Juristentages, es würde, um das im Einzelnen klar zu legen, wochenlanger Verhandlungen bedürfen, und selbst diese möchten kaum genügen. Aber, m. H., ich brauche Sie auch nicht im Einzelnen zu überzeugen, ich brauche das Einzelne nicht darzulegen, es ist nicht der Zweck dieses Antrages, die Theilnehmer des Juristentages aufzufordern, ihre Meinungen über Specialfragen darzulegen, der Zweck dieses Antrages ist, dasjenige zu constatiren, was in Ihnen schon vorhanden ist, die durch Ihre eigenen Studien gewonnene Ueberzeugung, daß es ein werthvolles Stück gemeinsamen Rechts ist, was uns in diesem Entwurf zweiter Lesung geboten wird. (Bravo!) Ich leugne durchaus nicht, daß es noch einzelne Punkte giebt, in denen eine Aenderung wünschenswerth, ja hier und da sogar nothwendig ist, ich zweifle auch nicht, daß in einzelnen Punkten derartige Aenderungen noch eintreten werden; aber es sind meistens nicht solche Fragen, die das ganze System ergreifen und mitbedingen, es sind zum größten Theil einzelne Fragen, in denen der letzte, der entscheidende Entschluß gefaßt werden muß, nicht von der Commission oder gar von einer neuen Commission, sondern vielmehr von den verbündeten Regierungen im Bundesrath und möglicherweise auch vom Reichstag. Um solcher einzelner Fragen willen — es sind gottlob nur wenige — etwa eine dritte Commission zu beauftragen in der Hoffnung, weil schon so viel gebessert worden sei, könne auch noch mehr gebessert werden, das halte ich für vergeblich und das halte ich auch für gefährlich.

(Sehr richtig!)

M. H., es ist eine lange Reihe von Jahren vergangen, in denen der erste Entwurf und dann der zweite in mühsamen Sitzungen einsichtsvoller Männer zu Tage gefördert worden ist. Diese Jahre können nicht beliebig verlängert werden. Die Ungeduld, endlich das große Werk erstehen zu sehen, ist im Wachsen. Wird diese Ungeduld — und sie beherrscht nicht bloß den Juristentag — nicht befriedigt, so wird Ueberdruß, so wird Kleinmuth die Folge sein. Schon jetzt hört man nicht selten das Wort aussprechen, wenn jezt nichts aus dem Bürgerlichen Gesetzbuch wird, so erhalten wir es nie.

Lassen Sie diese Stimmung nicht wachsen, wecken Sie nicht den Widerstand, stärken Sie nicht den Kleinmuth und den Particularismus. Wir bedürfen zu diesem Gesetzbuch der ganzen Kraft opferwilliger freudiger Begeisterung. Wenn diese Kraft nicht die Regierungen im Bundesrath und die Vertreter des Volkes im Reichstag beseelt, so ist das Bürgerliche Gesetzbuch nicht unter Dach und Fach zu bringen. Wecken Sie diese Kraft, statt sie durch das Verlangen einer wiederholten jahrelangen Vertagung des großen Werkes zu lähmen. Ich meine, Deutschland bedarf in der That noch einigender Momente. Wohl haben wir unsere Macht geeinigt, wohl ist in dieser Einigung unserer Macht zugleich eine Verbrüderung enthalten. Gemeinsame militärische Erziehung, gemeinsame militärische Uebung, gemeinsame Kriegsgefahren stärken den Geist der Einheit unter uns. Aber wie Vieles ist noch gesondert. Die Pflege der idealen Güter ist im Ganzen noch Landessache, keine Nationalkirche, keine Schule, welche vom Reiche ressortirt, selbst die Universitäten sind Landesuniversitäten, und es ist nur ein Zeichen von der gewaltigen einigenden Kraft der Nation, wenn sich selbst in schwersten Zeiten der Landeszerrissenheit auf den Universitäten ein streng einheitlicher deutscher Geist erhalten hat.

(Bravo!)

Und jetzt, m. H., fügen Sie zu diesen idealen Gütern das hohe, zugleich ideale und praktisch werthvolle Gut gemeinsamen Rechts hinzu.

Ist es denn wahr, daß die schnelle Schöpfung eines solchen gemeinsamen Rechts wesentlich ein Wunsch des Juristentages sei, leidet denn wirklich, wie das fast aus den Ausführungen des Herrn Vorredners hervorzugehen schien, der Juristenstand in erster Linie unter dieser Zersplitterung? Ich meine nicht, vor allen Dingen ist es doch das Volk selbst, welches ein einheitliches Recht braucht und schwer unter der Zerrissenheit des deutschen Rechts leidet, und deshalb fordere ich Sie auf, m. H., fassen Sie den einzigen Beschluß, der des deutschen Juristentages würdig ist. Der deutsche Juristentag hat in erster Linie die Pflege eines gemeinsamen deutschen Rechts von Anfang an auf seine Fahne geschrieben und von Anfang an diese Pflege in seinen Beschlüssen und in seiner gesammten Thätigkeit zur Wahrheit gemacht, und deshalb bin ich auch nicht im Zweifel, der deutsche Juristentag wird mit ganz gewaltiger Mehrheit diesem Antrage zustimmen, einem Antrage, der nicht eine Billigung jeder einzelnen kleinen Bestimmung des Entwurfes enthält, sondern der eine Mahnung an die Regierungen und an den Reichstag sein soll, um das Kleine nicht das Große, das Gemeinsame, das nationale Bedürfniß eines gemeinsamen Rechts zu vergessen.

(Stürmischer Beifall.)

Justizrath **Levy** (Berlin): Ich beantrage Schluß der Debatte.

Präsident: M. H., wir müssen uns nach der Geschäftsordnung richten, der Schluß der Debatte kann nicht ohne Weiteres eintreten. Zunächst hat Herr Professor Strohal aus Leipzig das Wort.

Prof. Dr. **Strohal** (Leipzig): M. H.! Nach den Ausführungen des Herrn Vorredners ist es eigentlich überflüssig, daß ich überhaupt noch rede. Immerhin ist mir nicht unerwünscht, meine Zustimmung zu dem vorliegenden Antrage noch mit wenigen Worten klipp und klar zum Ausdruck bringen zu können. Ich habe mich im Laufe der letzten 6 Jahre andauernd mit den Vorarbeiten zum B. G. B. beschäftigt und Manches über die Entwürfe geschrieben. Aus politischen und nationalen Gründen wäre es mir am erfreulichsten gewesen, wenn ich schon für die Annahme des ersten Entwurfs hätte eintreten können. Allein die Frage der in das Reichsleben der Nation tief eingreifenden Einführung eines deutschen Bürgerlichen Gesetzbuches konnte durch nationalen Enthusiasmus allein nicht gelöst werden. Und dafern es in Folge eines starken, alle Bedenken niederschlagenden Impulses zur Einführung des ersten Entwurfs gekommen wäre, befänden wir uns jetzt zweifellos bereits im Stadium des Katzenjammers. Dies glücklich verhindert zu haben, ist ein Verdienst der keineswegs bloß negativen, sondern auch positiven Kritik, welche an dem ersten Entwurfe geübt worden ist. Es kam zur Einsetzung einer zweiten Commission, deren Werk wir heute bereits überschauen können. Der durch die gründliche und theilweise sehr tief gehende Umarbeitung des ersten Entwurfs erzielte Fortschritt ist ein ungeheurer; darüber sind wir, so weit ich sehe, alle einig. Von den hier Anwesenden darf sich aber dieses Erfolges Niemand in höherem Maße freuen als der erste Redner zum vorliegenden Antrage, Herr Geh. Rath Gierke. In dem Kampfe, der gegen den ersten Entwurf geführt werden mußte, war er der Vorkämpfer, ihm haben wir vor Allem zu danken,

(Bravo!)

daß es zu einer zweiten Lesung überhaupt gekommen und hierdurch ein Gesetzgebungswerk hergestellt worden ist, welchem hohe Anerkennung nicht versagt werden kann. Um so lebhafter bedauere ich, den heutigen Ausführungen des Herrn Collegen Gierke nicht zustimmen zu können.

Für völlig fehlerlos freilich halte den Entwurf zweiter Lesung auch ich nicht. Vom Doctrinarismus des ersten Entwurfs ist auch im zweiten noch gar Manches haften geblieben. Allein gerade diesen Doctrinarismus würden wir auch bei einer dritten Lesung nicht beseitigen können. Es kann eben Niemand aus seiner Haut heraus. Wir sind viel zu lange ein doctrinäres Volk gewesen, als daß wir diese Eigenschaft nach Belieben gleich wieder abzulegen und uns etwa à la Münchhausen beim eigenen Schopfe aus dem Doctrinarismus herauszuziehen vermöchten. Der zweite Entwurf ist ferner gewiß nicht frei von technischen Mängeln. Die auffälligsten derselben hat aber sicherlich die Commission schon selbst wahrgenommen und bei der Schlußrevision verbessert. So hatten wir bei den Verhandlungen unserer ersten Abtheilung Gelegenheit, von einem wichtigen, bisher noch nicht publicirt gewesenen Beschlusse der zweiten Commission Kenntniß zu nehmen, welcher in Betreff des Rechtes der nicht rechtsfähigen Vereine eine wesentliche Verbesserung schafft. Und solcher Beispiele ließen sich noch mehrere anführen. Trotzdem werden noch gar manche Fehler stehen bleiben, und ich wage sogar getrost die Behauptung, daß wir bei der practischen Anwendung und theoretischen Durcharbeitung des neuen Gesetzbuches der Mängel immer mehr entdecken werden. Dies ist aber ein Uebelstand, der mit einer großen Codification nothwendig verbunden ist, und so bald man einmal von der Nothwendigkeit dieser durchdrungen ist, muß man auch jenen als geradezu unvermeidlich hinnehmen. Ich will endlich nicht verschweigen, daß mir der Entwurf zweiter Lesung auch in einigen großen Fragen von der richtigen Lösung noch weit entfernt zu sein scheint. Ich rechne z. B. hierher die Bestimmungen über Schuldübernahme und über Gesammthypotheken, mit welchen ich mich im Augenblicke intensiv beschäftige. Wenn aber an denselben noch viel auszusetzen ist, so dürfen wir deshalb doch am allerwenigsten der Commission einen Vorwurf machen. Daß auch der Entwurf zweiter Lesung hier, und dasselbe gilt auch von manchen anderen Punkten, noch nicht zur Ueberwindung der vorhandenen Schwierigkeiten gelangt ist, erklärt sich wesentlich aus dem Stande unserer civilistischen Dogmatik. Sie vermag, weil noch immer auf dem Boden des Pandectenrechts stehend, für Gesetzgebung, Rechtsbildung und Rechtsanwendung nicht das zu leisten, was sie auf dem Boden eines einheitlichen bürgerlichen Gesetzbuchs wird leisten können. Sie ist vielfach bereits auf den gewissen todten Punkt gekommen, sie beschäftigt sich übrigens mit bis zum Ueberdrusse abgeleierten Fragen, aus deren Behandlung erheblicher Gewinn nicht zu erzielen ist, und bei einiger Uebertreibung wird man mit Bezug auf nur civilistische Dogmatiker sogar sagen können: „Sie drehen sich im engen Cirkeltanz, — und beißen sich wie junge Katzen in den Schwanz.“ Ein Fortschritt im großen Style wird erst wieder möglich sein auf Grundlage der Codification. Das Werk der zweiten Commission, von dem wir wünschen, daß es im Wesentlichen zum Gesetz erhoben werde, enthält einen reichen und neuen Stoff, dessen geistige Durchdringung, Verarbeitung und Fortbildung eine große und lohnende Aufgabe bilden. Unvergleichlich weniger fruchtbar wäre dagegen die Fortsetzung der bloßen Entwurfskritik in infinitum. Man ist solcher Kritik bereits allgemein herzlich satt. Auch können der kritischen Methode gegenüber dem Entwurf zweiter Lösung ähnliche Erfolge überhaupt nicht mehr erblühen, wie sie gegenüber dem erster Lrsung möglich waren. Eine Reihe kleiner Verbesserungen wird sich an dem Werke der zweiten Commission vielleicht noch in letzter Stunde vornehmen lassen. Größere Erfolge dagegen sind m. E. durch die Beschaffenheit des Werks, durch die Art, wie die zweite Commission gearbeitet hat, vorläufig ausgeschlossen. Erst tiefere Bohrung kann uns wieder erheblich weiter bringen. Sie verlohnt sich aber erst, wenn das Recht des zweiten Entwurfs unser Recht geworden ist.

Sie erinnern sich alle an den bekannten Ausspruch Rudolf von Ihering's: „Durch das römische Recht über das römische Recht hinaus.“ Für uns aber muß heute die Losung gelten: Durch das zum deutschen bürgerlichen Gesetzbuch zu erhebende Recht des zweiten Entwurfs zu einem noch vollkommneren Recht, welches uns nur durch Erfahrung und verständnißvolles Zusammenwirken von Theorie und Praxis erwachsen kann.

Von diesem Standpunkte aus empfehle also auch ich Ihnen die Annahme des vorliegenden Antrags. Anknüpfend an ein großes Wort aus großer Zeit möchte ich nur noch sagen: Lassen sie uns Deutschland auch in civilrechtlicher Beziehung in den Sattel setzen, reiten wird es schon können.

(Lebhaftes Bravo! und Händeklatschen.)

Präsident: Ich frage noch Herrn Rechtsanwalt Beckh-Nürnberg, ob er das Wort wünscht?

(Verzichtet.)

Der Antrag lautet also:

Der deutsche Juristentag wolle beschließen:

Nachdem der Entwurf des bürgerlichen Gesetzbuchs in zweiter Lesung wesentliche Verbesserungen erfahren hat, erklärt der deutsche Juristentag als wünschenswerth, daß Bundesrath und Reichstag das baldige Zustandekommen des Gesetzbuchs herbeiführen.

Diejenigen Herren, welche gegen diesen Antrag sind, bitte ich sich zu erheben.

(Geschieht.)

Der Antrag ist nahezu einstimmig angenommen.

Nun kommen wir zu der für das Plenum vorbehaltenen Berathung über den unlauteren Wettbewerb.

Ich bitte zunächst Herrn Professor Dr. Pfaff-Wien, das Wort zu nehmen.

Referent Prof. Dr. **Pfaff** (Wien):

Empfiehlt sich ein allgemeiner Rechtsschutz gegen unlauteren Wettbewerb?

I. Die Frage, ob sich Gewährung eines Rechtsschutzes gegen unlauteren Wettbewerb empfehle, ist nicht nur nicht neu, es ist auch in allen Gesetzgebungen längst entschieden, daß sie grundsätzlich bejahend zu beantworten ist. Es dürfte wohl keine moderne Rechtsordnung geben, in der jeder Schutz gegen das fehlt, was man unlauteren Wettbewerb nennt. Was aber bisher in Deutschland wie in Oesterreich gegen den unlauteren Wettbewerb in der Gesetzgebung geschah, beschränkte sich auf eine Anzahl von Specialgesetzen, die sehr verschiedenen Erscheinungsformen der unlauteren Concurrenz mit ebenso verschiedenen Mitteln zu Leibe gingen. In der Zunftverfassung, die den Aelteren unter uns noch aus eigener Anschauung bekannt ist, sorgte die Disciplin der Zunft mit Leichtigkeit für die Unterdrückung unlauteren Wettbewerbs. Erst in der Zeit der Verkehrs- und Gewerbefreiheit erhob er sein Haupt kühner; ja erst die neueste Entwickelung hat die Forderung gezeitigt, einen allgemeinen Rechtsschutz gegen deloyale Concurrenz zu gewähren. Diese Erscheinung darf nicht isolirt aufgefaßt werden. Sie ist Symptom und Erzeugniß der heutigen wirthschaftlichen Zustände, die einen immer bitterer werdenden und in den angewendeten Kampfmitteln recht wenig wählerischen Kampf ums Dasein darstellen. Um nur auf Eines aufmerksam zu machen: Bis in die 70er Jahre begnügte man sich in den Ländern des gemeinen Rechts mit der römischen actio Paulliana; in Oesterreich versäumte man noch zur Zeit der Emanation der C.O. von

1868 die Aufstellung neuer diesfälliger Schutzmittel und meinte, auskommen zu können mit dem, was das St.G.B. und das B.G.B. in dieser Richtung boten; der civilrechtliche Schutz beschränkte sich aber auf die Gewährung einer Anfechtungsklage für die durch Schenkungen verkürzten Gläuber. Gegen alle anderen, die Gläubiger verkürzenden Rechtshandlungen, die nicht strafrechtliche Thatbestände enthielten, gab es keinen Schutz. Und nun vergleiche man mit diesem Rechtszustande die in Geltung stehenden umfassenden Anfechtungsnormen aus den 70er und 80er Jahren! Sie enthalten ohne Uebertreibung eine Verschärfung der civilrechtlichen Reaction, die sich mit dem Belagerungszustand vergleichen läßt.

Eine ähnliche Verschärfung der Reaction gegen den unlauteren Wettbewerb verlangten in den letzten anderthalb Decennien in Deutschland wie in Oesterreich erst einzelne, dann immer zahlreicher werdende Stimmen theils in der Literatur, theils in Gestalt von Petitionen und Anträgen, die in den parlamentarischen Vertretungskörpern gestellt wurden; auch die Regierungen haben sich dieser Strömung nicht entziehen können; Zeuge dessen sind in Oesterreich ein vor Kurzem publicirtes Gesetz über die Regelung der Ausverkäufe und ein vom Ministerium des Innern eingebrachter Gesetzentwurf, enthaltend Bestimmungen gegen Quantitäts- und Qualitätsverschleierungen im Detailwaarenverkehr, in Deutschland das Gesetz zum Schutze der Waarenbezeichnung von 1894, §§ 15 und 16, und der mit einer motivirenden Denkschrift im Monat Januar l. J. im Deutschen Reichsanzeiger veröffentlichte Entwurf eines Gesetzes zur Bekämpfung des unlauteren Wettbewerbs. Diese officiellen Actenstücke sprechen von „vielfach hervorgetretenen", „vielfach beklagten" Mißständen, die deutsche Denkschrift erklärt geradezu, daß sich das Vorgehen der unlauteren Concurrenz „vom Betrug häufig nur noch durch die Schwierigkeit, das Vorhandensein aller seiner rechtlichen Merkmale nachzuweisen, unterscheide"; sie constatirt, daß „es nach einer Mittheilung von beachtenswerther Seite so weit gekommen ist, daß der Verrath und die unbefugte Ausbeutung fremder Betriebs- und Geschäftsgeheimnisse an einzelnen Stellen geradezu die Form einer geschäftlichen Organisation angenommen hat"; sie bezeichnet es als eine gemeingefährliche Erscheinung, daß durch schwindelhafte Ausverkäufe billiger Waaren der ganze Bedarf eines Ortes oder Bezirkes gedeckt wird, und erklärt, daß über das Bedürfniß, „die auf Säuberung des Geschäftsverkehrs von schädlichen Auswüchsen gerichteten Bestrebungen . . . durch einen Ausbau des geltenden Rechts wirksam" zu unterstützen, „nahezu Einstimmigkeit" der Meinungen herrsche. In der That ist das musivische Bild, das Stegemann von dem heut vorkommenden unlauteren Geschäftsgebahren zusammengestellt hat, ein überaus bedauerliches; zwar wird man Wermert zugeben müssen, daß man sich von manchen Seiten bemüht hat, die Bewegung künstlich zu steigern, daß die vorgekommenen Unlauterkeiten von Firmen, die im Wettbewerb ins Hintertreffen gelangt sind, übermäßig aufgebauscht worden, daß man einen Sündenbock gesucht hat, dem man die Verantwortlichkeit für den Niedergang der wirthschaftlichen Verhältnisse aufbürden wollte, und daß insbesondere in der Beispielsammlung Stegemann's einzelne Daten nicht verbürgt, ja von der grimmigsten Concurrenz in einseitiger Darstellung ans Licht gebracht sein mögen; wer wird z. B. jenem Versicherungsagenten Glauben schenken, der da erklärte: „Versicherungsabschlüsse könnten überhaupt nur dadurch zu Stande kommen, daß man seine Gesellschaft herausstreiche und andere Gesellschaften dementsprechend natürlich herabsetze“? Manches unter den typischen Fällen ist auch nur Reclame von der Sorte, auf die nur die Dummen hineinfallen, die gewiß kein Privileg verdienen, die vielmehr, wenn sie nicht im Stande sind, die Augen aufzuthun, den Beutel aufthun mögen. Gleichwohl bleibt des unzweifelhaft Wahren an diesen traurigen Beispielen genug übrig; und endlich hat jeder von uns mit seinen eigenen Augen reichlich Gelegenheit gehabt, zu sehen, daß die Erscheinungen, die im Verkehr vorkommen, Klagen über unlauteres Geschäftsgebahren vieler Orten und in vielen Richtungen als wohlbegründet erscheinen lassen. Dagegen ist die von Wermert ausgesprochene Besorgniß, es könnten Gesetze gegen unlauteren Wettbewerb „im ersten Zorneswallen“ zu Stande kommen, sicher nicht berechtigt. Das Vorgehen der Regierungen zeigt nirgends das befürchtete Ueberhasten. Die ersten Anregungen zu den jetzt im Zuge befindlichen Gesetzgebungsacten sind zum Theil mehr als ein Decennium alt. Man hat den interessirten Kreisen die freieste Meinungsäußerung nirgends verschränkt; die im September vor. Js. in Braunschweig berathende Versammlung und die im October zu Hildesheim abgehaltene Conferenz lassen die Anschauungen des Handelsstandes zur Genüge erkennen; der Gesetzentwurf ist, noch bevor er den gesetzgebenden Körperschaften vorgelegt wurde, der öffentlichen Beurtheilung zugänglich gemacht worden und wurde unter Berücksichtigung der in ihm geübten Kritik einer Umarbeitung unterzogen. Dieser neueste Entwurf ist gleichfalls seither veröffentlicht. Selbst die Stimmen jener Juristen, die sich mit aller Entschiedenheit für die Grundgedanken des Entwurfes ausgesprochen haben, mahnen zur Vorsicht, damit nicht mit den Auswüchsen auch die gesunde Concurrenz beseitigt werde. In alledem wird man kein Vorgehen im ersten Zorneswallen erkennen können.

Die ständige Deputation unserer Vereinigung hat zwei Gutachten eingeholt, die gedruckt vorliegen. Das erste ist erstattet von dem Herrn Rechtsanwalt am K. Kammergericht in Berlin, Dr. Richard Alexander-Katz, der schon im Jahre 1892 juristische Betrachtungen über die unredliche Concurrenz veröffentlicht hat. Das zweite Gutachten stammt von dem Herrn Rechtsanwalt Dr. August Scherer in Bremen. Dem ersten Gutachten sind zwei sehr dankenswerthe Anlagen beigegeben; die erste enthält den vom Reichsamte des Innern ausgearbeiteten Entwurf eines Gesetzes zur Bekämpfung des unlauteren Wettbewerbs sammt der die Motive enthaltenden Denkschrift, die zweite ein Circular mit einer Reihe von Fragen, die Herr Dr. Alexander-Katz an die sämmtlichen Concursverwalter der 30 größten deutschen Städte gerichtet hat, um über die Concurs-Ausverkäufe authentische Aufklärungen zu erhalten, die denn auch im Gutachten selbst verwerthet sind. Das zweite Gutachten nimmt, da seinem Verfasser, als er es schrieb, das erste bereits bekannt war, mehrfach Bezug auf dieses. Beide Gutachten erörtern nicht nur Begriff und Arten des unlauteren Wettbewerbs und die gesetzgeberischen Mittel, mit denen er bekämpft werden kann, sondern prüfen auch den ersterwähnten Entwurf in seinen Grundsätzen wie in seinen Einzelbestimmungen. Beide kommen zu dem Ergebniß, daß ein Einschreiten der Gesetzgebung gegen den unlauteren Wettbewerb Bedürfniß sei, daß diesem Bedürfniß durch ein Specialgesetz Genüge zu leisten, nicht aber das B.G.B. für das Deutsche Reich abzuwarten sei und daß der Entwurf des Specialgesetzes in seinen Grundzügen zu billigen, im Einzelnen aber mehrfach abzuändern sei. Eine Specialdebatte über den Inhalt des Entwurfs kann hier allerdings nicht wohl beabsichtigt sein. Wenn gleichwohl auch mein Bericht nicht umhin kann, sich mit dem Entwurf zu beschäftigen, so soll das doch nur so weit geschehen, als es zur Begründung der Antwort auf die gestellte allgemeine Frage erforderlich ist.

II. Was unerlaubter Wettbewerb, deloyale Concurrenz sei, das hat zuerst und am bestimmtesten die französische Jurisprudenz entwickelt. Er ist aber in ihren Augen von Haus aus kaum ein eigenthümlicher Begriff, sondern bezeichnet gewisse Fälle delictischer Schadenszufügungen, die eine civilrechtliche Ersatzpflicht im Gefolge haben auf Grund eines Rechtssatzes, der ebenso tausend und abertausend andere Fälle mitumfaßt, die mit unerlaubtem Wettbewerb nichts gemein haben. Diesen Rechtssatz enthält der Art. 1382 des franz. B.G.B., der ganz allgemein bestimmt:

Jede Handlung eines Menschen, von welcher Art sie auch sei, die einem Anderen Schaden verursacht, verbindet denjenigen, durch dessen Verschulden der Schaden entstanden ist, denselben zu ersetzen.

Aus diesem in allen Gesetzgebungen vorkommenden Grundsatz haben die französischen Juristen mit meist sicherer Hand ein ganzes System des Rechtsschutzes gegen unlauteren Wettbewerb aufgebaut, das nur an wenig Punkten eine weitere Verstärkung durch die Gesetzgebung, insbesondere durch einige Strafbestimmungen gefunden hat. Sie argumentirten: Zum Vermögen, oder wie sie sich ausdrücken, zum Eigenthum des Geschäftsmannes gehöre auch die achalandage, d. h. die Gesammtheit seiner Beziehungen zu seiner Kundschaft, zu jenem Kreise von Personen, an welche er seine Waaren abzusetzen pflegt; zwar konnten sie nicht übersehen, daß diese Beziehungen zur Kundschaft unter der Herrschaft der Verkehrs- und Gewerbefreiheit durchaus andere sind, als die des Bannberechtigten gegenüber dem bannpflichtigen Kundenkreis gewesen waren; der Bannberechtigte hatte eine wahre rechtliche Herrschaft über seine Kunden, indem er ihnen verbieten durfte, gewisse Bedürfnisse aus einer anderen Quelle zu befriedigen, als aus dem Bannbrauhause, der Bannmühle u. s. w. Die heutige Kundschaft aber kann beliebig ihr Bedürfniß heut bei diesem, morgen bei jenem Verkäufer decken, und der Verkäufer, den sein bisheriger Abnehmer verläßt, weil er glaubt, die Waaren von einem Anderen bequemer, besser, billiger erhalten zu können, kann nicht über Rechtsverletzung klagen, selbst wenn er durch den Verlust seiner Kundschaft zu Grunde geht. Allein dies alles gilt doch nur so weit, als der Concurrent seine eigene wirthschaftliche Kraft einsetzt, um seine Mitwerber zu besiegen. Maßt er sich dagegen die Ergebnisse fremder wirthschaftlicher Arbeit an, pflügt er, wie Gierke treffend sagt, mit fremdem Kalbe, dann betrachten die französischen Juristen den dadurch geschädigten Concurrenten als in seinem subjectiven Privatrecht verletzt.

Es ist schon oft bemerkt worden, daß die Civilgesetzgebung in Deutschland wie in Oesterreich eine ähnliche Argumentation sehr wohl zuließe; Rechtssätze, die wesentlich dasselbe besagen, was der citirte Artikel 1382 enthält, finden sich auch in den ersten Paragraphen des 6. Tit. im ersten Theil des Preuß. L.R., im § 1295 des österr. B.G.B., im sächs. B.G.B. u. s. w. Auch daß die deutsche Auffassung im System der Gewerbefreiheit den Betrieb eines Gewerbes als einen Ausfluß der allgemeinen Freiheit zur Vornahme alles dessen, was nicht verboten ist, nicht aber als ein besonderes Recht ansieht, stände nicht entgegen.

Mit Recht haben schon Träger u. A. betont, daß, wenn man selbst ein concretes Recht nur in den rechtlichen Schranken ausüben darf, um so mehr der incorrecte Gebrauch der allgemeinen Freiheit ein Handeln ohne Recht darstellen müsse, das, wenn es einen Anderen schädigt, zum Ersatz verpflichten müsse. Gleichwohl hat die deutsche und österreichische Praxis dem Vorbild der französischen nicht folgen mögen. Vor Allem widerstrebt ihr das Constructionsmittel der Franzosen, die Annahme eines Eigenthums an jenen besonders erlangten Beziehungen, die dem Gewerbebetrieb einen selbständigen Werth verschaffen. Zwar ist auch aus dem Sprachgebrauch der deutschen und österreichischen Juristen, selbst aus dem einzelner Gesetze aus verhältnißmäßiger neuer Zeit der Terminus „Eigenthum" in seiner Anwendung auf immaterielle Lebensgüter noch nicht ganz verschwunden, aber die Juristen sind schon recht selten geworden, die da nicht wüßten, daß man diesen Sprachgebrauch nicht ad consequentia führen darf. Die deutsche Rechtswissenschaft bezieht den Eigenthumsbegriff entweder nur auf körperliche Sachen oder verlangt doch, wenn sie ihn ja auch auf unkörperliche ausdehnt, daß das Object dieses Eigenthums eine selbständige Gegenständlichkeit habe. Diese aber fehlt den durch unlauteren Wettbewerb verletzten Gütern ganz und gar. Wer einem Anderen dadurch seine Kunden ablockt, daß er durch Nachbildung seines Ladenportals dieselben irreführt, hat kein Eigenthum an dem fremden Portal verletzt, und wer gar seinen Concurrenten dadurch schädigt, daß er seine Person herabwürdigt und anschwärzt, der hat eine Schädigung verübt, bei der ein fremdes Eigenthumsobject in gar keiner Weise in Frage kommt. So ergiebt sich denn, daß der unlautere Wettbewerb überhaupt nicht Eigenthumsverletzung, sondern Eingriff in persönliche Beziehungen ist.

An diesem Punkt setzt eine Construction ein, die von Kohler aufgestellt, sich auch des Beifalls anderer Juristen, wie Gierke's, Träger's Brunstein's zu erfreuen hat. Sie findet den Rechtsgrund des Schutzes gegen unlauteren Wettbewerb in dem Rechte der Persönlichkeit selbst. Das Wesen aller Persönlichkeitsrechte — sagt sie — besteht darin, „daß sie der Person die ausschließliche Herrschaft über einen bestimmten Bestandtheil der eigenen Persönlichkeitssphäre gewährleisten". Diese Persönlichkeitsgüter sind sehr zahlreich und mannigfaltig. Das, was hier interessirt, ist, daß die Person auch in ihrem Geschäftsbetrieb verlangen kann, als **die** Person zu gelten, die sie wirklich ist, anerkannt zu werden in ihrer Besonderheit, insbesondere auch als Erzeugerin ihrer Waaren. Der Ruf des Geschäfts, der seine wirthschaftliche Kraft ausmacht, erwächst ihm wesentlich aus der Persönlichkeit seines Inhabers.

Ich kann hier nicht darauf eingehen, wie Kohler diese Rechtsgedanken als Bestandtheile des geltenden gemeinen Rechtes nachzuweisen versucht hat. Dagegen darf ich nicht verschweigen, daß auch seitens deutscher Juristen Bedenken gegen diese Aufstellungen erhoben sind, wie sich denn auch deutsche, österreichische, schweizerische Juristen vielfach zu der Anschauung bekennen, daß im unlauteren Wettbewerb wesentlich nur eine Vermögensverletzung, nicht eine Verletzung der Person gelegen sei. Ich nenne z. B. Otto Mayer, Hans Schuler, Franckel und die ältere Abhandlung unseres Gutachters Alexander-Katz. Das am schwersten wiegende Argument ist wohl das von Binding erhobene Bedenken, es gehe nicht an, das Individuum einem Dualismus unterthan zu machen, wonach es neben seiner Subjectivität auch Güterqualität hätte, Rechte und Pflichten gegen sich selbst hätte. Indessen, soweit die Ausgangspunkte der beiden Constructionen von einander abliegen, in ihren Zielpunkten kommen sie sich nahe genug: Der Vermögenswerth der Beziehungen zur Kundschaft steht außer Frage. Gierke erklärt unbedenklich, daß ein Betrieb, der als gesicherte Grundlage fernerer Erwerbsthätigkeit erscheint, eben darum „einen selbständigen Vermögenswerth“ habe, unabhängig von dem Werthe der materiellen Unterlagen und dem jeweiligen Bestande des Geschäfts. Und ebenso geben die Vertreter der Construction aus dem Persönlichkeitsrecht zu, daß der Ruf des Geschäfts nicht nothwendig auf die Persönlichkeit des Inhabers zurückzuführen sein müsse. Vielmehr kann er sehr wohl Vermögensopfern zu verdanken sein oder auf ganz andere Umstände, als die Kraft der Persönlichkeit des Inhabers zurückgehen. Träger constatirt, der gute Name eines Geschäfts sei oft erst durch einen Aufwand von vielen Tausenden errungen, und Gierke erklärt, vielleicht habe den Sieger im Concurrenzkampfe „nur der Reiz des Neuen oder die Laune des Zufalls“ begünstigt.

Jedenfalls läßt schon die bezeichnete Verschiedenheit der Ausgangspunkte es begreiflich erscheinen, daß die nach einem Rechtsschutz gegen unlauteren Wettbewerb in Deutschland und Oesterreich gerichtete Bewegung nicht darauf hinausläuft, einfach die in der französischen Jurisprudenz entwickelten Rechtssätze zu recipiren. Sie strebt vielmehr nach einer Specification dieser Sätze, die sie in sehr erheblichen Punkten verändern soll — in so wesentlichen Punkten, daß sowohl die Fälle, die als unlauterer Wettbewerb angesehen werden, als auch die Personen, die zur Klage berechtigt sind, und die Mittel, mit denen er bekämpft wird, vielfach von dem französischen Recht abweichen.

III. Dagegen der Grundbegriff des unlauteren Wettbewerbs selbst bleibt wesentlich der von der französischen Jurisprudenz entwickelte. Was für sein Dasein in erster Linie in Betracht kommt, ist nicht die Schädigung des kaufenden Publicums, sondern die des ehrlichen, des reellen Concurrenten, und so bezielt auch der Gesetzentwurf gegen unerlaubten Wettbewerb nicht direct den Schutz des Publicums — dieser ist fast nur Reflexwirkung — sondern unmittelbar den Schutz für den Absatz des redlichen Gewerbsmannes. Unlauterer Wettbewerb kann da sein, ohne daß der Käufer im Mindesten geschädigt wäre, indem der Verkäufer ihn durch Vorspiegelung billigerer Preise zu sich gelockt, thatsächlich aber auch mit preiswürdiger Waare bedient hat; umgekehrt bleibt es immer wahr, daß in emendo et vendendo naturaliter concessum est, quod pluris sit, minoris emere, quod minoris sit, pluris vendere et ita invicem se circumscribere; daß der Käufer die Waare zu theuer bezahlt hat, hat an sich mit unlauterem Wettbewerb noch gar nichts zu schaffen. Vielmehr soll wesentlich der Absatz des redlichen Geschäftsmannes geschützt werden; er soll nicht durch unlautere Machinationen anderer Concurrenten, die ihm seine Kunden ablocken, entweder zu Grunde gerichtet werden oder sich genöthigt sehen, eben jene Abwege zu betreten, die sie gehen. Doch will mir scheinen, es sei noch niemand gelungen, eine ganz befriedigende Definition des unerlaubten Wettbewerbs zu formuliren, ja vielleicht hat Alexander-Katz nicht Unrecht mit seiner Behauptung, es sei geradezu unmöglich, eine Definition im Sinne einer stets zur Anwendung paraten Formel aufzustellen. Jedenfalls ist unbrauchbar die Behauptung von Blanckertz, unerlaubter Wettbewerb sei der Mißbrauch oder die unredliche Ausnutzung des Vertrauens im Handel durch falsche Vorspiegelungen. Das ist einerseits viel zu weit, denn es umfaßt neben der Schädigung des Concurrenten ebenso auch die des Käufers; und es ist andererseits viel zu eng, da Blankertz glaubt, allen unerlaubten Wettbewerb auf eine Ursprungsverdunkelung zurückführen zu können. Dagegen ist es für die Mehrzahl der Fälle zutreffend, wenn viele sagen, der echte Wettbewerb enthalte ein Danebensetzen eigener Kraft zur Ueberwindung der fremden, der unlautere dagegen ein Usurpiren der Resultate fremder wirthschaftlicher Arbeit; er sei eine Handlung, „die ein einer fremden Sphäre angehöriges Persönlichkeitsgut antastet", er liege in „jeder Veranstaltung eines Concurrenten, welche ohne Einsetzung eigener Kraft die Kundschaft von Anderen abzuwenden und ihm zuzuwenden strebt". Aber kann nicht auch die Herstellung von das Publicum täuschenden Veranstaltungen ein Einsetzen eigener Kraft nothwendig machen? Nicht minder ist es im Allgemeinen richtig — wie ja schon das Epitheton „unlauter" ergiebt —, daß der unlautere Wettbewerb ein unsittliches Verhalten in sich schließt. Gleichwohl ist es zu weit gegangen, wenn das erste unserer Gutachten ihn als ein Verhalten bezeichnet, „welches das Empfinden für Sittlichkeit, für Anstand und für Redlichkeit ernstlich verletzt" und das zweite unerlaubten Wettbewerb alles das nennt, „was der loyal und billig denkende und handelnde Concurrent heutzutage als unzulässiges Kampfmittel verschmäht und verschmähen muß", oder wenn gar Wermert alle Erscheinungen, „welche im Wettbewerb die Grenzen des sittlich Erlaubten überschreiten", unerlaubten Wettbewerb nennt. Ich zweifle sehr, ob irgend welche Rechtsordnung geneigt sein kann, so weit zu gehen, daß sie alles als rechtlich verboten erklärt, was die Grenzen des sittlich Erlaubten überschreitet; und die Feinfühligkeit ist individuell zu verschieden, als daß sie einen brauchbaren Maßstab abzugeben im Stande wäre.

Am kräftigsten aber spricht gegen alle die genannten Definitionen, mögen sie nun den Eingriff in ein fremdes Persönlichkeitsgut oder die Unsittlichkeit der Handlungsweise betonen, der Umstand, daß sie Gebiete mit umfassen, die durch andere, und zwar meist durch Specialgesetze bereits geschützt sind, und die eben darum bei der Frage nach einem allgemeinen Schutz gegen unerlaubten Wettbewerb außer Frage bleiben müssen. Nach französischem Recht liegt der Fall wesentlich anders: die Grundlage ist dort der allgemeine Schutz gegen unerlaubten Wettbewerb nach Art. 1382; er umfaßt alles. Daß später für einzelne Fälle ein noch kräftigerer Schutz gewährt wurde, hat auch für diese den allgemeinen Civilrechtsschutz principiell nicht beseitigt, sondern den ohnedies dagewesenen Rechtsschutz nur verstärkt. In Deutschland und Oesterreich aber hat die Gesetzgebung eine Reihe einzelner Persönlichkeitsgüter durch Specialgesetze mehr oder weniger energisch geschützt: dahin gehört der Schutz gegen Eingriffe in das Recht des Autors und Erfinders, des Muster- und Modellberechtigten; ferner der Schutz des Namens, insbesondere der Firma, des Wappens, der sonstigen Etablissementsbezeichnung, in welcher Richtung die österr. Gewerbegesetznovelle von 1883 eine sehr erhebliche Erweiterung des Firmenschutzes gebracht hat; sodann der Schutz der Marken und überhaupt der Waarenbezeichnung, der in Deutschland durch das

Waarenbezeichnungsgesetz von 1894 wesentliche Erweiterung erfahren hat; beide Gesetzgebungen enthalten ferner schützende Bestimmungen, betreffend die Irreführung durch Kunstwein, gewisse Lebensmittel und andere Gebrauchsgegenstände; ein österr. Gesetz von 1866 verpflichtet die Fabrikanten von Gold- und Silberwaaren, ihre Erzeugnisse mit Fabriks- und Qualitätszeichen zu versehen, und ein anderes verbietet die marktschreierische Ankündigung von Heilmitteln, während im Uebrigen die Reclame allerdings nicht verboten ist. Auch die Benutzung von Titeln literarischer und artistischer Werke, sowie von musikalischen Compositionen verpflichtet in Oesterreich schon seit den 40er Jahren zum Schadensersatz, wenn das Vorgehen geeignet war, das Publicum irrezuführen; ferner besteht in Oesterreich seit Kurzem ein Gesetz gegen den Ausverkaufsschwindel, und es ist ein Gesetzentwurf eingebracht, dahin gehend, daß der Handelsminister ermächtigt werde, für gewisse Waarengattungen im Detailhandel die Quantitäts- und Qualitätsbezeichnung vorzuschreiben, um Verschleierungen hintanzuhalten. Auch gegen die Anmaßung von gewerblichen Auszeichnungen geben beide Gesetzgebungen Schutz; auch dieser ist in Oesterreich von altersher weiter gehend als in Deutschland und er ist noch neuestens durch die citirte Novelle zur Gewerbeordnung nicht unbedeutend erweitert worden, während er in Deutschland nur wenige Fälle ergreift. Gegen das Anschwärzen eines Concurrenten, das von den Franzosen sogenannte dénigrement, gewähren selbstverständlich die Strafgesetzbücher ausreichenden Schutz, soweit es unter den Begriff der Ehrenbeleidigung im Sinne dieser Gesetzbücher fällt; im Uebrigen hat die österreichische Praxis die Handhabe nicht ausgenutzt, die ihr der § 1330 des B.G.B. hätte bieten können; wohl aber enthält der österr. Entwurf des St.G.B. eine Bestimmung, betreffend das Verbot der Herabsetzung der Person oder Waare eines anderen Gewerbsmannes. Auch der namentlich von der chemischen Industrie so viel ersehnte Schutz des Fabrik- und Geschäftsheimnisses ist zwar vorhanden, aber nur in sehr bescheidenen Anfängen; natürlich kann er nicht fehlen, soweit es sich um einen Verrath des Geheimnisses durch officielle Controlorgane handelt; in diesem Sinne giebt das österr. Gesetz vom 17. Juni 1883 Schutz gegen Indiscretionen des Gewerbeinspectors, selbst wenn sie erst nach Aufhören seines Dienstverhältnisses begangen wurden, soweit der Unternehmer gewisse Verhältnisse ausdrücklich als geheim bezeichnet hat; ebenso sind in den Unfallversicherungsgesetzen Betriebsgeheimnisse gegen den Verrath durch die als Controlorgane bestellten Personen geschützt; im deutschen Gesetz ist solcher Verrath sogar mit Strafe bedroht, was im österr. Gesetze fehlt. Darüber hinaus finden wir aber nur die im H.G.B. Art. 64 statuirte Möglichkeit, einen Handlungsgehilfen zu entlassen, „wenn derselbe im Dienste untreu ist oder das Vertrauen mißbraucht". Daran schließt sich nach dem österr. Gesetz vom 4. April 1875 die Pflicht des Handelsmäklers zur Verschwiegenheit über seine Aufträge, Verhandlungen und Abschlüsse bei sonstiger Ersatzpflicht und Disciplinarstrafe, ferner § 203 des Berggesetzes, der Beamte, Aufseher und Arbeiter mit sofortiger Entlassung bedroht, die von den in ihrem Dienste erlangten Kenntnissen der Werksverhältnisse einen ihrem Dienstherrn schädlichen Mißbrauch machen, endlich die Gewerbenovelle von 1885, die dem Unternehmer gestattet, einen Hilfsarbeiter — nicht also auch einen für höhere Dienstleistungen Angestellten — sofort zu entlassen, wenn er das Geschäfts- oder Betriebsgeheimniß verräth. Doch dauert die Pflicht der Verschwiegenheit nur bis zum Austritt aus dem Dienstverhältniß.

Endlich versteht sich von selbst, daß jeder unlautere Wettbewerb, der den Thatbestand des Betrugs an sich trägt, der Behandlung nach den Betrugsparagraphen unterliegt.

Unlauter, incorrect, unsittlich wird man ohne Frage jedes Verhalten nennen können, das den oben angeführten Normen zuwider ist; aber nicht jedes solche Verhalten ist ein unlauterer Wettbewerb, und so manches, das unlauterer Wettbewerb ist, kann doch dem eben geschilderten Rechtszustand gegenüber nicht aufgenommen werden in ein gegen unerlaubten Wettbewerb zu erlassendes neues Gesetz. Die Rechte des Autors, Erfinders, Muster- und Modellberechtigten stehen unter dem Gesichtspunkt des Monopols, — sie sind, so lange sie dauern, überhaupt gegen jede Concurrenz geschützt, während es sich bei der Frage des unlauteren Wettbewerbes lediglich um die Art handelt, in der ein Mitbewerber den anderen bekämpft. Diese unlauteren Mittel bleiben immer unerlaubt, dagegen hat jeder Monopolschutz seine zeitlich bestimmte Grenze. Von einigen anderen der genannten unerlaubten Handlungen wird man darum nicht sagen können, daß sie unerlaubten Mitbewerb enthalten, weil sie gar nicht von einem Concurrenten ausgehen; so die meisten der angeführten Fälle des Bruches pflichtgemäßer Verschwiegenheit. Dahin gehört auch die Verletzung vertragsmäßig übernommener Verschwiegenheitspflicht, da diese eben nur eine Vertragsverletzung, nicht aber ein Delict enthält. Weitaus die Mehrzahl der genannten Fälle kann aber aus Gründen der Gesetzestechnik nicht in das geplante Gesetz gegen unerlaubten Wettbewerb aufgenommen werden. Die Systematik der Gesetzgebung, ja vielleicht die Klarheit des Rechtszustandes wäre gefährdet, wenn, wie die Denkschrift ausführt, dieses Sondergesetz in Gebiete übergriffe, die durch das H.G.B., die Gewerbeordnung, die Concursordnung u. s. w. geregelt sind, oder die, wie das landesgesetzlich verschieden gestaltete Hypothekenrecht, einer reichsgesetzlichen Abänderung in Einzelheiten widerstreben. Letzteres war insbesondere der Grund, warum der Entwurf keine besonderen Schutzmaßregeln gegen den vielbeklagten Bauschwindel aufgenommen hat. Ueberhaupt aber erscheint es mir eben durch den Zustand der vorhandenen Gesetzgebung vollauf gerechtfertigt, daß der Entwurf keine allgemeine, etwa im Sinne des französischen Art. 1382 gehaltene Vorschrift aufgenommen hat, bestimmt, jede denkbare Erscheinungsform des unlauteren Geschäftsgebahrens zu treffen. Mit Grund sagt die Denkschrift, „daß es zur Zeit nur darauf ankommen kann, bestimmte, nach den bisherigen Erfahrungen für den redlichen Erwerbsgenossen besonders nachtheilige Mißbräuche zu verhindern“ (daher denn auch so extreme Wünsche, wie die auf Abschaffung des Colportage- und des Hausirhandels, auf Verantwortlichmachung der Zeitungen für den Inhalt ihrer Inserate und dergl. im Entwurf nicht berücksichtigt sind) — und daß es im dringenden Interesse der Rechtssicherheit liege, „die Scheidelinie zwischen dem Erlaubten und Unerlaubten im Gesetz selbst in klar erkennbarer Weise festzulegen“ — ein Ziel, das durch Aufnahme einer allgemein gehaltenen Vorschrift schwerlich zu erreichen wäre. Allerdings bleibt wahr, daß die unredliche Concurrenz neue, in dem Gesetz nicht verpönte Mittel und Wege zu finden wissen wird, ihr Gebahren fortzusetzen; ihnen gegenüber wird eben die Gesetzgebung der Zukunft, wenn es nöthig sein sollte, die geeigneten Gegenmittel aufzustellen haben. Ja, ich fürchte, daß sogar Fälle vorkommen, die keine Gesetzgebung fassen kann. Ich habe es erlebt, daß ein reicher Brauer einen Bierwirth nöthigte, das ziemlich schlechte Bier, das jener braute, zu beziehen, indem er ihm anderenfalls in Aussicht stellte, neben seinem Local ein Concurrenzhaus zu errichten, das den Wirth ohne Frage ruinirt hätte. Der Brauer hatte des Wirthes wirthschaftliche Kraft geradezu gelähmt — und doch, wer könnte ihm beikommen!

IV. Es ist unmöglich, die Einzelfälle erschöpfend zu nennen, in denen der unlautere Wettbewerb auftreten kann. Aber sie lassen sich unschwer in Gruppen bringen, und ich glaube, daß die in dem Gutachten Alexander-Katz aufgestellte Gruppirung ganz besonders instructiv ist. Er unterscheidet vor Allem zwei große Hauptgruppen: Handlungen, die sich nur gegen bestimmte Concurrenten richten, deren geschäftliche Vortheile sich der Thäter zuwenden will, und solche, die sich gegen die Gesammtheit der Mitbewerber wenden. Zur ersten Gruppe gehören vor Allem

1. Handlungen, die Verwechslungen hervorrufen oder begünstigen, so daß der Käufer glaubt, die Waare aus einer anderen Quelle zu erhalten, als jene ist, aus der er sie wirklich bekommt. Die Mittel dazu bilden die Anmaßungen fremder Unterscheidungszeichen, von denen allerdings einige schon im geltenden Rechte verpönt sind; solche Anmaßung fremder Unterscheidungszeichen enthält insbesondere der Mißbrauch von Firma, Namen, Waarenzeichen, Ausstattung der Waare eines Anderen, Aneignung eines Bücher- oder Zeitungstitels, Nachahmung eines Geschäftsschildes, der Omnibuse oder Livreen der Bedienten eines Hotels, selbst die Benutzung des eigenen zur Irreführung geeigneten Namens, Nachahmung, wenn auch nicht ganz genaue, der Ausstattung eines Etablissements und dergl. Alle diese Handlungen wollen dem Thäter einen Theil der Geschäftsbeziehungen eines Anderen zueignen, dessen Renommée ausnutzen; sie richten sich auf Aneignung eines fremden Persönlichkeitsgutes, nämlich jener Unterscheidungszeichen des Geschäfts, die Zugkraft auf das Publicum üben. Unter Umständen kann selbst die geschäftliche Ehre des Geschädigten unter dieser Handlungsweise leiden, nämlich wenn die Waare, die der unredliche Concurrent verkauft, schlechter ist, als die des Geschädigten.

2. Handlungen, die den Mitbewerber oder seine Waare herabsetzen, anschwärzen, also einen Mitbewerber unterdrücken, sein Persönlichkeitsgut zerstören wollen — das sogenannte dénigrement. Bisher bestraft § 187 des deutschen St.G.B. nur die wissentlich unwahre Behauptung, die geeignet ist, den Credit eines Anderen zu gefährden. Aber ungeschützt ist der Credit gegen nicht wissentlich unwahre Behauptungen, und ebenso wenig ist Schutz gegeben gegen Erschwerungen der Verkaufsmöglichkeit und überhaupt gegen Schädigung des gewerblichen Rufes. Die französische Jurisprudenz unterscheidet nicht einmal, ob die schädigende Behauptung wahr ist oder nicht: ein Mitbewerber soll den anderen überhaupt nicht kritisiren, wofern die Kritik nicht bloß berechtigte Abwehr eines unberechtigten Angriffes ist. Die deutsche Auffassung wird in erweislich wahren Behauptungen keinen unlauteren Mitbewerb erkennen.

3. Verleitungen der Leute eines Anderen zur Untreue zum Zweck der Erzielung von Geschäften, die eigentlich einem anderen Concurrenten zukommen sollten. Und zwar entweder um selbst Geschäfte

mit dem Geschäftsherrn des Bestochenen zu machen und einen Concurrenten zu verdrängen, wohin insbesondere das sogenannte Schmieren und der leidige Unfug gehört, daß Lieferanten für den Haushalt den Dienstboten Provisionen von dem Umsatz gewähren, den sie durch Vermittelung der Dienstboten mit den Herrschaften machen — oder die Bestechung von Leuten des Principals zum Zwecke der Erlangung von Fabrik- und Geschäftsgeheimnissen desselben. Damit ist der Punkt berührt, über dessen Behandlung de lege ferenda die Ansichten am meisten auseinandergehen.

Die unlauteren **gegen die Gesammtheit der Mitbewerber** gerichteten Handlungen bedienen sich meist, doch nicht wesentlich, der öffentlichen Reclame, da sie auf Erzielung möglichst vieler Geschäfte gerichtet sind. Diese zweite Hauptgruppe verdient darum besondere Beachtung, weil der Entwurf hier eine Klage auf Unterlassung und auf Schadensersatz giebt, die etwas von einer Popularklage hat — eine Erscheinung, die im französischen Recht noch nicht vorkommt. Hier ist denn auch sofort gefragt worden, ob es gerechtfertigt sei, in solchen Handlungen eine Verletzung aller Concurrenten zu erblicken und sie zur Klage auf Schadensersatz zu legitimiren, da doch vielleicht so mancher dadurch nicht wirklich geschädigt werde. Die Wiener Jur. Bl. wählen folgendes Beispiel: Es kündigt ein Theehändler unwahrer Weise an, daß er seinen Thee direct aus China beziehe. Sollen wirklich, fragen die Jur. Bl., alle anderen Colonialwaarenhändler Ersatzklagen anzubringen berechtigt sein? Und sie antworten denn auch: Da die Kläger ihren Schaden in keiner Weise werden beziffern können, so wird das Gesetz ein leerer Buchstabe bleiben und es wird nur auf Unterlassung der unrichtigen Angaben geklagt werden können. Ich halte das — die Frage, ob das Beispiel dem Entwurf gegenüber gut gewählt sei, offen lassend — für unrichtig. Auch das in Geltung stehende Recht kennt Fälle, von denen man sagen kann, daß die Substantiirung des Schadensersatzanspruches ganz ähnlich diesem Falle, mit den Jur. Bl. zu sprechen, „in die Luft" gestellt ist, wo die Praxis aber darin keine Schwierigkeit erblickt hat. Wenn eine körperlich verletzte Person durch die Mißhandlung verunstaltet worden ist, da muß, zumal wenn sie weiblichen Geschlechts ist, insofern auf diesen Umstand Rücksicht genommen werden, als ihr besseres Fortkommen dadurch verhindert werden kann. So bestimmt das hier offenbar dem A.L.R. folgende österr. B.G.B. § 1327. „Ihr besseres Fortkommen dadurch verhindert werden kann" — es muß nicht wirklich dadurch verhindert worden sein, ja es ist möglich, daß im Gefolge ihrer Verunstaltung ihr Fortkommen geradezu verbessert worden ist: Das verunstaltete Mädchen, dem eine reichliche Ausstattung als Ersatz zuerkannt wurde, kam erst dadurch in die Lage, eine Ehe einzugehen; der zum Krüppel geschlagene Bursche, der Soldat werden wollte, hat sich mit der Entschädigungssumme etablirt oder an der Börse speculirt und ist Millionär geworden. Auch wo der Fall so auslief, zweifelt niemand, daß der Beschädigte die Entschädigungssumme behalten darf, und es wird dem Richter auch nicht schwer fallen, sie nach freiem Ermessen festzustellen. So auch in unserem Falle des unerlaubten Wettbewerbs. Auch hier genügt es, daß der redliche Concurrent durch die unlautere Verschiebung der Grenzen der gewerblichen Sonderbeziehungen geschädigt sein kann — er braucht seinen Schaden nicht bei Heller und Pfennig zu substantiiren.

In der zweiten Gruppe sind nun wieder folgende Hauptfälle zu nennen:

1. Die falsche Vorspiegelung eines besonders dringlichen Anlasses zum Verkauf, der den Verkäufer nöthige, selbst gute Waare sehr billig, vielleicht sogar tief unter dem wahren Werthe zu verkaufen. Es kommt vor, daß selbst die Andeutung nicht gescheut wird, die Waare sei geschmuggelt oder durch Delict erworben und werde darum so billig angeboten; oder es wird angeblich verkauft wegen Todesfalls, Brandschadens, Havarie, Auswanderung, Zurückgehens eines Verlöbnisses und dergl. Ganz besonders aber gehören hierher die angeblichen Concursausverkäufe; es kauft nämlich Jemand den Waarenvorrath einer Concursmasse und veranstaltet dann einen Ausverkauf, dem der Anschein gegeben wird, als erfolge er durch die Concursmasseverwaltung; dabei wird aber nicht nur dieses Waarenlager verkauft, sondern man schiebt weitere, eigens zu diesem Zwecke bezogene Waare nach, die in der Regel recht geringwerthig ist, so daß das Publicum im günstigsten Falle preiswerthe Waare bekommt, während es meint, sehr billig zu kaufen, die anderen, gleiche Waaren führenden Kaufleute aber schwere Einbuße an ihrem Absatz leiden. Das Ergebniß der von Herrn Dr. Katz über diese Fälle angestellten Enquête ist nun überaus interessant: In etwa $^{3}/_{4}$ der vorkommenden Fälle, wo Concurswaaren en bloc verkauft werden, wird reguläre Waare nachgeschoben, reichlich in der Hälfte aller Fälle scheint dies der einzige Zweck des Ankaufs der Concurswaaren zu sein, und in einem erheblichen Theile der Fälle besteht der Nachschub aus schlechter Waare.

2. Die sogenannte Qualitäts- und Quantitätsverschleierung, die sehr oft dem Betrug überaus nahe steht, ferner falsche Angaben über

den Ursprung der Waaren, ihren Preis und die Menge der vorhandenen Vorräthe. In der ersten Beziehung ist man so weit gegangen, einen eigenen täuschenden Sprachgebrauch zu erfinden. Man nennt z. B. einen todten Fisch „lebend frisch", ein halbechtes Gewebe „echt", das echte „ganz echt". Die Quantitätsverschleierung betrifft besonders den Detailhandel mit Waaren in festen Päckchen, Flaschen, Schachteln, Knäueln und dgl. Das Publicum ist von altersher gewohnt, ein genau bestimmtes Quantum, z. B. 12 Dutzend Stahlfedern, 1000 Zündhölzchen in einer Schachtel zu finden. Der unredliche Concurrent vertraut, es werde sich niemand der Mühe des Nachzählens unterziehen, legt nur 120 Federn, nur 700 Zündhölzchen in die Schachtel, bietet sie etwas billiger aus und lockt so dem reellen Verkäufer die Kunden ab. Bei anderen Waaren legt das Publicum Werth auf das Land ihres Ursprungs; wer nun inländische Stahlwaaren für englische ausgiebt, beeinträchtigt die Verkäufer von wirklichem englischen Stahl. Falsche, nämlich sehr niedrige Preisangaben in den Schaufenstern, während man im Laden die gleiche Waare nur zu höherem Preise erhält, und falsche Angaben über die große Menge der vorhandenen Vorräthe, speculiren darauf, daß der einmal hereingelockte Käufer nicht fortgehen werde, ohne gleichwohl zu kaufen, bezw. daß er sich eben durch die reiche Auswahl anlocken lassen werde. Der letztgenannte Fall wird übrigens oft genug eine ziemlich harmlose Uebertreibung in der Reclame sein. Endlich

3. auch die Anmaßung von Auszeichnungen und Schutzrechten schädigt sowohl den wirklich ausgezeichneten, wie den nicht ausgezeichneten Concurrenten, den letzteren, indem der Anmaßende ein Uebergewicht, den ersteren, indem er eine Gleichstellung in Anspruch nimmt. Daher sind ja, wie bereits bemerkt wurde, einige Fälle dieser Art auch schon in der geltenden Gesetzgebung mit Strafe bedroht. Die französische Jurisprudenz geht auch diesfalls so weit, daß sie selbst in wahren Angaben, man sei der ehemalige Schüler, Gehilfe, Associé einer ausgezeichneten Firma einen unlauteren Wettbewerb erblickt. Für unser Rechtsgefühl liegt in solchen wahren Angaben nichts Anstößiges; in Wien ist es sehr üblich, daß ein emeritirter Assistent eines berühmten Klinikers diesen Titel noch Jahre nach seinem Ausscheiden öffentlich affichirt; das findet man ganz in der Ordnung, während man es gewiß incorrect finden würde, wenn ein emeritirter Secundararzt dieser Klinik sich wahrheitswidrig als ehemaligen Assistenten bezeichnen würde.

Die Gliederung der Fälle im Entwurf des Gesetzes zur Bekämpfung des unlauteren Wettbewerbes ist eine andere. Die Denkschrift sagt von ihm, er enthalte Bestimmungen

in §§ 1 und 2 gegen Ausschreitungen im Reclamewesen,

im § 3 gegen Quantitätsverschleierungen,

in §§ 4 und 5 gegen unwahre, dem Absatz oder den Credit von Erwerbsgenossen nachtheilige Behauptungen,

im § 6 gegen die auf Täuschung berechnete Benutzung von Namen und Firmen und

in §§ 7 und 8 gegen den Verrath von Geschäfts- oder Betriebsgeheimnissen.

Die ersten drei Paragraphen umfassen die Fälle des unlauteren Wettbewerbs, die sich gegen die Gesammtheit der Concurrenten richten, die übrigen jene, die sich gegen einzelne Concurrenten wenden.

V. Die Mittel, die der Entwurf zur Bekämpfung des unlauteren Wettbewerbes zuläßt, sind Klagen auf Unterlassung der unrichtigen Angaben, auf Unterlassung der Wiederholung oder Verbreitung der unrichtigen Behauptungen, auf Unterlassung der mißbräuchlichen Art der Benutzung von Namen oder Firmen, ferner Schadensersatzklagen und in den schweren Fällen Strafverfolgung bald auf Antrag, bald von Amts wegen, wobei die Verurtheilung in einigen Fällen auf Kosten des Schuldigen zu veröffentlichen ist oder veröffentlicht werden kann. Neben der Strafe kann auch auf Buße erkannt werden — ein Sühnmittel, von dem ich wünschte, daß die Praxis recht reichlich Gebrauch mache; damit könnte viel von den Mühen des Schadensprocesses erspart werden. Zur Sicherung des Anspruches auf Unterlassung unrichtiger Angaben können einstweilige Verfügungen erlassen werden, auch ohne daß die besonderen Voraussetzungen der §§ 814, 819 C.P.O. vorliegen.

§ 1 (des neuen Entwurfes) giebt zunächst eine Klage auf Unterlassung der unrichtigen Angaben gegen den, der es unternimmt, in öffentlichen Bekanntmachungen oder in Mittheilnngen, welche für einen größeren Kreis von Personen bestimmt sind, durch unrichtige und zur Irreführung geeignete Angaben thatsächlicher Art über Beschaffenheit, Herstellungsart oder Preisbemessung von Waaren oder gewerblichen Leistungen, über die Bezugsquelle von Waaren (worunter nicht geographische Angaben verstanden sind), über den Besitz von Auszeichnungen oder den Anlaß oder den Zweck des Verkaufs den Anschein eines besonders günstigen Angebots hervorzurufen. Das Nämliche soll auch bei Veranstaltungen gelten, die darauf berechnet und geeignet sind, die erwähnten thatsächlichen Angaben zu ersetzen. Der

Anspruch kann von jedem Gewerbetreibenden, der Waaren oder Leistungen gleicher oder verwandter Art herstellt oder in den geschäftlichen Verkehr bringt, geltend gemacht werden. Kannte der Urheber die Unrichtigkeit der Angaben oder mußte er sie kennen, dann haben die Klageberechtigten auch Anspruch auf Ersatz des dadurch hervorgerufenen Schadens.

Die Klage auf Unterlassung wie die auf Schadenersatz gehört vor das Gericht, in dessen Bezirk die unrichtigen Angaben gemacht worden sind. Ist Klage erhoben oder Erlaß einer einstweiligen Verfügung beantragt, so steht anderen, die ebenfalls auf Unterlassung zu klagen berechtigt wären, nur zu, dem Verfahren als Streitgenossen beizutreten, und jede in der Sache ergangene Entscheidung äußert zu Gunsten des Beklagten ihre Wirkung auch gegenüber solchen Berechtigten, welche den Anspruch nicht geltend machen. Es soll also der Beklagte nicht in zahllosen Processen verfolgt werden können. — Geldstrafe bis 1500 Mk. kann endlich im Wege der Privatklage erwirkt werden, wenn zu dem Thatbestande des § 1 noch hinzutritt, daß die Angaben wissentlich unwahr und auf Täuschung berechnet waren (§ 2). Gegen einen schon früher wegen Zuwiderhandels gegen § 2 Bestraften kann neben oder anstatt der Geldstrafe auf Haft oder Gefängniß bis zu sechs Monaten erkannt werden. — In dieser neuen Fassung sind mehrere gewichtige Bedenken, die gegen die Bestimmungen des älteren Entwurfes erhoben waren, nunmehr behoben. Ebenso ist der von Scherer ausgesprochene Wunsch, es möge das Verfahren an die Kammern für Handelssachen verwiesen werden, im § 11 des neuen Entwurfes berücksichtigt.

Gegen Quantitätsverschleierungen bestimmt **§ 3**, es könne durch Beschluß des Bundesraths bestimmt werden, daß gewisse Waaren im Einzelverkehr nur in bestimmten Mengeeinheiten oder mit einer auf der Waare anzubringenden Angabe der Menge gewerbsmäßig verkauft oder feilgehalten werden dürfen, bei Geldstrafe bis 150 Mark oder Haftstrafe. Gegen die Bestimmung „nur in bestimmten Mengeeinheiten" wendet sich Dr. Katz, m. E. mit gutem Grunde: Wenn der Krämer die im Päckchen enthaltene Menge stets richtig bezeichnet, ist nicht abzusehen, warum er nur in bestimmten Mengeeinheiten sollte verkaufen dürfen. Auch der österr. Entw. verlangt nur, daß entweder die Quantität dem Käufer vorgewogen, vorgemessen, vorgezählt werde, oder daß unter ausdrücklicher Bezeichnung der Menge verkauft werde.

Nach **§ 4** erwächst aus dem dénigrement, wenn es den Absatz des Geschäftes oder den Credit des Inhabers zu schädigen geeignet ist, für den Verletzten eine Schadensersatzklage; es seien denn die fraglichen Behauptungen erweislich wahr oder jede Schädigungsabsicht bei dem Mittheilenden ausgeschlossen, womit insbesondere die gebührende Rücksicht auf die sog. Auskunfteien genommen ist. Dagegen wird die wider besseres Wissen erfolgende Aufstellung oder Verbreitung solcher unwahrer thatsächlicher Behauptungen (§ 5) mit Geldstrafe bis 1500 Mk. oder mit Gefängniß bis zu einem Jahre bedroht. Die Strafverfolgung tritt nur auf Antrag ein. Herr Dr. Scherer findet diese Strafe „reichlich niedrig bemessen". Unzweifelhaft werden Anschwärzungen fast immer von Concurrenten ausgehen; da sie aber auch Anderen zur Last fallen können, so gehört der Fall nicht nothwendig zum unerlaubten Wettbewerb.

§ 6 giebt eine Klage auf Unterlassung und auf Schadensersatz gegen den, der im geschäftlichen Verkehr einen Namen, eine Firma oder die besondere Bezeichnung eines Erwerbsgeschäftes in einer Weise benutzt, die darauf berechnet und geeignet ist, Verwechslungen mit dem Namen, der Firma oder der Bezeichnung eines Erwerbsgeschäftes hervorzurufen, deren sich ein Anderer befugter Weise bedient.

Benutzung des eigenen Namens oder der eigenen eingetragenen Firma kann jedoch nur dann verantwortlich machen, wenn die Absicht nur auf Hervorrufung von Verwechslungen gerichtet gewesen sein kann.

Da die Revision des H.G.B. bereits in Angriff genommen ist, begreift es sich von selbst, daß sich der Entwurf nur gegen jene Mißbräuche wendet, die sich in der Benutzung rechtmäßig eingetragener Firmen, namentlich durch Benutzung der Synonymität, und in der Verwendung von nicht im Firmenregister eingetragenen Namen herausgestellt haben. Man kann, wie Dr. Katz hervorhebt, in diesem § 6 nun auch einen Schutz gegen die Anmaßung eines Zeitungsnamens gewährt finden, nicht aber auch gegen die eines Büchertitels. Gegen die casuistische Fassung des Paragraphen, die noch immer manchen Schleichweg offen lassen dürfte, sind von verschiedenen Seiten Bedenken erhoben; im Anschluß an Rausnitz schlägt Scherer einen allgemeiner gefaßten Eingangssatz vor, der dem § 6 vorausgehen sollte, und wünscht den Anspruch auf Unterlassung zuzulassen ohne Rücksicht auf ein Verschulden des Verletzers, den Anspruch auf Schadensersatz aber nur unter Voraussetzung eines solchen zu gewähren, dann aber sowohl beim Vorhandensein von culpa, wie von dolus.

Am meisten haben Widerspruch erregt die Bestimmungen des älteren Entwurfs über Geschäfts- und Betriebsgeheimnisse. Den Einen erscheinen sie zu weit gehend, den Anderen gehen sie, namentlich mit Rücksicht auf den großen Schaden, den der Verrath eines Fabrikgeheimnisses stiften kann, und auf die niedrige Gesinnung des Verräthers nicht weit genug. § 7 des neuen Entw. bedroht mit auf Antrag zu verhängender Geldstrafe bis 3000 Mk. oder mit Gefängnißstrafe bis zu einem Jahre den, der Geschäfts- oder Betriebsgeheimnisse, die ihm als Angestellten, Arbeiter oder Lehrling eines Geschäftsbetriebes vermöge des Dienstverhältnisses oder sonst zugänglich geworden sind, während der Geltung des Dienstvertrages, sodann den, dem solche Geheimnisse in gleicher Stellung gegen die schriftliche, den Gegenstand des Geheimnisses ausdrücklich bezeichnende Zusicherung der Verschwiegenheit anvertraut wurden, wenn er sie nach Ablauf des Dienstvertrages unbefugt an Andere zu Zwecken des Wettbewerbs mittheilt. Die gleiche Strafe trifft auch den, der solche Geheimnisse, deren Kenntniß er durch eine der bezeichneten Mittheilungen oder durch eine eigene rechtswidrige Handlung erlangt hat, zu Zwecken des Wettbewerbes unbefugt verwerthet oder an Andere mittheilt. Außerdem haftet der Thäter für Schadenersatz, mehrere zum Ersatz Verurtheilte haften als Solidarschuldner, — und § 8 verhängt Geldstrafe bis 1500 Mk. oder Gefängniß bis zu 6 Monaten über den, der es unternimmt, einen Anderen zu einer Zuwiderhandlung gegen § 7 zu verleiten.

Diese Paragraphen beschäftigen sich nur mit der mißbräuchlichen Mittheilung oder Verwerthung des Geheimnisses des Principals, mit einer Frage also, mit der sich bereits der XIX. deutsche Juristentag, wenn auch von einem anderen Gesichtswinkel aus, beschäftigt hat, indem er beschloß:

> „Es ist rathsam, das St.G.B. dahin zu ergänzen, daß der Verrath an Geschäfts- und Fabriksgeheimnissen unter dem Gesichtspunkte der Untreue als Vergehen strafbar sei."

Dem Entwurf handelt es sich, wie die Beschränkung auf Angestellte, Arbeiter und Lehrlinge im § 7 zeigt, offenbar um den Schutz des durch den Dienstvertrag begründeten Treueverhältnisses. Er unterscheidet aber nicht zwischen dem Betriebs- insbesondere Fabriks- und dem Geschäftsgeheimniß; er schützt das Geheimniß des Fabrikanten, das diesem höher steht, als der Patentschutz, den er haben könnte, nicht anders, als die Liste der Bezugsquellen oder Abnehmer des Kaufmanns, seine Zusammenstellungen über Selbstkostenpreise, Bilanzen u. dgl.; er unterscheidet auch nicht durchgreifend, ob das Geheimniß dem Bediensteten anvertraut oder nur zufällig zugänglich geworden ist; er gewährt nun auch Schutz gegen unbefugte Verwerthung oder Mittheilung von Geheimnissen, die Jemand durch eigene rechtswidrige Handlung erlangt hat, welchen Fall der ältere Entw. noch nicht berücksichtigt hatte; dagegen hat der neue Entw. die Bestimmung, da sie vielfach angefochten war, fallen lassen, wonach die Treupflicht sich zwei Jahre über die Dauer des Dienstverhältnisses hinaus erstrecken sollte.

Es haben sich Stimmen erhoben, die alle Bestimmungen über den Geheimnißschutz beseitigt wissen möchten, zum mindesten alle strafrechtlichen Bestimmungen. Ich nenne namentlich Wermert. Er findet die bekannt gewordenen Uebelstände durchaus nicht so geartet, daß ein Einschreiten der Gesetzgebung nöthig wäre. Der Patentschutz — und selbst über dessen Werth seien die Meinungen getheilt — der Patentschutz sei ja gerade darum gegeben, um das Geheimnißwesen in den Fabriken zu beseitigen. Dem Geheimniß des Einen setze der Andere sein Geheimniß entgegen, und dadurch komme nicht nur jeder der Beiden, sondern der Fortschritt der Industrie zu Schaden; wo bleibe der Austausch industrieller Erfahrungen, wenn man auf Schritt und Tritt fürchten müsse, mit einer strafrechtlichen Bestimmung in Conflict zu kommen!

Auch Andere haben sich gegen eine Fortbildung der Gesetzgebung in der Richtung der Geheimnißkrämerei ausgesprochen und einerseits betont, daß es ja Jedem freistehe, sich Geheimhaltung unter Conventionalstrafe zu bedingen, andererseits, daß Jedermann, der den Patentschutz haben kann, gleichwohl aber die Geheimhaltung vorzieht, dies eben auf eigene Gefahr thue, — wobei freilich zu beachten ist, daß Patentschutz nicht für Alles zu haben ist, was, so lange es Geheimniß ist, für den Kundigen von höchstem Werth sein kann. Aber sie sprechen sich nur in einzelnen Punkten gegen den Entwurf aus. Insbesondere verwerfen Viele die Gleichstellung der Geschäftsgeheimnisse mit den Fabriksgeheimnissen. Nur die letzteren wollen sie geschützt wissen, nicht auch die ersteren, indem manche so weit gehen, zu behaupten, der Großkaufmann habe überhaupt keine Geschäftsgeheimnisse, und der kleinere Kaufmann könne sich dadurch schützen, daß er der Einsichtnahme seiner Leute das entzieht, was er geheim halten will. Auch Herr Dr. Scherer vertritt die Meinung, daß nur Betriebsgeheimnisse geschützt werden sollten, aber mit anderer Begründung, indem er sagt, daß, wenn die betheiligten Verkehrskreise selbst überwiegend den Schutz von Geschäftsgeheimnissen ablehnen, wie es nach den Verhandlungen des 20. deutschen Handelstages den Anschein hat, die Gewährung desselben nur ein überflüssiger Eingrifff in die Handels- und Verkehrsfreiheit wäre. Im Gegensatz zur Denkschrift hält er die Unterscheidung praktisch für vollkommen durchführbar. Die gleiche Meinung vertritt Schuler, mit der Begründung, daß man feste Kriterien für das aufstellen könne, was Fabriksgeheimniß, nicht auch für das, was Geschäftsgeheimniß sei.

So viel über den Entwurf. Die meisten Stimmen, die mir über ihn zu Gehör gekommen sind, billigen ihn in seinen Grundgedanken, wenn sie auch Einzelnes geändert wünschten. In dieser Richtung gehen Einzelne so weit, daß sie alle Strafbestimmungen aus dem Entwurf beseitigen möchten. Das scheint mir unmöglich und gerade so unpassend, wie der Vorschlag von Bähr, der nur mit Strafbestimmungen vorgehen möchte. Selbst das französische Recht, das im Art. 1382 rein vom civilrechtlichen Standpunkt ausging, ist zu Strafbestimmungen gelangt, und wo bliebe die Consequenz der Gesetzgebung, wenn sie z. B. im Waarenbezeichnungsgesetz Strafen verhängt und dann in einem neuen Gesetze für ganz ähnliche, aber zum Theil noch schwerere Fälle nur Schadensersatzpflicht statuiren wollte! Und gegen den mittellosen Thäter bleiben alle civilrechtlichen Waffen der Rechtsordnung stumpf.

Andere finden einzelne Strafdrohungen des Entwurfs zu weit gehend, nicht so sehr, weil die angedrohten Strafen zu schwer wären, als weil die Möglichkeit, einen Strafproceß anzudrohen, Angeberei, Chicane, Erpressung und andere Mißbräuche zu fördern geeignet sei. Diese Möglichkeit ist nicht zu leugnen. Es ist gewiß, daß Gesetze, die die Lauterkeit des Verkehrs fördern wollten, zu recht unredlicher Concurrenz mißbraucht worden sind. Herr Dr. Alexander-Katz hat in seiner Abhandlung eine Reihe solcher Fälle nachgewiesen, wo das Markengesetz in solcher Art mißbraucht wurde. Die Möglichkeit, Gesetze zu mißbrauchen, ist aber nicht nur bei Gesetzen gegen unlauteren Wettbewerb vorhanden, und was speciell die vom Denunciantenthum drohende Gefahr anbelangt, die Gefahr nämlich, daß Jemand einen nur unbequemen Concurrenten wegen unlauteren Wettbewerbes denuncirt oder verklagt, so schlägt Herr Dr. Scherer vor, da ja falsches Denunciren eine der widerlichsten Formen des unlauteren Wettbewerbes ist, im Rahmen des Entwurfs selbst in den § 1 eine Bestimmung aufzunehmen, wonach derjenige, der vorsätzlich oder fahrlässig einen Anderen auf Grund des § 1 denuncirt, sich schadensersatzpflichtig macht, und daß in den § 2 die wissentlich falsche Denunciation wegen unlauteren Wettbewerbs eingeschaltet werde.

Neben den Stimmen, die den Entwurf verbessert wissen wollen, giebt es aber auch solche, die ihn ganz ablehnen. Ich nenne hier noch einmal Blankertz. Zwar ist aus seinem Schriftchen nicht zu ersehen, ob und inwiefern er ein Eingreifen der Gesetzgebung zur Realisirung seines Gedankens wünscht und für erforderlich hält. Sein Gedanke aber ist: So wie in früheren Zeiten die Zunft die Qualität der Waare garantirte, so sollte jetzt jedes Product den Namen des Producenten, der allein für die Qualität einstehen könne, tragen müssen, damit der Consument die Waare prüfen könne. Könne der Consument den Ursprung der Waare immer ohne Mühe und Umstände erkennen, so sei die wirthschaftliche Existenz des Producenten durch die Güte der Waare bedingt, denn Waaren aus schlechterfundener Quelle werde der Consument nicht zu wiederholten Malen kaufen. Wie das aber durchzuführen sei, darüber ist Blanckertz jede Aufklärung schuldig geblieben; jedenfalls finde ich in seinen Ausführungen keine Antwort auf die vielumfassende Frage, die uns beschäftigt, da er sich doch eigentlich nur mit der Ursprungsverdunkelung beschäftigt.

Andere, unter denen besonders Wermert zu nennen ist, glauben, dem Bedürfniß nach Rechtsnormen sei durch den gegenwärtigen Rechtszustand reichlich Genüge geschehen. Fasse man den unlauteren Wettbewerb scharf an, so laufe man Gefahr, auch die gesunde Concurrenz zu treffen. Die Selbsthilfe, die Weckung des kaufmännischen Ehrgefühls auch in den Kreisen, aus denen die unlauteren Handlungen gemeldet werden, seien ausreichend stark, das zu heilen, was in den Verkehrsverhältnissen ungesund sei. Gewiß wird Niemand etwas einzuwenden haben gegen die Anwendung dieser Mittel. Fraglich ist aber, ob sie ausreichen. Glaube man, fährt er fort, damit nicht auszureichen, so sorge man für das baldige Inkrafttreten des B.G.B., das ja auch eine den unlauteren Wettbewerb treffende Bestimmung habe, die, so wie sie in dem Entwurf II. Lesung, die Haftbarkeit auf vorsätzliche Schädigung beschränkend, steht, vollkommen ausreiche. Allein diese Behauptung ist sehr bestritten. Zwar auch Schuler ist dafür, daß die zweite Lesung des Entwurfs diesfalls eine Verbesserung des ersten Entwurfs gebracht habe; aber schon auf der erwähnten Braunschweiger Versammlung wurde der Wunsch nach Wiederherstellung der §§ 704, 705 I. Entwurf ausgesprochen und auch unsere beiden Gutachten sind darin einig, daß der die Haftbarkeit auch bei fahrlässiger Schädigung statuirende I. Entwurf glücklicher gegriffen habe; ebenso sind beide der Meinung, daß der baldige Erlaß eines, sei es auch die Frage nicht vollständig erledigenden Gesetzes der Vertagung bis zur Wirksamkeit des B.G.B. vorzuziehen sei, einerseits weil die Frage dringlich ist, dann aber auch darum, weil im B.G.B. kein Platz ist für die unerläßlichen straf- und proceßrechtlichen Bestimmungen. Wohl aber könnte das B.G.B. etwaige Lücken des Specialgesetzes durch eine allgemeinere Vorschrift ausfüllen.

Eine sehr erfreuliche Opposition gegen den Entwurf scheint vom deutschen Großhandel auszugehen, erfreulich darum, weil sie den Schluß berechtigt erscheinen läßt, daß im Großhandel der unlautere Wettbewerb keine große Rolle spielt. Ist das richtig, dann läge gleichwohl darin kein Grund, das Gesetz fallen zu lassen, sondern es müßte, wie der Entwurf bezüglich der Quantitätsverschleierung auch wirklich vorgeht, das ganze Gesetz so gefaßt werden, daß es den Großhandel nicht berührt. Doch spricht gegen diese Lösung der Frage, wie Scherer bemerkt, daß die Grenze zwischen Groß- und Kleinhandel zwar theoretisch besteht, praktisch aber oft nicht zu ziehen ist, und daß, wenn unerlaubter Wettbewerb im Großhandel nicht vorkommt, er durch das Gesetz wohl auch nicht geschädigt werden kann. Auch kann nicht zugegeben werden, daß ein solches Gesetz die Würde des deutschen Handels- und Gewerbestandes beeinträchtige, weil es das Geständniß enthalte, daß es in Deutschland um Treu und Glauben im Verkehr besonders schlecht stehe. Meines Wissens ist ein solcher Vorwurf gegen den französischen und englischen Handel nicht erhoben worden und doch ist dort der Schutz gegen unlauteren Wettbewerb längst eingebürgert und unter diesem Schutz blühen Handel und Industrie! Es handelt sich um den Schutz der redlichen Majorität gegen eine unredliche Minorität, die überall vorhanden ist, und das Drängen der öffentlichen Meinung nach einem schützenden Gesetz beruht nicht nur auf der Thatsache, daß der Wettbewerb hitziger geworden ist, sondern, wie Scherer bemerkt, ebenso darauf, daß das Gefühl für das, was erlaubt und billig ist, sich gegen frühere Zeiten verfeinert und verschärft hat, und soweit dies der Grund ist, gereicht er dem Handels- und Gewerbestande nur zur Ehre.

Ich glaube, im Vorstehenden das Für und Wider gewissenhaft entwickelt zu haben. Ich brauche kaum zu sagen, daß auch ich der Meinung bin, daß der Entwurf auf gesunden Grundlagen ruht und daß ich unter denen, die hiermit einverstanden sind, auch eine Einigung über die im Einzelnen wünschenswerthen Abänderungen für sehr wohl möglich halte.

Oberstaatsanwalt Geh. Ober-Justizrath **Hamm** (Cöln): Der ausgezeichnete Vortrag des Herrn Referenten hat die Frage völlig erschöpft.

(Sehr richtig!)

Derselbe dürfte aber bei der späten Zeit leider wohl keine Grundlage mehr bieten, um die eigentlichen Streitfragen, die in dieser Angelegenheit bestehen und die auch hier unter den Anwesenden, soweit sie sich für die Frage interessiren, schon durch Anträge zum Ausdruck gekommen sind, noch zur Entscheidung zu bringen. Einig sind wir alle darüber, daß ein wirksamer Schutz gegen unlauteren Wettbewerb geschaffen werden soll, die Differenzen gerade in dem Kreise der praktischen Juristen und auch in der Literatur bestehen nur darüber, in welcher Weise dieser Schutz gewährt werden soll. Einige meinen, wir könnten uns begnügen mit allgemeinen civilrechtlichen Bestimmungen, ähnlich wie die allgemeine Schadensersatzbestimmung, die der noch bei uns am Rhein geltende code civil hat, oder ähnlich derjenigen, die in dem neuen bürgerlichen Gesetzbuch vorgesehen ist. Sie meinen, die deutsche Jurisprudenz würde sich dann ebenso zu helfen wissen, wie es die französische mit dem an sich sehr harmlosen Art. 1382 gethan hat. Andere meinen, daß es, wenn nicht ein Taschenspielerkunststück, so doch etwas arg gewagt sei, aus einer allgemeinen Schadensersatzbestimmung so weittragende Folgen zu ziehen, wie dies die Franzosen gethan haben. Sie meinen, daß, wenn die französischen Juristen so sehr gelobt würden, daß sie das aus dem Artikel herausgelesen, dies doch seine zwei Seiten habe, und daß, wenn der deutsche Richter gewissenhafter und vorsichtiger sei, das nicht immer bloß ein Vorwurf für den deutschen Richter zu sein brauchte. Diejenigen nun, die diesen Weg verlassen wollen, die zugeben, daß eine positive Specialgesetzgebung nöthig ist, scheiden sich wieder, indem die Einen ausschließlich civilrechtliche Bestimmungen, die Anderen auch strafrechtliche wünschen. Diese verschiedenen Fragen, die wir entscheiden sollen, kann aber nun in der vorgerückten Stunde das Plenum nicht mehr entscheiden,

(Sehr richtig!)

und ich erlaube mir deshalb im Einverständniß mit den anderen Herren den Vorschlag, daß wir uns darauf beschränken, das auszusprechen, worüber wir einig sind, und die zweite Frage auf einen der nächsten Juristentage zur Entscheidung vertagen. Letztere Frage kann heute höchstens übers Knie gebrochen, aber nicht mehr sachgemäß erörtert werden, und das wäre des deutschen Juristentages unwürdig. Mein Antrag geht deshalb dahin:

> „Es empfiehlt sich, im Wege der Gesetzgebung einen wirksamen Schutz zur Bekämpfung des unlauteren Wettbewerbs zu schaffen"

und ich bitte den Herrn Referenten, dagegen seinen Antrag zurückzuziehen,

(Referent Prof. Dr. Pfaff: Gern.)

denn durch diesen Antrag, in dem er sagt: der vorliegende Gesetzentwurf ist eine geeignete Grundlage, würde die Ansicht derjenigen Herren präjudicirt, die ein solches neues Specialgesetz nicht wünschen, sondern bloß allgemeine Bestimmungen über Schadensersatzpflicht. Um jede Präjudicirung nach dieser Richtung zu vermeiden, wird gewünscht, daß wir zugleich ausdrücklich erklären, die andere Frage bei dem nächsten Juristentage zur Verhandlung stellen zu wollen, daß wir also dem soeben vorgeschlagenen Satze noch hinzufügen:

> „Die Frage, in welcher Weise dieser Schutz zu gewähren ist, insbesondere ob durch civilrechtliche oder strafrechtliche Bestimmungen, bleibt einer späteren Beschlußfassung vorbehalten."

(Bravo!)

Wenn vielleicht der Herr Referent sich erklären wollte, ob er damit einverstanden ist.

Referent Prof. Dr. **Pfaff:** Ich bin einverstanden.

Präsident: Ich nehme an, daß unter diesen Umständen heute eine Berathung nicht mehr stattfinden kann; ich hätte auch, wenn ich hätte voraussehen können, daß ein so detaillirter Bericht würde abgestattet werden, die Sache gar nicht sofort zur Plenarberathung verwiesen, ich glaubte mich darauf beschränken zu können, die Frage zu erörtern, wie sie zuletzt hier gestellt worden ist; da aber vorbehalten worden ist, ob durch civilrechtliche oder durch strafrechtliche Schutzmittel geholfen werden soll und wir uns darüber auf dem nächsten Juristentag weiter verständigen können, so glaube ich, Sie auffordern zu können, die Debatte zu schließen und abzustimmen, ob Sie einverstanden sind mit dem von Herrn Geh. Ober-Justizath Hamm gemachten Vorschlage.

(Ja.)

Ich bitte die Herren, die so beschließen wollen, sich zu erheben. — Das ist die große Mehrheit, der Antrag ist beinahe einstimmig angenommen.

Wir haben nun vor dem Schluß des Juristentages noch eine Wahl vorzunehmen. Diese Wahl kann nach dem Statut durch Acclamation oder durch Stimmzettel vorgenommen werden. Acclamation ist bisher die Regel gewesen. Die Vertrauensmänner, welche Sie vorgeschlagen haben, sind heute zusammengetreten und machen uns folgenden Vorschlag: es zu belassen bei den bisherigen Deputationsmitgliedern und für die ausscheidenden beiden, meine Person, die ohne Weiteres schon als Präsident Mitglied bleibt, und Herrn Prof. Eck, der um Ausscheidung gebeten hat, zu wählen den Prof. Strohal in Leipzig und den Rechtsanwalt Dr. Stachow in Bremen.

Ich frage Sie, ob Sie einverstanden sind, daß die übrigen Mitglieder der Deputation ihr Amt unverändert fortführen unter Hinzufügen dieser beiden genannten Herren. — Da kein Widerspruch erfolgt, nehme ich dies als beschlossen an.

Ich ersuche nun die gewählten Mitglieder der Deputation, sich nach Schluß der Sitzung noch einen Augenblick zusammenzufinden, um die Constituirung vorzunehmen.

Wenn weiter nichts vorzutragen ist, kann ich die Versammlung schließen und Sie bitten, sich heute bei der frohen Tafelrunde zu freuen, daß der Juristentag so günstig verlaufen ist.

(Schluß der Sitzung 2 Uhr 20 Minuten.)

Druck von Leonhard Simion in Berlin SW.

Bericht
über die Entwicklung der Gesetzgebung
in den beiden letzten Jahren.

Die Rechtsentwickelung im **Deutschen Reiche** ist seit dem letzten Juristentage gehemmt worden durch den Zwiespalt der Meinungen im Reichstage, in Folge dessen die wichtigsten Gesetzesvorlagen scheiterten. Das sogenannte Umsturzgesetz, mittels dessen den aus dem Treiben der Anarchisten und Socialdemokraten befürchteten Gefahren für das allgemeine Wohl vorgebeugt werden sollte, gelangte nach monatelangen unfruchtbaren Vorverhandlungen nicht zur Annahme, von den Steuergesetzvorlagen, welche den Zweck hatten, die Einnahmen des Reiches so zu erhöhen, daß die Ausgaben ohne Matricularbeiträge der Bundesstaaten Deckung fänden, ist nur das sogenannte Börsensteuergesetz zu Stande gekommen, und die geplante Aenderung der Strafproceßordnung, welche namentlich die Wiedereinführung der Berufung in Strafsachen zum Gegenstande hatte, ist nicht einmal zur Abstimmung im Reichstage gelangt.

Die einzigen in das Privatrecht eingreifenden Reichsgesetze, welche nach zuvoriger Anhörung von Sachverständigen aus den Interessentenkreisen und nach eingehender Berathung im Reichstage zu Stande gekommen, sind die Gesetze über die Binnenschifffahrt und die Flößerei.

Das Gesetz, betreffend die privatrechtlichen Verhältnisse der Binnenschifffahrt, vom 15. Juni 1895, welches am 1. Januar 1896 in Kraft tritt, regelt in eingehender Weise die Rechtsverhältnisse der Schiffseigner, der Schiffer, der Schiffsmannschaft, das Frachtgeschäft, die Haverei, die Bergung und Hülfeleistung, die Rechtsverhältnisse der Schiffsgläubiger und die Führung der Schiffsregister.

Schiffseigner ist der Eigenthümer eines zur Schifffahrt auf Binnengewässern bestimmten und dazu verwendeten Schiffes. Dritten gegenüber gilt auch, wer ein ihm nicht gehöriges Schiff zur Binnenschifffahrt verwendet, als Schiffseigner, und Schiffsgläubiger können in solchem Falle ihre Ansprüche auch dem wirklichen Eigenthümer gegenüber durchführen, sofern Letzterer nicht beweist, daß die Verwendung des Schiffes ihm gegenüber widerruflich und der Gläubiger nicht in gutem Glauben war. Der Schiffseigner haftet persönlich für die Fahrtüchtigkeit des Schiffes bei Antritt der Reise und ebenso für die den Personen der Schiffsbesatzung aus dem Dienstverhältnisse zustehenden Forderungen; er haftet ferner für den Schaden, den eine Person der Schiffsbesatzung einem Dritten durch ihr Verschulden in Ausführung ihrer Dienstverrichtungen zufügt. Die Haftung beschränkt sich auf Schiff und Fracht, wenn der Anspruch gegründet wird auf ein Rechtsgeschäft, welches der Schiffer ohne besondere Vollmacht und kraft seiner gesetzlichen Befugnisse abgeschlossen hat; wenn der Anspruch auf mangelhafte Erfüllung eines Vertrages gegründet wird, dessen Ausführung zu den Dienstobliegenheiten des Schiffers gehört; wenn der Anspruch auf das Verschulden einer Person der Schiffsbesatzung gegründet wird, und wenn er selber ohne bösliche Handlungsweise durch fehlerhafte Führung des Schiffes einen Schaden veranlaßt hat.

Für alle gegen den Schiffseigner als solchen zu erhebenden Klagen ist das Gericht des Heimathsortes zuständig, das heißt des Ortes, von dem aus die Schifffahrt mit dem Schiffe betrieben wird.

Der Führer des Schiffes ist verpflichtet, bei allen Dienstverrichtungen die Sorgfalt eines ordentlichen Schiffers anzuwenden, er haftet für Fahrtüchtigkeit des Schiffes, für Beobachtung der Polizei-, Steuer- und Zollgesetze, muß für das Beste des Schiffes und der Ladung sorgen, thunlichst Verhaltungsmaßregeln des Schiffseigners und der Ladungsbetheiligten für besondere Maßregeln einholen. Wird Schiff oder Ladung von einem Unfall betroffen, so ist er berechtigt und auf Verlangen des Schiffseigners verpflichtet, vor dem Amtsgericht des Ortes, wo die Reise endet, oder, wenn das Schiff vorher an einem anderen Orte längere Zeit liegen bleiben muß, vor dem Amtsgerichte dieses Ortes eine Beweisaufnahme über den thatsächlichen Hergang, sowie über den Umfang des angerichteten Schadens und die dagegen angewendeten Mittel zu beantragen.

Der Schiffer ist zur Ausstellung von Ladescheinen befugt, er ist ferner, wenn sich das Schiff weder am Heimathsorte befindet, noch an einem Orte, wo der Schiffseigner eine Geschäftsniederlassung hat, die Frachtforderungen einzuziehen und für den Schiffseigner alle Geschäfte vorzunehmen, welche die Ausführung der Reise erforderlich macht. Durch solche vom Schiffer innerhalb seiner Befugnisse vorgenommene Geschäfte wird der Schiffseigner berechtigt und dem Dritten gegenüber mit Schiff und Fracht verpflichtet, während eine Verpflichtung des Schiffers nicht eintritt.

Die Schiffsmannschaft, zu welcher mit Ausnahme des Schiffers alle zum Schifffahrtsdienste auf dem Schiff angestellten Personen der Schiffsbesatzung gehören, untersteht der Gewerbeordnung, deren Bestimmungen jedoch mit Rücksicht auf die Besonderheit des Schifffahrtsdienstes einige Modificationen erleiden.

Auf das Frachtgeschäft zur Beförderung von Gütern auf Binnengewässern sind die Vorschriften der Artikel 390 bis 393, 396 bis 407, 408 Absatz 1 und 3, 409 bis 412, 414 bis 420 des Handelsgesetzbuchs für anwendbar erklärt mit gewissen Abweichungen, welche sich beziehen auf den Beginn der Ladung und der Löschung, den Ladeplatz und den Löschplatz, die Ladezeit und die Löschzeit, die Liegezeit und Ueberliegezeit, die Wartezeit, das Wartegeld, das Liegegeld, die Entschädigungspflicht des Absenders im Falle seines Rücktrittes vom Frachtvertrage und das Verfahren bei Niederlegung der Güter, wenn die Löschung nicht innerhalb der Wartezeit erfolgt.

Die Haftung des Frachtführers für Schaden an Frachtgütern ist abweichend vom Artikel 395 des Handelsgesetzbuchs nur ausgeschlossen,

> wenn er beweist, daß der Verlust oder die Beschädigung durch Umstände herbeigeführt ist, welche durch die Sorgfalt eines ordentlichen Frachtführers nicht abgewandt werden konnte, insbesondere wenn der Schaden aus einem Mangel des Schiffes oder der Geräthschaften entstanden ist, welcher trotz der Sorgfalt eines ordentlichen Frachtführers nicht zu entdecken war.

Der Frachtführer haftet, sofern nicht seine oder seiner Leute besondere Schuld vorliegt, nicht für Schäden, die aus einer vereinbarten besonderen Beförderungsweise oder besonderer Verpackungsart oder wenn der Absender oder der Empfänger selber Verladung bezw. Ausladung übernommen hat, aus der mit dem Verladen und Ausladen verbundenen besonderen Gefahr entstanden ist, ebensowenig in Ansehung von Gütern, die vermöge ihrer natürlichen Beschaffenheit der besonderen Gefahr ausgesetzt sind, Verlust oder Beschädigung zu erleiden, für den aus dieser Gefahr entstandenen Schaden und endlich bei lebenden Thieren auch nicht für den Schaden aus der mit der Beförderung für sie verbundenen besonderen Gefahr. Auch wird in allen diesen Fällen zu Gunsten des Schiffers vermuthet, daß ein eingetretener Schaden, welcher nach den

Umständen des Falles aus einer der bezeichneten Gefahren entstehen konnte, aus der betreffenden Gefahr entstanden ist. Die weiteren Einzelbestimmungen werden hier übergangen.

Die Grundsätze des Handelsgesetzbuchs über große und besondere Haverei der Seeschiffe werden den analogen Fällen der in Binnengewässern zum Zwecke der Rettung von Schiff und Ladung vorsätzlich vom Schiffer der Ladung oder dem Schiffe zugefügten Schaden angepaßt, unter Weglassung gewisser nur für den Seeverkehr anwendbarer Vorschriften. Abweichend von den Grundsätzen über große Haverei der Seeschiffe ist bei der Schifffahrt in Binnengewässern die große Haverei von Schiff und Ladung gemeinschaftlich zu tragen, nicht auch von der Fracht.

Ebenso wie bei der Haverei sind auch die Vorschriften beim Zusammenstoß von Schiffen, bei Bergung und Hülfeleistung den betreffenden Vorschriften des Handelsgesetzbuchs im Seeverkehr nachgebildet. Abweichend davon sind die Vorschriften des Handelsgesetzbuchs weggelassen, welche die Festsetzung des Berge- und Hülflohns auf eine Quote des Werthes der geretteten Güter verbieten, welche den Betrag des Bergelohnes auf ein Drittel bezw. ein Halb des Werthes der geborgenen Güter beschränken und welche vorschreiben, daß der Hülfslohn stets unter dem Betrage festzusetzen sei, den der Bergelohn gehabt haben würde.

Für die der hohen See zunächst gelegenen Binnengewässer ist den Landesregierungen das Recht gegeben, hinsichtlich des Verfahrens bei Bergung und Hülfeleistung und hinsichtlich der zuständigen Behörden, sowie hinsichtlich der Behandlung der geborgenen Gegenstände und der Festsetzung der Bergungs- und Hülfskosten die für die Seeschifffahrt geltenden Vorschriften für anwendbar zu erklären.

Die Rechte eines Schiffsgläubigers sind beigelegt den öffentlichen Schiffs- und Schifffahrtsabgaben, den Forderungen der Schiffsbesatzung, den Lootsengeldern, den Bergungs- und Hülfskosten, den Forderungen wegen ungehöriger Ablieferung der Ladungsgüter, desgleichen den Forderungen aus Rechtsgeschäften, welche der Schiffer kraft gesetzlicher Befugniß eingegangen ist, den Forderungen aus Verschulden der Schiffsbesatzung, den Forderungen aus den Gesetzen der Krankenversicherung und Unfallversicherung. Die Schiffsgläubiger haben kraft Gesetzes ein Pfandrecht. Das Pfandrecht erstreckt sich auf Schiff nebst Zubehör und auf die Bruttofracht. Der Rang dieser gesetzlichen Pfandrechte untereinander und im Verhältnisse zu den sonstigen Pfandrechten am Schiffe ist durch besondere Vorschriften geregelt.

Die Pfandrechte der Schiffsgläubiger und die sonstigen Pfandrechte am Schiffe erlöschen durch den im Inlande im Wege der Zwangsvollstreckung erfolgten Verkauf des Schiffes; im Falle freiwilliger Veräußerung des Schiffes erlischt das Recht des Schiffsgläubigers durch Ausschlußurtheil nach vorherigem öffentlichen Aufgebot. Für die meisten der Forderungen der Schiffsgläubiger ist eine einjährige Verjährung bestimmt, beginnend mit dem Schlusse des Jahres, in welchem die Forderung fällig geworden ist.

Während reichsgesetzlich bisher ein Schiffsregister nur für die zum Erwerbe durch die Seefahrt bestimmten Schiffe zu führen war, ist jetzt die Führung eines Schiffsregisters ausgedehnt auf andere größere Schiffe, nämlich auf Dampfschiffe und andere Schiffe mit eigener Triebkraft mit mehr als 15 000 Kilogramm Tragfähigkeit und auf sonstige Schiffe mit einer Tragfähigkeit von mehr als 20 000 Kilogramm. Die Anmeldung in das Register ist obligatorisch; sie muß enthalten, unter Glaubhaftmachung der betreffenden Angaben, die Gattung, Material, Namen und Nummer des Schiffes, die Tragfähigkeit, die Stärke des Motors, Zeit und Ort der Erbauung, Heimathsort, nähere Bezeichnung des Eigenthümers und den Rechtsgrund, auf welchem das Eigenthum beruht. Ueber die Eintragung in das Register ertheilt die Behörde eine Urkunde (Schiffsbrief). Veränderungen in den eingetragenen Thatsachen und Rechtsverhältnissen müssen unter Vorlegung des Schiffsbriefs zur Eintragung in das Schiffsregister angemeldet werden.

Wo landesgesetzlich bereits ein Schiffsregister für Schiffe der Binnenschifffahrt bestand, hat es bei der dort getroffenen Eintragung sein Bewenden. Den Landesregierungen ist vorbehalten, den Eintragungszwang auch für Schiffe von geringerer Tragkraft einzuführen.

Die Verpfändung eines in das Schiffsregister eingetragenen Schiffes erfolgt nur durch Eintragung in das Register; sie ist auf dem Schiffsbriefe und geeigneten Falles auch auf der Verpfändungsurkunde zu vermerken. Auch der Uebergang der Forderung auf einen Anderen und die Löschung des erloschenen Pfandrechts erfolgen im Register auf Antrag der Betheiligten. Soweit nicht nach Landesgesetz Binnenschiffe in Ansehung der Zwangsvollstreckung zum unbeweglichen Vermögen gehören, ist das Zwangsvollstreckungsverfahren besonders geregelt. Der Gerichtsvollzieher muß die Pfändung sofort zum Schiffsregister anzeigen und der Registerbehörde den Erlös unter Beifügung der auf das Verfahren sich beziehenden Schriftstücke abliefern. Die Behörde erläßt sodann eine Aufforderung an alle bekannten Schiffsgläubiger und Realberechtigte und eine öffentliche an alle sonstigen mit 1 bis 2 Monat Frist, nach deren Ablauf die Ausschüttung der Masse an den die Zwangsvollstreckung betreibenden Gläubiger bezw. an die sonstigen Gläubiger nach Maßgabe der Vorschriften der Civilproceßordnung §§ 760 flg. über das Vertheilungsverfahren erfolgt.

Die den Landgerichten in erster Instanz zugewiesenen bürgerlichen Rechtsstreitigkeiten, in welchen durch die Klage ein Anspruch aus den Rechtsverhältnissen der Binnenschifffahrt geltend gemacht wird, gehören vor die Kammern für Handelssachen. Die Verhandlung und Entscheidung in letzter Instanz wird dem Reichsgerichte zugewiesen.

An das eben besprochene Gesetz schließt sich an: das gleichfalls am 1. Januar 1896 in Kraft tretende Reichsgesetz, betreffend die privatrechtlichen Verhältnisse der Flößerei, vom 15. Juni 1895, dessen einzelne Bestimmungen jedoch kein allgemeines Interesse bieten.

Strafgesetze sind ergangen zur Ausführung internationaler Verträge. Durch Gesetz vom 4. März 1894 werden Zuwiderhandlungen gegen die Bestimmungen der Artikel 2 und 3 des internationalen Vertrages vom 16. November 1887 bezw. 14. Februar 1893 zur Unterdrückung des Branntweinhandels unter den Nordseefischern auf hoher See, sofern nicht nach allgemeinen Strafgesetzen eine höhere Strafe verwirkt ist, mit Geldstrafe bis zu 600 Mk. oder mit Gefängniß bis zu sechs Monaten bestraft. Durch Gesetz vom 28. Juli 1895, betreffend die Bestrafung des Sklavenraubs und Sklavenhandels, wird die in dem internationalen Vertrage über diese Gegenstände gemachte Zusage des Reichs erfüllt. Nach dem Gesetze wird die vorsätzliche Mitwirkung am Sklavenraub mit Zuchthaus und wenn der Tod einer Person, gegen welche der Streifzug gerichtet war, herbeigeführt ist, mit dem Tode gestraft gegen die Veranstalter und Anführer. Mitwirkung beim Sklavenhandel ist mit Zuchthaus bedroht und, wenn mildernde Umstände vorliegen, mit Gefängniß von wenigens 3 Monaten. In allen Fällen des Sklavenraubs und Sklavenhandels ist außerdem auf Geldstrafe bis zu 100 000 Mk. und auf Einziehung der Waffen und Geräthe zu erkennen, und es ist Stellung unter Polizeiaufsicht zulässig. Ferner wird allgemein Geldstrafe bis zu 6000 Mk. oder Gefängniß bis zu 6 Monaten angedroht auf Zuwiderhandlungen gegen die vom Kaiser oder vom Bundesrath zur Verhinderung des Sklavenraubs und des Sklavenverkehrs erlassenen Verordnungen.

Ferner ist in das Reichsstrafgesetzbuch durch Gesetz vom 12. März 1894 eine neue Strafbestimmung als § 316 Nr. 10 aufgenommen, dahingehend, daß mit der dort vorgesehenen Strafe auch belegt werden soll: wer, obschon er in der Lage ist, diejenigen, zu deren Ernährung er verpflichtet ist, zu erhalten, sich der Unterhaltspflicht trotz Aufforderung der zuständigen Behörde derart entzieht, daß durch Vermittelung der Behörde fremde Hülfe in Anspruch genommen werden muß.

Auf dem Gebiete des internationalen Rechts sind aufzuzählen die im Jahre 1894 in Wirksamkeit getretenen Handels-, Zoll- und Schifffahrtsverträge mit Serbien vom 21. August 1892, mit Rumänien vom 21. Oktober 1893, vom 10. Februar 1894 mit Rußland, vom 20. Juni 1892 mit Uruguay, vom 23. Juli 1892. In den Handelsverträgen mit Serbien, Rumänien und Rußland wird von Vielen ein Hauptgrund des agrarischen Nothstandes gesehen und insbesondere in der auf die 12jährige Dauer der Verträge geschehenen Herabsetzung der Kornzölle das Haupthinderniß der Besserung. Im Uebrigen entsprechen die einzelnen Bestimmungen im Wesentlichen den früher vom Reiche mit anderen Staaten geschlossenen Handelsverträgen.

Mit der Schweiz ist unterm 13. April 1892 ein am 2. August 1894 ratificirtes Uebereinkommen getroffen, wonach die Angehörigen des einen Theils im Gebiete des anderen in Bezug auf den Schutz von Erfindungen und Modellen, von Handels- und Fabrikmarken, von Firmen und Namen dieselben Rechte wie die eigenen Angehörigen haben sollen, vorausgesetzt, daß die Förmlichkeiten erfüllt werden, welche die innere Gesetzgebung eines jeden der vertragschließenden Staaten den Inländern auflegt.

Zu erwähnen ist noch das Gesetz vom 14. Juni 1894, welches den Invaliden aus dem Kriege von 1870 und den Hinterbliebenen von Theilnehmern an diesem Kriege, ingleichen den früheren Angehörigen der schleswig-holsteinischen Armee und deren Hinterbliebenen fortlaufende Zuschüsse bezw. Unterstützungen zu den ihnen zuständigen Gebührnissen aus den Mitteln des Reichsinvalidenfonds zuweist, und das Gesetz vom 13. Juni 1875, betreffend die Fürsorge für die Wittwen und Waisen der Personen des Soldatenstandes des Reichsheeres und der Kaiserlichen Marine vom Feldwebel abwärts. Die Wittwen und ehelichen Kinder erhalten aus der Reichskasse Wittwen- und Waisengeld, wenn der Ehemann bezw. Vater nach Ablauf einer zehnjährigen Dienstzeit verstorben oder — bei kürzerer Dienstzeit — in Folge einer bei Ausübung des Dienstes erlittenen Beschädigung verstorben ist. Das Wittwengeld beträgt jährlich 160 Mk., das Waisengeld beträgt, wenn eine zum Wittwengelde berechtigte Mutter vorhanden, jährlich 32 Mk., sonst jährlich 54 Mk. Wittwen- und Waisengeld erhöhen sich für die Hinterbliebenen derjenigen Mannschaften, welchen eine mehr als zwölfjährige Dienstzeit zur Seite steht, für jedes Jahr der weiteren Dienstzeit bis zum vollendeten vierzigsten Dienstjahr um $6^2/_3$ pCt. des Normalsatzes.

Das oben erwähnte Steuergesetz, Reichsstempelgesetz vom 27. April 1894 ist im Wesentlichen die Wiederholung des bestehenden Reichsstempelgesetzes vom 9. Mai 1885 unter erheblicher Erhöhung der Stempelabgaben und Beseitigung einiger bei Handhabung des bisherigen Gesetzes entstandenen Zweifel. Insbesondere ist die Streitfrage, ob bei Prolongation im Wege des Report-, Deport-, Kost-Geschäfts die Abgabe für nur ein oder für zwei Geschäfte zu entrichten ist, dahin erledigt, daß die Abgabe nur für das eine dem Werthe nach höhere der beiden Geschäfte zu entrichten ist.

In den Reichslanden **Elsaß und Lothringen** ist am 6. Juni 1895 eine neue Gemeinde-Ordnung erlassen und am 14. Juli 1895 ein Gesetz, welches die Gebäudesteuer neu regelt. Die Höhe der Steuer ist auf durchschnittlich vier und ein halb Procent des Nutzungswerthes bestimmt, die Abgaben von Gütern todter Hand sind aber besonders normirt. Endlich ein Gesetz vom 14. Juli 1895 betrifft die Sparkassen, deren Errichtung und Auflösung nur durch Kaiserliche Verordnung erfolgt.

In der besonderen Gesetzgebung von **Preußen** ist auf den Rechtsgebieten, mit denen sich der Juristentag zu befassen hat, nur wenig Neues in den beiden letzten Jahren zu Stande gekommen. Die gesetzgebenden Factoren waren vorwiegend von wirthschaftlichen und Steuerfragen in Anspruch genommen. Auf das Privatrecht beziehen sich nur vier verhältnißmäßig untergeordnete Gesetze, nämlich das Gesetz vom 12. Juni 1894, welches, im Einklange mit einem Wunsche des Juristentages und mit dem Entwurfe eines Bürgerlichen Gesetzbuches für das Deutsche Reich, die gesetzlichen Rechte des Vermiethers an den in die Miethsräume eingebrachten Sachen des Miethers auf die der Pfändung unterworfenen Sachen einschränkt; dann das Gesetz vom 5. Juni 1895, welches unter Ausfüllung in der Praxis übel empfundener Lücken dem Justizminister die Befugniß giebt, für einen Verschollenen, wenn er auch in Preußen seinen letzten Wohnsitz nicht gehabt hat, der aber Preuße ist oder in Preußen Vermögen hat, das für die Todeserklärung zuständige Gericht zu bestimmen, und dem preußischen Gerichte, in dessen Bezirk sich ein Nachlaßgegenstand befindet, für diesen Gegenstand die Zuständigkeit zur Ertheilung der Erbbescheinigung auf solche Erblasser ertheilt, welche zur Zeit ihres Todes in Preußen ihren ordentlichen Gerichtsstand nicht gehabt haben; ferner das Gesetz vom 13. Juni 1895, welches das in dem vormaligen Fürstenthum Fulda für die Einwilligung der Ehefrauen in Bürgschaften und Expromissionen zu Gunsten der Ehemänner bestehende Erforderniß der gerichtlichen Form aufhebt; endlich ein den § 98 der Preußischen Hinterlegungsordnung abänderndes Gesetz vom 14. Juli 1895.

An das Gebiet des Strafrechts streift das Jagdscheingesetz vom 31. Juli 1895, insofern es mit Strafe bedroht denjenigen, welcher die Jagd ausübt, ohne den vorgeschriebenen Jagdschein oder die seine Stelle vertretende Bescheinigung bei sich zu führen, oder gar ohne einen gültigen Jagdschein zu besitzen, auch kann in letzterem Falle, wenn der Thäter sich im Rückfalle befindet, die Einziehung der Jagdgeräthe und der Hunde erfolgen. Für Geldstrafen und Kosten, zu denen Personen verurtheilt sind, welche unter Aufsicht oder zur Hausgenossenschaft eines Anderen gehören, ist Letzterer für den Fall des Unvermögens des Verurtheilten haftbar, sofern nicht festgestellt wird, daß die That ohne sein Wissen oder Willen verübt ist. Dasselbe Gesetz bestimmt, welchen Personen und von welcher Behörde Jagdscheine ausgestellt, beziehungsweise versagt werden können oder müssen, und welche Jagdscheinabgaben zu entrichten sind.

Von größerer Wichtigkeit ist das am 1. October 1895 in Wirksamkeit tretende Preußische Gerichtskostengesetz vom 25. Juni 1895, welches die Gerichtskosten für alle nichtstreitigen und streitigen Angelegenheiten, so weit nicht das deutsche Gerichtskostengesetz darauf Anwendung findet, neu ordnet. Neben manchen Erleichterungen, namentlich in Angelegenheiten, deren Werth nicht erheblich ist, enthält das Gesetz auch vielfach Erhöhungen, welche, da Alles von dem Werthe abhängig gemacht wird und meistens nach oben hin kein Höchstbetrag festgesetzt ist, mitunter sehr bedeutend sein werden. Die allgemeinen Bestimmungen über Verpflichtung zur Kostenzahlung, zur Vorschußleistung für Auslagen, über Niederschlagung unverschuldeter Kosten, Befreiung gewisser Korporationen und physischer Personen von den Gerichtsgebühren und Festsetzung des Werthes des Gegenstandes entsprechen dem deutschen Gerichtskostengesetze. Nachforderung von Gerichtskosten wegen irrigen Ansatzes ist nur bis zum Ablaufe des nächsten Kalenderjahres zulässig, und für den Anspruch auf Gerichtskosten ist eine einjährige Verjährungsfrist bestimmt. Erinnerungen gegen den Kostenansatz unterliegen der Entscheidung des Gerichts, bei welchem der Ansatz erfolgt ist, gegen die Entscheidungen findet die Beschwerde statt und gegen Entscheidungen der Landgerichte die weitere Beschwerde an das Kammergericht. Letzteres ist in Kostensachen ausschließlich als letzte Instanz zuständig, sofern nicht ein anderes Oberlandesgericht gleichzeitig über eine Beschwerde in der Angelegenheit selbst, wofür die Kosten in Ansatz gebracht sind, zu entscheiden hat.

Der Gebührentarif bewegt sich von dem niedrigsten Werthbetrage von weniger als 20 Mark in 36 Stufen bis zum Betrage von 100 000 Mark und steigt von da ab in Stufen von 10 000 Mark. In §§ 33, 56 sind Geldbeträge unter der Bezeichnung voller Gebühr bestimmt, und unter Zugrundelegung dieser Gebühr ist für alle einzelnen gerichtlichen Acte, je nach ihrer Einfachheit oder Schwierigkeit oder Billigkeit und Unbilligkeit, mitunter ziemlich willkürlich, die Gerichtsgebühr in Quoten beziehungsweise in voller Anwendung oder auch in verhältnismäßiger Erhöhung der vollen Gebühr festgesetzt. Neben der Gebühr werden Auslagen berechnet, wie solche auch nach dem Deutschen Gerichtskostengesetze zu berechnen sind. Für zurückgenommene Anträge, ebenso für zurückgewiesene Anträge oder Beschwerden, für vereitelte Termine sind die Gebühren zwar theilweise auch nach dem Werthsgegenstande normirt, aber auf einen niedrigen Höchstbetrag beschränkt.

Dem Gerichtskostengesetze schließt sich an: die Gebührenordnung für Notare vom 25. Juni 1895, welche an Stelle der in den einzelnen Theilen von Preußen bestehenden verschiedenen Gebührenordnungen, die Gebühren einheitlich ordnet, und zwar unter entsprechender Anwendung der Vorschriften des Gerichtskostengesetzes, welche für Berechnung des Werthes des Gegenstandes und für Bemessung der den einzelnen Gebührensätzen zu Grunde zu legenden vollen Gebühr maßgebend sind. Der Mindestbetrag einer Gebühr bleibt eine Mark fünfzig Pfennig, die früher bestehenden Höchstbeträge sind, abgesehen von einigen Ausnahmefällen, nicht aufrecht gehalten. Die Gebühr für Empfang, Verwahrung und Auszahlung von Geldern und Werthpapieren ist abweichend von der den Rechtsanwälten nach deren Gebührenordnung laut Reichsgesetzes für die gleiche Thätigkeit zustehenden Gebühr, und zwar wesentlich niedriger, bemessen. In § 19 ist für die Fälle, wo den Notaren gestattet, die persönliche Haftung für von ihnen einzuziehende Kauf- und Pachtgelder zu übernehmen, eine besondere höhere Gebühr festgesetzt. Neu ist die Vorschrift, daß auf Antrag des Zahlungspflichtigen und sofern gegen den Kostenansatz eine Erinnerung erhoben ist, auch von dem Notar die gebührenfreie gerichtliche Festsetzung durch Beschluß des Amtsgerichts, in dessen Bezirk der Notar wohnt, beantragt werden kann. Der Beschluß, gegen welchen die sofortige Beschwerde an das Landgericht und die weitere Beschwerde an das Kammergericht stattfindet, entscheidet endgültig über die Höhe der Gebühren und Auslagen. Abweichend von der gesetzlichen Gebührenordnung kann der Betrag der Vergütung durch Vertrag festgesetzt werden, wenn es sich um Leitung einer Erbtheilung oder Auseinandersetzung handelt, oder um Entwurf oder Beurkundung von letztwilligen Verfügungen, Erbverträgen, Fideicommiß- oder Familienstiftungen, Familienschlüssen, Satzungen oder Beschlüssen von Korporationen oder Gesellschaften. Der Auftraggeber ist an die Vereinbarung nur gebunden, so weit er sie schriftlich geschlossen hat. Die vereinbarte Vergütung kann, sofern der Notar die Grenze der Mäßigung überschritten hat, im Proceßwege bis auf den gesetzlichen Gebührenbetrag herabgesetzt werden. Die Gebührenordnung für Notare ist auch für Berechnung der Gebühren des Rechtsanwaltes maßgebend, wenn er Geschäfte der nichtstreitigen Gerichtsbarkeit besorgt.

Die sonstige Gesetzgebung in Preußen bietet kein allgemeines Interesse. Zur Vereinfachung des Verkehrs dient ein durch Ministerialcircular vom 26. Februar 1894 bekannt gemachtes Abkommen mit der Reichspostverwaltung, wonach für die frankirt abzusendenden portopflichtigen amtlichen Sendungen eine Aversionalsumme vereinbart und dadurch die lästige jedesmalige Frankirung durch Marken in Wegfall gebracht ist. Die Verwaltung der Kassen bei den Gerichtsbehörden hat unterm 15. Juli 1893 durch Instruction des Justizministers eine Neuordnung erhalten. Ebenso sind vom Justizminister die Vorschriften betreffend die Beiordnung von Gerichtsvollziehern im Falle der Bewilligung des Armenrechts unterm 29. October 1894 neu geregelt.

Die provinziellen Gesetze werden, ohne Eingehen auf ihren Inhalt, nur nach der Zeitfolge aufgezählt:

1. Kirchengesetz, betreffend Abänderung der Emeritirungsordnung für die evangelisch-lutherische Kirche in Hannover, vom 19. Februar 1894.
2. Kirchengesetz, betreffend die Dienstvergehen der in derselben Kirche Angestellten, vom 24. April 1894.
3. Gesetz, betreffend die Verwaltung der Pfarrwittwen- und -Waisenfonds und die Fürsorge für die Wittwen und Waisen der evangelischen Geistlichen in Hannover, Schleswig-Holstein, Hessen und Nassau, vom 31. März 1895.
4. Zwei Kirchengesetze vom 5. April 1895, betreffend die Ordnung der Kindertaufe, beziehungsweise die Ordnung der Confirmation in der evangelisch-lutherischen Kirche in Hannover.
5. Gesetz vom 18. Mai 1895, betreffend die Berliner Stadtsynode und die Parochialverbände in größeren Orten.
6. Gesetz, betreffend die Aufhebung von Stolgebühren für Taufen, Trauungen und kirchliche Aufgebote im Amtsbezirke des Consistoriums zu Wiesbaden, vom 16. Juni 1895.
7. Zwei Gesetze, vom 30. Juni 1894 und vom 25. Juni 1895, betreffend die Fischerei der Ufer-Eigenthümer in den Privatflüssen der Provinz Westfalen, beziehungsweise der Rheinprovinz.

8. Gesetz, betreffend die Eingemeindung der Stadt Bockenheim in den Bezirk der Stadt Frankfurt a. M., vom 31. März 1895.

Die Verhandlungen des Preußischen Landtags, ebenso wie des Reichstags sind im großen Maße angefüllt mit Klagen über den Nothstand der Landwirthschaft und mit Vorschlägen zur Besserung. Zum Versuche dieser Besserung sind zwei Gesetze ergangen: das Gesetz vom 30. Juni 1894 über die Landwirthschaftskammern und das Gesetz, betreffend die Errichtung einer Centralanstalt zur Förderung des genossenschaftlichen Personalcredits vom 31. Juli 1895. Das letztere ordnet die Errichtung einer unter Staatsaufsicht zu verwaltenden Anstalt an, welcher vom Staate 5 Millionen Mark in dreiprocentigen Staatsschuldverschreibungen für die Dauer ihres Bestehens als Einlage gewährt wird, und welche die Befugniß haben soll, zinsbare Darlehne zu gewähren an Erwerbs- und Wirthschaftsgenossen, Darlehnskassen und ähnliche Institute, auch mit solchen Genossenschaften und Angestellten in Depositen- und Chekverkehr zu treten. Das Gesetz über die Landwirthschaftskammern läßt zu, daß durch Königliche Verordnung Landwirthschaftskammern, in der Regel für das Gebiet einer Provinz, errichtet werden können, welche die Bestimmung haben, die Gesammtinteressen der Land- und Forstwirthschaft ihres Bezirks wahrzunehmen und zu fördern, die Verwaltungsbehörden durch Gutachten und sonstige Mittheilungen zu unterstützen, den technischen Fortschritt der Landwirthschaft durch zweckentsprechende Einrichtungen zu fördern, auch bei den Preisnotirungen der Productenbörse, der Märkte und Viehmärkte mitzuwirken. Durch Königliche Verordnung vom 3. August 1895 sind solche Landwirthschaftskammern für alle Landestheile mit Ausnahme von Hohenzollern und der Rheinprovinz errichtet.

Von der Gesetzgebung des **Königreichs Bayern** hat nur ein Gesetz vom 24. Mai 1894 juridisches Interesse, welches in das Polizeistrafgesetzbuch vom 26. December 1871 einen neuen Artikel 22a einstellt, wonach an Geld bis zu 100 Mark oder mit Haft bis zu 30 Tagen bestraft wird, wer den verordnungsmäßigen Bestimmungen zuwiderhandelt, durch welche der Brieftaubenverkehr verboten oder Beschränkungen unterworfen wird. Neben der Geld- oder Haftstrafe kann auf Einziehung der Brieftauben und der Behältnisse erkannt werden, ohne Unterschied, ob sie dem Verurtheilten gehören oder nicht. Eine Verordnung vom 31. Mai 1894 verbietet das Auffliegenlassen für ausländische Tauben in der Pfalz und den Festungen Ulm und Ingolstadt.

Der Bericht über die Gesetzgebung des **Königreichs Sachsen** ist auch nur kurz. Durch Gesetz vom 24. April 1894 wurden das Forststrafgesetz vom 30. April 1873 und die das Verfahren in Forst- und Feldwegesachen betreffenden früheren Gesetze ergänzt und geändert. Die Entwendung von Feld- oder Gartenfrüchten oder anderen Bodenerzeugnissen, insofern solche noch nicht in den Gewahrsam des Berechtigten gebracht sind, die Entwendung von Düngemitteln, das Ausnehmen von Kartoffeln und dergleichen, das Abschneiden oder Abreißen noch unreifer Feldfrüchte wird mit Strafe bedroht; es sollen die Bestimmungen in § 247 des Reichsstrafgesetzbuchs nicht nur auf Forst-, sondern auch auf Felddiebstähle entsprechende Anwendung finden. Eine ministerielle Bekanntmachung vom 25. April 1895 enthält Abänderungen der Instruktion über den Waffengebrauch des Militärs und über Mitwirkung desselben zur Unterdrückung innerer Unruhen, sowie Erläuterungen zu dem Gesetze über den Belagerungszustand vom 4. Juni 1851.

Zu nennen sind noch vier Verordnungen vom 16. September 1893, 16. und 22. Januar und 19. December 1894, durch welche die Befugniß zur Aufnahme von Protokollen, beziehungsweise zu Beglaubigungen bei Justiz- und Verwaltungsbehörden noch verschiedenen anderen als den im Gesetze vom 20. Mai 1867 erwähnten Personen ertheilt wird. Die übrigen Erlasse beziehen sich auf Ausführung von Reichsgesetzen, größtentheils aber auf rein innere Angelegenheiten Sachsens, auf steuergesetzliche Bestimmungen, Eisenbahnbauten, Heil- und Pflegeanstalten, städtische Angelegenheiten und dergleichen.

Aus dem **Königreich Württemberg** ist nur zu erwähnen die Königliche Verordnung vom 24. Juli 1894, betreffend Bestimmungen über die Einrichtung der amtsgerichtlichen Gefängnisse, die Ordnung und die Dienstaufsicht in denselben. Bei jedem der 64 Amtsgerichte des Landes befindet sich ein amtsgerichtliches Gefängniß, in welchem die von den bürgerlichen Gerichten erkannten Haftstrafen, sowie Gefängnißstrafen bis zu 6 Wochen vollzogen und die Untersuchungsgefangenen verwahrt werden. Bei Neubauten sind vorzugsweise Einzelzellen (regelmäßig mindestens 25 Kubikmeter Luftraum) einzurichten. Gefängnißvorstand ist der dienstaufsichtführende Amtsrichter, Aufsichtsbehörde das Strafanstaltscollegium, und das Justizministerium übt die oberste Dienstaufsicht aus. Trennung der Gefangenen nach Geschlechtern, der jugendlichen von den erwachsenen, der Untersuchungs- von den Strafgefangenen, der Beschuldigten von den Mitbeschuldigten ist vorgeschrieben. — Aufgenommen sind die Vorschriften der Verordnungen vom 31. Januar 1892 über den Arbeitsbetrieb in den amtsgerichtlichen Gefängnissen. Der Zuspruch eines Geistlichen darf den Gefangenen nicht versagt werden. Nach Thunlichkeit soll eine geordnete Seelsorge eingerichtet werden, an welcher jedenfalls die im jugendlichen

Alter stehenden Gefangenen theilnehmen; im Uebrigen ist die Theilnahme eine freiwillige.

Im **Großherzogthum Hessen** ist die Gesetzgebung der beiden letzten Jahre sehr reichhaltig gewesen. Auf dem Gebiete des Privatrechts ist durch Gesetz vom 1. Juni 1895 das Recht auf Wildschadensersatz anerkannt. Berechtigt ist jeder durch jagdbares Wild an Holzgewächsen und an Erzeugnissen von Wiesen, Weinbergen und Gärten Beschädigte; ersatzpflichtig ist der Jagdberechtigte, im Falle einer Verpachtung der Jagd auch der Verpächter mit Rückgriff an den Pächter. Der Schaden wird durch eine Sachverständigen-Commission festgesetzt.

Das Verfahren der Zwangsvollstreckung im Verwaltungswege ist geregelt durch das Gesetz vom 30. September 1893. Das Verwaltungszwangsverfahren ist vorgeschrieben für die Einziehung von Reichssteuern und Zöllen, Landessteuern, Dominialgefällen, Gemeinde-Intraden, Kirchensteuern und Umlagen, die auf den Krankenversicherungs-, Invaliditäts- und Alterversicherungsgesetz beruhenden Schuldigkeiten, Geldstrafen in Feld- und Forstrügesachen, Gerichtsgebühren, Gewerbegerichtskosten, Tilgungsrenten, Stempelgebühren, Brandversicherungsbeiträge, Wittwenkassenbeiträge, Reichspostforderungen, Zahlungen an die Landescreditkassen, Geldforderungen aus Anordnungen der Verwaltungs- und Finanzbehörden und der Verwaltungsgerichte. Das vorgeschriebene Verfahren schließt sich eng an an das nach der Reichs-Civilproceßordnung stattfindende Zwangsvollstreckungsverfahren, von welchem es nur insofern abweicht, als die Einleitung des Immobilien-Zwangsvollstreckungsverfahrens erst nach erfolglosem Versuche der Mobiliar-Zwangsvollstreckung und nur mit Zustimmung des vorgesetzten Ministers geschehen darf.

Durch 2 Gesetze vom 16. Mai 1894 und 1. Juni 1895 wird die Städte-Ordnung in Betreff der Wahlen der Bürgermeister und Beigeordneten und der Besoldung der Beigeordneten modificirt, beziehungsweise die Qualification der Wähler zu den Wahlen für die Stadtverordnetenversammlungen anders bestimmt.

In das strafpolizeiliche Gebiet fallen mehrere Verordnungen. So ist die Versendung, Aufbewahrung und Verwendung von Munitionsgegenständen durch die Verordnungen vom 19. März und 12. December 1894, die Abgabe von stark wirkenden Arzneimitteln, die Aufbewahrung und Abgabe des Diphtherie-Heil-Serums und der Verkehr mit Giften durch die Verordnungen vom 15. Februar, 17. April und 24. Juni 1895, unter Androhung von Strafen gegen Zuwiderhandlung, geregelt. Durch Verordnung vom 30. Juni 1894 ist der Besitz von Jagdfeuergewehr außerhalb des Wohnorts — abgesehen von gewissen Ausnahmen — an den Besitz eines Jagdwaffenpasses geknüpft und der Nichtbesitz sowie die unberechtigte Weigerung der Vorzeigung mit Strafe bedroht. Die Verordnung bestimmt zugleich das Nähere über die Ausstellung dieses Passes. Durch Verordnung vom 22. September 1894 ist die Zulässigkeit von Assistenten für die beiden Fabrikinspectoren ausgesprochen und das Verhältniß der Ersteren zu den Letzteren geordnet.

Ein Gesetz vom 2. Juni 1894 trifft Fürsorge für die Wittwen und Waisen der Volksschullehrer.

Von besonderer Wichtigkeit aber ist das Gesetz vom 25. Juni 1895, betreffend die allgemeine Einkommensteuer, welches die Angehörigen des Großherzogthums Hessen und unter gewissen Umständen auch Angehörige anderer deutscher Bundesstaaten und Ausländer der staatlichen Einkommensteuer unterwirft, desgleichen die Actiengesellschaften und Commanditgesellschaften auf Actien. Die Veranlagung erfolgt in zwei Abtheilungen, in der ersteren für diejenigen Steuerpflichtigen, deren selbständiges Jahreseinkommen wenigstens 2600 Mark beträgt, und in der zweiten für die Steuerpflichtigen mit geringerem Einkommen.

In der ersten Abtheilung erfolgt die Heranziehung zur Steuer auf Grund einer von jedem Steuerpflichtigen bei der Veranlagungscommission schriftlich abzugebenden Erklärung nach Maßgabe der von dieser Commission zu beschließenden Veranlagung. Gegen die Veranlagung steht die Reclamation an die Landescommission offen und gegen die Veranlagung der letzteren Beschwerde an das oberste Verwaltungsgericht. Wissentlich unrichtige, sowie fahrlässig unrichtige Angaben sind mit Geldstrafe bedroht, deren Umwandlung in Freiheitsstrafe ausgeschlossen ist. In der zweiten Abtheilung sind die Steuerpflichtigen zur Angabe ihres Einkommens berechtigt, aber nicht verpflichtet, so lange sie nicht von dem Vorsitzenden der Veranlagungscommission dazu aufgefordert werden. Die Veranlagung in der zweiten Klasse erfolgt alljährlich für jede Gemeinde durch eine örtliche Commission, gegen deren Veranlagung die Reclamation an die Veranlagungscommission für die Steuerpflichtigen der ersten Abtheilung stattfindet, und in dritter Instanz noch Beschwerde an das Finanzministerium.

Die Veranlagung geschieht nach Maßgabe des Einkommens an die im Gesetze bestimmten Klassen nach Steuercapital, dessen im Gesetze genau angegebene Beträge im Verhältnisse des Einkommens progressiv steigen — von 5 Procent bei 500—600 Mark Einkommen bis etwa 25 Procent bei dem höchsten Einkommen. Diese Steuercapitale bilden die Grundlage der Steuer, welche für jede Finanzperiode besonders festgesetzt wird.

Durch Gesetz vom 1. Juni 1895 wird, unter Abänderung eines früheren Gesetzes vom 23. April 1875, den Ministern des Innern und der Justiz gemeinsam die Befugniß ertheilt, die am 1. October 1874 im Großherzogthum vorhanden gewesenen Niederlassungen und Anstalten von religiösen Orden und ordensähnlichen Congregationen, deren Mitglieder sich ausschließlich der Aushülfe in der Seelsorge widmen, sowie den Niederlassungen zum guten Hirten und zur ewigen Anbetung die Aufnahme neuer Mitglieder bis zu der am 1. October 1874 vorhandenen Zahl und die Erhaltung ihrer Niederlassungen auf diesen Stand zu gestatten. Nach diesem Gesetze kann ferner auch solchen sich ausschließlich der Krankenpflege widmenden religiösen Orden und ordensähnlichen Congregationen, welche zu jenem Zeitpunkte keine Niederlassung im Großherzogthum hatten, Seitens der genannten Minister die Errichtung von Niederlassungen gestattet werden, wenn die vorhandenen bürgerlichen Einrichtungen und Anstalten den Bedürfnissen des Krankendienstes nicht genügen. Endlich kann weiblichen Genossenschaften, die sich ausschließlich der Krankenpflege widmen, als Nebenthätigkeit gestattet werden die Pflege und Unterweisung von Kindern schulpflichtigen Alters.

Im Großherzogthum **Baden** hat sich in den beiden letzten Jahren die Thätigkeit der Gesetzgebung und der Verordnungsbehörden mit der Rechtsmaterie, welche vom Deutschen Juristentage gepflegt wird, nur wenig beschäftigt.

Die Vorbereitung für den höheren öffentlichen Dienst in der Justiz und in der inneren Verwaltung, bisher geregelt durch die Verordnungen vom 6. Mai 1868, 10. Juli 1880, 8. August 1883 und 13. December 1886, hat durch Verordnung vom 27. November 1893 eine Ergänzung erfahren, hauptsächlich nach der Richtung, daß die Studirenden der Rechtswissenschaft außer dem Besuche der fachwissenschaftlichen Vorlesungen während mindestens eines Semesters an den Uebungen im juristischen Seminare einer Universität sich zu betheiligen und in jedem der drei ersten Semester wenigens eine, nicht weniger als vier Stunden in der Woche betragende Vorlesung aus dem Lehrkreise der philosophischen Facultät zu hören haben. Ferner ist die Thätigkeit der Rechtsprakticanten in ihrem Vorbereitungsdienste — bis zur Ablegung der Referendar-Prüfungen — dahin erweitert, daß dieser Dienst erfolgen kann bei Gerichten, Staatsanwaltschaften, Notarien, Rechtsanwälten, Behörden der inneren Verwaltung und mit Erlaubniß des zuständigen Ministeriums auch bei anderen Behörden. Als Erleichterung für den einjährigen

Militärdienst ist bestimmt, daß, wer diesen in der Zeit zwischen der Rechtspracticanten- und Referendarprüfung leistet und in Folge dessen die Referendarprüfung erst später ablegt, sofern er nachweist, daß er nach Entscheidung der Ersatzbehörde wegen zeitlicher Untauglichkeit den einjährigen Militärdienst vor der Rechtspracticantenprüfung nicht leisten konnte, nach besonderer Referendarprüfung in die Reihenfolge der im vorhergegangenen Jahre Geprüften nach Maßgabe des Ergebnisses seiner Prüfung eingestellt werden soll.

Wenn ein Rechtspracticant wegen militärischer Uebungen die Referendarprüfung erst später ablegt, soll auf thunlichste Ausgleichung dieses Nachtheils bei seiner Verwendung und Anstellung Bedacht genommen werden. Zum besseren Verständnisse sind die noch geltenden Vorschriften in der Verordnung vom 8. Januar 1894 zusammengestellt, und durch Verordnung vom 12. Februar 1894 ist der Militärdienst der Rechtspracticanten näher geregelt.

Die Geschäftsordnung für die Notare als Rechtspolizeibeamte, welche unterm 2. November 1889 eine durchgreifende neue Regelung erfahren hatte, erhielt bezüglich des Verfahrens und der Gebühren durch Verordordnung vom 31. Mai 1894 eine mehrfache, zum Schutze der Betheiligten und zur Sicherstellung der Notare gereichende Ergänzung.

Ueber die Führung der Handelsregister ist durch Verordnung vom 21. März 1883 bestimmt, daß die Amtsgerichte alljährlich unter Mitwirkung von zwei bis sechs sachkundigen, durch die Handelskammer bezw. einen Ausschuß derselben zu wählenden Beisitzern die bei ihnen geführten Handelsregister durchzugehen haben, und daß für die im Laufe der fünfjährigen Amtsperiode ausscheidenden Beisitzer Ergänzungswahlen erst stattfinden sollen, wenn nur noch zwei Beisitzer übrig geblieben. Das ist durch eine Verordnung vom 17. September 1894 dahin geändert, daß solche Ergänzungswahlen bei jedem Ausscheiden eines Beisitzers stattfinden sollen.

In Bezug auf auswärtige Jurisdictionsverhältnisse ist, nach einer Bekanntmachung vom 2. Mai 1894, mit dem Königreich Sachsen die Vereinbarung getroffen, daß die Bestellung der Vormundschaft vor die Gerichte des Staates gehört, in welchem die zu bevormundende Person ihren Wohnsitz hat, und, falls ein Wohnsitz in beiden Staaten begründet ist oder in Ermangelung eines Wohnsitzes von dem Gerichte des Staates, in dem sie sich aufhält.

Das Gesetz vom 8. Juni 1894, betreffend die Abänderung und Ergänzung des Polizeistrafgesetzbuchs vom 31. October 1863, bezweckt zunächst eine schärfere Ahndung der Feldfrevel. Entwendungen noch nicht eingebrachter Feld- und Gartenfrüchte oder anderer Bodenerzeugnisse, deren Werth den Betrag von 5 Mk. nicht übersteigt, werden nich als Diebstahl, sondern als Feldfrevel bestraft. Es bedarf, auch wenn die Entwendung zum alsbaldigen Verbrauche verübt wurde, zur Strafverfolgung eines Antrages nur, wenn der Feldfrevel verübt ist gegen Angehörige, Vormünder, Erzieher oder gegen Personen, zu denen der Thäter im Lehrlingsverhältnisse oder als Gesinde in häuslicher Gemeinschaft sich befindet. Feldfrevel, welche von Verwandten aufsteigender Linie gegen Verwandte absteigender Linie oder von einem Ehegatten gegen den anderen Ehegatten begangen werden, sind straflos. Der Feldfrevel wird, soweit der Werth des Entwendeten den Betrag von 2 Mk. nicht übersteigt, mit 50 Pf. bis 50 Mk. oder mit Haft bis zu 8 Tagen bestraft (§ 144). Mit Geldstrafe bis zu 150 Mk. oder mit Haft wird bestraft (§ 144a), wenn der Werth des Entwendeten höher ist; wenn die Entwendung von einem bestellten Feldhüter verübt ist; wenn der Thäter innerhalb der letzten zwölf Monate zweimal wegen Feldfrevels rechtskräftig bestraft worden ist; wenn die Entwendung aus einem umschlossenen Raume mittels Einbruchs oder mittels Einsteigens oder mittels Gebrauchs falscher Schlüssel verübt wurde; wenn der Thäter bei Begehen der That Waffen bei sich führte; wenn zu dem Feldfrevel Mehrere mitwirkten, welche sich zum fortgesetzten Begehen von Feldfreveln oder Diebstählen verbunden hatten.

Dasselbe Gesetz bestimmt zum Schutze des Brieftaubenverkehrs, daß der, welcher den hierwegen erlassenen Verordnungen zuwiderhandelt, an Geld bis 150 Mk. oder mit Haft bestraft wird und daß auf Einziehen der Brieftauben erkannt werden kann.

Der neue § 71b desselben Gesetzes bedroht mit Geldstrafe bis 150 Mark oder Haft den, welcher eine auf Grund gesetzlicher Bestimmungen zur Zwangserziehung in einer Familie oder in einer Anstalt untergebrachte jugendliche Person unbefugt daraus entfernt oder zum Verlassen der Familie oder der Anstalt verleitet. Mit gleicher Strafe bedroht der neue § 109a desselben Gesetzes die Zuwiderhandlung gegen die Bestimmungen, welche im öffentlichen Interesse über die Benutzung und Instandhaltung von Wasserleitungen, Gasleitungen und anderen zur Zuführung elementarer Stoffe oder Kräfte dienenden und für weitere Kreise bestimmten Leitungen, sowie zum Schutze derartiger Anlagen gegen Störung und Beschädigung durch Verordnungen bezw. durch bezirks- oder ortspolizeiliche Vorschriften erlassen worden sind. Endlich verhängt das gedachte Gesetz durch den neuen § 134a die gleiche Strafe gegen den, welcher

Lebens-, Aussteuer-, Militärdienst- oder ähnliche Versicherungsgeschäfte betreibt, ohne die vorgeschriebene Anzeige erstattet zu haben.

Auf Grund des Reichsstrafgesetzbuchs § 367 Ziffer 5 sind Verordnungen erlassen wegen der Sprengstoffe unterm 8. November 1893, 8. März 1894, 13. März 1894, wegen der Gifte unterm 27. Februar 1895, und unterm 21. Mai 1895 über den Verkehr von Diphtherieserum in den Apotheken. In jenen Verordnungen ist der Verkehr mit Sprengstoffen unter Bezeichnung der verschiedenen Arten des Verkehrs, der zum Verkehr zugelassenen und der davon ausgeschlossenen Sprengstoffe und der nothwendigen Vorsichtsmaßregeln geregelt, und insbesondere nähere Bestimmungen getroffen über den Handel mit Sprengstoffen, über deren Aufbewahrung und Verausgabung, sowie über deren Lagerung. Die Verordnung wegen der Gifte unterwirft in 22 Paragraphen, unter einzelner Bezeichnung der als Gift zu behandelnden Stoffe, den Handel mit Giften und die Verwendung von Giften einer genauen, besonderen Behandlung und strengen Controle. Die Verordnung über den Verkehr von Diphtherieserum ordnet diesen Verkehr in den Apotheken, insbesondere die Abgabe, Preisberechnung und Verwahrung des Serums.

Auf Grund des badischen Polizeistrafgesetzes §§ 87, 87a ergingen ferner die Verordnungen vom 8. Dezember 1894 — Maßregeln gegen Diphtherie, Scharlach und Croup, Masern und Keuchhuster, mittels deren an den durch jene Krankheiten unmittelbar heimgesuchten oder mittelbar bedrohten Personen die dort unterstellten Anordnungen der Polizeibehörden mit den verschiedensten Auflagen ausführlich getroffen, und ferner die bereits laut Verordnung vom 30. Oktober 1881 bestehende Anzeigepflicht des behandelnden Arztes über ansteckende Krankheiten (Cholera, Blattern, Typhus, Scharlach und Diphtheritis) an den Bezirksrath auf die Erkrankung an Croup ausgedehnt wird.

Anlangend das Gerichtskostenwesen, so bietet das Gesetz vom 9. Mai 1894, betreffend die Gebühren für Geschäfte der Rechtspolizeiverwaltung, gegenüber den dadurch mehrfach abgeänderten Gesetzen vom 20. August 1864 und 31. Juli 1874, den Betheiligten erhebliche Erleichterungen. Die Anwendung der noch bestehenden Gesetze wird wesentlich erleichtert durch eine die nach geltenden Bestimmungen zusammenstellende Bekanntmachung vom 29. Mai 1894. Eine Verordnung vom 19. Juni 1894, betreffend den Kostenansatz in gerichtlichen, Verwaltungs- und verwaltungsgerichtlichen Angelegenheiten, trifft — als Folgerung des Gehaltsgesetzes, welches amtliche Nebengebühren grundsätzlich aufgehoben hat — die Bestimmung, daß vom 1. Juli 1894 ab Konstatirgebühren nicht mehr gewährt werden an diejenigen, welche von da ab in das Amt des Kassenbeamten eintreten. Die Verordnung vom 30. November 1894, betreffend die Gerichtskostenordnung, gewährt eine nicht unerhebliche Vereinfachung durch den vorgeschriebenen Wegfall der Aufstellung von Kostenverzeichnissen, wenn voraussichtlich die Kosten nicht beibringlich sind.

Die für den Juristentag in Betracht kommenden Gesetze der **Großherzogthümer Mecklenburg-Schwerin und Mecklenburg-Strelitz** sind gleichlautend. Hervorzuheben ist zunächst die Verordnung vom 14. Februar 1894, betreffend den Ersatz für Wildschaden. Der Jagdberechtigte — bei verpachteter Jagd der Verpächter vorbehaltlich seines Rückgriffs an den Pächter — ist verpflichtet, dem nicht selbst jagdberechtigten Nutzungsberechtigten den durch Schwarzwild, Rothwild, Dammwild oder wilde Kaninchen erwachsenen Schaden 'zu ersetzen. In Betreff des Rehwildes bleibt es bei früheren Gesetzen. Ein Verzicht auf den Wildschaden im Voraus ist unzulässig. Die Entscheidung über die Ansprüche erfolgt durch eine Schiedskommission, welcher der zuständige Amtsrichter als Vorsitzender angehört, unter Zulassung des Recurses an den Minister des Innern.

Durch Gesetz vom 13. Februar 1894 ist das Pfandrecht an Pfandbriefen und ähnlichen Schuldverschreibungen ausführlich geregelt nach dem Vorbilde der in anderen Bundesstaaten, insbesondere im Großherzogthum Baden ergangenen Bestimmungen. Durch die Aufsichtsbehörde wird ein Pfandhalter bestellt, welcher die Pfandgläubiger vertritt. Durch Uebergabe der Pfandbriefe an ihn erlangen die Gläubiger die Rechte von Faustpfandgläubigern, namentlich im Concurse; das Gleiche gilt, wenn die Verpfändung durch einen gemeinschaftlichen Vermerk des Pfandhalters und des Instituts auf den Pfandbriefen vermerkt ist. Die Rechte der Pfandgläubiger werden durch den Pfandhalter ausgeübt, es ist ihm selbst jedoch gewisse Mitwirkung eingeräumt. Wenn Concurs eröffnet wird, ist den Pfandgläubigern das Recht eingeräumt, eine besondere Zwangsliquidation der ihnen verpfändeten Pfandbriefe zu verlangen.

Verordnungen vom 1. März 1894 und 13. April 1893 regeln, die erstere den Verkehr mit Sprengstoffen, insbesondere ihre Versendung, Aufbewahrung und Lagerung, die andere den Verkehr mit Giften.

Die sonstigen Gesetze haben nur locale Bedeutung.

Im **Großherzogthum Oldenburg** ist durch Gesetz vom 15. Januar 1895 eine Regelung erfolgt der Gerichtskosten, sowie der Gebühren von Zeugen und Sachverständigen, soweit nicht die Reichsgesetze Anwendung finden, und in thunlichst entsprechender Anwendung.

Am 6. Februar 1895 ist eine neue Wegeordnung für das Herzogthum Oldenburg erlassen.

Ein Gesetz für das Großherzogthum vom 15. Januar 1895 regelt das Versteigerungswesen. Nach Inhalt desselben werden die Auctionatoren vom Staatsministerium angestellt. Die Anstellung ist jederzeit widerruflich. Die von den Auctionatoren vorgenommenen Versteigerungen werden öffentlich beurkundet. Zur Annahme des Auftrags sind sie verpflichtet, wenn solcher von einem Amtsgerichte zur Vornahme von Versteigerungen unbeweglicher Güter ertheilt ist. Bei Versteigerung beweglicher Sachen unterliegen ihre Gebühren der freien Vereinbarung. Die Auctionatoren haben ordnungsmäßige Akten über jede einzelne Versteigerung, sowie Bücher zu führen, aus welchen ihre Geschäfte jederzeit vollständig zu ersehen sind. Eingenommenes Geld haben sie getrennt aufzubewahren. Verwaltungsbehörden sind jederzeit zur Controle befugt.

Von Interesse ist das am 5. Juli 1894 verkündete Statut für die staatliche Irrenanstalt des Herzogthums Oldenburg zu Wehnen. Director und Vorstand der Anstalt ist der bei derselben angestellte dirigirende Arzt. Ohne seine Genehmigung darf kein Kranker in die Anstalt aufgenommen werden. Dem Aufnahmegesuch muß unter Anderem ein ärztliches Zeugniß anliegen. Die Direction kann die Aufnahme verweigern. Im Zweifelsfalle legt sie den Antrag dem Staatsministerium zur Verfügung vor. Jede Aufnahme ist dem Staatsministerium anzuzeigen. In dringenden Fällen kann die Direction die Aufnahme des Kranken verfügen, bevor die erforderlichen, in kurzer Frist nachzuliefernden Nachweise vorliegen. Bei Einlieferung muß der Kranke von einer mit dessen Verhältnissen bekannten Person begleitet sein, welche dem Director die nöthig erscheinenden Aufschlüsse zu geben hat.

Im **Herzogthum Braunschweig** hat ein Gesetz vom 30. März 1894 die staatliche Fürsorge für nicht vollsinnige, schwach- oder blödsinnige Kinder eingeführt, welche, sofern nicht anderweit für ihre Ausbildung gesorgt ist, auf eigene Kosten, eventuell auf Kosten des Armenverbandes in besondere Anstalten zur Ausbildung aufgenommen werden sollen. Durch Gesetz vom 8. Juli 1894 sind im Anschluß an das Reichsgesetz vom 22. März 1888 Vorschriften gegeben zum Schutze nicht jagdbarer Vögel.

Wichtiger ist das Gesetz vom 5. März 1895 betreffend die Verwaltungsrechtspflege, welches nun auch für Braunschweig einen Verwaltungsgerichtshof eingeführt hat zur Entscheidung über Ansprüche aus öffentlichem Rechte und in eingehender Weise die Zuständigkeit des Gerichts, seine Zusammensetzung und das Verfahren ordnet.

Ein Gesetz vom 15. Juni 1895 regelt den Handel mit Gift. Das Gesetz vom 13. Juni 1895 verbietet bei 150 Mk. Geldstrafe oder Haft die Ankündigung von Geheimmitteln zur Verhütung oder Heilung von Krankheiten.

Im Uebrigen beziehen sich die ergangenen Gesetze und Verordnungen auf das Kirchen- und Schulwesen, auf Besserung der Wege, Bergpolizei, Entschädigung für die an Milzbrand und Rauschebrand gefallenen Thiere und auf specielle Verhältnisse des Herzogthums.

Aus den zum Oberlandesgericht Jena gehörigen Thüringischen Staaten sind folgende meistens ein allgemeines Interesse nicht bietenden Gesetze mitzutheilen:

Im Großherzogthum **Sachsen-Weimar** hat das Gesetz vom 18. November 1893 beziehungsweise 22. Februar 1894 in authentischer Interpretation des Gesetzes über den Bergbau vom 22. Juni 1857 die Vorschrift, daß zur Aufsuchung, Gewinnung und Benutzung von Steinsalz und Salzquellen eine ausdrückliche, besondere Erlaubniß erforderlich ist, für anwendbar erklärt auf alle Mineralien, welche wegen ihres Gehaltes an Salzen nutzbar sind. Das weicht ab von den Gesetzen in den Herzogthümern **Sachsen-Meiningen** und **Sachsen-Gotha** vom 1. Juli 1894, beziehungsweise 9. August 1894, welche die Aufsuchung von Steinsalz, Kali- und Magnesiasalzen dem Staate und demjenigen, welchem das Recht dazu eingeräumt ist, vorbehalten.

In **Sachsen-Weimar** sind Gesetze ergangen unterm 24. Februar 1894 betreffend die kirchlichen Anlagen in den evangelischen Kirchengemeinden, unterm 11. April 1894 betreffend Aenderungen im Kostenwesen in Gerichts- und Verwaltungssachen, unterm 28. Februar 1894 betreffend einen Nachtrag zum Steuerverfassungsgesetz, unterm 14. Februar 1894, betreffend die jagdbaren Vögel, unterm 20. März 1895, betreffend den Handel mit Giften, eine neue Gemeindeordnung, vom 17. April 1895, ein Gesetz vom 3. April 1895, betreffend die Besteuerung der Hunde, und vom 10. April 1895, betreffend die Erbschaftssteuer, endlich das Gesetz vom 10. April 1895, betreffend die Confession der Kinder aus gemischten Ehen, sowie den Confessionswechsel der Evangelischen und Katholiken.

Aus dem Herzogthum **Sachsen-Meiningen** werden erwähnt die Gesetze vom 25. Juni 1894, betreffend die Bestrafung der Forstvergehen, sowie der Forst- und Feldpolizei-Uebertretungen; vom 13. Januar 1894, betreffend die Zuständigkeit bei Veränderung der Landes- und Kreisgrenzen und vom 12. Februar 1894, betreffend die Besoldungsverhältnisse der Volksschullehrer und Lehrerinnen.

In den Herzogthümern **Sachsen-Coburg und Gotha** sind ergangen am 28. Mai 1894 ein neues Gerichtskostengesetz und ein Gesetz, betreffend die Anstellung von Beglaubigungsnotaren und für Sachsen-Coburg speciell ein Gesetz vom 25. Juni 1893, betreffend die Zwangserziehung schulpflichtiger Kinder, wonach Kinder der Zwangserziehung unterfallen, bei denen sittliche Verwahrlosung bereits eingetreten oder zu befürchten ist, sowie bei fortgesetzten Mißhandlungen oder Verleitungen zu verbotswidrigen Handlungen von Seiten der Eltern oder Erzieher; endlich ein Gesetz vom 15. Juni 1893, welches die bisher in Schwängerungssachen für die Waisenanstalt erhobenen Gebühren in Wegfall bringt.

Im Herzogthum **Sachsen-Altenburg** ist am 16. Juni 1894 ein Gesetz ergangen, betreffend die Bildung von Gemeindezweckverbänden, und am 4. Februar 1895 ein Gesetz, betreffend die Schonzeit der Fasanen. Eine höchste Verordnung vom 5. September 1894 betrifft den Schutz der Singvögel und der für die Bodencultur nützlichen Vögel.

Im **Fürstenthum Schwarzburg-Rudolstadt** sind erlassen:

1. eine neue Bauordnung vom 20. April 1894,
2. ein Berggesetz vom 20. März 1894,
3. ein Gesetz vom 6. April 1894, welches die Vorschriften über Entrichtung der Abgabe von Erbschaften ändert,
4. ein Gesetz vom 27. April 1894, betreffend die Anlegung von Grundbüchern,
5. ein Gesetz vom 5. Januar 1894, betreffend die Ausübung des Versammlungsrechts, und
6. eine Polizeiverordnung vom 9. April 1895, betreffend den Handel mit Giften.

Aus dem **Fürstenthum Reuß ältere Linie** sind zu erwähnen die Regierungsverordnung vom 30. November 1894, welche die Baupolizeiordnungen für die Städte und Dörfer ergänzt, und die Regierungsverordnung vom 7. Juni 1894, betreffend den Schutz nützlicher Vögel, und vom 16. März 1895, betreffend den Handel mit Giften.

Im **Fürstenthum Reuß jüngere Linie** sind ergangen eine revidirte Gesindeordnung vom 11. November 1893; ein das Verfassungsgesetz änderndes Gesetz, welches Vorschriften enthält über den Eintritt einer Regentschaft bei Minderjährigkeit des Fürsten oder aus anderem Grunde eintretender dauernder Verhinderung desselben zur Regierung; ein Gesetz vom 9. November 1893, betreffend die Wiederaufforstung abgeholzter Waldparcellen, und vom 29. März 1895, betreffend Aenderungen des Berggesetzes vom 9. October 1870, sowie landesherrliche Verordnungen vom 6. April 1895, betreffend den Handel mit Giften und vom 1. Mai 1895, betreffend die Ausübung der Jagd.

Aus der Gesetzgebung des **Herzogthums Anhalt** werden nur erwähnt die Verordnungen beziehungsweise Gesetze vom 6., 16. März 1894 und 8. April 1895, betreffend die Regelung des Verkehrs mit Sprengstoffen, welche im Einklange stehen mit den über diese Materie in den anderen Bundesstaaten erlassenen Bestimmungen.

In den beiden **Fürstenthümern Lippe** sind gleiche Verordnungen ergangen über den Verkehr mit Explosivstoffen und über den Handel mit Gift und Verbotsgesetze gegen öffentliches Anpreisen von Geheimmitteln zur Verhütung und Heilung menschlicher Krankheiten.

Aus **Schaumburg-Lippe** ist zu erwähnen das Gesetz vom 24. April 1894, betreffend die Erhebung von Kirchensteuern in evangelisch-lutherischen Kirchengemeinden.

Im **Fürstenthum Lippe** (Detmold) ist am 6. März 1894 ein neues Feld- und Forstpolizeigesetz ergangen und durch Gesetz vom 12. Juli 1894 die staatliche Einkommensteuer eingeführt unter Zugrundelegung der Declarationspflicht der Steuerpflichtigen. Der Steuersatz geht bis zu etwa dreiundeinhalb vom Hundert des Einkommens.

Von besonderer Wichtigkeit ist der in diesem Fürstenthum in Folge des am 21. März 1895 eingetretenen Todes des Fürsten Günther Friedrich Woldemar entstandene Thronfolgestreit. Durch Erlaß vom 15. October 1890 hatte der verstorbene Fürst, weil der rechtmäßige Thronnachfolger Fürst Alexander unbestritten wegen Krankheit an der Regierung gehindert ist, einen Vetter, Prinz Adolf Wilhelm Victor, vierten Sohn des regierenden Fürsten von Schaumburg-Lippe, zum Regenten berufen, welcher auch die Regentschaft angetreten hat. Durch ein zwischen ihm und dem Landtage vereinbartes Gesetz vom 24. April 1895 ist diese Regentschaft bestätigt bis dahin, daß die Thronstreitigkeit ihre Entscheidung gefunden habe.

Um dieses Ziel herbeizuführen, soll das Reich angegangen werden, daß durch Reichsgesetz das Reichsgericht mit Prüfung und Entscheidung des Streites beauftragt werde.

Aus den **freien und Hansestädten** ist zu erwähnen:

aus **Lübeck** das am 16. Juli 1894 ergangene Forstdiebstahlgesetz, Feld- und Forstpolizeiordnung, ferner das Gesetz vom 19. Juli 1894, betreffend das Verfahren bei Abnahme von Eiden, dessen Bestimmungen sich im Wesentlichen den Vorschriften der Civilproceßordnung über Parteieneide anschließen und endlich zwei Verordnungen vom 26. Januar und 15. Februar 1895, betreffend den Verkehr mit Giften, beziehungsweise die Verabfolgung des Diphtherie-Serum.

In **Bremen** hat unterm 1. Januar 1894 die Bekanntmachung der Staatsverfassung und der sich auf dieselbe beziehenden Gesetze stattgefunden. Am 1. Februar 1894 ist ein Gesetz ergangen, betreffend die Rechtsverhältnisse der Beamten, in welchem die Anstellung der Beamten, ihre Verabschiedung, die von ihnen zu stellende Sicherheit, ihre Gehalts- und Ruhegehaltsansprüche, die Versorgung ihrer Wittwen und Kinder, das Disciplinarverfahren und so weiter ausführlich bestimmt ist. Die am 22. Juni 1894 erlassene Gesindeordnung weicht im Wesentlichen nicht ab von den Gesindeordnungen der anderen Bundesstaaten. Durch Gesetz vom 29. November 1894 ist die zwangsweise Krankenversicherung des Gesindes eingeführt, fast ganz übereinstimmend mit der reichsgesetzlichen Arbeiterkrankenversicherung.

Eine Verordnung vom 1. April 1895 ordnet den Handel mit Giften.

Aus der Gesetzgebung von **Hamburg** wird nur hervorgehoben die Aerzteordnung vom 21. December 1894, welche die Vorschriften enthält über Zulässigkeit der als Gewerbe anzumeldenden ärztlichen Thätigkeit, über das Verhalten bei Ausstellen von Todesbescheinigungen, bei Verschreiben von Recepten und über ihre Pflicht zu Anzeigen in gewissen Fällen. Eine Taxe ist nicht eingeführt, vielmehr in Betreff des Honorars alles der freien Vereinbarung überlassen. In Streitfällen soll das Medicinalcollegium sein Gutachten abgeben. Den Aerzten ist zur Pflicht gemacht, ihre Berufsthätigkeit gewissenhaft auszuüben, und sich der Achtung würdig zu zeigen, welche ihr Beruf erfordert. Zur Wahrung der gemeinschaftlichen Interessen erfolgt die Bildung von Aerztekammern, welcher eine Disciplinarbefugniß gegen ihre Mitglieder ertheilt wird. Die schwerste Strafe, auf welche sie erkennen kann, ist aber Entziehung des activen und passiven Wahlrechts zur Aerztekammer.

Die Thätigkeit der **österreichischen Gesetzgebung** war in der Berichtsperiode großentheils in Anspruch genommen von einer Anzahl ebenso wichtiger als schwieriger und umfassender Gesetzentwürfe, die noch zur Stunde die Sanction nicht erlangt haben oder noch nicht einmal zum parlamentarischen Abschluß gelangt sind. Es waren das insbesondere der Entwurf über Urheberrecht, der Entwurf eines neuen Strafgesetzbuchs, mehrere auf die Einführung einer neuen Civilproceßordnung bezügliche Entwürfe (Jurisdictionsnorm, Civilproceßordnung, Executionsordnung, Entwurf betreffend die Einführung von Gewerbegerichten) und der Steuerreformentwurf. Allerdings ist von diesen noch nicht zur Vollendung gediehenen Werken hier nicht zu handeln; doch darf nicht übergangen werden das Gesetz vom 5. December 1894 betreffend die Berathung und

Beschlußfassung über die auf Einführung einer neuen Civilproceßordnung sich beziehenden Gesetzentwürfe. Dieses Gesetz hat, obwohl es jedem Mitglied der beiden Häuser die Möglichkeit wahrte, Abänderungs- und Zusatzanträge zu stellen, zu einer fast überraschend schnellen Erledigung der Entwürfe im Herrenhause geführt. Es dürfte der Beachtung anderer Gesetzgebungen, die mit Entwürfen großer Gesetze beschäftigt sind, vollauf würdig sein.

Von den Ergänzungen und Veränderungen, welche die socialpolitische Gesetzgebung in den zwei letzten Jahren erfuhr, seien genannt die Ministerialverordnung vom 20. Juli 1894, welche eine revidirte Eintheilung der unfallversicherungspflichtigen Betriebe und Gefahrenklassen und die Feststellung der Procentsätze der Gefahrenklassen kundmacht, und ein Gesetz, gleichfalls vom 20. Juli 1894, betreffend die Ausdehnung der Unfallversicherung auf die gesammten Betriebe der Eisenbahnen und aller sonstigen Unternehmungen, die sich gewerbsmäßig mit Personen- oder Sachentransport zu Lande oder auf Flüssen und Binnengewässern befassen, auf gewerbsmäßig betriebene Waarenlagerunternehmungen, einschließlich der Lagerhäuser und der Großbetriebe von Holz- und Kohlenlagern, auf die Unternehmungen der ständigen Theater bezüglich aller an ihnen beschäftigten darstellenden Personen, Arbeiter und Betriebsbeamten, auf Berufsfeuerwehren und eine Reihe anderer Gewerbebetriebe. Von besonderem Interesse ist die Bestimmung (Art. VII), daß auf versicherte Eisenbahnbedienstete, denen nach den Bestimmungen dieses Gesetzes ein Entschädigungsanspruch zusteht, das Gesetz über die Haftung der Eisenbahnunternehmungen für die durch Ereignungen auf Eisenbahnen herbeigeführten körperlichen Verletzungen oder Tödtungen von Menschen (Gesetz vom 5. März 1869) zwar fernerhin keine Anwendung findet, daß aber, wenn ihnen oder ihren Hinterbliebenen nach dem Gesetze von 1869 ein Entschädigungsanspruch zustünde, die aus dem Unfallversicherungsgesetze gebührende Rente eine namhafte Steigerung erfährt.

Auch die Maßregeln betreffend den Uebergang zur Goldwährung haben ihren ungestörten Fortgang genommen. Ein Gesetz vom 9. Juli 1894 ermächtigte den österreichischen Finanzminister, mit seinem ungarischen Collegen ein Uebereinkommen in Betreff der Einlösung von 200 Millionen Gulden ö. W. Staatsnoten abzuschließen, um so die gemeinsame schwebende Schuld von 312 Mill. Gulden entsprechend zu vermindern. Dieses Uebereinkommen trat am 24. Juli 1894 in Kraft. An demselben Tage wurde durch eine Verordnung des Finanzministers die Einberufung und Einlösung der Staatsnoten zu 1 Gulden ö. W. angeordnet, und es sind seither solche Noten nicht mehr ausgegeben; mit dem 31. December 1895 erlischt die allgemeine Verpflichtung, sie in Zahlung zu nehmen. Auch mit der Einziehung der Staatsnoten zu 5 und zu 50 Gulden wurde begonnen und muß bis 31. December 1897 die Einziehung von 200 Mill. Gulden Staatsnoten vollendet sein. Was die zu dieser Einziehung erforderlichen Zahlungsmittel anbelangt, so geben die beiden Finanzminister (der österreichische und der ungarische) zunächst 40 Mill. Gulden in Einkronenstücken aus; des Weiteren weist ein anderes Gesetz vom 9. Juli 1894 dem Finanzminister von den nach einem Gesetze von 1892 in Verwahrung erlegten Landesgoldmünzen (à 20 Kronen) einen Betrag bis zur Höhe von 224 Mill. Kronen an, den er ausschließlich zur Beschaffung der zur Einlösung der Staatsnoten erforderlichen Mittel zu verwenden und darüber alljährlich dem Reichsrath Bericht zu erstatten hat. Und zwar hat er diese Goldbeträge auf Grund eines Uebereinkommens mit der österr.-ungar. Bank zu erlegen und von ihr Silbergelder und Banknoten in Empfang zu nehmen. Das erlegte Gold wird zwar in den Metallschatz der Bank eingerechnet; soweit jedoch die Bank Banknoten leistet, darf dieses Gold nur zur Bedeckung eben dieser Banknoten verwendet werden; sollte das Bankprivilegium (1897) nicht erneuert werden, so kann die Bank verhalten werden, dieses Gold gegen Silbercourant und Banknoten zurückzustellen. — Ein weiteres Gesetz vom 9. Juli 1894 ermächtigt den Finanzminister, die schwebende Schuld in Partialhypothekar-Anweisungen bis auf den Betrag von 70 Mill. Gulden herabzumindern und die Mittel dazu durch eine Rentenanleihe zu beschaffen.

In einer Verordnung vom 24. December 1893 hat das im vorigen Berichte erwähnte Gesetz vom 20. April 1893 betreffend die rechts- und staatswissenschaftlichen Studien und Staatsprüfungen seine nähere Ausführung gefunden. Die Verordnung bestimmt das Stundenausmaß und die Vertheilung der Obligatcollegien auf die einzelnen Semester, schreibt die regelmäßige Abhaltung gewisser nicht obligater Vorlesungen vor und verpflichtet die Professorencollegien, für die Vollständigkeit der Lehrvorträge zu sorgen. Inwiefern einem Studirenden die an ausländischen Universitäten verbrachte Studienzeit eingerechnet werden kann, ist im Allgemeinen dem Ermessen des Unterrichtsministers anheimgegeben; doch muß jedenfalls ein Semester vor und zwei Semester nach der Ablegung der rechtshistorischen Staatsprüfung an einer österreichischen Universität verbracht sein.

In der Ordnung des Prüfungswesens ist neu, daß eine Zulassung zu Staatsprüfungen auf Grund von Privatstudien nicht mehr ertheilt werden darf; daß die rechtshistorische Staatsprüfung, die bisher erst nach vollendetem 4. Semester abgelegt werden durfte, fortan schon in den ersten vier Wochen des vierten Semesters abgelegt werden darf; daß zu den Gegenständen dieser Prüfung noch die österreichische Reichsgeschichte hinzugetreten ist; daß alle ordentlichen und außerordentlichen Professoren der rechts- und staatswissenschaftlichen Facultät schon kraft ihres Lehramtes (nicht erst kraft specieller Ernennung) Prüfungscommissäre für ihr Fach bei der betreffenden Staatsprüfungscommission sind; daß zur Abhaltung der rechtshistorischen Staatsprüfung noch ein dritter Termin zu den zwei bestehenden hinzukommt; daß die Studirenden des achten Semesters die judicielle oder staatswissenschaftliche Staatsprüfung nun wieder in den letzten vier Wochen dieses Semesters ablegen dürfen, wo sie dann aber an jene Commission gebunden sind, die ihren Sitz in jener Universitätsstadt hat, in der diese Candidaten inscribirt sind. Alle diese Prüfungen sind auch fortan mündlich und öffentlich.

Die Sonn- und Feiertagsruhe im Gewerbebetrieb ist neu geregelt durch das Gesetz vom 16. Januar 1895 und die Verordnung vom 24. April 1895. Sie scheint aber noch nicht zur Ruhe kommen zu können: schon ein Gesetz vom 28. April 1895 dehnt sie auf den Hausirhandel aus und es ist wohl noch weiteren Aenderungen entgegenzusehen.

In dem österreichischen Patentwesen ist seit dem 1. Januar 1894 durch das Gesetz und die Verordnung vom 27. December 1893 die tiefgreifende Veränderung eingetreten, daß der Erfinderschutz — der bisher nur durch das Zusammenwirken des österreichischen und des ungarischen Ministeriums zu erlangen war — nunmehr für die im Reichsrath vertretenden Königreiche und Länder gesondert anzusuchen und zu ertheilen ist. Damit ist die Voraussetzung für die dringend und lange erwünschte Neuregelung des Patentrechtes geschaffen, die denn auch seither in Angriff genommen wurde.

Eine bedeutsame Veränderung im Gerichtsdepositenwesen enthält die Verordnung vom 21. Juni 1893. Sie ist die Ausführung des im Gesetze vom 21. Mai 1887 enthaltenen Artikels 71 der geänderten Statuten der österreichisch-ungarischen Bank, wo bereits bestimmt war, daß auf Ansuchen der Betheiligten und mit Bewilligung des competenten Gerichtes Werthpapiere, die nach den allgemeinen gesetzlichen Bestimmungen bei Gericht (im Gerichtsdepositenamt) zu erlegen wären, bei der Depositenabtheilung der österreichisch-ungarischen Bank in Wien (und zwar auch durch Vermittlung ihrer Filialen) hinterlegt werden können. Doch gilt das nicht von strafgerichtlichen und solchen Depositen, die dem Gebiet der streitigen Gerichtsbarkeit angehören, auch nicht von Cautionen und Vadien und solchen Erlägen, welche die Bank selbst bei Gerichten zu machen hat. Die Regel erstreckt sich (mit Ausnahme der von der Bank ausgestellten Depositenscheine) auf alle im rechtlichen Verkehr stehenden Werthpapiere. Die Bank besorgt entweder nur deren Verwahrung, oder auf Verlangen auch deren (inhaltlich genau bestimmte) Verwaltung, deren Kosten durch einen eigenen Gebührentarif geregelt sind. Der Erlag findet zwar auf bestimmte Zeit statt, doch kann das Depot mit Genehmigung des Gerichtes jederzeit zurückgenommen werden. Jedes Depot wird gesondert als Sondereigenthum des Erlegers oder dessen, für den es erlegt wurde, aufbewahrt, und die Bank haftet auch für den von ihren Angestellten zugefügten Schaden. Voraussetzung der Hinterlegung bei der Bank an Stelle des Gerichtes ist die Bewilligung des zuständigen Gerichtes; auch kann die Bank beim Vorhandensein gewisser Thatumstände die Uebernahme eines Depots ablehnen. Von der erfolgten Uebernahme muß sie das Gericht verständigen und über alle Depots Vermerkbücher führen; das Gericht kann auch die betreffenden Folien in den Büchern der Bank einsehen und jederzeit kostenfreie Ertheilung von Buchauszügen und Auskünften über die einzelnen Massen verlangen; Contoauszüge muß die Bank auch dem Deponenten oder demjenigen, für den der Erlag geschah, ausfolgen. Verfügen darf sie über die Depots und die aus deren Verwertung eingehenden Gelder nur mit gerichtlicher Bewilligung, die auch zur Uebertragung der Depositenscheine erforderlich ist. Die Erhebung der eingehenden Gelder durch den dazu Berechtigten erfolgt gegen Check oder Quittung.

Ein Gesetz vom 11. Mai 1894 regelt die grundbücherliche Abtrennung von Grundstücken zu Zwecken öffentlicher Straßen oder Wege und zu Zwecken einer im öffentlichen Interesse unternommenen Anlage behufs Leitung oder Abwehr eines Gewässers. Das beim zuständigen Gericht überreichte instruirte Abtrennungsgesuch ist zunächst in der bücherlichen Einlage des betreffenden Grundstückes anzumerken; dies hat die Wirkung, daß spätere Eintragungen bürgerlicher Rechte die Abtrennung nicht hindern können. Zugleich wird eine Tagfahrt zur Entgegennahme allfälliger Einsprüche der durch ein Edict zu verständigenden Tabulargläubiger angeordnet. Unterlassung des Einspruchs gilt als Einwilligung. Ueber die vorgebrachten Einsprüche werden von Amts wegen Erhebungen gepflogen. Findet das Gericht, daß der Werth des Trennstückes 50 Gulden ö. W. nicht übersteigt und aus der Abtrennung dem Gläubiger offenbar kein Nachtheil droht, so hindert der Einspruch die Abtrennung nicht. Es kann aber auch ein begründeter Einspruch durch Bezahlung der — selbst noch nicht fälligen — Schuld unwirksam gemacht werden, nur bleibt dem Gläubiger der An=

spruch auf Vergütung des durch die vorzeitige Zahlung etwa erlittenen Schadens. Gegen die Entscheidung über den Einspruch ist binnen 14 Tagen der Recurs an die zweite Instanz zulässig.

Zu dem in der geltenden österreichischen Gesetzgebung nicht eben zahlreichen Rechtssätzen, die sich gegen unlauteren Wettbewerb richten, gehört das Gesetz vom 16. Januar 1895, betreffend die Regelung der Ausverkäufe. Dasselbe bezieht sich nicht auf richterlich oder sonst behördlich angeordnete oder von Seiten der Concursmassenverwaltung erfolgende Ausverkäufe. Zur Veranstaltung (ja schon zur Ankündigung) von anderen öffentlichen Ausverkäufen zum Zwecke einer beschleunigten Veräußerung von Waaren oder anderen zu einem Gewerbsbetriebe gehörigen beweglichen Sachen im Kleinverschleiße verlangt das Gesetz die Bewilligung der Gewerbebehörde des Ortes, wo der Ausverkauf stattfinden soll. Das Gesuch muß enthalten die Bezeichnung der zu veräußernden Waaren nach ihrer Menge und Beschaffenheit, die genaue Angabe des Standortes des Ausverkaufs und seiner beabsichtigten Dauer, die Personen, denen die Waaren gehören, und jene, welche den Ausverkauf vornehmen sollen, sowie die Gründe des Ausverkaufs. Die Behörde hat nach (einer in kurzer Frist zu veranstaltenden) Einvernehmung der Handels- und Gewerbekammer und der Genossenschaft, welcher der Bewerber angehört, zu entscheiden und von der ertheilten Bewilligung die Steuerbemessungsbehörde zu verständigen. Die Bewilligung kann für längstens drei Monate, nur unter besonderen Umständen, und dann nur von der politischen Landesbehörde für längere Zeit (höchstens ein Jahr) ertheilt werden; über die bewilligte Dauer darf der Ausverkauf nicht fortgesetzt werden. Unternehmungen, die noch nicht volle 2 Jahre bestehen, darf die Bewilligung überhaupt nur beim Tode des Geschäftsinhabers, wegen Eintretens eines Elementarereignisses oder sonst aus besonders rücksichtswürdigen Gründen ertheilt werden. Der Ausverkauf darf sich immer nur auf die ursprünglich angemeldeten Waaren erstrecken (was die Behörde durch Revisionen controliren darf); werden andere Waaren einbezogen, so erfolgt sofort Schließung des Ausverkaufs, Geldstrafe und Verfall der später hinzugekommenen Waaren zu Gunsten des Localarmenfonds. Die Strafen, die auf Contraventionen gesetzt sind, sind die in der Gewerbeordnung festgesetzten, die Geldstrafen verfallen dem Armenfonds.

Eine lange Reihe alter Gravamina sind behoben durch das das Preßgesetz und die Strafproceßordnung in einigen Punkten ändernde Gesetz vom 9. Juli 1894. Es hebt 1. die Pflicht zum Erlag einer Caution für die Herausgabe einer periodischen Druckschrift auf;

wird gegen eine solche auf Geldstrafe oder Kostenersatz erkannt, und die Zahlung nicht binnen 8 Tagen nach eingetretener Rechtskraft bei der Staatsanwaltschaft ausgewiesen, so wird die weitere Herausgabe der Druckschrift durch die Sicherheitsbehörde eingestellt, bis die Zahlung ausgewiesen ist, und die Fortsetzung der Herausgabe ist strafbar; 2. die Bewilligung zum Verkauf inländischer periodischer Druckschriften kann dem nicht verweigert werden, der nach der Gewerbeordnung zum selbständigen Betriebe eines freien Gewerbes berechtigt ist, und sie kann nur aus den Gründen entzogen werden, aus denen die Gewerbebehörde die Berechtigung zum Betrieb freier Gewerbe entziehen kann. Sollen Druckschriften durch Automaten verkauft werden, so muß das Verzeichniß dieser Druckschriften von der politischen Landesstelle genehmigt sein und auf dem Automaten selbst ersichtlich sein; 3. wird eine Beschlagnahme endgültig als nicht gerechtfertigt erkannt, so ist dem Beschädigten der Ersatz des erweislichen Schadens aus der Staatskasse zu leisten; 4. wenn der Staatsanwalt oder die Sicherheitsbehörde die Beschlagnahme einer inländischen periodischen Druckschrift verfügt, so sind der Grund der Beschlagnahme bezw. der Aufsatz, der sie veranlaßt, und wenn es nur einzelne Stellen sind, diese bei der Beschlagnahme bekannt zu geben; freilich, ohne daß diese Mittheilung der Verfolgung wegen anderer Gründe im Wege stände. Trennbare Theile der Druckschrift, die nichts Strafbares enthalten, sind von der Beschlagnahme auszuschließen.

Druck von Leonhard Simion in Berlin SW.

FSC
www.fsc.org
MIX
Papier | Fördert gute Waldnutzung
FSC® C083411

Kolibri 360 GmbH
Ferdinand-Jühlke-Straße 7
99095 Erfurt, Deutschland
produktsicherheit@kolibri360.de